Gudrun Krämer

Geschichte Palästinas

Schriftenreihe   Band 1633

Gudrun Krämer

Geschichte Palästinas

Von der osmanischen Eroberung bis zur Gründung des Staates Israel

Bundeszentrale für
politische Bildung

Gudrun Krämer ist Professorin für Islamwissenschaft an der Freien Universität Berlin, Direktorin der Berlin Graduate School Muslim Cultures and Societies und Mitglied der Berlin-Brandenburgischen Akademie der Wissenschaften. Sie war als Nahost-Referentin bei der Stiftung Wissenschaft und Politik in Ebenhausen bei München tätig und lehrte u.a. in Hamburg, Bonn, Kairo, Bologna, Paris und Jakarta.

Mit 9 Karten und 14 Abbildungen

Diese Veröffentlichung stellt keine Meinungsäußerung der Bundeszentrale für politische Bildung dar. Für die inhaltlichen Aussagen trägt die Autorin die Verantwortung.

Bonn 2015
Lizenzausgabe für die Bundeszentrale für politische Bildung
Adenauerallee 86, 53113 Bonn

© Verlag C.H. Beck oHG, München, 6., durchgesehene und aktualisierte Auflage 2015

Umschlaggestaltung: Naumilkat – Agentur für Kommunikation und Design, Düsseldorf
Umschlagmotiv: © akg-images / Erich Lessing. „Nazareth" (Stadtansicht). Kreidelithographie, koloriert, nach Aquarell, 1838/39, von David Roberts (1796–1864)
Satz, Druck und Bindung: Druckerei C.H. Beck, Nördlingen
ISBN 978-3-8389-0633-1
www.bpb.de

Inhalt

Anhang

Verzeichnis der Karten

Vorwort

Eine Geschichte Palästinas zu schreiben, die nicht vorrangig um den politischen Gegensatz zwischen Arabern und Juden kreist, ist gar nicht einfach. Der arabisch-jüdische Konflikt überschattet nicht nur das aktuelle Geschehen. Er prägt in hohem Maß zugleich die Wahrnehmung der jüngeren Vergangenheit, die vielfach als bloße «Vorgeschichte» gesehen wird, die mehr oder weniger geradlinig zur aktuellen Lage hinführt, sie in gewissem Umfang auch erklärt. Ich habe in diesem Band versucht, die Geschichte Palästinas nicht von ihrem Ausgang her zu schreiben, also der Gründung des Staates Israel im Jahr 1948, der lange Jahre eines jüdischen Aufbauwerks vorausgingen. Unter osmanischer wie unter britischer Herrschaft war Palästina aber mehrheitlich arabisch. Im Mittelpunkt der Darstellung steht daher die arabische Bevölkerung des Landes, an deren Schicksal und Entwicklung sich auch die Gliederung des Buches orientiert. Das bedingt in Teilen eine andere Periodisierung als die übliche. So erweist sich beispielsweise die ägyptische Invasion im Jahr 1831 als Einschnitt in der neueren Geschichte, nicht der Beginn zionistisch-jüdischer Einwanderung (der sog. Ersten Aliya) im Jahr 1882. Die allmähliche Festigung eines jüdischen Gemeinwesens in Palästina/Eretz Israel, das Mit- und Neben- und Gegeneinander von Juden, Christen und Muslimen sowie ihr Verhältnis zu den wechselnden staatlichen Autoritäten werden natürlich behandelt. Aber es geht dabei um mehr als Politik im engeren Sinn. Eine «Beziehungsgeschichte», die ihren Namen verdient, ist dabei angesichts der weit verbreiteten Neigung von Zeitgenossen und späteren Beobachtern, entweder die Juden *oder* die Araber in den Blick zu nehmen (nicht umsonst spricht man von «Tunnelblick»), wohl nicht herausgekommen. Die sozialen, wirtschaftlichen und nicht zuletzt die kulturellen Kontakte zwischen Arabern und Juden ließen sich sicher noch intensiver ausleuchten. Vielleicht kann die Darstellung hier ja anderen als Anregung dienen.

Ich selbst habe bei der Arbeit von vielerlei Anregungen profitiert: Gesprächen mit Freunden und Kollegen, Diskussionen in

Lehrveranstaltungen, auf Seminaren und Konferenzen, Vorträgen anderer und gelegentlich auch der Einladung zu eigenen Vorträgen, die zur Ordnung von Material und Gedanken zwangen. Nicht jede Einsicht und jeden Einfall kann ich im nachhinein noch genau zuordnen. Danken möchte ich Angela Ballaschk vom Institut für Islamwissenschaft der Freien Universität Berlin sowie den Mitarbeiterinnen und Mitarbeitern des Verlags C.H.Beck, die an den Fahnenkorrekturen und der Erstellung des Indexes beteiligt waren. Ulrich Nolte hat den Band von den ersten Planungen bis zur vorliegenden 6. Auflage mit großer Geduld und ebenso großer Sachkenntnis begleitet. Dafür bin ich ihm sehr verbunden.

Besonderer Dank geht schließlich an die Theologische Fakultät der Humboldt-Universität zu Berlin und Peter Welten, bis 2001 Inhaber des Lehrstuhls für Altes Testament, Biblische Archäologie und Ikonographie, die es uns ermöglichten, aus der reichen «Sammlung historischer Palästinabilder» einige Aufnahmen auszuwählen und an dieser Stelle zu publizieren. Es wäre schön, wenn die Sammlung dadurch noch mehr Bewunderer fände.

Berlin, im November 2014   *Gudrun Krämer*

I.

Grenzen und Namen

Es gibt keine Unschuld der Begriffe, gerade der geographischen nicht. Über Jahrhunderte bildete Palästina, so wie es im 20. Jahrhundert unter britischem Mandat gebildet wurde, keine eigenständige geographisch-politische Einheit: Die Grenzen und Namen wechselten, und ebenso wechselte die Bevölkerung.[1] Als Teil des Fruchtbaren Halbmonds, der sich vom Mittelmeer bis zum Persisch-Arabischen Golf erstreckt und vom Taurus- und Zagros-Gebirge im Norden bis zur arabischen Wüste im Süden, war Palästina von früher Zeit an Durchgangsland und damit – freiwillig oder unfreiwillig – zugleich Ort der kulturellen Begegnung und des kulturellen Austauschs. Als untrennbarer Bestandteil des «großen» oder «historischen» Syrien weist es wenige natürliche Landmarken auf und hat vom Mittelmeer abgesehen keine «natürlichen Grenzen». Die Jordansenke als Teil des von Nordsyrien bis Zentralafrika reichenden großen Grabenbruchs und die Halbinsel Sinai boten den Bewohnern des Gebiets keinen «natürlichen» Schutz.[2] Seine Grenzen waren von Menschen gesetzt und also politische Grenzen, häufig genug nicht von der lokalen Bevölkerung bestimmt, sondern von stärkeren Nachbarn, variabel und selten präzise anzugeben. Immerhin läßt sich über längere Zeiträume eine territoriale Ordnung ausmachen, die in West-Ost-Richtung vom Mittelmeer bis zum Jordangraben reichte, je nach Stand der Besiedlung der syrisch-arabischen Wüste auch über den Jordangraben hinaus. Im Norden waren Teile des heutigen Libanon bis hin zum Litani-Fluß einbezogen, im Süden Teile des Negev, nicht aber der Sinai. Politisch gesehen war Palästina, ganz oder geteilt, die meiste Zeit Provinz innerhalb eines größeren Reichs; nur selten und für kürzere Zeiträume bildete es eine eigenständige politische Einheit.

Dementsprechend aufschlußreich sind die Bezeichnungen für das «palästinensische» Gebiet, die selbstverständlich von der jeweiligen Perspektive abhängen, d.h. in hohem Maß wiederum von Machtverhältnissen – vergleichbar den Begriffen «Naher» und

«Mittlerer Osten», die nur von Europa aus gesehen Sinn machen (und dennoch auch in Nah- und Mittelost in den eigenen Sprachschatz übernommen wurden). Die Perspektive ist in unserem Fall eindeutig geprägt durch biblisch-historische Assoziationen, auf deren Grundlage nach dem Ersten Weltkrieg auch die Grenzen des britischen Mandatsgebiets gezogen wurden. Die Perspektive aber ist verzerrt, und diese Verzerrung prägt die Darstellung von Land und Leuten und ihrer Geschichte insgesamt: Sie blickt mit der Schrift auf das Land, identifiziert Palästina mit dem «Land der Bibel», rückt dementsprechend die Juden in den Mittelpunkt der Betrachtung und drängt alle anderen Bevölkerungsgruppen – und seien sie zu einem gegebenen Zeitpunkt auch die Mehrheit – in den Hintergrund, wenn sie sie denn überhaupt beachtet. Das gilt für die antike («biblische») Zeit ebenso wie für die moderne. Es gilt bemerkenswerterweise selbst für die arabischen Christen, über die wir, zumindest was die Neuzeit angeht, immer noch weniger wissen als über die Juden in der arabischen Welt, wenngleich hier in den letzten Jahren zumindest für Jerusalem viel geforscht worden ist.

Die «biblische» Sicht ist die dominante, und sie war und ist die geschichtsmächtige. Ihr kann sich auch die folgende Darstellung nicht entziehen. Dies gilt umso mehr, als im Zusammenhang mit dem arabisch-jüdischen Konflikt um Palästina Orte und ihre Benennung eine so zentrale Bedeutung für die Begründung eigener, aus der Geschichte abgeleiteter Rechte erlangten, und die Fähigkeit, *die Namen der Dinge* festzulegen, zu einem der aussagekräftigsten Kennzeichen politischer und kultureller Vormacht wurde. Der jüdische Anspruch auf Palästina als «Land Israels» (*eretz yisrael*) macht sich an der biblischen Geschichte fest und behauptet die ununterbrochene Präsenz und Bindung des jüdischen Volkes an dieses Land; der arabische Anspruch stellt eine kontinuierliche Anwesenheit von Juden in Frage, verweist auf die eigene, mehr als ein Jahrtausend andauernde Verwurzelung in Palästina und reklamiert gelegentlich die Kanaanäer, die noch vor den Israeliten im Land siedelten, als die eigenen Vorfahren: Beide streiten sich um den zeitlichen Vorrang (das «Recht des Erstgeborenen» gewissermaßen), beide bemühen die Archäologie, beide zeichnen Karten, beide argumentieren mit Namen. Kaum ein Ort auf der Karte Palästinas – sei es nun Jerusalem (*urshalim/yerushalayim/al-quds*), die nördliche, vom Mittelmeer zum Jordangraben führende Ebene

(Jezreel/Esdralon/Marj Ibn Amir) oder das zentrale Berg- und Hügelland (hebr. Judäa und Samaria) – bleibt von diesem Sprachenstreit verschont. Palästina bzw. Eretz Israel bietet ein Paradebeispiel für die «Territorialisierung von Geschichte» (Nicos Poulantzas), mit der politische Ansprüche historisch vertieft und geographisch verankert werden. Bibelwissenschaftler sprechen von regelrechter «Geotheologie».[3] Zu klären sind in unserem Zusammenhang daher neben Bezeichnungen wie «Kanaan» und natürlich «Palästina» selbst auch «Eretz Israel» sowie «Gelobtes», «Verheißenes» und «Heiliges Land» – Bezeichnungen, die erst im Gefolge der israelitischen Besiedlung des bis dahin von Sumerern, Akkadern, Hethitern oder Ägyptern kontrollierten und von unterschiedlichen ethnischen Gruppen bewohnten Landes aufkamen.

«Kanaan» und «Palästina»

Besiedlungsspuren lassen sich auf dem Boden Palästinas bereits in frühester Zeit nachweisen, wobei sich schon in den mittleren und späten Phasen der Altsteinzeit (70000 bis 14000 v. Chr.) charakteristische Unterschiede zwischen der Küstenebene und den ins Landesinnere führenden Flußtälern auf der einen Seite und dem zentralen Berg- und Hügelland auf der anderen bemerkbar machten, die bis in die Moderne bedeutsam bleiben sollten und uns im Laufe der Darstellung immer wieder begegnen werden.[4] In der Bronzezeit (3000 bis 1200 v. Chr.) hatte sich eine von mesopotamischem Einfluß geprägte Stadtkultur herausgebildet, welche von einer Bevölkerung getragen wurde, die, weil sie in «Kanaan» lebte, unter der Sammelbezeichnung «Kanaaniter» oder «Kanaanäer» bekannt wurde.[5] Von ihr wissen wir wenig: Die etymologische Bedeutung von «Kanaan» ist ungeklärt, die Lokalisierung und Ausdehnung des so benannten Landstriches variiert, und unbekannt ist auch die Herkunft seiner Bewohner. Zeitgenössische Angaben zur Ausdehnung des Landes Kanaan zeigen, daß dieses im 2. vorchristlichen Jahrtausend keine feste Größe gewesen sein kann und eher bestimmte Bevölkerungsgruppen in und um einzelne «Stadtstaaten» beschrieb als ein klar umrissenes Territorium. Erst in hellenistischer Zeit wurde Kanaan einigermaßen konsequent mit Phönizien identifiziert, d. h. dem levantinischen Küstenstreifen. Wer seine Bewohner waren und woher sie stammten, geben die Quellen nicht preis. Wir wissen immerhin, daß sie, wie die Israeliten, eine westsemitische Sprache sprachen, und wir besitzen auch gewisse Kenntnisse über ihre materielle Kultur, Religion und Kunst, die mesopotamisch beeinflusst waren. Die negativen Stereotype, mit denen sie in der Bibel als barbarisch-götzendienerisches Gegenüber der monotheistischen Israeliten erscheinen, mit ebensolchem Abscheu gezeichnet wie die dem Tier- und Götterkult verfallenen Ägypter,[6] sagen einiges über Selbstbild und Fremdwahrnehmung der Verfasser der biblischen Berichte aus, aber wenig über die «Kanaanäer».

Variierend und ungleichmäßig war schließlich die Herrschaft der regionalen Mächte, denen das Gebiet zu unterschiedlichen Zeiten unterstand. Von der Mitte des 16. vorchristlichen Jahrhunderts an war das Ägypten, dem es über mehr als vier Jahrhunderte gelang, zumindest Teile des Landes zu kontrollieren.[7] Zeitweise dürfte «Kanaan» dabei eine ägyptische Provinz bezeichnet haben, deren Ausdehnung sich weitgehend mit der des späteren Palästina deckte; jedenfalls scheint dies aus den Amarna-Briefen des frühen 14. Jahrhunderts v. Chr. hervorzugehen, als Pharao Echnaton seine Residenz von Theben nach Amarna verlegt hatte. Gegen Ende des 13. Jahrhunderts ist erstmals von «Hebräern» die Rede, die möglicherweise den in ägyptischen Texten genannten nomadisierenden «Apiru» oder «Habiru» zuzurechnen waren und sich entweder in einem längeren Prozeß aus der lokalen, d. h. kanaanäischen Bevölkerung herausgebildet hatten (und somit, anders als die Bibel es darstellt, keine eigene ethnische Gruppe darstellten), oder aber, wie die Bibel es will, in diesem Zeitraum nach Kanaan eingedrungen waren. Die Frage ist nach wie vor hoch umstritten. Der Name «Israel» selbst findet sich erstmals auf einer Stele des Pharaos Merenptah, die nach der sog. mittleren Chronologie um das Jahr 1210 datiert wird und auf der «Israel» – das ist in diesem Zusammenhang natürlich wichtig – eine Gruppe von Menschen bezeichnet, nicht ein bestimmtes Territorium. «Israel» könnte zu den nomadischen Hirten im Hügelland westlich und östlich des Jordans gehört haben, die in den ägyptischen Quellen als «Shasu» bezeichnet werden und die von Zeit zu Zeit die Ebene bis hin nach Gaza überfielen.

Das 12. Jahrhundert war gezeichnet vom Einfall der sog. Seevölker, aus dem ägäischen Raum stammende indoeuropäische Gruppen, die, teils friedlich, teils gewaltsam, in das Gebiet des späteren Palästina eindrangen und es für sich einnahmen. Zu ihnen zählten die Philister, die mehrheitlich in der Küstenebene vom späteren Gaza bis zum Berg Karmel siedelten, während die Israeliten überwiegend im inneren Berg- und Hügelland lebten. So bedeutend der Beitrag der «Kanaanäer» und der Philister, allen voran aber der etwas nördlicher, im heutigen Libanon lebenden Phönizier zur Kultur- und Wirtschaftsgeschichte des Alten Vorderen Orients auch gewesen sein mag – zu nennen ist vor allem die Entwicklung der Konsonantenschrift, die sich im Mittleren Osten ebenso wie in Europa durchsetzen sollte –, waren es doch die Israeliten (Hebräer, Juden), die die weitere Geschichte des Landes prägten. Das gilt, wie gesagt, auch und gerade für seine Bezeichnungen. Nur der in der Moderne zumindest außerhalb Israels gebräuchlichste Begriff, «Palästina» selbst, erinnert an die Philister, denn auf sie bezog sich das griechische «Palaistine», das über die lateinische Form «Palaestina» schließlich nicht nur in die europäischen Sprachen übernommen wurde, sondern auch ins Arabische, wo es als «Filastin» erscheint.[8]

Das «Land Israel»: verheißen – gelobt – genommen

Es ist natürlich mutig, um nicht zu sagen vermessen, in wenigen Strichen Grundzüge der jüdischen Tradition zu einer so zentralen Kategorie wie dem «verheißenen», «heiligen» oder «genommenen» Land Israel zeichnen zu wollen. Die Bibel, auf die sich diese Tradition maßgeblich stützt, bietet bekanntlich keine geradlinige Erzählung von Mose, Josua und Richtern bis hin zu den kleineren Propheten, beginnend mit der Schöpfung und endend mit der Vertreibung des Volkes Israel aus dem Land Israel und seiner Hoffnung auf Rückkehr und Erlösung in diesem Land. Sie spiegelt vielmehr eine hochkomplexe Überlieferungsstruktur und -geschichte voll rivalisierender Traditionen, deren Redaktion und Exegese häufig genug einherging mit politischen Kontroversen – deutlich nachzuvollziehen gerade beim Thema Land. Angesichts der heftigen Konflikte um die Verheißung («vom Nil bis zum Euphrat»), auf Gott zurückgeführte Rechte und deren politische Folgen lohnt es sich, die in der Moderne zitierten biblischen Belege etwas genauer zu betrachten. Dabei kann es selbstverständlich nicht darum gehen, die literarische Form, historische Einbettung und je zeitgenössische Deutung einzelner Passagen und Begriffe auszuloten, über die in der Bibelwissenschaft so heftig gestritten wird. Das Ziel kann lediglich sein, gewissermaßen das Repertoire aufzuzeigen, auf das spätere Generationen – nicht selten ohne große Rücksicht auf Text und Kontext – zurückgriffen und weiterhin zurückgreifen.

Zunächst muß unterschieden werden zwischen (1) Kanaan bzw. dem «Gelobten» oder «Verheißenen» Land, von dem in der biblischen Erzählung von den Patriarchen («Erzvätern») Abraham und Moses die Rede ist; (2) dem von den Israeliten tatsächlich besiedelten Gebiet und schließlich (3) dem gemäß jüdischem Gesetz, der Halakha, definierten Land. Alle drei Gebiete können – und das steigert die Verwirrung um einiges – im Hebräischen mit «Eretz Israel» (Land Israel) wiedergegeben werden. Das Land, das Abra(ha)m und seinen Nachkommen nach jüdischer Überlieferung beim Bundesschluß von Gott verheißen wurde, den Gott Generationen später mit Moses erneuerte (in der jüdischen Tradition bekannt als «die Grenzen der Patriarchen», in der christlichen Tradition als *terra promissionis*), erscheint in der Hebräischen Bibel (dem Alten Testament) in unterschiedlicher, ja widersprüchlicher und zudem auffallend unbestimmter Form.[9] Gemeinsam ist den Belegen, daß sie bei allen Unterschieden im Detail neben dem Territorium des späteren Palästina den gesamten Libanon sowie den größten Teil Syriens einbeziehen; in der Auslegung kontrovers ist demgegenüber, ob auch das Ostjordanland südlich des Sees Genezareth («Gilead», «Moab» und «Edom») als integraler Bestandteil des Verheißenen Landes bzw. Eretz Israels zu betrachten ist. Traditionsgeschichtlich frühere Bibelstellen, die der sog. Priesterschrift zugeordnet werden, und darauf aufbauende rabbinische Auslegungen tun dies nicht: Sie nehmen das Ostjordanland somit von Eretz Israel in seinen verheißenen («idealen») und/oder besiedelten («realen») Grenzen aus. Deutlich zeigt sich dies in 4. Mose (Numeri) 34,1–12: Die dort skizzierte Ausdehnung des Landes Kanaan, das Moses' Nachkommen als Erbe versprochen wird, reflektiert allem Anschein nach die Grenzen der gleichnamigen ägyptischen Provinz, wie sie von Ramses II. um 1270 v. Chr. nach der Schlacht von Kadesch in seinem Friedensvertrag mit den Hethitern festgelegt wurde. Ihre Ostgrenze ist auf jeden Fall der Jordan, dessen Überschreitung durch die Israeliten unter Josua in der

Bibel so dramatisch ausgestaltet ist. Und während weite Teile des heutigen Libanon und Syriens eingeschlossen sind, findet der Euphrat keine Erwähnung.

Die weitere Fassung der «idealen Grenzen» von Eretz Israel, die das Ostjordanland in die Verheißung einbezieht, scheint später aufgekommen zu sein, erlangte im folgenden jedoch die größere Popularität.[10] Sie begegnet uns in 1. Mose (Genesis) 15,18–21, wo die Grenzen im übrigen weit über das Land der Kanaaniter hinausreichen:

«An dem Tage schloß der HERR einen Bund mit Abram und sprach: Deinen Nachkommen will ich dies Land geben, von dem Strom Ägyptens an bis an den großen Strom Euphrat: die Keniter, die Kenisiter, die Kadmoniter, die Hethiter, die Perisiter, die Rephaiter, die Amoriter, die Kanaaniter, die Girgasiter, die Jebusiter.»

Hier fällt die berühmte Formel «vom Strom (oder Bach) Ägyptens bis an den Euphrat», die, verkürzt auf das Schlagkräftigere «Vom Nil bis zum Euphrat», in der modernen Auseinandersetzung um die (vermuteten) Absichten der Zionisten und die (erstrebte) Ausdehnung des Staates Israel eine Rolle spielen sollte. Zwar wird der «Bach Ägyptens» (hebr. *nahal mitzrayim*) in der Forschung – wie übrigens auch in rabbinischen Quellen – nicht mit dem Nil oder einem seiner östlichen Deltaarme identifiziert, sondern mit dem Wadi al-Arish, das auf der Halbinsel Sinai etwa 45 km südwestlich von Rafah ins Mittelmeer mündet.[11] Aber es bleibt der kühne Bogen bis zum Euphrat – auch wenn die «euphratische Idee» als Ausdruck des «euphratischen Übermuts» (Lothar Perlitt) Wunschdenken war und blieb.[12] Kanaan, in das Abrahams Vater Tharah nach 1. Mose 11,31 zog, machte, folgt man 1. Mose 15,18–21, nur einen Teil des Verheißenen Landes aus. Zwei Dinge sind in diesem Zusammenhang von Bedeutung: Das Abraham verheißene Land war von ihm und seiner Sippe nicht einmal in Teilen besiedelt oder besetzt – und die Nachkommen Abrahams umfaßten, wenngleich Gottes «ewiger Bund» nur mit den Söhnen Isaaks geschlossen werden sollte (1. Mose 17,19 und 21, 10–12), auch die Söhne Ismaels. Ismael wiederum, den die Bibel als Stammvater der «Ismaeliten» nennt (wahrscheinlich eine arabische Stammeskonföderation), erkennen die Muslime als einen ihrer Propheten an.

Für präzise geographische Festlegungen eignen sich ebenso wenig die Bibelstellen, die Gottes Bund mit Moses beschreiben und in diesem Zusammenhang zugleich das seinen Nachkommen verheißene Land (in der jüdischen Tradition «das Land derer, die aus Ägypten kamen»). Auch hier finden sich wieder weitreichende Formulierungen, wobei die einzelnen geographischen Punkte schwer zu identifizieren sind und im folgenden auch unterschiedlich identifiziert wurden. Nicht ganz einheitlich definiert wurden schließlich die Ansprüche, die dem Volk Israel aus der Verheißung erwachsen sollten, und damit zugleich die Rechte von Fremden (auch dieser Punkt sollte in der modernen Auseinandersetzung zwischen Zionisten bzw. Juden und Arabern neuerlich Bedeutung erlangen). In 2. Mose (Exodus) 23,31–33 etwa heißt es radikal:

«Und ich will deine Grenze festsetzen von dem Schilfmeer[13] bis an das Philistermeer und von der Wüste bis an den Euphratstrom. Denn ich will dir in deine Hand geben die Bewohner des Landes, daß du sie ausstoßen sollst vor dir her. Du sollst mit ihnen und mit ihren Göttern keinen Bund schließen. Laß sie nicht wohnen in deinem Lande, daß sie dich nicht verführen zur Sünde wider mich; denn wenn du ihren Göttern dienst, wird dir das zum Fallstrick werden.»

Ähnlich lauten 5. Mose (Deuteronomium) 1,7–8 und 11,24 («Alles Land, darauf eure Fußsohle tritt, soll euer sein: von der Wüste bis an den Berg Libanon und von dem Strom Euphrat bis ans Meer im Westen soll euer Gebiet sein») oder Josua 1,1–4:

«Nachdem Mose, der Knecht des HERRN, gestorben war, sprach der HERR zu Josua, dem Sohn Nuns, Moses Diener: Mein Knecht Mose ist gestorben; so mach dich nun auf und zieh über den Jordan, du und dies ganze Volk, in das Land, das ich ihnen, den Kindern Israel, gegeben habe. Jede Stätte, auf die eure Fußsohlen treten werden, habe ich euch gegeben, wie ich Mose zugesagt habe. Von der Wüste bis zum Libanon und von dem großen Strom Euphrat bis an das große Meer gegen Sonnenuntergang, das ganze Land der Hethiter, soll euer Gebiet sein.»

Im Vergleich zum Bund mit Abraham, an den dieser «zweite Bund» erkennbar anknüpft, ist zweierlei festzuhalten: Zum einen wurde das «Verheißene Land» von Israeliten spätestens vom 13. vorchristlichen Jahrhundert an in Teilen tatsächlich besiedelt oder erobert. Zum anderen erhielt es in der jüdischen Tradition einen besonderen Status: Von Gott dem Volke Israel gegeben, war es nach religiöser Rechtsauffassung unveräußerlich (dazu ausführlicher unten).

Hinter den biblischen Erzählungen die historischen Tatsachen zu suchen und die Ausdehnung des von den Stämmen Israels in einem langsamen Prozeß besetzten oder besiedelten Landes anzugeben, ist außerordentlich schwierig. Es wäre auch unsinnig, sich an dieser Stelle auf einen derartigen Versuch einzulassen. Aber die Kontroverse um die jüdische Präsenz und Siedlung in Eretz Israel (Palästina) muß zumindest erwähnt werden, denn sie ist von größter Bedeutung nicht nur für das historische Selbstverständnis vieler Juden, sondern auch für die politische Auseinandersetzung zwischen Juden und Arabern um Recht und Anspruch auf «das Land». Dabei verdienen einige unkonventionelle Stimmen Beachtung:[14] Der Judaist Moshe Weinfeld etwa ist der Auffassung, daß israelitische Gruppen schon vor der Mitte des 13. Jahrhunderts im Gebiet des modernen Palästina lebten, d. h. vor der Zeit, in die üblicherweise der Auszug aus Ägypten datiert wird. Den biblischen Bericht vom Exodus und die Figuren des Mose und Josua als Gründerheroen der «nationalen Erzählung» hält er für eine nachträgliche Umformung der erlebten, aber, wie es scheint, entweder nicht erinnerten oder aber bewußt verdrängten Geschichte – ein Musterfall von «erfundener Tradition», von der in der modernen Ethnizitäts- und Nationalismusforschung so viel die Rede ist. Mehrere Alttestamentler vertreten die revisionistische These, derzufolge die Israeliten gar nicht als fremde Ethnie zuwanderten, der israelitische Kult sich vielmehr auf «palästinensischem» Boden unter der einheimischen Bevölkerung entwickelte – das aber würde sie nicht nur in geographisch-politischer Hinsicht zu «Palästinensern» machen (als solche galten die im Lande lebenden Juden und Araber beispielsweise unter britischem Mandat), sondern auch in ethnisch-kultureller Hinsicht. Das entspricht auf jeden Fall nicht dem vorherrschenden Verständnis und Selbstverständnis von Juden (und Arabern).

Die Bibel gibt zwar reichlich Hinweise auf den Prozeß der sog. Landnahme, aber sie ist bekanntlich kein Geschichtsbuch, auf dessen Grundlage sich verläßliche Karten zeichnen ließen (auch wenn selbst seriös scheinende Autoren dies gelegentlich behaupten). Außerbiblische Hinweise in Form literarischer wie nicht-literarischer Quellen und Überreste – von Bauten, Stelen und Inschriften über Münzen, Siegel und Statuen bis hin zu Urkunden und Briefen – sind rar und in ihrer Aussagekraft umstritten; wissenschaftliche Grabungen sind zwar seit der Mitte des 19. Jahrhunderts in verschiedenen Teilen Palästinas durchgeführt worden, aber keineswegs überall möglich – und (nicht nur in Jerusalem) von offenkundiger politischer Brisanz. Die historischen Karten, die in großer Zahl vorliegen und auch in dieser Arbeit verwendet werden, stützen sich daher in erster Linie doch auf die Angaben der Bibel.

Als Bezeichnung für das von Israeliten besiedelte Land wird «Eretz Israel» zwar verschiedentlich in der Hebräischen Bibel gebraucht, setzte sich aber nur langsam durch.[15] Erst in der Mischna (hebr. Wiederholung, Lehre), der zunächst mündlich tradierten Lehre, die zwischen 150 und 200 n. Chr. endgültig festgelegt wurde («Endredaktion») und anschließend als Grundlage für den Talmud diente, tritt es häufig auf. Das besiedelte bildete wiederum nur eine Teilmenge des Gelobten Landes; seine Grenzen waren politisch bestimmt und daher sehr variabel; ein großer Teil lag auf ostjordanischem Ufer. Früher gebräuchlich war die Formel «Von Dan bis Beersheva», die wohl aus der Zeit des ungeteilten Königreiches unter David und Salomo (ca. 1000–928 v. Chr.) stammt, zu dessen Ausdehnung die Bibel zahlreiche Aussagen macht.[16] In 1. Könige 5,1 etwa heißt es:

«So war Salomo Herr über alle Königreiche, vom Euphratstrom bis zum Philisterland und bis an die Grenze Ägyptens; die brachten ihm Geschenke und dienten ihm sein Leben lang.»

Und in 1. Könige 5,4–5 lesen wir:

«Denn er herrschte im ganzen Lande diesseits des Euphrat ..., und hatte Frieden mit allen seinen Nachbarn ringsum, so daß Juda und Israel sicher wohnten, jeder unter seinem Weinstock und unter seinem Feigenbaum, von Dan bis Beerseba, solange Salomo lebte.»

Salomos Reich erstreckte sich demnach weit über das heutige Palästina hinaus bis an den Euphrat, wenngleich nicht bis an den Nil. «Von Dan bis Beersheva» umriß hieraus wiederum nur einen Ausschnitt, den man als israelitisches Kernland bezeichnen kann.[17] Die Formel, die rund zweihundert Jahre in Gebrauch gewesen zu sein scheint, war in zweierlei Hinsicht interessant: Sie gab die Ausdehnung von Norden nach Süden und nicht, wie an vielen anderen Stellen üblich, von Osten nach Westen an, und sie benannte nicht die Grenzpunkte des königlichen Herrschaftsbereichs, sondern zwei wichtige Kultstätten. Und sie prägte sich den Bibellesern so fest ein, daß die Briten noch 1917 auf sie zurückgriffen.

Palästina
«Von Dan bis Beersheva»

Mittelmeer

Sidon
Damaskus

Tyrus
Dan

Phönizien

Genezareth
See Genezareth
Karmel
Galiläa
Jesreeltal
Galaaditis

Samaria
Samaria
Gerasa
Sichem
Garizim

Peräa

Joppe
Lydda
Jericho
Philadelphia

Judäa
Jerusalem
Madaba

Aschkelon
Ebene der Philister
Hebron
Totes Meer
Moabiter

Gaza
Masada

Idumäa
Beersheva

Rafia

Nabataer

Wadi al-Arish

Petra

Von der «babylonischen Gefangenschaft» bis zur Zerstörung des Tempels

Das israelitische Reich erwies sich als fragiles Gebilde, das keine drei Generationen Bestand hatte: Schon 928 v. Chr. kam es, folgt man weiter der biblischen Darstellung, zur Teilung in die Königreiche Israel und Juda, die sich im folgenden unermüdlich bekriegten.[18] Das nördliche Königreich Israel mit der von König Omri gegründeten Hauptstadt Samaria, in dem zehn der zwölf Stämme Israels lebten, umfaßte anfangs größere Teile Ostjordaniens und Syriens, kontrollierte allerdings nur noch einen kleinen Abschnitt der Mittelmeerküste; kulturell gesehen geriet es zusehends stärker unter phönizischen Einfluß. Israel wurde zwischen 732 und 721 v. Chr. von den Assyrern unter Tiglatpileser III. und Sargon II. erobert, die – einer seit langem bestehenden Praxis folgend – bereits einen Teil der Bevölkerung in andere Gebiete des Reichs zwangsumsiedelten. Schon die sog. assyrische Gefangenschaft scheint unter den Israeliten eine tiefe Erschütterung bewirkt und eine religiöse Neuorientierung in Gang gesetzt zu haben. Anstelle der Verschleppten wurden andere ethnische Gruppen angesiedelt, die sich der biblischen Überlieferung zufolge mit der lokalen Bevölkerung vermischten und die Gemeinschaft der «Samaritaner» bildeten (die als religionsgeschichtlich interessante «Randgruppe» zwischen Juden und Nichtjuden in der Moderne das besondere Interesse westlicher Reisender fanden).

Das südliche Königreich Juda, das im 8. Jahrhundert das Gebiet zwischen Jerusalem, Hebron und der Küste umfaßte, entging 721 v. Chr. der Eroberung, indem es sich den Assyrern unterwarf. Das neuassyrische Reich selbst wurde jedoch schon bald durch Aufstände erschüttert; 612 v. Chr. fiel seine Hauptstadt Ninive an das aufsteigende neubabylonische Reich. Von weitreichender kultur- und religionsgeschichtlicher Bedeutung war die Eroberung Judas durch das babylonische Heer unter Nebukadnezar II.: Jerusalem wurde samt Tempel und Palast zerstört und seine Bevölkerung in zwei großen Wellen nach Babylonien deportiert, 598/97 zunächst ein großer Teil der Oberschicht und Handwerkerschaft, 587/86 dann nach einem Aufstand der größte Teil der übrigen Einwohner. Die «babylonische Gefangenschaft» sollte für Selbstverständnis, religiöses Leben, Kultur und Sprache der verschleppten Israeliten tiefgreifende Folgen haben, die nach ihrer Rückkehr auch die im Land Verbliebenen erfaßten.

Die persischen Achämeniden, denen 539 v. Chr. nach dem Sieg über Babylon auch die Herrschaft über Palästina zufiel, erlaubten den Juden (wie die Israeliten seit dieser Zeit allgemein genannt werden) die Rückkehr aus der babylonischen Gefangenschaft und zugleich den Neubau des zerstörten Tempels, der rund zwei Jahrzehnte später geweiht werden konnte.[19] Von der Zeit des sog. Zweiten Tempels an dürften Juden nur noch im Bezirk Yehud die Bevölkerungsmehrheit gebildet haben; für das 6.–4. vorchristliche Jahrhundert wurde ihre Gesamtzahl auf 11 000–17 000 Menschen geschätzt. Die schrittweise Hellenisierung des Landes, die gestützt und begleitet wurde von griechischer Kolonisation vor allem entlang der Mittelmeerküste, setzte bereits unter persischer Herrschaft ein. Sie intensivierte sich nach der Eroberung Palästinas durch Alexander den Großen im Jahr 332 v. Chr., wenngleich die Bevölkerungsmehrheit weiterhin nicht Griechisch, sondern Aramäisch gesprochen haben dürfte. Trotz der Diadochenkriege und fortgesetzter Kämpfe zwischen den Ptolemäern, die Palästina 286–200 von Alexandria aus kontrollierten, und den in Syrien herrschenden Seleukiden, die ihnen 200–167 folgten, erlebte Palästina in dieser Zeit eine gewisse wirtschaftliche Blüte.

Die forcierte Hellenisierungspolitik unter Antiochos IV. Epiphanes löste 167/66 v. Chr. einen jüdischen Aufstand aus, der gespeist war von dem Motiv des bedrohten Tempels, das in der Moderne neue Bedeutung erlangen sollte: Antiochos ließ den Jerusalemer Tempel in einen Tempel des olympischen Zeus umwandeln und dort (aus jüdischer Sicht «unreine») Opfer bringen. Unter Leitung der Makkabäer (auch: Hasmonäer) führte der Aufstand die Juden noch einmal zu weitgehender politischer Eigenständigkeit, wenngleich unter Anerkennung der seleukidischen Oberhoheit. Den Hasmonäern gelang es, die Grenzen des jüdischen Herrschaftsgebiets erneut über den Jordan und bis in den Libanon vorzuschieben. Die Herrschaft der Hasmonäer reichte tatsächlich «von Dan bis Beersheva» – und weiter noch bis zum «Bach Ägyptens» (Wadi al-Arish), wenn auch nicht bis zum Euphrat. So kurzlebig das hasmonäische Reich war, orientierten sich an ihm doch spätere Vorstellungen über die Ausdehnung von Eretz Israel (in der jüdischen Tradition «die Grenzen derer, die aus

Babylon zurückkehrten»), die zugleich Einfluß hatten auf die Festlegung der Grenzen Eretz Israels nach dem jüdischen Gesetz, der Halakha.[20] An ihm orientierten sich im 20. Jahrhundert jüdische Nationalisten in ihrem Kampf gegen das britische Mandat; den kämpferischen Geist der Makkabäer beschworen die gleichnamigen jüdischen Sportvereine, die in den 1920er Jahren zu ersten jüdischen Weltspielen («Makkabiaden») zusammentrafen.

Die Eroberung Palästinas durch Pompeius im Jahr 63 v. Chr. brachte erneut einen Einschnitt, doch genoß Palästina auch als römische und byzantinische Provinz (614–629/30 n. Chr. unterbrochen von einigen Jahren persischer Herrschaft) über längere Zeit eine gewisse Eigenständigkeit. Unter Herodes dem Großen (reg. 37–4 v. Chr.), der die hasmonäische Dynastie beseitigte, und seinen Nachfolgern war die Provinz Iudaea weitgehend autonom; die griechischen Städte unterstanden allerdings dem römischen Gouverneur von Syrien. Dennoch kam es 66–70 und 132–135 n. Chr. zu zwei großen jüdischen Aufständen, die für die Bevölkerung ernste Folgen haben sollten.[21] Der sog. Zelotenaufstand der Jahre 66–70, schlecht vorbereitet, mangelhaft koordiniert und durch innere Kämpfe zusätzlich geschwächt, scheiterte: Die römische Armee unter Titus Flavius Vespasian zerstörte neben Jaffa, Lydda und anderen Städten auch Jerusalem. Am 9. Tag des Monats Av (*tish'a be-av*) des Jahres 70 n. Chr. ging der von Herodes erweiterte und in großen Teilen neu erbaute Tempel – religiöses, soziales und nicht zuletzt ökonomisches Zentrum seines Umlandes – in Flammen auf. Damit war der jüdische Tempel als Kult- und Wallfahrtsort und als wichtigstes Symbol des jüdischen Eretz Israel endgültig zerstört. Nur ein Teil seiner Plattform und ein bescheidener Rest der westlichen Umfassungsmauer blieben erhalten, der in der Moderne als «Klagemauer» neue Bedeutung erlangen sollte. 73 n. Chr. soll der letzte Rest der Aufständischen in der Festung Masada Selbstmord begangen haben – eine kollektive Verzweiflungstat, die, wenn sie denn überhaupt stattgefunden hat, im 20. Jahrhundert zu einem symbolisch bedeutsamen Ereignis der jüdischen Nationalgeschichte aufgewertet wurde. Masada selbst wurde nach der Gründung des Staates Israel in eine nationale Stätte umgewandelt, an der, etwa im Rahmen von Rekrutenvereidigungen, der heroische Geist der jüdischen Kämpfer im Angesicht erdrückender Feindesmacht beschworen wurde («Masada wird nie wieder fallen!») – eine bewußte Parallelisierung von Antike und Gegenwart, in der das Motiv des Kampfes von David gegen Goliath in Szene gesetzt wurde.

Obgleich die unruhige Region nach 70 zur prätorischen Provinz erhoben, durch systematischen Straßenbau erschlossen und mit stärkeren Truppeneinheiten besetzt wurde, brach 131/32 n.Chr. ein neuerlicher jüdischer Aufstand los unter Führung von Rabbi Akiba und Simeon Bar Kosiba, der, von Rabbi Akiba und der jüdischen Bevölkerung des Landes als Messias begrüßt, unter dem Namen Bar Kochba (Sohn des Sterns) bekannt wurde.[22] Auslöser war unter anderem das römische Vorhaben, auf dem Boden des zerstörten Jerusalem eine römische Kolonie anzulegen und den Tempelbezirk in eine römische («heidnische») Kultstätte umzuwandeln – auch hier also wiederum das Motiv der bedrohten heiligen Stätte (selbst wenn der Tempel längst zerstört war) als handlungsleitendes Motiv. Obgleich der Aufstand weitaus sorgfältiger vorbereitet war als sein Vorgänger (die Judenchristen allerdings hielten sich fern, weil sie Bar Kochba nicht als Messias anerkennen konnten, und auch die Juden Galiläas waren kaum an ihm beteiligt), gelang es den Römern nach schweren Kämpfen, auch diese Revolte niederzuschlagen – mit verheerenden Folgen vor allem für die jüdische Bevölkerung der Provinz Iudaea.

Nach 135 n.Chr. wurde Jerusalem, wie von den Juden befürchtet, tatsächlich als römische Kolonie Aelia Capitolina (benannt nach Kaiser Titus Aelius Hadrianus) neu aufgebaut; auf dem Tempelberg wurden ebenso wie über dem Grab Christi und der Stätte der Kreuzigung, dem Golgatha-Felsen, römische Tempel geweiht und Götterstatuen aufgestellt. Die Juden waren also nicht die einzigen, deren Kult- und Gedenkstätten besetzt und mit neuer Bedeutung belegt wurden. Aber die Römer gingen noch weiter: Beschnittene Männer durften die Stadt bei Todesstrafe nicht länger betreten, und dies traf Juden ebenso wie jüdische Konvertiten zum Christentum; an ihrer Stelle wurden in größerer Zahl Nichtjuden in Jerusalem und Umgebung angesiedelt. Daß das Verbot durchgängig durchgesetzt wurde, darf bezweifelt werden. Kaiser Konstantin (reg. 306–337) soll den Juden lediglich erlaubt haben, an dem Überrest der westlichen Umfassungsmauer des herodianischen Tempels um dessen Zerstörung zu trauern (daher auch der Begriff «Klagemauer»).

Als weitere Vergeltungsmaßnahme benannten die Römer die Provinz Iudaea in Syria Palaestina um, um so jeden Bezug auf die rebellischen Juden zu tilgen. Dies war Teil der römischen Vergeltungsmaßnahmen gegen die Aufständischen. Der Name «Palästina» selbst war, wie erwähnt, nicht neu, bezeichnete in entsprechender sprachlicher Form vielmehr schon in assyrischen und altägyptischen Quellen den «palästinensischen» Küstenstreifen. Als Bezeichnung für ein weiteres Gebiet, das neben der Küste auch das Binnenland umschloß, läßt er sich erstmals bei Herodot (484–425 v.Chr.) nachweisen, lange vor der römischen Eroberung also. Auch nach der Niederschlagung des Bar-Kochba-Aufstands blieb Syria Palaestina Teil der römischen Provinz Syrien und wurde zunächst durch Annexion benachbarter Gebiete und Verwaltungseinheiten ausgeweitet, im 4. und 5.Jahrhundert in unterschiedlichen Variationen neuerlich unterteilt.[23]

Der Schwerpunkt jüdischen Lebens verlagerte sich währenddessen nach Galiläa; der Sitz des Hohen Priesters und des Sanhedrins, des obersten rabbinischen Rates, wurde in mehreren Etappen nach Tiberias verlegt, wo er bis zur muslimischen Eroberung im 7.Jahrhundert verblieb. Der jüdische Bevölkerungsanteil ging zur gleichen Zeit weiter zurück: Um 300 n.Chr. machten Juden nur noch ein Viertel der Gesamtbevölkerung der Provinz aus; lediglich in Galiläa lebten sie noch in kompakten Siedlungen; der arabische Bevölkerungsanteil stieg demgegenüber schon vor der muslimischen Eroberung im 7.Jahrhundert kontinuierlich an; Jerusalem war bereits im 5.Jahrhundert mehrheitlich christlich.

Palästina unter muslimischer Herrschaft

Die Muslime behielten nach der Eroberung in den Jahren 636–638, wie anderswo auch, die administrative Gliederung Palästinas weitgehend bei: Innerhalb der syrischen Provinz (arab. *al-sham*) wurde der südliche Gebietsstreifen westlich und östlich des Jordan (zuvor Palaestina Prima) in den Militärbezirk (*jund*) Filastin mit Hauptstadt Lydda, später dem neu gegründeten Ramla, umgewandelt. Das daran nördlich angrenzende Palaestina Secunda wurde zu Jund al-Urdunn (Militärbezirk Jordan) mit der Hauptstadt Tiberias (das von Herodes Antipas 18 n.Chr. zu Ehren des Kaisers Tiberius gegründet worden war). Palaestina Tertia, das ehemalige nabatäische Königreich im Süden, verlor seine Eigenständigkeit, wenn es nicht überhaupt aufgelöst wurde, und stand im folgenden allenfalls unter der lockeren Kontrolle wechselnder muslimischer Herren. Erst unter den Kreuzfahrern entstanden zwischen 1099 und 1291 erneut eigenständige politische Einheiten in der Levante, und zwar seit langem wieder unter Einschluß des libanesischen Küstenstreifens: Im «Heiligen Land», dessen religiöse Bedeutung für die Christenheit in der Kreuzfahrerzeit neu betont worden war, bildeten sie das Lateinische Königreich Jerusalem. In der Schlacht von Hittin unterlagen die Kreuzfahrer 1187 einem muslimischen Heer unter Saladin (Salah al-Din alAyyubi). Einer seiner Nachfolger, der Ayyubiden-Sultan al-Kamil, übertrug 1229 zwar Jerusalem (ohne Felsendom und Aqsa-Moschee), Bethlehem, Nazareth und einige andere Städte an den Stauferkaiser Friedrich II., doch brach die fränkische Herrschaft im Schatten des Mongolensturms nach 1260 endgültig zusammen. 1291 fiel mit Akko eine der letzten großen Kreuzfahrerfestungen. Gut zweieinhalb Jahrhunderte stand Palästina unter der Kontrolle der in Kairo residierenden Mamluken, die 1250 die Ayyubiden von der Macht verdrängt hatten. Administrativ trat an die Stelle der horizontalen Gliederung in Jund Filastin und Urdunn (Bezeichnungen, die in der Folgezeit in der Verwaltungssprache nicht länger verwendet wurden) die vertikale Unterscheidung in Jerusalem (al-Quds) und die Küste, jeweils untergliedert in verschiedene Bezirke, die über ihre städtischen Zentren definiert waren.

Unter osmanischer Herrschaft, die von 1516 rund 400 Jahre bis 1918 währte, wurde das Gebiet des heutigen Palästina verschiedentlich neu unterteilt und mit benachbarten Verwaltungseinheiten verbunden. Während in der osmanischen Literatur gelegentlich von «Heiligem Land» (*arazi-yi muqaddese*) die Rede war, geriet der Begriff «Filastin» im offiziellen Verkehr weitgehend außer Gebrauch. In Gerichtsakten wurde er noch verwandt, beschränkte sich wohl aber wie in römischer und in hellenistischer Zeit auf den Küstenstreifen, und auch «al-Urdunn» bezog sich nur mehr auf den Fluß Jordan. Die verbreitete Auffassung, der Name «Palästina» sei in Europa während der Renaissance wieder aufgenommen und über arabische Christen in den Nahen Osten rücktransportiert worden, von den Juden hingegen nie benutzt und von den ortsansässigen Muslimen vergessen worden, ist so allgemein nicht haltbar, wenn es auch an Studien fehlt, die zeigen könnten, wann genau und wie und in welchem Zusammenhang der Begriff im («kollektiven») Gedächtnis bewahrt und verwendet wurde.[24] Sicher ist, daß die Briten ihn aufgriffen und – erstmals seit Jahrhunderten und mit bleibender Wirkung – für eine eigene politische Einheit verwandten. Die Ausdehnung des Mandatsgebiets, das nach dem Ersten Weltkrieg eingerichtet wurde, verriet biblisch-historische Bezüge, sollte es doch «von Dan bis Beersheva» reichen – eine Formel, die im 19. Jahrhundert schon dem Palestine Exploration Fund zur Definition seines Betätigungsfeldes gedient hatte und die David Lloyd George, den britischen Premierminister der Jahre 1916 bis 1922, inspirierte. Das Jahr 1917, in dem die britische Armee, von Ägypten kommend, das südliche Palästina eroberte, so schrieb er,

«sah einen kompletten Wandel in der Einstellung der Nationen gegenüber diesem geschichtsträchtigen Land. Es war nicht länger die Endstation einer Pipeline hier, einer Eisenbahnlinie da, eine zusammengedrängte Ansammlung heiliger Stätten, über die christliche und moslemische Sekten unter dem Schutz dreier Großmächte in jedem Winkel zankten. Es war ein historisches und ein heiliges Land, von Dan bis Beersheba durchpulst von unsterblichen Überlieferungen.»[25]

II.

Zur Heiligkeit des «Heiligen Landes»

Selten wird die komplizierte Verbindung von symbolischer und «realer», d. h. politischer, ökonomischer und selbst kultureller Bedeutung deutlicher als bei der Frage nach der Heiligkeit des biblischen Landes. Daß das «Heilige Land» der Juden, Christen und Muslime nicht deckungsgleich ist mit dem Territorium des modernen Palästina, macht die Sache nicht leichter. Heiligkeit verbindet sich mit der Vorstellung von Dauer, wenn nicht Ewigkeit. Und doch lassen sich die Vorstellungen von der Heiligkeit des «Heiligen Landes» historisch einordnen. Dabei wird ihre Vieldeutigkeit und Wandelbarkeit deutlich, zugleich aber eine Beharrungskraft, die es immer wieder möglich gemacht hat, in unterschiedlichen Situationen durchaus unterschiedliche Ideen, Bilder und Visionen an diesem Konzept festzumachen und ihnen immer neue Funktionen zuzuweisen. Die historische Verortung negiert die Macht der Bilder und Ideen keineswegs, und es ist mehr als fraglich, ob ihre «Dekonstruktion» diese Macht aufheben kann.

Geht man schematisch vor und behandelt in vordergründig chronologischer Abfolge Juden, Christen und Muslime nacheinander, so wird rasch deutlich, daß spezifische Vorstellungen von Heiligkeit und deren Umsetzungen in Liturgie und Kultus, Bild und Sprache, Musik und Poesie, Zeit und Raum einander beeinflußt haben, zum Teil sogar einander bedingen. In manchen Punkten entwickelten sich die Vorstellungen nacheinander, in anderen zur gleichen Zeit und unter ähnlichen Rahmenbedingungen. Daher die Bedeutung der Wechselbeziehungen, Spiegelbilder, auch Umkehrungen zum Zweck der Abgrenzung und Ausgrenzung – und um so reizvoller die Beschäftigung mit den sich überkreuzenden, wechselseitig verneinenden, gelegentlich ganz eigenen Deutungen sowie deren Rezeption. Dazu gehört die Frage nach exklusiven Ansprüchen, die den Ausschluß anderer bedingen («was uns heilig ist, muß unser sein – und zwar ausschließlich»). Die Ansammlung religiösen Prestiges – «symbolischen Kapitals», um mit Pierre Bourdieu zu sprechen – an einem dreifach heiligen Ort, in einem dreifach heiligen Land, macht das Thema so reizvoll und so brisant.

1. Die jüdische Tradition

Die Bedeutung des Landes, und zwar dieses Landes, in der jüdischen Tradition steht außer Zweifel. Wie zentral Eretz Israel für jüdisches Leben und jüdisches Denken tatsächlich war und was aus dieser Zentralität im Konkreten folgte, unterlag aber ganz selbstverständlich historischen Einflüssen. Zunächst gilt: Gründungsmythos Israels ist der Auszug aus Ägypten, nicht die Landnahme in Kanaan; der biblischen Überlieferung zufolge hatten sich die zwölf Stämme Israels und damit das Volk Israel schon *vor* der Landnahme konstituiert. Daß diese Gründungserzählung im nachhinein konstruiert wurde, um einem viel weniger kompakten und zielgerichteten Prozeß Form, Sinn und Richtung zu geben, und sie daher «Vorstellung» darstellt und spätere «Erinnerung», nicht «Geschichte», muß nicht eigens ausgeführt werden.[1] Die Berufung auf die Götter zur Begründung rechtlicher Ansprüche auf Land war in den altorientalischen Kulturen keineswegs ungewöhnlich. Ungewöhnlich war das jüdische Beharren darauf, als Volk von außen gekommen, d. h. nicht autochthon zu sein und andere gewaltsam vertrieben und enteignet zu haben – was der Rechtfertigung bedurfte und mit eben jener göttlichen Schenkung gerechtfertigt wurde.[2] Verbreitet war die Vorstellung, die göttliche Gewalt und Gegenwart manifestiere sich (nur) innerhalb eines bestimmten Territoriums – nicht umsonst spricht man von «Lokalgöttern». Aber der Gott Israels enthüllte sich Abraham, Mose und Josua den biblischen Erzählungen nach außerhalb des Landes (Israel), wenn er in ihm später auch «seine Wohnung nahm». Das Gesetz empfing Moses auf dem Sinai, außerhalb des Landes – wenn einzelne seiner erst viel später ausformulierten Bestimmungen auch an das Land gebunden sein sollten, es seine volle Geltungskraft daher nur innerhalb des Landes Israel erhielt. Daher zugleich die Wichtigkeit seiner räumlichen Festlegung nach dem jüdischen Gesetz, der Halakha.

Nochmals Eretz Israel: «heilig» und «rein»

Bei «Eretz Israel» haben wir es tatsächlich mit einem «geotheologischen Begriff»[3] zu tun, in dem der Bezug auf den realen Ort sich unauflöslich mit der Erwartung von Heil verbindet. Was aber ist nach jüdischem Verständnis «heilig» an Eretz Israel? Zunächst sollte es im strengen Wortsinn nicht «heiliges Land» heißen, sondern «Land (Boden, Stadt, Berg) des Heiligen» – heilig, weil Gott sein Besitzer und er in ihm gegenwärtig ist; heilig, weil in ihm Gottes Gesetz in seinem ganzen Umfang gilt; heilig, weil es im rituellen Sinn rein ist. Die Dimensionen sind erkennbar miteinander verknüpft, aber nicht deckungsgleich. Gott als «Besitzer» (*baʿal*) eines Territoriums (meist einer Stadt) ist eine den altorientalischen Kulturen vertraute Vorstellung. In der Hebräischen Bibel wird sie in vielen Varianten wiederholt, wobei die Forschung die historische Entwicklung und Umwertung der einschlägigen Belege herausgearbeitet hat, insbesondere die bedeutsame Verschiebung vom «Land (Israel)» als Ganzem auf die Stadt Zion-Jerusalem hin, und noch genauer auf den Jerusalemer Tempel, die sich nach der Rückkehr der Israeliten (Juden) aus dem babylonischen Exil im Jahr 539 v. Chr. vollzog.

Die biblischen Belege sind, wie erwähnt, zahlreich: Zentral ist die Aussage, Gott «wohne» in «seinem Land», in «seiner Stadt», auf «seinem heiligen Berg».[4] Der Begriff «Heiliges Land» ist etwa in Sacharja 2,16 zu finden. («Und der HERR wird Juda in Besitz nehmen als sein Erbteil in dem heiligen Lande und wird Jerusalem wieder erwählen.») Besonders eindrücklich sind Psalm 46 und 48,2–4:

> «Groß ist der HERR und hoch zu rühmen in der Stadt unsres Gottes, auf seinem heiligen Berge. Schön ragt empor der Berg Zion, daran sich freut die ganze Welt, der Gottesberg fern im Norden, die Stadt des großen Königs. Gott ist in ihren Palästen, er ist bekannt als Schutz.»

Vom Umfang dieses Landes war oben schon die Rede; dabei hatten sich die Grenzen des «Verheißenen Landes» als gleichermaßen vage wie variabel erwiesen. Für die Zwecke des religiösen Rituals und der Steuerzahlung, die ausschließlich innerhalb des Landes Israel galten und verknüpft waren mit der Vorstellung von Reinheit und Unreinheit von Menschen und Raum, war es allerdings wichtig, dessen Grenzen präziser zu bestimmen.[5] Für eine solche Festlegung gab es weder in der christlichen noch in der islamischen Tradition eine Entsprechung. Dabei waren die Grenzen nicht unverrückbar festgelegt, weil sie davon abhingen, inwieweit auf dem jeweiligen Gebiet, selbst wenn es innerhalb des «Verheißenen Landes» lag, auch tatsächlich Juden lebten, die das Gesetz befolgten. Hier ging es somit nicht um die Festlegung politisch-administrativer Grenzen oder Ansprüche, sondern allein um religionsrechtlich-fiskalische Gesichtspunkte. Dementsprechend wurde es immer wieder notwendig, die halakhischen Grenzen den veränderten Bedingungen anzupassen. Sie wurden zwar definiert als die «derer, die aus Babylon zurückgekehrt waren». Tatsächlich aber reflektieren die vorliegenden Grenzlisten, insbesondere das sog. Tannaitische Grenzenverzeichnis, die Verhältnisse des späten 2. nachchristlichen Jahrhunderts.[6] Westlich des Jordans waren einige der vorwiegend griechischen Küstenstädte aus dem halakhisch reinen Territorium ausgenommen, das demgegenüber Gebiete und Ortschaften sowohl im Ostjordanland wie im heutigen Libanon und Syrien bis in die Umgebung von Damaskus umfaßte.

Der besondere Status, den Eretz Israel – und hier wird es schwer, zwischen den «idealen Grenzen» der Verheißung (d.h. des eigenen Anspruchs) und den «realen Grenzen» der tatsächlichen Besiedlung zu unterscheiden – nach jüdischer Auffassung genoß, hatte weitere rechtliche Konsequenzen, die auch für die Moderne nicht ganz unerheblich sind: Als Gottes Gabe dem Volke Israel als «ewiger Besitz» (1. Mose 17,8) gegeben, war es im Prinzip unveräußerlich und daher an Nichtjuden weder zu verkaufen noch zu verpachten.[7] 3. Mose (Leviticus) 25,23 sagt es unmißverständlich:

«Darum sollt ihr das Land nicht verkaufen für immer; denn das Land ist mein, und ihr seid Fremdlinge und Beisassen bei mir.»

Daß dies nicht unbedingt der Realität entsprach, belegt die Tatsache, daß die Rabbinen nach der Zerstörung des herodianischen Tempels und der Verbannung der Juden aus dem Umkreis von Jerusalem die Pflicht verkündeten, am Land festzuhalten oder aber in Eretz Israel Land zu erwerben, daß sie Juden zur Einwanderung ermunterten und den Verkauf oder die Verpachtung von Land an Nichtjuden ebenso wie die Auswanderung mit Strafe bedrohten. Im Zusammenhang mit dem zionistischen Projekt, in Eretz Israel ein jüdisches Gemeinwesen aufzubauen, sollte dieses

Gebot im 20. Jahrhundert große Bedeutung erhalten, indem nämlich Land, das der Jüdische Nationalfonds erworben hatte, zum unveräußerlichen Besitz des jüdischen Volkes erklärt wurde, der an Nichtjuden (einschließlich der lokalen Araber) weder verkauft noch verpachtet werden durfte. Die Parallele zu Entwicklungen unter der muslimischen Bevölkerung, wo von den 1930er Jahren an in einer vergleichbaren Situation der Bedrohung die Vorstellung von Palästina als unveräußerlicher religiöser Stiftung (*waqf*) der Muslime lanciert wurde, ist nicht zu übersehen. Dazu an anderer Stelle mehr.

Die jüdischen Gelehrten konnten sich dabei auf die radikalen Vorschriften zur «Bannung» (*herem*) der nichtjüdischen Bewohner des zu erobernden Landes berufen, die den Israeliten in der Bibel zur Pflicht gemacht wurde, wobei die Forschung die Bedeutungsbreite des Begriffes *herem* von der («bloßen») Vertreibung bis zur Ausrottung alles Lebenden vom Kleinkind bis zum Greis und selbst noch den Haustieren aufgezeigt hat. Unabhängig von der Auslegung des Begriffs und seiner praktischen Umsetzung war in diesem Gebot zweierlei angelegt: die völlige Verneinung der Ansprüche anderer auf «das» Land und der Ausschluß sozialer Kontakte mit den wider Gottes Gebot im Land Verbliebenen bzw. Belassenen. Beispielhaft ist 5. Mose (Deuteronomium) 7,1–6, dem auch Zweck und Begründung für die drakonische Härte zu entnehmen sind: Die Heiden sollten die Israeliten nicht zum Unglauben verführen können.[8] Andere Bibelstellen verweisen darüber hinaus auf die Unreinheit der Nichtjuden. Über die Praxis läßt sich wenig sagen, außer daß es – immer den biblischen Berichten nach – im Zuge der Landnahme nicht gelang, alle «Heiden» aus dem Verheißenen Land zu vertreiben oder sie gar auszurotten; daß Jerusalem erst unter David und Salomo (zumindest überwiegend?) israelitisch wurde und daß in der hasmonäischen Ära die Versuche andauerten, in Einklang mit 5. Mose 12,2–3 zumindest die heidnischen Kultstätten im Land zu zerstören und die Nichtjuden zum Judentum zu bekehren, wobei die Widerstrebenden nicht ausgerottet wurden, ihnen vielmehr erlaubt wurde auszuwandern (aber was ist das anderes als Vertreibung?). Festhalten läßt sich so lediglich eine Skala von Möglichkeiten, die von einer Einbeziehung der Fremden aus einer Position der Stärke heraus bis zur Absonderung zum Zweck des Selbsterhalts (wenn nicht der gezielten

Selbstausgrenzung) reichte, verbunden mit der Vision des gereinigten Jerusalem als Mittelpunkt der Welt.

Jerusalem und der Tempel

Zumindest seit der Zweiten Tempelperiode nimmt Jerusalem innerhalb von Eretz Israel einen besonderen Rang ein. Einen deutlichen Hinweis bieten Hunderte von Erwähnungen in der Hebräischen Bibel, die späteren Generationen als Inspirationsquelle diente.[9] Wohl als «Urshalim(un)» oder «Urusalim» gegründet, wird die Stadt außerhalb der Bibel erstmals in den ägyptischen «Ächtungs»-Texten aus dem 19. Jahrhundert v. Chr. erwähnt, in denen die «Ächtung» namentlich genannter Feinde verkündet wurde. In der Bibel erscheint sie erstmals – als Feindesland, d. h. nicht von Israel beherrschtes Land – in Josua 15,63 («Die Jebusiter aber wohnten in Jerusalem, und Juda konnte sie nicht vertreiben. So blieben die Jebusiter mit denen von Juda in Jerusalem wohnen bis auf diesen Tag») und Richter 1,21 («Aber Benjamin vertrieb die Jebusiter nicht, die in Jerusalem wohnten, sondern die Jebusiter wohnten bei denen von Benjamin in Jerusalem bis auf diesen Tag»). Die Eroberung Jerusalems durch David, von der die Bibel berichtet, nachdem er derselben Erzählung zufolge die israelitischen Stämme unter sich vereinigt hatte, wird gemeinhin um 1000 v. Chr. angesetzt.[10] Volksetymologisch wurden später «(Jeru)Salem» und «Frieden» (hebr. *shalom*, arab. *salam*) gleichgesetzt, so daß Jerusalem zur «Stadt des Friedens» wurde – die sie historisch nun gerade nicht war.[11] «Zion», das im folgenden vielfach synonym mit Jerusalem, dem Land und dem Volk Israel verwendet wurde, wechselte seine topographische Zuordnung und heilsgeschichtliche Bewertung mehrmals: Ursprünglich scheint es die Bezeichnung der Burg auf dem südwestlichen Hügel des späteren Stadtgebiets von Jerusalem gewesen zu sein, südlich des späteren Tempelbergs, auf dem sich die kanaanäische (jebusitische) Siedlung befand, die als Ganze seit langem den Namen Jerusalem trug.

Unter David wurde Jerusalem – immer der jüdischen Tradition folgend – als Königsstadt und religiöses Zentrum aufgewertet, indem er die Burg Zion in «Stadt Davids» umbenannte (2. Samuel) und sich dort einen Palast bauen ließ. Von zentraler Bedeutung war darüber hinaus die Überführung der Bundeslade nach Jerusalem, nachdem bis dahin Shilo als religiöses Zentrum gedient hatte, sowie natürlich der Tempelbau unter Davids Sohn Salomo, der der Stadt wie dem Königshaus eine Aura von Heiligkeit verlieh.[12] Die Staatsgründung unter David und Salomo bildete, so der Judaist Moshe Weinfeld, einen entscheidenden Wendepunkt in der Geschichte Israels: den Übergang von der tribalen, auf die Versammlung des Volkes gegründeten, zur dynastisch-monarchischen Ordnung und vom beweglichen zum festen Heiligtum. Die Neuerung bedurfte der religiösen Legitimation, die in der Konstruktion eines neuerlichen Bundes mit David analog zu Gottes Bund mit Abraham und Moses ihren Ausdruck fand.[13] Die Gründung der Dynastie und der Bau von Palast und Tempel – die beide auch architektonisch eng miteinander verbunden waren – lassen sich so als Zeichen einer «Normalisierung Israels» deuten, die in altorientalischen Hof- und Reichsideologien ihre Vorläufer und Parallelen hatte. Dennoch blieben vor allem im Norden Palästinas weitere Heiligtümer bestehen, die sich neben Jerusalem behaupten konnten; in Jerusalem selbst blieben andere Bevölkerungsgruppen und Kulte präsent, wenngleich in zeitgenössischen biblischen Texten wiederholt auf eine künftige «Reinigung» der Stadt hingewiesen wurde.

Als das religiöse Zentrum schlechthin trat Jerusalem erst in nachexilischer Zeit auf, als der Perserkönig Kyros 539 v. Chr. den nach Babylon deportierten Israeliten (Juden) die Erlaubnis zur Rückkehr in die zerstörte Stadt und zum Wiederaufbau des Tempels gab, der angeblich mit Unterstützung der persischen Staatskasse gebaut und um 515 v. Chr. geweiht wurde. Das Exil – religiös gedeutet und vertieft als Zeichen gerechter göttlicher Strafe – hatte Anlaß zu tiefgreifenden Neudeutungen israelitischen bzw. jüdischen Lebens und Denkens gegeben. Eine Konsequenz war die Umorientierung vom *Land Israel*, das mittlerweile in größerer Zahl als zuvor von Nichtjuden bewohnt wurde, während zur gleichen Zeit außerhalb seiner Grenzen eine jüdische Diaspora entstanden war (für die Rückkehr nach Palästina entschied sich nur ein Teil der nach Babylon verschleppten Israeliten), auf das *Volk Israel* sowie die Stadt Jerusalem und ihren *Tempel*, die besser geeignet schienen, dem verstreuten Volk einen zentralen Bezugspunkt zu bieten.[14]

Auch nach der definitiven Zerstörung von Tempel, Palast und Reich im Jahr 70 n.Chr. hielt sich die Bedeutung Zion-Jerusalems als Symbol des jüdischen Volkes, das Anknüpfungsmöglichkeiten für ganz unterschiedliche Ideen und Visionen bot. Das Motiv des von Fremden («Heiden») bedrohten Heiligtums löste wiederholt bewaffnete jüdische Aufstände aus. Deren Scheitern stärkte aber auch die entgegengesetzte Tendenz zur Spiritualisierung, die auf ein «himmlisches Jerusalem» verwies, wo das irdische – zumindest aus jüdischer Sicht – so wenig Anlaß zur Idealisierung bot. Ansätze lassen sich wohl bis ins 8. vorchristliche Jahrhundert zurückverfolgen. Die Vision von einem himmlischen Jerusalem war in hellenistischer Zeit vor allem in endzeitlich (eschatologisch) orientierten Zirkeln auszumachen; sie konnte sich in der jüdischen Tradition aber nicht durchsetzen.[15]

Die Realität war in der Tat trist: Von der Niederschlagung des Bar-Kochba-Aufstands im Jahr 135 bis zur muslimischen Eroberung in den Jahren 636–638, d.h. ziemlich genau 500 Jahre lang, waren Juden aus Jerusalem und seinem Umfeld ausgeschlossen (wenngleich, wie erwähnt, bezweifelt werden kann, daß das Verbot immer durchgesetzt wurde); lediglich am 9. Tag des Monats Av, dem Tag der Zerstörung des herodianischen Tempels, erhielten sie Gelegenheit, an der «Klagemauer» den Verlust zu beweinen. Insofern bedeutete ihre Wiederzulassung nach der muslimischen Eroberung einen wichtigen Einschnitt.[16] Einen Fortschritt bedeutete auch die Reinigung des Tempelbergs, der nach muslimischer und jüdischer Überlieferung unter byzantinischer Herrschaft zum Trümmer- und Abfallhaufen verkommen war und die auf Bitten und mit Hilfe von Juden erfolgt sein soll. Ob sie im folgenden das Tempelareal betreten durften, ist unklar. Mittelpunkt jüdischer Gebets- und Pilgerriten waren zumindest vom 8.–16.Jahrhundert aber weder der Tempelberg noch die «Klagemauer», in deren Nähe die Juden in umayyadischer und abbasidischer Zeit möglicherweise eine kleine Synagoge besaßen, sondern der Ölberg, der zugleich als Versammlungsort der Gemeinde diente.

Die im Lande verbliebenen jüdischen Gelehrten vermochten nach dem 5.Jahrhundert keine führende Rolle mehr für die Juden Palästinas und der Diaspora zu spielen.[17] Mit dem Tode Gamaliels VI. aus dem Hause Hillel endete um 425 n. Chr. das Hohepriestertum. Zum Zeitpunkt der muslimischen Eroberung war Tiberias Sitz des palästinensischen Sanhedrin, der höchsten religiös-rechtlichen Instanz der jüdischen Gemeinde, der jedoch Mitte des 10. Jahrhunderts wohl nach Jerusalem verlegt wurde, um Ende des 11. Jahrhunderts nach Tiberias zurückzukehren. Vom Ende des 6. bis zur Mitte des 11. Jahrhunderts galten die Oberhäupter (*ge'onim*) der rabbinischen Akademien in Babylon – Sura und Pumbedita – als höchste religiös-rechtliche Autorität aller Juden. Im 12. und 13. Jahrhundert besaß der Gaon von Kairo Rechtshoheit über die Juden im gesamten fatimidischen und später ayyubidischen Reich, das über einen längeren Zeitraum auch Palästina kontrollierte, es fanden sich aber auch in Palästina babylonische Gemeinden, so daß hier von keiner klaren räumlichen Trennung auszugehen ist.

Beduineneinfälle ließen es im 16. Jahrhundert sicherer erscheinen, den Kult- und Versammlungsort der Jerusalemer Juden in das Stadtinnere zu verlegen, zumal Sultan Suleiman der Prächtige in den 1530er Jahren die Stadtmauer hatte wiederaufbauen lassen. Zur gleichen Zeit erlaubte er den Juden, an der Klagemauer einen Gebetsraum einzurichten. Daß die Klagemauer selbst – in auffälliger Parallele zur Geschichte um den Tempelberg – zunächst von einem Berg von Schutt und Unrat gereinigt werden mußte, läßt darauf schließen, daß sie im religiösen Leben bis dahin keine besondere Rolle gespielt hatte. Popularisiert, d. h. in bildliche und literarische Form gegossen, wurde die Vorstellung von der Klagemauer als Fokus der Heiligkeit erst im 19. Jahrhundert. Neueren Datums ist im übrigen auch die Formel von den «vier heiligen Städten» Jerusalem, Hebron, Safed und Tiberias, die keine biblische Grundlage hat. Sie bildete sich vielmehr erst im Zusammenhang mit der Sammlung für die Juden in Eretz Israel, der Halukka, heraus, die seit dem 16. Jahrhundert systematisch durchgeführt worden zu sein scheint.

Auch lange nach der Zerstörung von Tempel und Reich lebten die Juden in ihrer überwiegenden Mehrheit zwar nicht im Land, wohl aber «dem Lande zugewandt».[18] Architektonisch fand das seinen Ausdruck unter anderem darin, daß die Synagogen nach Jerusalem ausgerichtet wurden (so wie die Moscheen nach Mekka). Den Tempel symbolisierte der siebenarmige Leuchter (Menora). Verankert waren Hinwendung und Erinnerung in liturgischen

Formeln und Regeln, in Bildkunst und Poesie. Am vertrautesten ist in diesem Zusammenhang sicher Psalm 137,1–6:

> «An den Wassern zu Babel saßen wir und weinten, wenn wir an Zion gedachten. Unsere Harfen hängten wir an die Weiden dort im Lande. Denn die uns gefangen hielten, hießen uns dort singen und in unserm Heulen fröhlich sein: ‹Singet uns ein Lied von Zion!› Wie könnten wir des HERRN Lied singen in fremdem Lande? Vergesse ich dich, Jerusalem, so verdorre meine Rechte. Meine Zunge soll an meinem Gaumen kleben, wenn ich deiner nicht gedenke, wenn ich nicht lasse Jerusalem meine höchste Freude sein.»

In den Pflichtgebeten werden Zion oder Jerusalem als Synonym für Eretz Israel als Ganzes erwähnt. Zu den bekanntesten Referenzen zählt ohne Zweifel der Ausspruch «Nächstes Jahr in Jerusalem», der zum Abschluß des Pessah-Seders, der Liturgie zur Erinnerung an den Auszug aus Ägypten, gesprochen wird. Besonders wichtig ist der 14. der insgesamt 19 Segenssprüche der täglichen Andacht (ʿamida), die am Sabbat und an Festtagen abgewandelt und erweitert wird:

> «Nach Jerusalem, Deiner Stadt, kehre zurück in Erbarmen. Wohne in ihrer Mitte, wie Du versprochen. Baue sie auf, bald in unseren Tagen, als ewigen Bau. Den Thron Davids richte bald auf in ihrer Mitte. Gelobt seist Du, Herr, der Jerusalem erbaut.»

Hinzu kommt das tägliche Tischgebet als zentraler Bestandteil der häuslichen Liturgie, das aus vier Segenssprüchen besteht. Im dritten, dem sog. *boneh yerushalayim* («Errichte Jerusalem»), wird für Zion-Jerusalem, die Wiedererrichtung der davidischen Dynastie und des Tempels gebetet. Eine große Rolle spielt Jerusalem in den *piyyutim* (Poesie, Dichtung), die Pflichtgebete und sonstige religiöse Anlässe ergänzen; je nach Zusammenhang wird es dort besungen oder beweint. Die Idealisierung des Landes Israel, in dem «Milch und Honig fließen» (2. Mose 3,17), fand vor allem in der nicht-normativen rabbinischen Tradition (Aggada) und der volkstümlichen Überlieferung ihren Niederschlag, die durch wundersame Geschichten und Legenden ausgeschmückt wurde. Wie das Religionsverständnis allgemein wandelten sich aber auch Form und Funktion der Liturgie. Im Zeitalter der Emanzipation gingen Reformgemeinden, die eine weitgehende Assimilation der Juden in der Diaspora an ihre jeweilige Umgebung anstrebten, so weit, diejenigen Passagen, die sich auf eine Rückkehr nach Zion-Jerusalem bezogen, aus den Gebetsbüchern zu streichen: Sie wurden entterritorialisiert und spiritualisiert. Der Holocaust bewirkte aber auch hier eine Umkehr.

Über die praktischen Auswirkungen der Bindung an Zion läßt sich bis zum ausgehenden 19. Jahrhundert wenig Genaues sagen: Die Pilgerfahrt, die zur Zeit des Zweiten Tempels und seines herodianischen Nachbaus ein bedeutender Faktor gewesen sein soll, kam nach dessen Zerstörung zunächst zum Erliegen. Der Versuch Kaiser Julians, «des Abtrünnigen» (Apostata, reg. 361–363), den Tempel wiederaufzubauen, fand mit dessen frühem Tod ein Ende.[19] Das bedeutete keineswegs das Ende jüdischer Pilgerfahrten ins Heilige Land, für die sich – ebenso wie für die Einwanderung von Juden – über die Jahrhunderte Belege finden. Das Begräbnis bzw. die Überführung von Toten nach Palästina (und zwar keineswegs nur nach Jerusalem) läßt sich seit dem 3. nachchristlichen Jahrhundert nachweisen, jedoch nicht quantifizieren: Gegen anfänglichen Widerstand rabbinischer Kreise, die nach der Zerstörung des Tempels lieber die Lebenden in Eretz Israel sehen wollten als die Toten, setzte sich die Vorstellung durch, eine Bestattung im Heiligen Land sei zur Sühne von Sünden und um am Tag der Auferstehung zu den Ersten zu gehören, die der Herr erwecken würde, besonders verdienstvoll und erstrebenswert.

2. Die christliche Tradition

In der christlichen Tradition findet sich in bezug auf Zion-Jerusalem und das biblische Land eine womöglich noch größere Vielfalt der Bilder und Ideen als in der jüdischen: Neben der Tendenz zur Abstraktion vom konkreten Raum, zur Ent-Territorialisierung, die gerade die Abgrenzung von jüdischen Vorstellungen anzeigt und damit eine bewußte Umwertung grundlegender theologischer Bezüge, steht jene zur Bindung an den konkreten Raum, die unverkennbar an die politische Kontrolle dieses Raums gebunden war. Ebenso bedeutsam für die europäisch-westliche Kulturgeschichte war und ist die Übertragung der biblischen Motive vom «auserwählten Volk» und «verheißenen Land» auf unterschiedlichste Gruppen und Gemeinschaften – von den frühen Christen, die den «alten Bund» des jüdischen Volkes abgelöst sahen durch den «neuen Bund» des Christentums, über Gläubige der russisch-orthodoxen Kirche und die englischen Puritaner des 17. Jahrhunderts bis hin zu amerikanischen Politikern und Predigern der Gegenwart. Der «neue Bund» bestätigte den alten – und korrigierte ihn zugleich. Das Nebeneinander unterschiedlicher, zum Teil sogar gegensätzlicher Konzepte, die auf unterschiedlichen Vorstellungen von der Bedeutung des Landes für Kultus und Identität ruhten, spiegelte spezifische Zeitströmungen wider, darunter gelegentlich sehr konkrete Interessen. Bei allen Gemeinsamkeiten von jüdischer und christlicher «Landtheologie» lassen sich Unterschiede in der Verankerung finden: Gründet die jüdische Landtheologie in göttlicher Verheißung und Bundesschluß, so zeigt die christliche eine größere Bindung an Personen, eine Diffusion der Heiligkeit von «heiligen Männern» – und zwar nicht nur von Jesus, den Aposteln und christlichen Märtyrern, sondern auch den biblischen Erzvätern, Königen und Propheten – auf den Raum ihres Wirkens.

Das himmlische und das irdische Jerusalem

Der Begriff des «Heiligen Landes» (*terra sancta*) verbreitete sich im Römischen Reich seit dem ausgehenden 4. Jahrhundert im unmittelbaren Anschluß an die Übernahme des Christentums als Reichsreligion. Sie zog eine Aufwertung des biblischen Landes als Stätte des Wirkens Jesu nach sich, wenngleich bis zur frühen Kreuzfahrerzeit der Bezug auf die «heiligen Stätten» des Alten und des Neuen Testaments bestimmend blieb.[20] Im Gegensatz zu den Juden standen die meisten Christen dem biblischen Land eher gleichgültig gegenüber. Erst in der Kreuzfahrerzeit verankerte sich die Idee des Heiligen Landes bleibend im christlich-abendländischen Bewußtsein und Sprachgebrauch.

Die Apostel waren sich in der Bewertung Jerusalems und des Heiligen Landes nicht einig: In den Evangelien spielt Jerusalem keine hervorstechende Rolle, ist vorrangig die Stätte von Jesu Leiden und Tod und daher eher negativ als positiv belegt. Eine Ausnahme macht das Johannes-Evangelium – doch findet sich gerade in ihm die klarste Loslösung von Heil und Raum, die Verlagerung ins Abstrakte, auf das «himmlische Jerusalem», das hier nicht einen Ort bezeichnet und auch keine der irdischen Sphäre parallele

Welt, sondern einen inneren Zustand.[21] Zentral für die abstrahierende, spirituelle Deutung sind daneben die Offenbarung des Johannes (Apokalypse 21), die so eindringlich von einem «Neuen Jerusalem» spricht, und die Apostelbriefe, namentlich Hebräer 11,16 («Nun aber begehren sie eines besseren Vaterlandes, nämlich eines himmlischen ...») und Galater 4,26 («Aber das Jerusalem, das droben ist, das ist die Freie; die ist unsre Mutter»). Anknüpfungspunkte fanden die christlichen Autoren im Alten Testament vor allem bei den Propheten Daniel, Jesaja und Ezechiel. Auch das Motiv des himmlischen Jerusalem erfuhr eine Vielzahl von Deutungen und Deutungsverschiebungen: Den Kirchenvätern Origenes (185–254) und Ambrosius (ca. 340–397) etwa war das himmlische Jerusalem die gläubige Seele, für Paulus und Augustinus (354–430) war es die Gemeinschaft der Gläubigen. Im Mittelalter traten neue Räume, Institutionen und Gemeinschaften als Ort und Verkörperung christlicher Ordnung auf, an erster Stelle das Kloster und die Kathedrale, wo die Herrlichkeit des himmlischen Jerusalem ihren Abglanz fand im Leuchten der gotischen Kirchenfenster.

Weitgehend parallel verlief die Bindung an den konkreten Raum, die einherging mit der schrittweisen Aneignung der jüdischen Landverheißung durch die Christen. Entscheidend war die «konstantinische Wende» des Jahres 324 n. Chr., die Konstantin nach dem Sieg über Licinius zum Herrscher auch des römischen Ostreichs aufsteigen ließ. Konstantin strebte die Umwandlung Jerusalems in eine christliche heilige Stadt an, in bewährter Weise manifest gemacht durch ein Bauprogramm, das sich in erster Linie an den (vermuteten) Stätten des Wirkens Jesu orientierte.[22] Schon 325 beauftragte er den Jerusalemer Bischof Makarios mit dem Abbruch eines Venus-Tempels, an dessen Stelle zwei Jahre später das Grab Jesu «entdeckt» wurde – ein früher Fall von Ausgrabungen, und dies mit weitreichenden Folgen. Eusebius (ca. 260–339), religiöser Berater und Biograph des Kaisers, der als Bischof seiner Heimatstadt Caesarea einer religiösen Aufwertung Jerusalems eher reserviert gegenübergestanden hatte, deutete den Fund als Zeichen des christlichen Triumphes und baldigen Siegs über die Juden und Heiden. Beim Bau der 335 mit großem Gepränge geweihten Grabeskirche wurde auch das Kreuz Christi «gefunden» – bzw. das, was man für dieses Kreuz hielt; die Zuschreibung des

Fundes an Konstantins Mutter Helena datiert wohl aus späterer Zeit.

In der Grabeskirche war die Basilika (Martyrion) dem Andenken an die Passion Christi geweiht; die nahegelegene Rotunde (Anastasis) mit dem Christusgrab galt als Ort der Auferstehung, in der südöstlichen Ecke zwischen beiden lag der Golgatha-Felsen, der zugleich gedeutet wurde als Grab Adams und Ort der Opferung Isaaks. Im 4. und 5. Jahrhundert wurden in Jerusalem, Bethlehem und dem ganzen «Heiligen Land» zahlreiche Kirchen und Klöster errichtet. Als Erbauer traten nicht nur byzantinische Würdenträger und reiche Stifter im christlichen Westeuropa auf, sondern auch Angehörige einer neu entstehenden internationalen Mönchsbewegung, die sich zum Teil aus ehemaligen Pilgern rekrutierte. Begleitet wurde der Kirchen- und Klosterbau von immer neuen Gräber- und Reliquien«funden» alttestamentlicher Propheten und christlicher Märtyrer. Hinzu kamen leichter beschaff- und vermehrbare Güter wie Erde, Öl, Kreuzesstücke und Jordanwasser, die der Konkretisierung von «Erinnerung» enormen Vorschub leisteten. Eine neu entstehende christliche Liturgie knüpfte an die heiligen Stätten an, Kreuzwege erlaubten in späteren Zeiten die Vergegenwärtigung der Stätten des Leidens auch in den fernsten Räumen, Bild, Ton und Wort ließen die biblischen Stätten in einer Weise «vertraut» erscheinen wie wenige Orte jenseits des eigenen Lebensumfeldes.

Das 5. und 6. Jahrhundert kann als Blütezeit des frühen Christentums gelten. Aus dem 6. Jahrhundert stammt auch die früheste erhaltene Abbildung des christlichen Jerusalem, dargestellt in idealisierter ovaler Form, in dem Mosaikfußboden von Madaba im heutigen Jordanien. Auf den europäischen Land- und Weltkarten allerdings spiegelte sich die neue Weltsicht, die Jerusalem als Mitte und Nabel der Welt sah, interessanterweise lange Zeit nicht wider.[23] Erst aus dem ausgehenden 12. Jahrhundert, der Kreuzfahrerzeit also, sind Karten erhalten, die Jerusalem in den Mittelpunkt der (christlichen) Welt rückten – wie man sich überhaupt davor hüten sollte, die Zentralität Jerusalems für die Christenheit überzubetonen, denn zur gleichen Zeit, in der Jerusalem, die Stätte der Verfolgung Jesu, neue Beachtung fand, stieg Rom, die Stätte der Verfolgung der Apostel (und das «Babylon» der frühen Christen), zum wahren Mittelpunkt der christlichen Welt auf. Schon im

15.Jahrhundert kehrten die Kartographen zu einer Darstellung zurück, die sich nicht an der Heilsgeographie orientierte, sondern an den jeweils neuesten wissenschaftlichen Erkenntnissen.

Greifbarer Ausdruck der Hinwendung zu den heiligen Stätten waren Pilgerfahrten, für die sich bereits wenige Jahre nach der Entdeckung des Heiligen Grabes Belege finden lassen.[24] Einzelne Pilger hatten sich schon früher auf die Wallfahrt begeben, die etwas weniger gefährlich wurde, als Kaiser Galerius III. 311 n.Chr. im römischen Westreich die Christenverfolgungen einstellte; 324 wurden sie auch im Ostreich beendet. Zeugnisse aus der frühen Christenheit sind allerdings überaus rar. Aus dem 4.Jahrhundert hingegen liegen die Berichte des anonymen Pilgers von Bordeaux vor, der 333 die heiligen Stätten aufsuchte, der Römerinnen Paula und Eustochium, die um 385–386 im Heiligen Land weilten, und der Nonne Egeria oder Aetheria, die ihnen 393–396 folgte, oder auch des gallischen Bischofs Arculf, der im ausgehenden 7.Jahrhundert zu den ersten westlichen Pilgern zählte, die das Heilige Land nach der muslimischen Eroberung besuchten. Im Verlauf von Mittelalter und früher Neuzeit fächerten sich die Motive und Zielsetzungen der Pilger auf: Die spirituelle Erfahrung blieb wohl immer grundlegend, doch kamen die Suche nach Ablaß hinzu, den die Päpste gewährten, Abenteuerlust, Geltungs- und Repräsentationsbedürfnis. Im 19.Jahrhundert gehörte die Pilgerfahrt nicht selten zur Bildungs- und Kavalierstour der besseren Stände oder zumindest ihrer männlichen Mitglieder. Die große Mehrheit der Pilger kam freilich nicht aus dem Westen, der lateinischen Christenheit, sondern aus dem Osten, Byzanz oder den von Muslimen besetzten Gebieten. Noch im 19.Jahrhundert stellten russische und orientalische Besucher die Mehrheit der christlichen Pilger und Reisenden im Heiligen Land.

Der neue Bund und das Neue Jerusalem

Wie bei den Juden war auch bei den Christen die Vorstellung von «heiligem Raum» und «heiliger Stätte» eng gekoppelt an den Ausschluß von Andersgläubigen – wenngleich ohne vergleichbar ausdifferenzierte Konzepte von ritueller Reinheit und Unreinheit und im wesentlichen auf Jerusalem beschränkt. Vom 4.Jahrhundert an traf das vor allem die Juden, in der Kreuzfahrerzeit auch die Muslime:[25] Nach der Eroberung Jerusalems im Jahr 1099 wurde der Felsendom in eine christliche Kirche umgewandelt, den «Tempel des Herrn», der allerdings erst 1141 geweiht und baulich kaum verändert wurde, so daß er nach der muslimischen Rückeroberung 1187 problemlos wieder als islamische Stätte genutzt werden konnte. Die Aqsa-Moschee wurde in «Palast», später «Tempel Salomos» umbenannt. Der 1120 gegründete Templerorden richtete sein Hauptquartier auf dem Tempelareal ein. All dies verriet gezieltes Konkurrenzverhalten und den offenen Versuch, nun die Muslime zu übertrumpfen – wie diese es zuvor, wie noch zu sehen sein wird, mit dem Bau des Felsendoms den Christen gegenüber getan hatten.

Der weitere Gang der Geschichte in Palästina selbst wird in späteren Kapiteln gezeichnet. Erwähnenswert sind an dieser Stelle Rezeption und Wirkung der Idee des «Salomonischen Tempels» und des «Neuen Jerusalem» in der europäischen Geschichte. Dazu zählen die Versuche der Rekonstruktion des Tempels als Idealarchitektur in unterschiedlichsten Bauten von der Hagia Sophia über die Sixtinische Kapelle bis zum Escorial – wobei die Idealform zeitgemäß unterschiedlich definiert wurde, sei es als Rundform, sei es streng achsensymmetrisch.[26] Anders die Neudeutung des Tempels als Metapher für die tugendhafte Gesellschaft – analog zur christlichen und mönchischen Gemeinschaft – durch die im 18. Jahrhundert aufkommende Freimaurerbewegung. Ein wichtiges Element der Übertragung und Aneignung war und ist die Vorstellung vom «Neuen Jerusalem», wie sie sich in unterschiedlichster Form von der Renaissance an festmachen läßt, z. T. verbunden mit der Überführung von Reliquien. Als «Nuova Gerusalemme» porträtierte sich im 15. und 16. Jahrhundert die Seerepublik Venedig, als «Neues Jerusalem» verstanden sich aber auch die russischen Städte Kiew und Moskau. Die Wiedertäufer in Münster und Cromwells Puritaner betrachteten sich als Erneuerer des alttestamentlichen Bundes. Kultur- wie realpolitisch besonders wirkungsvoll waren entsprechende Ansätze in Amerika: Auch hier fällt wieder die Vielzahl der Deutungen bis hin zur freien Assoziation ins Auge, beginnend mit der Überfahrt der «Pilgerväter», über die Gleichsetzung von Exodus und Landnahme mit dem Zug nach Westen, die in der Landschaftsmalerei des 19. Jahrhunderts einen Niederschlag fand, bis hin zur aktuellen Tagespolitik. Samuel Wakeman, Prediger im neuenglischen Hartford, hatte den Anspruch schon 1685 prägnant formuliert: «Jerusalem war, Neuengland ist, sie waren, ihr seid Gottes eigenes, Gottes Bundesvolk».[27]

3. Die muslimische Tradition

Die Historizität der Vorstellungen von der Heiligkeit des biblischen Landes, oder zumindest Teilen dieses Landes, belegt auch die muslimische Überlieferung. Wie die christliche enthielt sie von frühester Zeit an konkurrierende Sichtweisen, die auf unterschiedlichen religiösen Konzepten beruhten. Die Fülle und Uneindeutigkeit einschlägiger Passagen in Koran und Prophetentradition (Sunna) machten es möglich, unterschiedliche Vorstellungen von der Heiligkeit des Ortes islamisch zu verankern und zu legitimieren. Es wird nicht überraschen, daß als Fürsprecher vor allem lokale Muslime auftraten; von der Heiligkeit des Landes sprachen aber auch Sufis (muslimische Mystiker). Kritisch zeigten sich all jene, die – wie der bekannte Theologe Taqi al-Din Ahmad Ibn Taimiyya (st. 1328), auf den sich moderne Islamisten so gerne berufen – die Verehrung Jerusalems und seiner Umgebung als unzulässige Neuerung (*bid'a*) ablehnten, die lediglich ablenke von den Grundlagen der Religion: dem Bekenntnis zu dem Einen Gott und seinem Propheten sowie der Einhaltung des Gesetzes, der Scharia.[28] Im Islam begegnet uns eine neue Begründungskette, die charakteristisch ist für das subtile Muster von Einbeziehung und Abgrenzung, dem die Muslime als Anhänger der letzten der drei großen Offenbarungsreligionen in ihrem Verhältnis zu Juden und Christen folgten: Sie reihten sich ein in die große Tradition, grenzten sich aber ab gegenüber deren bisherigen Verkündern. Wie der «neue» den «alten Bund» korrigiert und abgelöst hatte, so erneuerte nun der Koran als letztgültige Offenbarung die früheren Botschaften, die *ab*gewertet, aber nicht *ent*wertet wurden.

Auch im Islam stand ganz am Anfang der Versuch, an die abrahamitische Tradition anzuknüpfen, die der neuen Religionsgemeinschaft und ihrem Propheten *das* Ansehen verleihen und *die* Anerkennung sichern sollte, die ihnen die zeitgenössischen Träger der monotheistischen Lehre – die Juden und Christen innerhalb und außerhalb der Arabischen Halbinsel – verweigerten. Hier manifestierte sich besonders augenfällig das Muster von Eingliederung und Abgrenzung: An Abraham – den «Stammvater» von Juden, Christen und Muslimen – anzuknüpfen bedeutete für die Muslime, die ursprüngliche Botschaft anzunehmen, die ihrer Überzeugung nach rein und unverfälscht auch den Juden und Christen offenbart worden war, welche dann jedoch von ihr abgewichen waren, ja sie regelrecht verfälscht hatten. Sichtbarster Ausdruck dieser Eingliederung war die Gebetsrichtung (*qibla*) der ersten Muslime, die der muslimischen Überlieferung zufolge nach Jerusalem wies. Erst einige Zeit nach der Übersiedlung (*hijra*) nach Medina im Jahr 622 soll Muhammad, einer koranischen Offenbarung (Sure 2,142–150) folgend, die Änderung der Gebetsrichtung nach Mekka verfügt haben.[29] Das ist wohl im Zusammenhang mit der zuletzt blutigen Auseinandersetzung mit den jüdischen Clans in Medina zu sehen, die Muhammad für seine Mission zu gewinnen gehofft hatte. So ließ es sich als Zeichen neu erlangten Selbstbewußtseins deuten, mit dem sich die Muslime nicht länger nach der überwundenen Stätte religiösen Heils ausrichteten, sondern nach dem altarabischen Heiligtum der Ka'ba, das sie auf Abraham zurückführten, den auch sie als ihren Stammvater ansahen.

Muslimische Konzepte von der Heiligkeit des «Heiligen Landes» boten eine spezifisch islamische Weiterentwicklung von Elementen der jüdischen und der christlichen Tradition: Heilig war es, weil den Juden als solches verheißen, heilig zugleich aber, weil dem Propheten Muhammad ein religiös hoch bedeutsames Erlebnis, die sog. Nachtreise, zugeschrieben und diese mit Jerusalem verknüpft wurde. Die Bedeutung «heiligen Raums» im Islam generell ist nicht leicht zu klären.[30] Das Beispiel Mekkas und der Pilgerfahrt (*hajj*) legt nahe, daß Heiligkeit die Aspekte Raum, Zeit und Weihezustand umfaßt; Weihe aber setzt rituelle Reinheit voraus, die wiederum den Ausschluß «unreiner» und andersgläubiger Menschen bedingt oder zumindest bedingen kann. Zu unterschiedlichen Zeiten waren daher Moscheen als «heiliger Raum» (*haram*) für Ungläubige tabu; in Palästina galt das bis zur Mitte des 19. Jahrhunderts für den «heiligen Bezirk» (*al-haram al-sharif*) auf dem Tempelberg mit dem Felsendom und der Aqsa-Moschee und darüber hinaus für bestimmte Stätten wie etwa das Patriarchengrab in Hebron (hebr. *mahpela*).

In bezug auf den Tempelberg, Jerusalem und Palästina lassen sich in der muslimischen Tradition verschiedene Momente benennen: die auf den Koran und die Sunna zurückgeführte religiöse Hochschätzung Jerusalems, die in der ursprünglichen Gebetsrichtung (*qibla*) und der Erzählung von der Nacht- und Himmelsreise Muhammads (*isra'*, *mi'raj*) ihren Ausdruck fand, deren einzelne Elemente allerdings erst im Lauf eines längeren Zeitraums miteinander verknüpft wurden; die Bautätigkeit umayyadischer Kalifen, die der Stadt mit Felsendom und Aqsa-Moschee neues Prestige und ein spezifisch islamisches Gepräge verlieh und die vor allem in Konkurrenz zu den Christen zu sehen ist; die neuerliche Bautätigkeit im Gefolge der Kreuzzüge, die von den Ayyubiden, Mamluken und später den Osmanen mit ähnlicher Stoßrichtung fortgeführt wurde; schließlich die moderne Idee, derzufolge ganz Palästina als religiöse Stiftung (*waqf*) auf ewig anvertrautes Gut und unveräußerlicher Besitz der Muslime ist, die das Land im 7. Jahrhundert für den Islam eroberten. Dazu kommen, jenseits der normativen Tradition, an Jerusalem geknüpfte Legenden und Erzählungen, wie sie auch die jüdische und die christliche Tradition kennen, die hier vielfältig ineinander wirkten, sowie die Literatur über die Vorzüge Jerusalems (*fada'il al-quds*), die vor allem in der Kreuzzugszeit Verbreitung fanden.

al-haram al-sharif: Felsendom und Aqsa-Moschee

Als die Muslime zwischen 636 und 638 Jerusalem eroberten, war es eine rein christliche Stadt. Was sie ihnen zu diesem Zeitpunkt bedeutete, ist kaum mehr zu ermitteln: Der Kalif Umar (reg. 634–644) scheint Jerusalem zwar besucht und die Reinigung des Tempelbergs veranlaßt zu haben. Ob es jedoch Juden waren, die ihn dazu bewegten, oder doch lokale Christen, ist umstritten.[31] Auf jeden Fall ließ er, um die verbindliche Gebetsrichtung nach Mekka zu unterstreichen, südlich des Felsens (der in noch unklarer Weise mit Abraham in Verbindung gebracht wurde) einen einfachen Holzbau errichten, der den Muslimen als Gebets- und Versammlungsort diente und den der gallische Bischof Arculf im Jahr 670 (oder 680?) beschrieb. Eine weitergehende Beachtung der «heiligen Stadt», die im Arabischen weiterhin «*iliya*» (Aelia) genannt wurde, läßt sich nicht nachweisen. Erst sehr viel später setzte sich der Name «al-quds» (die Heilige, das Heiligtum) oder «bait al-maqdis» (Haus des Heiligtums) als Bezeichnung für Jerusalem als Ganzes durch.

Daß die umayyadischen Kalifen, die zwischen 661 und 750 die muslimische Zentralgewalt verkörperten, Jerusalem oder zumindest dem Tempelareal hohen Wert beimaßen, läßt sich an ihrem Bauprogramm ablesen. Ihr wichtigstes Motiv scheint die Konkurrenz zu den Christen gewesen zu sein, die in Jerusalem seit Konstantin eine Reihe – zumindest nach lokalen Maßstäben – glanzvoller Bauten errichtet hatten. Tatsächlich waren es zunächst *Bauten*, die den «heiligen Bezirk» (*al-haram al-sharif*) als islamischen Ort markierten: Der Felsendom (*qubbat al-sakhra*), den der umayyadische Kalif Abd al-Malik b. Marwan nur zwei Generationen nach dem Tode Muhammads 691/92 in großer Pracht erbauen ließ, wurde an der Stelle errichtet, an der Umar nach muslimischer Überlieferung bei seinem Besuch in Jerusalem das Gebet verrichtet hatte.[32] Die von dem bedeutenden Islamwissenschaftler Ignaz Goldziher in seinen *Muhammedanischen Studien* (II, 35–37) vorgetragene These, der Bau des Felsendoms sei in Auseinandersetzung mit dem «Gegenkalifen» Abdallah b. al-Zubair entstanden, der zu dieser Zeit die Kontrolle über Mekka und Medina errungen hatte, und zwar nicht zuletzt mit der Absicht, die muslimische Pilgerfahrt umzuleiten und ein mit Mekka konkurrierendes Wallfahrtszentrum unter eigener Kontrolle zu etablieren, wird heute überwiegend abgelehnt; sie ist bei den frühen muslimischen Historikern mit wenigen Ausnahmen auch nicht belegt. Die Konkurrenz wird somit nicht in die muslimische Gemeinde verlagert, sondern nach außen gewendet – gegen die Christen, in geringerem Umfang wohl auch die Juden. Abd al-Malik scheint den «heiligen Felsen» im übrigen zwar als Ort des Abrahamsopfers, nicht jedoch der Himmelfahrt Muhammads identifiziert zu haben. Auch hier ging es somit zunächst wohl um die Vereinnahmung eines «abrahamitischen Ortes».

Der Felsendom war (und ist) keine Moschee, sondern Versammlungs- und Wallfahrtsort der Muslime, der ein sichtbares Zeichen für den Triumph des Islam über Christen, Juden und alle anderen Widersacher setzen sollte. Bildprogramm und Bauinschriften machten das deutlich. Über die Baugeschichte der Aqsa-Moschee – religiös gesehen der wichtigste der Bauten im «heiligen

Abb. 1. Die Aqsa-Moschee im heiligen Bezirk (*al-haram al-sharif*).
Unbekannter Fotograf, um 1900

Bezirk», an den sich vor allem in der Neuzeit muslimische Bedrohungsängste heften sollten – sind wir weniger gut unterrichtet: Ägyptische Papyri lassen darauf schließen, daß er zwischen 706 und 717 erfolgte, also wenige Jahre nach dem Felsendom unter Abd al-Maliks Sohn und Nachfolger al-Walid. Von der ursprünglichen Anlage scheint nach zahlreichen Um- und Neubauten allerdings nichts mehr erhalten zu sein, nach dem Brand von 1969 wurde sie weitgehend neu errichtet.[33]

Parallel zu den Baumaßnahmen entwickelte sich in unterschiedlichen Genres eine Literatur, die den Status von Felsendom, Aqsa-Moschee und der Stadt Jerusalem im Ganzen als heilige Stätten des Islam festigte. In umayyadischer Zeit wurde damit begonnen, Koranstellen systematisch auf den «heiligen Bezirk», Jerusalem oder Palästina, wenn nicht sogar das historische Syrien zu beziehen, die diesen Bezug nicht zwingend in sich trugen:[34] Zwar wird

49

im Koran an einer Stelle (Sure 5:21) Palästina als «heiliges Land» (*al-ard al-muqaddasa*) zitiert, doch spricht hier Moses zu den Juden – von deren heiligem Land ist an dieser Stelle also die Rede. In ähnlicher Weise wurde Sure 30:3, die von einer byzantinischen Niederlage im «nächstgelegenen Land» (*adna l-ard*) berichtet, zunächst auf Palästina bezogen und später auf die Aqsa-Moschee eingeengt – obgleich diese dem Wortsinn nach gerade die «fernste» Moschee (oder eigentlich: Gebetsstätte, Gebetsplatz) bezeichnet. Wo der in Sure 17:1 erwähnte «fernste Gebetsplatz» anzusiedeln sei, «dessen Umgebung wir gesegnet haben», blieb im folgenden zwar umstritten: auf der Arabischen Halbinsel in der Nähe Mekkas, auf dem Tempelberg in Jerusalem oder aber – mit deutlichem Anklang an die Vorstellung vom «himmlischen Jerusalem» – überhaupt im Himmel? Auf der Gleichsetzung mit diesem «fernsten Gebetsplatz» gründete auf jeden Fall der Rang der Aqsa-Moschee als einer der drei Moscheen, zu denen Muslime nach der Auffassung sunnitischer Rechtsgelehrter pilgern durften und sollten. Immer aber blieb Mekka und Medina der Vorrang, immer war die Wallfahrt nach Jerusalem eine «*ziyara*», ein religiös verdienstvoller «Besuch», aber keine der «*hajj*», der Pilgerfahrt nach Mekka, vergleichbare religiöse Pflicht.

Ein kompliziertes Gewebe stellt die Erzählung von der nächtlichen Himmelsreise Muhammads dar, die zwei ursprünglich disparate Elemente miteinander verbindet: zum einen den koranischen Bericht von einer Nachtreise Muhammads (Sure 17:1), die ihn von der Ka'ba in Mekka zum «fernsten Gebetsplatz» (*al-masjid al-aqsa*) führte; zum anderen die Erzählung von einer Himmelsreise (*isra'*, auch *mi'raj*), die an Koran 53,1–18 und 81,19–25 anknüpft und derzufolge Muhammad an nicht genanntem Ort in den Himmel, ja bis in die Gegenwart Gottes aufstieg.[35] Ausführlicher und variantenreicher wurden die Geschichten in der Überlieferung des Propheten (Sunna) erzählt, die anschließend auf die Interpretation der knappen koranischen Hinweise wirkten, ihrerseits aber wohl von jüdischen eschatologischen Erzählungen beeinflußt waren. In der ausgefeilten Erzählung, die Nacht- und Himmelsreise kombiniert, reiste Muhammad nächtens auf seinem wunderbaren Reittier Buraq zu dem auf dem Jerusalemer Tempelberg gelegenen «fernsten Gebetsplatz» (den es zu diesem Zeitpunkt also schon gab). Vom Felsen aus (auch ein Fußabdruck sollte später identifiziert werden) stieg er in die Himmel auf, wo er unter anderem mit den Propheten Abraham, Moses und Jesus betete, um dann die den Muslimen auferlegten Pflichtgebete offenbart zu bekommen. Die Nacht- und Himmelsreise wurde im folgenden immer weiter ausgeschmückt und immer neu gedeutet: mystisch, spirituell, allegorisch, psychologisch. In der islamischen Kunst und Literatur fand Buraq besondere Beachtung – ein Zaubertier, wie es auch aus anderen Religionen vertraut ist und nach dem im übrigen auf Arabisch auch die Klagemauer benannt ist, weil Muhammad eben dort sein Reittier angebunden haben soll, bevor er die Himmelsreise antrat.

Hier wie bei der Preisliteratur, von der gleich noch die Rede sein wird, handelte es sich zunächst wohl um eine lokale Produktion, erkennbar angeregt von nicht-muslimischen Quellen, seien sie jüdisch oder christlich, wobei bestimmte «Erinnerungen» an die Erzväter, insbesondere Abraham, sich bereits von ihrem jüdischen und christlichen Umfeld gelöst hatten und in volkstümliche Erzählungen eingeflossen waren. Die Vorstellung etwa, in Jerusalem gesprochene Gebete hätten besonderes Gewicht, verrät den Einfluß des orientalischen Christentums; die Idee, die Auferstehung finde in Jerusalem statt, trug dazu bei, daß auch Muslime in wachsender Zahl danach strebten, dort begraben zu werden oder zumindest ihre Toten dorthin überführen zu lassen – wobei es naheliegt, hierin einen Einfluß jüdischer Tradition zu vermuten. Islamisch vereinnahmt wurden im gleichen Zuge biblische Orte wie Hebron, wo die Grabstätten nicht nur von Abraham (Ibrahim al-Khalil, daher der arabische Name «al-Khalil» für Hebron) und Sarah, sondern auch von Adam, Joseph und anderen alttestamentlichen Figuren lokalisiert und als Zwischenstation der prophetischen Nachtreise zusätzlich aufgewertet wurden. Die Moschee in Hebron mit den sog. Patriarchengräbern zählt bis in die Gegenwart zu den wichtigsten (und zugleich umkämpftesten) religiösen Stätten Palästinas.[36]

Lokalen Ursprungs war zugleich die Literatur über die Vorzüge Jerusalems (*fada'il al-quds*) – eine heterogene Gattung, deren Anfänge in die umayyadische Zeit zurückreichen. Nebenbei bemerkt gab es vergleichbare Schriften für eine Vielzahl von Städten und Landschaften, so daß sie sich keineswegs auf Jerusalem beschränkte.[37] In größerer Zahl ist die *fada'il*-Literatur allerdings erst im frühen 11.Jahrhundert nachweisbar, vergleichsweise spät also, wenn auch bereits vor dem Ersten Kreuzzug. Für eine präzise Bestimmung der Charakteristika und geographischen Ausdehnung des «Heiligen Landes» muslimischer Vorstellung eignet sie sich wenig: Jerusalem ist nicht deutlich von seinem Umland bzw. Syrien abgegrenzt, da das ganze *bilad al-sham* einbezogen war – eine Unbestimmtheit, die noch viel spätere Angaben kennzeichnete. Als im 16.Jahrhundert beispielsweise der oberste muslimische Würdenträger des Osmanischen Reiches, *şeihülislam* Ebussu'ud Efendi, nach der Lokalisierung und Ausdehnung des «heiligen Landes» (*arazi-yi muqaddese*) gefragt wurde, nannte er Palästina (*filastin*) und Syrien.[38]

Palästina war so über Jahrhunderte zwar nicht Lebensmittelpunkt der verschiedenen Gemeinschaften, wohl aber Bezugspunkt, Referenz und Symbol von hohem emotionalen Gehalt, an die auch nach langen Zeiten der Latenz in immer neuer Art und Weise angeknüpft werden konnte: nicht bestimmend, aber sehr lebendig.

III.

Kontraste: Palästina 1750–1840

Bislang war vor allem von Bildern die Rede, Bildern, die sich Juden, Christen und Muslime zu unterschiedlichen Zeiten von Palästina als «Heiligem Land» machten. Die Macht der Bilder steht außer Zweifel; sie sollte sich im 19. und 20. Jahrhundert einmal mehr erweisen. Aber was sagen sie über die Verhältnisse vor Ort aus, über Wirtschaft, Kultur und Gesellschaft Palästinas in osmanischer, namentlich in spätosmanischer Zeit, d. h. im ausgehenden 18., im 19. und frühen 20. Jahrhundert? Man ist versucht zu sagen: wenig oder nichts. Die Vorstellungen der Pilger, Reisenden und Diplomaten aus Ost und West waren häufig exaltiert, ihre Erwartungen hoch und die Enttäuschung über die vorgefundene Wirklichkeit war nicht selten um so größer. Hinzu kam bei den westlichen Beobachtern die Wahrnehmung osmanischer Herrschaft als Inbegriff «orientalischer Despotie», korrupt, untätig und unfähig zu allem außer der Unterdrückung und Ausbeutung der eigenen Untertanen. Die europäische Reiseliteratur vermittelte viele der Klischees, die aber nicht auf diese beschränkt blieben. Ein gutes Beispiel stellt folgendes Zitat dar, das im englischen Original allerdings noch ausdrucksstärker ist:

«Zu Beginn des 19. Jahrhunderts war Palästina nur eine verlassene Provinz des zerfallenden Osmanischen Reiches. Die Hohe Pforte war an ihr nur interessiert wegen der heiligen Stätten und der mageren Steuereinnahmen, die sie den elenden Einwohnern abpreßte. Das Land war schlecht regiert, da für sich genommen politisch unbedeutend, seine Wirtschaft war primitiv, die spärliche, ethnisch gemischte Bevölkerung lebte auf erbärmlich niedrigem Niveau, die wenigen Städte waren klein und armselig, die Straßen wenige und vernachlässigt. Kurz: Palästina war nur ein traurig rückständiger Teil eines auseinanderbrechenden Reiches – weit entfernt von dem fruchtbaren, blühenden Land, das es in alten Zeiten gewesen war.»[1]

Der Verfasser ist Yehoshua Ben-Arieh – kein bibelkundiger, antikebegeisterter Reisender früherer Zeiten, sondern ein angesehener Kenner des 19. Jahrhunderts, dessen Arbeiten zu Jerusalem Standard sind. In den wenigen Sätzen ist fast alles enthalten, was sich bei Zeitgenossen und Nachgeborenen, bei europäischen Kommentatoren und jüdischen Siedlern, arabischen Nationalisten und islamischen Aktivisten immer wieder finden sollte: Die Vergangenheit des Landes erscheint fern und groß, die Gegenwart kläglich und bedrückend, das Land arm und heruntergekommen, die Menschen elend und unterdrückt, die Wirtschaft primitiv und vernachlässigt, Politik und Verwaltung unfähig und despotisch. «Trümmer», nichts als Trümmer, sah noch in den 1930er Jahren der deutsche Reisende Ewald Banse im gesamten «Morgenland»:

«Wohin man auch kommt im Morgenland, überall tritt einem Verfall, Staub, Moder entgegen. Und, was das schlimmste ist, stets herrscht die Empfindung: einst wars hier viel besser und schöner als heut. Nicht nur die Ruinen sind hier Trümmer, auch das Lebende, das Gegenwärtige ist nur Trumm des Untergegangenen.»[2]

So kraß sah es nicht jeder. Dennoch ist das Leitmotiv der «Niedergang», den Ben-Arieh wie viele andere im übrigen weniger auf die Religion, sprich den Islam, zurückführte, als vielmehr auf die schlechte Regierung und Verwaltung der «Türken». Die versammelten Klischees verdichteten sich in der weitverbreiteten Vorstellung, die jüdischen Siedler hätten Ende des 19. Jahrhunderts nicht nur ein menschenleeres, sondern ein gänzlich zurückgebliebenes Land vorgefunden, ein «Land der Ruinen», elend und öde: Palästina, ein «Still-Leben».[3] Das Bild scheint besonders passend, wurde es doch nicht zuletzt über Gemälde, Stiche und Photographien vermittelt, die ihrerseits durch die heilige Schrift geprägt waren. Zum bekanntesten Ausdruck dieser Sicht avancierte die Formel, die jüdischen Pioniere hätten die «Wüste zum Blühen gebracht». Die Wüste war hier nicht nur wörtlich zu verstehen; sie bezeichnete ein kulturelles, ein intellektuelles, ein spirituelles Ödland. Neues Leben, Vitalität, die Wiedergewinnung längst verlorener – zumindest von anderen aber erinnerter! – Größe war demnach nur durch den Eingriff externer Kräfte möglich, der Anschluß an die Zivilisation nur im scharfen Bruch mit lokalen Sitten und Gebräuchen zu gewinnen.

Stereotype sind bekanntlich zählebig und überstehen auch heftige Attacken, selbst wenn diese, gut abgesichert, Fakten für sich sprechen lassen. Es ist ein weiter Weg von den Erkenntnissen der Fachwissenschaft zum kollektiven Bewußtsein – vor allem, wenn auf allen Ebenen so deutlich die Politik hineinspielt. Die historische Forschung arbeitet seit längerem an einer Korrektur des Osmanenbildes, die sich als Versuch der Neubewertung, ja der Rehabilitierung osmanischer Herrschaft, Kultur und Gesellschaft verstehen läßt, selbst für die Zeiten der «Dekadenz» und des «Niedergangs», als der Türke in Europa nur noch als «kranker Mann am Bosporus» wahrgenommen wurde (im Englischen mit leichter, aber bedeutsamer Akzentverschiebung immerhin als der «kranke Mann Europas». Daß das Osmanenreich die längste Zeit auch Teile Europas umfaßte, ist im deutschen Sprachraum nicht jedermann vertraut).[4] Das gilt auch für arabische Historiker, die unter nationalistischen Vorzeichen die osmanische Ära lange Zeit ebenso negativ bewertet hatten wie ihre europäischen und amerikanischen Kollegen. In Memoiren und Autobiographien ist dies vielfach noch immer der Fall. Dagegen betonen nicht wenige Fachwissenschaftler nun mehr als zuvor die Stärken osmanischer Herrschaft, ihre Offenheit für unterschiedliche lokale Gegebenheiten, ihre Durchlässigkeit und Anpassungsfähigkeit, die es ihr erlaubten, große Teile der arabischen Welt über immerhin vier Jahrhunderte hinweg zu dominieren. Nicht immer entgehen sie dabei der Gefahr der Romantisierung, die das Osmanische Reich in scharfem Kontrast zur westlich geprägten Moderne als Rahmen freierer Bewegung, des freieren Aushandelns sozialer Beziehungen zeichnet. Besonders deutlich zeigt sich dieser Trend in Studien zu Frau, Familie und islamischem Recht.[5]

Immer mehr Historiker wenden sich zugleich den lokalen Akteuren zu, und zwar nicht nur den Angehörigen der Elite, sondern auch den «kleinen Leuten», den Bauern, Städtern und Beduinen, die in früheren Darstellungen oft zu kurz gekommen waren. Neuere Arbeiten lassen diese nicht länger als bloße Opfer von Fremdherrschaft und Ausbeutung erscheinen, sondern fragen nach Wahrnehmungen, Identifikationen und Grenzziehungen, skizzieren Handlungsspielräume, verweisen auf komplexe Wechselwirkungen und die Offenheit jeder historischen Situation. Die Absicht lautet, die Bewohner Palästinas wieder als Handelnde in ihrer eigenen Geschichte sichtbar zu machen, den «Tunnelblick» (Shafir) zu überwinden, der sie aus der Betrachtung allzu lange ausgeblendet hatte. Das Programm ist anspruchsvoll und die Literatur- und Quellenlage nicht so, daß man es bereits als verwirklicht betrachten könnte. In den Quellen treten beispielsweise männliche Akteure weit plastischer hervor als die weiblichen – das prägt die Darstellung.

Der schärfere Blick auf lokale Gegebenheiten und auf «subalterne Subjekte», die in staats- und politikfixierten Ansätzen vernachlässigt oder für unerheblich erklärt worden waren, kombiniert mit der revisionistischen Sicht auf das Osmanische Reich als Ganzes, ist nicht ohne Auswirkung auf die Periodisierung der neueren Geschichte Palästinas geblieben. Kritische Historiker orientieren sich nicht länger primär am Auftreten externer Akteure, seien es die französische Armee unter Napoleon Bonaparte oder die Truppen des ägyptischen Gouverneurs Muhammad Ali, seien es europäische Konsuln und Missionare, die württembergischen Templer oder die jüdischen Einwanderer. Sie achten verstärkt auf die Dynamik lokaler und regionaler Kräfte und Prozesse, die von externen Einwirkungen natürlich nicht losgelöst werden können. Dabei weitet sich der Zeithorizont, verschieben sich die Grenzen politischer Bewegung und ökonomischer Belebung, die in einigen Regionen Palästinas schon auf das ausgehende 18. Jahrhundert zu datieren sind, in anderen auf das letzte Drittel des 19. Jahrhunderts. Das Jahr 1882 – Beginn der politisch motivierten jüdischen Einwanderung – verliert seinen Status als markante Zäsur, als Eintrittsdatum Palästinas in die Moderne.

1. Grundzüge von Staat und Gesellschaft in osmanischer Zeit

Grenzziehungen

Von 1516 bis 1918 und damit recht genau 400 Jahre lang stand Palästina (wie stets definiert in den Grenzen des späteren Mandatsgebiets) unter osmanischer Herrschaft, ohne als abgegrenzte politische, administrative oder wirtschaftliche Einheit innerhalb von *bilad al-sham* wahrgenommen zu werden. Der Küstenstreifen, die Täler ins Hinterland und das bergige Binnenland bildeten ihrerseits untergliederte «geohistorische» Einheiten, die, gleichermaßen bedingt durch natürliche und politische Faktoren, eine je eigene Entwicklung nahmen. Diese Untergliederung war nicht identisch mit der Verwaltungseinteilung des Landes. Die zahlreichen Eingriffe in die administrative Gliederung spiegelten wechselnde politische Rahmenbedingungen, Zielsetzungen und Erfordernisse wider und sind daher in Abhängigkeit von diesen Zielen und Bedürfnissen zu sehen – ein Musterbeispiel für den osmanischen Pragmatismus, den revisionistische Historiker so positiv hervorheben, der die Lage des Forschers aber nicht eben erleichtert, zumal sich die Terminologie recht uneinheitlich gestaltete.[6] Konstant blieb die Orientierung der Distrikte (*sanjak*, arab. *liwaʾ*, beides bedeutet «Fahne») und Provinzen (*vilayet*, arab. *wilaya*) auf einzelne Städte hin – Damaskus, Sidon und Beirut vor allem –, die als politische, wirtschaftliche und kulturelle Zentren mit unterschiedlicher Intensität auf ihr Umfeld ausstrahlten.

Ein wesentliches Interesse der osmanischen Zentralregierung bestand in der Sicherung der Pilgerroute von Damaskus nach Mekka und Medina, die über ostjordanisches Gebiet führte, woraus sich auch die bis ins späte 19. Jahrhundert gültige Zuordnung der nord- und zentralpalästinensischen Bezirke Jerusalem und Nablus nach Damaskus erklärte. Nur als es der Hohen Pforte in den 1830er Jahren darum ging, die Expansionsgelüste ihres allzu eigenständigen Gouverneurs von Ägypten, Muhammad Ali, abzuwehren, wurde kurzfristig mit einer Vereinheitlichung der «palästinensischen» Provinzen experimentiert. Vom ausgehenden 19. Jahrhundert war die nördliche Landeshälfte nach Norden ausgerichtet: Die Bezirke Akko und Nablus (mittlerweile in Balqa umbenannt) zählten zur Provinz Sidon und ab 1888 zur neugebildeten Provinz Beirut, die Bezirke östlich des Jordans zur Provinz Damaskus; die südliche Landeshälfte um den Bezirk Jerusalem, der nach 1840 zunächst Sidon, dann erneut Damaskus zugeschlagen worden war, bildete seit 1872 einen «unabhängigen» Verwaltungsbezirk (*sanjak*, *mutasarriflik*), der sich in die Unterbezirke (*kaza*, arab. *qada*) Jerusalem (Jabal al-Quds), Hebron, Jaffa, Gaza und (ab 1909) Beersheva gliederte.

Wichtig ist in diesem Zusammenhang vor allem eines: Die osmanischen Verwaltungseinheiten und Gerichtsbezirke waren relevant für die Obrigkeit, der sie vorrangig zu Steuerzwecken dienten; auf bestimmte Güter konnten an den Distriktgrenzen auch Zölle erhoben werden. Für die einheimische Bevölkerung bildeten sie in dieser wie in früheren Zeiten nicht unbedingt die

Abb. 2. Steile Wege, schwere Lasten: Transport und Kommunikation um 1900. Unbekannter Fotograf, um 1900

entscheidende Größe; familiäre, kulturelle und ökonomische Bande waren ebenso wenig durch die Verwaltungsgrenzen bestimmt wie Gefühle ethnischer und religiöser Zusammengehörigkeit. Die Jurisdiktion des muslimischen Richters (Kadi) von Jerusalem etwa reichte bis Nablus und Gaza, blieb allerdings immer von Persönlichkeit und Status des jeweiligen Amtsinhabers abhängig. Auch die kirchliche Hierarchie – und das ist für die Herausbildung einer palästinensischen Identität und eines palästinensischen Nationalgefühls von einiger Bedeutung – überschritt in späteren Jahren die osmanischen Verwaltungsgrenzen und umfaßte weite Teile Palästinas: Die Autorität des Orthodoxen Patriarchen von Jerusalem erstreckte sich über die drei früheren römischen Provinzen westlich und östlich des Jordans, und auch das 1841 gegründete Protestantische Bistum Jerusalem und das 1847 wieder eingerichtete Lateinische (d. h. Katholische) Patriarchat deckten sich nicht mit den osmanischen Verwaltungseinheiten.

Lokale und überlokale Bezüge schufen so bis ins 20. Jahrhundert hinein ein kompliziertes Gewebe. Zwar war Palästina in die regionalen Handelswege, Karawanen- und Pilgerrouten eingebunden, doch verliefen diese entweder entlang des zentralen Bergkammes, um dann auf der Höhe von Jenin zur Küste abzuschwenken, oder aber auf transjordanischem Gebiet, in jedem Fall aber vorwiegend in Nord-Süd-Richtung. Ost-West-Verbindungen, die im 17. Jahrhundert noch bestanden hatten, waren um 1800 vielfach verschwunden.[7] Die *via maris*, die von alters her entlang der Küste verlief und vor allem militärisch genutzt wurde, war nicht befestigt; um so wichtiger war der Boots- und Schiffsverkehr zwischen den Mittelmeerhäfen. Nur wenige Straßen verbanden im Binnenland die Städte und Dörfer miteinander, und von diesen waren nur wenige gepflastert. Personen bewegten sich über Land entweder zu Fuß oder mit Pferd, Esel, Maultier und Kamel, die zugleich die Lasten beförderten; Pferdefuhrwerke und -kutschen, die befestigte Straßen voraussetzten, kamen erst im letzten Viertel des 19. Jahrhunderts in Gebrauch. Bis zum Ausbau des lokalen Straßen- und Wegenetzes war der Binnenhandel dementsprechend langsam und beschwerlich. Die Infrastruktur kam einer integrierten «palästinensischen» Wirtschaft und Gesellschaft somit nicht entgegen. Doch gab es auch gute Gründe, die aus der Sicht der einheimischen Bevölkerung gegen einen Ausbau der Verkehrswege sprachen: Straßen erleichterten nicht nur den Verkehr von Gütern und Personen, der lokalen Gemeinschaften zugute kommen konnte, zumindest aber einzelnen ihrer Vertreter. Sie ermöglichten zugleich den Zugriff der Obrigkeit auf die lokale Bevölkerung und deren Besitz. Um einer regelmäßigen Steuereintreibung, etwaiger Rekrutierung oder der Konfiszierung von Vieh zu entgehen, entschied sich – nicht nur in Palästina – manche Siedlung, wenn sie denn die Wahl hatte, gegen den Anschluß an die Außenwelt.

Das Thema Autonomie zählt überhaupt zu den interessantesten Aspekten der Gesellschaft, nicht nur des Osmanischen Reichs und nicht nur Palästinas: Die dörflichen und städtischen Gemeinschaften erschienen ihren Mitgliedern ebenso wie Außenstehenden häufig als autonom, und ihren Angehörigen war die Verteidigung dieser Autonomie viel wert. Autonomie ist jedoch nicht zu verwechseln mit Isolation oder gar Autarkie: Wie in anderen Teilen

Mittelmeer

Latakia

Sanjak Latakia

Hama

Sanjak Hama

Sanjak Tripolis

Tripolis

Libanon-Gebirge

Beirut

Sanjak Damaskus

Sidon

Damaskus

Sanjak Beirut

Akko

Safed

Sanjak Akko

Haifa

Tiberias

Sanjak Hauran

Nazareth

Jenin

Nablus

Sanjak Balqa

Jaffa

**Handels- und Pilger-
routen im 18. Jh.**

Sanjak Jerusalem

Jerusalem

Hebron

Gaza

Karak

Kairo

—— Pilgerroute

– – – Handelsrouten
frühes 18. Jh.

•••••• Überseeroute

des Nahen und Mittleren Ostens waren auch in Palästina lokale
Gemeinschaften horizontal und vertikal vernetzt über Familien-,
Clan- und Stammesbindungen, über Handel und Gewerbe, Kredit
und Patronage und nicht zuletzt über religiöse Gemeinschaften
wie Sufi-Bruderschaften, heilige Orte und Feste, die im übrigen

zugleich Gemeinsamkeiten zwischen den Religionsgemeinschaften der Muslime, Christen und Juden schufen. Von Bedeutung war hier weniger die muslimische Wallfahrt zum Haram in Jerusalem als vielmehr die zum Schrein des Propheten Moses (Nabi Musa) nahe Jericho, die in der ersten Hälfte des 20. Jahrhunderts so große politische Bedeutung erlangen sollte.

Stadt und Land

Um 1800 zählte Palästina – nachdem es infolge von Krieg und allgemeiner Unsicherheit im letzten Drittel des 18. Jahrhunderts einen Bevölkerungsrückgang erlitten hatte – zwischen 250000 und 300000 Einwohner.[8] Im Osmanischen Reich lebten zur gleichen Zeit zwischen 25 und 32 Millionen Menschen, die sich zu etwa gleichen Teilen auf die asiatischen und die europäischen Reichsgebiete, verteilten. Istanbul zählte allein innerhalb der Stadtmauern (*intra muros*) 300000 bis 350000 Menschen, im gesamten Stadtgebiet sogar 600000, Kairo etwa 210000; Edirne, Damaskus, Aleppo und Tunis hatten je um die 100000 Einwohner, Bagdad, Sofia und Saloniki etwa 70000, Mosul und Bursa 65000. Selbst wenn diese Zahlen im einzelnen anfechtbar bleiben, geben sie doch Hinweise auf die Größenordnung: Palästina war, zumindest außerhalb des zentralen Berg- und Hügellandes, tatsächlich dünn besiedelt und sein demographisches Gewicht innerhalb des Osmanischen Reichs gering.

Die Mehrheit der Bevölkerung lebte als Bauern auf und von dem Land; die Zahl der Beduinen wurde zu Beginn des 19. Jahrhunderts auf etwa 16000 geschätzt; der Anteil der Städter an der Gesamtbevölkerung war zwar niedriger als in den nördlichen Teilen Syriens, lag aber immerhin bei 20–25 %. Verglichen mit großen Teilen Europas war das eine beachtliche Urbanisierungsrate.[9] Dörfer variierten in der Größe zwischen einigen Dutzend und mehreren Hundert Einwohnern. Familien und patrilineare Clans (*hamula*) dienten als Grundeinheit der Solidarität, der physischen und sozialen Sicherung, Vermittlung und Schlichtung. Waren die Häuser in den flachen Gebieten meist aus leicht vergänglichen Lehmziegeln gebaut, so bestanden sie in den Bergen aus Stein, was sie natürlich weitaus widerstandsfähiger machte und ihre Einwohner sicherer vor Gefahren jeglicher Art. An größeren Städten waren nur Jerusalem, Akko, Gaza und Nablus zu nennen, wobei bereits Städte mit 8000–10000 Einwohnern als «groß» galten, als «klein» Orte mit 1000–3000 Einwohnern. Jerusalem verzeichnete um 1800 etwa 8000–10000 Einwohner, Gaza 8000, Nablus 7500, Safed und Hebron zählten je 5000–6000, Tiberias, Ramla und Jaffa 2000–3000 Einwohner, Bethlehem, Nazareth und Haifa je 1000–2000. Wie hoch der Bevölkerungsverlust um 1800 war und wie stark die Zahlen auseinandergehen konnten, zeigt das Beispiel Akko, dessen Bevölkerung zwischen 1780 und 1810 von ungefähr 20000 auf 8000–12000 gesunken war. Aus Sicherheitsgründen waren die meisten größeren Ansiedlungen von einer Mauer umgeben, in deren Schutz Gemüse-, Obst- und Weingärten angelegt waren.

Nur etwa ein Drittel des Landes war mit den damals bestehenden Methoden und Arbeitsmitteln kultivierbar. Dennoch bildete die Landwirtschaft die Grundlage der lokalen Wirtschaft und Gesellschaft, und wie überall am Mittelmeer stellten Getreide, Weinreben und Oliven die wichtigsten Kulturpflanzen dar, ergänzt in einigen Landesteilen durch Mandeln, Feigen, Wassermelonen, Granatäpfel, Datteln und andere Früchte, Sesam, Tabak und Baumwolle. Vor allem der Olivenanbau bot umfassende Nutzungsmöglichkeiten von der Ernährung über die Heizung bis zur Seifenherstellung und Andenkenschnitzerei. Nicht umsonst avancierte der Oliven- oder Ölbaum, analog zur libanesischen Zeder und der deutschen Eiche, in späterer Zeit zum Symbol der palästinensischen Heimat.[10] Der Anbau von Getreide und verschiedenen Winter- und Sommersaaten war extensiv, da er vor allem im Landesinneren fast ausschließlich auf Regenfeldbau beruhte, und damit zugleich arbeitsintensiv. Zwar herrschten bis weit ins 19. Jahrhundert hinein traditionelle Anbaumethoden vor, die auf den Einsatz von neuem Saatgut, modifizierter Fruchtfolge, modernen Geräten und Maschinen sowie künstlicher Bewässerung verzichteten, doch bedeutete das keineswegs pure Subsistenzwirtschaft. Dagegen spricht nicht zuletzt der Anbau von Baumwolle in Galiläa, dem Jabal Nablus und der nördlichen Küstenregion, der im 17. und 18. Jahrhundert von lokalen Machthabern mit dem erklärten Ziel gefördert wurde, die Erzeugnisse zu exportieren, also in den überregionalen Markt einzutreten. Dagegen spricht auch der Import verschiedener Nahrungs- und Genußmittel von Kaffee über Zucker und Gewürze bis Reis, die nicht vor Ort produziert wurden.

Abb. 3. Ländliches Idyll am Rande Jerusalems: Olivenhain im
Josaphat-Tal. Unbekannter Fotograf, um 1900

An gewerblichen Gütern sind neben einfachen Baumwollstof-
fen, Garnen und Seife allenfalls Glaswaren (Hebron) und Andenken (Bethlehem, Nazareth, Jerusalem) zu erwähnen, die wiederum
an die – allerdings stark fluktuierende – Bedeutung des Pilgerwe-
sens erinnern, das im 19.Jahrhundert zusehends um den Tourismus ergänzt werden sollte.[11] Seife, Baumwolle und Tabak bildeten
um 1800 die wichtigsten Ausfuhrgüter nach Ägypten, Libanon,
Syrien und Europa, die zumeist über den Mittelmeerhafen Akko
exportiert wurden; Gaza hatte seine einstige Bedeutung schon gegen Ende des 17.Jahrhunderts eingebüßt. In erster Linie aber
diente das einheimische Handwerk und Gewerbe – Textil- und
Baugewerbe, Holz- und Nahrungsmittelverarbeitung – dem eigenen Bedarf.

Nur ein Bruchteil der Gesamtfläche wurde – durchgängig oder
saisonal – landwirtschaftlich genutzt. Wie das im einzelnen ge-

schah, war für die gesellschaftlichen Verhältnisse natürlich von fundamentaler Bedeutung. Wie überall im Osmanischen Reich waren hier weniger das Eigentum an Grund und Boden entscheidend als vielmehr die unter Umständen verbrieften Ansprüche auf Einkünfte aus der agrarischen Produktion sowie auf Wasser-, Weide- und Durchzugsrechte.[12] Landnutzungsarrangements, die auf unterschiedlichen Kombinationen von lokalem Gewohnheitsrecht (*'urf*), Scharia und staatlicher Satzung (*qanun*) beruhten, regelten zweierlei: Ansprüche auf Nutzung und Einkünfte (*tasarruf*) auf der einen Seite, Steuer- und Dienstpflichten auf der anderen. Dabei ließ der osmanische Gesetzgeber im Gegensatz zum klassischen islamischen Recht die Religionszugehörigkeit der Beteiligten unberücksichtigt, sprach Muslimen und Nichtmuslimen also die gleichen Rechte und Pflichten zu. Grob gesprochen wurde zwischen drei Kategorien von Grund und Boden unterschieden: Staatsland (*miri*), Privatland (*mulk*) und Stiftungsland (*waqf*). Tatsächlich waren die Verhältnisse um einiges komplizierter.

Der größte Teil der landwirtschaftlichen *Nutzfläche* galt seit der muslimischen Eroberung im 7.Jahrhundert als Staatseigentum (*miri*), das, wenn es regelmäßig bearbeitet wurde, zwar individuell oder kollektiv genutzt und mit Genehmigung des Staates bebaut und verpachtet werden konnte, aber – rechtlich gesehen – weder in Privateigentum noch in eine fromme Stiftung umgewandelt werden konnte; auch vererbt werden konnte lediglich das Nutzungsrecht (Usufrukt, *tasarruf*). Nur der Sultan und seine engsten Familienangehörigen waren berechtigt, auf *miri*-Land sog. Sultans-Waqfs zu stiften. Um den Erhalt lebensfähiger Wirtschaftseinheiten zu fördern und einer extremen Parzellierung des Grundbesitzes vorzubeugen, wurden bei der Erbfolge in klarem Widerspruch zum islamischen Erbrecht nur die Söhne und Töchter berücksichtigt und auch die Töchter vielfach ausgeschlossen bzw., falls keine Söhne vorhanden, nur gegen die Zahlung einer besonderen Abgabe (*tapu*) in das Erbe eingesetzt. Nach islamrechtlichen Bestimmungen aufgeteilt wurden demgegenüber aller beweglicher Besitz sowie die auf dem Grundstück befindlichen Bauten. *Miri*-Land, das über eine bestimmte Frist – im allgemeinen waren es drei Jahre – nicht bestellt wurde, fiel an den Staat zurück (*mahlul*); umgekehrt durfte Land, das zumindest einmal im Verlauf von drei Jahren bestellt wurde, vom Staat nicht konfisziert werden. Nicht kultiviertes Öd- und Brachland (*mevat*, arab. *mawat*), das in Palästina einen sehr großen Teil der Gesamtfläche ausmachte, galt als herrenlos und konnte gegen entsprechende Steuern und Gebühren in Besitz genommen und kultiviert werden. Individuelles Privateigentum (*milk*, in Syrien und Palästina als *mulk* ausgesprochen, türk. *mülk*) gab es nur an bebautem Grund und Boden innerhalb von Ortschaften sowie an Obst- und Weingärten in deren unmittelbarer Umgebung.

Von höchster Bedeutung war in Palästina wie fast überall in der islamischen Welt der religiöse Stiftungsbesitz (*waqf*, Pl. *auqaf*), der einen großen Teil des städtischen Grund und Bodens sowie der darauf befindlichen Bauten und Einrichtungen umfaßte, aber auch Einkünfte aus ländlicher Produktion.[13] Mit der Einrichtung einer frommen Stiftung griff der Eigentümer gewissermaßen in den normalen Geschäfts- und Erbgang ein (*waqafa* heißt wörtlich «stehen» oder auch «anhalten»): Das Eigentum wurde «auf ewig» Gott übertragen und konnte daher, zumindest theoretisch, in seiner Substanz nicht verändert, weder verkauft noch verpfändet oder vererbt und auch vom Staat nicht konfisziert werden; zugleich unterlag es besonderen Steuersätzen. Die Einkünfte aus dem gestifteten Gut – seien es die Steuern und Abgaben eines Dorfes, die Erträge eines Marktstandes, Handwerksbetriebs oder Bades, sei es die Miete einer Immobilie – flossen entweder einem wohltätigen Zweck zu (religiösen Einrichtungen wie Moscheen, Koranschulen und Madrasen vor Ort oder auch in den heiligen Stätten von Mekka, Medina und Jerusalem, öffentlichen Einrichtungen wie Brunnen, Hospitälern, Armenküchen, Waisenhäusern; sog. *waqf khairi*) oder der Familie des Stifters (sog. *waqf ahli* oder *waqf dhurri*); letztere machten, obgleich vom islamrechtlichen Standpunkt aus umstritten, die große Mehrheit der Stiftungen im spätosmanischen Syrien und Palästina aus. Häufig waren beide Zwecke miteinander verquickt und zielten darauf ab, das betreffende Eigentum vor dem Zugriff der Obrigkeit zu schützen, die Steuerlast zu mindern und die Bestimmungen des islamischen Erbrechts zu umgehen, das tendenziell eine Aufsplitterung des Erbgutes bewirkte. In der Einrichtung des Waqfs spiegelte sich zugleich das Verhältnis von Stadt und Land: Während das Stiftungsgut nicht selten auf dem Land lag, wo die Erträge erwirtschaftet bzw. die Steuerleistungen erbracht wurden, lag die Nutzung ganz überwiegend in der Stadt – eine Ausnahme machten allenfalls Dorfmoscheen, soweit sie über religiöse Stiftungen unterhalten wurden; zugleich waren es im Regelfall städtische Religions- und Rechtsgelehrte, vom Kadi bis zum Mufti, und in der Stadt lebende Nachkommen des Propheten (*ashraf*), die mit der einträglichen Verwaltung der *auqaf* betraut waren.

Wenn somit in Palästina wie in den meisten Reichsteilen (Ägypten stellte zumindest seit dem 18.Jahrhundert einen Sonderfall dar) rechtlich gesehen kein Privateigentum an landwirtschaftlichem Boden bestand, waren individuelle und kollektive Besitz- und Nutzungsrechte doch sowohl gemäß lokalem Gewohnheitsrecht (*'urf*) wie auch gemäß obrigkeitlicher Satzung (*qanun*) anerkannt und festgelegt. Eine Sonderform der Bewirtschaftung stellte das sog. *musha'*-System dar, das in weiten Teilen Palästinas praktiziert wurde, in der Literatur jedoch recht unterschiedlich bewertet wird: Es handelte sich dabei in den meisten Fällen nicht um Kollektivbesitz, sondern um eine besondere Mischform von gemeinschaftlichen und individuellen bzw. familialen Rechtsansprüchen, ein «kommunitäres Besitz- und Bewirtschaftungsverhältnis» (Schölch). Das betreffende Terrain wurde innerhalb einer Dorfgemeinschaft periodisch und nach gewohnheitsrechtlich fixierten Quoten und/oder gemäß der Fähigkeit zur Bewirtschaftung neu verteilt, anschließend aber individuell bzw. innerhalb einer Familie bearbeitet und genutzt. Periodisch umverteilt wurden allerdings nur kultivierte Flächen, auf denen zumeist Getreide angebaut wurde, nicht aber Obstgärten, Olivenhaine oder Weinpflanzungen angelegt wurden. Die Bedeutung des *musha'*-Systems für die Wirtschaft Palästinas bleibt umstritten.[14] Wie überall im Osmanischen Reich waren Weide- und Durchzugsrechte von besonderer Wichtigkeit für die ländliche Wirtschaft und Gesellschaft: Das in unmittelbarer Dorfnähe gelegene Weideland (*matruka*) galt als kollektives Dorfeigentum, das gegen jede Art des Übergriffs verteidigt wurde, gegebenenfalls auch vor den städtischen Gerichten.

Bauern und Beduinen

Der Gegensatz zwischen seßhaften Bauern und umherziehenden (wenn nicht marodierenden) Beduinen, den auswärtige Besucher und Reisende so häufig hervorhoben und osmanische Quellen so lebhaft beschworen, erweist sich als weniger simpel, als es oft erscheint. Charakteristisch sind seit alters unterschiedliche Misch- und Übergangsformen zwischen bäuerlicher und nomadischer Wirtschafts- und Lebensweise.[15] Schon im Alten Orient bildete nomadische Viehzucht einen wichtigen Zweig der Agrarwirtschaft; Ackerbau und Viehzucht waren, über den Handel vermittelt, Teil eines integrierten Wirtschaftssystems. Tief verwurzelt ist aber auch die Vorstellung von den räuberischen und gesetzlosen Beduinen, die, jeder Kontrolle abhold und den antiken Barbaren gleich, die Hauptgefahr für Sicherheit und Produktion, ja für die Zivilisation bilden – ein Problem nicht nur für die Obrigkeit, sondern viel unmittelbarer für die lokale Bevölkerung. Auch hier mag ein Zitat aus einer wissenschaftlichen Studie als Beispiel dienen, das von gewalttätigen Vokabeln nur so wimmelt, die im englischen Original noch massiver wirken als in einer deutschen Übersetzung. Der israelische Historiker Moshe Maʿoz beschrieb die Verhältnisse im Palästina des 18. Jahrhunderts folgendermaßen:[16] Beduinen waren

«… die Hauptursache für die Zerstörung des Landes und den daraus folgenden Ruin von Landwirtschaft und Handel. Diese mächtigen Nomaden suchten die syrischen Provinzen heim, plünderten entlang der Straßen Karawanen und Reisende, verwüsteten große Stücke kultivierten Landes und wagten selbst Raubzüge gegen Dörfer, die sich am Rand großer Städte befanden.»

Wenn in der wissenschaftlichen Literatur demgegenüber auf hybride Wirtschafts- und Lebensformen hingewiesen wird, auf Symbiose, wechselseitige Abhängigkeiten und gleitende Übergänge zwischen Seßhaftigkeit und Nomadismus, dann gilt das in erster Linie für das Flachland Nord- und Zentralpalästinas und nicht so sehr für das innere Berg- und Hügelland sowie den Negev.[17] Die Übergänge der Lebens- und Wirtschaftsformen, die sich in den flachen, küstennahen Landesteilen nachweisen lassen, sind zu unterscheiden von ökonomischer Komplementarität, die für den gesamten Vorderen Orient charakteristisch war. Unverzichtbar waren Beduinen beispielsweise für die Seifenherstellung in Nablus und die Glasindustrie von Hebron, der sie wichtige Rohstoffe wie Kaliasche (*qilw*) lieferten. Überdies bestand eine gewisse Tendenz, nomadische Viehzucht mit kleinflächiger Landwirtschaft zu verbinden. Umgekehrt konnten in Zeiten der Not auch seßhafte Bauern sich im wahrsten Sinne des Wortes in die nomadische Existenz flüchten. Unabhängig von politischem Druck konnte es für einzelne Gemeinschaften ökonomisch sinnvoll und notwendig sein, sich in Dürrezeiten in die Wüste zurückzuziehen, in Regenperioden hingegen stärker auf den Ackerbau zu konzentrieren – was im übrigen nicht notwendigerweise eine Änderung der tradierten Normen und Werte nach sich zog. Sedentarisierung ist historisch gesehen im übrigen natürlich nicht neu; sie erfolgte auch keineswegs immer gegen den Willen der bislang nomadisch lebenden Beduinen. Anders wären die muslimischen Stadt- und Staatsgründungen der Eroberungszeit gar nicht denkbar gewesen. In Palästina selbst ist der Prozeß für das 16., 17. und 18. Jahrhundert recht gut dokumentiert; eine ganze Reihe der führenden Familien des Berg- und Hügellandes beispielsweise war beduinischer Abstammung und sich ihrer tribalen Wurzeln auch im 19. Jahrhundert wohl bewußt. Erst seit dem ausgehenden 19. Jahrhundert allerdings kann der Trend zur Seßhaftigkeit, den die osmanische Zentralregierung nun beförderte, wenn nicht in Einzelfällen sogar erzwang, als unumkehrbar gelten.

Ungeachtet der Spannungen, ja gerade wegen ihres Störpotentials, konnten Beduinen zu Partnern der osmanischen Regierung und ihrer lokalen Repräsentanten werden. So dienten sie nicht nur auf dem Pilgerweg von Damaskus nach Mekka als Hüter und Beschützer einzelner Straßen- und Wegabschnitte. Bis ins 19. Jahrhundert verfolgten die osmanischen Behörden eine den Beduinen günstige Politik, mit der sie diese, etwa durch Land, das sie ihnen bei unbehinderter Bewegungsfreiheit zur Verfügung stellten, zur Zuwanderung verlocken wollten. Sie wurden nach Möglichkeit besteuert, jedoch auch in der zweiten Hälfte des 19. Jahrhunderts nicht gegen ihren Willen zur Armee eingezogen. Die Kontrollmöglichkeiten der Obrigkeit blieben bis ins ausgehende 19. Jahrhundert ohnehin begrenzt. Besonders anfällig für beduinische Übergriffe war bis dahin Jerusalem und seine engere Umgebung, da es an mehreren Seiten leicht zugänglich und von unbebautem Land umgeben war. Ökonomische Komplementarität und wechselseitige Abhängigkeiten, die gelegentlich auch zu Bündnissen von Bauern, Städtern und Beduinen gegen die jeweilige Obrigkeit und äußere Feinde führten, konnten die Konflikte zwischen seßhafter und nomadischer Bevölkerung freilich nicht überdecken. Erpreßte Schutzgeldzahlungen etwa machten die Beduinen nicht eben beliebt bei Händlern und Reisenden. Die wechselseitigen Wahrnehmungen waren im ganzen daher eher negativ geprägt, gezeichnet vom Gefühl der je eigenen Überlegenheit – und ganz unromantisch.

Herrschaft, Recht und Verwaltung

Im regionalen Vergleich blieb das demographische Gewicht Palästinas bis ins 19. Jahrhundert hinein gering, sein ökonomisches Potential wenig bedeutend. Seine Relevanz für die Osmanen war weniger ökonomischer als vielmehr strategischer Natur, wobei die strategische Bedeutung wesentlich durch die religiöse Dimension bestimmt wurde. Hierfür spielten zum einen die heiligen Stätten in Palästina selbst eine Rolle, zu deren Erhalt und Verschönerung die Osmanen einiges beitrugen, zum anderen, wie erwähnt, die Pilgerroute von Damaskus nach Mekka und Medina. Greifbare Belege für das Interesse der osmanischen Sultane waren Renovierungen, Neubauten und finanzielle Zuwendungen, die sich zu allen Zeiten auf Jerusalem konzentrierten, und zwar nicht nur auf die religiösen Einrichtungen dort, die die Fatimiden, Ayyubiden und Mamluken so eifrig gefördert hatten. Stärker als jene achteten die Osmanen auf die Sicherheit und Versorgung der Stadt, ohne die großen Stiftungen zugunsten der Aqsa-Moschee und des Felsendoms wie auch zugunsten der Armen zu vernachlässigen. Besonders engagiert zeigte sich Suleiman der Prächtige, der die in der Kreuzfahrerzeit weitgehend zerstörte Jerusalemer Stadtmauer erneuern ließ, die prekäre Wasserversorgung verbesserte, mehrere öffentliche Brunnen stiftete und den Felsendom durch die Erneuerung der Kuppel und die Verkleidung der Außenwände mit Keramikfliesen weithin sichtbar verschönern ließ.[18] Die religiöse Bedeutung Jerusalems ließ sich auch an der Tatsache ablesen, daß der aus Istanbul entsandte Kadi innerhalb der offiziellen osmanischen Gelehrtenhierarchie einen vergleichsweise hohen Rang bekleidete.[19]

Wichtiger als die heiligen Stätten in Palästina selbst aber war und blieb der Schutz der Pilgerroute nach Mekka und Medina, die für die Legitimation der osmanischen Dynastie ebenso wie der lokalen Machthaber von zentraler Bedeutung war.[20] Daraus resultierte die Notwendigkeit militärischer Sicherung des Terrains durch den Bau von Straßen, Häfen und Befestigungen sowie die Stationierung von Truppen, der logistischen Vorsorge (Raststätten, Brunnen, Lebensmittel und Wasser), aber auch des umsichtigen Umgangs mit den Beduinen, die lange Zeit die größte Bedrohung für die innere Sicherheit inklusive der Handels- und Pilgerwege darstellten, zugleich indes als Führer und Eskorten für die Pilgerkarawane unverzichtbar blieben. Dementsprechend floß ein Großteil der vor Ort erhobenen Steuern in die Kasse des verantwortlichen *amir al-hajj*; seit dem frühen 18. Jahrhundert war das der Gouverneur von Damaskus.

Wie in anderen Reichsteilen jenseits der Hauptstadt Istanbul selbst, die strengerer Kontrolle unterlag, konzentrierte sich die osmanische Regierung in Palästina auf einige wenige Funktionen, die sich zusammenfassen lassen als Gewährleistung von Sicherheit, Gesetz und Ordnung im Sinne des Islam. Das hieß in erster Linie die politisch-militärische Kontrolle des Gebiets, Verteidigung seiner Grenzen und Schutz der Untertanen vor inneren und äußeren Gefahren; Durchsetzung einer staatlichen Rechtsprechung (Scharia und *qanun*) sowie Einziehung von Abgaben. Wie diese übergeordneten Ziele im einzelnen verwirklicht wurden, differierte stark nach Zeit und örtlichen Gegebenheiten. Systematische Eingriffe in die lokale Wirtschaft, das soziale Gefüge, örtliche Sitten und Gebräuche waren bis zur Mitte des 19. Jahrhunderts weder beabsichtigt noch durchsetzbar; um so bedeutsamer dann der Wandel der Vorstellungen davon, was Gesetz und Ordnung bedeuteten, in der Ära der Tanzimat-Reformen. Bis dahin begnügte sich die Zentralgewalt mit funktional wie regional begrenzter Kontrolle und Intervention, die den lokalen Gegebenheiten angepaßt und daher sehr variabel war. Die osmanische Herrschaft mochte von der lokalen Bevölkerung als legitim akzeptiert werden – zumindest gibt es kaum Hinweise auf gegenteilige Tendenzen, die über die Verteidigung tradierter Autonomie bzw. des «guten alten Rechts» hinausreichten. Aber der Sultan war fern und seine Repräsentanten außerhalb der städtischen Zentren wenig präsent.

In den arabischen Provinzen im allgemeinen und in Palästina im besonderen beschränkte sich die osmanische Staatsgewalt auf wenige Personen und Institutionen, deren Einfluß und Gestaltungskraft je nach Konstellation und Persönlichkeit der Amtsinhaber stark variierten:[21] den Provinzgouverneur und die Bezirks- und Unterbezirksgouverneure mit ihrem Stab von Schreibern, Wachen und sonstigen Bediensteten; die vor Ort stationierten regulären und irregulären Truppen unter ihren Kommandanten, die auch die Polizeigewalt ausübten; den Richter (Kadi) von Jerusalem und dessen Vertreter in den Distriktzentren; schließlich Steuerpächter bzw. -beamte. Den Gouverneur, den Kadi und bestimmte Truppenkontingente entsandte Istanbul in die Provinz, ein großer Teil der Verwaltung wurde jedoch vor Ort rekrutiert. Eine effektive Kontrolle der Bevölkerung war mit diesem beschränkten Personal und seinen ebenso beschränkten Straf- und Zwangsmitteln überhaupt nur möglich in Abstimmung mit Vertretern der lokalen Eliten – städtischen Notabeln einschließlich der Amts- und Würdenträger der Nichtmuslime, Dorf- und Stammesscheichs. Osmanische Herrschaft wurde somit nicht weniger als später die britische vermittelt ausgeübt (*indirect rule*). Statisch war sie auch vor dem 19. Jahrhundert nicht.

Ein Indiz für den Wandel der Verhältnisse und zugleich auch des osmanischen Herrschaftsapparats war die Tatsache, daß vom 18. Jahrhundert an Gouverneure und deren Stellvertreter zunehmend aus der zivilen Hierarchie rekrutiert wurden und nicht länger allein aus der militärischen. Der aus Istanbul für eine begrenzte Zeit – nicht selten waren es nur 1–2 Jahre – entsandte Provinzgouverneur (*vali*, arab. *wali*, häufig einfach Pascha) ernannte seinerseits in den ihm unterstellten Bezirken und Unterbezirken Vertreter (*mütesserif*, arab. *mutasarrif* oder, theoretisch mit geringeren Befugnissen ausgestattet, *mütesellim/mutasallim*, im späteren 19. Jahrhundert meist *kaimakam*, arab. korrekt *qa'immaqam*), die weitgehend frei agierten. Die formale Über- und Unterordnung im Rahmen einer reichsweiten Hierarchie darf über die tatsächliche Gestaltungsfreiheit der lokalen Repräsentanten der Staatsgewalt nicht hinwegtäuschen. Wie die Stellvertreter des Kadi entstammten auch die Untergouverneure im allgemeinen den führenden lokalen Familien, die bestimmte Ämter und Funktionen nicht selten als quasi erblich betrachteten.

Die im Land stationierten regulären Truppen waren zwar in vielen Fällen dem Gouverneur unterstellt, wurden aber aus der zentralen Staatskasse entlohnt: Der Gouverneur sollte sie finanziell nicht an sich binden können. Das verhinderte nicht, daß sich vor allem im 17. und 18. Jahrhundert energische Walis in ihren Provinzen eine eigenständige Machtbasis schufen, indem sie aus eigenen Mitteln Mamluken (freigelassene weiße Militärsklaven), Söldner und sonstige Gefolgsleute anwarben und regelrechte Privatarmeen unterhielten. Im 18. und 19. Jahrhundert waren in Palästina im übrigen nur geringe osmanische Kräfte stationiert, die neben Kavallerie, Artillerie und Infanterie auch vor Ort rekrutierte Milizen umfaßten.[22] Daß die Verteidigung Jerusalems höchste Priorität besaß, spiegelte eher religiöse denn militärische Belange. Im Einklang mit den strategischen Interessen war bis ins frühe 19. Jahrhundert aber auch die Hafenstadt Akko stark befestigt. Den größten Eindruck machten dabei die wenigen Kanonen, die in den städtischen Zitadellen aufgestellt waren, gegebenenfalls auch die mitgeführte Feldartillerie.

Die Lebensbedingungen der Soldaten waren im übrigen miserabel, der Sold niedrig und die Auszahlung unregelmäßig. Daher auch die Verlockung, sich ins örtliche Wirtschaftsleben einzugliedern, was mit dem rechtlichen Status des Soldaten (*ʿaskerī*) an sich nicht zu vereinbaren war. Gelegentlich schlossen einzelne Truppenkontingente sogar Bündnisse mit Bauern und Städtern gegen den osmanischen Pascha. Die Gouverneure wiederum reagierten, indem sie ihrerseits Mamluken und Söldner rekrutierten, zu denen Beduinen und selbst Bauern zählen konnten. Die Bauern waren der Obrigkeit und fremden Angreifern im übrigen nicht wehrlos ausgesetzt: Vor allem die Bewohner des Berg- und Hügellandes besaßen entgegen staatlichem Verbot vielfach Feuerwaffen, meist Gewehre (*baruda*), seltener Pistolen. Diese mochten zwar im Vergleich mit der Ausrüstung europäischer Heere veraltet sein, die vor Ort stationierten osmanischen Truppen jedoch waren um 1800 auch nicht moderner bewaffnet. Noch in der Mitte des 19. Jahrhunderts wurden lokale Kämpfe und Fehden aber auch mit Schwertern, Säbeln, Dolchen, Knüppeln und Lanzen ausgetragen. In seiner Chronik der Jahre 1821–1841 berichtet der griechische Mönch Neophytos von zahlreichen Erhebungen der lokalen Bevölkerung gegen die Obrigkeit: Wenn sich die Gelegenheit ergab, zögerten die Dorfbewohner nicht, Soldaten, die gekommen waren, Steuern und Abgaben einzuziehen, aus ihren Dörfern hinauszuwerfen oder ihnen von vornherein den Zugang zu verwehren.[23]

Abb. 4. Bewaffneter Beduine. Unbekannter Fotograf, um 1900

Aus Istanbul entsandt und meist nur für ein bis zwei Jahre vor Ort war der sunnitische Kadi (Richter) von Jerusalem, der stets der im Osmanischen Reich dominierenden hanafitischen Rechtsschule angehörte, während ein großer Teil der Bevölkerung Palästinas zur schafiitischen Rechtsschule zählte, die zumindest in Jerusalem auch durch eigene Richter und Rechtsgutachter (Muftis) repräsentiert wurde.[24] Die Stellvertreter des Kadis wurden meist aus prominenten örtlichen Familien ernannt und von ihm lediglich im Amt bestätigt. Ihre Aufgaben waren breit gefächert und beschränkten sich nicht auf das im modernen Sinn verstandene Justizwesen innerhalb wie außerhalb der islamischen Scharia-Gerichte (*mahkama*), vor denen im übrigen auch Nichtmuslime

Gerechtigkeit suchten. Sie übernahmen Registrierungs- und Notariatsaufgaben, die von Kaufverträgen, Krediten und Immobiliengeschäften bis zu Eheschließungen, Scheidungen und Erbteilungen reichten; dazu kam die Aufsicht über städtische Bauten, Preise und Gewichte, also die Marktaufsicht, und als besonders wichtige Funktion die Oberaufsicht über die islamischen frommen Stiftungen, die für die städtische Ordnung von allergrößter Bedeutung waren. Der Kadi als Repräsentant der osmanischen Zentralgewalt, eingebunden in eine strenge Ämterhierarchie, war somit Richter, Schlichter, Notar und Standesbeamter in einem und daher – wiewohl Außenseiter und häufig des lokalen Dialekts unkundig – eine zentrale Figur in der lokalen (städtischen) Gesellschaft. Aber er verfügte über keine eigenen Macht- und Zwangsmittel, die ihn gegebenenfalls zum Herausforderer des Gouverneurs, der Truppenkommandanten und in letzter Konsequenz des Sultans selbst hätten machen können. Der Kadi war eine gesellschaftliche Kraft, keine im engen Sinn politische Figur.

Im Gegensatz zum Kadi, der Konflikte schlichtete und Recht sprach, waren die muslimischen Rechtsgutachter (Muftis), die dieses auf der Grundlage der normativen Quellen und autoritativen Textsammlungen früherer Gelehrter in Rechtsgutachten (Fatwa) darlegten, oft jahrzehntelang im Amt und meist lokaler Herkunft.[25] Anders als in den anatolischen Kernprovinzen und in Damaskus selbst scheinen die Muftis in Palästina zumindest im 17. und 18. Jahrhundert nicht Teil der offiziellen Gelehrtenhierarchie (*ilmiyye*) gewesen zu sein und zugleich in einem lockereren Verhältnis zum staatlichen Gerichtswesen gestanden zu haben, als dies etwa in Istanbul, Bursa oder Edirne der Fall war. Um Einfluß zu haben, mußten sie also in der lokalen Gesellschaft akzeptiert sein. Das setzte sozialen Rang und Status voraus, die in der Regel aus der Zugehörigkeit zu einer angesehenen Familie erwuchsen und – zumindest idealerweise – durch individuelle Bildung, Leistung und Ausstrahlung bestätigt wurden. Im Verlauf des 19. Jahrhunderts erreichte der Trend zur Bürokratisierung aber auch Palästina, so daß auch hier die Funktion des Muftis formalisiert und strenger in die hierarchisch geordnete Reichsverwaltung eingebunden wurde.

Allerdings beschränken sich unsere Kenntnisse im wesentlichen auf die städtischen Verhältnisse. Über die Dörfer – wo häufig der

Schreiber und Prediger (*khatib*) zugleich als Notar, Vorbeter (*imam*) und Koranschullehrer wirkte, Beschneidungen, Heiraten und Begräbnisse leitete und auch alle offiziellen Mitteilungen verkündete – sind wir nur unzureichend unterrichtet. Geklagt wurde über ihre mangelnde Integrität, Kompetenz und Bildung, zugleich lebten sie aber von sehr bescheidenen Gebühren und Honoraren. Vieles deutet darauf hin, daß hier wie anderswo Streitigkeiten nach Möglichkeit außergerichtlich und nach den Bestimmungen des lokalen Gewohnheitsrechts beigelegt wurden, das von der Scharia beeinflußt, mit dieser aber nicht identisch war und das, wie es scheint, nicht nur von Muslimen, sondern auch von Christen befolgt wurde.[26] Im übrigen konzentrierte sich das religiöse und das gesellige Leben in den Dörfern in erster Linie auf Heiligenschreine (*maqam*) und die Heiligenverehrung generell; die Moscheen befanden sich überwiegend in den Städten.[27]

Bleibt das Steuerwesen:[28] Wie im Osmanischen Reich als Ganzem fanden sich auch in Palästina parallel oder in zeitlicher Abfolge mehrere Formen der Steuereintreibung, eine direkte, die besoldete Amtsträger verwandte, auch wenn diese häufig nur auf begrenzte Zeit entsandt wurden, und zwei indirekte, die Mittler einsetzten. In Syrien und Palästina unternahm der Gouverneur jährlich mit einer starken Eskorte eine «Runde» (*daura*), um die Steuern einzusammeln und zugleich die Staatsgewalt auch auf dem Land sicht- und fühlbar zu machen.[29] Bestimmte Steuern und Abgaben gingen direkt an Vertreter der Provinzverwaltung, die über Präbenden (*timar*, wörtlich Schenkung) entlohnt wurden, d.h. Einkünfte gegen militärische und administrative Dienste erhielten. Dazu kam die Steuerpacht (*iltizam*), die über Verleihung, Kauf oder Versteigerung üblicherweise auf drei Jahre vergeben wurde, seit etwa 1695 aber auch auf Lebensdauer erworben werden konnte (*malikane*). Die Steuerpacht konnte problemlos mit anderen Funktionen verbunden werden, ein Gouverneur also gleichzeitig als Steuerpächter in seiner Provinz auftreten oder ein Mufti die Pacht bestimmter Steuern und Abgaben ersteigern. Sie bot lokalen Kräften einen der wichtigsten Wege des gesellschaftlichen Aufstiegs. Während das *timar*-System in weiten Teilen des Osmanischen Reichs um 1800 verschwunden war, hielt es sich in Palästina vereinzelt bis in die Mitte des 19. Jahrhunderts; die Steuerpacht sollte sich trotz energischer Anstrengungen der Hohen Pforte auch in der Reformära nicht abschaffen lassen. Der größte Steueranteil entfiel zu allen Zeiten auf die bäuerliche Bevölkerung, die über den sog. Zehnten (*'ushr*) hinaus, der faktisch meist über 10% des geschätzten Ernteertrags lag und überwiegend in Naturalien erhoben wurde, verschiedenste reguläre und irreguläre Steuern und Abgaben (sog. *avariz*) zu leisten hatte. Mit gewisser Regelmäßigkeit besteuert wurden auch die städtischen Handwerker, Händler und Gewerbetreibenden. Einen bedeutenden Anteil am Steueraufkommen besaß darüber hinaus die von lokalen Nichtmuslimen zu entrichtende Kopfsteuer (*jizya*), die nach Möglichkeit von staatlichen Amtsträgern eingezogen und nicht an Steuerpächter vergeben wurde, um so den direkten Zufluß an die Staatskasse sicherzustellen.

Seit dem 17. Jahrhundert wurden Steuern mit der wichtigen Ausnahme des Zehnten zunehmend in bar erhoben und nicht mehr vorrangig in Naturalien (für die Jizya hatte dies schon früher gegolten) – auch dies ein weiteres Indiz gegen die ausschließliche Subsistenzwirtschaft. Daraus resultierte die enge Verknüpfung von Steuereintreibung auf der einen Seite, Kredit- und Wuchergeschäften auf der anderen, denen sich namentlich die bäuerliche Bevölkerung ausgesetzt sah, wenn sie ihrer Steuerpflicht schon vor dem Verkauf der Ernte nachkommen mußte. So brutal die Eintreibung im einzelnen ausfallen konnte, machte es das weitmaschige Netz obrigkeitlicher Präsenz den Untertanen zugleich leichter als in späteren Zeiten, ihren Pflichten auszuweichen. Grundsätzlich wurden Steuern nur unter Druck entrichtet und, fehlte es an diesem, häufig genug nicht gezahlt. Nur ein geringer Teil der vor Ort eingezogenen Steuern und Abgaben, gleichgültig ob regulär oder irregulär, legal und illegal (die auch gegen wiederholte Verbote immer wieder von lokalen Machthabern erhoben wurden), gelangte im übrigen in die Staatskasse. Ein beträchtlicher Teil endete bei unterschiedlichen Zwischeninstanzen vom Dorfscheich über den Steuerpächter bis zum Gouverneur, die mit den eingezogenen Mitteln allerdings auch zahlreiche Aufgaben wahrzunehmen hatten. Ein großer Teil der rechtmäßig eingezogenen Steuern und Abgaben floß direkt in den lokalen Wirtschaftskreislauf zurück.

2. Autonomisierungstendenzen: Zahir al-Umar und Ahmad al-Jazzar

Der «Niedergang» osmanischer Macht, der sich namentlich an einer abnehmenden Qualität von Militär, Justiz und Verwaltung zeigte und von nicht wenigen Zeitgenossen und Historikern schon in das späte 16. Jahrhundert datiert wird, förderte im 17. und 18. Jahrhundert in verschiedenen Teilen des Reiches Autonomisierungstendenzen, die von lokalen Machthabern getragen wurden. Anders als die «*warlords*», wie sie zur selben Zeit in Rumelien und Anatolien auftraten (wo sie als *ayan* oder *derebeys*, «Talfürsten», bezeichnet wurden), gehörten diese lokalen Machthaber in den arabischen Provinzen vielfach dem osmanischen Staatsapparat selbst an. Allerdings waren sie gewissermaßen von außen in ihn vorgedrungen, hatten also nicht die Ausbildung an den Palastschulen in Istanbul und Edirne durchlaufen und galten rechtlich gesehen auch nicht als «Sklaven» (*kul*) des Sultans. Zu ihnen zählten im 18. Jahrhundert die Dynastien der Jalilis im irakischen Mosul, die Shihab al-Dins im Libanongebirge, die Azms in Damaskus und die Mamlukenbeys Ali al-Kabir und Muhammad Abu l-Dhahab in Ägypten.[30]

Diese lokalen Machthaber, die im Gegensatz zu den Nationalisten des 19. und des 20. Jahrhunderts nicht auf eine Loslösung aus dem osmanischen Herrschaftsverband abzielten, sondern auf eine Festigung und Erweiterung ihrer Position innerhalb des Reiches, wiesen eine Reihe von Gemeinsamkeiten auf: Sie übten eine besondere Form patrimonialer Herrschaft aus, in der der «Haushalt» des «Herrn» von der öffentlichen Verwaltung nicht getrennt war, Amts- und Funktionsträger vielmehr als persönliche Gefolgsleute des Herren dienten, teilweise sogar als seine Sklaven. Sie bauten eigene Truppen und militärische Kapazitäten auf. Sie bemühten sich um eine zentrale Kontrolle auf Distrikt- oder Provinzebene («Herrschaftsverdichtung»), die in einigen Fällen mit ausdrücklicher Billigung der Hohen Pforte erfolgte, in anderen gegen deren Willen. Sie richteten Monopole über landwirtschaftliche Schlüsselerzeugnisse (Baumwolle, Tabak, Zuckerrohr) ein und intensivierten den Handel mit Europa; in einigen Fällen schlossen sie sogar Bündnisse mit regionalen und europäischen Mächten. Nicht unbedingt gewollt von den lokalen Machthabern, erlangten als Folge dieser Entwicklungen zugleich städtische Eliten mehr Zugriff auf die Ressourcen des Umlands, was langfristig die Stellung ländlicher Eliten schwächte. Militärische Stärkung durch moderne Ausrüstung und die Anwerbung von Söldnern, die Monopolisierung von Macht und Ressourcen, die Förderung von Handel und Landwirtschaft und intensivere Kontakte zu Europa griffen eng ineinander und dienten alle dem Zweck weitgehender politischer Eigenständigkeit. Die Bildung lokaler Machtzentren wurde häufig als Ausdruck zentrifugaler Tendenzen wahrgenommen. Das wird der Lage in den meisten Fällen nicht gerecht. Pluralisierung und lokale Herrschaftsverdichtung waren nicht gleichzusetzen mit einem Niedergang oder gar Zerfall des Reiches. Was «Niedergang» im einzelnen bedeutete, ob er Chancen für einzelne Bevölkerungsgruppen beinhaltete, weil lokale Machthaber in den Ausbau von Landwirtschaft und städtischer Infrastruktur investierten, wohltätige Stiftungen gründeten, möglicherweise sogar Kultur und Wissenschaft förderten, oder Nachteile, weil sie ihre Untertanen systematischer ausbeuteten als die nur punktuell und sporadisch präsente Zentralgewalt, bleibt im einzelnen zu klären – «Niedergang» ist ja erkennbar aus imperialer Warte gedacht, und die muß sich der Historiker nicht zu eigen machen.

Im Verlauf des 18. Jahrhunderts wuchs die Bedeutung des syrisch-palästinensischen Küstenstreifens von Beirut bis Jaffa samt seines Hinterlandes für die lokale Wirtschaft und Gesellschaft. Das hing vor allem mit den dichteren Handelsbeziehungen zu Europa zusammen, und hier an erster Stelle zu Frankreich mit der Hafenstadt Marseille.[31] Es ist daher kein Zufall, daß sich in diesem Raum zwei lokale Machthaber etablieren konnten, Zahir al-Umar und Ahmad al-Jazzar, die dem oben skizzierten Muster lokaler Herrschaftsbildung recht genau entsprachen. Dabei gingen sie im einzelnen unterschiedliche Wege: Zahir al-Umar al-Zaidani (ca. 1690–1775), ursprünglich ein Händler und Steuerpächter beduinischer Herkunft, schuf sich in seiner Heimatregion Galiläa eine eigenständige Machtbasis.[32] Galiläa zählte zur Provinz Sidon (arab. Saida), die zu seiner Zeit weite Teile des heutigen Südlibanon umfaßte. Unter ihm begann der Aufschwung Akkos, der strategisch günstig gelegenen ehemaligen Kreuzfahrerfestung und zugleich des wichtigsten Hafens an der syrischen Küste. Zumindest im lokalen Rahmen innovativ war Zahirs (erfolgreicher) Versuch, den Export von Baumwolle, Getreide, Olivenöl und Tabak nicht nur zu fördern, sondern auch zu monopolisieren. Die Gewinne aus diesem Handel ermöglichten es ihm, in Konkurrenz zum Gouverneur von Damaskus eine militärische Machtbasis aufzubauen und – dies freilich in stetem Konflikt mit der osmanischen Zentralgewalt und gegen den Widerstand lokaler ländlicher Familienclans – seine Herrschaft über Galiläa und die nördliche Küstenregion hinaus auf das Hinterland auszuweiten. Dazu zählte namentlich die fruchtbare, wenn auch dünn besiedelte Ebene von Marj Ibn Amir (Esdralon und Jezreel) mit der Marktstadt Nazareth. Nablus hingegen, dessen Umfeld sich zur gleichen Zeit zur bedeutendsten Baumwollregion Palästinas entwickelte, vermochte er nicht zu erobern. Jerusalem und das südliche Berg- und Binnenland blieben jenseits seines Zugriffs. Unter Zahirs Herrschaft erlangte der Baumwollanbau und -handel zumindest im regionalen Maßstab große Bedeutung, was dem verbreiteten Bild des fortschreitenden Niedergangs im ausgehenden 18. Jahrhundert zuwiderläuft.[33] Er löste zugleich einen Bevölkerungszustrom nach Akko aus, der sich auch unter seinen Nachfolgern fortsetzte. Nachdem er bislang auf Legitimation durch den Sultan und dessen lokale Vertreter bedacht gewesen war, fühlte Zahir sich in den 1770er Jahren stark genug, auch «außenpolitisch» eigene Wege zu gehen, und verbündete sich mit dem Mamlukenbey Ali al-Kabir. Gemeinsam besetzten sie Damaskus und schlossen, um ihre Position gegenüber Istanbul zu stärken, eine Allianz mit Rußland, dem mittlerweile stärksten Widersacher des Osmanischen Reiches. Nach dem Ende des russisch-osmanischen Kriegs von 1768–1774 wandte sich die Zentralgewalt gegen den Rebellen. Eine osmanische Flotte nahm 1775 Akko ein, Zahir al-Umar kam wenig später ums Leben.

Anderen Zuschnitts war der aus Bosnien stammende Ahmad al-Jazzar (sowohl «Schlachter» wie «Schlächter», hier eindeutig letzteres; an der Macht 1776–1804). Als Mamluk, ortsfremd und ohne Bindungen im Lande selbst, brachte er es bis zum Gouverneur von Sidon und Damaskus, dem weite Teile Libanons und Palästinas unterstanden, für die er zugleich die lebenslange Steuerpacht (*malikane*) hielt.[34] Seine Machtbasis hatte er, wie vor ihm Zahir al-

Umar, in Akko bzw. nahe Akko. Im Gegensatz zu Zahir aber war Ahmad Pascha al-Jazzar selbst Repräsentant des osmanischen Staatsapparats, der sorgsam darauf achtete, fällige Steuern und Abgaben fristgerecht zu entrichten, dabei jedoch sehr zielstrebig eigene Interessen verfolgte. Zu seinen Leistungen, die sein Prestige erheblich steigerten, gehörte die erfolgreiche Verteidigung Akkos bei der Belagerung durch das französische Heer unter Napoleon Bonaparte im Frühjahr 1799, die für die Franzosen mit einer katastrophalen Niederlage und dem verlustreichen Rückzug aus Syrien und Palästina endete. Die französische «Expedition» bedeutete für Palästina noch weniger eine historische Zäsur als für das benachbarte Ägypten.

Auch Ahmad al-Jazzar wußte, daß politische und militärische Macht einer ökonomischen Basis bedurften: Er eignete sich das Monopol über den Handel mit Baumwolle und Getreide an, wobei es ihm zuletzt sogar gelang, die französischen Händler auszuschalten, die seit den 1720er Jahren in Jaffa und Umgebung in den Baumwollanbau investiert hatten. Der Ausbau von Landwirtschaft und Handel führte zu einem gewissen Wohlstand in dem von ihm kontrollierten Gebiet. Er wurde flankiert von einer gezielten Zurückdrängung der Beduinen, die in den 1740er Jahren in größerer Zahl aus der syrischen Provinz Raqqa in das nördliche Palästina eingeströmt waren, und begleitet von einer aktiven Ansiedlungspolitik, die auch viele Christen und Juden anlockte. Ein intensives Bauprogramm trug erheblich zum Aufschwung der Stadt Akko bei. Die Einnahmen aus Steuern, Zöllen, Handel und schlichter Erpressung erlaubten Jazzar, eine buntgemischte Truppe aus Kurden, Albanern, Maghrebinern und Afghanen zu rekrutieren, die seine Machtbasis sichern und verbreitern sollten. Durch die Ausschaltung eigenständiger Kräfte wie der Beduinen verbesserte er ohne Zweifel die Sicherheit innerhalb seines Herrschaftsgebiets und trat in diesem Sinne für Ordnung ein – allerdings nicht für Recht und Ordnung. Eine rücksichtslose Steuerpolitik erhöhte den Druck auf die Bevölkerung und führte zu verstärkter Flucht in benachbarte Zonen und Regionen. Gezielte Ansiedlung und faktische Vertreibung standen sich im Weg. In Palästina ebenso wie im Osmanischen Reich als Ganzem war Zentralisierung keineswegs identisch mit einer Verbesserung der Lebensbedingungen der ländlichen und städtischen Bevölkerung.

Bei allen Unterschieden nach Herkunft, Status und Strategie verband Zahir al-Umar und Ahmad al-Jazzar eine Reihe von Gemeinsamkeiten: zunächst die Einsicht in den Zusammenhang von politisch-militärischer Stärke und wirtschaftlicher Leistungsfähigkeit, die im osmanischen Kontext zwar keineswegs originell war, jedoch in eine konsequente Politik der Monopolbildung vor allem im Exporthandel umgesetzt wurde. Beide nutzten den Handel mit Europa, der insbesondere Baumwolle, Getreide und Olivenöl umfaßte, nicht zuletzt, um Waffen, Mamluken und Söldner zu erwerben. Einer aktiven Bevölkerungspolitik in Form von Ansiedlung und besserem Schutz gegen Beduinen stand die intensivierte Ausbeutung der lokalen Bevölkerung gegenüber. So entstanden zwar entlang der nördlichen Küste und in Galiläa zeitweilig Inseln der Prosperität, sie blieben jedoch anfällig für politische Umschwünge und ökonomische Krisen. Bei aller Tatkraft entwickelten weder Zahir al-Umar noch Ahmad al-Jazzar neue Ideen und Institutionen; sie setzten keine irreversible Dynamik wirtschaftlicher und gesellschaftlicher Entwicklung in Gang. Weder der eine noch der andere dachte in nationalen Kategorien. Nicht «Palästina» war ihre Bezugsgröße, sondern ein regionales Macht- und Einflußfeld, das Galiläa, den syrischen Küstenstreifen und den südlichen Libanon umfaßte und zeitweise bis Damaskus reichte: Jazzar regierte Damaskus und sein Umfeld von Akko aus, das wiederum seit 1777 Sitz des Paschas von Sidon war. So entstand ein regionales Kraftfeld, das nach Norden ausstrahlte, nicht in den «palästinensischen» Süden. Die Autonomisierungspolitik wurde von Jazzars weniger brutalem Nachfolger im Amt des Paschas von Sidon, Sulaiman Pascha al-Adil («der Gerechte»; an der Macht 1804–1819), fortgeführt, der Jazzars «Haushalt» angehört hatte. Schon dessen Nachfolger Abdallah Pascha (reg. 1819 bis 1832) stellte sich mit der Bekämpfung ländlicher Clans wiederum in den Dienst des Sultans, bemühte sich gleichzeitig aber um Abstimmung mit den lokalen Notabeln.

Das Experiment lokaler Herrschaftsbildung in Galiläa und Südlibanon scheiterte an einem weiteren, gleichgerichteten Unternehmen, das den Autonomisierungstendenzen innerhalb des Osmanischen Reichs eine neue Qualität verlieh: Der osmanische Gouverneur von Ägypten, Muhammad Ali (im Amt 1805–1848), dehnte seinen Einfluß zielstrebig auf andere osmanische Provinzen aus, darunter an vorderster Stelle Syrien und Palästina. Der expandierende ägyptische Baumwollexport bereitete der Baumwollwirtschaft in Akko und Umgebung schon in den 1820er Jahren ein Ende. 1831 marschierten ägyptische Truppen in Palästina und Syrien ein und zerstörten mit Akko auch die Basis lokaler Machtentfaltung.

3. Die ägyptische Besatzung, 1831–1840

Die knapp zehnjährige ägyptische Besatzung wird allgemein als Einschnitt in der jüngeren Geschichte Syriens und Palästinas gesehen, wenn nicht als Beginn der Modernisierung dieser Provinzen. Unter diesem Blickwinkel verdient sie in der Tat besondere Beachtung. In Palästina scheint die ägyptische Expansion, die sich in erster Linie gegen die osmanische Zentralgewalt und damit in letzter Konsequenz gegen den Sultan richtete, anfänglich zum Teil durchaus positiv aufgenommen worden zu sein, und zwar schon in der zweiten Hälfte der 1820er Jahre, d.h. bevor ägyptische Truppen im Land selbst einmarschiert waren.[35] Für Muhammad Ali besaß Palästina als Teil Syriens strategisches Gewicht und ökonomische Bedeutung als Quelle bestimmter Rohstoffe (u.a. Holz), in begrenztem Maße auch als Absatzmarkt ägyptischer Exporte. Ein besonderes Interesse an Jerusalem oder dem «Heiligen Land» generell ist nicht auszumachen: Die religiöse Frage scheint Muhammad Ali nicht bewegt zu haben. Die Ägypter marschierten im November 1831 mit der größten Armee in Palästina ein, die das Land seit der osmanischen Eroberung im Jahr 1516 gesehen hatte. Symbolisch und faktisch besonders wichtig war die Eroberung Akkos im Mai 1832, das unter Ahmad al-Jazzar drei Jahrzehnte zuvor den französischen Truppen standgehalten hatte und nun weitgehend zerstört wurde. Ibrahim Pascha, der Stiefsohn Muhammad Alis und Oberkommandierende der ägyptischen Invasionstruppen, übertrumpfte damit Bonaparte – wenn auch nur nach sechsmonatiger Belagerung und unter hohen Verlusten. Die Einnahme Akkos wurde nach dem Bericht des griechischen Mönches Neophytos von den Einwohnern des bereits besetzten Jerusalem mit großer Freude aufgenommen (wenn ihm zufolge auch den Muslimen bereits Übles schwante):

«Die Eroberung von Ptolemais (Akko, G. K.) wurde in Jerusalem auf allen Straßen und Plätzen der Stadt mit Lichtern, Tanz und Musik gefeiert. Fünf Tage lang vergnügten sich die Bewohner von Jerusalem, Muslime, griechisch-orthodoxe und katholische Christen, Armenier und selbst Juden. Alle waren glücklich und hoch erfreut bei dem Gedanken, daß der ägyptische Einzug Freiheit bedeutete (was er tatsächlich tat). Einzig die Muslime konnten ihren Kummer und ihre Verdrossenheit nicht verbergen (wenn sie auch mit den übrigen tanzten), weil sie eine Vorahnung hatten, daß Ägypten seine Macht gegen sie gebrauchen würde. Sie fühlten, daß sie nicht weiter so handeln konnten, wie sie es wollten, und daß Jerusalem und ganz Palästina von nun an reformiert werden würden. Sie hörten und sahen Dinge, die zu hören und sehen sie haßten, nämlich reguläre Soldaten in enganliegenden Hosen, die furchtbare Feuerwaffen und Musikinstrumente trugen und nach europäischer Mode in Formation marschierten.»[36]

Die Schilderung der Feiern mit Beleuchtung, Musik und Tanz «auf allen Straßen und Plätzen» ist bemerkenswert, zumal sie gemeinsame Freudenkundgebungen von Muslimen, Christen und Juden, Arabern, Griechen und Armeniern bezeugt. Ebenso bemerkenswert ist der Hinweis auf die Ablehnung, die die nach europäischem Muster uniformierten und (europäisch klingende) Militärmusik spielenden Truppen bei der lokalen Bevölkerung hervorriefen. Damit stand sie nicht allein: Der Versuch Sultan Selims III. (reg. 1789–1807), nach modernem Muster gedrillte und nach europäischem Vorbild uniformierte und ausgerüstete Einheiten zu schaffen, hatte 1807 zum Aufstand und seinem Sturz geführt. Sein Nachfolger Mahmud II. (reg. 1808–1839) unternahm einen neuen Anlauf und verordnete 1826 der reformierten Armee europäisch geschnittene Uniformen, Stiefel sowie als Kopfbedeckung den Fez oder Tarbusch, der wenig später auch allen Angehörigen der Bürokratie vorgeschrieben wurde, mit Ausnahme der Ulama, die weiterhin den Turban tragen durften. Der Widerwille osmanischer Truppen vor allem gegen enge Uniformhosen ist vielfach bezeugt; eine besondere Abneigung scheinen sie zudem gegen das Bajonett gehegt zu haben, das sie, wie es hieß, als kreuzähnlich und damit «christlich» deuteten.[37]

Allerdings wurde der Einmarsch der Ägypter zunächst wohl gar nicht als tieferer Einschnitt wahrgenommen. Zum einen war es nicht die erste Invasion der jüngeren Geschichte: Der Einfall der Mamlukenbeys lag nur 50 Jahre zurück, und die Franzosen waren gleichfalls von Ägypten aus in Palästina und Syrien einmarschiert, ohne dort bleibende Spuren zu hinterlassen. Im übrigen tastete

Ibrahim Pascha fürs erste den formalen Status der Provinzen nicht an und führte pflichtgemäß Tribut nach Istanbul ab; der Sultan ernannte weiterhin die religiösen und andere Würdenträger. In den ersten Jahren weilte Ibrahim Pascha ohnehin zu weit entfernt in Syrien und Anatolien – in Palästina wurde er vertreten durch den aus der Gegend von Jenin stammenden Husain Abd al-Hadi –, als daß seine Anordnungen mit besonderer Beachtung hätten rechnen können. Sie wurden erlassen – und weitgehend ignoriert. Die ägyptische Präsenz schien lokale Autonomie anfangs eher zu stärken als zu schwächen.

Schon das Jahr 1833 aber brachte wichtige Veränderungen. Anstoß erregten Eingriffe der ägyptischen Besatzer, die dem Mangel an Geld, Soldaten und Ausrüstung begegnen sollten und eher aus der Not geboren waren denn aus systematischen Überlegungen zur Notwendigkeit von Reformen, jedoch mit einer verschärften Kontrolle der lokalen Bevölkerung einhergingen und damit zugleich die ländlichen Eliten abzuwerten drohten.[38] Die Einführung neuer regulärer und irregulärer Steuern – vor allem einer Kopfsteuer (*ferde*, arab. *firda*) für alle männlichen Muslime ab 14 Jahren, ausgenommen allein Ulama und Ausländer, die die auf Nichtmuslime erhobene Jizya gewissermaßen verallgemeinerte – steigerte den Unmut, wenn diese anfangs auch keineswegs gleichmäßig durchgesetzt wurden. Hinzu kamen Maßnahmen, die als gezielte Besserstellung von Christen und Juden verstanden wurden. Tatsächlich waren solche Verbesserungen einzelnen europäischen Konsuln vor und während der Invasion signalisiert worden, um deren Sympathie und Unterstützung, zumindest aber ihr Stillhalten zu erwirken, und tatsächlich wurden sie in Europa aufmerksam wahrgenommen. Nicht umsonst breitete sich in diesen Jahren in protestantischen Kreisen die Idee von einer «Rückführung der Juden» (*restoration of the Jews*) nach Palästina aus, die das Kommen des Messias ankündigen würde. Die Verbesserungen betrafen zum einen die Möglichkeit, Kirchen, Synagogen und andere religiöse Einrichtungen zu renovieren, wenn nicht neu zu errichten, was nach klassischer islamischer Rechtsauffassung, dokumentiert u.a. im sog. Umar-Pakt, nicht oder nur unter besonderen Umständen zulässig war. Damit war ein zu allen Zeiten besonders wachsam beobachteter und zugleich besonders konfliktträchtiger Aspekt des Zusammenlebens von Muslimen und

Nichtmuslimen berührt – ganz besonders in Palästina, wo noch im 17. Jahrhundert die Furcht vor einer Rückkehr der Kreuzfahrer lebendig war. Zum anderen wurde Christen und Juden gestattet, Vertreter in die mit neuen Kompetenzen versehenen, zum Teil überhaupt neu eingerichteten städtischen Beratungsgremien (*majlis al-shura*) zu entsenden, was ihnen erstmals sichtbar und öffentlich Anteil an der Lokalverwaltung verschaffte.

Im übrigen stellte sich Ibrahim Pascha in bewährter Herrschermanier als väterlicher Beschützer aller Schwachen, insbesondere aber der bedrängten Nichtmuslime dar. Neophytos zitiert ihn mit Sätzen wie «Sorgt euch nicht länger, denn euer Vater ist gekommen».[39] Tatsächlich konnten sich Christen und Juden unter ägyptischer Herrschaft freier bewegen als zuvor. Der deutsche Reisende Heinrich Petermann berichtete aus dem als besonders fanatisch geltenden Nablus:

«Ueberhaupt ist Nablus ein von Juden und Christen gefürchteter Ort. Vor der Occupation von Ibrahim Pascha hatte wohl kaum ein Europäer, wenigstens nicht in europäischer Tracht, gewagt, diese Stadt zu betreten. Die wenigen griechischen Christen, welche hier waren, lebten unter hartem Druck, mussten zum Unterschied von den Muhammedanern einen dunkelbraunen Turban tragen, und, ihren Mantel über den Kopf schlagend, sich durch die Gassen schleichen, wobei sie sich wohl hüten mussten, dem Kleide eines Moslem zu nahe zu kommen, oder an der rechten Seite eines Solchen vorüber zu gehen; und, wenn sie auch diess Alles gehörig beobachteten, so waren sie dennoch gezwungen, Beschimpfungen und Schmähungen ihrer Religion geduldig anzuhören. Diess Alles hörte mit Einem Male auf, als Ibrahim Pascha Besitz von Syrien genommen hatte. Die Christen athmeten wieder freier, auch Franken (Europäer) reisten unangefochten in ihrer Tracht durch diese Stadt. Als aber die Macht der Egypter gebrochen war, und nach deren Vertreibung die türkische Regierung ihre alte Schwäche wieder zeigte: da begann der Fanatismus von Neuem sich auf alle Weise kund zu geben; man fing wieder an, die Christen zu schmähen, und namentlich die Franken zu insultiren.»[40]

Daß die Ägypter den Briten einige Jahre später (1838) erlaubten, in Damaskus und Jerusalem die ersten diplomatischen Vertretungen in *bilad al-sham* zu eröffnen und zugleich christlichen Missionaren freiere Handlungsmöglichkeiten einräumten, verstärkte den Verdacht, daß «die Christen» zu Lasten der Muslime bevorzugt werden sollten.[41] All dies verletzte die etablierten Spielregeln im muslimisch-christlichen Verhältnis, ohne daß Ibrahim Pascha den rechtlichen Status der Nichtmuslime als Schutzbefohlene (Dhimmis) angetastet hätte, der sie zur Zahlung der Jizya verpflichtete. Argwohn erweckte in Teilen der muslimischen Bevölkerung darüber hinaus die Einrichtung staatlicher Schulen und Zivilgerichte ägyptischen Zuschnitts, die von den Ulama nicht nur als Eingriff in ihre Domäne, sondern als Angriff auf den Islam verstanden wurde und zu öffentlichen Protesten führte. Ungeachtet einer gelegentlich betont islamischen Sprache stand Ibrahim selbst im Ruf, es mit den religiösen Vorschriften nicht allzu genau zu nehmen. Daß er sich nicht scheute, große fromme Stiftungen wie das Jerusalemer Khasseki-Sultan-Waqf zu konfiszieren, das mit seinen Armenküchen vor allem der Wohlfahrtspflege diente, und – gewiß noch anstößiger – Soldaten in Moscheen und Madrasen einquartierte, bestätigte seinen (schlechten) Ruf.[42]

Doch waren dies nicht die entscheidenden Schritte, die zum Aufstand führten, der ausbrach, *bevor* beispielsweise die britischen Konsulate in Damaskus und Jerusalem eröffnet worden waren. Die angekündigte Rekrutierung von Soldaten für die ägyptische Armee, die von lokalen Notabeln durchgeführt und nach ägyptischem Vorbild von einer Entwaffnung der Bevölkerung begleitet sein sollte, stieß auf großen Widerstand. Sie gab das Signal zum Aufstand, der Ende April 1834 unter der Führung von Ahmad al-Qasim, einem Führer aus dem Jabal Nablus, der 1832/33 Ibrahim Pascha kurzfristig als Mütesellim von Jerusalem gedient hatte, in verschiedenen Teilen des Landes mit nicht gekannter Gewalt und Breitenwirkung ausbrach, später gefolgt von Erhebungen im südsyrischen Hauran (1837) und im Libanongebirge (1840).[43] Allein in der Region Nablus sollen Zehntausende gegen die ägyptischen Besatzer gekämpft haben – wobei sich allerdings Christen vielfach mit der Begründung heraushielten, sie dürften nach islamischer Vorschrift nicht zur Waffe greifen, auch nicht auf Seiten der aufständischen Bauern. Tatsächlich gab es auf muslimischer Seite Vorbehalte gegen die Bewaffnung von Christen; an den Kämpfen des 18. und 19. Jahrhunderts waren sie allerdings sehr wohl beteiligt, und dies galt auch für den Aufstand von 1834.[44]

Neophytos schildert in seinem Bericht die Konflikte zwischen ägyptischen Besatzern und lokaler Bevölkerung am Beispiel einer Versammlung, die im April 1834 in Jerusalem stattfand: Auf das Argument der anwesenden Städter und Dorfbewohner, sie hätten den Kampf von ihren Vätern gelernt und bedürften keiner besonderen militärischen Ausbildung, erwiderte Ibrahim Pascha demnach knapp: «Krieg ist nicht der Ort für eine Herde unnützer Männer: dazu braucht es Technik und Übung.» Daraufhin beschlossen sie den Aufstand: «Weit besser ist es, mit der Waffe in der Hand zu sterben, als unsere geliebten Kinder in ewige Sklaverei zu geben, ohne die Hoffnung, sie je wiederzusehen!»[45] Tatsächlich wurden später einige der gefangenen Aufständischen nach Ägypten verbracht, um «die Kriegskunst nach königlicher Manier zu lernen und nicht nach Fellachenart». Ebenso aufschlußreich war Ibrahims Verhalten gegenüber Beduinen, die nach der Zerstörung der transjordanischen Stadt Karak zu ihm kamen, um ihn günstig zu stimmen:

«Er erwiderte, daß, wenn sie seine Untertanen seien, sie ihm ihre Waffen bringen sollten und aufhören, mit ihren Zelten von Ort zu Ort zu wandern, seßhaft werden und Häuser bauen wie andere Beduinen ('arab), Wein und Oliven pflanzen und zivilisiert werden sollten. Sie lachten und entgegneten, daß sie gewiß sterben würden, wenn sie zwei Monate an einem Ort blieben.»[46]

Der Aufstand scheiterte, wie andere vor und nach ihm, vor allem an der mangelnden Koordination und Einheit der Aufständischen, die im übrigen nicht davor zurückschreckten, Freund und Feind zu plündern, beginnend häufig mit den schwächsten Gliedern der Gesellschaft, den Juden und den Christen. Neophytos zufolge erbeuteten sie bei den Juden von Safed und Tiberias «immensen Besitz» – was in deutlichem Widerspruch steht zu den zahlreichen Angaben über die große Armut der jüdischen Bevölkerung des Heiligen Landes.[47] Geplündert wurde aber auch Jerusalem, als die Bauern es im Mai 1834 für kurze Zeit besetzten. Die Distanz zwischen ländlicher und städtischer Gesellschaft, die sich hier (wie rund 100 Jahre später im Aufstand von 1936–1939) spiegelte, würde man gerne näher betrachten, doch fehlt es an Quellen, die die bäuerliche Sicht wiedergeben könnten. Geschwächt wurde die Erhebung durch die unterschiedlichen Interessen von Bauern und Beduinen auf der einen Seite, städtischen und zum Teil auch ländlichen Notabeln auf der anderen, die nach bewährtem Muster zwischen ihrer Anhängerschaft und den Machthabern zu vermitteln versuchten, um so ihre angestammte (oder unter der ägyptischen Herrschaft neu gewonnene) Position zu bewahren.[48] Der überlegen ausgerüsteten ägyptischen Armee, die im Juni 1834 durch Truppen unter Muhammad Alis persönlichem Kommando verstärkt wurden, gelang es nach wenigen Monaten, die Erhebung niederzuschlagen, ohne allerdings den Widerstand gänzlich brechen zu können.

Die ägyptische Herrschaft in Syrien und Palästina wurde letztlich aber nicht durch lokale Kräfte beendet, sondern durch die europäischen Mächte, die eine Bedrohung des Osmanischen Reichs von innen zu diesem Zeitpunkt nicht dulden wollten.[49] Ähnlich wie die französische Invasion Ägyptens und Syriens rund dreißig Jahre zuvor stellte der ägyptische Vorstoß die «Orientalische Frage»: Wie konnte das Osmanische Reich mit seinen weitgespannten Territorien in das europäische Konzert der Mächte eingegliedert werden, ohne die Machtbalance innerhalb Europas zu stören und unkontrollierbare regionale Konflikte auszulösen? 1839 entschlossen sich Großbritannien, Österreich, Rußland und Preußen zum Eingreifen, um die ägyptische Armee aus Syrien und Anatolien zu vertreiben. Eine britische Seeblockade vor der syrisch-palästinensischen Küste, die Bombardierung Beiruts und der Einmarsch osmanischer Truppen sowie lokale Erhebungen zwangen die Ägypter im Winter 1839/40 unter schrecklichen Verlusten zum Abzug.

Wie groß war der Einschnitt, den die ägyptische Besatzung in Wirtschaft, Gesellschaft, Kultur und im politischen Gefüge Palästinas bewirkte? Dies stellt einmal mehr die Frage nach Zäsuren, Brüchen – und den Kriterien, nach denen man sie mißt. Erstmals wurden die osmanischen Distrikte des *bilad al-sham* unter einem administrativen Dach mit Zentrum Damaskus zusammengeschlossen; Palästina bildete dabei wiederum keine eigenständige Bezugsgröße. Mit diesem Verwaltungsakt verbanden sich allerdings – soweit die Quellen eine klare Aussage zulassen – keinerlei patriotische Bestrebungen, von einem aufkommenden Nationalismus ganz zu schweigen. Zu den Eingriffen mit längerfristiger Wirkung wird man die Einbindung städtischer Eliten in die Lokalverwaltung durch Einführung von Stadträten auf der einen Seite und die ansatzweise Rekrutierung und Entwaffnung der ländlichen Bevölkerung auf der anderen rechnen. Konsequent ausgebaut wurden die Beziehungen zu Europa auf kommerziellem und diplomatischem Gebiet.

Investitionen in die Landwirtschaft vermochten die Erträge zu steigern und damit auch die Einkünfte der Besatzer – für die Bauern aber bedeutete das, wie in Ägypten selbst, zugleich eine Steigerung ihrer Lasten unter anderem in der Gestalt von Fronarbeit. Folgen hatte auch die kostspielige Ansiedlung von Bauern, unter ihnen ägyptische Fellachen, in der Umgebung von Jaffa und anderen Teilen der Küstenebene sowie auf beduinischem Land im Sinai und Negev, die sich nach dem Abzug der ägyptischen Armee den örtlichen Stämmen unterstellten: Die Ausweitung der Kultivierung und Besiedlung richtete sich also – weitgehend unabhängig von europäischen Einflüssen – auch nach Süden.[50] Zugleich forderten aber wiederholte Heuschreckenplagen, eine Choleraepidemie in Jaffa, ein Ausbruch der Pest und ein Erdbeben in Jerusalem, dem 1837 ein weit schwereres Beben in ganz Nord- und Zentralpalästina folgte, im ganzen Land ihren Tribut.[51] Die Auswirkungen der ökonomischen, fiskalischen und politischen Maßnahmen fielen für die einzelnen Regionen Palästinas recht unterschiedlich aus: alles in allem positiv für die Küstenebene – Jaffa etwa wurde Ende des 18. Jahrhunderts weitgehend zerstört, erlebte in den ersten Jahrzehnten des 19. Jahrhunderts aber einen Aufschwung, Akko hingegen erholte sich von den Zerstörungen nicht wieder und geriet ganz in den Schatten des rasch expandierenden Beirut – und die ins Binnenland führenden fruchtbaren Täler, tendenziell negativ hingegen für die zentrale Berg- und Hügelregion, die nicht umsonst Zentrum des Aufstands gegen die ägyptischen Besatzer war.

IV.

Zeit der Reformen: 1840–1914

1. Die Tanzimat-Ära: 1839–1878

Die Bedeutung der Reformen, die unter dem Namen «Tanzimat» (wörtlich: Anordnungen, Regelungen) bekannt wurden, ist kaum zu überschätzen. Zentrale Konzepte der Maßnahmen, die in den imperialen Dekreten von 1839 (*hatt-i sherif* von Gülhane) und 1856 (*hatt-i hümayun*) gipfelten, lauteten Sicherheit, Ordnung, Effizienz; als Instrumente ihrer Umsetzung dienten u. a. Zensus, Wehrpflicht, direkte Steuereinziehung und die Einführung neuer politischer Institutionen zur Einbindung lokaler Eliten. Die «Neuregelungen» zielten ursprünglich auf eine Stärkung des Staatsapparats ab, nicht auf eine Liberalisierung von Staat und Gesellschaft. Erst in der Mitte des 19. Jahrhunderts traten konstitutionelle, in manchen Fällen sogar liberale Gedanken zum Reformprogramm hinzu. 1876 mündete die Bewegung in einer Verfassung, gefolgt von Wahlen zu einer Abgeordnetenversammlung, die im selben Jahr in Istanbul zusammentrat. Schon 1878 indes setzte Sultan Abdülhamid II. die Verfassung weitgehend außer Kraft, suspendierte das Parlament und regierte fortan autokratisch. Das bedeutete jedoch nicht das Ende der Reformen, die – wenngleich unter autoritären Vorzeichen – bis zum Ersten Weltkrieg fortgeführt wurden, seit 1908 im Zeichen der «Jungtürkischen Revolution». Das Reformprogramm war in sich vielschichtig und umfangreich genug. Es gewann an Komplexität, weil es zeitlich – und nicht zufällig – zusammenfiel mit der Einbeziehung der Region in den von Europa beherrschten Weltmarkt. Das komplizierte Ineinanderwirken gewollter und ungewollter Effekte und Begleiterscheinungen, interner und externer Faktoren und Entwicklungen macht die Tanzimat-Ära für den heutigen Betrachter so interessant. Für die Zeitgenossen war es nicht leicht, sich in ihr zu orientieren.

So unbestritten die mittel- und langfristige Bedeutung der Reformen ist, sind ihre Gestalt und Reichweite im einzelnen doch noch nicht befriedigend ausgelotet, vor allem nicht mit Blick auf die Provinzen. Klärungsbedürftig bleibt vor allem die Art und Weise, in der Vertreter der lokalen Gesellschaft(en) mit den Anstößen umgingen – Anstößen im positiven wie im negativen Sinn –, die aus Istanbul kamen. Der Blick von oben, der bei der Betrachtung der Tanzimat-Reformen im allgemeinen eingenommen wird, ist sicherlich konventionell, in der Sache aber berechtigt: Die Maßnahmen wurden in der Hauptstadt konzipiert und eingeleitet, und dies mit Blick auf Herausforderungen, die im wesentlichen von Europa ausgingen, also extern waren. Lokale Kräfte blieben angesichts immer neuer «Regelungen» und «Anordnungen» weder reglos noch stumm. Ihr Handeln ist im Kern jedoch als Reaktion auf Impulse von oben und außen zu verstehen, und es bewegte sich innerhalb eines Rahmens, der im großen und ganzen nicht von ihnen definiert wurde. Natürlich gestaltete sich die Umsetzung der in der Hauptstadt erdachten Reformen in den einzelnen Reichsteilen sehr unterschiedlich: Sie verlief rascher und tiefgreifender in nahe gelegenen, strategisch wichtigen oder gut zugänglichen Gebieten, langsamer und unvollständig in entfernteren, strategisch weniger bedeutsamen oder von Terrain und lokaler Verfassung her unzugänglichen Regionen. Palästina zählte, vor allem was sein zentrales Berg- und Hügelland anging, eher zur letzteren Gruppe, gewann im Zuge wachsender europäischer Präsenz in Jerusalem und dem «Heiligen Land» als Ganzem jedoch kontinuierlich an Bedeutung für die Hohe Pforte.

Militär und Verwaltung

Nach dem Ende der ägyptischen Okkupation gelang es der osmanischen Zentralgewalt, ihre Reform- und Zentralisierungspolitik gegen einigen Widerstand auch in Syrien und Palästina durchzusetzen; nach 1860 konnte sie als gefestigt gelten. Dazu trug bei, daß sich die osmanische Politik als Fortsetzung ägyptischer Praktiken und Bestrebungen verstehen ließ: für die Bevölkerung zwar nicht unbedingt erwünscht, jedoch nicht gänzlich unvertraut. Der Widerstand lokaler, ihre Autonomie verteidigender Kräfte wurde mit Hilfe der modernisierten Armee unterdrückt.[1] Gewalt und

«Fortschritt», den die osmanischen Reformer immer offener für sich reklamierten, waren von Beginn an miteinander verknüpft. Die «Modernisierung» von Staat und Gesellschaft setzte den Gebrauch militärischer Gewalt voraus; sie ist auf diese aber nicht zu reduzieren. Die Versuche Istanbuls, eine nach modernen Methoden ausgebildete und formierte Armee neben – und später anstelle – der bestehenden Kavallerie, Artillerie und Infanterie von den Sipahis bis zu den Janitscharen zu schaffen, reichten in das ausgehende 18. Jahrhundert zurück. Sie nahmen aber erst nach der Zerschlagung der Janitscharen-Corps im Jahr 1826 (dem sog. wohltätigen Ereignis, *vaqʿa-yi hairiyye*, dem Tausende von Janitscharen zum Opfer fielen) konkrete Formen an, als Sultan Mahmud II. neue Truppen aufstellen ließ, und zwar nicht, um die Janitscharen zu ergänzen, sondern um sie zu ersetzen.[2] Ziel der Maßnahme war die Stärkung des Reichs durch ein stehendes Heer – keine Söldnerarmee, sondern ein auf der selektiven Wehrpflicht beruhendes, professionell ausgebildetes Heer – und damit die Beseitigung autonomer bewaffneter Kräfte jeglicher Art, seien es Beduinen, lokale Dynastien, *warlords* oder ländliche Führer, wie man sie auch im zentralen Bergland Palästinas, im Negev und auf dem Sinai fand. Weitaus erfolgreicher als sein Souverän war zunächst freilich Muhammad Ali, dessen nach gleichem Muster aufgebaute Armee Mahmuds «neuen Truppen» in den Schlachten von Konya (1832) und Nezib (1839) schwere Niederlagen zufügte. Im Zeichen der Tanzimat-Reformen und entscheidend gestärkt durch die Rückendeckung der europäischen Mächte im Machtkampf mit Muhammad Ali weitete Istanbul die Militärreform im folgenden zielstrebig aus: 1838 wurde die Wehrpflicht für Muslime eingeführt, 1839 wurden neue reguläre Truppen (*nizamiye*) aufgestellt, neben denen irreguläre Einheiten unterschiedlicher Güte und Zusammensetzung aber bestehen blieben.

Palästina blieb – wohl in Beherzigung der schlechten Erfahrungen, die Ibrahim Pascha zuletzt mit der Zwangsrekrutierung gemacht hatte – bis 1862 von der Truppenaushebung ausgenommen. 1845 wurden in Syrien die letzten Reste der mit *timar*s belehnten Reitertruppen (Sipahis) aufgelöst, von den ausgehenden 1850er Jahren an vor Ort stationierte osmanische Truppen in Gendarmerieeinheiten umgewandelt. In der zweiten Hälfte des 19. Jahrhunderts war die Zahl der in Palästina stationierten regulären Truppen

Abb. 5. In Reih und Glied: Osmanische Soldaten in der Zitadelle von Jerusalem. Unbekannter Fotograf, um 1900

gering: 1858–1860 waren es insgesamt 1000 Mann, 1877 lediglich 800. Ihre Reihen dünnten sich während des russisch-osmanischen Kriegs von 1877–1878 weiter aus, so daß zur Niederschlagung lokaler Unruhen allenfalls schlecht ausgebildete und ausgerüstete irreguläre Einheiten zur Verfügung standen. Die Modernisierung des Militärs mochte für das Osmanische Reich als Ganzes von größter Bedeutung sein; in Palästina selbst spielte sie nach der «Befriedung» des Berg- und Hügellandes in den 1850er Jahren keine nennenswerte Rolle.

Anders die Modernisierung des Herrschafts- und Verwaltungsapparats: Sie implizierte neben dessen Professionalisierung, Zentralisierung und Ausweitung, verbunden mit einer Entflechtung militärischer und ziviler Kompetenzen und Hierarchien, zugleich die Einbeziehung lokaler nicht-militärischer Eliten in politische Beratungs- und Entscheidungsgremien. Die neu geordnete und zahlenmäßig enorm ausgeweitete Staatsbürokratie erreichte im Zuge der Tanzimat-Reformen erstmals auch den einfachen «Bürger», und dies selbst in den kleineren Städten. Zur gleichen Zeit bewirkten mehrere Reformen der Provinzverwaltung (an erster Stelle das Vilayet-Gesetz von 1864 und das Wahlgesetz von 1876) auch auf diesem Gebiet einschneidende Änderungen.[3] Wichtig, wenn nicht überhaupt zentral in diesem Prozeß waren zwei unterschiedlich zusammengestellte Gremien: zum einen die umgewandelten Bezirks- und Provinzräte (*majlis al-idara*), deren Mitglieder, die meist den örtlichen Notabelnfamilien entstammten, vom Gouverneur ernannt und in den 1840er Jahren mit umfassenderen Befugnissen ausgestattet wurden, zum anderen die in den 1860er Jahren neu eingerichteten Stadträte (*majlis baladi*), deren Angehörige von der einheimischen (städtischen) Bevölkerung gewählt wurden. Dabei waren das aktive und das passive Wahlrecht an Geschlecht, Alter, Besitz und Steuerleistung geknüpft. An der Spitze der einzelnen Provinzen stand von den 1870er Jahren an ein Allgemeiner Rat (*majlis ʿumumi*) aus gleichfalls gewählten «Volksvertretern», die jene Kreise vertraten, die in der einheimischen Bevölkerung Autorität besaßen und die getroffenen Verfügungen daher im Zweifelsfall auch durchsetzen konnten. Die neuen Gremien verschafften lokalen Eliten erstmals direkten Zugang zu administrativen und politischen Entscheidungen von der Stadtplanung über die Landzuweisung bis hin zur Vergabe der sozial und ökonomisch überaus wichtigen Steuerpachten. Hier lagen die Anfänge der «Notabelnpolitik», die im 20. Jahrhundert so große Bedeutung erlangen sollte. Wie später die Briten, verfolgten auch die Osmanen im Kern eine konservative Politik der Stützung und Kooptierung bestehender gesellschaftlicher Eliten – solange diese nicht bewaffnet und in diesem Sinne konfliktfähig waren.

Wirtschaft, Recht und Gesellschaft

Die Tanzimat-Reformen brachten eine Präsenz des Staates in neuen Sphären mit sich und damit zugleich höhere Ansprüche sowohl an den Staat als auch an die Untertanen, die nun zunehmend als «Bürger» in die Pflicht genommen wurden. Der Staat intervenierte verstärkt in den Feldern von Wirtschaft, Recht und Infrastruktur, in denen er mit unterschiedlicher Intensität auch zuvor schon tätig geworden war; darüber hinaus engagierte er sich erstmals aber auch auf den Gebieten von Volksbildung und -gesundheit, in die er bislang kaum eingegriffen hatte. Ein wichtiges Instrument und Forum bildeten hier die neuen Provinz- und Stadträte, die nun «öffentliche Aufgaben» wahrnahmen, die bislang privater Initiative überlassen gewesen waren, wenn sie überhaupt Beachtung gefunden hatten: die Sorge für saubere Straßen und Straßenbeleuchtung, die Einrichtung von Parks und Grünflächen, die Abwasserentsorgung, das Gesundheits- und Erziehungswesen generell. Ein Indiz für den neuen Geist waren die Uhrtürme, die in verschiedenen Städten aufgestellt wurden,[4] Zeichen der Zeit im wahrsten Sinn; ein anderes waren die Regierungsgebäude vom Rathaus über den Bahnhof, das Post- und Telegrafenamt bis zu Schulen, Krankenhäusern und Gefängnissen, die zur Wahrnehmung der neuen wie der neu definierten alten Aufgaben errichtet wurden. In den neuen Sektoren blieb staatliches Handeln, zumindest was Palästina anging, zunächst allerdings eng begrenzt und weitgehend überschattet von den Initiativen europäischer Mächte, die ihrerseits reformorientierte Vertreter der lokalen Gesellschaft zu stärkerem Engagement anregten.

Im *Bildungswesen* blieben die neu eröffneten osmanischen Staatsschulen zunächst von untergeordneter Bedeutung.[5] Theoretisch herrschte Schulpflicht, und der staatliche Unterricht war kostenlos; praktisch ließ sich eine flächendeckende schulische Versorgung der Bevölkerung nicht finanzieren. Die neuen Staatsschulen waren insofern modern und, wie in der Literatur immer wieder zu lesen ist, «säkular», als ihre Lehrinhalte neben den herkömmlichen, an islamischen Bildungseinrichtungen definierten Themen und Lernzielen (in einigen Fällen auch an deren Stelle) Fächer von den europäischen Sprachen über die Mathematik bis zur Geschichte anboten, die im Zuge der gesellschaftlichen Umwandlung unverzichtbar schienen. Neu waren auch die Lehrmittel und -methoden, ja die gesamte schulische Einrichtung: Die Schüler, die vorher meist, um den Lehrer geschart, auf Matten am Boden gesessen hatten, wurden auf Stühle und Bänke gesetzt und vielfach in Schuluniformen gesteckt; den Lehrern wurden Schulbücher in die Hand gegeben, die zum Teil sogar illustriert waren (was angesichts des islamischen Vorbehalts gegen die Abbildung von Lebewesen gelegentlich Probleme schuf). Allerdings standen für diesen «modernen» Unterricht zunächst kaum «modern» und «säkular» ausgebildete Lehrer zur Verfügung, so daß die Ulama in der frühen Phase der Tanzimat-Reformen keineswegs sogleich an Status und Einfluß verloren.

Bei Ausbruch des Ersten Weltkriegs im Jahr 1914 wies Palästina 95 staatliche Grund- und 3 Sekundarschulen mit insgesamt rund 8250 Schülern auf, dazu 379 muslimische Privatschulen, die überwiegend wohl Koranschulen traditionellen Musters (*kuttab*) waren und rund 8700 Schüler zählten, sowie eine beachtliche Zahl ausländischer Privatschulen, die sich vor allem auf den Raum Jerusalem konzentrierten. Die 1908 nach der Jungtürkischen Revolution im Jerusalemer Haram eröffnete private Raudat al-Maʿarif-Schule erwarb sich rasch einen guten Ruf, ihre Schüler und Absolventen spielten im politischen Leben Palästinas eine wichtige Rolle. Immerhin waren an den Staatsschulen 1300 Mädchen eingeschrieben, an den muslimischen Privatschulen nur 130. Eine weitergehende Hochschulbildung religiöser oder nicht-religiöser Art war nur außerhalb Palästinas zu erhalten. Für die religiöse Ausbildung spielte die Kairoer Azhar-Universität die wichtigste Rolle, für die säkulare waren es die entsprechenden Einrichtungen in Istanbul und Beirut. Die ländliche Bevölkerung blieb, von dörflichen Koranschulen abgesehen, die nur rudimentäre Lese- und Schreibfähigkeiten vermittelten, weitgehend unversorgt. Alles in allem war der Bildungsstand niedrig; die Analphabetenrate lag noch 1914 bei 80–90 %.

Einiges tat sich im *Gesundheitswesen*:[6] Auch in Palästina waren Krankheiten und Epidemien wie Cholera, Typhus, Gelbfieber, Pocken und Malaria verantwortlich für eine hohe Sterblichkeitsrate vor allem unter Säuglingen und Kindern. Dahinter standen die wohlbekannten Faktoren Fehl- und Mangelernährung sowie unzureichende Lüftung, Hygiene, Abfall- und Abwasserbeseitigung, die allesamt für Jerusalem besonders eindringlich belegt sind und dort wiederum insbesondere für das jüdische Viertel. 1864 berichtete der britische Arzt Thomas Chaplin aus Jerusalem:

«Man kann nicht sagen, daß sanitäre Maßnahmen in der Heiligen Stadt ganz und gar vernachlässigt werden. Viele europäische Einwohner und die Oberen der größeren Klöster sind sich ihrer Bedeutung bewußt und setzen sie, soweit es ihre eigenen Behausungen und die Straßen, an denen sie liegen, angeht, auch um. In jüngerer Zeit haben die osmanischen Gouverneure gleichfalls kraft

Autorität und eigenem Vorbild einiges zur Förderung von Reinlichkeit und Anstand beigetragen, und die Stadt ist so viel sauberer geworden als früher. Trotzdem ist sie nach europäischen Maßstäben beschämend und ganz widerlich schmutzig. Einige alte Abwasserleitungen sind noch erhalten; aber sie sind in schlechtem Zustand, und nicht ein Haus unter fünfzig hat seine Senkgruben an sie angeschlossen. Das wäre nicht so wichtig, würden die Gruben zur richtigen Zeit und an den richtigen Ort entleert; aber ein Jerusalemer Bürger gräbt, nachdem sein Abtritt schon seit einigen Wochen übergelaufen ist, wenn er sich schließlich aufrafft, nur allzu häufig ein Loch *in der Straße*, leert den Inhalt der Latrine hinein, füllt es mit Erde und beglückwünscht sich zu seiner tatkräftigen Anteilnahme an Gesundheit und Sauberkeit ... Alle möglichen Tiere und Pflanzenreste können in den Straßen herumliegen und verrotten ... Es ist kein Ende der Melonenschalen, Traubenstiele, Dung, Federn, Knochen und Abfall jeglicher Art, die ihren Weg auf die Straße finden. Des Orientalen Vorstellung von einer Straße scheint zu sein, daß sie als Behälter für alles dient, was man nicht mehr braucht; und da es keine Straßenkehrer gibt, und nur durch eine Beschwerde beim osmanischen Gouverneur jemand gezwungen werden kann, ein Ärgernis zu beseitigen, sind die öffentlichen Wege immer beschämend schmutzig. Widerlicher als alles andere ist für den Europäer der schamlose Mangel an Anstand, mit dem die Durchgangsstraßen in Bedürfnisanstalten verwandelt werden. Sieben Monate im Jahr fällt kein Regen, und in dieser langen Trockenzeit füllt sich die Luft mit dem ekelhaften Staub und Gestank, die aus so viel Unreinlichkeit erwachsen.»[7]

Manche Krankheiten wie die Cholera breiteten sich über die neuen Kommunikationswege, die einen dichteren Verkehr von Menschen und Gütern mit sich brachten, schneller aus denn je. Noch 1865/66 forderte eine Choleraepidemie in Nordpalästina Tausende von Toten, 1902 starben erneut Hunderte; noch in den 1920er Jahren befand sich vor den Stadttoren Jerusalems eine kleine Leprakolonie. Eine der verbreitetsten Krankheiten, die Malaria, entstand wie überall in erster Linie durch stehende Gewässer. Dazu zählten nicht nur Sumpfgebiete in den flachen Landesteilen, die aus dem Winterregen gespeist wurden, sondern auch Zisternen, wie sie etwa in Jerusalem zur Speicherung des Regenwassers benutzt wurden. Die Malaria blieb auch in der zweiten Hälfte des 19. Jahrhunderts endemisch. Erst nachdem 1898 die Anophelesmücke als Überträgerin der Krankheit identifiziert worden war, konnten wirksamere Gegenmaßnahmen ergriffen werden; bis dahin hatte man die Malaria unter anderem durch die Anpflanzung von Eukalyptusbäumen (die der Entwässerung sumpfigen Bodens dienten) zu bekämpfen gehofft. Dagegen war die Pest, die bis dahin periodisch verheerende Verwüstungen unter der einheimischen Bevölkerung angerichtet hatte, schon um 1830 weitgehend ausgerottet und trat allenfalls in den Hafenstädten noch sporadisch auf (so z. B. 1834 und 1838 in Jaffa). Die Gründe hierfür sind nicht ganz klar: Möglicherweise lag es in erster Linie am Verschwinden der Überträgerratte, ohne daß der wissenschaftliche Fortschritt hier eine Rolle gespielt hätte; vermutlich trugen aber auch bessere Vorsichts- und Hygienemaßnahmen wie die Quarantäne, um die sich schon Ibrahim Pascha bemüht hatte, zur Beseitigung der Pest bei. Auch in der zweiten Hälfte des 19. Jahrhunderts operierten die Quarantänestationen allerdings zum Teil unter schlimmen Bedingungen. Mitte des 19. Jahrhunderts eröffneten europäische und amerikanische Missionare in den Städten die ersten modern ausgestatteten Hospitäler. Europäische oder europäisch ausgebildete Ärzte wurden gefragter. Um die Jahrhundertwende wurden an vielen Orten moderne Apotheken eingerichtet. Inwieweit diese Einrichtungen indes auch die ländliche Bevölkerung erreichten, bleibt fraglich.

Nicht alle Beobachter waren von den Fortschritten beeindruckt. 1881 schilderte der jüdische Arzt Dr. Schwarz die örtlichen Verhältnisse in gleichermaßen scharfen wie elegischen Worten. Auf die Situation in den westlichen Metropolen London, Wien und Paris verweisend, fuhr er mit Bezug auf Palästina fort:

«Nicht so im Oriente. Hier ist Higiene ein unbekanntes Ding. Ein jeder Tourist, welcher den Orient bereist hat, kennt wohl die Indolenz der orientalischen Behörden in Bezug der Reinlickeit der Strassen, wo Thierkadaver und Unrath ganze Stadtviertel verpesten. Der Türke mit seinen zerrütteten Finanzen bietet reisenden Fürsten königliche Gastfreundschaft auf Kosten der betreffenden Districte, hat aber keinen Kreuzer für die Assanirung seiner Städte übrig. Wozu auch? Allah Kerim! Gegen den Fatalismus kämpfen Götter selbst vergebens.

Doch fürchterlich sind auch die Consequenzen.

Was ist aus diesen einst gottgesegneten Gefilden geworden? Was aus den herrlichen Landschaften! Wo sind die vielen Völkerschaften, von denen uns die Lieder singen und deren Ruhm uns die Weltgeschichte verkündet! Dahin! Dahin! Nur Schutt und Trümmer decken die einstigen Herrlichkeiten und grossartigen Ruinen, in deren Schatten elende Nachkommen, in elenden Hütten vegetieren, zeigen von längst entschwundener Pracht.

Entwaldet liegen ganze Länder, entblösst von Humus die Hochplateaus und das ermüdete Auge sucht vergebens nach etwas Grün. Nur wo kleine Bäche genährt von halbversiegten Quellen sich dahinschlängeln, zeigt sich etwas Leben, etwas Vegetation und dort wo – fremder Colonisten Hände zeigen, was Menschenfleiss vermag.»[8]

Tatsächlich regten sich, wie andere Besucher sehr wohl vermerkten, im Palästina des späten 19. Jahrhunderts nicht nur «fremder Colonisten Hände»: Erstmals zeigten nun auch die osmanischen Behörden Interesse an dem wirtschaftlichen Potential des Landes, das nach osmanischen Maßstäben bescheiden war, aber doch nicht ganz so unbedeutend, wie spätere Darstellungen es glauben machen wollten. Staatliche Eingriffe in die lokale Ökonomie waren untrennbar verknüpft mit der Einbeziehung der Region in den expandierenden Weltmarkt. Die Kernelemente dieses Integrationsprozesses sind bekannt, in ihrer Gewichtung jedoch umstritten: Zu ihnen zählen die Kommerzialisierung der Landwirtschaft verbunden mit der Herausbildung einer einheimischen Großgrundbesitzerschicht; dichtere Handelsbeziehungen mit Europa, die zur Verlagerung von Verkehrs- und Handelsrouten und zum Wachstum der Hafenstädte am Mittelmeer beitrugen; die Verdrängung einheimischer Produkte vor allem des Textilgewerbes durch in Europa und den USA industriell gefertigte Güter sowie der gesellschaftliche Aufstieg einer Schicht von Unternehmern, Kaufleuten und Bankiers, unter denen lokale wie ausländische Nichtmuslime besonders auffielen.

Für Palästina zählten vor allem der Ausbau der Infrastruktur und die Ausweitung der Landwirtschaft, die nicht nur ökonomisch und technisch bedingt war, etwa durch den Einsatz neuer Kulturen und Verfahren, sondern ganz wesentlich von den veränderten politischen und rechtlichen Rahmenbedingungen profitierte. Von einer osmanischen Wirtschaftspolitik im engen Sinn wird man zwar nicht sprechen können, doch ermöglichte die Durchsetzung von Sicherheit und Ordnung (*law and order*), die das Leben und Eigentum der Bürger im physischen wie im rechtlichen Sinn schützte, in weiten Teilen Palästinas ein gewisses wirtschaftliches Wachstum.[9] Selbst die Briten, die die osmanische Herrschaft im großen und ganzen abschätzig beurteilten, lobten die ordentlichen Verhältnisse, die vor dem Ersten Weltkrieg geherrscht hatten:

«Es muß auch anerkannt werden, daß die Herrschaft der Türken vor dem Kriege in bezug auf Gesetz und Ordnung äußerst wirksam war. Der Vali in Beirut hatte das Portefeuille der inneren Sicherheit selbst inne. Die Gerichtshöfe mögen korrupt gewesen sein; Unehrlichkeit mag in den öffentlichen Finanzen geherrscht haben; die Methoden, die für die Verhütung oder Aufdeckung von Verbrechen angewandt wurden, mögen veraltet gewesen sein und, wie der türkische Strafvollzug, den modernen Auffassungen widersprochen haben. Aber der Verbrecher konnte sich nicht entfalten. Aufstand, Banditen- oder Räuberwesen wurden mit fester Hand niedergeschlagen. Der türkische Polizist war gefürchtet und respektiert. Außer in einigen wenigen abseits gelegenen Orten konnte der gewöhnliche Bürger im Rahmen des Gesetzes seinen Geschäften unbehelligt nachgehen.»[10]

Land und Landwirtschaft

Einen wesentlichen Impuls erhielt die Landwirtschaft durch die Bodenrechtsreform von 1858, deren Zweck darin bestand, Landerwerb, -besitz und -übertragung zu regulieren und zu formalisieren, um so klar definierte, individuelle Rechtstitel zu schaffen.[11] Dies geschah nicht nur mit Blick auf eine gesicherte Steuerzahlung. Es ging den Behörden allgemeiner darum, Grund und Boden langfristiger und produktiver zu nutzen, als dies bislang der Fall gewesen war. Neu war dabei weder die schriftliche Fixierung staatlicher Gesetzgebung als solche (seit dem 15. Jahrhundert waren Bodengesetze in Form von *kanunname*s schriftlich festgehalten worden, wenn dies im strengen Sinn auch nicht als Kodifizierung gelten konnte) noch die Auffächerung der unterschiedlichen Formen von Landbesitz und -nutzung. Die Unterscheidung in Staats-, Privat- und Stiftungsland blieb nach 1858 unverändert, die Kategorie des *miri*-Landes mit den daran geknüpften Rechten und Pflichten wurde in steuerlicher Hinsicht nicht durch uneingeschränktes Privateigentum (*mulk*) abgelöst. Neu war ein anderer Aspekt, der für Palästina erhebliche Bedeutung erlangen sollte, aber auch in Syrien und im Irak eine soziale Umwälzung herbeiführte: die Einbeziehung unkultivierten Öd- und Brachlandes (*mawat*, in Palästina überwiegend Wüsten- und Sumpfgebiete), auf das erstmals Rechtstitel erworben werden konnten, ohne daß der Nachweis einer tatsächlichen Kultivierung erbracht wurde. Technisch gesprochen fiel unbestelltes *mawat*-Land nicht länger als *mahlul* an den Staat zurück. Damit konnte Land nun ausschließlich «auf dem Papier» erworben werden, ohne daß der neue Besitzer vor Ort landwirtschaftlich tätig wurde. Darüber hinaus versuchte der Gesetzgeber, gemeinschaftliche Wirtschaftsformen wie den in Palästina verbreiteten *musha'*-Besitz aufzubrechen und durch individuelle Rechtstitel auf klar begrenzte, idealerweise in Katastern verzeichnete Parzellen zu ersetzen, um so die tatsächlichen Besitz- und Eigentumsverhältnisse transparent zu machen.

Weitere wichtige Maßnahmen trieben die Kommerzialisierung der Landwirtschaft voran; so wurde die Erblichkeit von Rechtstiteln auf Waqf-Land ausgedehnt und (1867) Ausländern die Möglichkeit gewährt, gegen entsprechende Steuerleistungen Grund und Boden auf eigenen Namen zu er werben. 1913 ging der Staat dazu über, große Stiftungen wie das Khasseki-Sultan-, das Abu-Madyan- und das Nabi-Musa-Waqf dem im Zuge der Reformen neu geschaffenen Waqf-Ministerium zu unterstellen und ihre Einnahmen dem staatlichen Bildungs-, Gesundheits- und Wohlfahrtssystem zuzuleiten.

Die Kommerzialisierung des Agrarsektors hatte auf die lokale Wirtschaft durchaus stimulierende Wirkung. Eine Schwierigkeit lag allerdings in der ungleichmäßigen und vielfach irregulären Durchführung der neuen Gesetze und Bestimmungen, die eben jene Transparenz und Rechtssicherheit einschränkte, die diese schaffen sollten. Zu den bekanntesten Problemen zählte, daß zumindest in der Anfangsphase nicht wenige Bauern und Beduinen zögerten, den von ihnen bestellten Grund und Boden, wie es das Gesetz von 1858 forderte, auf eigenen Namen im Grundbuch eintragen zu lassen; an ihrer Stelle zeichneten Dorfnotabeln und Stammesscheichs, die auf diese Weise mit einem Federstrich größere Ländereien erwerben konnten. Die Bauern und Beduinen taten dies nicht nur aus Angst vor Steuerforderungen und möglicher Rekrutierung, die, so fürchteten sie nicht zu Unrecht, an den Rechtstitel geknüpft sein würden. Manchen war wohl nicht bewußt, daß sich mit der Eintragung unter fremdem Namen an den gegebenen Verhältnissen etwas ändern würde. Schließlich, und das wird häufig übersehen, war die Registrierung auch noch gebührenpflichtig. Im Ergebnis wurden die tatsächlichen Besitz- und Nutzungsverhältnisse nicht angemessen wiedergegeben. Noch 1925, mehr als fünf Jahrzehnte nach Einführung eines Katasters im Jahr 1871, waren drei Viertel der Gesamtfläche Palästinas nicht vermessen und im Grundbuch eingetragen. Die Eintragungen verzeichneten zwar die ungefähre Lage und Beschaffenheit der Grundstücke, enthielten aber nur in den seltensten Fällen Karten, die eine präzise Feststellung ihrer Lage und Grenzen erlaubt hätten (die Problematik zeigte sich vor allem im Zusammenhang mit jüdischen Landkäufen). Verbunden mit den komplizierten Eigen-

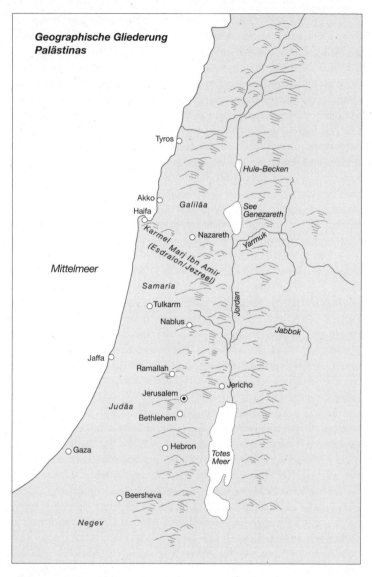

Geographische Gliederung Palästinas

Tyros

Hule-Becken

Akko
Haifa

Galiläa

See Genezareth

Karmel

Nazareth

Yarmuk

Marj Ibn Amir (Esdralon/Jezreel)

Mittelmeer

Samaria

Jordan

Tulkarm

Nablus

Jabbok

Jaffa

Ramallah

Jericho

Jerusalem

Judäa

Bethlehem

Gaza

Hebron

Totes Meer

Beersheva

Negev

tums-, Besitz- und Steuerverhältnissen ergab das eine undurchsichtige, wenn nicht ungeordnete Situation auf dem Boden- und Grundstücksmarkt.

Hingegen ist eine «Enteignung» und nachfolgende Verelendung von Kleinbauern und Pächtern zugunsten ländlicher Scheichs, städtischer Notabeln und auswärtiger Financiers, von denen in der Literatur wiederholt die Rede ist, in dieser Phase zumindest für das vergleichsweise dicht besiedelte palästinensische Berg- und Hügelland nicht nachgewiesen.[12] Zwar suchten die Behörden in einigen Fällen eine umfassende Registrierung zu erzwingen, stießen aber offenkundig auf Vorbehalte und Widerstand seitens der betroffenen Bauern. Akko ist ein Beispiel, wo 1871 ein Survey durchgeführt wurde, um die genauen Besitzverhältnisse zu ermitteln, und die Bauern nachdrücklich zur Grundbucheintragung und Entrichtung der fälligen Steuern aufgefordert wurden, andernfalls nicht gemeldetes Land zur Versteigerung freigegeben würde. Das ist aber nicht gleichbedeutend mit ihrer Enteignung zugunsten lokaler oder ausländischer Eliten.

Nachweisen läßt sich eine andere Konsequenz der Bodenrechtsreform: der Erwerb großer, bislang unkultivierter Flächen entlang der Küste, in den Ebenen Nord- und Zentralpalästinas und im Negev, der in diesen Zonen erstmals Großgrundbesitz entstehen ließ und damit für ganz Palästina neue gesellschaftliche und politische Fakten schuf. Die Bedeutung dieser Entwicklung läßt sich in drei Punkten festhalten: Zum einen handelte es sich hier nicht nur um große, sondern um zusammenhängende Flächen, während Grundbesitz in den übrigen Landesteilen aus rechtlichen wie aus politischen Gründen hochgradig parzelliert war. Dies war nicht nur die Folge des islamischen Erbrechts, das eine Aufteilung unvermeidlich machte, obgleich sowohl das Gewohnheitsrecht wie auch die Obrigkeit der Aufsplitterung Grenzen zu setzen versuchten. Es entsprang zugleich politischem Kalkül, mit dem der Staat durch die Vergabe kleinteiliger Präbenden (*timar*) der Entstehung einer lokalen Grundherrschaft entgegenwirken wollte. Zum zweiten erlaubte ihre Größe eine nach kapitalistischen Gesichtspunkten rentable Nutzung der Flächen unter Einsatz neuer Kulturen, Verfahren und Technologien (Musterbeispiel: Zitrusplantagen). Zum dritten ermöglichte sie den Erwerb ausgedehnter Ländereien durch auswärtige (nicht unbedingt: ausländische) Käufer und begünstigte damit neben der Entstehung einer Schicht von «abwesenden Grundbesitzern» (*absentee landowners*) auch den jüdischen Landkauf, der in diesem Umfang vor 1858 nicht hätte stattfinden können.

Zu den wichtigsten Folgen der Bodenrechtsreform zählten neben der Entstehung von Großgrundbesitz in bestimmten Landesteilen eine den britischen *enclosures* vergleichbare Privatisierung bislang gemeinschaftlich genutzten Weidelandes, die tradierte, von den betroffenen Gemeinschaften energisch verteidigte Weide- und Wasserrechte verletzte, und eine verschärfte Konkurrenz einheimischer Notabelnfamilien um Land und Wasser auch in den dichter besiedelten und kultivierten Zonen des Berg- und Hügellandes. Von der Bodenrechtsreform profitieren neben diesen Notabelnfamilien städtischer und ländlicher Herkunft eine Reihe vermögender Bankiers- und Handelshäuser aus Syrien und Libanon, namentlich Beirut, die in die expandierende palästinensische Landwirtschaft investierten. Das bekannteste Beispiel bietet der Beiruter Unternehmer Alfred Sursuq (in europäischen Quellen meist Sursock), der in den 1870er Jahren rund 200 000 Hektar Land in der Ebene von Marj Ibn Amir kaufte und dort erhebliche Investitionen tätigte, die zur Kultivierung der bislang brachliegenden Flächen und zur Ansiedlung von Bauern und Pächtern führten. 1882 erwarb auch der Sultan umfangreiche Ländereien im westlichen Teil dieser Ebene.[13] Eine vielzitierte Beschreibung der Ebene von Marj Ibn Amir (Esdraelon), die der britische Reisende Laurence Oliphant nach einem Besuch im Jahr 1883 verfaßte, vermittelt ein anschauliches Bild von den wirtschaftlichen und sozialen Veränderungen der Reformära:

«Die Leser werden erstaunt sein zu erfahren, daß sich fast jeder Morgen der Ebene von Esdraelon zu diesem Zeitpunkt im höchsten Stadium der Kultivierung befindet; daß man, wie ich bezeugen kann, über sie in jeder Richtung vollkommen sicher und unbewaffnet reiten kann; daß die wenigen Beduinen, deren ‹schwarze Tabernakel› nun auf den südlichen Rand der Ebene beschränkt sind, fern davon, Dörfer zu plündern und auszurauben, nun selbst diejenigen sind, die geplündert und ausgeraubt werden, denn sie sind alle unerbittlichen Grundbesitzern unterworfen, die ihnen für das Land, auf dem sie sich aufhalten, exorbitante Summen abverlangen, die sie in bar bezahlen, und zwar unter Androhung sofortiger Vertreibung, die rücksichtslos durchgesetzt wird, so daß die Bewohner der Dörfer, von denen nun die Ebene übersät ist, in vollkommener Sicherheit leben.»[14]

Für die Bauernschaft hatten die Durchsetzung von Gesetz und Ordnung im allgemeinen und die Bodenrechtsreform im besonderen widersprüchliche Folgen:[15] Die osmanische Law-and-Order-Politik verbesserte nicht nur, wie von Oliphant beschrieben, ihre persönliche Sicherheit; sie erleichterte auch die Eintreibung von Steuern, Schulden, Waren und sonstigen Leistungen durch städtische Geschäftsleute, Kreditgeber, Wucherer und Bankiers. Vereinfacht ausgedrückt konnte sich Kapital von den 1860er Jahren an auch ohne Waffen durchsetzen, war also nicht länger auf die Unterstützung lokaler *strongmen* angewiesen. Zugleich aber waren Ansprüche weniger als zuvor durch persönliche Bindungen «eingehegt», und dies wirkte sich vielfach zum Nachteil der Schwächeren aus. Die Bauern waren in der Regel zwar dieser schwächere Teil, aber entgegen weit verbreiteten Vorstellungen (verbreitet nicht zuletzt von den Nationalisten späterer Zeit) keineswegs nur passive Opfer des gesellschaftlichen Wandels. Auch sie profitierten von den steigenden Bodenpreisen sowie der gewachsenen Nachfrage nach landwirtschaftlichen Produkten. Zu ihren größten Problemen zählte jedoch der Zugang zu Bargeld, das nicht nur für den Erwerb wichtiger Güter einschließlich Saatgut, Vieh und Arbeitsmittel, sondern auch für die Steuerzahlung benötigt wurde. Eine Hypothek konnten sie, unabhängig von den «wirklichen» Besitzverhältnissen, nur auf Land aufnehmen, das im Grundbuch eingetragen war. Hatten sie keinen Besitztitel vorzuweisen, blieb nur der Gang zum privaten Geldleiher, der in der Regel Zinsen in Höhe von 30 % verlangte. Das aber führte sie angesichts unsicherer, von äußeren Einflüssen (Regen, Dürre, Erdbeben, Heuschrecken- und Mäuseplagen) abhängiger Einnahmen und feststehender Ausgaben fast unweigerlich in die Verschuldung. Für kleine und mittlere Bauern zeichnete sich bereits im ausgehenden 19. Jahrhundert ein Teufelskreis ab, der in den 1930er Jahren in aller Schärfe aufbrechen sollte: der Teufelskreis von lebensnotwendigen Ausgaben und Steuerforderungen, die zumindest in Teilen in Bargeld erhoben wurden, Verschuldung, erzwungenem Landverkauf, Landflucht und Proletarisierung. Quantifizieren läßt sich dieser Prozeß nicht; er ist in zeitgenössischen Quellen und Berichten aber zu greifen.

Auch die beduinische Bevölkerung wurde von den Veränderungen erfaßt, insbesondere natürlich von den Bestimmungen des reformierten Bodenrechts, die das Öd- und Brachland betrafen. In den 1880er Jahren registrierten Beobachter bereits ein wachsendes Interesse von Beduinen, auf Dauer seßhaft zu werden, und zwar auch in bereits besiedelten Zonen und nicht nur an der bisherigen

Siedlungsgrenze.[16] Die Wertsteigerung von agrarisch nutzbarem Land erklärt auch die Zunahme tribaler Konflikte in den Grenzregionen am Ende des 19. Jahrhunderts, wobei stärkere Clans und Stämme die schwächeren verdrängten. Besonders gut dokumentiert ist diese Entwicklung für den Negev. Die Gründung Beershevas als Verwaltungszentrum des Negev im Jahr 1900 (1901 wurde es offiziell eingeweiht) zog unter anderem Kaufleute aus Gaza und Hebron in diese Entwicklungszone. Um die Jahrhundertwende wurden immer mehr Pächter aus Ägypten und dem Sinai als Arbeitskräfte angeheuert, zur gleichen Zeit gingen immer mehr Beduinen – und das bedeutete einen entscheidenden Einschnitt in ihrer Wirtschafts- und schließlich auch Lebensweise – selbst zur Landarbeit über. Dabei spielte die osmanische Regierung eine weit aktivere Rolle als in früheren Zeiten.

Die Veränderung der rechtlichen Rahmenbedingungen, verbunden mit dem verbesserten Schutz gegen Beduinenüberfälle und einem intensivierten Außenhandel, machte Investitionen in der Landwirtschaft zunehmend interessant. Zur gleichen Zeit minderte der Bevölkerungszuwachs den bisherigen Mangel an Arbeitskräften, so daß wesentliche Voraussetzungen für eine Ausweitung der agrarischen Produktion gegeben waren. Tatsächlich produzierte die palästinensische Landwirtschaft im ausgehenden 19. Jahrhundert Überschüsse, bis die Bevölkerungszunahme in den ersten Jahrzehnten des 20. Jahrhunderts das Verhältnis umkehrte.[17] Auswärtige Beobachter waren keineswegs alle blind für den Wandel der Landschaft und der Landwirtschaft, und sie sahen den arabischen Bauern nicht nur als stillen Betrachter eines Wandels, den andere herbeigeführt hatten. Auch die kritische Literatur hat ihre Stereotype entwickelt, und die Kritik am «orientalistischen Blick», der den arabischen Bauern nur als «biblische Ikone» (Doumani) wahrnimmt, stumm, faul und reglos, gehört dazu.[18] Der fromme Dr. Thomson war Mitte der 1870er Jahre begeistert von der Schönheit der ländlichen Szene:

«Lydda ist ein blühendes Dorf von etwa 2000 Einwohnern, eingebettet in edle Haine von Oliven, Feigen, Granatapfel- und Maulbeerbäumen, Sykomoren und anderen Bäumen, und auf allen Seiten von einer äußerst fruchtbaren Nachbarschaft umgeben. Die Einwohner sind offenkundig fleißig und erfolgreich, und das ganze Land zwischen Lydda und Ramleh füllt sich rasch mit blühenden Obsthainen. Selten habe ich eine entzückendere Landschaft gesehen

Abb. 6. Der orientalistische Blick: Beduine am Jordan.
Unbekannter Fotograf, um 1900

als diese, als ich zur frühen Erntezeit von Ramleh durch die Felder östlich des normalen Pfades hierher ritt. Wohl tausend Schnitter, Ährenleser und Träger waren am Werk, als die Morgensonne ihre ersten Strahlen durch die Olivenbäume auf die belebten Gruppen herabsandte. Weizen und Gerste wuchsen zwischen den Olivenbäumen, die die fröhlichen Schnitter – Männer, Frauen und Kinder – halb verbargen und halb zeigten ... Doch keine Beschreibung kann ein solches Bild wiedergeben. Es muß gesehen, gehört und genossen werden, um geschätzt zu werden.»[19]

Es ist immer wieder verblüffend, wie unterschiedlich die Besucher – unter ihnen selbst altgediente Landeskenner – das Land erlebten, was sie sahen und als wissenswert weitergaben. Ein größerer Kontrast als jener zwischen dem nostalgischen Dr. Schwarz und dem lyrischen Dr. Thomson ist schwer denkbar. Auf jeden Fall ist die Missionars- und Reiseliteratur keineswegs so einförmig, wie mancher ihrer Orientalismus-kritischen Kritiker es scheinen läßt. Ist es auf der einen Seite nicht schwierig, bei Autoren von Ewald Banse bis Ermete Pierotti Passagen zu finden, die man heute nicht zitieren kann, ohne in den Verdacht des Rassismus zu geraten, so gibt es bei anderen – Gustav Dalman ließe sich nennen, auch W.M. Thomson selbst, die beide lange Jahre im Land verbrachten – genügend differenzierte Urteile.

2. Palästina im Umbruch?

Zur Belebung von Handel, Handwerk und Gewerbe trug der wachsende Zustrom von Pilgern und Touristen bei, der wiederum von der verbesserten Sicherheitslage, verbunden mit bequemeren Reisemöglichkeiten, profitierte.[20] Eine der wichtigsten Voraussetzungen war die Einrichtung regelmäßiger Dampfschiffahrtsverbindungen zwischen Europa und den syrischen Mittelmeerhäfen in den späten 1850er Jahren; allerdings blieben die Häfen am «palästinensischen» Küstenabschnitt so unzulänglich, daß die Schiffe nur auf offener See anlanden konnten, von wo aus Passagiere und Ladung auf Boote verfrachtet und anschließend an Land getragen wurden. In den 1860er Jahren starteten organisierte Pilgerreisen zunächst von Marseille, dann von Triest; wenig später nahmen die ersten Reiseunternehmen wie Cook & Söhne ihre Arbeit auf, die nicht nur Pilger, sondern auch Touristen in das Heilige Land führten. In den 1870er Jahren etwa kamen jährlich 10000–20000 Pilger nach Jerusalem, in der Mehrheit Russen, die nicht nur das Pilger- und Tourismusgewerbe im engeren Sinn belebten. So wurde 1906 erstmals Jordanwasser in die USA exportiert. Zugleich verbesserte sich dank in- und ausländischer Privatinitiative, die der osmanische Staat von den 1880er Jahren an energischer unterstützte, die Infrastruktur, die das Hinterland mit der Küste verband:[21] 1868 wurde die erste befestigte Fahrstraße von Jaffa nach Jerusalem angelegt, 1892 folgte auf derselben Strecke die erste Eisenbahnlinie. Damit verkürzte sich die Reisezeit von einem Tag auf 7 Stunden mit der Pferdekutsche bzw. 3½ Stunden mit der Eisenbahn.

Zur gleichen Zeit wurde Palästina an das expandierende Eisenbahnnetz angeschlossen, das über den Orient-Expreß bis nach Wien und Paris führte. Die Hijaz-Bahn (im Deutschen oft: Hedschas-Bahn), die muslimische Pilger von Damaskus nach Medina beförderte, nahm nach ihrer Fertigstellung im Jahr 1905 ihren

Abb. 7. Der Bahnhof von Jerusalem. Wie man sieht, trugen Mädchen und Frauen um 1900 weniger den Schleier als vielmehr das Kopftuch. Unbekannter Fotograf, um 1900

Hauptsitz in Haifa. Eine Anschlußstrecke von Haifa nach dem ostjordanischen Derʿa, die sog. Talbahn, erbaut von einem deutschen Ingenieur (Heinrich Meissner Pascha), führte durch die Ebene von Marj Ibn Amir/Jezreel und trug damit natürlich einiges zu deren Wertsteigerung bei. Bis 1914 waren die Verbindungsstrecken Haifa-Akko und Afula-Nablus fertiggestellt, so daß nun auch diese wichtige Stadt des zentralen Berglandes verkehrstechnisch erschlossen (und damit zugleich leichter zu kontrollieren) war. Konkurrierende Postdienste bedienten zumindest Jerusalem: Den Reigen eröffnete 1859 die österreichische Post, gefolgt von der osmanischen 1867, von deutschen und französischen Diensten 1900, einem russischen 1901 und einem italienischen 1908.

Zu den klassischen Elementen der Weltmarktintegration, die ohne eine verbesserte Infrastruktur nicht möglich gewesen wäre, gehörte die allmähliche Verlagerung des «palästinensischen» Außenhandels von Libanon und Ägypten, die bislang die wichtigsten Partner gewesen waren, nach Europa. Den stärksten Zuwachs erfuhren die Geschäftsbeziehungen mit Europa zwischen 1825 und 1875. Die Einrichtung regulärer Dampfschiffahrtslinien bewirkte eine drastische Senkung der Transportkosten, von der der europäische Handel aber erst profitierte, als in Jaffa und Haifa Molen gebaut wurden, die auch Dampfschiffen die Landung erlaubten. Bis zum Ausbruch des Ersten Weltkriegs hatten sich Jaffa und Haifa zu den wichtigsten Häfen am palästinensischen Küstenabschnitt entwikkelt (Jaffa vor allem für agrarische Ausfuhren), während Gaza und Akko nur eine begrenzte Rolle spielten. Der mit Abstand modernste und wichtigste Hafen an der syrischen Mittelmeerküste war Beirut.[22] Bis in die 1870er Jahre war die «palästinensische» Handelsbilanz im übrigen positiv: Hohen Ausfuhren nach Europa standen nur geringe Einfuhren gegenüber. Die Exporte umfaßten neben Seife für den ägyptischen und syro-libanesischen Markt fast ausschließlich agrarische Erzeugnisse. An erster Stelle lag hier bis zur Jahrhundertwende Getreide, und zwar Weizen für italienische Pasta und französische Nudeln sowie Gerste für die britische Bier- und Whiskeyproduktion. Zugleich stieg der Anteil von *cash crops* wie Sesam und Olivenöl, Tabak, je nach internationaler Konjunktur auch Baumwolle. Zu den wichtigsten Neuerungen zählte die rasche Ausweitung des Zitrusanbaus nach dem Krimkrieg von 1853–1856, insbesondere der Jaffa-Orange (*shamuti*), die sich dank ihrer festen Schale besonders gut für den Export eignete. Die Anpflanzung von Orangen und anderen Zitrusfrüchten erforderte allerdings höhere Kapitalinvestitionen, da die Bäume erst nach einigen Jahren Gewinn abwarfen und in der trockenen Jahreszeit künstlich bewässert werden mußten. Die Zitrusplantagen waren daher ganz überwiegend im Besitz städtischer Kaufleute und Notabeln, nicht einer kleinbäuerlichen Schicht. Neben dem expandierenden Europahandel sollte aber der lokale und regionale Handel nicht übersehen werden, in dem Seife nach wie vor eine große Rolle spielte und der weiterhin von Kaufleuten und Händlern der Provinzstädte kontrolliert wurde, die auf Grund ihrer intimen Kenntnis von Märkten, Mittlern und Kreditbedingungen für die Zentralregierung ebenso wie für syro-libanesische und europäische Handelshäuser als Partner unverzichtbar blieben.

Die lokale Wirtschaft erlebte so zwischen 1856 und 1880 einen von einem beachtlichen Bevölkerungswachstum begleiteten Aufschwung, der in etwa den zeitgleichen Entwicklungen in Syrien, Anatolien oder auch Iran entsprach.[23] Möglich wurde er nur, weil die Landwirtschaft zuvor zumindest in Teilen kommerzialisiert worden war, Geldwirtschaft und komplizierte Kreditformen also bereits bekannt und vertraut waren und in- und ausländische Kreditgeber die Bereitschaft zeigten, beträchtliches Kapital in die örtliche Wirtschaft zu investieren. Die Impulse für das Wachstum kamen, daran läßt sich nicht rütteln, im wesentlichen von außen bzw. von oben. Das macht die Bauern, Händler und Kaufleute dennoch nicht zu passiven Duldern oder Opfern eines extern induzierten Wandels. Im Rahmen ihrer Möglichkeiten handelten sie selbst, um ihre Position zu verbessern oder zumindest doch zu halten. Modernisierung besaß auch in Palästina widersprüchliche Züge und Konsequenzen, aber sie war kein Nullsummenspiel.

Von der Zitruskultur abgesehen erfuhr die lokale Agrarproduktion freilich keine strukturelle Umwandlung, etwa durch Einführung neuer produktivitätssteigernder Kulturen, Verfahren oder Technologien. Der wirtschaftliche Aufschwung verdankte sich in erster Linie einer Extensivierung der Landwirtschaft durch Ausweitung der kultivierten Flächen und Beschäftigung zusätzlicher Arbeitskräfte. Innovationen gab es durchaus, doch wurden sie von europäischen Einwanderern getragen: so z.B. von den württembergischen Templern, die sich ab 1869 in der Umgebung von Jaffa und Haifa niederließen, auf ihren Farmen Dünger und Maschinen einsetzten und mit der Kartoffel zugleich eine neue Kulturpflanze einführten. Nachgeahmt wurden sie allenfalls von jüdischen Siedlern, nicht von der einheimischen Bauernschaft.[24] Während so Ansätze einer modernisierten Wirtschaft in einzelnen Regionen und Sektoren schon vor dem großen Reformdekret von 1856 angelegt waren, ja schon vor der ägyptischen Besetzung des Landes im Jahr 1831, hielten sich traditionelle Lebens- und Wirtschaftsformen an anderer Stelle bis weit in das 20. Jahrhundert. Palästina befand sich bereits vor der Ankunft der ersten zionistischen Siedler in den 1880er Jahren im Wandel. Ob man, wie Alexander Schölch, von einem «Umbruch» sprechen soll, sei dahingestellt.

Abb. 8. Straßenbild in Jerusalem. Unbekannter Fotograf, um 1900

3. Der Aufstieg der Notabeln

Wie bereits angemerkt, kamen die staatlichen Reformen in erster Linie den städtischen Eliten zugute, die sich weniger auf (die Drohung mit) Gewalt stützten als vielmehr auf Steuerpacht, Kredit- und Geldwesen, Landbesitz sowie die Vertretung in der Lokal- und Provinzverwaltung. Zugleich verstärkte die Reform der Provinz- und Stadtverwaltung den Zugriff städtischer Eliten auf ihr Umland, dessen Bewohner, mehr als zuvor, auf städtische «Patrone» angewiesen waren. Daraus ergaben sich unweigerlich neue Allianzen zwischen Stadt- und Landbewohnern.

Der «Idealtyp» des Notabeln, wie er sich in der zweiten Hälfte des 19. Jahrhunderts herausbildete, war in erster Linie über seine politische Funktion als Mittler definiert:[25] Ein Notabler (im Arab. nur im Pl. gebräuchlich, a'yan) besaß Autorität und gegebenenfalls sogar Macht, die ihm (weibliche Notabeln gab es nicht) auf

Grund von Herkunft, Vermögen und persönlicher Lebensführung, Leistung und Beziehungen zukam, wobei Autorität und Macht am wirkungsvollsten ausgeübt wurden, wenn sie auf Brauch und Sitte Rücksicht nahmen. Daher die zentrale Bedeutung von persönlicher Bekanntschaft, Integrität und Ehre, vielfach abgesichert durch familiäre Bande. Üblicherweise gehörte der Notable einer Familie an, die bereits über Besitz und Einfluß verfügte; häufig waren es Fernhandelskaufleute, nicht selten Religions- und Rechtsgelehrte (Ulama). Eine enge Verknüpfung von Familienzugehörigkeit und Notabelnstatus war somit gegeben, aber nicht zwingend. Status und Ehre erwuchsen, um mit Bourdieu zu sprechen, aus der Verbindung von «kulturellem» und «ökonomischem Kapital». Daher auch die Bedeutung religiösen Wissens und Ansehens, ggf. der Einheirat in eine Gelehrtenfamilie, der Wohltätigkeit, Stiftung und Verwaltung von Waqf oder des Engagements in einem Sufi-Orden, auch der Übernahme religiöser Ämter.

Klassischerweise «vermittelte» der Notable zwischen seiner Klientel (die nicht fest vorgegeben sein mußte, sondern sich situationsbedingt erweitern oder verengen konnte) und der Obrigkeit, seien es deren lokale Vertreter (Gouverneur, Stadtkommandant, Kadi usw.) oder die zentralen Behörden in Istanbul bis hin zum Sultan selbst. Erst die Verbindung von sozialer Stellung und Zugang zur Obrigkeit machte den Notabeln aus. Die Patron-Klienten-Beziehungen, auf denen die Mittlertätigkeit ruhte, lassen sich als immer wieder neu verhandelter Austausch von Leistungen verstehen, die sich nicht auf den ökonomischen Bereich beschränkten. Sie reduzierten sich auch nicht auf ein Ausbeutungsverhältnis, in dem eine engstirnige, konservative bis reaktionäre Elite eine primitive, unwissende und abergläubische Bauernschaft unterdrückte (zu diesem Zerrbild ausführlicher unten). Das gesellschaftliche Ideal der Solidarität, der Gegenseitigkeit, des fairen und gerechten Austauschs, basierend auf dem gemeinsamen Interesse an der Wahrung lokaler Autonomie und ausgedrückt in der Sprache der Verwandtschaft, war durchaus nicht bloße Maske. Dennoch war Vermittlung nicht identisch mit der Rolle des guten und uneigennützigen Maklers: Vorrangig ging es den Notabeln um die Sicherung der eigenen Position und Interessen. Das bedingte die doppelte Aufgabe, Beschwerden, Klagen und Forderungen ihrer Klientel «von unten nach oben» weiterzuleiten, zugleich aber dafür zu sorgen, daß diese Klagen und Forderungen nicht zu einer Störung der bestehenden (man zögert zu sagen: der öffentlichen) Ordnung führten. Vermittlung war daher in fast allen Fällen mit dem Bemühen verbunden, drohende Spannungen einzudämmen und auf potentiell rebellische Bevölkerungsgruppen «mäßigend» einzuwirken. Von einigem Interesse sind folglich die Hebel, derer sich die Notabeln bedienten, um ihren Status nach unten wie nach oben zu festigen und zu wahren. Von der Mitte des 19. Jahrhunderts an waren das – zumindest in Palästina – nur in Ausnahmefällen noch militärische Zwangsmittel. «Nach unten» behielten die klassischen Instrumente der Patronage in allen Lebenslagen ihre Bedeutung.

In Palästina läßt sich der Aufstieg lokaler Notabelnfamilien in vielen Fällen bis ins 17. Jahrhundert zurückverfolgen. Nicht wenige waren aus dem benachbarten arabischen Raum zugewandert, andere entstammten der osmanischen Militär- und Verwaltungselite.[26] Im Zuge der Befriedung der Provinzen, die im wesentlichen die Ausschaltung konfliktfähiger, da bewaffneter lokaler Eliten bedeutete, verloren viele ländliche Clanführer ihre eigenständige Machtbasis. Die Durchsetzung von Gesetz und Ordnung bedeutete einen deutlichen Positionsgewinn alter und neuer städtischer Eliten zu Lasten ländlicher Führer. Ihre Rolle wurde durch die Tanzimat-Reformen entscheidend gestärkt, die gleichzeitig jedoch eine wachsende Konkurrenz um Land und Positionen in der Verwaltung und den neu geschaffenen Beratungsgremien mit sich brachten. Wenn die Notabeln ihren Einfluß auch primär ihrer Verankerung in eng umgrenzten Regionen und bestimmten Bevölkerungsgruppen verdankten, weiteten sich die Kontakte und Querverbindungen im Rahmen der unterschiedlichen Verwaltungsorgane doch zusehends aus. Am weitesten reichten sie auf der obersten Ebene politischer Mitsprache, dem 1876 erstmals einberufenen osmanischen Parlament, dem auch sechs Abgeordnete aus dem Gebiet des späteren Palästina angehörten.

Alle bislang genannten Akteure waren Muslime. Schwerer zu bewerten sind Rolle und Bedeutung christlicher und jüdischer Eliten. Hier ist zwischen dem Status bestimmter Individuen und Familien *innerhalb* der jeweiligen nichtmuslimischen Gemeinschaft einerseits und ihrer Position in der lokalen (städtischen oder ländlichen) Hierarchie andererseits zu unterscheiden. Selbstverständlich waren auch die lokalen christlichen und jüdischen Gemeinschaften bzw. Gemeinden in sich sozial gegliedert; selbstverständlich besaßen auch sie offizielle und inoffizielle Sprecher und Vertreter, die sie gegenüber der Obrigkeit und der Außenwelt generell repräsentierten. Die Rolle wurde, wie bei den Muslimen, traditionell entweder von gebildeten, vermögenden und einflußreichen Persönlichkeiten wahrgenommen (Kaufleute, Ärzte, Bankiers im weitesten Sinn) oder aber von Religions- und Rechtsgelehrten (christlicher Klerus, jüdische Rabbiner), die nicht notwendigerweise vermögend sein mußten, um die Rolle des Mittlers spielen zu können. Im Verlauf des 19. Jahrhunderts, in dem sich die sog. Millet-Ordnung des Osmanischen Reiches verfestigte, wurde ihre Mittler- und Repräsentantenrolle formalisiert:[27] Gegenüber der Hohen Pforte wurden die unterschiedlichen nichtmuslimischen (genauer: nicht-sunnitischen) Religionsgemeinschaften (Millets) von den Juden über die orthodoxen Christen, Armenier, Katholiken, Georgier bis hin zu den Protestanten durch ihren obersten Klerus vertreten; in den Provinzen und Distrikten konnten diese Funktion auch «Laien» einnehmen. Intern genossen sie in allen als religiös definierten Fragen vom Kultus über die Erziehung bis zum Familienrecht weitgehende Autonomie.

Von der Repräsentation der jeweiligen Gemeinschaft gegenüber der Außenwelt und der Obrigkeit im besonderen ist die Rolle zu unterscheiden, die Nichtmuslime innerhalb der lokalen, zumindest in Palästina und Syrien von sunnitischen Muslimen dominierten gesellschaftlichen Hierarchie spielten, also innerhalb einer Stadt, eines Dorfes oder, soweit einschlägig, eines Stammes. Hierfür ist ihre Vertretung in den Gremien der Provinz- und Gemeindeverwaltung nur bedingt ein Indiz, denn dort wurden ihnen häufig Quoten eingeräumt, die sie gegenüber der muslimischen Mehrheit sogar privilegierten. Als das abgeänderte Vilayet-Gesetz von 1913 diese Quote aufhob, wurde die damit verbundene Abschaffung der Privilegien von den Christen selbst in klassischer Weise als Diskriminierung dargestellt.[28] Grundsätzlich waren alle Gruppen der osmanischen Untertanen- bzw. Bürgergesellschaft auf Mittler angewiesen und damit in der einen oder anderen Form auch auf Notabeln. Inwieweit diese über die Konfessionsgrenzen hinweg eine integrierte Schicht bzw. ein bestimmtes soziales Milieu bildeten, wäre eine genauere Untersuchung wert. Eine Studie zu Haifa legt nahe, daß dem nicht so war:[29] Einer Schicht christlicher Kaufleute, Unternehmer, Bankiers, Ärzte, Apotheker usw. gelang es zwar, Bildung und Vermögen zu erwerben, ökonomisch aufzusteigen und sich gesellschaftlich zu etablieren. Ungeachtet ihres wirtschaftlichen Erfolgs aber wurden sie von der muslimischen Elite nicht als sozial gleichwertig anerkannt. Die lokale «Oberschicht» umfaßte bis zur Auflösung des Osmanischen Reichs in der Regel nur Muslime.

4. Nablus

Die konkrete Ausformung der angesprochenen sozialen, wirtschaftlichen und politischen Wandlungsprozesse läßt sich an einem Beispiel darstellen, das in der gängigen Literatur, in der meist Jerusalem im Mittelpunkt steht, weniger Beachtung findet: dem Bergland um Nablus. Nablus bietet dank einiger exzellenter Studien arabischer Historiker einen Einblick in das Leben in der Provinz, das wir für Palästina im 19. Jahrhundert sonst nur schlecht kennen.[30] Über weite Teile des 19. Jahrhunderts bildete die Stadt das wichtigste Zentrum von Handel und Gewerbe in der Region des Jabal Nablus (oft auch *jabal an-nar*, Feuerberg), einer «geohistorischen» Einheit eigenen Charakters, zu der auch die Stadt Jenin gehörte. Im Jabal Nablus, der im 19. Jahrhundert etwa 300 Dörfer zählte, lagen einige der reichsten Böden und ältesten Siedlungen Palästinas. In administrativer Hinsicht war die Region von der osmanischen Eroberung bis 1849/50 mit kurzen Unterbrechungen Teil der Provinz Damaskus, wurde dann der Provinz Sidon zugeschlagen und gehörte schließlich von 1887/88 bis 1918 zur Provinz Beirut, war also stets nach Norden ausgerichtet. Tatsächlich lag der dominierende Einfluß aber bis weit ins 19. Jahrhundert beim Gouverneur von Sidon, der, wie erwähnt, nach 1777 in Akko residierte. Aus Damaszener oder Istanbuler Perspektive war der Jabal Nablus die «Peripherie der Peripherie» (Doumani): Kein internationaler Handelsweg führte durch die Stadt und ihr Umland, wohl aber Verbindungswege, die den Binnen- und den regionalen Handel bis hin nach Kairo und Damaskus möglich machten.

Wichtigstes Exportgut war die Seife, für die sich insbesondere in Ägypten, Libanon und Syrien ein Markt herausgebildet hatte. Als Haupthafen für Nablus diente bis weit ins 19. Jahrhundert hinein Jaffa, das im folgenden allerdings, dem allgemeinen ökonomischen Trend folgend, von Beirut verdrängt wurde. Immerhin führte die Pilgerkarawane von Damaskus nach Mekka durch den Distrikt. Dennoch kam der Stadt keinerlei religiöse Bedeutung zu, und dementsprechend zog sie auch nur wenige Besucher und Reisende an: Die Geschichte von Nablus und seinem Umland konnte man schreiben, ohne je vom «Heiligen Land» gehört zu haben.

Nablus selbst, das antike Flavia Neapolis, wurde vielfach mit dem biblischen Sichem identifiziert und geht wohl auf eine kanaanäische Siedlung zurück. Malerisch gelegen und umgeben von Gärten und Olivenhainen, verfügte es über eine Reihe von Quellen und damit – anders als viele Städte in der Region, namentlich Jerusalem – über eine gesicherte Wasserversorgung. Seine Bevölkerung scheint zwischen 1800 und 1900 kontinuierlich zugenommen zu haben: Mitte des 16. Jahrhunderts registrierte der osmanische Zensus 5000–7000 Einwohner, 1800 etwa 7000, 1850 über 20000.[31] Aus der Mitte des 17. Jahrhunderts wird die Zuwanderung beduinischer Familien und osmanischer Militärs berichtet. Ähnlich wie Hebron und andere Siedlungen des Berglandes war auch Nablus ökonomisch, politisch und kulturell nicht scharf von seinem Umland abgegrenzt, wenngleich die Stadt aus massivem Stein gebaut war und die Stadttore bei Nacht geschlossen wurden. In sozialer und religiöser Hinsicht war die Bevölkerung bis ins ausgehende 19. Jahrhundert homogen. Neben den sunnitischen Muslimen, die die städtische Kultur und Gesellschaft dominierten, fanden sich nur kleine Minderheiten: rund 800 griechisch-orthodoxe und eine geringe Zahl protestantischer Christen, knapp 200 Juden und etwa 150 Samaritaner (die sich selbst *shomrim*, Hüter des Gesetzes, nennen), die in der ersten Hälfte des 19. Jahrhunderts – klassische Funktion einer Minderheit – in der Buchhaltung und Verwaltung der Stadt stark vertreten waren und stets das besondere Interesse westlicher Reisender fanden.

Sehr gut illustrieren läßt sich am Beispiel von Nablus das Verhältnis von lokaler Autonomie, Reform und Modernisierung. Doumani verweist auf den Zusammenhang von imperialem Kontrollverlust, relativer Prosperität und wirtschaftlichem Aufschwung

Abb. 9. Blick auf Nablus. Unbekannter Fotograf, um 1900

in dem entlegenen Distrikt, ein Zusammenhang, der sich unter anderem an dem wohl kontinuierlichen Bevölkerungswachstum im 18. und 19. Jahrhundert ablesen läßt.[32] Die Ferne der Zentralgewalt war nicht gleichbedeutend mit wirtschafts- und wohlstandsfeindlichem Chaos und Anarchie; relative Unsicherheit konnte mit einem gewissen Maß an Prosperität einhergehen – zumal die erzeugten Werte von keiner Steuerverwaltung systematisch abgeschöpft wurden und die Bevölkerung mit geringen Abgaben und Diensten belastet war. Anders als große Teile von *bilad al-sham* wurde der Jabal Nablus bis zur Mitte des 19. Jahrhunderts nicht von der Stadt selbst regiert bzw. kontrolliert: Die Bauernschaft war relativ autonom, da selbst bewaffnet und in ihren festen Steinhäusern gut geschützt. Periodische osmanische Strafexpeditionen sollten das Wohlverhalten der örtlichen Bevölkerung garantieren. Die Macht im Jabal Nablus teilten sich bis in die 1850er Jahre einige Familien mit territorial definierter Machtbasis im

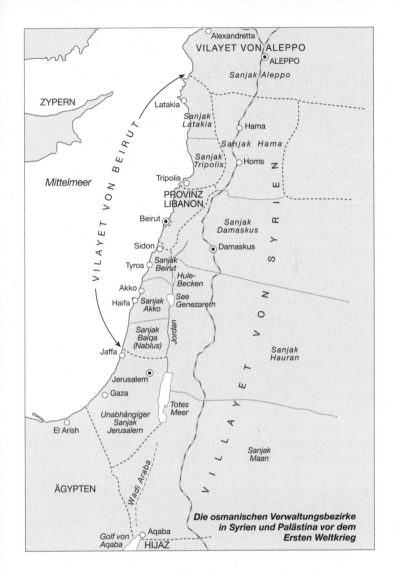

Die osmanischen Verwaltungsbezirke in Syrien und Palästina vor dem Ersten Weltkrieg

Um- oder Hinterland – die Nimr, Tuqan, Jarrar, Jayyusi, Abd al-Hadi usw. –, die in der Lage waren, in ihrem Bereich eine Bauernmiliz zu mobilisieren. Ihre Stellung beruhte also unter anderem auf dem Einsatz von Gewalt, zumindest aber der Drohung mit

Gewalt. Aus der ersten Hälfte des 19. Jahrhunderts sind andauernde Kämpfe der konkurrierenden Familien und Clans dokumentiert, was nicht heißt, daß es sie vorher nicht gab. Bezeichnend für die unsichere Lage und die Bedeutung militärischer Gewalt waren die befestigten Familiensitze (*kursi*) in den (gleichfalls befestigten) Dörfern des Distrikts.

Die ägyptische Besatzung griff nachhaltig in die lokalen Kräfteverhältnisse ein und führte unter anderem zum Aufstieg der Familie Abd al-Hadi, die sich auf Kosten ihrer Rivalen profilieren konnte. Nach dem ägyptischen Abzug unternahmen die Osmanen in den 1840er und 50er Jahren energische Befriedungskampagnen, mit denen sie schließlich die militärische Macht der ländlichen Familien brachen. Schrittweise verfestigte sich im gleichen Zuge der städtische Einfluß auf das Hinterland, immer mehr wurde die zuvor fragmentierte Region ökonomisch und politisch vereinheitlicht, von der Mitte des 19. Jahrhunderts an nicht mehr vorrangig mit militärischen Mitteln, sondern mit wirtschaftlichen. Hauptgewinner dieses Prozesses waren städtische Geschäftsleute, die sich im Hinterland ein stabiles Netz von Kontakten aufbauen konnten, gegründet auf persönliche Beziehungen und den Austausch von Leistungen, und die von den 1840er Jahren an zugleich über die neu eingerichteten Beratungsgremien Zugang zu politischen Entscheidungen gewannen. Der ökonomische und politische Wandel führte zur gleichen Zeit zu einer wachsenden Differenzierung der Bauernschaft. Wenig später verschob die wachsende europäische Präsenz das regionale Schwergewicht zugunsten Jerusalems, das in den 1850er Jahren zum politischen und administrativen Zentrum Palästinas aufstieg, während sich gleichzeitig das ökonomische Gravitationszentrum zur Küste hin verlagerte und die stürmische Entwicklung Jaffas und Haifas – analog zu Beirut und Alexandria, wenn auch in viel kleinerem Maßstab – nach sich zog. Daher die verstärkte Zuwendung der Nabluser Kaufleute zum Ostjordanland, die sich in den 1880er Jahren auch in den neugezogenen Grenzen des Bezirks Nablus (Balqa) niederschlug. Obgleich ihrer militärischen Machtmittel und politischen Eigenständigkeit beraubt, bewahrten der Distrikt und seine Bewohner doch ihren eigenen Charakter, der noch in den politischen Kämpfen des 20. Jahrhunderts zum Tragen kommen sollte.

V.

Aufkommende Nationalismen:
Zionismus und Arabismus, 1880–1914

Allzuoft wird die Geschichte Palästinas nur unter dem Blickwinkel des jüdisch-arabischen Gegensatzes wahrgenommen, und dementsprechend erscheint das Jahr 1882, auf das im allgemeinen der Beginn der (modernen) jüdischen Einwanderung datiert wird, als entscheidende Zäsur der Neuzeit. Nun markiert 1881/82 im regionalen Umfeld tatsächlich ein wichtiges Datum: In kurzer Folge okkupierte Frankreich Tunesien und Großbritannien Ägypten, zwei osmanische Provinzen, die seit langem faktisch autonom waren, aber doch die Oberhoheit des Sultans anerkannten. Für Palästina aber kann 1882 nur als Einschnitt gewertet werden, wenn man die Geschichte von ihrem Ausgang her schreibt und nach den Anfängen des zionistischen Aufbauwerks und damit auch des Staates Israel sucht. Für eine historische Betrachtung des Landes im späten 19. und frühen 20. Jahrhundert hingegen macht das wenig Sinn: Die jüdischen Einwanderer blieben bis zum Ersten Weltkrieg marginal; von einer Zäsur in der lokalen Wirtschaft, Gesellschaft und Kultur konnte keine Rede sein; nicht einmal die Politik wurde fürs erste merklich beeinflußt. Einen Sonderfall bildete Jerusalem, das in dieser Zeit zwar keinen Schwerpunkt zionistischen Engagements, wohl aber jüdischen Lebens darstellte, und auf das sich die europäischen Interessen in besonderer Weise richteten.[1]

1. Juden im Heiligen Land:
Der «alte» und der «neue» Yishuv

Die Verbreitung der zionistischen Idee und die Festigung des jüdischen Yishuv (die gebräuchlichste Bezeichnung für die in Palästina lebenden Juden, abgeleitet von dem hebräischen Verb *yashav*, «sitzen») werden häufig allzu einseitig aus der europäischen Geschichte abgeleitet, bei starker Betonung ideologischer, ja idealistischer Motive zu Lasten pragmatischer Überlegungen wie des wirtschaftlichen Vorteils oder der politischen Alternativen.[2] Idealismus, Ideologie und Überzeugungen, die aus der europäischen Erfahrung geboren wurden, sind selbstverständlich nicht hinwegzudenken, will man das zionistische Aufbauwerk in Palästina angemessen würdigen. Und doch sind Entwicklung und Eigenheiten des jüdischen Yishuv und der späteren israelischen Gesellschaft maßgeblich von den Gegebenheiten in Palästina selbst geprägt worden. Nur durch die Einbettung in den lokalen und regionalen Kontext lassen sich Phänomene verstehen, die Israelis selbst als grundlegend für die israelische Gesellschaft ansehen: die enge Verbindung von Pionier, Siedler und Kämpfer vor allem, die lange Dominanz der Arbeiterbewegung, die kooperativen Formen sozialer und wirtschaftlicher Organisation, aber auch die untergeordnete Stellung orientalischer und sephardischer Juden, dazu – aber das gilt erst für die Zeit nach 1948 – das Nebeneinander einer marktwirtschaftlichen Ordnung im israelisch-palästinensischen Verhältnis und eines «inneren Kollektivismus» der jüdischen Wirtschaft und Gesellschaft in Israel selbst.

Vorläufer des Zionismus

Im folgenden soll nicht versucht werden, Genese und Entfaltung des Zionismus darzustellen oder neu zu bewerten – das haben andere mit Erfolg bereits getan.[3] Hier geht es lediglich um einige Grundzüge, die für die Geschichte *Palästinas* von Bedeutung sind. Gewisse definitorische Probleme lassen sich dabei allerdings nicht ausklammern: Sie betreffen zunächst die schwierige Unterscheidung zwischen Juden und Zionisten, die noch heute die politische Auseinandersetzung belastet, und die – politisch vielleicht weniger problematische, jedoch ebenso notwendige – Unterscheidung zwischen zionistischer Bewegung und jüdischer Einwanderung nach Palästina. Die zionistische Bewegung wollte bekanntlich die «jüdische Frage» lösen, sprach also für die Gemeinschaft der Juden, und zwar nach eigenem Verständnis aller Juden dieser Welt. Aber bei weitem nicht alle Juden verstanden den Zionismus als Lösung der «jüdischen Frage» – sofern sie diese in ihrem jeweiligen Umfeld überhaupt gestellt sahen. Die Mehrheit der Juden in orientalischen Ländern beispielsweise, die bei der Betrachtung des Zionismus allzu gern übersehen werden, tat dies bis weit ins 20. Jahrhundert hinein nicht. Die Verengung des Blicks auf die europäischen und allenfalls noch die amerikanischen Juden ist nun ebensowenig zu akzeptieren wie jede andere Form des Tunnelblicks. Und doch wird sie sich auch hier kaum vermeiden lassen, denn der Zionismus entwickelte seine Wirkung zunächst in Europa, nicht unter den jüdischen Gemeinden des Orients, und in den Jahren bis zur Gründung des Staates Israel waren es überwiegend europäische und amerikanische Juden, die das örtliche Geschehen beeinflußten.

Für den Zionismus als spezifische Form eines jüdischen Nationalismus gilt wie für jeden anderen Nationalismus, daß er nicht zwangsläufig war oder unausweichlich, sondern *eine* von mehreren Möglichkeiten der kollektiven Selbstbestimmung, Wahrnehmung und Zuordnung. Natürlich konnte er als kulturelle und politische Bestrebung an die religiöse Tradition der Zionssehnsucht anknüpfen, die in der jüdischen Diaspora nach wie vor sehr lebendig war. Aber das machte ihn nicht zum Selbstläufer. Seine Anfänge waren mühsam genug und die Widerstände erheblich. Die Idee einer Bewahrung und Erneuerung des Judentums durch die «Sammlung» des jüdischen Volkes, oder zumindest eines Teils davon, in Eretz Israel, dem «Land der Väter», war in den 1840er und 50er Jahren bereits vereinzelt von Persönlichkeiten wie den Rabbinern Jehuda Alkalai (1798–1878) und Zvi Hirsch Kalischer (1795–1874) formuliert worden. Beide standen in der Tradition messianischen Denkens, das sich erst später mit nationalistischen und progressiven Ideen unterschiedlicher Natur verbinden sollte. Als orthodoxe Gläubige reagierten sie auf die fortschreitende Emanzipation der Juden in West- und Mitteleuropa wie auf dem Balkan, die, so fürchteten sie, sie ihrer jüdischen Identität entfremden und ihres jüdischen Geistes berauben würde: Entfremdung vom Judentum durch rechtliche Gleichstellung, nicht Druck und Verfolgung bot den Hintergrund ihrer Gedanken. Auch der Sozialist Moses Hess (1812–1875), der 1862 mit seiner Schrift «Rom und Jerusalem» die Idee einer nationalen Einheit und Wiedergeburt des jüdischen Volkes verkündete, die sich an der kurz zuvor (1859) erfolgten Einigung Italiens orientierte, schrieb nicht unter dem Eindruck physischer Bedrohung – und blieb ohne jedes Echo. Die Vorstellung einer nationalen Wiedergeburt im Lande der Väter entstand, das sollte festgehalten werden, *vor* dem modernen Antisemitismus. In dem Maß jedoch, in dem der Antisemitismus von den 1870er Jahren an in verschiedenen Gesellschaften Europas von Rumänien und Rußland bis Deutschland, Österreich und Frankreich um sich griff, verschaffte er dem zionistischen Gedanken breiteren Rückhalt.

Auswanderung und «praktischer Zionismus»

Die Optionen der zunehmend von Armut, Ausgrenzung und Verfolgung bedrängten ost- und mitteleuropäischen Juden waren vielfältig, wenn auch nicht überall die ganze Bandbreite zur Verfügung stand: Die Fortführung der eigenen, in der einen oder anderen Weise orthodoxen Tradition ohne gezielte Suche nach neuen Orientierungen bildete eine Möglichkeit, den wachsenden Schwierigkeiten zu begegnen, die Assimilation an die lokale Gesellschaft und Nation eine andere. Viele osteuropäische Juden entschieden sich für den allgemeinen oder einen spezifisch jüdischen Sozialismus, manche für die anarchistische Richtung, andere für einen jüdisch geprägten «kulturellen Nationalismus», der wiederum mit unterschiedlichen Akzenten orthodox, reformiert oder liberal ausfallen konnte. Die große Mehrheit wählte keine dieser Möglichkeiten, um den schwierigen Lebensumständen zu entkommen oder sie entscheidend zu verändern: Sie ließ sie einfach hinter sich und wanderte aus.[4] Zwischen 1882 und 1914 verließen etwa 2,6 Millionen Juden Rußland und die benachbarten Territorien, die übergroße Mehrheit, um in Amerika, der «Neuen Welt», ein neues Leben zu beginnen. Sie taten das meist, ohne tiefer über Identität, Selbstverwirklichung und gesellschaftliche Veränderung nachzudenken und ohne eine Wahl zu treffen zwischen individueller und kollektiver Rettung oder gar Erlösung. Die Entscheidung für den Zionismus als eine im Konkreten noch zu bestimmende Form des jüdischen Nationalismus und dessen Verwirklichung im «Verheißenen Land» Eretz Israel war in den 1880er und 90er Jahren weder selbstverständlich noch verbreitet: Nicht einmal 5 % derjenigen, die im Gefolge der Judenverfolgungen (Pogrome) zwischen 1882 und 1914 aus dem «Pfahl» auswanderten – der Zone innerhalb des zaristischen Reichs, die unter Katharina der Großen 1790/91 den Juden als Siedlungsgebiet («Ansiedlungsrayon») zugewiesen worden war –, gingen nach Palästina.

In Palästina gab es im 19. Jahrhundert bekanntlich bereits Juden, die in Abgrenzung von den Neuzuwanderern der 1880er und 90er Jahre als «alter Yishuv» bezeichnet wurden – und zwar zunächst nur von den Vertretern des «neuen», des zionistischen Yishuv.[5] Das Adjektiv «alt» deutete nicht unbedingt auf eine jahrhundertealte Verwurzelung im Land: Tatsächlich waren viele Angehörige des sog. alten Yishuv selbst nach Palästina eingewandert oder stammten von Zuwanderern des 18. und 19. Jahrhunderts ab, die meist im Gefolge eines orthodoxen religiösen Führers nach Eretz Israel gekommen waren; andere konnten eine lange Linie von Vorfahren in Palästina nachweisen. «Alt» war in erster Linie ein qualitatives Merkmal, das die Vertreter des «neuen Yishuv», die für den kulturellen und nationalen Aufbruch des jüdischen Volkes standen, abgrenzte von den Repräsentanten der Tradition, der Starre und der Abhängigkeit – so jedenfalls sahen sie die «Neuen». Es war ein moralischer Begriff, wie auch der hebräische Terminus ʿaliya für die Einwanderung nach Eretz Israel ein moralischer war, der die Zuwanderung nach Palästina nicht als bloße Migrationsbewegung kennzeichnete, sondern als «Aufstieg» (nichts anderes bedeutet ʿaliya, das sich ursprünglich auf den «Aufstieg» zu dem oben, «auf dem Berg» liegenden Jerusalemer Tempel bezog). Ein gewisses Befremden merkt man den meisten Berichten jüdischer Besucher an, wenn sie nicht selbst orthodox oder «ultra-orthodox» waren, eine Mischung aus Faszination durch die Fremdheit der orientalischen Juden und Distanz gegenüber den gleichermaßen frommen wie bitterarmen osteuropäischen Juden:

«Jerusalem war eine jüdische Stadt von Ewigkeit zu Ewigkeit. Vertrieben, wieder gekommen, vertrieben, wieder gekommen … Hier hausen unter Lumpen die kurdischen Jüdinnen, deren Männer Lastträger sind oder Steinhauer, hier wohnen die würdigen Sepharden, die den Fez tragen, mit ihren sauberen Frauen. Hier sitzen in den gewölbten Läden, bleich, bebrillt, das Gesicht von blondem, braunem, rotem Bart umwuchert, das schwarze Käppchen auf dem Kopf, polnische Juden, das Buch vor dem Gesicht, und studieren, während um sie ein kleiner Laden, gefüllt mit Kram, langsam verstaubt. Hier wohnen die orientalischen Juden, die aus Bagdad kommen, aus dem südlichsten Arabien, aus Jemen. Die Juden aus Polen tragen phantastische Gewänder, Pelzmäntel, wie um

1300, bronzefarbene und olivfarbene Samtmäntel wie auf Gemälden von Rembrandt.

Es leben hier die alten Frommen, die in Jerusalem zu sterben gedenken, und die Almosenempfänger aus aller Welt, sie haben ihr Leben Gott geweiht, für ihren Leib muß der Nebenmensch sorgen ...»[6]

Für die einheimische arabische Bevölkerung waren dies die Juden, die man kannte und neben denen man seit langem mehr oder weniger friedlich lebte. Im Rahmen des Millet-Systems betrachteten die osmanischen Behörden den sephardischen Rabbiner von Jerusalem, der seinerseits dem sephardischen Oberrabbiner von Istanbul unterstand, als Oberhaupt der Juden Palästinas; die Aschkenasen besaßen keinen offiziellen Status.

Die Grenze zwischen «altem» und «neuem» Yishuv war schon im ausgehenden 19. Jahrhundert nicht immer leicht zu ziehen, denn auch die zionistischen Zuwanderer waren keineswegs alle a-religiöse Sozialisten und Freidenker; schon früh entstand eine religiöse Richtung (Mizrahi) innerhalb der zionistischen Bewegung. Am einfachsten war eine Abgrenzung sicher dort, wo die Angehörigen einer alteingesessenen jüdisch-orthodoxen Familie frisch zugewanderten zionistischen Pionieren gegenüberstanden, die unter Umständen säkularistisch, wenn nicht überhaupt revolutionär gesonnen waren (nur selten dürften diese beiden Prototypen sich überhaupt persönlich begegnet sein). Im Verlauf des 20. Jahrhunderts verwischte sich die Grenze zwischen altem und neuem Yishuv immer mehr, zumal unter dem Druck der nationalsozialistischen Verfolgung die ideologischen Vorbehalte orthodoxer Juden gegen das zionistische Projekt schwächer wurden.

Die Idee einer «Produktivierung» des jüdischen Menschen durch körperliche Arbeit in Landwirtschaft und Handwerk, verbunden mit einer «Colonisierung» von Eretz Israel, war Teil des emanzipatorischen Projekts, das bereits von Vertretern der jüdischen Aufklärung (*haskala*) propagiert und in Ansätzen auch in die Tat umgesetzt worden war.[7] 1870 hatte die – entschieden nichtzionistische – Alliance Israélite Universelle nahe Jaffa eine Landwirtschaftsschule eröffnet (Mikve Israel), in der von den 1880er Jahren an eine ganze Reihe der neuen Einwanderer ausgebildet wurde. 1878 bzw. 1882 entstanden mit Petah Tikva und Ge'oni (dem späteren Rosh Pinna) die ersten ländlichen jüdischen Siedlungen seit der Antike, und auch sie wurden nicht von zionistischen Neueinwanderern gegründet, sondern von Angehörigen des «alten Yishuv» aus Jerusalem und Safed. Infolge wirtschaftlicher Schwierigkeiten mußten beide Orte, die durchaus als, wie es damals hieß, «Modellcolonien» gedacht waren, allerdings schon nach kurzer Zeit aufgegeben und wenig später neu besiedelt werden. Eine jüdische Einwanderung und Ansiedlung gab es somit bereits vor der Ausformulierung eines zionistischen Programms; sie blieb auch über Jahrzehnte nicht daran gebunden.

Es ist allgemein üblich, die jüdische Immigration in eine Reihe zeitlich genau begrenzter Wellen (ʿaliya, Pl. ʿaliyot) zu untergliedern, denen präzise Einwandererzahlen zugeordnet werden.[8] Dabei handelt es sich um die nachträgliche Systematisierung einer diffusen Migrationsbewegung, die von vielen der Beteiligten nicht als erste, zweite oder dritte Etappe eines zielgerichteten Prozesses verstanden wurde. Die Einwanderer der sog. Ersten Aliya (1882–1903/04) waren selbstverständlich alle Juden; aber sie waren keineswegs alle Zionisten. Sie stammten auch nicht alle aus Europa, vielmehr gab es eine beachtliche Zahl an Zuwanderern aus orientalischen Ländern, namentlich dem Jemen, Kurdistan und Nordafrika. Die Mehrheit kam aus religiösen Motiven und ließ sich in den Städten nieder, nicht – wie es ein vereinfachtes Bild vom jüdischen Einwanderer als sozialistisch orientiertem zionistischen Pionier haben will – auf dem Land: Von insgesamt 20000–30000 jüdischen Immigranten lebten um die Jahrhundertwende maximal 5500 in insgesamt 28 ländlichen Siedlungen diesseits wie jenseits des Jordan, die wiederum ganz überwiegend nicht nationalistisch und/oder sozialistisch orientiert waren. Demgegenüber stieg die Zahl der jüdischen Einwohner Jerusalems zwischen 1882 und 1905 von 16000 auf 35000.

Zu den ideologisch motivierten Neuzuwanderern zählten Mitglieder einer Gruppierung, die ungeachtet ihrer geringen Zahl für die Geschichte des zionistischen Aufbauwerks große Bedeutung erlangen sollten: Die Biluim (abgekürzt aus den Anfangsworten von Jesaja 2,5: «beit Yaʿakov lehu we-nelha: Ihr vom Haus Jakob, kommt und laßt uns gehen»), jüdische Studenten aus Kharkov, die in Palästina nicht nur landwirtschaftliche Siedlungen gründen, sondern als Erste – und für längere Zeit als Einzige – einen jüdischen Staat aufbauen wollten. Anspruch und Wirklichkeit klafften allerdings weit auseinander: Die Siedlung Gedera, die sie 1884 errichteten, zählte um die Jahrhundertwende genau 69 Einwohner; es blieb ihre einzige. Die Biluim waren Teil einer lockeren Bewegung von «Zionsfreunden» (Hovevei Zion), intellektuellen Zirkeln religiöser wie säkularer Juden, die sich unter dem Eindruck antijüdischer Ausschreitungen von den ausgehenden 1870er Jahren an zunächst in Rußland, Rumänien und der Ukraine bildeten, um für eine Auswanderung nach Palästina zu werben. Der Arzt und prominente Vertreter der Haskala, Leon Pinsker (1821–1891), verschaffte ihnen mit seiner Schrift «Autoemancipation! Mahnruf an seine Stammesgenossen von einem russischen Juden» 1882 eine ideologische Plattform. 1882 entstand mit Rishon le-Zion («Der Erste Zions») die erste zionistische Siedlung in Palästina, der bis 1904 knapp 30 weitere Gründungen folgten (von denen zwei allerdings wieder aufgegeben werden mußten), darunter, wie erwähnt, 1884 Gedera, 1890/91 Rehovot und Hadera sowie 1896 Metulla. 1884 hielten die Hovevei Zion im oberschlesischen, damals zu Preußen gehörenden Kattowitz ihre erste Konferenz ab. In Rußland konnten sie sich indes nur schwer betätigen; erst 1890 wurde die Organisation Hibbat Zion (Zionsliebe) von der zaristischen Regierung als «Gesellschaft für die Unterstützung der jüdischen Bauern und Handwerker in Syrien und Palästina» (besser bekannt als «Odessa-Komitee») anerkannt. Zu einer großflächigen Kolonisation waren die Vertreter des «praktischen Zionismus» in und um die Hibbat-Zion-Bewegung angesichts großer praktischer Schwierigkeiten und politischer Widerstände in Palästina selbst nicht in der Lage. Die Mehrzahl der Siedler wurde in dieser frühen Phase von jüdischen Philanthropen wie Baron Edmond de Rothschild oder auch der Alliance Israélite Universelle unterstützt und am Leben erhalten; eine der wenigen Ausnahmen bildete Gedera, dessen Bewohner versuchten, ihre finanzielle Unabhängigkeit zu bewahren.

Theodor Herzl und der «politische Zionismus»

Dies war nur ein Indiz für die Kompliziertheit der Verhältnisse, die eine Gleichsetzung von jüdischer Immigration und zionistischer Zielsetzung verbietet. Theodor Herzl (1860–1904), der gemeinhin als Gründer der zionistischen Bewegung gilt, hatte den Zionismus keineswegs erfunden.[9] Der Begriff selbst war um 1890 von dem jüdischen Schriftsteller Nathan Birnbaum geprägt worden, um die nationale politische Bewegung deutlich von den Bestrebungen der «praktischen» Besiedlung abzugrenzen, wie sie verschiedene jüdische «Colonisationsvereine» propagierten. Herzl verfaßte mit dem «Judenstaat» 1896 *die* programmatische Schrift der jungen Bewegung und schuf im folgenden Jahr mit der auf dem Ersten Zionistenkongreß in Basel gegründeten Zionistischen Weltorganisation (World Zionist Organization, WZO) das Organ, das ihr Anliegen in den kommenden Jahren und Jahrzehnten vertreten sollte. Anders als Alkalai, Kalischer oder Hess sprach Herzl ausdrücklich und mit Verve von einem politischen Projekt zur Behebung der «Judennot»: der Gründung eines jüdischen Staates auf einem geeigneten Territorium. Das mußte aus seiner Sicht nicht notwendigerweise Palästina beziehungsweise Eretz Israel sein; unter Umständen kam auch ein Stück Land in Afrika oder Amerika in Frage.[10] Unbedingt aber mußte es sich um ein systematisch geplantes, gut vorbereitetes und unter internationalem Schutz stehendes Unternehmen handeln. «Die Judenfrage», schrieb Herzl in der Einleitung des «Judenstaats» (S. 13),

«besteht überall, wo Juden in merklicher Anzahl leben. Wo sie nicht ist, da wird sie durch hinwandernde Juden eingeschleppt. Wir ziehen natürlich dahin, wo man uns nicht verfolgt; durch unser Erscheinen entsteht dann die Verfolgung … Ich halte die Judenfrage weder für eine soziale, noch für eine religiöse, wenn sie sich auch noch so und anders färbt. Sie ist eine nationale Frage, und um sie zu lösen, müssen wir sie vor allem zu einer politischen Weltfrage machen, die im Rate der Kulturvölker zu regeln sein wird.»

Damit war bereits die entscheidende Stoßrichtung angedeutet, die Herzls Linie von der der «praktischen» Zionisten unterschied: Ihm ging es darum, die Frage zu internationalisieren und damit gezielt die europäischen Mächte einzubeziehen – eine Strategie, die zu späterer Zeit auch die arabische Seite verfolgen sollte. Die Judennot sollte zugunsten aller – der (europäischen) Juden wie der (europäischen) Nichtjuden – behoben werden, und zwar auf dem Wege diplomatischer Bemühungen um Unterstützung durch die europäischen Mächte und den osmanischen Sultan, die idealerweise in einer «Bürgschaft» oder «Charta» festgeschrieben und international anerkannt sein sollte. Im «Judenstaat» faßte Herzl das Programm in wenige Sätze, die später wieder und wieder zitiert werden sollten:

«Man gebe uns die Souveränität eines für unsere gerechten Volksbedürfnisse genügenden Stückes der Erdoberfläche, alles andere werden wir selbst besorgen.»[11]

Wenig später (S. 33) fuhr er mit den berühmten Sätzen fort:

«Palästina ist unsere unvergeßliche historische Heimat. Dieser Name allein wäre ein gewaltig ergreifender Sammelruf für unser Volk. Wenn Seine Majestät der Sultan uns Palästina gäbe, könnten wir uns dafür anheischig machen, die Finanzen der Türkei gänzlich zu regeln. Für Europa würden wir dort ein Stück des Walles gegen Asien bilden, wir würden den Vorpostendienst der Kultur gegen die Barbarei besorgen. Wir würden als neutraler Staat im Zusammenhange bleiben mit ganz Europa, das unsere Existenz garantieren müßte. Für die heiligen Stätten der Christenheit ließe sich eine völkerrechtliche Form der Exterritorialisierung finden. Wir würden die Ehrenwache um die heiligen Stätten bilden und mit unserer Existenz für die Erfüllung dieser Pflicht haften. Diese Ehrenwacht wäre das große Symbol für die Lösung der Judenfrage nach achtzehn für uns qualvollen Jahrhunderten.»

Den Anstrengungen der «praktischen Zionisten» stand Herzl ganz skeptisch gegenüber («Die Infiltration muß immer schlecht enden»; S. 32); die Einführung des Hebräischen als Umgangssprache fand er lächerlich («Wir können doch nicht hebräisch miteinander reden. Wer von uns weiß genug Hebräisch, um in dieser Sprache ein Bahnbillet zu verlangen?» S. 82). Nein: Es mußte einen Staat geben, einen «Musterstaat», den er in kühnem Detail vorwegnahm bis hin zur Anlage der Häuser und der Einführung des Siebenstundentages, an dem ihm besonders lag. Arbeit würde die Gesellschaft formen und dem Staat zur Blüte verhelfen, denn, so schrieb er, «das Gelobte Land ist das Land der Arbeit» (S. 53). Man werde «für alle Lebensstufen die sittliche Beseligung der Arbeit suchen»: «Bettler werden nicht geduldet. Wer als Freier nichts tun will, kommt ins Arbeitshaus» (S. 64). Freudlos sollte es dennoch nicht zugehen – Herzl war Großbürger, nicht Sozialist (S. 47):

«Ja, die reichen Juden, die jetzt ihre Schätze ängstlich verbergen müssen und bei herabgelassenen Vorhängen ihre unbehaglichen Feste geben, werden drüben frei genießen dürfen. Wenn diese Auswanderung mit ihrer Hilfe zustande kommt, wird das Kapital bei uns drüben rehabilitiert sein; es wird in einem beispiellosen Werke seine Nützlichkeit gezeigt haben. Wenn die reichsten Juden anfangen, ihre Schlösser, die man in Europa schon mit so scheelen Augen ansieht, drüben zu bauen, so wird es bald modern werden, sich drüben in prächtigen Häusern anzusiedeln.»[12]

Auch die Religion sollte ihren Platz haben – wenngleich einen bescheidenen (S. 83):

«Werden wir also am Ende eine Theokratie haben? Nein! Der Glaube hält uns zusammen, die Wissenschaft macht uns frei. Wir werden daher theokratische Velleitäten unserer Geistlichen gar nicht aufkommen lassen. Wir werden sie in ihren Tempeln festzuhalten wissen, wie wir unser Berufsheer in den Kasernen festhalten werden. Heer und Klerus sollen so hoch geehrt werden, wie es ihre schönen Funktionen erfordern und verdienen. In den Staat, der sie auszeichnet, haben sie nichts dreinzureden, denn sie werden äußere und innere Schwierigkeiten heraufbeschwören.»

Das ging auch bissiger (S. 70):

«Wir wollen drüben jeden nach seiner Fasson selig werden lassen. Auch und vor allem unsere teuern Freidenker, unser unsterbliches Heer, das für die Menschheit immer neue Gebiete erobert.»

Herzl wandte sich, wie seine Schrift unschwer erkennen ließ, vorrangig nicht an die osteuropäischen Juden, sondern an die jüdische wie die nichtjüdische Elite Westeuropas («die Gebildeten»), fand mit seinen Ideen aber vor allem in Osteuropa Gehör. Das zeigte sich auf dem Ersten Zionistenkongreß, den er 1897 in Basel organisierte, um der Idee des Zionismus eine Struktur, Sichtbarkeit und nicht zuletzt Respektabilität zu verleihen, die sie bis dahin nicht besessen hatte. Die Mehrheit der rund 250 Teilnehmer kam aus Osteuropa. Das «Basler Programm» faßte Herzls Linie in prägnante Worte, die in den jüdischen Gemeinden Europas, Amerikas, des Vorderen Orients und Nordafrikas zu ihrer Zeit zwar noch keineswegs mehrheitsfähig waren, vielmehr zumeist auf heftige Ablehnung stießen, schon wenige Jahre später aber aufgegriffen und letztlich in die Tat umgesetzt werden sollten.

Herzl selbst wurde nach seinem frühen Tod im Jahr 1904 zu *der* Leitfigur der zionistischen Bewegung, nachdem er schon zu Lebzeiten in Wort und Bild zu einem «neuen Moses» stilisiert worden war.[13] Wie Moses erlebte er die Verwirklichung seines Traumes nicht. Aber er hatte als einer von wenigen erkannt, daß eine Idee, wenn sie sich durchsetzen sollte, nicht nur der Organisation, sondern auch der Symbole bedurfte, und er (er)fand sie oder verhalf ihnen zumindest zu größerer Bekanntheit: Die Bewegung verfügte so um die Jahrhundertwende bereits über den Kern einer modernen Organisation mit den dazugehörigen Ämtern und Funktionen, einem zunehmend besser organisierten Spendenwesen (einschließlich des berühmten «Schekel», der später als Währung des Staates Israel übernommen werden sollte, und der nicht minder berühmten blauen Sammelbüchse des Jüdischen Nationalfonds), mit einer Fahne, einer – und sei es auch einer inoffiziellen – Hymne, «Hatikva» (Hoffnung, korrekt eigentlich *ha-tikva*). Alle wurden auf regelmäßig stattfindenden zionistischen Kongressen in Szene gesetzt, vermittelten so einer breiteren Öffentlichkeit die Ziele der Bewegung und verschafften ihren Führern weit über die eigenen Kreise hinaus Popularität. Der Zionismus war damit schon früh in einer Weise anschaulich wie sonst nur etablierte nationale Bewegungen in Europa oder Amerika. Ein Blick auf die sich beinahe zeitgleich herausbildende arabische Erneuerungs- und Nationalbewegung macht, wie sich noch zeigen wird, den Kontrast deutlich. Die diplomatischen Bemühungen um internationale Unterstützung für das zionistische Projekt gingen vor allem von der Zionistischen Weltorganisation aus. Parallel dazu, und nicht immer harmonisch aufeinander abgestimmt, erfolgten die Zuwanderung von Juden unterschiedlicher Herkunft und Motivation nach Palästina und der Aufbau jüdischer und/oder zionistischer Einrichtungen sowohl im städtischen wie im ländlichen Raum, die von Zionisten wie von Nicht-Zionisten getragen wurden. «Politischer» und «praktischer» Zionismus flossen zusehends im sog. synthetischen Zionismus ineinander oder ergänzten sich zumindest.

Gründerzeit: die Zweite und Dritte Aliya

Mit der Zweiten und der Dritten Aliya (1904/05–1914 bzw. 1918/19–1923) kam die Generation der Pionier- und Gründerväter ins Land, die sich selbst sehr energisch von den Zuwanderern der Ersten Aliya abgrenzte und den weiteren Kurs der zionistischen Bewegung in Palästina gestalten sollte.[14] Die Phase zwischen den letzten Jahren osmanischer Herrschaft und dem britischen Mandat war bestimmend für Werte, Bilder und Stereotype, die weit über diese Zeit fortwirkten. Zu ihnen zählte die Idee der «Produktivierung» der «jüdischen Massen», die durch die Verwandlung des jüdischen «Luftmenschen» in den «Arbeiter» verwirklicht werden sollte. In der jüdischen Aufklärung des 19. Jahrhunderts wurzelnd, reagierte sie auf antisemitische Vorurteile gegenüber den Juden als Parasiten ihrer «Gastgesellschaft», war ursprünglich aber nicht mit der Idee einer Verdrängung nichtjüdischer Arbeiter verbunden.

Zu den Vorstellungen zählte weiterhin das Ideal einer egalitären jüdischen Gesellschaft, die weitgehend autark und selbstgenügsam sein sollte. Damit verknüpft waren zwei Ziele: die «Erlösung des Bodens» (*ge'ulat ha-aretz*) und die «Eroberung der Arbeit» (*kibbush ha-'avoda*), die, der Idee der Produktivierung folgend, «jüdische Arbeit» (eigentlich, und der Unterschied ist wichtig, «hebräische Arbeit», *'avoda 'ivrit*) sein sollte.[15] Zu den Grundwerten der Einwanderer zählten Pioniergeist, Bedürfnislosigkeit, die Wertschätzung körperlicher, insbesondere landwirtschaftlicher Arbeit, die Fähigkeit zur Selbstverteidigung, Unabhängigkeit und Zukunftsorientierung. Das war eingebettet in eine neu belebte *hebräische* Kultur, die sich bewußt von der *jüdischen* Kultur der Diaspora absetzte, die all das verkörperte, was man nicht sein wollte. Stattdessen orientierte man sich an den biblischen Vorfahren, den Eroberern, Königen und Widerstandskämpfern von Josua und David bis Judas Makkabäus – im Grundsatz nicht unähnlich der Ausrichtung muslimischer Reformer der Jahrhundertwende an den «frommen Altvorderen» (*al-salaf al-salih*), den ersten Generationen der Prophetengefährten und -nachfolger.

Die Ansprüche, Hoffnungen, Visionen konnten in vielerlei Worte gekleidet werden, sie konnten religiös begründet sein oder betont säkular formuliert – es blieb bei allem ein gewisser vibrierender Ton, ein Gefühl für die Größe der Aufgabe, der die Siedler und Pioniere gegenüberstanden. Das Gefühl für die eigene Mission und Bedeutung ruhte selten auf einer genaueren Kenntnis von Land und Leuten. Noch 1935 wiederholte ein zionistischer Besucher die altbekannten Topoi von der Verlassenheit des Landes und seiner «Erlösung» durch die jüdischen Pioniere, die zugleich die Erlösung des jüdischen Volkes, ja in gewissem Sinne der ganzen Menschheit bedeutete:

«Heute, 1900 und 1800 Jahre nach den beiden großen Schlächtereien, durch die Titus und Hadrian das jüdische Volk in Palästina zu Tode trafen, ist das Land wieder fast so menschenarm und wüst, wie Josua es vorfand. Von Dan bis Beerscheba und weit über diesen letztgenannten Südpunkt hinaus, in der wasserlosen Wüste des Negev, findest du auf Schritt und Tritt Spuren alter Bebauung und Kultur, Ruinen von Städten, von Gebäuden, Wasserleitungen, Straßen, verfallene Terrassen, versiegte Quellen und Brunnen. Vor der Besitznahme durch dieses eine Volk öde, menschenleer, armselig; seit der Vertreibung dieses einen Volkes öde, menschenleer, armselig, und nur unter der Hand dieses einen Volkes fruchtbar, dicht besiedelt, wohlhabend.

Dieses Land und dieses Volk sind wie Leib und Seele. Der Körper, dem die Seele geraubt ist, liegt als Leichnam da, der Verwesung preisgegeben; die Seele, der der Leib entrissen, in welchem sie gewohnt, irrt ziel- und planlos durch den Weltraum, ein Gespenst ihrer selbst, ein Schreck für die andern. Solch ein Gespenst waren die Juden, seit sie ihr Land verloren ... Der Tag, an dem Leib und Seele sich wieder vereinen, an dem dieses Volk heimkehrt in dieses Land, ist ein glücklicher Tag nicht nur für dieses Volk und dieses Land, sondern ein glücklicher Tag für die ganze Familie der Nationen, die von einem Gespenst, einem Albdruck befreit wird ...»[16]

«Erlösung des Bodens», «Eroberung der Arbeit»

Besiedlung hing in Palästina wie anderswo von mehreren Faktoren ab: Dazu gehörten nicht nur die physische Präsenz und der Besitz des Landes, sondern auch die Verfügung über Arbeitskräfte. Palästina war gegen Ende des 19. Jahrhunderts zwar dünn besiedelt, aber keineswegs menschenleer; anders als Nordamerika oder Australien unterstand es einer international anerkannten staatlichen Autorität (dem osmanischen Sultan); auch besaßen die Juden keine politischen oder militärischen Druckmittel, um sich Land mehr oder weniger gewaltsam anzueignen, sondern mußten es käuflich erwerben – und zwar dort, wo es zur Verfügung stand. Die Schwerpunkte arabischer Siedlung lagen im bergigen Binnenland (nach jüdischem Sprachgebrauch Judäa und Samaria sowie Galiläa, wo in der Antike die Mehrzahl der Juden gelebt hatte); sie dehnte sich in der zweiten Hälfte des 19. Jahrhunderts auf die Küstenregion und die ins Binnenland führenden Flußtäler aus. Die jüdischen Siedlungen konzentrierten sich um 1900 auf die Umgebung von Jaffa, Haifa und Safed. Das waren mit Ausnahme Obergaliläas gerade nicht jene Gebiete, in denen die Vorväter gesiedelt hatten oder die – nimmt man Jerusalem und die anderen «heiligen Städte» Hebron, Safed und Tiberias aus – religiös besonders hoch bewertet wurden. Während sich Angehörige des «neuen Yishuv» von den ausgehenden 1870er Jahren an in der Küstenebene niederließen, gelang es ihnen erst 1910/11, in der fruchtbaren Ebene von Marj Ibn Amir (Jezreel) in größerem Umfang Land zu erwerben und in Afula eine erste, vom jüdischen Wachbund «Shomer» beschützte Siedlungskooperative (Merhavia) zu gründen, die wenig später Ziel arabischer Angriffe und zugleich lebhafter Debatten im osmanischen Parlament wurde.[17] Zionistischen Beobachtern, die sich länger im Land aufhielten und umfassend zu informieren versuchten, blieb die Verteilung von Siedlung und Bevölkerung nicht verborgen, wie der Bericht Leo Motzkins auf dem Zweiten Zionistischen Kongreß 1898 bezeugt:

«Man muß zugestehen, daß die Dichtigkeit der Bevölkerung nicht dazu beiträgt, den Besucher Palästinas in freudige Stimmung zu versetzen. In ganzen Landstrichen sind fortwährend große arabische Dörfer anzutreffen, und es ist eine feststehende Thatsache, daß die fruchtbarsten Gegenden unseres Landes von Arabern besetzt sind ...»[18]

Die osmanischen Behörden widersetzten sich, wie noch zu sehen sein wird, von Anfang an den Versuchen jüdischen Landerwerbs in Palästina. Landkauf und -besiedlung mußten aus diesem Grund organisiert und nach Möglichkeit koordiniert werden, in gewissem Umfang wurden sie sogar geplant. Ein wichtiges Beispiel bildet das Ruppin-Memorandum von 1907, das ein N-förmiges Gebiet zwischen Jaffa und dem See Genezareth vorsah, welches bis zum arabischen Aufstand von 1936–1939 tatsächlich den Schwerpunkt der jüdischen Siedlungstätigkeit in Palästina bildete.[19] Ihre Träger waren bis zur Jahrhundertwende insbesondere europäische «Colonisationsvereine» wie die Hovevei Zion. Die ländlichen Siedlungen (*moshav* und *moshava*), in denen zunächst lokale, arbeitsintensive Arbeits- und Anbaumethoden angewendet wurden, warfen geringe Erträge ab und ermöglichten keinen «europäischen Lebensstandard», von sonstigen sozialen und kulturellen Leistungen ganz zu schweigen, die die Siedler erwarteten. Die Ertragslage änderte sich nicht grundlegend, als die von Baron Rothschild geförderten Siedlungen sich – orientiert am Modell der französischen Landwirtschaftskolonisation in Algerien und Tunesien – stärker der Plantagenwirtschaft anglichen und *cash crops* produzierten, namentlich Mandeln, Trauben, Oliven und Zitrusfrüchte, die ausschließlich für den Export bestimmt waren. Trotz hoher Investitionen vermochte Rothschild sie nicht zu selbsttragenden, rentablen Unternehmungen zu machen. 1900 übergab er sie daher der 1891 von Baron Maurice de Hirsch gegründeten Jewish Colonization Association (JCA), einer nichtzionistischen Einrichtung zur Unterstützung jüdischer Auswanderer mit Sitz in Paris, die vor allem in Nord- und Südamerika (Argentinien) Siedlungskolonien unterhielt. Die JCA wandte in Abkehr von allen philanthropischen Überlegungen strikt ökonomische Rentabilitätskriterien an, was unter anderem Entlassungen jüdischer Landarbeiter zur

Folge hatte. Wiederholte Streiks und Arbeitskämpfe konnten den Prozeß nicht aufhalten. War der Ansatz zunächst also privatwirtschaftlich (kapitalistisch), aber philanthropisch angelegt, so entfiel nach 1900 auch das philanthropische Motiv; sozialistisch-kollektiv war er ohnehin nicht.

Schon vor dem Ersten Weltkrieg hatte sich in zionistischen Kreisen die Überzeugung ausgebreitet, eine jüdische Besiedlung Palästinas sei nur durch eine «Zweiteilung (Bifurkation)» der Wirtschaft möglich, die wiederum den Aufbau neuer, exklusiv jüdischer Strukturen bedingte. Damit waren die Bindungen an die palästinensische Wirtschaft und Gesellschaft, ja die Abhängigkeit von ihr jedoch keineswegs gänzlich aufgehoben (ungelernte «arabische Arbeit» war über 1948 hinaus von Bedeutung für den sog. jüdischen Sektor). Vor allem nach 1918 dienten zwei Einrichtungen als tragende Säulen der Siedlungsstrategie: der 1901 auf dem Fünften Zionistischen Kongreß beschlossene und 1907 in London eingetragene Jüdische Nationalfonds (*keren kayemeth le-yisrael*), der die Aufgabe erhielt, «mit Spenden des jüdischen Volkes Land für das Volk zu erwerben», und die Gewerkschaft der jüdischen (hebräischen) Landarbeiter. Gemeinsam gingen sie daran, den Boden zu «erlösen» und den Arbeitsmarkt zu «erobern».[20] Vom Jüdischen Nationalfonds (JNF) erworbenes Land ging für immer in den Besitz des jüdischen Volkes über. Es konnte nicht verkauft, sondern lediglich für die Dauer von 49 Jahren verpachtet werden, und zwar ausschließlich an Juden; Nichtjuden durften nicht als Arbeitskräfte eingestellt werden (dies wurde nicht konsequent durchgehalten). In diesem Sinne konnte man das vom JNF erworbene Land gewissermaßen als säkularisierte fromme Stiftung verstehen. Die Muslime sollten in den 1930er Jahren die Grundidee übernehmen, indem sie Palästina zum «anvertrauten Gut» oder Waqf der Muslime erklärten, das an Nichtmuslime nicht veräußert werden durfte. Im Februar 1902 wurde in London die Anglo-Palestine Bank gegründet, die der Zionistischen Weltorganisation als Kreditanstalt diente und wenig später ihre ersten Filialen in Palästina eröffnete. 1903 folgte die Palästinakommission, die ihren Sitz in Berlin nahm und eine Reihe von Erkundungs- und Vermessungsprojekten förderte, die die Möglichkeiten einer systematischen Landentwicklung und Besiedlung Palästinas diesseits und jenseits des Jordan prüfen sollten, wobei nicht nur die Bodenbeschaffenheit, sondern auch die Wasservorräte und eine mögliche Aufforstung des Landes untersucht wurden. 1907/08 eröffnete die Zionistische Weltorganisation in Jaffa (nicht in Jerusalem) ihr «Palästina-Amt», dessen Leiter, der kurz zuvor aus Deutschland eingewanderte Jurist und Nationalökonom Dr. Arthur Ruppin, in der zionistischen Siedlungsbewegung bald eine zentrale Rolle spielte.

Ganz im Sinne Herzls sprachen sich die unterschiedlichen zionistischen Organe gegen die «praktische Besiedlung» bzw. «Infiltration» aus, solange keine politischen Garantien für ihre Existenz und Förderung gegeben waren, befürworteten grundsätzlich aber eine Kolonisierung Palästinas nach dem Vorbild der deutschen Ostkolonisation auf polnischem Boden. Erst 1910, als innerhalb der Zionistischen Weltorganisation die «praktischen» Zionisten an Boden gewannen, begann der JNF ernsthaft mit dem Erwerb von Land zum Bau jüdischer Siedlungen. Zur gleichen Zeit nahm ein Experiment seinen Anfang, das über Jahrzehnte gleichsam mit dem zionistischen Aufbauwerk identifiziert werden sollte: Mit Unterstützung des Palästina-Amtes – das sich lange gegen kooperative Experimente gesträubt hatte und die privatkapitalistische Initiative bevorzugte – gründeten russische Einwanderer die erste genossenschaftliche Siedlung (*kvutza*), die wenig später in Degania umbenannt wurde und aus der sich schließlich die Kibbutz-Bewegung entwickelte. Bis zum Ende des Ersten Weltkriegs waren Degania allerdings erst drei weitere Kooperativen gefolgt.[21]

Gleichzeitig wurde die Grundlage für eine weitere Facette der «Eroberung der Arbeit» gelegt: die Verteidigung der Siedlungen, die später in die jüdische Verteidigungsorganisation Hagana und im Mai 1948 in die israelische Armee münden sollte. Ab 1906 bildeten sich in Untergaliläa erste Gruppen von «Wächtern» (*shomer/shomrim*), die jüdische Siedlungen, Weingärten und sonstige Einrichtungen gegen arabische Angriffe verteidigen wollten, nachdem bislang Tscherkessen und Araber als Wächter gedient hatten (dies sollte auch über Jahre so bleiben). Im September 1907 gründete eine kleine Gruppe von Neueinwanderern um Yitzhak Ben-Zvi unter dem Motto: «In Blut und Feuer ist Juda untergegangen, in Blut und Feuer wird Juda auferstehen» (einer Zeile aus dem Gedicht «Die Kanaanäer» von Yaᶜakov Cohen) den Geheimbund Bar-Giora, benannt nach einem der Anführer des jüdischen Aufstands des Jahres 70 n.Chr. Mit Genehmigung der osmanischen Behörden folgte 1909 die Gründung der jüdischen Wachgesellschaft «ha-Shomer» (der Wächter).²²

Bis in die 1920er Jahre blieb im jüdischen Sektor die Plantagenwirtschaft vorherrschend, die weitgehend mit arabischen Arbeitskräften operierte. Was für die europäischen Gutsbesitzer im französisch besetzten Tunesien oder Algerien galt, war auch in Palästina richtig: Nur wenige der jüdischen Bauern und Grundbesitzer waren «reich und patriotisch» genug, jüdische anstelle von arabischen Arbeitskräften einzustellen. Für sie waren die palästinensischen Arbeiter in beinahe jeder Hinsicht attraktiver als die jüdischen: Sie waren körperlich leistungsfähig, mit der Arbeit vertraut, unorganisiert, anspruchslos und billig. Einer der aktiven Arbeitszionisten sprach unmißverständlich vom mangelnden «Entwicklungsstand» der Araber:

«Arabische Arbeiter zeichnen sich ... durch eine Tugend aus, die von den jüdischen Farmern sehr geschätzt wird, nämlich ihren mangelnden Entwicklungsstand, auf Grund dessen sie nicht wissen, was sie von ihren Arbeitgebern verlangen können ... Der Araber ist bereit, jeden Tag der Woche zu arbeiten, ja selbst mehrere Monate lang ohne einen einzigen Ruhetag, und er fordert für all diese Mühe keine Erhöhung seines normalen Lohnes.»²³

Tatsächlich scheinen die jüdischen Siedlungen, auf denen im 19. Jahrhundert noch ein Mangel an arabischen Arbeitskräften beklagt worden war, in den ersten Jahrzehnten des 20. Jahrhunderts einen gewissen Sog auf die umliegenden arabischen Dörfer ausgeübt zu haben, deren Bewohner von den neu entstehenden Verdienstmöglichkeiten angezogen wurden.²⁴ Insofern scheint das von israelischer oder pro-israelischer Seite immer wieder zu hörende Argument, die jüdische Zuwanderung habe die arabische nach sich gezogen, für gewisse Phasen und Räume durchaus zuzutreffen. Verallgemeinern und genau beziffern läßt es sich freilich nicht. Ein Versuch, das Prinzip der «jüdischen Arbeit» umzusetzen, lag in der Anwerbung jemenitischer Juden. Zu diesem Zweck wurde 1911 ein als Rabbiner verkleideter zionistischer Abgesandter (Shmuel Warshawsky, später Yavnieli) in den Jemen geschickt, dem es tatsächlich gelang, 2000 arbeitswillige jüdische Neueinwanderer anzuwerben. (Die Verkleidung diente dem Zweck, «sie für die Idee der Auswanderung empfänglich» zu machen; jemenitische Juden galten als tief gläubig.) Bei Mordecai Naor, keinem Zeitgenossen, sondern dem Chronisten Eretz Israels im 20. Jahrhundert, liest sich das so:

«Die Männer und Frauen der zweiten Alija betrachten sich als Arbeiter aus Überzeugung, doch stellen sie rasch fest, daß Idealisten wie sie beim Vergleich etwa mit den arabischen Arbeitern auf den Farmen der Bauern fast immer den kürzeren ziehen. Dort werden ‹Arbeiter› gebraucht, die die schwere physische Belastung und die drückenden Lebensbedingungen aushalten. Auf ihrer Suche nach solch leistungsfähigen Arbeitskräften entdecken die Männer und Frauen der zweiten Alija die fleißigen jeminitischen Juden, von denen einige schon zur Zeit der ersten Alija ins Land gekommen sind. Sie planen, Arbeitskräfte aus dem Jemen nach Palästina zu holen …

Infolge Javne'elis Mission kommen 2000 Neueinwanderer nach Palästina. Sie bauen neue Viertel und arbeiten unter großem Einsatz zu niedrigem Lohn auf den Feldern der Bauern. Die Jemeniten sind geduldige Arbeiter, die sich über die harten Lebensumstände nur selten beklagen. Denn sie glauben, daß man nur dann würdig sei, in Eretz Israel zu leben, wenn man es sich ‹durch Mühsal erwirbt›.»[25]

Ein bemerkenswerter Text. Die Jemeniten lösten trotz ihrer so nützlichen Einstellung zu Land und Arbeit das Grundproblem nicht. Für jüdische Arbeitskräfte, die im Gegensatz zu den arabischen keine sonstigen Einkünfte hatten, dafür aber höhere Erwartungen, waren die Bedingungen in der Landwirtschaft hart: schlecht bezahlte Saisonarbeit, mit der sie keine Familie ernähren konnten. Die ideologisch motivierte Strategie der «Eroberung der Arbeit» scheiterte an den realen Verhältnissen. Zwar wurde der Arbeitsmarkt zweigeteilt: Alle höher qualifizierten und besser bezahlten Tätigkeiten waren Juden vorbehalten; übernahmen jüdische Arbeiter Aufgaben, die bisher von Arabern geleistet worden waren, so wurden sie für dieselbe Tätigkeit besser entlohnt. Doch erlangten sie keine «zivilisierten» Arbeitsbedingungen, die ihre Bedürfnisse und Ansprüche erfüllt hätten, da Saisonarbeit und der Mangel an sozialer Versorgung die höheren Löhne gewissermaßen neutralisierten. Damit läßt sich auch das von den jüdischen Siedlern und Pflanzern beklagte «Vagabundieren» jüdischer Arbeiter erklären, die eine Anstellung oft schon nach kurzer Zeit wieder aufgaben, um sich in der Hoffnung auf bessere Bedingungen an anderer Stelle – und nicht unbedingt in der Landwirtschaft – zu verdingen. Vor diesem Hintergrund werden auch die hohen Ab- und Rückwanderungsquoten zumindest bis zum Ersten Weltkrieg verständlich. Den jüdischen Arbeitern gelang es somit, den Markt zu «spalten», nicht aber, ihn zu «erobern». Das wäre nur durch eine totale Verdrängung der arabischen Arbeitskräfte möglich gewesen, dem Maximalziel der zionistischen Arbeiterbewegung, das sich jedoch nicht verwirklichen ließ.

Bei alledem darf nicht vergessen werden, daß ein großer Teil auch der zionistischen Einwanderer schon in den heroischen Jahren der Ersten und Zweiten Aliya nicht aufs Land ging, sondern in die Städte, wo die Ärmeren sich als Arbeiter, Handwerker und Tagelöhner verdingten, während die etwas Begüterteren Geschäfte eröffneten, in der Verwaltung oder der Privatwirtschaft Stellen suchten und die besser Ausgebildeten als Lehrer, Journalisten, Ärzte, Anwälte, Ingenieure oder Krankenschwestern arbeiteten. Auch die Arbeit der zionistischen Organe einschließlich des Palästina-Amtes und des Jüdischen Nationalfonds beschränkte sich keineswegs auf das Siedlungswerk.[26] 1909 wurden die ersten Grundstücke für ein neues jüdisches Viertel nördlich von Jaffa verlost, Ahuzat Bayyit, das sich 1910 in die Stadt Tel Aviv verwandelte (benannt nach dem hebräischen Titel von Theodor Herzls 1902 erschienenem Buch «Altneuland»). In die Zeit zwischen 1900 und 1914 fällt die Gründung einer Reihe zionistisch-sozialistischer Organisationen, Arbeiter-, Handwerker- und Künstlervereine und Berufsverbände, Clubs und Zeitungen unterschiedlicher Couleur von linkszionistisch bis orthodox, die neben den Institutionen des «alten Yishuv» einen neuen, mehrheitlich zionistisch ausgerichteten jüdischen Sektor entstehen ließen. 1905 bildeten sich mit den sozialistischen Arbeiterparteien «Junger Arbeiter» (ha-Po'el ha-Tza'ir) und «Arbeiter Zions» (Po'alei Zion) die ersten politischen Parteien, die wenig später auch ihre eigenen Zeitungen veröffentlichten. 1909 wurde für innerjüdische Auseinandersetzungen ein Hebräisches Amtsgericht zugelassen, eine interessante Fortentwicklung der Autonomie in gewissen Rechtsbereichen, die Nichtmuslime im Rahmen des osmanischen Millet-Systems genossen. 1911/12 gründete sich eine Arbeiterkrankenkasse, aus der später die «allgemeine» (jüdische) Krankenkasse (*kuppat holim*) entstand. Auf der anderen Seite wurde 1912 in Kattowitz die antizionistische Vereinigung Agudat Israel ins Leben gerufen, die auch in Palästina bald eine gewisse Rolle spielen sollte.

Nicht zu vergessen Bildung, Kunst und Unterhaltung: In Jerusalem öffnete im Sommer 1902 eine Jüdische Bibliothek ihre Tore, in der auch ausländische Bücher und Zeitungen gehalten wurden und aus der sich später die israelische Staats- und Universitätsbibliothek entwickelte. In den Siedlungen und Städten bildeten sich jüdische Orchester, die nicht nur zu nationalen Anlässen musizierten. 1905 wurde in Jaffa die erste jüdische Oberschule gegründet, das spätere Herzliya-Gymnasium, das schon 1910 seinen Sitz in das neu entstehende Tel Aviv verlegte. (Seine Abiturzeugnisse wurden zumindest vor dem Ersten Weltkrieg in französischer, hebräischer und arabischer Sprache ausgefertigt.) 1906 öffnete in Jerusalem die Bezalel-Akademie für Kunst und Kunsthandwerk, geleitet von Boris Schatz und dem Künstler Ephraim Lilien, die bald in ein repräsentatives Gebäude umziehen konnte; es folgte die Gründung mehrerer Knaben- und Mädchenschulen sowie weiterer Gymnasien. In Jaffa traten die ersten Theatergruppen mit jüdischen Stücken auf, im «heiligen Jerusalem» protestierten die Rabbiner 1906 gegen solch frivoles Tun, worauf (osmanische) Soldaten den Abbruch einer Aufführung erzwangen.[27] Dennoch machte im Oktober 1908 in Jerusalem das Kino Olympia auf, das allabendlich Filme («lebende Bilder») zeigte; 1914 folgte ihm das Eden in Tel Aviv. 1912 wurde auf Initiative des Hilfsvereins der deutschen Juden in Haifa der Grundstein für eine jüdische technische Hochschule gelegt, das «Technion», das jedoch noch vor seiner Eröffnung in die Mühlen des sog. Sprachenkriegs geriet (Hebräisch, wie es die Zionisten forderten, oder Deutsch, wie es der Hilfsverein wünschte?) und erst im Dezember 1924 den Lehrbetrieb aufnehmen konnte. Ebenfalls 1912 schlossen sich die jüdischen Makkabi-Sportvereine (benannt nach den Makkabäern oder Hasmonäern, unter denen im 2. Jahrhundert v. Chr., wenngleich unter fremder Oberhoheit, noch einmal ein jüdisches Reich beachtlicher Größe entstanden war) zu einem landesweiten Dachverband zusammen.

So bedeutsam die Ziele und die Leistungen der Gründergeneration waren, so deutlich ist doch zwischen Ideal und Wirklichkeit zu unterscheiden: Die Zweite Aliya, die durch das Pogrom in Kishinew (damals Bessarabien, heute Moldawien) vom April 1903 und den Ausbruch der (letztlich gescheiterten) russischen Revolution von 1905, der eine neuerliche Welle von antijüdischen Ausschreitungen folgte, ausgelöst wurde, brachte im Verlauf eines Jahrzehnts zwar 35 000–40 000 jüdische Einwanderer ins Land, darunter viele der künftigen Führer des jüdischen Yishuv wie David Ben-Gurion, Yitzhak Ben-Zvi, Levi Eshkol, Berl Katznelson und Joseph Sprinzak. Sie wies aber auch den größten Anteil an Rückwanderern (*yordim*, wörtlich: Absteiger) auf, der in einigen Jahren ein Drittel der Immigranten (ʿ*olim*, «Aufsteiger») ausmachte.[28] 1914 lebten etwa 12 000 Farmer und Arbeiter in rund 40 jüdischen Siedlungen – und sie waren, um es nochmals zu betonen, keineswegs alle Zionisten. Die dominierenden Sprachen waren nach wie vor Jiddisch, Russisch, Polnisch, Rumänisch, Ungarisch, Deutsch usw. im Falle der aschkenasischen, aus Europa zugewanderten Juden, Ladino (sog. Judenspanisch) und Arabisch im Falle der sephardischen und orientalischen Juden. Das biblische Hebräisch diente als Sakralsprache, modernes Hebräisch (Ivrit) war vorerst noch die Sprache einer politisch engagierten Minderheit, die sich der Wiederbelebung der «hebräischen Kultur» verschrieben hatte.

2. Osmanische Reaktionen

Die verstärkte jüdische Einwanderung nach 1880 blieb in Jerusalem und Istanbul nicht unbemerkt, doch sind die Reaktionen nicht einfach unter «Widerstand» einzuordnen, wie es eine spätere nationalistische, arabische Geschichtsschreibung nahelegt. Einmal mehr muß zum einen zwischen Akteuren und Interessen in unterschiedlichen Phasen differenziert werden (osmanischen Behörden, lokalen Arabern und arabischen Beobachtern in den benachbarten Ländern vor allem), zum anderen zwischen mehreren Motiven: Widerstand gegen jüdische Einwanderung und Siedlung war nicht notwendigerweise gekoppelt an die Herausbildung einer spezifisch palästinensischen Identität, und diese war auch nicht gleichbedeutend mit der Entstehung eines arabisch-palästinensischen Nationalbewußtseins.

Die osmanische Politik gegenüber Palästina und der zionistischen Bewegung kann hier nur in groben Umrissen gezeichnet werden.[29] Zu berücksichtigen sind dabei die häufig widerstreitenden Interessen der Istanbuler Behörden auf der einen Seite und ihrer lokalen Vertreter auf der anderen, zu beachten ist auch der geringe Handlungsspielraum der osmanischen Regierung angesichts internationalen Drucks zugunsten der einen oder anderen Seite. Wichtiger als etwaige religiöse Vorbehalte gegenüber den Juden als

Religionsgemeinschaft oder die religiöse Hochschätzung Palästinas als «Heiligem Land» der Juden, Christen und Muslime war für die osmanische Zentralregierung die Furcht vor einer weiteren Durchdringung dieses strategisch zunehmend wichtigen Gebiets durch die europäischen Mächte. Schon 1872 war Jerusalem in den Rang eines «unabhängigen» und damit reichsunmittelbaren Verwaltungsbezirks (*mutasarriflik*) erhoben worden, um den europäischen Interessen am Heiligen Land im allgemeinen und Jerusalem im besonderen Rechnung zu tragen. Vor dem Hintergrund der Unabhängigkeitsbestrebungen auf dem Balkan und in anderen Reichsteilen vermutete die Istanbuler Regierung (nicht zu Unrecht) einen Zusammenhang zwischen organisierter jüdischer Einwanderung und Kolonisierung auf der einen Seite und europäischer Protektion und Intervention auf der anderen, die sich vor allem auf das Rechtsinstitut der sog. Kapitulationen stützen würden, die ihren Nutznießern weitreichende Rechte und Steuerprivilegien verschafften.

Noch bevor die ersten Einwanderer der Biluim am 6. Juli 1882 in Jaffa ihren Fuß auf «palästinensischen» Boden gesetzt hatten und auch bevor sich Widerstand unter der dortigen arabischen Bevölkerung regte, verboten die osmanischen Behörden, durch ihren Konsul in Odessa alarmiert, Einwanderung und Landerwerb ausländischer (später auch osmanischer) Juden in Palästina. Das hatte nichts mit antijüdischen oder gar antisemitischen Einstellungen zu tun, sondern mit Politik. Die osmanischen Behörden nahmen die Zuwanderer nicht primär als Juden wahr, sondern als Europäer, noch genauer: als Russen und damit Angehörige einer feindlichen Macht, gegen die das Reich 1877/78 gerade erst Krieg geführt hatte. Es ging ihnen nicht darum, Juden generell an der Ansiedlung in ihren Territorien zu hindern: Tatsächlich lösten die Pogrome im zaristischen Rußland nach 1881/82 eine Zuwanderung ins Osmanische Reich aus; eine beachtliche Zahl von Juden ließ sich in Istanbul nieder, und nicht wenige bemühten sich um die osmanische Staatsbürgerschaft. Sie sollten sich in anderen Teilen des Reichs durchaus ansiedeln können, nicht aber in Palästina. Diesem Zweck diente die Einführung einer zeitlichen Begrenzung der Aufenthaltserlaubnis für jüdische Pilger und Geschäftsleute auf einen, später drei Monate – eine Verletzung der Kapitulationsbestimmungen, die von den ausländischen Konsuln sogleich bekämpft wurde. Die offizielle Linie untersagte zunächst den Verkauf von *miri*-Land an ausländische Juden; osmanische Juden sollten sich verpflichten, das Land nicht an andere Juden weiterzuverkaufen oder es zur Kolonisierung freizugeben. Zwei Treffen Theodor Herzls mit Sultan Abdülhamid im Mai 1901 und Juni 1902, in denen Herzl ein Nutzungsrecht für «Akko und Umgebung» gegen eine weitgehende Begleichung der osmanischen Staatsschulden anbot, blieben ohne Ergebnis.[30]

Währenddessen formierte sich unter der arabischen Bevölkerung in Palästina selbst erster Widerstand gegen jüdische Landkäufe und Siedlungen, wenn die Interessen unterschiedlicher Gruppen auch durchaus divergierten.[31] Insbesondere sollte man sich hüten, von früher Stunde an hinter allen Aktionen eine bereits ausformulierte politische Zielsetzung zu suchen. Bis zur Balfour-Erklärung im Jahr 1917 (und über diese hinaus) waren es in erster Linie ökonomische Interessen, die lokales Handeln bestimmten, und diese ökonomischen Interessen waren nicht einheitlich: Während manche von den neuen Verdienstmöglichkeiten profitierten, litten andere, weil sie durch den Verkauf des Landes von ihrem gepachteten Grund und Boden vertrieben oder der angestammten Durchzugs-, Weide- und Wasserrechte beraubt wurden. Da jüdische Käufer bis in die Mandatszeit überwiegend unkultiviertes oder dünn besiedeltes Land erwarben, blieb die Zahl der solcherart Geschädigten jedoch gering. Eine Petition Jerusalemer Notabeln gegen die jüdische Einwanderung und Kolonisation vom Juni 1891 verdient in diesem Zusammenhang Beachtung, weil sie belegt, daß sich bereits zu diesem frühen Zeitpunkt Protest regte. Eine breitere Wirkung scheint sie jedoch ebensowenig gehabt zu haben wie eine Kommission, die diese Jerusalemer Notabeln 1897 bildeten, um den Landverkauf an Juden zu überwachen.

Die Jungtürken, die 1908 im Osmanischen Reich die Macht ergriffen, hatten zunächst andere Sorgen als Palästina und die jüdische Einwanderung, und dies ungeachtet wachsender arabischer Proteste. Immerhin erließen sie neue Verbote jüdischer Einwanderung und Kolonisation in Palästina, um das Aufkommen einer «jüdischen Frage» zu verhindern, die nicht nur zu europäischer Intervention einlud, sondern zugleich arabischen Widerstand provozierte, der die Araber osmanischer Herrschaft zu entfremden drohte.[32] Es ging also keineswegs nur um die, wenn man so will, jüdische Dimension des Problems. Antijüdische Ressentiments wird man wiederum weitgehend ausschließen können: Die Jungtürken genossen auch unter osmanischen Juden Unterstützung, der sephardische Oberrabbiner des Osmanischen Reichs, Haim Nahum Efendi, war als ihr Sympathisant bekannt. Es waren politische Motive, die die Jungtürken zum Eingreifen bewegten. Die Vertreter der örtlichen Provinzverwaltung kamen den Verfügungen der Zentralbehörden allerdings nur zögernd und unvollständig nach. Korruption und Bestechung spielten dabei eine Rolle, auch der Druck lokaler Kräfte – Araber wie Juden – in die eine wie die andere Richtung. Die Gouverneure und deren Stab interpretierten ihre Interessen durchaus unterschiedlich: Während der Gouverneur von Jerusalem sich 1900 bitter über die fortlaufenden Gesetzesbrüche von Juden beklagte, erlaubte der Untergouverneur von Tiberias den Juden seines Bezirks nach arabischen Angriffen sogar, sich zu bewaffnen. Der jüdische Zustrom nach Palästina setzte sich währenddessen fort, und ungeachtet wiederholter Interventionen, Verbote und Strafandrohungen fanden fortwährend auch illegale Landverkäufe statt. Ernsthaft widersetzen konnten sich die osmanischen Behörden der jüdischen Einwanderung nur während des Ersten Weltkriegs.

3. Lokaler Widerstand und arabische Identität

Wie der jüdische hat sich auch der arabisch-palästinensische Nationalismus im vollen, geradezu gleißenden Licht der Geschichte herausgebildet. Deutlicher als andere Nationalismen aber ist er als Gegenbewegung zu erkennen, die sich von Beginn an gegen die zionistische Einwanderung wandte und in diesem Abwehrkampf ihre spezifischen Konturen gewann. Das stellt die Frage nach der Spiegelbildlichkeit des palästinensischen Nationalismus, die sich angesichts der neueren Nationalismusforschung aber rasch relativiert: Wenn alle Nationalismen spezifisch moderne Ausprägungen «vorgestellter Gemeinschaften» (Benedict Anderson) sind, von Menschen unter bestimmten gesellschaftlichen Bedingungen bewußt «konstruiert», dessenungeachtet aber sehr real, dann stellt der palästinensische Nationalismus nur eine Spielart unter mehreren dar, wenn auch eine, deren «Konstruktion» leichter zurückzuverfolgen ist als die anderer. Der arabisch-palästinensische Nationalismus ist auf jeden Fall nicht nur im Spiegel des Zionismus zu sehen (was ihn bewußt oder unbewußt als bloßes Derivat abwertet), sondern als eigenständige Bewegung, die ihren spezifischen Charakter allerdings im Widerstand gegen das zionistische Projekt und die britische Okkupation erhielt.[33]

Der arabische Nationalismus in Syrien, Irak, Palästina und dem Hijaz entwickelte sich nicht geradlinig und unter freudiger Beteiligung der Massen, wie es eine nationale Geschichtsschreibung haben will. Seine Entstehung wurde erst nachträglich in einer «nationalen Erzählung» gebündelt, allerdings nicht in einer – realen oder mythischen – Person verdichtet, die wie Moses und Josua, Wilhelm Tell, Kemal Atatürk oder eben Theodor Herzl als Gründerheroen der Nation in Anspruch genommen wurden bzw. diesen Anspruch bewußt auf sich nahmen. Vielmehr kreiste sie um drei Motive: die kulturstiftende und einende Kraft der arabischen Sprache, den Mythos vom arabischen Aufstand und das Trauma des europäischen Verrats. Letztere aber waren Entwicklungen des Ersten Weltkriegs und der Nachkriegszeit. Um die Wende vom 19. zum 20. Jahrhundert waren sie noch nicht präsent.

Auf der Konstruiertheit aller Nationalismen zu beharren, sie ihrer Naturgegebenheit zu entkleiden und so gewissermaßen zu entzaubern, macht es um so notwendiger zu klären, wer hier konstruierte, wen die Nation umfassen sollte und auf Grund welcher Kriterien, gegen wen sie sich abgrenzte und wen sie ausgrenzte. Anders formuliert wird nach Grenzziehungen gefragt, nach den Trägern der nationalen Idee und Bewegung, ihrer sozialen Reichweite, Verankerung und Mobilisierungskraft. Hier wie in den meisten anderen Fällen – das jüdische Beispiel ist in dieser Hinsicht besonders aufschlußreich – waren Identifikation und Loyalität(en) nicht exklusiv. Sie konnten sich im Lichte bestimmter Ziele und Interessen subtil verändern, unterschiedliche Schwerpunkte bilden, einander überlagern. Diese Flexibilität und Mehrdeutigkeit gilt vor allem in zweierlei Hinsicht: mit Blick auf die eigene Zuordnung zu größeren Einheiten, die ethnisch, religiös oder territorial definiert sein konnten, und mit Blick auf die Verbindung religiöser und nichtreligiöser Motive. Letztere sind in den Reformbewegungen der Moderne in den seltensten Fällen scharf voneinander zu trennen: Die kulturelle Erneuerungsbewegung des 19. Jahrhunderts und der arabische Nationalismus des frühen 20. Jahrhunderts waren viel stärker vom sunnitischen Islam geprägt, als dies lange Zeit wahrgenommen wurde, wo Nationalismus mit Säkularismus identifiziert und dieser zum Gegenpol religiöser Bindung erklärt wurde. Das Beispiel Palästina, wo der nationale Widerstand bis in die Gegenwart zwischen explizit religiösen und tendenziell säkularistischen Ausprägungen oszilliert, zeigt dies sehr deutlich. Es wäre ganz falsch, Nationalismus mit Säkularismus zu identifizieren und Nationalisten und Islamisten nicht nur als Konkurrenten auf dem politischen Feld, sondern als Vertreter unvereinbarer politischer Entwürfe zu verstehen.

Für den arabischen Nationalismus des 20. Jahrhunderts lassen sich verschiedene «Vorläufer» ausmachen, die allerdings nicht geradlinig in die politische Szene der Mandatszeit mündeten. Zu diesen Vorläufern zählten die kulturelle Erneuerungsbewegung (arab. *nahda*) des ausgehenden 19. Jahrhunderts ebenso wie der lokale Widerstand gegen die jüdische Besiedlung, die zu ihrer Zeit kaum miteinander in Verbindung standen. Ein primär kulturell verstandener Arabismus und ein stärker politisch orientierter arabischer Nationalismus kristallisierten sich in verschiedenen Varianten heraus, die von der Forderung nach Autonomie im Rahmen des Osmanischen Reichs bis zur vollständigen Loslösung von ihm reichten. Interessant und einer eingehenderen Untersuchung wert wären im übrigen die Parallelen zwischen arabischer Erneuerung und islamischer Reform auf der einen Seite und jüdischer Aufklärung (*haskala*) auf der anderen: Beiden ging es maßgeblich um die kulturelle Erneuerung über die Wiederbelebung von Sprache und Literatur; beide wurzelten in der religiösen Tradition, die sie für die Gegenwart beleben wollten; innerhalb beider wandten sich maßgebliche Vertreter schrittweise dem nationalen Gedanken zu, dem Arabismus in seinen unterschiedlichen Schattierungen im einen Fall, dem Zionismus in seinen ebenso vielfältigen Ausrichtungen im anderen. Allerdings sollte die arabische Bewegung lange Zeit nicht die Anschaulichkeit und Sichtbarkeit gewinnen, die der Zionismus so früh erlangt hatte.

Die kulturelle ebenso wie die politische Erneuerung wurde nicht zuletzt dank neuer Medien möglich. Zentral war die Verbreitung von Buchdruck und Presse, an der neben europäischen Zuwanderern, christlichen Missionaren und einheimischen

Klöstern arabische Privatleute – und zwar Muslime wie Christen – maßgeblichen Anteil hatten.[34] Im Jahr 1908, als die jungtürkische Regierung für kurze Zeit einen liberaleren Kurs steuerte, der die harsche Pressezensur der hamidischen Ära abmilderte, erschienen im späteren Mandatsgebiet Palästina rund 30 arabischsprachige Zeitungen und Zeitschriften, davon 6 in Jerusalem. Das war im regionalen Vergleich zwar nicht allzu viel – in Beirut wurden zur selben Zeit 12 arabische Blätter gedruckt, in Bagdad sogar 16 –, für Jerusalem aber doch bemerkenswert. 1909 wurde in Haifa die Zeitung *al-Karmil* (Karmel) gegründet, die sich dem Kampf gegen den Zionismus verschrieb. Ihr folgte 1911 das in Jaffa herausgegebene *Filastin*, das sich rasch zu einem der wichtigsten Blätter entwickelte und seine Leser unter anderem durch die Übersetzung zionistischer Schriften für die Gefahr dieser Bewegung zu sensibilisieren versuchte. Wie in anderen Teilen des Osmanischen Reichs und namentlich im «historischen» Syrien selbst entstand in den städtischen Zentren eine neue «Öffentlichkeit»: Eine gleichermaßen kulturell und politisch interessierte «neue Mittelschicht» erhielt ihre Ausbildung in osmanischen Staats- oder europäischen und arabischen Privatschulen, religiösen ebenso wie säkularen; sie informierte sich über Zeitschriften, Zeitungen und Bücher, die sich dank dichterer Kommunikation (Post, Telegraph, Dampfschiffe) schneller und leichter verbreiten ließen als je zuvor; sie las in neu eingerichteten öffentlichen Lesesälen oder Bibliotheken, deren Bestand sich nicht, wie im Falle der Moscheen, Kirchen und Synagogen mit den ihnen angeschlossenen Lehrstätten, auf religiöse Literatur beschränkte; sie traf sich in Privathäusern und in öffentlichen Cafés, Clubs und Theatern. Der Blick weitete sich in jeder Hinsicht, die Bewegung wurde freier, Wissen leichter erwerbbar, der Austausch weniger mühevoll – zumindest in den Städten und zumindest für den männlichen Teil der Bevölkerung.

Islamische Reform (Salafiyya) und arabische Erneuerung (Nahda)

Dem Reformgedanken, der das ausgehende 19. Jahrhundert so tief prägte, war auch die sog. Salafiyya-Bewegung verpflichtet. Ihren Namen verdankte sie dem Bestreben, die muslimische Gemeinschaft durch eine Rückbesinnung auf den reinen Islam der frühen

Muslime, der «frommen Altvorderen» (al-salaf al-salih) in Mekka und Medina, grundlegend zu erneuern und zu neuer Kraft und Größe zu führen.[35] Die Salafiyya hatte andere Träger als die kulturelle Erneuerungsbewegung (Nahda), und sie setzte zugleich andere, spezifisch sunnitisch-muslimische Akzente. Wie bei der Nahda handelte es sich um eine Gruppe locker miteinander verbundener Einzelpersonen, nicht um eine breit verankerte Bewegung. Selbst die Bezeichnung «Salafiyya» kam erst in den 1920er Jahren auf und wurde dann auf die Generation der Gründerväter rückprojiziert. Auch die Vertreter der Salafiyya nutzten die neuen Möglichkeiten der Kommunikation, namentlich der Presse, und zwar sehr erfolgreich. Ihre zeitgenössische Wirkung blieb dennoch vergleichsweise schwach, in der Trägerschaft weitgehend auf Religions- und Rechtsgelehrte beschränkt. Nicht so ihre Bedeutung für die islamische und selbst für Teile der nationalen Bewegung des 20. Jahrhunderts, die sich in der einen oder anderen Weise auf die Salafiyya beriefen.

Anders sieht es mit der Strömung des Arabismus aus, die sich um die Wende vom 19. zum 20. Jahrhundert in einer Reihe von Clubs und Geheimgesellschaften organisierte, die nicht nur Studenten, Literaten und Journalisten, sondern auch eine beachtliche Zahl arabischer Offiziere im osmanischen Heer anzogen, die vielfach jedoch nur im Ausland (und das umfaßte neben Europa faktisch auch Ägypten) operieren konnten. Von den osmanischen Behörden geduldete literarisch-kulturelle Vereinigungen waren nicht immer klar von stärker politisch orientierten Zirkeln zu unterscheiden, die den Behörden nicht genehm waren und sich daher meist im Geheimen trafen. Dennoch stand bis zum Ersten Weltkrieg die Loyalität der lokalen Eliten ebenso wie der neu entstehenden arabischen Intelligenz zum Osmanischen Reich nicht in Frage.[36] Die Jungtürkische Revolution wurde auch in Palästina und anderen Teilen Syriens begeistert gefeiert.[37] Zwar erregte die Turkifizierungspolitik der Jungtürken, die in Schulen (zumindest den Sekundarschulen), Gerichten und im Behördenverkehr generell die alleinige Verwendung des Türkischen durchzusetzen versuchten und deren zusehends autoritäre, ganz auf Stärkung der Zentralgewalt abzielende Linie zu Lasten arabischer Eliten zu gehen schien, einigen Anstoß. Der Umsturzversuch konservativer Kreise um Sultan Abdülhamid II. vom April 1909 fand im seinerseits als besonders konservativ geltenden Nablus Unterstützung. Die steten Verluste osmanischen Territoriums auf dem Balkan und in Nordafrika (Tripolitanien) schwächten das Ansehen der Jungtürken und verstärkten die Furcht vor einem Zerfall des Reiches. Doch hatten die Jungtürken in den arabischen Provinzen einschließlich Palästinas bis zum Schluß zahlreiche Anhänger. In den (stark manipulierten) Wahlen zum osmanischen Parlament von 1912, das im folgenden bald wieder aufgelöst wurde, blieben die «palästinensischen» Bezirke weitgehend in der Hand der Anhänger des jungtürkischen Komitees für Einheit und Fortschritt, während in den etwas freieren Wahlen vom April 1914 einige ihrer Kritiker und Gegner den Sieg davontrugen.

Eine der Optionen, die vor allem nach 1909 in den diversen Geheimzirkeln diskutiert wurden, lautete Autonomie und Dezentralisierung des Osmanischen Reichs; nur eine verschwindende Minderheit dachte vor dessen Zerschlagung an nationale Unabhängigkeit und Souveränität. Die Gruppe al-Fatat (al-jam'iyya al-'arabiyya al-fatat), die 1911 in Istanbul von einigen Studenten gegründet wurde, sich dann aber nach Beirut, Damaskus und Paris verlagerte, zielte auf mehr Autonomie und kulturelle Selbstbestimmung innerhalb des Osmanischen Reichs ab. Zu ihren Gründern zählte Auni Abd al-Hadi aus einer bekannten Nabluser Familie, der in der Zwischenkriegszeit eine wichtige Rolle in der Politik seines Landes spielen sollte.[38] Die 1913, nach dem osmanisch-italienischen Krieg in Tripolitanien gegründete Gruppe al-Ahd (Der Bund) hingegen, der fast ausschließlich arabische Offiziere der osmanischen Armee angehörten, die für eine grundlegende Reform des Osmanischen Reiches unter Wahrung der «islamischen Werte» eintraten, scheint keine Mitglieder aus Palästina gehabt zu haben. Anders die im Dezember 1912 in Kairo ins Leben gerufene Osmanische Dezentralisierungspartei (hizb al-lamarkaziyya al-idariyya al-'uthmaniyya), die in der Öffentlichkeit wirkte und auch in Palästina Unterstützung genoß, wo ihr sogar einige jüdische Mitglieder angehörten. Die Zahl der in diesen Gruppen Organisierten blieb klein: Ein «Arabischer Kongreß», der im Juni 1913 in Paris abgehalten wurde, zählte gerade einmal zwei Dutzend Teilnehmer. In Palästina wurde vor allem kritisiert, daß der Kongreß sich nicht für die «palästinensische Sache» interessierte. Höher war die Mitgliederzahl in den kulturellen Vereini-

gungen: Das Literarische Forum (*al-muntada al-adabi*) beispielsweise, das 1909 unter arabischen Studenten in Istanbul gegründet
wurde, soll zahlreiche Zweigstellen in den arabischen Provinzen
einschließlich Palästinas mit bis zu 1000 Mitgliedern unterhalten
haben. Gleichfalls in Istanbul fanden sich arabische Gymnasiasten
und Studenten aus Palästina 1912 in der Gesellschaft Grüne Flagge (*al-alam al-akhdar*) zusammen.

Bei Ausbruch des Ersten Weltkriegs waren Araber aus dem späteren Mandatsgebiet Palästina in einer Reihe politischer Gruppierungen von al-Fatat bis zum Literarischen Forum engagiert, die,
ebenso wie die arabische Lokalpresse, das mangelnde Bewußtsein
für die zionistische Gefahr nicht nur der osmanischen Regierung,
sondern auch der lokalen Elite kritisierten. In Palästina selbst aber
blieb der Arabismus bis zum Ende des Osmanischen Reichs eine
Minderheitenposition ohne Ausstrahlung auf die breite Bevölkerung. Auch erklärt antizionistische Vereinigungen wie die Gesellschaft zur Bekämpfung des Zionismus (*jam'iyyat mukafahat al-
sihyauniyya*), die um 1913 in Nablus aktiv war, fanden nur ein ge-
ringes Echo. Der Widerstand, der sich seit den 1880er Jahren vereinzelt gegen jüdische Siedlung und Einwanderung regte, war nur
in Ausnahmefällen national(istisch) motiviert; in den meisten Fällen speiste er sich aus konkreten Interessen. In der Presse allerdings fanden sich bereits deutliche Hinweise auf eine Verknüpfung von arabischer Orientierung und Kritik am zionistischen
Projekt. Ihr Antizionismus war im wesentlichen ökonomisch begründet, religiöse Argumente spielten nur eine untergeordnete
Rolle.

VI.

«Ein Land ohne Volk für ein Volk ohne Land»?
Exkurs zur Siedlungs- und Bevölkerungsentwicklung,
1800–1914

Die berühmt-berüchtigte Formel, Palästina sei «ein Land ohne Volk für ein Volk ohne Land», war eine politische Aussage, von der an anderer Stelle zu sprechen sein wird. Von vielen wurde und wird sie als demographisches Argument verstanden: Palästina galt als menschenleer und verlassen, elend und öde. Tatsächlich war das Gebiet noch zu Beginn des 20. Jahrhunderts außerhalb der zentralen Bergregion dünn besiedelt. Das belegen schriftliche Quellen ebenso wie aufschlußreiche Luftaufnahmen aus dem Ersten Weltkrieg.[1] Menschenleere Wüste war Palästina nicht.

Trotz einer ungeheuren Zahl von Titeln in den verschiedensten europäischen Sprachen herrschte noch gegen Ende der osmanischen Herrschaft in Palästina erstaunliches Unwissen über Demographie und Besiedlung des viel beschriebenen Landes. Der deutsche Orientalist Martin Hartmann beklagte 1883 die «Konfusion, welche auf dem Gebiete der Ortsnamen des so viel bereisten Palästina schon herrscht». Die Konfusion ergab sich seinem Eindruck nach nicht nur aus den Schwierigkeiten einer exakten Lokalisierung, sondern auch aus der Erfassung und Wiedergabe der arabischen Ortsnamen in Quellen unterschiedlicher Sprache, insbesondere der türkisch-osmanischen, die die Verwirrung noch steigerten.[2] Die Forschung hat sich mit dem Thema intensiv befaßt und das Bild erheblich verfeinert. Als grundlegend erweist sich die Unterscheidung zwischen Siedlungs- und Bevölkerungsentwicklung, die, obgleich natürlich miteinander verbunden, prinzipiell gesondert betrachtet werden müssen. Für beide muß nicht nur zwischen einzelnen Perioden, sondern auch zwischen einzelnen Regionen differenziert werden.

Der Mangel an verläßlichen Bevölkerungsdaten zu Palästina ist für die Antike und die islamische Ära viel beklagt worden. Für die osmanische Zeit ist die Quellenlage ungleich besser, jedoch weiterhin problematisch: Zum einen fehlt es an umfassenden, konsistenten staatlichen Erhebungen, zum anderen sind die Daten in- und ausländischer Beobachter oft politisch verzerrt.[3] Palästina bestätigt die Erkenntnis, daß Bevölkerungsdaten in Abhängigkeit von politischen Faktoren zu sehen sind, und Demographie «politische Arithmetik» ist (Gerber). Das gilt für alle Quellenarten – osmanische Zensusdaten ebenso wie die Angaben nichtmuslimischer Religionsgemeinschaften und europäischer Beobachter. Besonders wichtig ist die unterschiedliche Schärfe und Weite der, wenn man so will, *Linse*, die vom Zweck der Erhebung bestimmt war: Die Osmanen erfaßten bis ins ausgehende 19. Jahrhundert nur steuerpflichtige Untertanen des Sultans, ließen also die Angehörigen und Protégés anderer Nationen (häufig kollektiv: «Franken») außer acht. Erst 1846 wurden in Ägypten und (anderen) Teilen des Osmanischen Reichs die ersten systematischen Geburten- und Sterberegister angelegt. Statistiken von Pfarr- oder Synagogengemeinden, die Geburten, Heiraten, Sterbefälle erfaßten, sind, wie es scheint, entweder nicht vorhanden, unter Umständen also nie angelegt oder zerstört worden, oder nicht zugänglich.

Europäische Reisende, Missionare und Diplomaten konzentrierten sich auf biblische Stätten und Landschaften sowie nichtmuslimische städtische Gruppen und vernachlässigten dabei die überwiegend muslimische ländliche Bevölkerung; zudem blieben ihre Angaben zumeist auf Stichproben beschränkt, lieferten also insgesamt punktuelle Daten, keine umfassenden Volkszählungen. Ihre Methoden waren nicht selten unkonventionell: Sie konnten auf der Befragung der Anwohner eines Ortes und einzelner Gruppenvertreter beruhen, auf der Zahl der Häuser, der bestatteten Leichname, der am islamischen Opferfest (Bairam) geschlachteten Tiere und anderem mehr. Von den 1830er Jahren an kamen hierzu allerdings Konsularberichte wie der für Syrien höchst informative Bowring Report aus dem Jahr 1840 (Report on the commercial statistics of Syria), die zum Teil wesentlich systematischer angelegt waren, und dies nicht zuletzt, weil sie ihrerseits osmanische Erhebungen heranzogen. Generell gilt für Palästina wie für den gesamten Nahen und Mittleren Osten, daß wir, was die nichtmuslimischen Minderheiten angeht, über Zahl und Le-

bensverhältnisse der Juden besser unterrichtet sind als über die bis
ins 20. Jahrhundert hinein weit zahlreicheren Christen.

1. Osmanische Zählungen:
Vom Haushalt zum Individuum

Bei westlichen Autoren standen die osmanischen Behörden und
ihre Statistiken allgemein in keinem guten Ruf. So schrieb Martin
Hartmann 1883:

«Der Orientale hat kein Verständnis für den Werth und das Wesen guten statistischen Materials. Der Türke speciell ist zwar ein großer Freund der «*statistik*»,
das will aber nur sagen: schön liniirter und nach seinen Begriffen gut aussehender statistischer *Tabellen*; was darin steht und ob es richtig, ist ihm gleichgiltig. Die Ortslisten sind von türkischen Beamten angefertigt, die von ihren
Vorgesetzten damit beauftragt waren. Diese Leute besitzen aber zwei Eigenschaften in zu hohem Masse, als dass ihre Arbeiten ernsthaft zu nehmen wären, nämlich Faulheit und Unwissenheit, die letztere verbunden mit Dünkel
von Wissen, der die Sache noch verschlimmert. Die Faulheit bewirkt, dass sie
die verhasste Arbeit, die ihnen aufgegeben ist und von der sie durchaus keinen
Nutzen einsehen können, so schnell wie möglich sich vom Halse zu schaffen
suchen; die Unwissenheit lässt sie die arabischen Namen – kein türkischer Beamter, und habe er auch ein halbes Leben in arabisch redenden Provinzen zugebracht, kennt die arabische Sprache gründlich – ganz falsch auffassen, und
der damit verbundene Wissensdünkel lässt sie dann häufig das Missverstandene auf eigene Faust corrigiren.»[4]

Die Beobachtung, so tendenziös sie ist, ließe sich grundsätzlich sicher auf andere «Statistiker» übertragen. Probleme politischer und
technischer Art griffen hier eng ineinander, der Zweck bestimmte
die Dichte und Tiefe der Erfassung. Vormoderne Erhebungen
dienten zumeist einem eng definierten praktischen Zweck – in den
meisten Fällen Besteuerung und Militärdienst, seltener der Zuteilung von Privilegien, Rechten und Leistungen –; moderne Volkszählungen verfolgen umfassendere Informationszwecke. Osmanische Zählungen dienten bis ins frühe 19. Jahrhundert vorrangig der
Besteuerung und richteten sich dementsprechend auf den steuerpflichtigen Teil der Bevölkerung, d. h. in erster Linie arbeitsfähige
Männer; kaum erfaßt wurde dabei die nicht seßhafte Bevölkerung,
also die Nomaden. Ebenso wichtig für das Ergebnis war das angewandte Verfahren: Bis zum Aufbau einer entsprechenden Bürokratie wurden die Daten von Repräsentanten der zu erfassenden

Gruppen selbst geliefert, die ihrerseits vielfach zu Steuerzwecken gebildet wurden («fiskalische Einheiten»). Verantwortlich für die Richtigkeit der Angaben waren so die Vorsteher von Dörfern, Stadtvierteln, Zünften oder nichtmuslimischen Religionsgemeinschaften, deren Spielraum beträchtlich variierte. Kurz nach der Eroberung neuer Gebiete bemühte sich die osmanische Obrigkeit um eine Erfassung ihres wirtschaftlichen und militärischen Potentials, d. h. des Bodens (Kataster) wie auch der Bevölkerung (Zensus). So auch in Palästina und Syrien nach der Eroberung im Jahr 1516/17.

Was die Technik der Erfassung angeht, so war die Grundeinheit der «Haushalt» oder «Herd» (zumindest in den syrischen Provinzen osman. *hane*), dessen Definition nicht allein im Zusammenhang von Demographie und Steuererhebung von Interesse ist, sondern auch für das Verständnis von Familien- und Wirtschaftseinheiten generell. Gezählt wurden genauer gesagt die – zumeist männlichen – Haushaltsvorstände, zu denen noch die männlichen Junggesellen hinzugerechnet wurden. Die Definition des «Haushalts» wurde offensichtlich nicht von den Behörden vorgegeben; erst der Zensus von 1931 legte als «Haushalt» die «kommensale Familie einschließlich im Haushalt wohnender Abhängiger wie Witwen und Dienstboten» fest, begrenzte ihn also ausdrücklich *nicht* auf die biologische Familie.[5] Offizielle Dokumente wie Reisepässe (*mürur tezkeresi*) wurden auf der Grundlage der Zensusregister (*nüfus tezkeresi*) an Individuen ausgegeben, die Individuen ihrerseits wurden einem «Haushalt» zugeordnet und dieser wiederum einem Stadtviertel, Dorf und/oder einer Religionsgemeinschaft. Solange Straßen noch keine Namen und Nummern aufwiesen, diente der «Haushalt» zugleich als Adresse. Der «Haushalt» stellte somit eine zu Steuer- und Verwaltungszwecken geschaffene Größe dar; er war nicht deckungsgleich mit der biologischen Klein- oder Großfamilie. Tatsächlich belegen Detailuntersuchungen eine große regionale und soziale Vielfalt, die sich nicht nur auf die eigentliche Familiengröße bezog, sondern auch auf Wohn- und Lebensformen, so daß auch innerhalb eines begrenzten geographischen Raums ganz unterschiedliche «Haushaltsgrößen» verzeichnet wurden. Wieviele Personen lebten also durchschnittlich in einem Haushalt? Die Zahlen bewegen sich meist zwischen fünf und neun (sog. Großfamilie), wobei – für die osmanische ebenso wie für die vormoderne europäische Gesellschaft – am häufigsten von einem Multiplikationsfaktor von fünf Personen pro Haushalt ausgegangen wird.

Innerhalb des Osmanischen Reichs wurden gelegentlich und zu bestimmten Zwecken nicht nur Haushalte, sondern auch Männer erfaßt (genauer: waffenfähige Männer ab 15 Jahren), deren Anteil an der Gesamtbevölkerung vorindustrieller Gesellschaften unabhängig von Religion, Kultur und Sozialstruktur auf rund ein Drittel geschätzt wird. Ein frühes Beispiel für die individuelle, an der Zahl waffenfähiger Männer orientierte Erfassung bietet die von den ägyptischen Besatzern 1834 erhobene Kopfsteuer (*firda*). Der Trend zur Erfassung von Individuen, und nicht nur Haushalten, verstärkte sich im Zuge der Tanzimat-Reformen, wo sie zunächst dem klassischen Zweck untergeordnet wurde: der Rekrutierung waffenfähiger Männer. Bis weit ins 19. Jahrhundert war die städtische Bevölkerung generell von der Konskription ausgenommen; eine Ausnahme machte allerdings Ägypten unter Muhammad Ali, der die Militärpflicht von den 1830er Jahren an schrittweise von der ländlichen auf die städtische Bevölkerung ausdehnte.

Auch im Osmanischen Reich als Ganzem war die Rekrutierung aus der lokalen Bevölkerung eng an die Modernisierung des Militärs geknüpft, die gleichfalls in den 1830er Jahren vorangetrieben wurde. Obgleich die 1838 für Muslime eingeführte Wehrpflicht 1855 zur allgemeinen Wehrpflicht ausgeweitet wurde, blieben Christen und Juden faktisch von ihr ausgenommen.[6] Anstelle der im gleichen Zuge abgeschafften Jizya zahlten sie ab 1857 eine Wehrdienstersatzsteuer (*bedel-i askeriyye*). Palästina war, wie erwähnt, bis 1862 von der allgemeinen Rekrutierung ausgenommen. Dementsprechend war es das vordringliche Interesse aller potentiell betroffenen Gruppen, auch der nichtmuslimischen, die Zahl ihrer wehrpflichtigen Männer so gering wie möglich zu beziffern. Schrittweise löste sich die Zielsetzung allerdings von der militärischen. Die Erfassung diente nun auch der Vorbereitung von Arbeitseinsätzen beispielsweise für Erhalt und Ausbau des Straßensystems, zu denen jeder Mann im arbeitsfähigen Alter einige Tage im Jahr herangezogen wurde. Es blieb somit bei der Verbindung von Registrierung und Dienst der Untertanen bzw. Bürger am Staat. Es war nicht Ziel der Erhebungen, umgekehrt Ansprüche auf Dienstleistungen von Seiten des Staates zu ermitteln. Dementsprechend ausgeprägt blieb die Neigung der Bevölkerung, der Zählung auszuweichen.

Die Zahlen der osmanischen Erhebung von 1831 gelten als zu niedrig, als unvollständig und unzuverlässig gelten auch die auf ihrer Grundlage fortgeschriebenen Angaben für 1835, 1838, 1844 und 1857.[7] Von den 1870er Jahren an wurde das System unter Heranziehung ausländischer Experten jedoch grundlegend reformiert. Dabei änderten sich die angewandten Verfahren: Der Staat griff zunehmend auf eigene Zähler zurück, die von einem örtlichen Komitee umgeben wurden (was wiederum die Rolle der Stadträte und Dorfschulzen unterstrich, aus denen sich dieses Komitee zusammensetzte). Angelegt wurden drei Register: (1) Zahl der Männer und, separat aufgelistet, ihrer Familienangehörigen, geordnet nach ihrem Wohnsitz (Dorf oder Stadtteil); (2) Gesamtzahl der Dörfer und Städte, deren Einwohner – zumindest in den Städten – nach ihrer Religionszugehörigkeit aufgegliedert wurden; (3) Geburten- und Todesfälle sowie Veränderungen des militärischen Status der Männer (Tauglichkeit usw.). Die Daten flossen im letzten Viertel des 19. Jahrhunderts in Jahrbücher (osman. *salname*) ein, die nicht länger allein militärischen und fiskalischen Zwecken dienten, sondern der allgemeinen Information von Staat und gebildeter Öffentlichkeit über die Verhältnisse im Lande. Im Bericht des osmanischen Staatsrats (Shura-yi Devlet) zum Zensus von 1881/82 war in diesem Sinn zu lesen:

«Vor allem anderen ist anzumerken, daß das Interesse einer Regierung an der Zusammenstellung systematischer Bevölkerungsstatistiken nicht allein militärischen Erwägungen entspringt. Es ist eine große Leistung in Fragen von Ordnung und Regelmäßigkeit, wenn eine Regierung, der an Recht, Eigentumsgarantien, finanzieller Stabilität sowie städtischer Ordnung und Sicherheit gelegen ist, die genaue Zahl ihrer Bevölkerung kennt.»[8]

Wie seit 1878 vorgeschrieben, wurden 1881 erstmals auch Mädchen und Frauen registriert, die sich vor dem zuständigen Komitee allerdings durch ein männliches Familienmitglied vertreten lassen konnten, dessen Angaben in der Regel nicht überprüft wurden. Verantwortlich für die Richtigkeit der Angaben war nun der Provinz- und Stadtrat, gegebenenfalls unter Einschluß eines Vertreters der örtlichen Nichtmuslime. Mit der Erfassung wurde ein Personalausweis (*nüfus tezkerezi*) ausgestellt, der bei Strafandrohung stets mitzuführen war.[9] Wichtigstes Kennzeichen und zugleich Schwäche der osmanischen Erhebungen blieb die Uneinheitlichkeit der Daten sowohl in räumlicher wie in zeitlicher Hinsicht, insbesondere die variierende Zuordnung von Distrikten und Unterdistrikten, Berufs- und Religionsgruppen. «Handwerker» etwa dienten – nicht nur in osmanischen Zählungen – als klassische Residualkategorie, der all diejenigen zugeschlagen wurden, die sonst nirgends hineinpaßten.[10] Die laufende Aktualisierung der Statistiken erwies sich als weit schwieriger und lückenhafter als die erstmalige Erhebung; häufig wurden Daten aus unterschiedlichen Jahren in einer Gesamtstatistik zusammengefaßt. Schließlich war, wie in vergleichbaren Fällen auch, die Datenlage in den ländlichen Gebieten schlechter als in den städtischen. Insgesamt aber bilden die osmanischen Zählungen trotz ihrer Mängel auch für Palästina die wichtigste Quelle für die demographische Entwicklung.

2. Siedlung und Bevölkerung im Überblick

Die Klage über den Mangel verläßlicher Daten verbindet sich nicht selten mit der These vom Niedergang Palästinas seit den Zeiten biblischer Größe, vorzugsweise jener eines David und Salomo – für die uns wohlgemerkt keinerlei überprüfbare demographische Angaben vorliegen. Auch für die Jahrhunderte nach der islamischen Eroberung besitzen wir bestenfalls grobe Hinweise auf die Bevölkerungsverteilung und -entwicklung, aufgeschlüsselt vor allem nach dem Kriterium der Religionszugehörigkeit, jedoch keine präzisen Daten.[11] Im frühen 7.Jahrhundert scheinen aramäischsprachige («nabatäische») Christen insbesondere in Jerusalem und auf dem Land die Bevölkerungsmehrheit gebildet zu haben, während in den übrigen Städten viele Juden lebten. Die beträchtlichen Schwankungen, die im folgenden zu verzeichnen waren, hingen mit der politischen Entwicklung im Land selbst und der umliegenden Region zusammen: Kriege, Krankheiten und Epidemien verursachten hohe Bevölkerungsverluste, die zum Teil jedoch ausgeglichen wurden durch die Zuwanderung verschiedener Gruppen, nicht zuletzt aus dem Maghreb. Dennoch scheint die Bevölkerung bis zum 13.Jahrhundert rückgängig gewesen zu sein. Die Islamisierung ist, nebenbei bemerkt, im einzelnen schwer zu fassen. Zu erzwungenen Massenkonversionen scheint es lediglich unter dem erratischen Fatimiden-Kalifen al-Hakim bi-amri 'llah im späten 10. Jahrhundert gekommen zu sein, der auch die Grabeskirche in Jerusalem zerstören ließ. Selbst in fatimidischer Zeit aber stellten Christen noch immer die Mehrheit, vor allem auf dem Land und in Jerusalem.

Für das ausgehende 16. Jahrhundert stehen uns mit dem osmanischen Zensus von 1596 Daten zu Bevölkerung, Siedlungs- und Anbaugebieten zur Verfügung, die 1977 von Wolf-Dieter Hütteroth und Kamal Abdulfattah ausgewertet und mit den Karten des britischen Palestine Exploration Fund aus den Jahren 1871–1876 verglichen wurden. Ihre Analyse, die freilich nicht unwidersprochen blieb, stützt die These vom Rückgang von Besiedlung und Bevölkerung seit dem ausgehenden 16. Jahrhundert: Im 16. Jahrhundert erscheint Palästina demzufolge als wohlhabend mit einer weit höheren Siedlungsdichte und landwirtschaftlichen Produktivität, als dem Osmanischen Reich für diese Zeit gemeinhin zugeschrieben wird. Die Gesamtbevölkerung schätzten sie auf 206 290.[12] Diese lebte in einem Netzwerk miteinander verbundener Dörfer, mit kompakten Siedlungszonen in den Bergen rund um Jerusalem und Nablus, in Galiläa und der Ebene nördlich von Gaza. Die übrige Küstenregion war demgegenüber schwach besiedelt; die Ebene von Marj Ibn Amir, die nördliche Küstenebene sowie die Umgebung von Haifa wiesen in ihrem Zentrum keine Dörfer auf. Darüber hinaus identifizierten Hütteroth und Abdulfattah etwa 1384 isoliert liegende Feldflächen (*mazra'a*), auf denen überwiegend Weizen angebaut wurde. Die Zahl von Nomaden scheint zumindest bis zur Zuwanderung beduinischer Clans aus dem Hijaz, Syrien und dem Ostjordangebiet im 17. und 18. Jahrhundert gering gewesen zu sein; überraschend klein waren die Städte.

Dennoch ist gegenüber der These vom Niedergang Vorsicht angesagt, die von einem Rückgang nicht nur der kultivierten Fläche («Wüstung»), sondern auch der Bevölkerung («radikale Entvölkerung») ausgeht. Sie findet sich als Topos in zahllosen Reiseberichten des 19. und 20. Jahrhunderts – einige von ihnen wurden ja bereits zitiert. Die Gesamtzahl der Bewohner Palästinas in den späteren Mandatsgrenzen lag 1800 mit geschätzten 250 000–300 000 deutlich über jener des 16. Jahrhunderts. Unter Zahir al-Umar und Ahmad al-Jazzar war es zu einer begrenzten Zuwanderung in die von ihnen kontrollierten Gebiete im nördlichen Palästina und südlichen Libanon gekommen, die zum Teil jedoch durch Krieg, exzessive Besteuerung und Abwanderung ausgeglichen wurde. Ibrahim Pascha unterstützte in den 1830er Jahren Immigranten aus Ägypten sowie einzelne Beduinenstämme, die vor allem in Jaffa und den umliegenden Dörfern, der Umgebung von Akko, dem Jordangraben und dem Hule-Becken angesiedelt wurden. Doch verursachten auch unter der ägyptischen Besatzung Krieg, Aufstand, Naturkatastrophen und Epidemien hohe Bevölkerungsverluste.[13] Für 1850 kommt Justin McCarthy auf der Grundlage korrigierter osmanischer Zensusdaten auf eine Gesamtbevölkerung von 340 000 Menschen (nochmals: nur osmanische Untertanen), davon 88 % (300 000) Muslime einschließlich der Drusen gegenüber etwa 27 000 Christen und 13 000 Juden.[14] Das Bevölkerungswachstum verringerte sich zwischen 1840 und 1857 geringfügig von 0,6 auf 0,3 %, wobei die Gründe vornehmlich politischer Natur gewesen sein dürften: Die Quellen verweisen auf Kämpfe und Fehden verfeindeter Clans und Familien im zentralen Bergland um Nablus, Jerusalem und Hebron sowie auf Einfälle von Beduinen vor allem in den Jahren nach dem Abzug der ägyptischen Truppen und bevor die osmanische Zentralgewalt zur «Befriedung» der Region ansetzte.

Neben der demographischen Kurve verdient jedoch die Entwicklung von Siedlung und Kultivierung Beachtung:[15] Die Daten der 1870er Jahre, auf die Hütteroth und Abdulfattah zurückgriffen, zeigen gegenüber dem 16. Jahrhundert einen Rückgang der Siedlungsgrenze, fast überall eine geringere Siedlungsdichte, einen höheren Anteil von Nomaden, zugleich aber einen Zuwachs an Zahl und Größe der Städte. Im Vergleich zum 16. Jahrhundert wurden im späten 19. Jahrhundert im ganzen zwar deutlich weniger Dörfer registriert, doch wiesen diese eine höhere Bevölkerungszahl auf, so daß eher auf eine *Verdichtung* von Siedlung und Bevölkerung zu schließen ist denn auf Wüstung und Entvölkerung. Am deutlichsten zeigte sich diese Entwicklung in den flachen Landesteilen: In der Gegend um Gaza war gegenüber dem 16. Jahrhundert die Hälfte der Dörfer verschwunden, während sich der Verlust in den höher gelegenen, bergigen Gebieten um Jerusalem, Nablus sowie in Galiläa auf lediglich etwa 20 % belief. In Galiläa wurden 1555–1567 insgesamt 275 Dörfer verzeichnet, 1886 nur 176, die aber 101 820 Einwohner zählten, gegenüber maximal

30000 in den Jahren 1533–1539. In der Gegend um Jerusalem mag die Zahl der Dörfer sogar zugenommen haben. Noch weitergehend bedeutete ein fehlender Eintrag in den osmanischen Registern nicht unbedingt, daß das betreffende Land nicht kultiviert bzw. agrarisch genutzt wurde: Einmal mehr sei auf die Übergänge zwischen seßhafter bäuerlicher Existenz, nomadischem und halbnomadischem Leben verwiesen, die den Bauern gegebenenfalls erlaubten, sich der Kontrolle durch den Staat, örtliche Grundbesitzer oder Beduinenscheichs zu entziehen.

Besonders wichtig ist in diesem Zusammenhang die Deutung der «khirba», die Hütteroth und Abdelfattah zur Begründung ihrer Wüstungsthese herangezogen hatten: Bei einer khirba handelte es sich nicht unbedingt um ein «verlassenes» oder «aufgegebenes» Dorf, sondern um nicht bebautes bzw. zum Anbau nicht geeignetes Land von geringem Wert.[16] Im modernen Sprachgebrauch bezeichnet khirba häufig ein «Zweit-» oder «Satellitendorf», in dem sich die Dorfbewohner nur zeitweise aufhalten; besonders verbreitet ist dieses Phänomen in der dürren Gegend um Hebron. Im übrigen kann khirba alles mögliche sein, auch eine alte Ruine. Auf jeden Fall ist die Vielzahl der von Hütteroth und Abdelfattah identifizierten khirbas kein Indiz für eine weitflächige Wüstung des Landes in spätosmanischer Zeit. Mitte des 19. Jahrhunderts lagen die meisten Dörfer in der Hügel- und Berglandschaft von Galiläa bis Hebron, obgleich die Ebenen von Marj Ibn Amir und an der Küste fruchtbarer waren. Der Grund dürfte ein politischer gewesen sein: Mangelnde Sicherheit vor Beduineneinfällen und harte Besteuerung zählen zu den vertrautesten Faktoren, die Bauern zur Aufgabe fruchtbaren, unter Umständen bereits kultivierten Bodens bewegen. Nur wenige Siedlungen fanden sich an der Küste südlich von Gaza und nördlich von Jaffa. Das Jordantal und das Hule-Becken waren fast völlig unbesiedelt, allerdings in Teilen kultiviert – ein Hinweis mehr, wie sorgfältig zwischen Besiedlung, Bebauung und Bevölkerungszahl unterschieden werden muß.

In den 1860er Jahren verstärkten sich zwei Trends: ein deutlicher Anstieg der Bevölkerung, der an der Spitze der Zuwachsraten im Mittleren Osten insgesamt lag, und die Wiederbesiedlung der Ebenen und ins Hinterland führenden Flußtäler. Sie verdankten sich in erster Linie der osmanischen Reformpolitik, namentlich der Verbesserung staatlicher Kontrolle und in deren Folge der Sicherheit in der Küstenzone und den unzugänglicheren Bergregionen auf der einen Seite (die nicht zuletzt auf der Zurückdrängung von Beduinen beruhte und die Trockenlegung von Sümpfen erst ermöglichte) und der Verbesserung der hygienischen Verhältnisse zumindest in den städtischen Zonen auf der anderen. Die jährliche Wachstumsrate stieg auf 1,5 % und lag damit über dem europäischen Durchschnitt von 1 %, begann ab 1875 allerdings erneut leicht abzusinken.[17] Nach der Rückeroberung des Landes im Jahr 1840 und noch verstärkter nach dem Krimkrieg von 1853–1856 siedelten die osmanischen Behörden verschiedene Flüchtlingsgruppen in Syrien und Palästina an, darunter Tscherkessen und Tschetschenen aus dem Kaukasus und dem Balkan sowie Araber aus Algerien. Viele von ihnen ließen sich in Galiläa nieder. Ziel der Behörden war es in erster Linie, die Sicherheit an den Grenzen und in problematischen Zonen zu erhöhen und durch eine Ausweitung der Landwirtschaft die Steuereinnahmen zu steigern. Für 1877 berechnete McCarthy eine Gesamtbevölkerung (osmanischer Untertanen) von 440 850, wobei der Anteil der Muslime unverändert bei 88 % lag. Im russisch-osmanischen Krieg von 1877/78 kamen Tausende muslimischer Soldaten aus Palästina ums Leben. Im gleichen Zeitraum wurden aber muslimische und christliche Flüchtlinge aus dem Kaukasus in Palästina angesiedelt, von denen viele später jedoch wieder abwanderten. Durch Immigration verdoppelte sich zwischen 1872 und 1880 zugleich der Anteil von Juden von ca. 13 900 auf 26 000 (diese Zahl umfaßt osmanische und ausländische Staatsbürger). McCarthy kommt für 1880 auf eine Gesamtzahl von rund 457 000 osmanischen Staatsbürgern, darunter 87 % (400 000) Muslime, 9,4 % (knapp 43 000) Christen und knapp 4 % (15 000) Juden.[18]

Die Befriedung des Landes, die Kommerzialisierung der Landwirtschaft und das Ende eines langen Zyklus von Pest- und Choleraepidemien lösten eine allmähliche Verschiebung der Besiedlung und Bevölkerung nach Westen aus, an der sich vor allem vier Gruppen beteiligten: Bewohner der nahe gelegenen Bergdörfer, die Satellitendörfer im Flachland dauerhafter bewohnten; Nomaden und Halbnomaden vor allem in der Gegend von Gaza; städtische Großgrundbesitzer, die auf dem nach 1858 erworbenen Land Bauern und Halbnomaden als Pächter, Hirten und Landarbeiter ansiedelten (das Musterbeispiel sind die Besitzungen der Sursuq-Familie in der Ebene von Marj Ibn Amir); schließlich Immigranten, unter ihnen deutsche Templer, amerikanische Protestanten sowie europäische und orientalische Juden. Als Folge dieser Veränderungen waren in den 1880er Jahren bereits drei Subregionen zwischen der Küste und dem Fuß des Berg- und Hügellandes dicht besiedelt: die südliche Küstenebene zwischen Gaza und dem späteren Rehovot, die Gegend um Lydda im Zentrum der Küstenebene und schließlich das Hügelland westlich von Hebron.[19]

Von den 1880er Jahren an stieg die Zahl nichtmuslimischer Zuwanderer aus Europa, in erster Linie Juden, dramatisch an.[20] In Jerusalem, wo sie zu diesem Zeitpunkt die Bevölkerungsmehrheit stellten, lebten um 1895 etwa 28000 Juden. 1905 war ihre Zahl auf 35000 gestiegen (14000 osmanische Staatsangehörige und 21000 Ausländer), 1914 auf 45000; sie ging im Verlauf des Kriegs jedoch stark zurück. Hinter der Zahl der in den osmanischen Statistiken erfaßten Christen verbargen sich gegenläufige Trends: der Zustrom von Europäern und die verstärkte Bereitschaft zur Annahme der osmanischen Staatsbürgerschaft auf der einen Seite, die Abwanderung lokaler Christen auf der anderen. Bei Ausbruch des Ersten Weltkriegs waren ungefähr 60 % griechisch-orthodox und 28–30 % katholisch; der Rest gehörte kleineren Kirchen an von den Armeniern über die Georgier, Kopten und Äthiopier bis zu den verschiedenen protestantischen Gemeinden. Die osmanischen Bevölkerungsangaben für 1914, beruhend auf den fortgeschriebenen Daten von 1905, als durchgehend Individuen erfaßt wurden und nicht nur Haushalte, verzeichneten für Palästina in den Grenzen des späteren Mandatsgebiets eine Gesamtbevölkerung von 722000 Personen.[21] Der Anteil der Muslime (602000) war nach McCarthy auf 83 % abgesunken; der Anteil der Christen lag bei 11,2 % (81000), der Anteil der Juden osmanischer Nationalität bei rund 5 % (39000). Demnach hatte sich die muslimische Bevölkerung im Zeitraum von 1850 bis 1914 verdoppelt, die (überwiegend städtische) christliche verdreifacht. Die Zahl der Juden war und blieb strittig – deutlichstes Zeichen für die politische Brisanz des Themas: Die in westlichen Darstellungen (einschließlich zeitgenössischer jüdischer und späterer israelischer Autoren) viel zitierte Gesamtzahl von 80000–85000 ist mit den osmanischen Daten selbst dann nicht zur Deckung zu bringen, wenn man von einem

hohen Anteil ausländischer Staatsangehöriger ausgeht. Bei Kriegsende schätzten die britischen Militärbehörden die Zahl der im
Land lebenden Juden auf 65 300, was sich mit den in- und ausländischen Berechnungen für die Vorkriegszeit leichter vereinbaren
läßt.[22]

VII.

Erster Weltkrieg und britisches Mandat

Die Politik der europäischen Mächte gegenüber Palästina und dem
Osmanischen Reich als Ganzem ist im weiteren Rahmen der Kolonialgeschichte zu sehen, nicht in der Verengung auf den Islam,
den Vorderen Orient oder gar die arabische Welt, zu der nahöstliche Historiker gelegentlich neigen. Die europäischen Mächte interessierten sich durchaus für das Osmanische Reich und in geringerem Umfang auch für dessen arabische Provinzen einschließlich
Palästinas. Im Mittelpunkt aber stand die Wahrung des europäischen Gleichgewichts. Die «orientalische Frage» war so zu behandeln, daß sie dieses Gleichgewicht nicht beschädigte. Das gilt für
das 19. und auch noch für das beginnende 20. Jahrhundert – und
widerspricht der Wahrnehmung nahöstlicher Nationalisten und
nicht weniger arabischer Historiker, die, in schmerzlicher Über-
schätzung der eigenen Bedeutung, die europäische Politik gegen
sich, die arabische Nation oder den Islam gerichtet sahen. Mit
Blick auf das Osmanische Reich läßt sich die Entwicklung in mehrere Phasen unterteilen: die Ära des Freihandelsimperialismus in
den Jahren 1838–1878, die Aufteilung Afrikas («*scramble for
Africa*») in den 1880er Jahren und schließlich die Auflösung des
Osmanischen Reiches im Gefolge des Ersten Weltkriegs. Im einzelnen waren diese Phasen natürlich nicht so sauber voneinander
abgegrenzt, weniger linear, in sich widersprüchlicher. Als Instrumente europäischer Einflußnahme und Durchdringung dienten
bis zur militärischen Intervention ganz klassisch Handel, Finanzen, diplomatische Präsenz und, damit eng verknüpft, Rechtsinsti-
tute wie die Protektion osmanischer Untertanen und die sog. Kapitulationen zugunsten ausländischer Staatsangehöriger und
Protégés, deren Bedeutung in Palästina besonders deutlich zum
Tragen kam.

1. Die britische Orientpolitik im 19. Jahrhundert

Wenn im folgenden Großbritannien im Vordergrund steht, so birgt das gewisse Gefahren: Im 19. Jahrhundert war Großbritannien in Palästina wie in Syrien generell keineswegs die dominierende Macht, mußte dort vielmehr mit Frankreich, Rußland, dem Vatikan und in wachsendem Maße auch mit Preußen und den Vereinigten Staaten von Amerika konkurrieren, die ihre divergierenden Interessen mit Hilfe unterschiedlicher Instrumente und Partner durchzusetzen versuchten. Zur Hegemonialmacht in Palästina wurde Großbritannien erst im Verlauf des Ersten Weltkriegs. Anders als die Franzosen, die Russen oder auch der Vatikan konnten die Briten im 19. Jahrhundert auf keine engen historischen Bindungen an Palästina und dessen Bewohner zurückblicken.[1] Die im 17. Jahrhundert unter Cromwells Puritanern verbreitete Vorstellung, Gottes auserwähltes Volk zu sein, hatte keine praktischen Folgen, die das Land Palästina berührt hätten (immerhin erlaubte Cromwell den Juden, die unter König Edward I. 1290 aus England vertrieben worden waren, die «Rückkehr» auf die Insel). Die Idee einer «Rückführung der Juden» (*restoration of the Jews*), die britische Protestanten um den Earl of Shaftesbury (1801–1885) in den 1830er und 40er Jahren propagierten, blieb ohne realpolitische Auswirkungen. Anders als die Franzosen, die Russen und der Vatikan versuchten die Briten bis zur Mitte des 19. Jahrhunderts auch nicht, sich über den Schutz einheimischer Christen Einflußmöglichkeiten im «Heiligen Land» zu sichern. Die waren gewissermaßen schon vergeben: Frankreich beanspruchte seit dem 17. Jahrhundert den Schutz der katholischen («lateinischen») Christen im Osmanischen Reich, Rußland jenen der orthodoxen Kirche. Auf anderen Gebieten allerdings waren Briten glänzend vertreten: als Reisende, als Missionare und als Wissenschaftler. Der 1865 gegründete Palestine Exploration Fund etwa entwickelte sich zu einer der führenden wissenschaftlichen Gesellschaften seiner Zeit, der für Palästina – wenn auch über einen viel längeren Zeitraum – in manchen Bereichen das erarbeitete, was die französischen Besatzer Ägyptens Jahrzehnte zuvor mit der (ungleich berühmteren) «Description de l'Egypte» vorgelegt hatten.

Im 19. Jahrhundert war das britische Interesse an Palästina vorwiegend strategischer Natur. Der britische Freihandelsimperialismus der Periode 1838–1878 ruhte auf zwei Säulen: maritimer Kontrolle und industrieller Überlegenheit. Durchgesetzt wurde er im Zeichen der «Politik der offenen Tür», die auf der (nicht durchgehend friedlichen) Durchdringung bestehender, formal souveräner Einheiten basierte und primär auf eine Vertragspolitik setzte (häufig handelte es sich dabei um ungleiche Verträge). Zu diesen zählte der Freihandelsvertrag, den London 1838 mit der Hohen Pforte abschloß und der 1840 auch auf Ägypten ausgeweitet wurde, wo er unter anderem den staatlichen Monopolen ein Ende bereitete, die Muhammad Ali in den vorhergehenden Jahrzehnten eingerichtet hatte. Zentrales Anliegen britischer imperialer Politik war die Sicherung der See- und Landwege nach Indien, die zu einem großen Teil über osmanisches bzw. von den Osmanen kontrolliertes Territorium führten. Daher lag die Wahrung der territorialen Integrität des Osmanischen Reichs im britischen Interesse – allerdings nur außerhalb Europas. Im griechischen Unabhängigkeitskrieg der 1820er Jahre etwa intervenierten Briten, Franzosen und Russen auf Seiten der aufständischen Griechen. Das strategische Interesse an den Kommunikationslinien des Empires und an der Pufferfunktion des Osmanischen Reichs zwischen den britischen und den russischen Kontroll- und Einflußsphären in Asien diktierte bis zum Ersten Weltkrieg auch die Bündnisse, die London zur Stützung der Hohen Pforte einging: gegen Napoleon Bonaparte, als dieser 1798 zu seinem Feldzug nach Ägypten und Syrien aufbrach, oder auch gegen Muhammad Ali, als er 1831–1840 Palästina und Syrien unter seine Kontrolle brachte und damit das Osmanische Reich von innen bedrohte. Einzig im Libanon griffen Frankreich und Großbritannien 1860 im Gefolge blutiger konfessioneller Unruhen in einer Art «humanitärer Intervention» zugunsten lokaler christlicher Gemeinschaften ein und erzwangen damit eine Neuordnung der örtlichen Machtverhältnisse unter eigener Aufsicht, ohne allerdings die Souveränität des Sultans über diese Provinz formal anzutasten.

Die Grundlinien der britischen Orientpolitik – in Großbritannien selbst als *Great Game in Asia* bekannt – sollten bereits im letzten Viertel des 19. Jahrhunderts durchbrochen werden; aufgegeben wurden sie erst im Verlauf des Ersten Weltkriegs.[2] Von der

Mitte des 19.Jahrhunderts an intensivierte sich der koloniale Zugriff auf arabische Territorien an den Rändern des Osmanischen Reichs: 1830 hatte Frankreich Algier besetzt und wenig später (1839) Großbritannien Aden okkupiert, Städte, die beide ganz an der Peripherie des Osmanischen Reichs lagen und von Istanbul nur schwach kontrolliert wurden. Von Algier aus dehnte Frankreich seine Herrschaft gegen den erbitterten Widerstand der lokalen Bevölkerung auf das algerische Binnenland aus, während im übrigen Nordafrika, in der Levante und am Persischen Golf die europäische Einflußnahme vornehmlich wirtschaftlicher und kultureller Art blieb. Der schleichenden Durchdringung folgte von den 1880er Jahren an jedoch die direkte Intervention und Eroberung. Im Zuge des *scramble for Africa* besetzten Briten, Franzosen, Spanier und Italiener Nordafrika, Teile des östlichen Mittelmeerraums und des Horns von Afrika: Zypern überließ der Sultan 1878 in einem Abkommen britischer Verwaltung; Tunesien und Ägypten hingegen wurden 1881 und 1882 von Frankreich bzw. England besetzt. Der koloniale Nachzügler Italien annektierte 1911 die osmanische Provinz Tripoli (Teil des späteren Libyen). 1912 fiel das nördliche Marokko als Protektorat an Frankreich und der Süden des Landes einschließlich der Westsahara an Spanien, das seit langem die nördlichen Enklaven Ceuta und Melilla kontrollierte. In einer Reihe von Abkommen erkannten die europäischen Mächte die meisten dieser Territorialgewinne in Asien und Afrika zumindest nachträglich an.

2. Im Dickicht der Versprechungen: Palästina im Ersten Weltkrieg

Auch im Ersten Weltkrieg wurden die Entscheidungen primär mit Blick auf das europäische Machtgefüge gefällt, nicht mit Blick auf regionale Belange, lokale Interessen und Akteure: Die kriegführenden Mächte dachten «in größeren Zusammenhängen». Besonders augenfällig wurde das bei der Verteilung der Beute. Das heißt nicht, daß sie bezogen auf die gesamte Region kohärent dachten oder nach einem vorliegenden Plan handelten. Ganz im Gegenteil.

Bei Kriegsende standen die Ententemächte mit einem Geflecht, ja Gestrüpp von Abmachungen da, die dem Kriegsverlauf gefolgt waren und ihn beeinflussen sollten, aber kaum miteinander zu vereinbaren waren.[3] Zu ihnen zählte das Konstantinopler Abkommen vom Frühjahr 1915, das im Falle eines Siegs der Entente Istanbul, die Meerengen und angrenzende Gebiete Rußland zusprach, gefolgt vom Londoner Abkommen, das den italienischen Anspruch auf Libyen und den Dodekanes (eine der westanatolischen Küste vorgelagerte Inselgruppe) anerkannte und Italien zugleich Teile Südanatoliens versprach, um es zum Kriegseintritt zu bewegen – wohlgemerkt alles vor der tatsächlichen Eroberung dieser Territorien. Dies machte weitere Abklärungen erforderlich, die vor allem Frankreich einbezogen, während parallel in der geheimen Husain-McMahon-Korrespondenz von 1915/16 mit potentiellen arabischen Partnern verhandelt wurde. Dem geheimen anglo-französischen Sykes-Picot-Abkommen vom Mai 1916 folgte im November 1917 die Balfour-Erklärung – zahlreiche bilaterale und multilaterale, offizielle und inoffizielle Zusagen, Absprachen und Erklärungen der unterschiedlichsten in den Krieg verwickelten Akteure nicht mitgerechnet. Unabhängigkeitsversprechen an lokale Völker und die Unterstützung des Grundsatzes des *government by consent* erwuchsen aus kriegsbedingten Zwecküberlegungen, im konkreten Fall dem Bemühen, amerikanische Unterstützung gegen das Deutsche Reich und seinen osmanischen Verbündeten zu erlangen. Einige Initiativen und Versprechen waren nicht einmal mit der eigenen Regierung abgestimmt. Falsch- und Doppelspiel, begründet in der Absicht, in Situationen größter Unsicherheit doch für Absicherung zu sorgen, gab es auf allen Seiten, auch der arabischen. Aber die Partner waren nicht gleich.

Das britische Interesse an der Sicherung der imperialen Verbindungswege gewann eine weitere Dimension, als 1907 im südwestlichen Iran das erste Öl gefördert wurde. 1912 stellte die britische Marine ihre Treibstoffzufuhr von Kohle auf Öl um, für das Iran als Hauptlieferant diente.[4] Diese im wahrsten Sinne des Wortes strategische Ressource sahen die Briten durch deutsche Einflußnahme auf das Osmanische Reich gefährdet (Stichwort Berlin-Bagdad-Bahn). Alliierte Versuche, nach Kriegsausbruch die Neutralität des Osmanischen Reichs zu sichern, das im August 1914 einen Bündnisvertrag mit dem Deutschen Reich geschlossen hatte, der es jedoch nicht zum Kriegseintritt verpflichtete, scheiterten:

Am 9. September 1914 hob Istanbul einseitig die Kapitulationen auf; am 2. bzw. 5. November 1914 erklärten die Ententemächte dem Osmanischen Reich ebenso einseitig den Krieg, unmittelbar gefolgt von einem britischen Angriff auf den Irak. Zugleich annektierte London Zypern und erklärte Ägypten und Kuwait zu britischen Protektoraten. Von November 1914 an sprachen britische Politiker offen von einer Aufteilung des Osmanischen Reichs («*The Turk must go!*»), ohne daß deren Konturen bereits vorgezeichnet gewesen wären. Palästina wurde – ungeachtet aller religiös-ideologischen Bindungen an das Heilige Land – in dieser frühen Kriegsphase wenig beachtet.

Die Husain-McMahon-Korrespondenz, 1915–1916

Die vertraulichen Absprachen zwischen den kriegführenden Mächten waren kompliziert genug. Sie wurden noch komplizierter durch Erklärungen und Zusagen an regionale Akteure und die an sie geknüpften Erwartungen. Im Mittelpunkt der späteren Auseinandersetzungen standen zwei Dokumente: die geheime Husain-McMahon-Korrespondenz aus den Jahren 1915/16, die von den Briten offiziell erst 1939 veröffentlicht wurde, und die Balfour-Erklärung vom November 1917. Die Motive und Ereignisse, die zu dem Briefwechsel zwischen dem britischen Hochkommissar in Ägypten, Sir Henry McMahon, und dem Emir von Mekka, Husain b. Ali (1852/53–1931), führten, sind noch immer nicht restlos geklärt. Husain war ein prominentes Mitglied der Familie der Haschemiten, die sich auf den Clan des Propheten Muhammad, die Banu Hashim, zurückführte. Als Nachkomme des Propheten Muhammad trug Husain den Ehrentitel eines Scharifen, unter dem er in der westlichen Literatur auch bekannt wurde. Gesichert scheint, daß Husain bereits 1914 erste Fühler zu den Briten ausstreckte, um deren Haltung im Falle eines Konflikts mit der Hohen Pforte herauszufinden.[5] Die Briten hielten sich bedeckt, änderten ihren Kurs aber nach Kriegsausbruch und versuchten nun ihrerseits, den Emir zum Aufstand gegen den Sultan zu bewegen, der den Jihad ausgerufen hatte, um die muslimischen Untertanen der Kolonialmächte Großbritannien und Frankreich (Italien war noch nicht in den Krieg eingetreten) zum Widerstand zu bewegen. Ein «arabischer Aufstand» gegen den Sultan sollte den britischen Angriff auf das Osmanische Reich flankieren. In seiner neuen Funktion als Kriegsminister gab der bisherige Generalagent in Ägypten, Lord Kitchener, Weisungen an den Orientalischen Sekretär der britischen Vertretung in Kairo, Ronald Storrs, in denen unter anderem von einer britischen Unterstützung für die «arabische Nation» und ein «arabisches Kalifat» die Rede war, das gewissermaßen als «islamisches Papsttum» fungieren sollte. Der Brief, den Storrs daraufhin im Dezember 1914 an Husain schrieb, war allem Anschein nach jedoch nicht in allen Einzelheiten mit London abgestimmt: In ihm kündigte er britische Hilfe bei der Erlangung arabischer Unabhängigkeit im Gegenzug für einen Aufstand gegen den Sultan an. Von französischer Seite mißtrauisch verfolgt, gab dieses Schreiben den Anstoß für die sog. Husain-McMahon-Korrespondenz, die in der Zwischenkriegszeit Gegenstand heftiger Kontroversen werden sollte und 1939 auf arabisches Drängen hin im britischen Parlament nochmals einer eingehenden Prüfung unterzogen wurde.[6]

In einem Brief an Storrs machte Emir Husain Mitte Juli 1915 Ansprüche auf ein unabhängiges arabisches Kalifat geltend, das die gesamte Levante, Mesopotamien und die Arabische Halbinsel umfassen und lediglich die britische Kronkolonie Aden aussparen sollte. Die Antwort des britischen Hochkommissars vom 30. August 1915 fiel entgegenkommender aus, als dies in London gutgeheißen wurde: McMahon bekräftigte den britischen Wunsch, die «Unabhängigkeit der arabischen Länder (*countries*)» verwirklicht zu sehen, und die Bereitschaft, ein Kalifat unter einem «echten Araber aus dem gesegneten Stamm des Propheten» (einen Stammbaum, den der osmanische Sultan-Kalif nicht vorzuweisen hatte) anzuerkennen. Eine Klärung der Grenzziehung erklärte er für verfrüht. Den Briten kam angesichts von Millionen muslimischer Untertanen in Indien und anderen Teilen des Empires ein probritisches Kalifat durchaus gelegen. Nicht so im übrigen der Kolonialmacht Frankreich. Husain, der in der Zwischenzeit einen seiner Söhne, Faisal (den späteren König von Syrien und noch später des Irak), zu arabischen Nationalisten nach Damaskus entsandt hatte, drängte in seinem Antwortschreiben vom 9. September auf eine Festlegung der Grenzen. Das setzte die Briten unter Druck: Am 24. Oktober und 13. Dezember 1915 sandte McMahon die später viel zitierten Briefe an Husain, die in ihrer – bewußt unklar gehaltenen – Diktion mit ihren verwirrenden Hinweisen auf «Regionen», «Distrikte» und «Landesteile» mit «rein arabischen» bzw. «nicht rein arabischen» Bewohnern Ansatzpunkte für unterschiedlichste Interpretationen boten, nicht zuletzt aber für das arabische Gefühl, von den Briten gezielt irregeführt, betrogen und verraten worden zu sein.

Eines machte der Schriftwechsel deutlich: Während Husain in Kategorien von Abstammung und Sprache dachte und für «arabisch» diejenigen Gebiete erklärte, deren Bewohner unabhängig von ihrer Religionszugehörigkeit ethnisch gesehen Araber waren und Arabisch sprachen, setzte McMahon erkennbar «Araber» mit «Muslimen» gleich und deklarierte daher solche Gebiete für «nicht rein arabisch», die einen hohen Anteil (arabischer) Christen aufwiesen. Da sich in der Folgezeit so heftige Kontroversen um die beabsichtigte Grenzziehung entspannen, soll McMahons Schreiben vom 24. Oktober ausführlicher zitiert werden. Bezugnehmend auf Husains Brief vom 9. September 1915 schrieb der Hochkommissar:

«Ich bedaure, daß Sie aus meinem letzten Brief den Eindruck empfangen haben konnten, als ob ich die Frage der Grenzen mit Kühle und Unschlüssigkeit betrachte. Dies war nicht der Fall, aber es schien mir noch nicht der Zeitpunkt gekommen, da sie mit Nutzen diskutiert werden könnten. Ich habe aber aus Ihrem letzten Brief die Überzeugung gewonnen, daß Sie dieser Frage vitale und dringlichste Bedeutung beimessen. Ich habe daher keine Zeit verloren und die Regierung von Großbritannien über den Inhalt Ihres Briefes informiert. Und es ist mir ein großes Vergnügen, Ihnen darüber die folgende Darlegung zu übermitteln ...:

Die Distrikte von Mersina und Alexandrette und die westlich von den Distrikten Damaskus, Homs, Hama und Aleppo gelegenen Teile von Syrien können nicht als rein arabisch bezeichnet werden und sollten aus den vorgeschlagenen Grenzen ausgeschlossen bleiben. Mit dieser Modifikation und ohne unsern bestehenden Verträgen mit den Araberscheichs (auf der Arabischen Halbinsel und am Golf, G.K.) vorzugreifen, nehmen wir die Grenzziehungen an, und in bezug auf jene Teile des Gebietes, in denen Großbritannien unbeschadet der Interessen seines Alliierten Frankreich Handlungsfreiheit hat, bin ich ermächtigt, im Namen der Regierung von Großbritannien die folgenden Zusicherungen zu geben ...:

Vorbehaltlich der obigen Modifikationen ist Großbritannien bereit, die Unabhängigkeit der Araber anzuerkennen und zu unterstützen innerhalb der Länder, die in den vom Sherif von Mekka vorgeschlagenen Grenzen liegen ... Wenn es die Lage erfordert, wird Großbritannien den Arabern seinen Rat zur Verfügung stellen und ihnen helfen, die am geeignetsten erscheinenden Regierungsformen in den verschiedenen Territorien einzurichten ...

Ich bin überzeugt, daß diese Erklärung Sie über alle möglichen Zweifel hinaus von der Sympathie Großbritanniens gegenüber den Bestrebungen seiner traditionellen Freunde, der Araber, überzeugen und zu einer festen und dauernden Allianz führen wird, deren unmittelbare Ergebnisse die Vertreibung der Türken aus den arabischen Ländern und die *Befreiung der arabischen Völker vom türkischen Joch* sein werden, das seit so vielen Jahren schwer auf ihnen gelastet hat.» (meine Hervorhebung, G.K.)[7]

Besonders unklar blieb bei alledem die Zuordnung Palästinas, das, wie bekannt, in osmanischer Zeit keine administrative Einheit bildete und dementsprechend auch keine festen Grenzlinien aufwies. Wenn der spätere britische Premier David Lloyd George von Palästina als dem Land «von Dan bis Beersheva» sprach, dann spiegelte das ziemlich vage biblische Erinnerungen wider, bot aber keine Grundlage für eine klare, völkerrechtlich abgesicherte Grenzziehung.[8] McMahons Versuch, die Gebiete «westlich von den Distrikten Damaskus, Homs, Hama und Aleppo» aus dem unabhängigen arabischen Territorium auszunehmen, war für die arabische Seite auf jeden Fall unannehmbar, umfaßten sie doch, wenn «Distrikte» mit osmanischen Provinzen (Vilayet) bzw. Unterprovinzen (Sanjak) gleichgesetzt wurden, die gesamte syrische Mittelmeerküste einschließlich des späteren Libanon und Palästina. Dagegen verwahrten sich arabische Nationalisten auch nach Kriegsende. Der Kolonialminister, Winston Churchill, hingegen hielt 1922 ebenso entschieden fest, Palästina sei von Beginn an von McMahons Zusage ausgeschlossen gewesen:

«Dieser Brief (Sir H.McMahons Brief vom 24. Oktober 1915) wird angeführt, da er das Versprechen an den Sherif von Mekka übermittelt, die Unabhängigkeit der Araber innerhalb der von ihm vorgeschlagenen Territorien anzuerkennen und zu stützen. Aber dieses Versprechen wurde mit einem im gleichen Brief gemachten Vorbehalt gegeben, der aus seinem Plan unter anderen Territorien auch die westlich des Distrikts von Damaskus gelegenen Teile von Syrien ausschloß. Dieser Vorbehalt ist von S.M. Regierung immer so aufgefaßt worden, *daß er das Vilajet von Beirut und den unabhängigen Sandschak von Jerusalem decke.* Ganz Palästina westlich des Jordans war daher aus Sir H.McMahons Zusage ausgeschlossen.» (meine Hervorhebung, G.K.)[9]

Das war und blieb strittig. McMahons Schreiben boten auf jeden Fall den Ansatz für eine mögliche Unterscheidung zwischen Ost- und Westjordanland, um spätere Kategorien zu benutzen, und sie waren bezüglich französischer Ansprüche, die Großbritannien sich in einem weiteren Abkommen zu wahren verpflichtet hatte, bewußt undeutlich formuliert. Was meinte «arabische Unabhängigkeit», wenn in einer Nachkriegsregelung für den Nahen Osten zugleich französische und britische Interessen garantiert werden sollten? McMahon selbst machte deutlich, welche Absichten die britische Regierung im Kriegsjahr 1915 verfolgte:

«Ich gehe nicht einen Moment so weit anzunehmen, daß die gegenwärtigen Verhandlungen viel dazu beitragen werden, die künftige Form Arabiens zu gestalten oder in diesem Land entweder unsere Rechte zu verankern oder unsere Hände zu binden ... Was wir jetzt erreichen müssen, ist, die Araber (*Arab peoples*) auf den rechten Pfad zu locken, sie vom Feind zu lösen und auf unsere Seite zu bringen. Das ist, was uns anbelangt, derzeit vor allem eine Sache der Worte, und um Erfolg zu haben, müssen wir Begriffe benutzen, die überzeugen können, und dürfen nicht kleinlich über Bedingungen streiten.»[10]

Husain, dem die eben zitierte Äußerung nicht zur Kenntnis gebracht wurde, protestierte in weiteren Schreiben zwar gegen McMahons Andeutungen hinsichtlich der territorialen Beschränkung des künftigen arabischen Reichs und machte ausdrücklich seine Ansprüche auf die «(rein) arabische» Mittelmeerküste geltend, doch beließen es die Parteien bis auf weiteres bei der Darstellung ihrer eigenen Sicht und warteten auf eine Klärung der Verhältnisse *on the ground* – schließlich waren die Gebiete, um die es ging, zum größten Teil noch nicht erobert. Im Juni 1916 erklärte Husain im Namen des Islam den Aufstand (Jihad) gegen den osmanischen Sultan und Kalifen und die als atheistisch gebrandmarkte jungtürkische Regierung. Die Auseinandersetzung um Ziel und Inhalt der Kriegsabsprachen war damit nicht beendet. In den 1920er und 30er Jahren beriefen sich arabische Nationalisten auf die geheime Korrespondenz als rechtlich bindenden «Vertrag», der die Balfour-Erklärung von Beginn an null und nichtig machte.[11] Diese Interpretation ließ sich freilich nicht durchsetzen.

Das Sykes-Picot-Abkommen, Mai 1916

Ähnlich problematisch waren die geheimen Absprachen Londons mit anderen Verbündeten – an erster Stelle Frankreich und Rußland – und damit auch das viel diskutierte Sykes-Picot-Abkommen vom Mai 1916. Schon im Frühjahr 1915 war es zu informellen Gesprächen über französische Interessen im Nahen Osten gekommen, in die auch die zaristische Regierung einbezogen wurde und die im Oktober 1915 einen offiziellen Charakter erhielten. Sie gipfelten im sog. Sykes-Picot-Abkommen, das im Mai 1916 förmlich angenommen wurde.[12] Die Briten, vertreten durch Sir Mark Sykes, planten die Schaffung einer britischen Einflußzone vom Mittelmeer bis zum Irak. Oberste Maxime war es, auch nach dem Zerfall des Osmanischen Reichs, das bisher als territorialer «Puffer» gedient hatte, eine gemeinsame Grenze mit Rußland zu vermeiden. Diese Funktion sollte nun einer französischen Einflußzone zufallen. Die Franzosen hegten ihrerseits zunächst weitreichende Ambitionen, die sich auf ganz Syrien, Libanon und Palästina richteten, wo sie über beachtliche wirtschaftliche Interessen und religiös-kulturelle Bindungen verfügten; sie schraubten ihre Ansprüche im Verlauf der Verhandlungen aber erheblich zurück. Die geheime Absprache mit ihrer komplizierten, in unklare Begriffe gefaßten Unterscheidung zwischen Zonen direkter und indirekter Kontrolle, «exklusiven Einflußsphären» und «Unabhängigkeit» barg von vornherein den Keim späterer Konflikte: Danach sollte – verwendet man schon einmal die Namen der erst in der Nachkriegszeit entstehenden Staaten – der mittlere und südliche Irak an Großbritannien fallen, die syrische Küste und das syrische Hinterland sowie Teile Südostanatoliens (Kilikien) an Frankreich. Der größte Teil Palästinas mit seinen heiligen Stätten bis zu einer Linie von Gaza zum Toten Meer sollte einer internationalen Verwaltung unterstellt werden, deren Form von Großbritannien, Frankreich und Rußland noch einvernehmlich zu bestimmen war, die Bucht von Haifa mit den beiden Häfen Akko und Haifa selbst als britische Enklave jedoch einen Sonderstatus erhalten und Haifa über eine Eisenbahnlinie mit Bagdad verbunden werden.[13] Damit kam das strategische Interesse an Palästina als Endpunkt einer Ölpipeline vom Irak zum Ausdruck, in dem die britischen Truppen nach anfänglichen Rückschlägen zügig vorrückten.

Die Briten waren sich der Diskrepanz zwischen den Zusagen an die Araber auf der einen Seite und die Franzosen auf der anderen durchaus bewußt. Nicht nur sollte die syrische und die südanatolische Küste unter europäische Kontrolle geraten. Der den Arabern in der Husain-McMahon-Korrespondenz zugesagte («unabhängige») arabische Staat sollte dazuhin zwei Einflußzonen umschließen: eine französische Einflußzone «A», die das Gebiet von der Linie Aleppo, Hama, Homs und Damaskus (einschließlich dieser Städte) bis zur iranischen Grenze umfassen und das nordirakische Mosul als Zentrum haben sollte, und eine britische Einflußzone «B», die vom Sinai bis an die Grenze des britischen Mittel- und Südirak mit Zentrum Kirkuk reichen sollte. Damit war lediglich denjenigen Teilen der Arabischen Halbinsel, die weder von einheimischen Fürsten noch von den Briten kontrolliert wurden, ein unabhängiger Status unter Husains Führung zugedacht. Nach britischer Auffassung standen die Zusagen an die Araber in gewissem Umfang den französischen Ansprüchen im Wege und umgekehrt, doch würde das britische Militär, so hoffte man, die Lage zum eigenen Vorteil klären. Im Verlauf des Krieges rückten Zusagen und Absichten allerdings immer weiter auseinander, als die Alliierten den Arabern immer weitergehende Versprechungen machten und zugleich Palästina den Zionisten als nationale Heimstätte in Aussicht stellten.

Die Balfour-Erklärung, November 1917

Das britische Interesse an Palästina wuchs erst im Verlauf des Kriegsjahres 1917. Im Dezember 1916 stürzte die konservative Regierung Asquith. An ihre Stelle trat ein Kabinett unter dem prozionistischen David Lloyd George, der enge Verbindungen zu Chaim Weizmann, dem prominenten Vertreter der Zionistischen Organisation, unterhielt. Der Kabinettswechsel wertete auch Sir Mark Sykes auf, der im folgenden weitgehend eigenständig, wenngleich in Absprache mit Lloyd George handelte. Eine Reihe von Entwicklungen forderte auf britischer Seite ein Umdenken: Der Aufruf des amerikanischen Präsidenten Woodrow Wilson vom 18. Dezember 1916 zu einem «Frieden ohne Sieger» stellte die Kriegsabsprachen der Ententemächte in Frage; die russische Februar-Revolution drohte im März 1917 die antideutsche Front zu schwächen, während zur gleichen Zeit auf dem nahöstlichen Kriegsschauplatz Bagdad von den Briten erobert wurde. Unruhe verbreiteten Gerüchte über eine bevorstehende deutsche Erklärung zugunsten des Zionismus. In Großbritannien selbst sympathisierten einflußreiche Kreise mit dem Zionismus, die Palästina als Land der Bibel und der Juden sahen, in einzelnen Fällen der Idee einer «Rückführung der Juden» anhingen, auf jeden Fall aber einer «nationalen Wiedergeburt» des jüdischen Volkes in Palästina aufgeschlossen gegenüberstanden. Angesehene Schriftsteller und

Schriftstellerinnen wie etwa George Eliot hatten sich schon im 19. Jahrhundert für die zionistische Sache eingesetzt. Zugleich bot aber das Projekt einer jüdischen Selbstverwaltung in Palästina den geeigneten Deckmantel für eine britische Kontrolle des Gebietes, das nach dem Sykes-Picot-Abkommen als anglo-französisch-russisches Kondominium verwaltet werden sollte. Im Juni 1917 signalisierte die französische Regierung ihre Zustimmung zu dem zionistischen Vorhaben. Widerspruch kam bezeichnenderweise von Sir Edwin Montagu, dem einzigen jüdischen Kabinettsmitglied, der um die Integration der Juden in die westeuropäischen Gesellschaften einschließlich Großbritanniens fürchtete, wenn sie als Volk mit eigenen nationalen Rechten in Palästina anerkannt würden. Aus demselben Grund wandte sich auch der offizielle Vertreter der britischen Juden, der Board of Deputies of British Jews, gegen die zionistischen Bemühungen um eine «Charta». Nach verschiedenen Interventionen und Korrekturen an den vorgelegten Entwürfen wurde schließlich eine Erklärung formuliert, die vor allem auf die jüdischen Gemeinden in den USA, in Rußland und im Deutschen Reich abzielte, welche auf ihre Regierungen im Sinne der Entente einwirken sollten.

Veröffentlicht wurde die Erklärung nicht als offizielles Regierungsdokument, sondern in Form eines Briefes des britischen Außenministers, Lord Arthur Balfour, an den Ehrenvorsitzenden der Zionistischen Föderation von Großbritannien und Irland, Lionel Walter Rothschild. Allerdings war der Text zuvor mit dem amerikanischen Präsidenten Wilson abgestimmt worden. Im einzelnen lautete die Balfour-Erklärung vom 2. November 1917, die am 9. November in der britischen Presse veröffentlicht wurde:

«Mein lieber Lord Rothschild!

Zu meiner großen Genugtuung übermittle ich Ihnen namens S. M. Regierung die folgende Sympathie-Erklärung mit den jüdisch-zionistischen Bestrebungen, die vom Kabinett geprüft und gebilligt worden ist:

Seiner Majestät Regierung betrachtet die Schaffung einer nationalen Heimstätte in Palästina für das jüdische Volk mit Wohlwollen und wird die größten Anstrengungen machen, um die Erreichung dieses Zieles zu erleichtern, wobei klar verstanden werde, daß nichts getan werden soll, was die bürgerlichen und religiösen Rechte bestehender nichtjüdischer Gemeinschaften in Palästina oder die Rechte und die politische Stellung der Juden in irgendeinem anderen Lande beeinträchtigen könnte.

Ich bitte Sie, diese Erklärung zur Kenntnis der Zionistischen Föderation (von Großbritannien und Irland) zu bringen ...»[14]

So sorgsam war der Text abgewogen – und so asymmetrisch: Man beachte die angesprochenen ebenso wie die nicht erwähnten Rechte der beiden Bevölkerungsgruppen; die Ansprüche des jüdischen Volkes «in» Palästina, nicht auf ganz Palästina; die Verwendung des völkerrechtlich unbelasteten Begriffs der «nationalen Heimstätte», die weitreichende Interpretationen erlaubte, ohne die britische Seite zu konkreten Maßnahmen zu verpflichten;[15] nicht zuletzt aber die Tatsache, daß sie ein «jüdisches Volk» klar benannte, wohingegen die in Palästina lebenden Muslime, Christen und Drusen nur als «nichtjüdische Gemeinschaften» auftauchten, als Restgröße, die in Abgrenzung zur Gemeinschaft der Juden gebildet wurde – definiert wird man ja nicht sagen können. Diktiert war die Erklärung sichtlich von der Überlegung, welche Gruppe britischen Interessen am ehesten nützlich werden könnte. Zu dem gegebenen Zeitpunkt schienen dies die Juden zu sein. Lloyd George äußerte sich in diesem Sinne 1937 gegenüber den Mitgliedern der Peel-Kommission:

«Die Idee war, und dies war auch die ihr damals gegebene Auslegung, daß ein jüdischer Staat nicht unmittelbar nach dem Friedensschluß ohne Rücksicht auf die Wünsche der Mehrheit der Einwohner errichtet werden sollte. Andererseits war man der Meinung: wenn die Zeit herangekommen sei, Palästina eine Repräsentativ-Verfassung zu geben, und wenn in der Zwischenzeit die Juden die günstige Gelegenheit, die für sie in der Idee eines Nationalheims lag, benutzt hätten und eine endgültige Mehrheit unter den Bewohnern geworden wären, dann sollte Palästina ein jüdischer Staat werden.»[16]

Emir Husain, der über den Inhalt der Balfour-Erklärung nur vage unterrichtet war, wurde, wie zuvor schon bezüglich des Sykes-Picot-Abkommens, mit unrichtigen Angaben beschwichtigt. Beschwichtigend äußerte sich auch Chaim Weizmann, als er im April 1918 an der Spitze einer Zionistischen Kommission nach Palästina und Syrien reiste, um dortigen Befürchtungen über die Vorhaben der Entente und der zionistischen Bewegung entgegenzutreten. In Palästina selbst wurde die Balfour-Erklärung offiziell erst 1920 publik gemacht, war über ägyptische Presseberichte allerdings schon zuvor bekannt geworden, die sie in Auszügen wiedergaben.[17] Der unmittelbare Gewinn der Balfour-Erklärung war gering: Zwar wurden bei ihrer Bekanntgabe in Rußland Freudenfeste gefeiert, doch kam es schon am 7. November 1917 zur Revolution und in deren Folge zum Kriegsaustritt des Russischen Reichs. Als die USA im Januar 1918 in größerer Zahl Truppen nach Europa entsandten, geschah das nicht auf jüdischen Druck.

3. Die Eroberung Palästinas

Als Sultan Mehmed V. Reshad bei Ausbruch des Ersten Weltkriegs den Jihad gegen die Ententemächte ausrief, kam es in Nablus, Jerusalem und einer Reihe weiterer Städte zu Loyalitätsbekundungen. Loyal zeigten sich mehrheitlich auch die Juden des Landes; viele von ihnen nahmen die osmanische Staatsangehörigkeit an, nachdem die Hohe Pforte mit Kriegsausbruch die Kapitulationen aufgehoben und mit der Ausweisung von Angehörigen der Feindstaaten begonnen hatte, wovon vor allem russische Juden betroffen waren. Tausende verließen allerdings aus Not und Angst vor Übergriffen das Land. Die Loyalität der arabischen Bevölkerung wurde auch durch die Repression des osmanischen Militärgouverneurs Cemal (arab. Jamal) Pascha und den arabischen Aufstand im Jahr 1916 nicht erschüttert, zu dem die syrischen Reformer und Nationalisten keinen nennenswerten militärischen Beitrag leisten konnten.[18] Die scharfe Pressezensur unterband jedoch jede Form der öffentlichen Kritik. Die Repression der Monate August 1915 bis Mai 1916, während derer Dutzende von tatsächlichen und vermuteten arabischen Nationalisten verhaftet, gefoltert und öffentlich hingerichtet wurden, viele andere auch deportiert, konzentrierte sich zwar auf Damaskus und Beirut. Aber auch in Jerusalem wurden 12 Männer gehenkt. Nablus scheint hiervon weitgehend unberührt geblieben zu sein. Eine beachtliche Zahl junger Männer meldete sich freiwillig bei den Rekrutierungsbüros, die die Briten 1917 für die Armee des Scharifen öffneten. Der arabische Aufstand stieß vor Ort aber auch auf Kritik und Widerstand, der sich vor allem an dem Bündnis des Scharifen mit den Briten entzündete. Von einer Massenbasis waren die arabischen Nationalisten in jedem Fall weit entfernt. Und dennoch sollte die arabische Bewegung sich in der Nachkriegszeit zu einer breiten Strömung ausweiten, die unterschiedliche Bestrebungen in den nationalen Widerstand gegen Briten, Franzosen und Zionisten lenkte.

Die britische Eroberung Syriens und Palästinas hatte wenig mit der Balfour-Erklärung zu tun; sie folgte den genannten strategischen Überlegungen, die eine Kontrolle über Syrien und Palästina als Landbrücke zwischen Ägypten, Mesopotamien und Anatolien wichtig erscheinen ließ. Im September 1916 hatten die Osmanen in größerem Umfang Truppen nach Palästina verlegt, die dem Kommando des in Damaskus stationierten Jamal Pascha unterstanden und von deutschen und österreichischen Einheiten verstärkt wurden. Gegen deren erbitterten Widerstand und unter hohen Verlusten für beide Seiten eroberte 1917 das anglo-ägyptische Expeditionscorps unter General Edmund Allenby von Ägypten aus den Sinai, Negev und das südliche Palästina bis Gaza; am 16. November 1917 nahmen sie Jaffa ein, am 9. Dezember 1917 Jerusalem.[19] Zwei Tage später, am 11. Dezember, betrat Allenby zu Fuß die Altstadt von Jerusalem und verkündete die Einrichtung einer alliierten Militärverwaltung. Daß er sich so bescheiden gab, hatte seinen Grund: Kaiser Wilhelm II. war bei seinem Besuch im «Heiligen Land» 1898 hoch zu Roß durch das Jaffa-Tor geritten, das zu diesem Zweck eigens vergrößert werden mußte. (Allerdings hatte der Kaiser sich gegen diesen Eingriff verwahrt und war dann gleichfalls vom Pferd gestiegen, um den heiligen Stätten seine Achtung zu erweisen.) Allenby kam als Eroberer – und doch ohne imperiale Geste.[20]

Das anglo-ägyptische Expeditionscorps umfaßte neben Truppen des Empires, Indern, Australiern und Neuseeländern, auch viele zwangsrekrutierte Ägypter sowie kleine französische und italienische Kontingente. Lokale arabische Kräfte spielten keine nennenswerte Rolle bei der Eroberung Palästinas westlich des Jordans, wohl aber bei der Einnahme Aqabas und des Ostjordanlandes durch die Truppen des arabische Aufstands. Anders als später im Fall von Damaskus wurden arabische Truppen und Symbole bei Allenbys Einzug in Jerusalem bewußt ausgeschlossen. Die sog. Jüdische Legion unter Wladimir (Ze'ev) Jabotinsky, die vor allem in Großbritannien und den USA rekrutiert wurde und der unter anderem David Ben-Gurion, Yitzhak Ben-Zvi und Levi Eshkol angehörten, wurde in Palästina erst nach der Eroberung Jerusalems eingesetzt. (Auf Hebräisch hieß sie *Hebräische* Brigaden, *ha-gedudim ha-'ivrim*, nicht zu verwechseln mit der Zionistischen Maultierbrigade, die nach der Kampagne in Gallipoli bereits im

Juni 1916 aufgestellt worden war.) Das nördliche Palästina blieb bis zum Spätsommer 1918 unter osmanischer Kontrolle. Am 23. September 1918 aber fiel auch Haifa, am 1. Oktober Damaskus, wenig später Beirut, schließlich am 25. Oktober Aleppo; am 30. Oktober 1918 unterzeichnete die osmanische Regierung nach bedingungsloser Kapitulation den Waffenstillstand von Mudros. Der Krieg in der Levante war beendet. Die katastrophalen Verhältnisse in Syrien, Libanon und Palästina, die all diejenigen besonders hart trafen, die von äußerer Hilfe abhingen, blieben vorerst bestehen.

Währenddessen machte General Allenby – noch vor Wilsons berühmter 14-Punkte-Erklärung vom Januar 1918, die das Prinzip des Selbstbestimmungsrechts der Völker verkündete – lokalen Bevölkerungsgruppen neue und weitreichende Versprechungen. Allerdings sprach auch Wilson mit Bezug auf die «Nationalitäten» unter osmanischer Oberhoheit (Araber, Kurden, Armenier, Juden?) zurückhaltend und etwas unbestimmt von «Sicherheit» und «Autonomie», nicht von Souveränität:

«Den türkischen Teilen des Ottomanischen Reiches sollte eine gesicherte Souveränität garantiert werden, aber den andern Nationalitäten, die sich jetzt unter türkischer Herrschaft befinden, sollte eine unbezweifelbare Sicherheit des Lebens und eine absolut unbelästigte Gelegenheit zu autonomer Entwicklung garantiert werden.»[21]

Die sog. Erklärung an die Sieben (gemeint ist eine Gruppe syrischer Nationalisten, die nach Bekanntwerden des Sykes-Picot-Abkommens im April 1918 ihre Vorstellung von arabischer Selbstbestimmung formuliert hatten), die von britischer Seite im Juni 1918 in Kairo abgegeben wurde, bekräftigte zumindest den Grundsatz des *government by consent*. Die anglo-französische Erklärung vom 7. November 1918, die nach der osmanischen Kapitulation an die Bevölkerung von Palästina, Syrien und Irak gerichtet wurde, stand in deutlichem Widerspruch zu den eigenen Abmachungen. Danach lautete das Ziel Frankreichs und Großbritanniens:

«die vollständige und endgültige Befreiung (*enfranchisement*) der von den Türken so lang unterdrückten Völker und die Errichtung nationaler Regierungen und Verwaltungen, die ihre Autorität aus der selbständigen und freien Wahl der eingeborenen Bevölkerung herleiten. Um diese Absichten auszuführen, sind sich Frankreich und Großbritannien darin einig, die Errichtung einheimischer Regierungen und Verwaltungen in Syrien und Mesopotamien ... zu fördern und zu unterstützen … Weit entfernt davon, den Bevölkerungen dieser Gegenden irgendwelche besondere Institutionen aufzudrängen, sind sie nur darauf aus, durch ihre Unterstützung und durch angemessene Hilfe die reguläre Arbeit der Regierungen und Verwaltungen, die von den Bevölkerungen selbst frei gewählt sind, zu sichern.»[22]

Die arabischen Hoffnungen auf «vollständige Befreiung» und «frei gewählte nationale Regierungen» stützten sich somit keineswegs allein auf die geheime und so unpräzis gehaltene Husain-McMahon-Korrespondenz. Palästina allerdings war in den alliierten Erklärungen nie eindeutig angesprochen.

4. Palästina unter alliierter Militärverwaltung, 1918–1920

In einem langsamen und alles andere als geradlinigen Prozeß kristallisierten sich die Konturen einer neuen regionalen Ordnung heraus, die im Zeichen des Mandatssystems stand, das 1923 förmlich in Kraft gesetzt wurde. Man wird der historischen Situation nicht gerecht, wenn man sich nicht vor Augen führt, wie offen die Lage nach Kriegsende war: Briten und Franzosen hatten keine ausgefeilten Pläne für ihr weiteres Vorgehen in der Schublade, keine konkreten Vorstellungen über die Umsetzung der widersprüchlichen Vereinbarungen. Auf arabischer Seite waren kaum Akteure mit fest umrissenen Konzeptionen zu finden. Einzig auf Seiten der zionistischen Bewegung gab es klarere Vorstellungen vom großen Ziel, doch waren auch diese nicht ohne weiteres, und vor allem nicht ohne Reibungen, durchzusetzen.

Für die Alliierten ging es im folgenden darum, die Kontrolle über die besetzten Gebiete gegen internationale Konkurrenz und lokalen Widerstand zu festigen. Nach ihrem Einmarsch in Syrien, Libanon, Palästina und dem Irak richteten sie zunächst alliierte Militärverwaltungen ein, deren Umfang sich im übrigen nicht mit den im Sykes-Picot-Abkommen skizzierten Grenzlinien deckte. Um Palästina konkurrierten Briten und Franzosen, und auch die zionistische Seite hatte bereits weitreichende territoriale Ansprüche angemeldet, die im folgenden detaillierter ausgearbeitet wurden. Noch vor Beginn der Pariser Friedenskonferenz vom Januar 1919 überreichte der Präsident der Zionistischen Organisation, Chaim Weizmann, den Briten ein Memorandum mit weitreichenden Vorschlägen für die Grenzziehung eines künftigen britischen Mandatsgebiets. Es sollte über Galiläa und das nördliche Bergland («Samaria») hinaus im Libanon bis zum Litani-Fluß reichen, die syrische Kornkammer des Hauran, die Jordanquellen («Dan») sowie das östliche Jordanufer («Gilead») bis zur Hijaz-Bahn einschließen und im Süden den Sinai bis zur Linie Aqaba-al-Arish umfassen. Diese Grenzziehung berücksichtigte ökonomische Gesichtspunkte einschließlich der für den Erfolg einer jüdischen «Heimstätte» essentiellen Wasserfrage, widersprach jedoch sämtlichen Abmachungen zwischen Briten, Arabern und Franzosen.[23]

Die Abgrenzung der Besatzungszonen war somit nicht von vornherein gegeben, sondern Ergebnis längerer Verhandlungen zwischen den beteiligten Mächten, die weitgehend zugunsten der Briten ausgingen, die das Land tatsächlich besetzt hielten, und auf die sowohl die arabische wie die zionistische Seite vergeblich einzuwirken versuchten. Der geographische Begriff «Palästina (*filastin*)» mochte ja, anders als in der westlichen und der zionistischen Literatur lange behauptet, über die Jahrhunderte auch vor Ort nicht völlig in Vergessenheit geraten sein – zumindest für das 17. Jahrhundert ist er durchaus als bekannt nachgewiesen.[24] Im 18. und 19. Jahrhundert verwandten osmanische Gerichtsakten den Begriff Palästina zumindest für die Küstenebene. Eine der bekanntesten lokalen Zeitschriften, die 1911, nach der jungtürkischen Revolution, gegründet wurde, trug den Namen *Filastin*. Unter britischer Herrschaft aber wurden «geohistorische Einheiten» eigener Wirtschafts- und Sozialstruktur zu einer politischen Einheit «Palästina» zusammengefügt, die ziemlich genau den osmanischen Sanjaks von Jerusalem, Balqa (Nablus) und Akko entsprachen und bis dahin eher locker miteinander vernetzt und in unterschiedliche Richtungen orientiert gewesen waren. Der Zusammenschluß erfolgte unter imperialen Vorzeichen, ohne Wissen und Wollen der Betroffenen. Er setzte sich dennoch, wie andere koloniale Schöpfungen im nahöstlichen Raum, langfristig durch.

Die «Verwaltung Besetztes Feindgebiet, Süd» (Occupied Enemy Territory Administration, OETA, South), die Ende 1917 ihre Arbeit aufnahm, war eher zufällig zusammengewürfelt und weitgehend ohne administrative Erfahrung. In den 1930er Jahren erinnerte sich ein Zeuge:

«Es ist wichtig, daran zu erinnern, wie die Verwaltung in Palästina sich entwikkelt hat. Sie wurde von vollkommenen Amateuren begonnen und war von Amateuren geführt. Es gab praktisch niemanden in der Verwaltung, der jemals in einer Verwaltung gearbeitet hatte … Der Blinde führte die Blinden, und darunter hat das Land seit Jahren gelitten.»[25]

Die Aufgaben der Militärverwaltung beschränkten sich keineswegs auf politische oder, noch genauer, sicherheitspolitische Belange. Zunächst ging es darum, die Lebensbedingungen der Bevölkerung zu verbessern, die während des Krieges schwer gelitten hatte:[26] Die Rekrutierung wehrfähiger Männer, Konfiszierung von Tieren, Lebens- und Futtermitteln, Arbeitsgeräten, Fahrzeugen und Motoren, die Abholzung von Oliven- und Obstbäumen, um Brennmaterial zu gewinnen (das Land war von der Kohlezufuhr abgeschnitten), die Unterbrechung von Einfuhren, darunter nicht zuletzt Nahrungsmitteln und Spenden für die von auswärtiger Hilfe abhängigen Angehörigen des «alten Yishuv», Plünderungen und Zerstörungen hatten schwere Schäden angerichtet. Obgleich der osmanische Staat ein Schuldenmoratorium verkündete, trieben die Forderungen der Militärs, die ihrerseits unter großem Druck standen, viele Bauern in die Verschuldung und den finanziellen Ruin. In Teilen Syriens und Libanons war es auf Grund der alliierten Seeblockade und großer (wohl auch politisch bedingter) Versorgungsprobleme zu einer Hungersnot gekommen; die Flucht oder Deportation politisch Verdächtiger und ihrer Angehörigen – und zwar Araber wie Juden – hatten in Palästina die Lage verschlimmert. 1915 und 1916 wurde das Land zu allem Übel von Heuschreckenplagen heimgesucht, die auch durch den Einsatz von Soldaten nicht wirksam bekämpft werden konnten. Rund 6 % der Bewohner des späteren Mandatsgebiets Palästina sollen in den Kriegsjahren umgekommen sein; rund 15 % der Einwohner Jerusalems waren nach britischen Angaben 1918 auf Hilfe von außen angewiesen. Ende März 1919 wurde die Bevölkerung von den Militärbehörden auf insgesamt knapp 648 000 Menschen geschätzt, darunter 551 000 Muslime, 65 300 Juden, 62 500 Christen und 5050 «Sonstige» (d.h. Drusen, Armenier, Bahais u.a.). Tatsächlich war die Zahl der Juden in absoluten Ziffern wohl durch die kriegsbedingten Maßnahmen und allgemeine Not, die auch amerikanische Hilfsleistungen nur in begrenztem Umfang mildern konnten, deutlich zurückgegangen. Die Leiden des Kriegs, die durch das rücksichtslose Vorgehen der osmanischen Militärs entscheidend verschlimmert wurden, sollten unter der Bezeichnung *safarbarlik* (von osman. *seferberlik*, wörtlich eigentlich nur: Mobilisierung zu Land) die Erinnerung der lokalen Bevölkerung an «die Türken» nachhaltig und sehr negativ prägen. Der orientalistischen Stereotype «osmanische Dekadenz» und «orientalische Despotie» bedurfte es da gar nicht; allerdings verstärkten sich die Bilder gegenseitig.

Bei ihrem Abzug hatten die osmanischen Truppen nicht nur Proviant und Vorräte mitgenommen, sondern auch Akten, Urkunden, Grundbücher und Steuerregister. Hauptanliegen der Militärverwaltung war es unter diesen Umständen, zunächst einmal Ruhe und Ordnung wiederherzustellen, und dies nicht zuletzt, um die Besatzungskosten niedrig zu halten: Die Territorien des Empires sollten sich in finanzieller Hinsicht nach Möglichkeit selbst tragen.[27] Dennoch wurde die praktische Hilfe, die die Militärverwaltung leistete, indem sie Nahrungsmittel verteilte und Kredite zum Kauf von Vieh, Saatgut und Arbeitsmitteln an Bauern vergab, von der lokalen Bevölkerung durchaus gewürdigt.[28] Aber sie machte die politischen Themen nicht vergessen. Wenn die Briten ihre Aufgabe vorrangig auch administrativ verstanden, waren sie doch bald mit unliebsamen politischen Entwicklungen und sehr nachdrücklich vorgetragenen Erwartungen konfrontiert. Dabei schälten sich rasch einige Kernthemen heraus: die politische Mitsprache und Selbstverwaltung der lokalen Bevölkerung (namentlich der arabischen), jüdische Einwanderung und jüdischer Landkauf. In all diesen Punkten vertraten Zionisten und Araber entgegengesetzte Positionen. Hinzu kamen unterschiedliche Beurteilungen der politischen Lage und der daraus zu ziehenden Konsequenzen unter den Vertretern der britischen Besatzungsmacht in Jerusalem und den Verantwortlichen in London: Viele der britischen Beamten vor Ort sahen die Balfour-Erklärung als Haupthindernis für die Errichtung einer geordneten Verwaltung; in London hingegen galt sie als Grundlage britischer Präsenz in Palästina.

Die Militärverwaltung geriet angesichts gegensätzlicher Erwartungen rasch in Mißkredit; mehrere ihrer Vertreter galten zumindest der jüdischen Seite als proarabisch, einige als antisemitisch, die Mehrheit auf jeden Fall als antizionistisch. Echte Neutralität, klagten die Mitglieder der Peel-Kommission, die 1937 die Hintergründe der arabisch-jüdischen Spannungen ermitteln sollten, war unter diesen Bedingungen kaum zu wahren:

«Es gab einen ständigen Kleinkrieg, und der Regierung wurde von beiden Seiten vorgeworfen, entweder proarabisch oder projüdisch zu sein, und dies hat sich zu dem Gefühl gesteigert, daß, wenn jemand proarabisch ist, er notwendigerweise antijüdisch sein müsse und umgekehrt, was ja durchaus nicht nötig ist.»[29]

Im Sinne einer Sicherung von Ruhe und Ordnung und um arabischen Protesten vorzubeugen, untersagten die Behörden der zionistischen Seite zunächst eine Reihe potentiell provokanter Akte: So durfte anfangs die zionistische Hymne «Hatikva» nicht öffentlich gesungen werden, Hebräisch wurde nicht als offizielle Landessprache anerkannt, in offiziellen Verlautbarungen aber neben Arabisch benutzt. Vor allem aber unterbanden die Behörden zunächst sowohl die jüdische Einwanderung als auch jegliche Art von Landtransaktionen (dies vor allem, da vielerorts die Grundbücher und Akten verschwunden und daher die Besitzverhältnisse nicht zu klären waren). Besondere Bitterkeit erregte auf jüdischer Seite die Entscheidung, die Jüdische Legion nicht zum Schutz jüdischer Einrichtungen, Ziele und Interessen einzusetzen – manche deuteten auch dies als Ausdruck antisemitischer Einstellung unter den britischen Behörden. Hier bildete sich einer der vielen Ansatzpunkte für das allgegenwärtige Motiv des «Verrats» heraus, der den Briten von verschiedenen Seiten zum Vorwurf gemacht wurde. In diesem Fall waren es die Zionisten, die sich nach den hochgespannten Erwartungen, in Palästina werde nach dem britischen Einmarsch sogleich eine jüdische Selbstverwaltung eingerichtet, getäuscht und verraten sahen.

Kritik und Unzufriedenheit mit der britischen Militärverwaltung beschränkten sich, wie zu erwarten, nicht auf die jüdische Seite. Auch die Araber setzten anfangs einige Hoffnungen in die neuen Machthaber. Bezeichnend für die Stimmungslage unmittelbar nach Kriegsende ist ein Memorandum, das eine neu gebildete muslimisch-christliche Vereinigung aus Jaffa im Herbst 1918 an General Allenby sandte:

«Palästina ist arabisch, seine Sprache ist arabisch, wir möchten, daß dies förmlich anerkannt wird. Großbritannien war es, das uns aus der türkischen Tyrannei errettete, und wir glauben nicht, daß es uns den Klauen der Juden überantworten wird. Wir bitten es um Fairness und Gerechtigkeit. Wir bitten es, unsere Rechte zu wahren und über die Zukunft Palästinas nicht zu entscheiden, ohne unsere Meinung erfragt zu haben.»[30]

Auch sie sollten herb enttäuscht werden. Wie alle Teile der palästinensischen Bevölkerung durchlebte die Elite einen Prozeß der Desillusionierung, die größerer Ambivalenz, tieferem Mißtrauen gegenüber dem Westen im allgemeinen und Großbritannien im besonderen Platz machte. Und dennoch hielt sich ein Rest der Hoffnung, Außenstehende könnten Recht und Gerechtigkeit zur Geltung verhelfen, wo die eigenen Kräfte dazu nicht reichten. Über die Jahre verlagerte sie sich den veränderten machtpolitischen Gegebenheiten entsprechend allerdings von den Briten auf die Amerikaner und eine nicht allzu genau benannte Weltöffentlichkeit.

5. Die «syrische Option»

Der arabische Nationalismus entwickelte sich nach dem Krieg, der einer osmanischen Orientierung den Boden entzogen hatte, zur einzig realen politischen Option der arabischen Bevölkerung Palästinas – wenn auch für viele keine sonderlich attraktive. Nach der Eroberung Syriens durch die Truppen des anglo-ägyptischen Expeditionscorps und der arabischen Aufstandsbewegung riefen arabische Nationalisten am 5. Oktober 1918 in Damaskus eine unabhängige arabische Regierung unter Emir Faisal, dem Sohn des Emirs von Mekka, aus. Emir Husain hatte sich im Juni zunächst zum König aller Araber erklärt, den Anspruch aber rasch auf den Hijaz zurückgeschraubt.[31] Faisals Regierung weckte in Palästina zunächst einige Begeisterung und große Hoffnungen; Palästinenser übernahmen verschiedene wichtige Posten in seiner Verwaltung und Regierung. Zugleich wuchs zu Hause die Neigung zu einer «syrischen Lösung», in der Palästina bzw. «Südsyrien» als integraler Bestandteil der größeren Einheit des «syrischen Landes» (*bilad al-sham*) betrachtet wurde. Palästinensische Delegierte waren im Juni 1919 auf einem Allgemeinen Syrischen Kongreß in Damaskus vertreten, der sich gegen den Zionismus und die Balfour-Erklärung aussprach.

Die Orientierung auf ein Groß-Syrien hin ruhte jedoch keineswegs so fest auf traditionellen Bindungen und Loyalitäten, wie arabische Nationalisten es (vor allem später) glauben mochten. Insofern ist auch die Vorstellung, die Alliierten hätten im Ersten Weltkrieg den arabischen Volkskörper zerstückelt, fragwürdig: Es gab diesen arabischen Volkskörper noch nicht, den man hätte zerstückeln können; er wuchs erst später heran. Wohl aber wurden Gebiete auseinandergerissen und neu («künstlich») zusammengefügt, die bislang in andere Richtung orientiert gewesen waren. Vor allem für die ältere, im Osmanischen Reich verwurzelte Generation arabischer Notabeln war eine eng definierte lokale Orientierung anziehender – zumal eine solche sie davor zu bewahren versprach, unter die Vorherrschaft der Syrer (bzw. der dortigen städtischen Notabeln, gegenüber denen sie fast zwangsläufig ins Hintertreffen geraten mußten) zu gelangen. Anders zum Teil die jüngere, ins osmanisch-jungtürkische System weniger eingebundene Generation.[32] Die Entscheidung arabischer Nationalisten zugunsten der syrischen Lösung entsprang in jedem Fall politischem Kalkül; sie war nicht zwingend vorgegeben. Neben ihr behaupteten sich lokale Loyalitäten und Interessen, die einer überlokalen arabischen Identifizierung im Wege standen, zumal der arabische Nationalismus von Beginn an dem Zugriff des britischen und französischen Imperialismus ausgesetzt war. Schon früh wurde deutlich, daß die Prioritäten allseits im eigenen Land lagen. Die Idee der arabischen Einheit scheiterte daher nicht nur an den Machenschaften der europäischen Mächte, sondern auch an den politischen Interessen und Vorstellungen der Araber selbst.

Die Anziehungskraft der syrischen Option verblaßte schnell, und dies nicht nur unter dem Druck äußerer Mächte. In Syrien herrschten nach dem Krieg katastrophale Zustände, die die «Arabische Regierung» nicht in den Griff bekam, zumal sich im Land selbst auf unterschiedlichen Ebenen Widerstand gegen die neuen Machthaber regte, die zwar Araber waren, lokal aber nur schwach verankert.[33] Faisal, der sich zu Verhandlungszwecken monatelang in Europa aufhielt, vermochte die Kontrolle über Syrien und Libanon nie vollständig zu erringen. Der Hunger der Kriegsjahre war kaum überwunden. Die schwierige Versorgungslage wurde verschlimmert durch den steten Zustrom von Flüchtlingen aus anderen Teilen des früheren Osmanischen Reichs. Streiks, Demonstrationen und Proteste zeigten, wie brüchig Legitimation und Autorität der neuen nationalen Führung waren. Als besonders problematisch erwies sich einmal mehr der Wehrdienst, den sie vergeblich durchzusetzen versuchte – auch für das eminent nationale Anliegen der Verteidigung eigener Unabhängigkeit gegen das imperialistische Frankreich.

Das Faisal-Weizmann-Abkommen

Auch in Hinsicht auf Palästina bot Faisal Angriffsflächen: Das sog. Faisal-Weizmann-Abkommen vom Januar 1919 löste nicht nur unter den in Damaskus lebenden Palästinensern, sondern auch in Palästina selbst heftige Reaktionen aus. Aus Nablus ging eine Protest-Note ein, die Faisal an die arabische Sicht der Dinge erinnern sollte.[34] In dem Abkommen, das im Sommer 1918 bei einem Treffen im Ostjordanland vorbereitet worden war, machte Faisal im Namen des Arabischen Königreichs des Hijaz (d. h. seines Vaters Husain, für die Araber Palästinas konnte er ja nicht gut sprechen) gegenüber Chaim Weizmann als Vertreter der Zionistischen Organisation, gewichtige Zusagen: Er stellte die größtmögliche, aufrichtige Zusammenarbeit des Arabischen Königreichs mit Palästina in Aussicht, die Umsetzung der Balfour-Erklärung und die gezielte Förderung jüdischer Einwanderung und Besiedlung im Land, wobei die heiligen Stätten der Muslime unter deren Kontrolle verbleiben sollten. Allem Anschein nach war Faisal dazu bereit, Palästina nicht nur für zionistische Zuwanderer zu öffnen, sondern die Einrichtung einer «jüdischen Heimstätte» zuzulassen. Dabei scheint er sich jüdisches Kapital und jüdische Hilfe gegen die Franzosen erhofft zu haben, die, wie auch ihm bekannt war, Anspruch auf Syrien erhoben; die Zionistische Organisation bot dem Arabischen Staat in dem Abkommen ihre guten Dienste an. Allerdings knüpfte Faisal in einer handschriftlichen Notiz in arabischer Sprache sein Entgegenkommen an eine entscheidende Voraussetzung: die Erfüllung der arabischen Ansprüche auf Unabhängigkeit durch die auf der Pariser Friedenskonferenz versammelten Mächte. Als diese verweigert wurde, war auch das Abkommen hinfällig. Ob es, wie häufig behauptet, eine verpaßte Gelegenheit der friedlichen Einigung zwischen Juden und Arabern darstellte – eine von den vielen «verpaßten Gelegenheiten», von denen immer wieder die Rede ist –, ist höchst fraglich: Faisal vertrat dynastische Interessen, nämlich die der im Hijaz verwurzelten haschemitischen

Familie; er war von den Bewohnern Palästinas in keiner Weise legitimiert, für sie zu sprechen; und er hatte sie nicht befragt, wie sie sich ihre Zukunft vorstellten.

Von der Militär- zur Zivilverwaltung

Die amerikanische Regierung bestand in dieser Situation auf der Entsendung einer alliierten Kommission, die im Einklang mit dem Prinzip des *government by consent* die Wünsche der betroffenen Bevölkerung ermitteln sollte. Da Briten und Franzosen ihre Beteiligung verweigerten, begab sich im Juni 1919 eine rein amerikanische Kommission unter der Führung von Dr. Henry King, dem Präsidenten des Oberlin College, Ohio, und Charles Crane, einem Geschäftsmann aus Chicago, nach Palästina und Syrien. Die arabische Seite unterbreitete ihr in Jerusalem «drei Forderungen»: «vollkommene Unabhängigkeit» Syriens vom Taurus-Gebirge im Norden bis Rafah im Süden; innere Autonomie (*istiqlal dakhili*) Palästinas («Südsyriens») innerhalb dieses syrischen Staates; Ablehnung zionistischer Einwanderung und einer jüdischen Heimstätte in Palästina bei Anerkennung der von alters her in Palästina lebenden Juden als gleichberechtigte Bürger (*wataniyyun lahum ma lana wa-ʿalaihim ma ʿalaina*) – eine aus der islamischen Rechtstradition stammende Formel.[35] Der Bericht der King-Crane-Kommission, die ein amerikanisches, gegebenenfalls auch ein britisches Mandat über ganz Syrien empfahl, wurde im August 1919 zwar der Pariser Friedenskonferenz unterbreitet, dort jedoch nicht diskutiert und erst 1922 veröffentlicht. Im September 1919 vereinbarten Briten und Franzosen einen britischen Abzug aus Syrien, wobei französische Truppen in das Gebiet einrücken sollten, das ihnen im Sykes-Picot-Abkommen als Zone «A» zugesprochen worden war, während das weitere Schicksal des von der Arabischen Regierung kontrollierten Landesinneren einschließlich der Städte Damaskus, Hama, Homs und Aleppo zunächst offen blieb; der Bezirk Mosul, der gleichfalls zu der «A»-Zone gehört hatte, sollte hingegen unter britischer Besatzung verbleiben. Unbeeindruckt von innerem und äußerem Widerstand erklärte ein Allgemeiner Syrischer Kongreß, dem auch Delegierte aus Palästina angehörten, am 8. März 1920 Faisal b. al-Husain zum König eines unabhängigen syrisch-arabischen Staates.[36] Die Proklama-

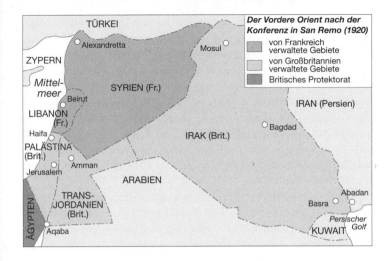

. Im April verständigte sich der

Der Vordere Orient nach der Konferenz in San Remo (1920)

- von Frankreich verwaltete Gebiete
- von Großbritannien verwaltete Gebiete
- Britisches Protektorat

tion fand in Palästina ein lebhaftes Echo, das die gleichzeitige Veröffentlichung der Balfour-Erklärung durch die britische Militärverwaltung noch verstärkte.

Die Arabische Regierung scheiterte trotz aller Schwierigkeiten letztlich nicht an internen Widerständen, sondern an der militärischen Überlegenheit Frankreichs. Im April verständigte sich der Oberste Rat der Alliierten in San Remo über die Aufteilung der britischen und französischen Mandatsgebiete; im Juli desselben Jahres ratifizierte der Völkerbund die Entscheidung (bestätigte jedoch erst zwei Jahre später den Entwurf des Mandatsvertrags für Palästina. Die Grenzen der Mandatsgebiete im Nahen Osten wurden endgültig erst in der anglo-französischen Übereinkunft vom März 1923 festgelegt). Im Vorgriff auf die förmliche, völkerrechtlich gültige Übertragung des Mandats setzte Großbritannien am 1. Juli 1920 in Jerusalem eine Zivilregierung unter dem engagierten Zionisten Sir Herbert Samuel ein. Nachdem die Briten ihnen freie Hand gelassen hatten, vernichteten französische Truppen am 24. Juli 1920 in der Schlacht von Maisalun die Reste von Faisals Armee, besetzten Damaskus und verwandelten Syrien in ein französisches Mandat.

Das Ende des Arabischen Königreichs in Syrien bedeutete auch das Ende der Hoffnungen auf einen «großsyrischen» arabischen Staat. Winston Churchill, 1919 Kriegsminister und seit Januar

1921 Kolonialminister, dem zugleich die bislang dem Außenministerium zugeordneten britischen Mandate im Mittleren Osten übertragen wurden, ließ die Neuregelung im März 1921 auf einer Konferenz in Kairo festhalten: Während der von den Franzosen vertriebene Faisal mit dem irakischen Thron zufriedengestellt wurde, erhielt sein älterer Bruder Abdallah – gegen zionistischen Widerstand – die Emiratswürde über Transjordanien, das zuvor als Teil des Arabischen Königreichs des Hijaz verwaltet worden war und nun der Autorität des britischen Hochkommissars in Jerusalem unterstellt wurde. Am 24. Juli 1922 billigte der Völkerbundsrat in London das britische Mandat über Palästina und verfügte am 16. September 1922 Ausnahmeregelungen für Transjordanien, das gemäß Art. 25 des Mandatsvertrags – wenngleich in recht verschlüsselter Form – von den Bestimmungen zugunsten der nationalen jüdischen Heimstätte ausgenommen wurde: Die Balfour-Erklärung fand auf das ostjordanische Territorium daher keine Anwendung.[37] Im Vertrag von Lausanne wurde genau ein Jahr später, am 24. Juli 1923, die türkische Unabhängigkeit anerkannt. Nach nochmaliger Verzögerung trat das britische Mandat über Palästina am 29. September 1923 zeitgleich mit dem französischen Mandat über Syrien offiziell in Kraft.

VIII.

Zweierlei Maß oder: die doppelte Verpflichtung

«Palästina ist ganz klein. Es ist so groß wie Sardinien oder eine deutsche Provinz. Aber es reicht vom Meer bis zum Schneeberg, umfaßt Ebene, Gebirge, die tiefste Stelle der Erdoberfläche, höchste Fruchtbarkeit und Wüste. Es gibt das kalte Jerusalem und das glühende Jericho. In dem winzigen Land ist zwischen der Jordanebene und dem Gebirge ein Unterschied von sechs Wochen in der Reifezeit des Getreides. Es gibt die nordischen Obstbäume und die tropische Banane, Akazien und Palmen. Das Land liegt hingestreckt zwischen Mittelmeer und Jordan, der von Norden nach Süden die heutige Grenze bildet, ein schmaler Streifen am östlichen Mittelmeer. Dort drüben liegt Griechenland ... Dasselbe Meer ist hier. Aber es gibt keine Beziehung zwischen Land und Meer. Das Meer bespült das Land, das ist alles ... Das Meer ist tot an der Küste Palästinas. Das Gesicht des Landes ist nach der Wüste gekehrt.»[1]

1. Der Mandatsvertrag

Das Mandatssystem war Kolonialherrschaft in neuem Gewand; als solches wurde es vor Ort auch verstanden. Zentrales Anliegen der europäischen Siegermächte war die Abgrenzung ihrer überseeischen Kontroll- und Einflußsphären im Einvernehmen mit den USA, die dem 1919 neu geschaffenen Völkerbund nicht beigetreten waren. Dieses Anliegen wurde in eine quasi-religiöse Sprache der Verantwortung gekleidet, die sehr deutlich auf die «Bürde des weißen Mannes» anspielte. In der neuen völkerrechtlichen Ordnung sollten die eroberten Gebiete als «heiliges Gut der Zivilisation (*sacred trust of civilisation*)» der Treuhänder- oder Vormundschaft erfahrener (westlicher) Mächte unterstellt werden. In Art. 22 des Völkerbundsvertrags vom Juni 1919 hieß es so:

«Auf die Kolonien und Gebiete, die infolge des Krieges aufgehört haben, unter der Souveränität der Staaten zu stehen, die sie vorher beherrschten, und die von solchen Völkern bewohnt sind, die noch nicht imstande sind, sich unter den besonders schwierigen Bedingungen der heutigen Welt selbst zu leiten, finden die nachstehenden Grundsätze Anwendung: Das Wohlergehen und die Entwicklung dieser Völker bilden eine heilige Aufgabe der Zivilisation, und es ist geboten, in die gegenwärtige Satzung Bürgschaften für die Erfüllung dieser

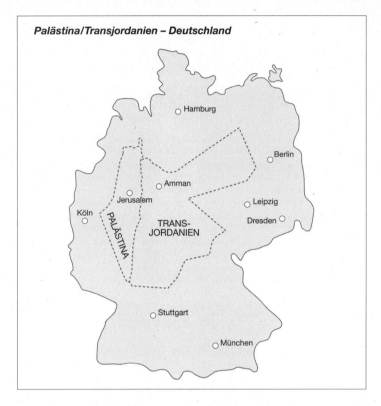

Palästina/Transjordanien – Deutschland

Hamburg

Berlin

Amman

Jerusalem

Leipzig

Köln

Dresden

PALÄSTINA

TRANS-
JORDANIEN

Stuttgart

München

Aufgabe aufzunehmen. Der beste Weg, diesen Grundsatz durch die Tat zu verwirklichen, ist die Übertragung der Vormundschaft über diese Völker an die fortgeschrittenen Nationen.»[2]

Die arabischen Bewohner des ehemaligen Osmanischen Reichs qualifizierten sich für die oberste Kategorie der sog. A-Mandate. Diese hatten nach Art. 22 § 4 einen Entwicklungsstand erreicht, der sie befähigte, unter der Aufsicht und Leitung einer europäischen Macht die Unabhängigkeit anzustreben. Im Wortlaut hieß es, diese Gemeinschaften (*communities*) hätten:

«einen Stand der Entwicklung erreicht, an dem ihre Existenz als unabhängige Nationen vorläufig und unter der Bedingung anerkannt werden kann, daß sie von einer Mandatsmacht administrativen Rat und Unterstützung bis zu dem Zeitpunkt erhalten, zu dem sie auf eigenen Füßen stehen können. Die Wünsche dieser Gemeinschaften sind bei der Wahl einer Mandatsmacht vorrangig zu berücksichtigen.»[3]

Die große Ausnahme machten hier die Einwohner Palästinas, das im Gegensatz zu Syrien (einschließlich Libanons) und dem Irak nicht als A-Mandat eingestuft wurde, da es britischer Lesart zufolge nicht unter den oben genannten Paragraphen fiel, vielmehr speziellen Bestimmungen unterlag. Palästina erhielt damit von Beginn an einen Sonderstatus, der aus der «jüdischen Frage» abgeleitet wurde, konkreter den zionistischen Ansprüchen auf nationale Selbstverwirklichung (um nicht den politisch eindeutigeren Begriff der «Selbstbestimmung» zu wählen), demgegenüber die Ansprüche der Araber verblaßten.

«Ein Land ohne Volk für ein Volk ohne Land»

Hier wurde ganz deutlich, was die Formel «Ein Land ohne Volk für ein Volk ohne Land (*a land without a people for a people without a land*)» bedeutete, die fälschlicherweise meist Theodor Herzl oder frühen Zionisten wie Israel Zangwill (1864–1926) in den Mund gelegt wurde, tatsächlich aber auf den philosemitischen Earl of Shaftesbury zurückgeht, der die einprägsamen Worte schon in den 1840er Jahren gefunden hatte:[4] Die Formel hieß nicht unbedingt, daß es in Palästina keine Menschen gab bzw. keine einheimische Bevölkerung (obwohl sich, wie gezeigt, auch an der Wende vom 19. zum 20. Jahrhundert noch Autoren fanden, die glaubten, das «Heilige Land» sei sowohl rückständig als auch menschenleer). Gemeint war, daß die dort lebenden Menschen kein Volk mit eigener Geschichte, Kultur, Tradition und Anspruch auf nationale Selbstverwirklichung waren, daß diese, sofern vorhanden, auf jeden Fall aber der Geschichte, Kultur, Tradition und dem Anspruch des jüdischen Volkes nicht ebenbürtig waren. Danach gab es in Palästina eine *Bevölkerung* («people»), aber kein *Volk* («a people»); Menschen, die (möglicherweise) dort ihre *Heimat* hatten, aber keine *nationale Identität* und daher auch keinen Anspruch auf nationale Selbstbestimmung oder gar einen eigenen *Staat*. Es handelte sich somit um ein politisches, nicht ein numerisches Argument. Aus diesem Grund war es auch durch Hinweise auf Bevölkerungszahlen nicht wirklich zu entkräften. In Palästina ging es einfach um mehr als um die dort lebenden «Leute».

Ein längeres Zitat aus dem Peel-Bericht kann vielleicht einen Eindruck von der Sichtweise vermitteln, die nach Kriegsende in britischen Kreisen verbreitet war und die Einstellung zu Land und Leuten prägte. In einem (durchaus lesenswerten) historischen Vorspann erklärten die Verfasser zunächst, daß mit der Niederschlagung des jüdischen Aufstands im Jahr 135 n.Chr. «Palästina unaufhaltsam ins Dunkel» sank (S. 4). Das Ende jüdischer Macht im Heiligen Land war somit auch das Ende seiner Geschichte, die weitere Entwicklung kaum der Rede wert, die Gegenwart – man ahnt es – kläglich und öde. Die Reformen des 19.Jahrhunderts hatten, wie es schien, im Land keine Spuren hinterlassen:

«In den seit der Eroberung durch die Araber vergangenen mehr als zwölf Jahrhunderten war Palästina eigentlich aus der Geschichte verschwunden. Ein Kapitel nur bleibt in der Erinnerung, die nicht sonderlich edle Romantik der Kreuzzüge. Wirtschaftlich und politisch lag Palästina jenseits des Stroms der Welt und ihres Lebens. Im Bereich des Denkens, in Wissenschaft und Literatur hat es zu der modernen Zivilisation nichts beigetragen. Sein letzter Zustand war niedriger als sein erster. Im Jahre 1914 war die Lage des Landes ein besonderes Beispiel für die Lethargie und schlechte Verwaltung des ottomanischen Vorkriegs-Regimes. Die Bevölkerung, ihrem Charakter nach vorwiegend noch arabisch, fristete ein unsicheres Dasein hauptsächlich im Bergland. In der Ebene, wo Leben und Eigentum weniger sicher war, waren die Bewässerungsanlagen, wie sie in alten Zeiten existiert hatten, längst verschwunden. Orangen wuchsen rund um Jaffa, aber der Gürtel am Meer war nur spärlich bevölkert und dürftig bebaut. Die Ebene Jesreel war zum größten Teil Sumpf und Malariagebiet. Östlich vom Jordan war nichts von den griechischen Städten der klassischen Zeitläufte außer einer oder zwei verlassenen Trümmerstätten geblieben. Südlich, in Beer-Sheba, dem einstigen Sitz mehrerer blühender Städte, lag jede Spur städtischen Lebens unter dem Spülsand begraben.»[5]

Soweit klang dem Leser europäischer Reiseliteratur alles recht vertraut, wenngleich auch dort, wie gezeigt, abweichende Stimmen zu hören waren. Doch anders als viele Beobachter vor und nach ihnen schlossen die Verfasser des Peel-Berichts aus der behaupteten Rückständigkeit des Landes nicht auf die mangelnde Verwurzelung seiner Bewohner, denn, so fuhren sie an gleicher Stelle fort:

«Aber wie arm und vernachlässigt es auch war, für die Araber, die dort lebten, war Palästina – oder, um es deutlicher zu sagen, Syrien, von dem Palästina seit den Tagen Nebukadnezars ein Teil geblieben war – immer noch ihr Land, ihr Heim, das Land, in dem ihre Leute in vergangenen Jahrhunderten gelebt und ihr Grab gefunden haben.»

Die arabischen Einwohner des Landes betrachteten Palästina also als ihre Heimat – immerhin. Das hieß nach britischer Überzeugung aber noch nicht, daß sie legitime politische Ansprüche auf

Palästina besaßen, die jenen des jüdischen Volkes mit seiner einzigartigen, für das christliche Abendland grundlegenden Tradition und Kultur vergleichbar gewesen wären. Lord Balfour machte das ganz deutlich, als er aufgefordert wurde zu erklären, warum das Prinzip der Selbstbestimmung nicht für Palästina und dessen Einwohner gelten sollte. In einem Brief an den britischen Premier schrieb er im Februar 1919:

«Unsere Rechtfertigung für unsere Politik lautet, daß wir Palästina als absolut außergewöhnlich betrachten; daß wir die Frage der Juden außerhalb Palästinas für eine Frage von weltweiter Bedeutung erachten, und daß wir glauben, daß die Juden einen historischen Anspruch auf eine Heimstatt (*home*) in ihrem alten Land besitzen, vorausgesetzt, diese Heimstatt kann ihnen gegeben werden, ohne die gegenwärtigen Einwohner entweder zu enteignen oder zu unterdrükken.»[6]

Letzterer Punkt sollte in den ausgehenden 1930er Jahren wieder aufgegriffen werden. Palästina bot Balfour zufolge eine einzigartige Situation,

«wo wir es nicht mit den Wünschen einer bestehenden Gemeinschaft zu tun haben, sondern bewußt darauf hinarbeiten, eine neue Gemeinschaft wiederherzustellen (*re-constitute a new community*), und mit Bestimmtheit auf eine künftige numerische Mehrheit hinwirken.»[7]

Eine «neue» Gemeinschaft «wiederherstellen» zu wollen, klang merkwürdig. Beachtung verdient zugleich das numerische Argument, das Balfour allerdings auf die Zukunft richtete: Hier wurde es nicht verwandt, um Palästina für menschenleer, elend und verlassen zu erklären, sondern um einer künftigen jüdischen Mehrheit politisch und physisch Raum zu schaffen. Lord Milner, der sich selbst als araberfreundlich bezeichnete (und wie vor ihm McMahon Araber mit Muslimen gleichsetzte), erklärte 1923 in ähnlicher Weise vor dem britischen Oberhaus:

«Palästina kann nie als ein Land von der gleichen Art wie die andern arabischen Länder gelten. Sie können nicht die ganze Geschichte und Tradition in der Sache ignorieren. Sie können nicht die Tatsache ignorieren, daß dies die Wiege zweier von den großen Weltreligionen ist. Es ist ein geweihtes Land für die Araber, aber es ist auch ein geweihtes Land für die Juden und Christen, und die Bestimmung der Zukunft Palästinas kann unmöglich *vorübergehenden Eindrücken und Gefühlen der heutigen arabischen Mehrheit in dem Land* überlassen werden.» (meine Hervorhebung, G. K.)[8]

Der Zumutung, die dies für die arabische Bevölkerungsmehrheit bedeutete (und hier waren neben Muslimen auch arabische Christen betroffen), deren «vorübergehende Eindrücke und Gefühle» angesichts der Ansprüche des jüdischen Volkes, ja der Geschichte schlechthin nicht zählen sollten, war selbst ein Balfour sich bewußt. Er argumentierte aber auch in dieser Hinsicht richtungweisend, als er im Juli 1920 über die zu erwartenden Schwierigkeiten einer Nachkriegsregelung bemerkte:

«Unter diesen Schwierigkeiten glaube ich am höchsten veranschlagen oder auf alle Fälle an erste Stelle setzen zu sollen die unvermeidliche Schwierigkeit der Auseinandersetzung mit der Araberfrage, wie sie sich innerhalb der Grenzen von Palästina darstellt ... Was die Araber anlangt – eine große, interessante und anziehende Rasse –, so hoffe ich, sie werden sich erinnern, daß ... die Großmächte, und unter allen Großmächten ganz besonders Großbritannien, die arabische Rasse aus der Tyrannei ihres brutalen Unterdrückers befreit haben, der sie für so viele Jahrhunderte unter seiner Ferse gehalten hatte. Ich hoffe, sie werden sich erinnern, daß wir es sind, die die unabhängige Souveränität des Hedschas errichtet haben. Ich hoffe, sie werden sich erinnern, daß wir es sind, die den Wunsch haben, in Mesopotamien den Weg für die Zukunft eines sich selbst regierenden autonomen Araberstaats vorzubereiten. Und ich hoffe, sie werden, in Erinnerung an all das, *diese kleine Kerbe – denn es ist geographisch nicht mehr, was immer es historisch sein mag –, diese kleine Kerbe in die Länder, die jetzt arabisch sind, dem Volk, dem sie gegeben ist, nicht mißgönnen, das von ihr seit Hunderten von Jahren getrennt gewesen ist.*» (meine Hervorhebung, G. K.)[9]

Eine bemerkenswerte Logik, die schon zu dieser Stunde das territoriale mit dem historischen Argument verknüpfte und beide zugunsten der Ansprüche des jüdischen Volkes auf das «Land seiner Väter» auslegte. Hier war auf jeden Fall schon der Gedanke formuliert, demzufolge die Araber so viel Land besaßen, daß sie auf diesen kleinen Streifen (diese «kleine Kerbe») wohl verzichten konnten zugunsten des jüdischen Volkes, das nur *dieses eine* Land hatte – kraft eigenen Rechts, wie das Churchill Memorandum 1922 verdeutlichend festhalten sollte, nicht kraft Duldung.

Die Frage der politischen Repräsentation

Das Recht der arabischen Bevölkerung (der «bestehenden nichtjüdischen Gemeinschaften», von denen die Balfour-Erklärung gesprochen hatte) auf Selbstbestimmung wurde im Mandatstext für Palästina tatsächlich deutlich zurückhaltender definiert als in jenen für Syrien und Libanon, in denen die Mandatsmacht verpflichtet wurde, in Abstimmung mit den örtlichen «Autoritäten» binnen dreier Jahre ein Grundgesetz (Organic Law) auszuarbeiten und die Bevölkerung auf die Unabhängigkeit vorzubereiten. Im Mandat für Palästina fehlten diese Bestimmungen:[10] Die Mandatsmacht erhielt die vollen gesetzgeberischen und administrativen Kompetenzen, die von einem Hochkommissar ausgeübt wurden. Ihm standen ein rein britischer Exekutivrat und ein Beratungsgremium (Advisory Council) zur Seite, das sich anfangs aus zehn britischen Beamten und zehn ernannten Mitgliedern (4 Muslimen, 3 christlichen Arabern, 3 Juden) zusammensetzte, unter denen die muslimische Bevölkerungsmehrheit somit deutlich unterrepräsentiert war. (Ihre Vertretung wurde bereits im August 1922 angehoben.) Briten standen auch an der Spitze der Zentral- und der Provinzverwaltung, der Polizei und Gendarmerie sowie des – außerordentlich unübersichtlichen – Rechts- und Gerichtswesens. Dem stand lediglich die Verpflichtung gegenüber, Selbstverwaltungsinstitutionen (*self-governing institutions*) der lokalen Bevölkerung zu schaffen, wobei bereits im Mandatstext eine «Jüdische Agentur» genannt wurde, der Mitsprache bei der Wahrnehmung jüdischer Interessen zuerkannt wurde.

Die Balfour-Erklärung war Teil des Mandatsvertrags und damit völkerrechtlich bindend. Präambel und Art. 2 legten dies unmißverständlich fest, die Präambel, indem sie die Verwirklichung der Balfour-Erklärung regelrecht zur Hauptaufgabe der Mandatsmacht erklärte, Art. 2, indem er deren Wortlaut aufgriff, wenn auch mit interessanten Abänderungen:

«Der Mandatar soll dafür verantwortlich sein, daß das Land unter solche politische, administrative und wirtschaftliche Bedingungen gestellt wird, welche die Errichtung der Jüdischen Nationalen Heimstätte, wie in der Einleitung niedergelegt, und die Entwicklung von Selbstverwaltungsinstitutionen sowie die Wahrung der bürgerlichen und religiösen Rechte aller Einwohner Palästinas, ohne Unterschied der Rasse und Religion, sichern.»[11]

Art. 3 verpflichtete die Mandatsmacht, die lokale Selbstverwaltung zu fördern – «soweit die Umstände dies erlaubten». Art. 4 betraf die Anerkennung einer «angemessenen jüdischen Vertretung (Jewish Agency)», die die Mandatsregierung in allen wirtschaftlichen, sozialen und sonstigen Fragen beraten sollte, die mit der Einrichtung der nationalen Heimstätte und den Interessen der jüdischen Bewohner Palästinas zusammenhingen. Als diese Vertretung sollte bis auf weiteres die Zionistische Organisation gelten – also eine internationale politische Körperschaft mit Sitz in London, die in Palästina selbst nur schwach verankert war und die angesichts des heftigen innerjüdischen Widerstands gegen die zionistischen Bestrebungen zwar versuchen konnte, für das jüdische Volk zu sprechen, aber nicht beanspruchen konnte, das jüdische Volk als Ganzes zu repräsentieren. Eine entsprechende Regelung bezüglich der Vertretung der arabischen Bevölkerung fehlte.[12] Art. 6 hielt die Verpflichtung fest, «unter der Sicherung, daß die Rechte und die Lage anderer Teile der Bevölkerung nicht beeinträchtigt werden», nicht nur die jüdische Einwanderung zu erleichtern, sondern eine «geschlossene Ansiedlung von Juden auf dem Lande, mit Einschluß der nicht für öffentliche Zwecke erforderlichen Staatsländereien und Brachländereien» zu fördern. Das hieß, daß Staatsdomänen sowie Brach- und Ödland (*mawat*) für die jüdische Besiedlung zur Verfügung gestellt werden sollten. Art. 22 legte Englisch, Arabisch und Hebräisch als offizielle Sprachen fest.

2. Die «doppelte Verpflichtung»

Die Lage war von Beginn an durch ein tiefgreifendes Ungleichgewicht der Kräfte gekennzeichnet. Die Briten wußten durchaus um ihre schwierige Position, für die sich der Begriff der «doppelten Verpflichtung» (*dual obligation*, *two-fold duty*) einbürgerte – doppelt in Gestalt des allgemeinen Mandatsauftrags, der sie zur Förderung lokaler Selbstverwaltung anhielt, und der Balfour-Erklärung, die sie zur Unterstützung einer jüdischen nationalen Heimstätte verpflichtete.[13] Das bedingte eine ungleiche Behandlung der beiden großen Bevölkerungsgruppen (deren innere Untergliederung, ja Spaltung, in diesem Zusammenhang in den Hintergrund trat): Die Juden bzw. Zionisten mußten gefördert, die Araber, soweit sie sich diesem Ziel entgegenstellten, gebremst werden. Arabische Wünsche und Bestrebungen wurden von den Briten in dem Maße berücksichtigt, wie sie ihren sonstigen Verpflichtungen und Interessen nicht im Wege standen. Die Briten betrieben daher in Palästina keine Status-quo-Politik – auch wenn ihr Interesse im Prinzip darauf gerichtet war, die bestehenden sozialen und politischen Verhältnisse im «arabischen Sektor» aufrechtzuerhalten, also etwa die Stellung der einheimischen Elite nicht anzutasten.

Zusätzlich kompliziert wurde die Lage durch die Verschränkung strategischer Interessen, politischer Ziele und religiös-kultureller Sympathien und Antipathien, die sich auf Juden wie auf Araber und Muslime richten konnten. Britische Kolonial- und Mandatsbeamte waren, wie erwähnt, keineswegs alle prozionistisch oder judenfreundlich. Vorurteile gab es gegenüber Juden wie gegenüber Arabern. Dies um so mehr als die palästinensischen Araber überwiegend nicht in der Wüste lebten und wenig gemein hatten mit den als edel und reinrassig geltenden Beduinen der Arabischen Halbinsel – echten Gentlemen nach Herkunft und Lebensart. Nicht umsonst genossen die adligen Haschemiten, vertreten durch den Emir von Mekka und seine Söhne, in Europa einigen Respekt als die «natürlichen Führer» der arabischen Nation. Die palästinensischen Städter waren demgegenüber «Levantiner» von zweifelhafter Abstammung und fragwürdigem Charakter, gerissen, oberflächlich, aufdringlich – und ihre Elite sprach Französisch, wenn auch mit schwerem Akzent. Nicht daß sich diese Sicht auf die britischen Kolonialherren beschränkte. Ein Ewald Banse berief sich in den 1930er Jahren bei der Betrachtung des Orients ganz selbstverständlich auf die Rassenlehre, wobei seine Ausfälle (man mag sie heute nicht zitieren) zugleich die antifranzösische Einstellung verdeutlichten, die in das Zerrbild vom Levantiner einging.[14]

Aber die Ambivalenzen lagen tiefer, in der kolonialen Situation selbst begründet: Im offiziellen Sprachgebrauch waren alle Einwohner des Mandatsgebiets «Palästinenser» (ich wende den Begriff nicht auf die Juden an, um angesichts des heutigen Sprachgebrauchs keine zusätzliche Verwirrung zu stiften) und sämtlich, ohne Ansehen von Herkunft, Sprache und Religion, Untertanen der britischen Krone. Die jüdischen Palästinenser jedoch waren in ihrer großen Mehrheit Europäer, die arabischen Orientalen. Letzteren gegenüber waren aus britischer Sicht die Verhältnisse klar, gleichermaßen begründet in politischen wie in kulturellen Kategorien: Selbst der vermögende und gebildete Araber (insbesondere der muslimische, aber auch der christliche – zumal er in der Regel einer orientalischen Kirche angehörte) war *kolonisiert* und daher nicht Glied der herrschenden Gesellschaft. Das mochten Angehörige der arabischen Elite, die sich in bezug auf ihre eigene Gesellschaft als Aristokratie verstanden, anders sehen: Ihr Stammbaum konnte sich mit dem der meisten britischen Kolonialbeamten mehr als messen (in manchen Fällen ließ er sich auf die Militärelite der Mamluken zurückführen, in anderen auf die Familie des Propheten – so weit reichte kaum ein britisches Adelshaus zurück); sie waren vermögend, wenn nicht reich (das galt für die Mehrzahl der in Jerusalem dienenden britischen Zivilbeamten und Militärs nicht); sie waren gebildet (nicht wenige Angehörige der besseren Familien Jerusalems beherrschten vier bis fünf Sprachen, wenngleich das Englische meist nicht dazu zählte – auch Mehrsprachigkeit war bei den Briten nicht die Regel); sie reisten viel – kurz: sie waren Kosmopoliten oder sahen sich doch als solche. Eigentlich gab es keinen Grund, warum ein Raghib al-Nashashibi, der alle diese Eigenschaften auf sich vereinte, zu einem schottischen Landadligen aufblicken sollte, der sich als Brite den «Eingeborenen» überlegen fühlte.[15] Trotzdem war der arabische «Efendi» für den Briten sozial und kulturell keine Herausforderung. Er war nicht satisfaktionsfähig. Für die Masse der arabischen Bauern und Beduinen galt dies ohnehin.

Anders die Juden, die den «neuen Yishuv» und die zionistische Bewegung repräsentierten: sozial gesehen höchst uneinheitlich, manche aus einfachstem osteuropäischen Schtetl-Milieu stammend, andere aus gebildeten und begüterten Familien der westeuropäischen Metropolen; überwiegend selbst gut ausgebildet, in vielen Fällen des Englischen mächtig, mit europäischen Gepflogenheiten einschließlich ihrer britischen Sonderform vertraut – und ohne jedes Minderwertigkeitsgefühl. Das war die subjektive Ebene. Die «objektive» vergrößerte die Schwierigkeit: Die zionistischen Juden waren Kolonisierte und Kolonisatoren in einem, die als Europäer überzeugt davon waren, die Zivilisation zu vertreten, sie nach Palästina zu tragen und dort ein im europäisch-westlichen Sinn modernes Gemeinwesen (mit «Muster*colonien*») anzulegen. Die zivilisatorische Mission, die die Briten für sich als Mandatsmacht in Anspruch nahmen, vertraten auch die Zionisten. Nicht nur, daß sie sich den Briten gegenüber nicht minderwertig fühlten: Sie erhoben Ansprüche, sie mahnten, kritisierten, opponierten, sie waren ungeduldig, sie wirkten anmaßend. Nicht zuletzt daher die Gereiztheit im beiderseitigen Verhältnis. Ein amerikanischer Journalist verlieh dem kolonialen Blick in den 1920er Jahren beredte Worte:

«Die Engländer wollen gerecht sein und bemühen sich, in Palästina gerecht zu sein. Aber bei den Arabern fühlen sie sich dabei in einer Weise zu Hause, wie es gegenüber den Juden nicht der Fall ist, und wahrscheinlich nie wird sein können. Diese Araber sind im wahren Sinn des Wortes Eingeborene. Sie verhalten sich so, wie die Engländer es von Eingeborenen in anderen Teilen der Welt kennen. Sie sind in ihrem eigenen, fremdartigen Land heimisch. Deswegen wissen die Engländer, was sie zu tun und wie sie sie zu behandeln haben ...
    (Die Engländer) wissen nicht, was sie von den Juden halten sollen ... Da sie einen Teil, ja sogar einen großen Teil, der Einwohner des Landes ausmachen, müssen die Juden natürlich als Eingeborene eingestuft werden. Aber sie wirken nicht wie Eingeborene. Sie kennen die westliche Kultur; sie sind selbst, im echt englischen Sinn des Wortes, kultiviert; viele von ihnen sprechen die englische Sprache und sind mit englischen Gebräuchen vertraut. Mehr noch: Diese Juden benehmen sich nicht wie Eingeborene. Sie sind nicht unterwürfig, gehorsam und dankbar für erwiesene Wohltat ... Die Juden machen Ärger ... und werden daher von den Engländern ... mit der ausgeprägten Abneigung der überlegenen Klasse für die unterlegene Klasse betrachtet, die ihren Platz nicht kennt.»[16]

Das Argument des wirtschaftlichen Vorteils

Gestärkt wurden die Briten in dieser Lage durch den Glauben an die eigene Nützlichkeit. Sie sahen sich in der Rolle des (unverzichtbaren) Mittlers und Sicherheitsgaranten, des «guten Maklers», eine Rolle, die zugleich die Fortsetzung des Mandats begründete und legitimierte. Ein zusätzliches Argument, an das sich selbst in den schwierigsten Zeiten immer wieder Hoffnung knüpfte, wenn nicht gar Optimismus, war das des wirtschaftlichen Vorteils, des Wohlstands, der Zivilisation, den das Mandat im allgemeinen und die jüdische Heimstätte im besonderen Palästina und seinen Bewohnern bringen würde: Das jüdische Aufbauwerk – jüdische Einwanderung, jüdische Siedlung, jüdische Arbeit, jüdisches Kapital – würde dem Land als Ganzem zugute kommen und damit auch die Lage der arabischen Bauern verbessern, deren Not so eindringlich beschworen wurde. Der Peel-Bericht faßte auch diesen Gedanken knapp zusammen:

«Es ist daher klar, daß die Politik der Balfour-Deklaration der Behandlung durch das Mandatssystem im Jahre 1919 in dem Glauben unterstellt wurde, daß die dabei übernommenen Verpflichtungen gegen die Araber und die Juden sich gegenseitig nicht widersprechen würden ... Es wurde angenommen, daß die Errichtung des Nationalheims eine bedeutende Zunahme des Wohlstandes für ganz Palästina bedeuten würde. Es war ein wesentlicher Teil der zionistischen Mission, das Land wieder zu beleben, durch jüdische Arbeit, Tüchtigkeit und Mittel den Schaden wieder gut zu machen, den es von Jahrhunderten der Vernachlässigung her erlitten hatte. Die Araber würden davon ebenso ihren Vorteil haben wie die Juden. Sie würden erleben, wie das Land, das sie solange als arm und rückständig gekannt hatten, rasch den materiellen Segen der westlichen Zivilisation erlangte. Aus diesem Grund nahm man an, daß die arabischen Befürchtungen und Vorurteile allmählich würden überwunden werden.»[17]

Mehrere Elemente gehörten zu diesem Argument: daß Palästina zuvor *vernachlässigt* worden war (ein Topos zahlreicher Reiseberichte, Weißbücher und wissenschaftlicher Darstellungen, von denen einige bereits zitiert wurden); daß sich die Verhältnisse, ganz im Sinne der liberalen Ideale von *self-help* und *improvement*, durch jüdische Arbeit und jüdisches Kapital («jüdische Tüchtigkeit») rasch bessern ließen (auf diese Weise hatte schon Herzl den Sultan zu überzeugen versucht); und daß das Problem im Kern kein *politisches*, sondern ein *wirtschaftliches* war (so die zionistische Variante) bzw. die politischen Konflikte mit Hilfe wirtschaftlicher Erfolge überwunden werden konnten (so die britische Variante, die erst Mitte der 1930er Jahre größerer Skepsis wich). Die Zionisten waren nicht die Erfinder des Wohlstands- und Zivilisierungsarguments, schon der Earl of Shaftesbury hatte in diesem Sinne gesprochen. Aber sie brachten es sehr konsequent vor und verknüpften es mit zwei weiteren Motiven: daß erstens die Bauern («Fellachen»), wenn sie sich – ungebildet und beschränkt wie sie waren – gegen jüdische Einwanderung und Siedlung wehrten, von einer gleichermaßen egoistischen wie korrupten arabischen Oberschicht (den «Efendis») irregeführt wurden, die «Nationalismus» sagten und «Ausbeutung» meinten (ein klassischer Fall von «falschem Bewußtsein» auf Seiten der Massen also); und daß zweitens Gewalt nicht belohnt werden dürfe.[18] Ein zionistischer Beobachter fragte sich noch in den 1930er Jahren, «ob die ‹nationale Befreiungsbewegung› der Araber einem wirklichen inneren Bedürfnis des arabischen Volkes entspreche oder ob sie nur als Mache der Efendis anzusehen sei, die die Einwanderung der Juden aus eigennützigen Motiven verhindern wollen?» Ein anderer gab die Antwort: «Der arabische Efendi», so schrieb er, «dessen Latifundien, von versklavten Fellachen bebaut, auf einmal neben sozialistischen

Arbeiterkolonien zu liegen kommen, spricht von Mohammed, dessen Glauben das Schwert ist, und meint die Bodenrente.»[19]

Nach zionistischer Lesart gab es zwar ein «arabisches Problem», aber es ließ sich vernünftig lösen, wenn man den pseudonationalistischen Bauernfängern nicht nachgab: Die Briten sollten daher nicht die Verständigung mit den Efendis suchen, sondern, unbeeindruckt von lokaler Agitation, die Balfour-Erklärung durchsetzen. Auf Gewalt durfte es keine Prämie geben. Die Vertreter der britischen Krone hingegen hielten den arabischen Protest nicht für «künstlich» und allein von einer korrupten Oberschicht geschürt, sondern für real – und britischen Interessen abträglich. Die Zionisten sollten sich dementsprechend zügeln und nicht durch laute Überheblichkeit die Araber und Muslime gegen sich (und damit zugleich die britische Krone) aufbringen, sondern eine Verständigung mit der arabischen Elite suchen (vorzugsweise mit den probritischen Haschemiten).

Das änderte nichts am Ungleichgewicht der Kräfte, das verschiedene Bereiche betraf, nicht zuletzt den Zugang zu finanziellen Mitteln und zu politisch einflußreichen Kreisen in Palästina, Europa und den USA. Kaum weniger wichtig als die Organisation vor Ort war der Kontakt zur europäischen und amerikanischen Öffentlichkeit sowie den höchsten Entscheidungsträgern in London – und hier waren die Zionisten in der eindeutig besseren Lage. Gleichzeitig wird an dieser Stelle deutlich, wie schwierig es in bestimmten Zusammenhängen sein kann, zwischen Juden und Zionisten zu unterscheiden. Im Gegensatz zu den Zionisten bzw. allgemeiner noch, den involvierten jüdischen Kreisen, verfügte die arabische Bevölkerung Palästinas über geringe Finanzmittel, zumal im Ausland. Aus diesem Grund war sie in hohem Maß auf die Mandatsregierung angewiesen. Das verstärkte deren paternalistische Attitüde, die sie gegen Araber und Muslime im allgemeinen und gegenüber arabischen Bauern im besonderen einnahm, die, wie ein britischer Mandatsbeamter es ausdrückte, «ganz offenkundig ihre eigenen Sachen nicht ordentlich hinbrachten».[20] Insgesamt ergab sich so eine labile Dreieckskonstellation: Juden bzw. Zionisten drangen auf die Förderung der nationalen Heimstätte und verlangten von den Briten, arabischen Widerstand gegen dieses Ziel zu unterbinden. Araber opponierten gegen den

Mandatsauftrag im allgemeinen und die Balfour-Erklärung im besonderen. Auffallend war die geringe Interaktion zwischen Arabern und Zionisten bzw. Juden, die nicht zuletzt auf mangelndem Vertrauen basierte, was wiederum Ängsten, Gerüchten und Vermutungen jeder Art breiten Raum ließ. In nicht wenigen Fällen wurden die Briten tatsächlich als «gute Makler» zwischengeschaltet.

Es erwies sich rasch als unmöglich, im Rahmen des Mandats politische Vertretungsorgane zu schaffen, die Juden und Araber unter britischem Schirm zusammenführten. Statt dessen bildeten sich Schritt um Schritt getrennte Organe. Unter der jüdischen Bevölkerung verlief dieser Prozeß der Selbstorganisation sehr viel schneller, umfassender und unbehinderter als unter der arabischen. Auch in der Mandatsverwaltung selbst, der Polizei und den Sicherheitskräften kam es zu ständigen Reibereien über eine angemessene Verteilung von Posten und Verantwortlichkeiten.[21] Dabei befand sich die britische Führung in einem Zwiespalt: Einerseits hielt man nicht viel von den administrativen Fähigkeiten von Nichteuropäern; andererseits kostete ein arabischer Verwaltungsangestellter weniger als ein britischer und auch weniger als ein jüdischer. Um das Feld nicht den Arabern zu überlassen, subventionierte die zionistische Seite daher die Gehälter jüdischer Angestellter der Mandatsverwaltung. Zu beachten war jedoch nicht nur das Verhältnis von Muslimen und Juden, sondern auch das von Muslimen und (arabischen) Christen, da letztere, gemessen an ihrem Anteil an der Gesamtbevölkerung, in der Verwaltung traditionell überrepräsentiert waren. Die britischen Bemühungen, angesichts ständiger muslimischer Proteste diesen Überschuß abzubauen, förderten neue Konflikte innerhalb der arabischen Bevölkerung.

3. «Tunnelblick» und «Beziehungsgeschichte»

Es ist oft bemerkt und viel beklagt worden, daß Zeitgenossen und spätere Betrachter nur selten die palästinensische Realität in ihrer ganzen Vielfalt zur Kenntnis nehmen, daß vielmehr ein «Tunnelblick» vorherrscht, mit dem meist nur eine Gemeinschaft in den Mittelpunkt rückt, und zwar in der Regel die eigene. Der Tunnelblick reicht so weit, daß man selbst in den Werken herausragender israelischer und westlicher Wissenschaftler die wichtigsten Titel arabischer Historiker und Sozialwissenschaftler vermißt; umgekehrt ist das im übrigen selten der Fall – was die Hierarchien unterstreicht, die auch dieses Feld regieren. Bis ins frühe 20. Jahrhundert erfolgte die Aufteilung im allgemeinen nach Religionsgemeinschaften, die sich auch unter britischem Mandat noch in den Zensusdaten niederschlug, welche nach Muslimen, Christen, Juden und «Sonstigen» aufgegliedert waren. Hinzu trat – eher an den politischen Trennlinien orientiert – zunehmend die Unterscheidung in Juden und Araber, wobei deren interne Differenzierungen meist wenig beachtet wurden. Seit einigen Jahren ist allerdings verstärkt von der Notwendigkeit die Rede, Geschichte (und keineswegs nur die nahöstliche) in erster Linie als «Beziehungsgeschichte» zu verstehen, in der Individuen, Gruppen und Gesellschaften nicht isoliert betrachtet werden, sondern in ihren vielfältigen Beziehungen zu anderen Individuen, Gruppen und Gesellschaften. Mit Bezug auf die Kolonialgeschichte hat man von «gemeinsamer Geschichte (*shared history*)» gesprochen oder auch von «verwobener», wenn nicht «verwickelter Geschichte (*entangled history*)», um zu verdeutlichen, daß im Zuge der Kolonisierung keineswegs nur die kolonisierten Völker von Europa geprägt und beeinflußt wurden, sondern ebenso Europa selbst. Mit Blick auf Palästina macht der Ruf nach Beachtung der Wechselwirkungen, Abhängigkeiten, Interaktionen besonderen Sinn, ist «Beziehungsgeschichte» dringend geboten. Wie der jüdische Yishuv von seiner lokalen Umgebung beeinflußt wurde, wie der palästinensische Widerstand unter dem Eindruck von Zionismus und britischer Besatzung in eine arabisch-palästinensische Nationalbewegung überging (ohne in ihr aufzugehen), wie die arabische Landwirtschaft sich unter dem Einfluß von jüdischer Einwanderung und zionistischer Besiedlung veränderte, läßt sich nur aus diesen Beziehungsnetzen und -geflechten verstehen. Keine dieser Erscheinungen ist allein «aus sich selbst heraus» entstanden und zu deuten.

Dennoch entbehrte der «mentale Separatismus», den nicht wenige Zeitgenossen und Beobachter vermerkten und bemängelten, nicht jeder Grundlage. Daß die Gemeinschaften als Ganze in ein kompliziertes Gewebe von Abhängigkeiten eingebunden waren, daß sie sich mit Bezug aufeinander oder in Auseinandersetzung miteinander entwickelten, heißt nicht, daß ihre einzelnen Mitglieder *mit*einander lebten (und nicht nur *neben*einander), daß sie persönliche Beziehungen unterhielten, womöglich in gutnachbarlichem oder sogar freundschaftlichem Verhältnis standen oder einander auch nur hinreichend kannten. Das war in vielen Fällen nicht so. Selbstverständlich gab es persönliche Begegnungen auf der Straße, auf dem Markt, im geschäftlichen Umfeld; die britische Mandatsbehörde beschäftigte Juden und Araber, Muslime und Christen auf denselben Dienststellen; in jüdischen Farmen, Siedlungen und Unternehmen waren arabische Arbeiter und selbst Angestellte tätig, jüdische Kibbutzim hatten arabische Nachbarn; man ging vielleicht zu denselben Ärzten, denselben Handwerkern, wohnte möglicherweise – bis sich im Lauf der 1930er Jahre die räumliche Trennung verschärfte – im selben Stadtteil, in derselben Straße, im selben Haus. Dennoch waren beide Gemeinschaften in erster Linie nach innen gerichtet, auf die eigenen Probleme, Hoffnungen und Konflikte. Sieht man von alteingesessenen Kreisen ab, so war die Kenntnis des Anderen oft erschreckend gering (hierfür fehlten meist schon die sprachlichen Voraussetzungen). Vorurteile saßen tief, Ängste auch; Gerüchte und Unterstellungen hatten dementsprechend freies Spiel. Aus den spannungsreichen frühen 1930er Jahren berichtete eine jüdische Beobachterin:

«Die Beziehungen der beiden semitischen Völker sind zwar nicht sehr innig. Aber man bleibt Nachbar mehr oder weniger gut. Man schimpft aufeinander, schaltet die gegenseitige Konkurrenz möglichst aus, trennt Beschäftigung und Geschäft. Aber die Araber fahren in den jüdischen Autobussen und die Juden in den arabischen Wagen, man kauft auf den Märkten. Am liebsten aber übersieht man einander.»[22]

Selbst in den Teilen der Gewerkschafts- und Arbeiterbewegung und in der kommunistischen Bewegung, die sich im Zeichen der Klassensolidarität um persönliche Kontakte, Austausch und Gemeinsamkeiten bemühten, waren die Erfolge recht gering. Die Rechtsordnung bewahrte in Einklang mit dem islamischen wie dem jüdischen Recht in Fragen des Personalstatuts (Eheschließung, Scheidung, Sorgerecht, Testament, Erbe) die Autonomie der religiösen Gemeinschaften und damit auch den Einfluß der jeweiligen religiösen Autoritäten und verstetigte so die Schranken im privaten Bereich; Mischehen, die oftmals den Abbruch sozialer Bin-

Abb. 10. Straße im sogenannten Jüdischen Viertel von Jerusalem.
Wie Kleidung und Kopfbedeckung erkennen lassen, bewegten sich keineswegs
nur Juden im «Jüdischen Viertel». Unbekannter Fotograf, um 1900

dungen und Kontakte bedeuteten, waren dementsprechend selten.
Auf dem Gebiet der Wissenschaft und der Künste gingen Juden
und Araber weitgehend getrennte Wege.

4. Eine segmentierte Gesellschaft

Schul- und Bildungswesen

Von der Zweiteilung der Gesellschaft zeugt das Schul- und Bildungswesen, das sich unter dem Mandat in komplett getrennte jüdische und arabische Zweige entwickelte, wobei innerhalb des
Yishuv nochmals zwischen einem orthodox-«jüdischen» und einem national-«hebräischen» Zweig zu unterscheiden ist und im
arabischen Sektor zwischen Muslimen und Christen.[23] Vor Aus-

bruch des Ersten Weltkriegs waren 1914 auf 98 osmanischen Staatsschulen rund 8000 arabische und jüdische Schüler eingeschrieben; hinzu kam eine große Zahl in- und ausländischer Privatschulen, an denen mehr als 12000 Schülerinnen und Schüler lernten. Dennoch blieb die Analphabetenrate unter der arabischen Bevölkerung hoch. Während des Ersten Weltkriegs wurden fast alle ausländischen Schulen geschlossen (nur die deutschen, amerikanischen und ein Teil der jüdischen konnten den Unterricht fortsetzen), unter britischer Herrschaft mit Ausnahme der russischen annähernd alle wieder geöffnet und die osmanischen Einrichtungen mehrheitlich in das neue System übernommen (allerdings ohne die in Jerusalem angesiedelte höhere Schule, *sultaniyya*). Freilich herrschte unter britischem Mandat keine Schulpflicht; Dorfbewohner mußten sich, da öffentliche Mittel nicht in ausreichendem Maß zur Verfügung standen, am Schulbau beteiligen. Nach 1920 entwickelte sich so ein mehrfach aufgefächertes Schulsystem: Neben den umstrukturierten osmanischen Staats- und den ausländischen Privatschulen standen religiöse wie nicht-religiöse arabischsprachige Privatinstitute auf der einen Seite, die so gut wie keine jüdischen Schüler und Lehrer anzogen, und jüdische Privatschulen auf der anderen, die gleichfalls entweder religiös oder säkular ausgerichtet waren, auf jeden Fall aber den Unterricht in Hebräisch oder einer europäischen Sprache erteilten und dementsprechend ausschließlich jüdische Schüler und Lehrer hatten. Im Einklang mit Art. 15 des Mandatsvertrags unterstanden die Schulen lediglich der allgemeinen Schulaufsicht, regelten ansonsten aber ihren Lehrplan weitgehend autonom.

Faktisch stand der «jüdische Schulsektor» relativ selbständig und unverbunden neben dem staatlichen, der von arabischen Schülern genutzt wurde. Von Anfang an legten die zionistischen Einwanderer größten Wert auf den Aufbau eines eigenen Bildungswesens, das in Unterscheidung zu den traditionellen *jüdischen* Lehrstätten (Heder, Talmud-Tora-Schule, Yeshiva) gleichermaßen national wie säkular und damit Ausdruck des neuen *hebräischen* Geistes sein sollte, der sich an der Größe des jüdischen Volkes in antiker Zeit orientierte, mit den Traditionen des unterdrückten Diaspora-Judentums aber brach. Die 1925 von und für Juden eröffnete Hochschule hieß bezeichnenderweise *Hebräische* (nicht: *Jüdische*) Universität. Die Ergebnisse dieser Anstrengung waren in jeder Hinsicht eindrucksvoll: Nur 6% der jüdischen Männer und 26% der jüdischen Frauen im Alter über 14 Jahren waren 1931 Analphabeten; anders ausgedrückt konnten 93% der Männer und 74% der Frauen lesen und schreiben (stets eine dehnbare Größe). 73% der jüdischen Kinder und Jugendlichen im Alter von 5–15 Jahren besuchten 1931 eine Schule, 77% waren es 1944.

Auch unter der arabischen Bevölkerung aller Schichten war das Interesse an einer Verbesserung des Bildungswesens, namentlich im ländlichen Bereich, auffallend groß, und auch hier trugen private Schulen erheblich zu Bildung und Ausbildung von Kindern und Erwachsenen bei (ihr Anteil wurde in der Mandatszeit auf 40–50% aller Schulen mit Unterrichtssprache Arabisch geschätzt). Man konnte geradezu von einem Bildungshunger sprechen, der sich vielfach allerdings aus der Annahme speiste, höhere Bildung könne den eigenen Status auch ohne tiefgreifenden soziokulturellen Wandel heben. 1931 lag die Analphabetenrate in der Altersgruppe ab 14 Jahren aber noch immer bei 80% (70% der Männer und 90% der Frauen; im jüdischen Yishuv lag der Durchschnitt bei 14%); 19% der arabischen Kinder und Jugendlichen im Alter von 5–15 Jahren besuchten 1931 eine Schule, 1944 waren es 25%. Die durchschnittliche Länge des Schulbesuchs lag unter Juden bei 7,3 Jahren, unter Arabern bei 4,4. Das ergab international gesehen eine sehr hohe Analphabetenrate, die im Vergleich zu dem ganz überdurchschnittlich gut ausgebildeten Yishuv besonders ungünstig wirkte, nicht aber verglichen mit anderen mittelöstlichen Gesellschaften einschließlich der Türkei. Allerdings bestanden große religions- und geschlechtsspezifische Unterschiede: Unter den arabischen Christen konnten immerhin 76% der Knaben und 44% der Mädchen lesen und schreiben, bei den Muslimen lediglich 25% bzw. 3%. 1944/45 besuchten zwar annähernd 100% aller jüdischen und christlichen Kinder im Alter von 5–15 Jahren zumindest für eine bestimmte Zeit eine Schule, aber nur rund ein Drittel aller muslimischen Kinder dieser Altersgruppe. Ungeachtet einer beträchtlichen Ausweitung des ländlichen Schulwesens blieben Städter und Jungen somit bis zum Ende der Mandatszeit privilegiert. Der vergleichsweise niedrige Bildungsstand unter den Muslimen war in jeder Hinsicht problematisch, nicht zuletzt mit Blick auf ihre Rekrutierung in die Mandatsverwaltung, wo die

Überrepräsentation der Christen von Muslimen heftig kritisiert wurde. Aus politischen Gründen hätte es daher gute Gründe gegeben, die arabische Bevölkerung im allgemeinen und die muslimische im besonderen gezielt zu fördern. Mit Hinweis auf beschränkte Budgets blieben entsprechende Anstrengungen jedoch recht bescheiden.

Die staatlichen Dorfschulen mit ihren vier Schuljahren sollten – und das war keine Besonderheit Palästinas – praktische Fähigkeiten vermitteln, keine akademische Bildung. Ziel war es in den Worten eines britischen Kolonialbeamten, «den Bauern aufzuklären, ihn zu einem zufriedenen Bürger zu machen und auf dem Land zu halten». Die Landflucht und die damit zusammenhängende Entstehung eines städtischen Proletariats zu verhindern, welche die Stabilität des Landes zu gefährden drohte, zählte zu allen Zeiten zu den vordringlichen Anliegen der Mandatsbehörden in ihrer Politik gegenüber Land und Bauern. Die materielle wie moralische «Besserung» (*improvement*) und «Wohlfahrt» (*welfare*), die von der Schule ausstrahlen sollte, sah folgendermaßen aus:

«Verbesserte Anbaumethoden werden den Wohlstand mehren; Malaria und Augenkrankheiten werden zurückgehen; die Kindersterblichkeit wird abnehmen; das Schwerverbrechen wird aufhören; die Schuldenlast schwinden. In einer einzigen Generation kann viel erreicht werden.»[24]

Doch ließ sich das Projekt der «Besserung» durch (praktische) Bildung nicht in den engen Bahnen halten, die britische Beamte für notwendig und nützlich hielten. Wie in anderen kolonialen Gesellschaften auch stand der Bildungssektor in einer engen Verbindung zur entstehenden arabischen Nationalbewegung: Bildung war eines der zentralen Anliegen der Reformer der Jahrhundertwende, und zwar der religiösen wie der säkularen, die in ihr den Schlüssel zu Fortschritt, Stärke und Entwicklung sahen.[25] In gewisser Hinsicht konnte sich dieses Anliegen unter britischer Herrschaft sogar besser entfalten als unter osmanischer: Zum einen war in den staatlichen Schulen nun Arabisch Hauptunterrichtssprache, so daß *dieser* Sieg für die arabische Sache gewonnen war; zum anderen besuchten arabische Muslime und Christen weitgehend dieselben Schulen, wodurch sich das Bewußtsein für gemeinsame Ziele, Gegner und Probleme entscheidend vertiefte, und persönliche Freundschaften entstanden, die beide Gruppen enger aneinander banden, als dies in der Vergangenheit üblich gewesen war. Allerdings kritisierten Araber, daß in den staatlichen Schulen die arabische Sprache und Geschichte vernachlässigt wurden. Umso intensiver erfolgte ihre Pflege an den arabischen Privatschulen, die sich hier wie anderswo zum wichtigsten Ort, ja Hort nationalen Denkens und Handelns entwickelten. Eine bedeutende Rolle spielten von den 1920er Jahren an die islamischen Bildungs- und Wohlfahrtseinrichtungen, die weitgehend vom Obersten Muslimischen Rat kontrolliert wurden, der einen beachtlichen Teil seines Haushalts der Bildung widmete.

Dennoch fehlte es bis zum Ende der Mandatszeit an höheren Bildungseinrichtungen für arabischsprachige Palästinenser, namentlich einer Universität. Die Briten richteten lediglich eine Pädagogische Hochschule ein, die wiederum «praktisch» ausgerichtet war und sowohl Männern wie Frauen offenstand. Pläne zur Gründung einer Islamischen Universität ließen sich in den 1930er Jahren nicht verwirklichen. Während also die gebildete jüdische Jugend unter einer wachsenden Zahl ausgezeichneter Schulen und Hochschulen einschließlich des 1925 eröffneten Technions in Haifa und der Hebräischen Universität in Jerusalem wählen konnte, waren arabischsprachige Studenten weiterhin gezwungen, ihre Studien im Ausland durchzuführen. Für diejenigen, die in Beirut, Kairo, Bagdad oder Paris studieren konnten, öffneten sich in jeder Hinsicht neue Horizonte, die weit über die engen Grenzen des Mandatsgebiets Palästina hinauswiesen. Aber die Chance auf diese Form der höheren Bildung beschränkte sich auf die Söhne (und einige wenige Töchter) der einheimischen Elite.

Demographische Entwicklung

Die soziokulturellen Unterschiede zwischen Arabern und Juden, genauer noch zwischen Muslimen, arabischen Christen und Juden, blieben somit unter britischem Mandat erhalten. Das läßt sich auch an diversen demographischen Daten zeigen, die – über persönliche Wahrnehmungen und Befindlichkeiten hinaus – strukturelle Unterschiede zwischen den Gemeinschaften belegen: Nach langer Zeit, in der die aktuellen Bevölkerungsdaten von den osmanischen Behörden lediglich auf der Grundlage früherer Zählungen oder begrenzter Erhebungen hochgerechnet worden waren, führten die Briten im Oktober 1922 erstmals wieder eine Volkszählung durch, die unter anderem der Vorbereitung einer angemessenen politischen Vertretung von Arabern und Juden dienen sollte.[26] Die Genauigkeit der Angaben dürfte sich zugleich dadurch erhöht haben, daß die Briten Geburten- und Sterberegister einführten (die auch die Osmanen schon vorgesehen hatten, über deren Korrektheit damit jedoch noch wenig gesagt ist). Die Zählung von 1922 ergab eine Gesamtbevölkerung von 752 048, darunter 589 177 Muslime, 83 790 Juden, 71 464 Christen und 7617 «Sonstige» (mehrheitlich Drusen, etwa 350 Bahais und 180 Samaritaner), entsprechend 89 % Arabern und 11 % Juden. Ein neuerlicher Zensus vom November 1931 dokumentierte die Entwicklungen der 1920er Jahre: Bei einer Gesamtbevölkerung von 1 035 821 erhöhte sich die Zahl der Muslime auf 759 712, die der Juden auf 174 610, der Christen auf 91 398 und der «Sonstigen» auf 10 101.

Politisch gesehen war das wichtigste Ergebnis ohne Zweifel der Anstieg der jüdischen Bevölkerung; ihr Wachstum betrug im Durchschnitt 8,4 % pro Jahr; das der Christen lag mit 3 % immerhin knapp vor dem der Muslime (2,6 %). Das Wachstum des jüdischen Yishuv ging ganz maßgeblich auf die Einwanderung zurück, die unter britischer Herrschaft – anders als unter osmanischer – bis 1939 nicht ernsthaft eingeschränkt wurde (zur Einwanderungspolitik ausführlicher unten). Sehr viel bescheidener fiel demgegenüber die Immigration auf der arabischen Seite aus, die über die gesamte Mandatszeit hinweg die Zahl 40 000–42 000 nicht überschritten haben dürfte, wobei aber auch hier 1932–1935 der größte Zuwachs verzeichnet wurde, der überwiegend mit einer vergleichsweise günstigen Wirtschaftslage zu erklären sein dürfte. Die Zunahme der muslimischen und der christlichen Bevölkerung verdankte sich daher in erster Linie dem natürlichen Wachstum, nicht der Zuwanderung.[27] Die große Mehrheit (43 %) derer, die im Zeitraum 1919–1936 nach Palästina einwanderten, kam aus Polen, 10,5 % aus der Sowjetunion, knapp 10 % aus dem Deutschen Reich (ihr Anteil schnellte von 4 % in den Jahren 1926–1932 auf über 17 % in den Jahren 1933–1936 hoch), 5 % aus Rumänien, gut 3 % aus Litauen; europäische Juden stellten so zwar die große Mehrheit, doch stammten immerhin knapp 3 % der jüdischen Immigranten aus Jemen und Aden, 2 % aus der Türkei, 1 % aus Iran. Die Zahl der illegal (als Touristen, Händler, Schmuggler) ins

Land gekommenen Juden (und Araber) ist verständlicherweise kaum zu beziffern, zumal jüdische Organisationen im Zuge der europäischen Judenverfolgung ab 1934 die illegale Einwanderung forcierten.

Die hohe jüdische Zuwanderung verschob unweigerlich das demographische Gewicht der einzelnen Religionsgemeinschaften, das für die soziale, kulturelle und politische Entwicklung des Mandats von zentraler Bedeutung blieb.

Entwicklung der Bevölkerungszahlen unter britischem Mandat

Religion	1922*	1931*	1946*
Muslime	640798	777403	1175196
Juden	94752	176468	602586
Christen	76194	93029	148910
Andere	8515	10314	15657
Insges.	820259	1057214	1942349

* Jahresende, geschätzt
Quelle: McCarthy 1990: 35.

Insgesamt wuchs die Bevölkerung Palästinas unter britischem Mandat um 1,2 Millionen Menschen (von 816000 beim ersten Zensus im Jahr 1922 auf 1,94 Millionen im Jahr 1946); die Zahl der Juden stieg um mehr als eine halbe Million von 93000 auf 600000, wobei der größte Zuwachs in die Jahre 1932–1935 fiel, als die Zahl der Juden um 180000 anwuchs und ihr Anteil an der Gesamtbevölkerung von 17 auf 27% stieg.

Wirtschaft und Gesellschaft

Die Statistiken gaben nicht nur über die Entwicklung der Bevölkerungszahl Aufschluß, sondern zugleich über Altersaufbau, Geburten- und Sterberaten, Krankheiten, Heiratsverhalten und anderes mehr – Indikatoren, die wichtige Hinweise auf die sozialen und kulturellen Normen der einzelnen gesellschaftlichen Gruppen bieten. Nach dem Zensus von 1922 waren etwa 40% der Bevölkerung jünger als 15 Jahre; das Durchschnittsalter lag in allen Religionsgruppen bei 20 Jahren. Unter Muslimen und Christen wurde ein leichter Männerüberschuß registriert, nicht hingegen bei den Juden. Von besonderem Interesse waren die *Geburtenraten*, da sie über die genannten sozialen und kulturellen Normen hinaus auch politische Motive widerspiegelten:[28] Die Geburtenrate lag in Palästina 1922–1925 mit 4,6 % sehr hoch: am höchsten bei den Muslimen (5 %), die damit weltweit den Spitzenplatz belegten, gefolgt von Christen (3,6 %) und Juden (3,5 %). Daran sollte sich bis 1947 nichts Wesentliches ändern. Die Zahlen sagen zudem einiges über die Stellung und die Lebensumstände der *Frauen* aus: Auf der arabischen Seite waren im Jahr 1931 32 % der Mädchen und Frauen im Alter von 15–19 Jahren verheiratet, auf der jüdischen nur 11,5 %; bei den 20–29jährigen lautete das Verhältnis 80 % zu 64 %, um sich bei den 30–39jährigen aber weitgehend aneinander anzugleichen (87 % und 85 %). Vor allem die Musliminnen heirateten sehr jung: Nach einer Statistik waren 1936–1941 34 % der Mädchen am Tag ihrer Eheschließung jünger als 15 Jahre, 52 % jünger als 17.[29] Im Schnitt brachte eine arabische Mutter 7 Kinder zur Welt, von denen aber nur ein Teil überlebte. Liest man diese Daten verbunden mit den Angaben zu Schulbesuch und Erwerbstätigkeit (die allerdings zu unterscheiden ist von der unentlohnten Haus-, Feld- und Heimarbeit), so bekommt man einen Eindruck von den materiellen Bedingungen, unter denen vor allem die arabischen Frauen und Mädchen lebten. Der Anteil der arabischen Frauen und Mädchen, die in den amtlichen Statistiken als «beschäftigt» erfaßt wurden (1931 8 % in der Altersgruppe über 10 Jahren und 9 % über 15), lag nicht nur gemessen am jüdischen Yishuv (25 bzw. 27 %) sehr niedrig, sondern auch im internationalen Vergleich; nur Mexiko wies noch geringere Zahlen auf.[30] Für die Bewertung ihrer Rolle in Politik, Kultur und Gesellschaft der Mandatszeit ist dies natürlich von grundlegender Bedeutung.

Religionsspezifisch war auch die *Sterberate*, namentlich unter Säuglingen und Kindern, die entscheidend von medizinischen und hygienischen Standards beeinflußt wurde (nicht zuletzt von der Wasserqualität und Abwasserentsorgung) und im Gegensatz zur Geburtenrate über die Jahre deutlich zurückging: Generell lag in der arabischen Bevölkerung die Säuglings- und Kindersterblichkeit bei Mädchen höher als bei Jungen. Ein großer Unterschied bestand zwischen Juden und Arabern, insbesondere Juden und Muslimen, in der *Lebenserwartung*: 1933–1935 betrug sie bei den

Juden 61 Jahre, bei den Muslimen 42; 1939–1941 waren es 64 gegenüber 47 Jahren (wiederum allerdings im internationalen Vergleich keineswegs ein niedriger Wert, sondern nur im Vergleich zum Yishuv). Die Bildungs- und Gesundheitsindikatoren wiesen somit bei den Muslimen weiterhin die schwächsten Zahlen auf.[31]

Mit den genannten Faktoren Bildung und Gesundheit («Humankapital» in der Sprache der Ökonomen) korrelierte schließlich auch das Sozialprofil der drei religiös definierten Gruppen, das sich aus den Statistiken der 1920er und 30er Jahre ergab und wiederum auffallende Unterschiede offenlegte, und zwar nicht zuletzt zwischen Muslimen und Christen.[32] Krasse Unterschiede enthüllten die *Berufsstatistiken*: Die überwältigende Mehrheit der Muslime lebte 1931 von der Landwirtschaft, namentlich der Getreidewirtschaft (64 % der Muslime gegenüber 18 % der Christen und 15 % der Juden). In Industrie und Gewerbe waren 29 % der Juden, 25 % der Christen, aber nur 10 % der Muslime beschäftigt. Unter den technischen und freien Berufen lautete das Verhältnis ähnlich: 10 % der Juden, 8 % der Christen und lediglich 1,5 % der Muslime waren hier tätig. Weniger groß waren die Unterschiede im Handel, wo 22 % der Juden und 13 % der Muslime registriert waren. Besonders auffallend gestaltete sich schließlich der jeweilige Anteil von Frauen an der erwerbstätigen Bevölkerung (wobei hier allerdings immer die unzureichende Erfassung von Frauen und Familienangehörigen generell in Landwirtschaft, Handel und Gewerbe zu berücksichtigen ist, so daß die Zahlen nur einen Ausschnitt wiedergeben: Lohnarbeit ist bekanntlich nicht identisch mit Arbeit). Die Löhne und Gehälter jüdischer Arbeiter und Angestellten waren durchgehend höher als die arabischer Beschäftigter, die noch dazu im Schnitt längere Arbeitstage hatten (8–10 verglichen mit durchschnittlich 8 Stunden). Die Arbeitslosigkeit unter Arabern wurde auf 7–10 % geschätzt gegenüber 2–4 % unter den Juden.

Stadt und Land

In osmanischer Zeit war die Gesellschaft des späteren Palästina weitgehend agrarisch geprägt. Das änderte sich unter britischem Mandat allmählich, aber nicht grundlegend. 1922 lebten rund zwei Drittel der Bewohner auf dem Land, ein Drittel (264000

Menschen) in den 23 Städten und Gemeinden des Mandatsgebiets. 1931 war der Anteil der städtischen Bevölkerung (nicht allzu steil) auf 37 % (387000 Menschen) angestiegen, der der ländlichen dementsprechend auf 63 % gefallen; 1935 betrug der städtische Anteil dann bereits 43 % (539000), der ländliche 57 %. Die frühen 1930er Jahre waren also von einem merklichen Urbanisierungsschub gekennzeichnet. Zur gleichen Zeit wurden noch rund 67000 Nomaden gezählt. Die einzelnen Religionsgruppen waren an diesem Prozeß allerdings in sehr ungleicher Weise beteiligt, und der größte Abstand klaffte interessanterweise nicht zwischen Muslimen und Juden, sondern Muslimen und arabischen Christen: Muslime lebten 1922 zu 77 % auf dem Land (1935 waren es immer noch 73 %). In starkem Gegensatz dazu lebten 1922 75 % der arabischen Christen in der Stadt (1935 waren es sogar 79 %). Unter den Juden sank der Anteil der Städter im selben Zeitraum von 82 % auf 73 %, was in erster Linie wohl auf die rasche Ausweitung der ländlichen Siedlungen zurückzuführen ist, die sich zu größeren Zentren ausweiteten, ohne bereits den Rechtsstatus einer Stadt zu erhalten (als Beispiele ließen sich Hadera, Petah Tikva, Rehovot oder Rishon le-Zion nennen).[33]

Die jüdische Einwanderung und die Entwicklung des jüdischen Wirtschaftssektors hatten auf die Dichte und Verteilung der Bevölkerung in den verschiedenen *Regionen* große Auswirkungen, die unweigerlich auf die arabische Wirtschaft und Gesellschaft ausstrahlten.[34] Ganz allgemein verlagerte sich der Schwerpunkt von Wirtschaft und Bevölkerung noch deutlicher auf die Küstenregion, als dies schon in den vorhergehenden Jahrzehnten der Fall gewesen war. Zwar lebte die Mehrheit der (ganz überwiegend arabischen) Bewohner auch Mitte der 1930er Jahre in dem zentralen Berg- und Hügelland, doch war die Bevölkerungsdichte dort deutlich niedriger als entlang der Küste (1931 76 Menschen pro km² verglichen mit 118 in der Küstenregion). Dünn besiedelt blieb der Negev, wo die Bevölkerungsdichte auch in den 1930er Jahren nur 4 Menschen pro km² betrug, während sie in den wenigen Jahren zwischen 1931 und 1936 in den übrigen Landesteilen von 71 auf (geschätzt) 93 Menschen pro km² anstieg; der landesweite Durchschnitt von 40 (1931) bzw. 51 (1936) Menschen pro km² gibt daher ein recht verzerrtes Bild der Verhältnisse.

Region	Fläche (km²)	Bevölkerung		Dichte (Personen pro km²)	
		1922	1931	1922	1931
1. Küstenebene	2928	209830	344137	71	118
2. Ebene von Akko	316	15225	18405	48	58
3. Esdraelon	351	10629	12504	30	36
Jezreel	65	2521	5566	39	86
4. Berge von Judäa	6005	335133	457619	56	76
Wüste Juda	1051	11483	10922	11	10
5. Galiläa	2083	85472	109568	41	52
6. Jordantal	681	8329	11995	12	18
Huleh-Becken	262	3306	14023	–	54
7. Beersheva	12577	75254	5182	–	4
Palästina, insges.	26319	757182	1035821	29	40

Quelle: Himadeh (Hg.) 1938: 6.

Politisch bedeutsam war schließlich der unterschiedliche Grad der *räumlichen Trennung* der Gemeinschaften innerhalb dieser Regionen, den die Tabelle nicht zeigt:[35] Ganz allgemein gilt, daß im Schatten der wachsenden Auseinandersetzungen die Trennung in den 1930er Jahren voranschritt und am Ende des Mandats dominierte. Dörfer waren in der Regel nicht gemischt, sondern entweder arabisch oder jüdisch; allerdings konnten arabische und jüdische Ortschaften nah beieinander liegen. Innerhalb der arabischen Gemeinschaft lebten Muslime, Christen und auch Drusen (deren Zuordnung variabel war, die sich also, je nach Opportunität, den Arabern zurechnen konnten oder auch nicht) häufig, wenn auch nicht immer, in einem Dorf zusammen, oft jedoch in getrennten Ortsteilen. Wenn ein Dorf als «christlich» oder «drusisch» bezeichnet wurde, war dies eher ein Hinweis auf die Mehrheitsverhältnisse. Unter den Städten waren Jaffa, Haifa, Safed, Tiberias und Jerusalem gemischt (arabisch-jüdisch), wobei in Jerusalem die Juden die Mehrheit bildeten und diese in Haifa schrittweise erlangten, während Jaffa ganz überwiegend arabisch blieb. Gaza, Akko, Nazareth, Baisan, Jenin, Nablus, Hebron, Bethlehem und Beersheva – und hier waren 1922 fast 60% der arabischen Städter zu finden – galten als rein arabisch, wenngleich auch hier einige Juden lebten. Die (in erster Linie politisch bedingte) wachsende Segregation läßt sich sogar statistisch erfassen:

Lebten 1922 lediglich 22% der Juden in «rein jüdischen» Gemeinden, so waren es 1946 mehr als 50%. Vor dem Hintergrund dieser Daten muß es nun darum gehen, die gesellschaftlichen und politischen Hintergründe der Entwicklungen genauer ins Auge zu fassen.

IX.

«Zwei Völker in einem Land»:
Die 1920er Jahre

1. «Aufbau»: Der jüdische Yishuv

Unter allen Gruppen und Gemeinschaften war der «neue Yishuv» sicher am stärksten nach innen orientiert, ja auf weitgehende Exklusivität und Abgrenzung nach außen gerichtet: Im Alltagsleben blieb man nach Möglichkeit unter sich, das Schul- und Bildungswesen war rein jüdisch, das kulturelle Leben auch. Wirtschaftlich entwickelten sich der «jüdische» und der «arabische Sektor» nicht völlig autonom (Land, Arbeit und Handel sorgten für Querverbindungen), aber doch getrennt voneinander; politisch standen sie einander mißtrauisch bis feindselig gegenüber. Das Hauptaugenmerk der jüdischen Intellektuellen und Aktivisten galt bis in die 1930er Jahre nicht der arabischen Bevölkerungsmehrheit im Land selbst. Ihr Blick richtete sich auf die britische Politik in London und Jerusalem auf der einen Seite, innerjüdische, vielfach innerzionistische Themen auf der anderen. Eine Fixierung auf die Interaktion von Juden und Arabern ist insofern irreführend, wenn nicht verzerrend, obgleich die Beziehungen zwischen den beiden Lagern politisch gesehen natürlich von größter Tragweite waren.

Bei der Betrachtung der jüdischen Gesellschaft Palästinas unter britischem Mandat besteht eine gewisse Gefahr, alle Juden mit den Zionisten gleichzusetzen, den sog. alten Yishuv also zugunsten des «neuen» zu übergehen und innerhalb dieses neuen Yishuv allein die Zionisten wahrzunehmen. Auch sollte man die städtische Gesellschaft nicht zugunsten der ländlichen (vermeintlich durchgängig zionistischen) vernachlässigen. Schließlich werden über den dominanten aschkenasischen Juden leicht die sephardischen und die orientalischen Gemeinden übersehen, die Mitte der 1930er Jahre immerhin annähernd 25 % der Juden in Palästina ausmachten.[1] Auch hier spiegeln sich der politische Primat der Betrachtung wider und die Rückprojizierung politischer Trends (der Weg zum Staat Israel), die schon an anderer Stelle angesprochen wurden. Dennoch läßt sich nicht daran rütteln, daß die Zionisten innerhalb des Yishuv das dynamischste Element darstellten – eine Gruppe überwiegend junger, hochmotivierter Menschen, die eine Mission hatten, gleichgültig, wie ärmlich sie leben mochten. Das galt keineswegs nur für die ländlichen Siedler und Pioniere, sondern auch für die städtischen Arbeiter. «Kein Zweifel», schrieb eine deutsche Beobachterin Mitte der 1930er Jahre:

«auch das jüdische Volk bildet eine Pyramide … Zwei Drittel der Stadt Jerusalem bilden furchtbare Armutsquartiere, gebaut aus dem Blech der Petroleumkanister, aus Latten, aus Dachpappe, in die die Hitze dringt und die furchtbare Kälte des Winters, grundlose Wege, die voll liegen mit Kehricht, Apfelsinenschalen, Lumpen. Daneben gibt es freundliche Kleinbürgerquartiere, vorn glatte Häuser, hinten große gedeckte Terrassen. Aber selbst das uralte jüdische Elend, die jüdische Armut bringt hier nicht nur Schüler der Talmud-Tora-Schulen hervor, Schüler uralter aber tagfremder Weisheit, sondern neue Juden wie die Frischeingewanderten, die Bauarbeiter mit der Hornbrille auf der Nase, die nur Hebräisch sprechen, die Chauffeure, die nur kollektiv arbeiten, die Scharen von Handwerkern aller Art.

Sie alle bringen in die heilige Stadt eine Atmosphäre von Kanada. Schutt und Bauplatz machen es nicht allein, nicht ragendes Geschäftshaus neben dem alten arabischen – es ist jene muntere Jugend, die am Schabbat ihre Turnübungen abhält, ihr Fußballspiel, die nicht gerade leise, nicht gerade rücksichtsvoll, untergefaßt die Straßen durchzieht. Sie will nicht den heiligen Studien obliegen, sie sehnt sich nicht nach der bürgerlichen Bridgegesellschaft, sie will – heitere Juden – ihr eigenes Land, Juden für Juden, aufbauen.»[2]

«Ein Staat im Staate»: Jüdische Agentur und Histadrut

Ganz im Sinne der «Autoemanzipation» gelang es den Zionisten, im Rahmen des Mandats und gelegentlich sogar gegen den Widerstand der britischen Mandatsbehörde jüdische Selbstverwaltungsorgane zu schaffen und ein weitgefächertes politisches, wirtschaftliches und kulturelles Leben aufzubauen. Ein Pfeiler des sozialen und wirtschaftlichen Aufbauwerks war die Zionistische Exekutive, später umgewandelt in die Jewish Agency, ein anderer die jüdische Gewerkschaftsbewegung Histadrut. Gemeinsam steuerten sie zu einem gewissen Grad die Einwanderung und Ansiedlung von Juden, sie institutionalisierten ein eigenes Schul- und Gesundheitssystem, sorgten für Alters- und Versorgungsrenten, unterhielten neben eigenen Kreditinstituten auch eine ganze Reihe von

Wirtschaftsunternehmen, die in den 1940er Jahren schließlich von der Baugesellschaft Solel Boneh bis zur Schiffahrtslinie Zim reichten. Anders als vielfach vermutet, waren die zionistischen Organe auch in der Mandatszeit nicht auf den ländlichen Sektor beschränkt: Der Landerwerb bildete eine wichtige Domäne, aber keineswegs die wichtigste.

Im Frühjahr 1918, also noch vor Ende des Ersten Weltkriegs und vor der britischen Eroberung Nordpalästinas, war bereits eine Zionistische Kommission (dt. auch Delegiertenausschuß, 1921 in Palestine Zionist Executive umbenannt) unter Chaim Weizmann in Palästina eingetroffen, die von den britischen Behörden zunächst als Sprecherin der jüdischen Gemeinschaft anerkannt wurde.[3] Im Mandatstext war unter Art. 4 in der Tat eine «Jüdische Agentur» (Jewish Agency) vorgesehen, die bis auf weiteres die Mandatsregierung in allen jüdische Interessen berührenden Fragen beraten sollte. Damit war das Dilemma einer Unterscheidung zwischen Juden und Zionisten überdeutlich geworden: Die Zionistische Kommission repräsentierte eine internationale (politische) Organisation, die vor Ort gegen einigen Widerstand als Vertreterin der lokalen Juden auftrat. Parallel dazu bildete sich innerhalb des Yishuv – dem mehr als 95 % der Juden mit Ausnahme nicht-zionistischer orthodoxer Gruppen wie Agudat Israel angehörten, die sich erst in den 1930er Jahren in die zionistisch dominierten nationalen Institutionen eingliederte – 1920 eine auf freiwilliger Basis gewählte Vertretung der Juden Palästinas, die Abgeordnetenversammlung (*asefat ha-nivharim*), deren Exekutivorgan, der Nationalrat (Vaad Leumi, *va'ad le'umi*), regelmäßig mit dem Hochkommissar zusammentraf. Orthodoxe Kreise wehrten sich hartnäckig gegen das Frauenstimmrecht, konnten sich im Yishuv aber nicht durchsetzen; in ihren Familien stimmten – nicht anders als vielfach unter der muslimischen und wohl auch der christlichen Bevölkerung – die Männer für die Frauen mit, wenn sie die Wahlen nicht überhaupt boykottierten.[4] Da diese politischen Organe sich aus Spenden und Mitgliedsbeiträgen finanzierten, war ihre Autonomie gegenüber der Mandatsbehörde gesichert.

Die Dritte Aliya der Jahre 1919–1923 stärkte das sozialistisch-zionistische Element, verschärfte freilich zugleich – die Unruhen vom 1. Mai 1921 sollten es zeigen – die Spannungen innerhalb der jüdischen Gemeinschaft, auch und gerade innerhalb ihres hochpolitisierten zionistischen Spektrums, sowie zwischen Juden und Arabern. Die politische Szene differenzierte sich zusehends aus: 1919 ging eine der frühen linkszionistischen Parteien (Poʿalei Zion) eine Koalition mit anderen Gruppen ein, um die Einheitsbewegung der Arbeit (ha-Tnuʿa le-Ahdut ha-ʿAvoda) zu bilden. Im Dezember 1920 gründeten Ahdut ha-Avoda und die gleichfalls linkszionistische Bewegung Junger Arbeiter (ha-Poʿel ha-Tzaʿir, meist einfacher: Hapoel Hatzair) gemeinsam (ohne damit freilich ihre Rivalitäten zu beenden) den Allgemeinen Jüdischen Gewerkschaftsverband Histadrut, der sich unter der Leitung von David Ben-Gurion, Yitzhak Ben-Zvi und Berl Katznelson zur beherrschenden Kraft in der jüdischen Wirtschaft und Gesellschaft entwickeln sollte: Zählte er bei der Gründung 4433 Mitglieder, so war die Zahl bis 1930 bereits auf 27 000 angewachsen. Schon 1921 eröffnete die Histadrut ihre eigene Arbeiterbank (Bank ha-Poʿalim, ab 1925 publizierte sie eine eigene Tageszeitung, *Davar*, die an Auflage rasch die anderen jüdischen Blätter überflügelte.[5]

1925 gründete Wladimir Zeʾev Jabotinsky in Paris die Revisionistische Partei. Ihr oberstes Ziel war die Schaffung eines jüdischen Staates in seinen «historischen Grenzen», d.h. auf beiden Ufern des Jordans. Das implizierte eine Revision der Regelungen von 1922, die Transjordanien aus den Bestimmungen des Mandats ausnahmen, welche es zur Förderung einer jüdischen Heimstätte verpflichteten. Nach Möglichkeit sollte diese Revision in Zusammenarbeit mit den Briten durchgesetzt werden, wenn nötig aber gegen britischen und jeden anderen Widerstand. Diesem Ziel waren alle anderen Dinge unterzuordnen, namentlich die sozialistischen Aspirationen der Linkszionisten. Die revisionistische Bewegung fand großen Anklang in Europa, von den späten 1920er Jahren an auch in Palästina, wo an vielen Orten revisionistische Jugendgruppen («Betar») gegründet wurden. Betar stand als Akronym für Brith Joseph Trumpeldor («Joseph-Trumpeldor-Bund») und galt dem Verteidiger des Kibbutz Tel Hai, der im März 1920 bei einem arabischen Angriff ums Leben gekommen war. (Die sog. Schlacht von Tel Hai wurde im jüdischen Yishuv und später im Staat Israel zum nationalen Mythos aufgewertet).[6] Der Name erinnerte zugleich aber an die stärkste jüdische Festung während des Bar-Kokhba-Aufstands. Beides stand für den bewaffneten

Widerstand des jüdischen Volkes gegen seine Unterdrücker und Feinde. Wie andere zeitgenössische paramilitärische Bewegungen in Europa und im Mittleren Osten war Betar uniformiert und betont militärisch ausgerichtet. Zur gleichen Zeit konstituierten sich illegale paramilitärische Verbände, insbesondere die Hagana (hebr. Verteidigung), die auf die bewaffneten Wächter der jüdischen Siedlungen zurückgreifen konnten und durch ehemalige Angehörige der Hebräischen Brigaden verstärkt wurden.

Am 1. Januar 1928 trat die Verfassung der Knesset Israel als offizieller Vertreterin der Juden Palästinas in Kraft, die von ultraorthodoxen Juden jedoch weiterhin abgelehnt wurde. 1929 gelang es den sog. Allgemeinen Zionisten um Chaim Weizmann schließlich, auf einem Treffen in Zürich anstelle der bislang rein zionistischen Organe eine Jüdische Agentur für Palästina (sog. erweiterte Jewish Agency) mit Hauptquartier in Jerusalem ins Leben zu rufen, in der erstmals Nicht-Zionisten paritätisch vertreten sein sollten. Das zielte nicht zuletzt darauf, in einer Zeit der wirtschaftlichen Krise kapitalkräftige Kreise einzubinden und zu Investitionen im jüdischen Yishuv zu bewegen. Die Zugehörigkeit prominenter Persönlichkeiten wie Albert Einstein und Léon Blum verlieh der neuen Agentur Ansehen – unterstrich aber den internationalen Charakter dieser Organisation, die sich als Repräsentantin des gesamten jüdischen Volks verstand und nicht nur seiner zionistischen Mitglieder. Die erweiterte Jewish Agency wurde im August 1930 von der Mandatsbehörde als jüdische Vertretung anerkannt. Ihr wurde auch die Zuteilung von Einwanderungsbewilligungen (sog. Zertifikaten) für Arbeiter und andere Anwärter ohne Kapitalvermögen übertragen, welche diese ihrerseits an die Histadrut weitergab. Die Histadrut wiederum achtete darauf, solche Bewerber zu berücksichtigen, die sowohl in Hinsicht auf ihre praktischen Fähigkeiten als auch ihre politischen Überzeugungen geeignet schienen.[7] Die Stellung der Jewish Agency erweckte nicht nur den Argwohn arabischer Nationalisten; selbst nach Auffassung britischer Beobachter bildete sie faktisch eine Art Parallelregierung:

«Allgemein kann gesagt werden, daß die Jewish Agency in vollstem Ausmaß Gebrauch von der Stellung gemacht hat, die ihr durch das Mandat verliehen worden ist. Im Laufe der Zeit hat sie einen vollständigen Verwaltungsapparat geschaffen. Diese mächtige und fähige Organisation läuft in der Tat auf eine Regierung hinaus, die Seite an Seite mit der Mandatsregierung besteht.»[8]

Dennoch ließen sich die wachsenden Spannungen innerhalb des Yishuv, alt und neu, religiös und nicht-religiös, sozialistisch und bürgerlich, sowie zwischen der lokalen und der internationalen zionistischen Bewegung, personifiziert in David Ben-Gurion auf der einen Seite und Chaim Weizmann auf der anderen, weder überbrücken noch gänzlich verbergen. Heftige Auseinandersetzungen wurden über die geeignete Strategie bei der Umsetzung des zionistischen Projekts geführt: Vereinfachend ging es darum, ob Zahl bzw. Masse (Weizmann), Mittel (Brandeis) oder Überzeugung (Linkszionisten) vorrangig gefördert und wie die kollektiven Siedlungs- und Arbeitsformen im Verhältnis zur «bürgerlichen» Privatinitiative bewertet werden sollten.

Wandel durch Einwanderung

Im Verlauf der 1920er Jahre stieg die Zahl der Juden von 76000 im Jahr 1922 (nachdem annähernd 18000 Juden, die während des Kriegs deportiert oder geflüchtet waren, seit 1919 nach Palästina zurückgekehrt waren, verstärkt durch eine bescheidene Zahl von Neueinwanderern) auf 165000, die Anzahl der landwirtschaftlichen Siedlungen von 55 auf 100. In diese Zeit fielen einige der umfangreichsten Landkäufe in Marj Ibn Amir/Jezreel und Wadi Hawarith südlich Haifas, die vor allem in der fruchtbaren, in Teilen aber noch immer versumpften Jezreel-Ebene zu einer dichteren jüdischen Besiedlung führten. 1921 entstanden hier mit Nahalal und Tel Joseph auch die ersten Kibbutzim, 1924 wurde mit Bnei Brak aber auch eine Siedlung orthodoxer polnischer Juden gegründet. Damit hatte sich die Palette ländlicher Lebens- und Wirtschaftsformen erweitert und reichte nun von der aus einzelnen privatwirtschaftlichen Familienfarmen bestehenden Siedlung (*moshava*) über die ländliche Kooperative (*moshav*), die privaten und gemeinschaftlichen Besitz miteinander verband, bis zum Kollektiv des Kibbutz, der keinen Privatbesitz kannte; hinzu kamen die wiederum überwiegend privatwirtschaftlich und daher auf Rentabilität hin ausgerichteten Zitrusplantagen. Ökonomisch dominierte insgesamt der Privatsektor, prominent vertreten von Landbesitzern und Unternehmern. Der größte Landbesitzer war nicht der Jüdische Nationalfonds, sondern die 1924 von Baron James de Rothschild gegründete PICA (Palestine Jewish Colonization Agency), die im Gegensatz zum JNF den Boden nicht als ewiges Eigentum des jüdischen Volkes betrachtete und arabische Landarbeiter nicht von der Beschäftigung ausschloß; ihr gehörten in der zweiten Hälfte der 1920er Jahre rund 55 % des in jüdischem Eigentum befindlichen Bodens. Rund ein Viertel des «jüdischen» Landes war in günstigem Privatbesitz (Einzelfarmen, Siedlungen, Zitrusplantagen).[9]

Die jüdische Einwanderung verlief sehr ungleichmäßig, und zwar auch innerhalb der größeren Wellen, die üblicherweise gezählt werden (1919–1923 Dritte Aliya, 1924–1931 Vierte Aliya): 1920–1923 kamen jeweils rund 8000 jüdische Immigranten pro Jahr, 1924 und 1926 waren es je 13 000, 1925 33 000 – fast so viel wie während der gesamten Zweiten Aliya –, 1927 hingegen nur noch 2300 und 1928 bloße 800. Eine hohe Rückwanderung führte in diesen Jahren zu einem Nettorückgang des Yishuv: 1926 und 1927 wanderten 74 % der Einwanderer (Olim, abgeleitet von Aliya) wieder aus, 1928–1931 waren es 38 %, 1919–1923 21 %; nur 1924 und 1925 lag ihr Anteil unter 10 % (8,7 %). Auslöser der Zu- und Abwanderung waren politische und wirtschaftliche Faktoren:[10] Die Folgen des Weltkriegs und der revolutionären Umwälzung in Rußland bewegten nur eine recht begrenzte Anzahl von Juden zur Aliya (wirkten also als sog. *push*-Faktor), die angesichts der ungesicherten Verhältnisse in Palästina ein hohes Maß an Pioniergeist voraussetzte. Zu berücksichtigen ist, daß auch die zionistischen Organe keine Masseneinwanderung propagierten, für die sie zu diesem Zeitpunkt gar nicht gerüstet waren: Im Rahmen einer Politik, die die Immigration an die «wirtschaftliche Aufnahmefähigkeit» des Landes band, mußten die jüdischen Verantwortlichen für arbeitsfähige, aber unbemittelte Anwärter (die über sog. Arbeiterzertifikate einreisten) die Möglichkeit einer bezahlten Beschäftigung nachweisen, was faktisch nur innerhalb des kaum entwickelten jüdischen Wirtschaftssektors möglich war. Das Kriterium der wirtschaftlichen Aufnahmefähigkeit ließ zwar immer Raum für (politische) Verhandlungen, setzte der Einwanderung in diesen frühen Jahren aber enge Grenzen.

1921 und 1924 verschärften die USA – zu allen Zeiten das wichtigste Zielland europäischer Emigranten gleich welcher Religion und Nationalität – ihre Einwanderungsgesetze, indem sie feste Quoten einführten, die diese an einen bestimmten Prozentsatz der bereits in den USA lebenden Neubürger des jeweiligen Herkunftslandes banden (also beispielsweise 3 % der eingebürgerten US-Amerikaner polnischer Herkunft).[11] Als zusätzlicher *push*-Faktor wirkte eine neue, restriktive Wirtschafts- und Finanzpolitik in Polen. Die dramatisch hohe Einwanderungszahl von 1925 ist in erster Linie mit diesen Entwicklungen zu erklären, die wenig mit der Lage in Palästina selbst zu tun hatten – diese aber natürlich stark beeinflußten, indem sie im jüdischen Sektor zu einem kurzen, aber heftigen Boom führten, der allerdings schon 1927, unabhängig von der später einsetzenden Weltwirtschaftskrise, einer Rezession wich. Die hohen Rückwanderungsquoten der Jahre 1926–1931 und der Einbruch der Einwandererzahlen im Jahr 1929 dürften maßgeblich durch die Wirtschaftskrise sowie die Unruhen an der Klagemauer der Jahre 1928 und 1929, also gleichermaßen ökonomisch und politisch bedingt gewesen sein.

Zahlen sind das eine, das soziale und politische Profil der Immigranten etwas anderes: Waren die Zuwanderer der frühen 1920er Jahre überwiegend männlich, jung, unverheiratet und hoch motiviert, so gelangten ab 1925 auch viele jüdische Mittelschichtfamilien ins Land, die – da sie eigene Mittel mitbrachten – bis 1939 keiner staatlich festgesetzten Quote unterlagen.[12] Zwar kam knapp die Hälfte der jüdischen Neuankömmlinge weiterhin über sog. Arbeiterzertifikate, doch pendelte sich der Anteil der «Kapitalisten» im gleichen Zeitraum bei gut einem Viertel ein: 1922–1923 lag er bei 16 %, 1924–1926 bei 32 %. Damit gelangte eine Schicht mit bürgerlichen Lebensgewohnheiten, Umgangsformen und Interessen nach Palästina, die – sehr zum Mißfallen der linkszionistischen Pioniere – auch den Yishuv entsprechend umgestaltete. Ihre Interessen vertrat unter anderem der schon 1921 gegründete jüdische Industriellen- und Arbeitgeberverband. Die große Mehrheit der Einwanderer der Vierten Aliya – und zwar gleichgültig, ob «Arbeiter» oder «Kapitalist» – zog in die Städte; das erst 1909 als sauber-grüne Gartenvorstadt angelegte Tel Aviv verwandelte sich binnen zweier Jahrzehnte bis zur Unkenntlichkeit. Das Kapital floß zum größten Teil in mittelständische Familienunternehmen, Geschäfte, Läden und Restaurants. Zugleich aber wurde der Grundstein für eine moderne Industrie gelegt. Zu den größten Unternehmen zählten die 1923 von Pinhas Rutenberg gegründete Anglo-Palestine Electricity Company, die, beginnend mit der

Elektrifizierung Tel Avivs, den Strommarkt monopolisierte. Arabische Gemeinden, die sich weigerten, ihren Strom von einem «jüdischen» Unternehmen zu beziehen, blieben auf Kerosinlampen angewiesen, um ihre Häuser, Geschäfte und Straßen zu beleuchten.[13]

Insgesamt lief die Entwicklung der 1920er Jahre keineswegs kontinuierlich und ungebrochen auf den Aufbau einer jüdischen Heimstätte oder, wie zu dieser Zeit gelegentlich gesagt wurde, eines jüdischen «Commonwealth» in Palästina hinaus. Von der Krise der späten 1920er Jahre wurde vor allem der städtische Sektor erfaßt: Die Arbeitslosigkeit schnellte in die Höhe, als 1927 das Bauunternehmen der Histadrut, Solel Boneh, bankrott ging. Innerhalb des Yishuv kam es vor allem in den Krisenjahren zu zahlreichen Arbeitskämpfen zwischen jüdischen Arbeitgebern, die die sozialistischen Ziele ihrer Beschäftigten nicht teilten, sowie jüdischen Haus- und Grundbesitzern, die vor allem in Tel Aviv das kommunale Wahlrecht monopolisierten, auf der einen Seite und sozialistischen Arbeitern auf der anderen. Während die Histadrut sich im Sinne der «Eroberung der Arbeit» vehement gegen die Beschäftigung arabischer Arbeiter in Landwirtschaft, Bauwesen und Industrie wehrte (1927 etwa kam es in Petah Tikva und an anderen Orten zu gewaltsamen Zusammenstößen zwischen zionistischen Aktivisten, jüdischen Arbeitgebern und arabischen Arbeitern), standen in manchen der Streiks in städtischen Industrie- und Gewerbebetrieben jüdische und arabische Arbeiter Seite an Seite. Hier wurde das Spannungsverhältnis von Klasse und Nation besonders augenfällig: Die Histadrut proklamierte zwar die Klassensolidarität und trat, um gegenüber den Arbeitgebern die eigene Verhandlungsposition zu stärken, für den Aufbau arabischer Gewerkschaften ein, doch waren diese separat organisiert und der Histadrut nur angegliedert, die bis weit über die Erlangung der Unabhängigkeit hinaus ein exklusives Organ der jüdischen Arbeiterklasse blieb. Eine gemeinsame Gewerkschaft der Eisenbahner – sie blieb die einzige gemischte Gewerkschaft – wurde zwar 1923 gegründet, doch hatte sie nie mehr als 500 Mitglieder; die 1932 als «Schwesterorganisation» der Histadrut ins Leben gerufene arabische Allianz der Arbeiter Palästinas zählte etwa 2500 Mitglieder.[14]

Jüdisch oder hebräisch?

Der Yishuv war außerordentlich vielfältig, farbenreich, vielsprachig, im wahrsten Sinn «multikulturell», wenn man die Zugehörigkeit zum Judentum einmal als gemeinsames und verbindendes Fundament voraussetzt, und wie überall ließ sich ein hohes Maß an Pluralität nicht ohne Reibungen ausleben. Es gab die politischen Gegensätze, hinter denen nicht selten Generationenkonflikte standen. Auf anderer Ebene bewegte sich der Sprachenstreit, in dem die Befürworter der alleinigen Benutzung des Neuhebräischen (Ivrit) gegen die Verwendung aller anderen Sprachen von Jiddisch über Deutsch, Russisch und Französisch bis Arabisch mobil machten. Auf einer zweiten Ebene lag der Streit um die Sabbatruhe, den viele Linkszionisten nicht einhielten, während mindestens ebenso viele zionistische Siedler die religiösen Gebote beachteten, auf einer dritten die Klagen orientalischer und sephardischer Juden über Diskriminierung seitens der Aschkenasen, die im Zuge der zionistischen Einwanderung sowohl politisch als auch sozial und kulturell die Vorherrschaft übernommen hatten.

Eine wichtige Konfliktlinie verlief zwischen den Befürwortern einer jüdischen Erneuerung, die mit nationalistischen Ideen einhergehen konnte, aber nicht mußte, und den Kämpfern für eine nationale «hebräische» Erneuerung durch Rückbesinnung auf die Heroen der Antike (Salomo, David, Josua natürlich, aber auch die Makkabäer und die jüdischen Aufständischen, die in Masada gefallen waren). Für erstere stand der Kulturzionismus eines Ahad ha-ʿAm (der Künstlername von Ascher Hirsch Ginzberg, 1856–1927) und seiner Anhänger. Wenn es Herzl um die *Judenfrage* ging, so sorgte Ahad ha-ʿAm sich um die Bewahrung des *Judentums* in einer Zeit wachsender Säkularisierung und Assimilation. Der Unterschied wird bei Übersetzungen in europäische Sprachen häufig verwischt, wo in den meisten Fällen sowohl *yehudi* als auch *ʿivri* mit «jüdisch» übersetzt wird (ein Musterbeispiel bietet die sog. Jüdische Legion, die eigentlich Hebräische Bataillone oder Brigaden heißen müßte). Die Konflikte waren heftig und verliefen nicht allein entlang der Trennlinie religiös (orthodox, ultraorthodox)/säkular.

Der moderne, «hebräische» Sektor weitete sich rasch aus und umfaßte bald Kunst, Kultur, Sport und Unterhaltung: Noch vor

Kriegsende war im Juli 1918 auf dem Skopus-Berg in Jerusalem der Grundstein für eine Hebräische Universität gelegt worden, die 1925 – wenige Monate nach dem Technion in Haifa – feierlich eröffnet wurde. Sie gaben jungen Juden, wie erwähnt, die Möglichkeit, im eigenen Land eine hochklassige moderne, d.h. nichtreligiöse Ausbildung zu erwerben. Kurz nach Kriegsende wurde im Dezember 1918 der erste Film in neuhebräischer Sprache gedreht. 1919 wurde die Zeitung Haaretz (ha-'aretz) gegründet, die später zu den angesehensten Blättern Israels zählte. In Tel Aviv konstituierte sich 1921 ein jüdischer Schriftstellerverband, der sich 1924 landesweit organisierte; Theaterensembles fanden sich zusammen, Theater wurden gegründet, 1923 auch eine Oper (ebenfalls in Tel Aviv), die ihr Haus mit Verdis «Traviata» eröffnete. 1929 folgte in Jerusalem die Grundsteinlegung für das Rockefeller-Museum für Archäologie. Die Sport- und Fußballeidenschaft griff auch in Palästina um sich: Dem 1928 gegründeten palästinensischen Fußballverband gehörten neben mehreren jüdischen auch ein arabischer Club aus Jerusalem an.

Die aus Deutschland stammende Schriftstellerin Gabriele Tergit (auch dies ein Künstlername), die 1933 bis 1938 in Palästina lebte, hat drei Ausformungen – beinahe schon Idealtypen – jüdischen Lebens im Palästina der 1930er Jahre beschrieben, die diese Vielfalt erhellen: den Bürger, den Arbeiter bzw. Pionier und den Gelehrten. Ihr Beispiel ist Jerusalem mit seinen unterschiedlichen Vierteln und Vororten, dem bürgerlichen Rehavia auf der einen Seite und dem ultra-orthodoxen Mea Shearim auf der anderen:

«Dort draußen liegen die Kolonien: Juden am Pflug, Juden mit der Sense, breitschultrig, hochbeinig, kurzhosig, mit nackten Armen, und sie sprechen Hebräisch.

Dort draußen liegt Rechavia. Eine moderne Vorstadt begüterter Juden, die überall leben könnten, elegantes Kleid, gepflegtes Essen, geschmackvolle Wohnung, Rechtsanwälte, Ärzte, Kaufleute, und sie sprechen Hebräisch.

Dort draußen sind die bescheideneren Vorstädte: ... Junge Kerle, rotgesichtig, gesund und derb, lesen den ‹Dawar›, die hebräische Arbeiterzeitung.

Aber mitten in diesem neuen Land liegt eine Insel des ewigen Judentums, des zweitausend Jahre alten Judentums, liegt das Ghetto von Jerusalem, Mea Shearim. Mauerähnliche Häuser, überfallgewärtig, und Tore. Bethaus an Bethaus. Das Leben nur Unterbrechung von Talmudstudium und Gebet. Armseliger kleiner Markt. Auf dem Markt Stand bei Stand, grauer Käse, Salzheringe, Oliven, Bonbons, unansehnliches Gebäck ... Kleine Häuser mit verfallenen

Holztreppen zum gedeckten Balkon im ersten Stock, Wein umrankt sie, Granatblüten verdecken den Schmutz ...

Bei Tage Sanierungsviertel, Schmutz und Elend, aber in der Nacht Republik der Gelehrten. Bei der Petroleumlampe sitzen sie, und aus den weißen Seiten und aus den schwarzen Buchstaben kommt ihnen das Leben entgegen. Sie sprechen mit den Weisesten aller Zeiten, sie diskutieren mit den Redegewandtesten.»[15]

Soziale Unterschiede waren in der jüdischen Gesellschaft so wenig aufgehoben wie in der arabischen, sie waren nur anders begründet:

«Rechavia ist Beamten- und Universitätsstadt. Und so ist es auch. Die Normalisierung des jüdischen Volkes hat den jüdischen Beamten geschaffen. Enge, Wichtigkeit der Karriere, Wichtigkeit des Gehalts, Patriotismus, Chauvinismus und Überheblichkeit. Man gibt Gesellschaften, man bekommt Gesellschaften, hat Abschiedstees, gibt Abschiedstees, hält sich gegenseitig Reden, hat Empfänge und geht bei 40 Grad im Smoking. Engländer gehen nämlich auch im Smoking. Es gibt die feine Familie und die weniger feine Familie und die ganz feine Familie. Es gibt vielerlei soziale Maßstäbe. Erster Maßstab ist die Stellung innerhalb der zionistischen Organisation, was sowohl mit dem Einkommen zusammenhängt wie mit der Macht. Zweiter Maßstab ist, wie lange einer im Land ist. Die Mayflower ist kein Spezifikum amerikanischer Entwicklung. Dritter Maßstab ist das Herkommen. Fein ist Rußland, Polen ist weniger fein, Russisch-Polen feiner als Galizien, ganz hinten kommen seit 1933 die deutschen Juden. Hors de concours ist der englische Sprachkreis ... Ein zionistischer Beamter mit ostjüdischer Großmutter, wohnend in Rechavia, hat überhaupt keine Probleme mehr. Begraben ist die Judenfrage. Man weiß alles.»[16]

Gerade den bürgerlichen Lebensstil, den die besseren jüdischen Kreise in Rehavia, Haifa und dem aufstrebenden Tel Aviv pflegten, aber lehnten die zionistischen Pioniere ab, die von körperlicher Arbeit die «Normalisierung» des jüdischen «Luftmenschen» und die «Umschichtung» des jüdischen Volkes erwarteten. Sie taten es aus Überzeugung. Die Aliya mochte alle frisch eingewanderten Juden in «Aufsteiger» verwandeln, moralisch besser machte sie nur die körperliche Arbeit («Eroberung der Arbeit – Erlösung des Bodens»):

«Die Verächter Tel-Avivs verlangen wie Gott selber, daß das Volk vierzig Jahre durch die Wüste wandern soll, ehe es ins gelobte Land kommt. Sie fordern, wie alle zünftigen Weltanschauler, die besessen sind von einer Idee, eine neue Generation. Sie wollen keine Städte, und sie werten das Bedienen eines Traktors moralisch.»[17]

So unterschiedlich sie nach Herkunft, Anschauung und Lebensstil auch sein mochten – die Vertreter des «neuen» verstanden sich noch immer nicht mit denen des «alten» Yishuv: «Zwischen Re-chavia und der Klagemauer ist keine Brücke»:

«Die Juden von Palästina mögen die betenden, Talmud studierenden, schmut-zigen und armen Ghettojuden nicht. Zum Teil, weil sie jahrzehntelang von Spenden lebten. Sie wollen die nacktarmige, kraftvolle, derbe Jugend der Ko-lonien. Sie wollen den Schmied und den Tischler, den Postboten und den Schutzmann. Sie wollen das Volk in seiner natürlichen Schichtung, jenseits der Tore, jenseits der Mauern.»[18]

2. Anpassung und Widerstand: Arabische Politik 1918–1930

«Notabelnpolitik»

Die britische Herrschaft war zunächst von allgemeiner Verun-sicherung begleitet, war doch bis in die frühen 1920er Jahre kei-nesfalls klar, daß sie sich dauerhaft festsetzen und in die lokalen Verhältnisse nachhaltig eingreifen würde. Folge dieser Verunsiche-rung waren Absicherungsstrategien, die in einer offenen oder als offen empfundenen Situation die eigene Position gegen alle Even-tualitäten abstützen sollten. Für die breite Masse der Bevölkerung ging es, wie erwähnt, zunächst darum, die Verluste der Kriegsjahre zu überwinden und existentielle Probleme zu bewältigen. Dies ließ für politische Aktivitäten zunächst wenig Raum. Die Zer-schlagung des Osmanischen Reichs und die Machtübernahme durch die Briten bedeuteten auch für die lokalen Eliten einen wichtigen Einschnitt. Nicht nur verloren sie wichtige Funktionen, die zuvor ihren Status und Einfluß gesichert hatten: die Steuer-pacht vor allem, die von den Briten abgeschafft wurde, und die Aufsicht über Landzuteilung und -registrierung, die sie im Rah-men der unterschiedlichen Verwaltungs- und Beratungsgremien ausgeübt hatten. Nutzlos waren die Kanäle nach Istanbul gewor-den, die man mit einigem Aufwand gepflegt hatte. Unter briti-scher Besatzung bildeten sich neue Kommunikationsstrukturen und neue politische Hierarchien heraus, die im wesentlichen die Stellung Jerusalems und seiner angestammten Elite stärkten – und dies, obgleich sich der Schwerpunkt des wirtschaftlichen Lebens seit dem ausgehenden 19. Jahrhundert an die Küste verlagert hatte, wo sich unter britischem Mandat der Ballungsraum Jaffa-Tel Aviv nicht nur für die Juden, sondern auch für die Araber als neues ökonomisches und auch kulturelles Zentrum herausbildete. Vor allem in den 1930er Jahren entwickelte sich im Norden Haifa dank seines Hafens und der Eisenbahnlinie in den Irak, für die dort ein Reparaturwerk unterhalten wurde.[19] Nablus hingegen büßte seine wirtschaftliche Bedeutung weitgehend ein, die es bis ins beginnende 20. Jahrhundert gewahrt hatte (verlor unter britischem Mandat sogar seinen Rang als Distriktshauptstadt), blieb aber dennoch, wie vor allem die 1930er Jahre zeigen sollten, ein Zentrum politischer Aktivität.

Ungeachtet gewisser rassistischer Stereotype, die sich natürlich nicht auf Palästina beschränkten, dort auch nicht besonders auffallend ausgeprägt waren, verfolgten die Briten auch in Palästina die Politik der «indirekten Herrschaft», die lokale Eliten als Mittler zwischen der eigenen Verwaltung und der breiten Bevölkerung einsetzte und sich vor allem in Indien so bewährt hatte. Hier wie anderswo legten sie besonderen Wert auf Persönlichkeiten aus «guter Familie», die als «natürliche Führer» ihrer jeweiligen Gemeinschaft galten.[20] Palästinensische Notabeln rückten so gewissermaßen als lokale Entsprechung in den Rang des britischen Landadels, der *landed gentry*. Schon vor der Eroberung der Levante hatte der militärische Geheimdienst in Kairo im Frühjahr 1917 bezeichnenderweise ein dreibändiges Handbuch (Vademecum) lokaler Führungspersönlichkeiten und Notabelnfamilien erstellt. Im Kern lief die britische Notabelnpolitik auf eine Verfestigung bestehender, wenn auch nicht notwendigerweise seit langem bestehender sozialer Hierarchien hinaus. Hier wirkte sich die Orientierung am Status quo, die in anderen Bereichen nicht durchzuhalten war, in reale Politik aus.

Die Notabelnpolitik der neuen britischen Machthaber machte die Lage der örtlichen Eliten nicht einfach: In erster Linie mußte es ihnen darum gehen, in einer Situation großer Unübersichtlichkeit im Spiel zu bleiben, ihre Stellung nach oben wie nach unten zu verteidigen und ihren lokalen Einfluß zu wahren, ohne die Briten zu verprellen. Vorsicht lautete daher die oberste Devise und allseitige Absicherung gegenüber allen offenkundigen und potentiellen Gefährdungen. Ihr Dilemma war klar: Viele Angehörige der arabischen Elite waren einem britischen Mandat nicht gänzlich abgeneigt – aber einem Mandat ohne Zionismus. Nicht wenige hegten zunächst die Hoffnung, die Briten im Sinne der arabischen (und damit auch der eigenen) Interessen beeinflussen zu können. Diese aber verweigerten der arabischen Bevölkerung eine anerkannte politische Vertretung, solange sie nicht den Mandatsvertrag respektierte. Mitarbeit im gegebenen, durch die Briten definierten Rahmen aber bedeutete die Anerkennung nicht nur des Mandats, sondern der Balfour-Erklärung und damit die Negierung des eigenen Rechts auf Selbstbestimmung. Partizipation erschien so nicht ohne weiteres als ausbaufähige Chance der Einflußnahme, wie dies auf jüdischer Seite ganz selbstverständlich der Fall war, sondern vielmehr als Verlustgeschäft, wenn nicht als Akt der Selbstaufgabe. Die traditionelle Notabelnfunktion der Vermittlung, Mäßigung und Dämmung «nach unten», gegenüber dem einfachen Volk sozusagen (und diese Sprache wurde benutzt), war weiterhin gefragt. «Nach oben» aber fand die Elite sich weitgehend ohne wirksame Einfluß- und Druckmittel, die die Briten oder Zionisten zu Konzessionen hätten bewegen oder gar zwingen können. Damit vertiefte sich das Ungleichgewicht zwischen den beiden Bevölkerungsteilen. Sie besaßen eben nicht dieselben Chancen, eigene Interessen nach außen nicht nur zu artikulieren, sondern sie gegebenenfalls gegen Widerstand – wenn auch ohne Rückgriff auf Gewalt – durchzusetzen.

Auf britischer Seite wurde das arabische Dilemma durchaus erkannt, wie der Bericht der Peel-Kommission vom Juli 1937 bewies:

«... eine nationale Selbstverwaltung konnte in Palästina nicht eingesetzt werden, solange sie dazu dienen würde, den Endzweck der Balfour-Deklaration illusorisch zu machen. Eben darum war die Crux für arabische Augen deutlich genug. Es war die Balfour-Deklaration, ihre Einverleibung in den Mandats-Entwurf und nichts sonst, was anscheinend ihrem Ziel im Wege stand, ein ähnliches Maß an Unabhängigkeit zu erlangen, wie es andere arabische Gemeinschaften genossen. Und ihre Reaktion auf diese Crux war folgerichtig: sie lehnten die Balfour-Deklaration ab. Sie erhoben Widerspruch gegen ihre Aufnahme in den Mandatsentwurf ... Und sie weigerten sich, an irgendeiner anderen Regierungsform mitzuarbeiten als an einer nationalen Regierung, die nur dem palästinensischen Volk verantwortlich wäre.»[21]

Die Verweigerungsstrategie der arabischen Elite beschränkte sich allerdings auf die nationale und damit auf die sichtbarste politische Ebene; auf Stadt- und Gemeinderatsebene wurde sie kaum praktiziert, beruhte also nicht auf einer breit verankerten Politik der

Nicht-Zusammenarbeit.[22] An den Kommunalwahlen von 1927 und 1934 etwa beteiligten sich Araber ebenso wie Juden. Für das tägliche Zusammenleben und die Interaktion der beiden großen Bevölkerungsgruppen waren Kommunalwahlen sogar von besonderer Bedeutung: In ihnen herrschte ein Konfessionsproporz, der in Jerusalem beispielsweise Plätze für 4 Muslime, 2 Christen und 6 Juden vorsah, aber so gestaltet war, daß Juden auch für muslimische Kandidaten stimmen mußten und umgekehrt. Ungeachtet ihrer demonstrativen Verweigerung auf nationaler Ebene verfolgten die arabischen Eliten im wesentlichen eine pragmatische Strategie – pragmatisch zumindest in den eigenen Augen, nicht unbedingt in jenen ihrer zionistischen Widersacher – und setzten nicht nur vor 1920, als die Lage noch offen schien und eine Vereinigung mit dem arabischen Staat unter Faisal denkbar, einige Hoffnung auf britische Fairness und Gerechtigkeit.

Die Muslimisch-Christlichen Vereinigungen

Unter der arabischen Bevölkerung Palästinas bildeten sich zwischen 1917 und 1920 mehr als 40 politische Vereinigungen mit mehreren Tausend Mitgliedern – ganz überwiegend Angehörige der einheimischen Mittel- und Oberschicht –, die allerdings weder als politische Parteien auftraten noch ein Programm formulierten, das über den Kampf gegen den Zionismus hinausging. Zu den wichtigsten Neugründungen zählten die Muslimisch-Christlichen Vereinigungen einerseits und das Literarische Forum sowie der Arabische Club andererseits, die auf Vorläufer aus der Vorkriegszeit zurückblicken konnten. In der Literatur ist häufig versucht worden, die einzelnen Organisationen und Orientierungen an bestimmten Altersgruppen festzumachen, um Ordnung in das unübersichtliche Gewirr von Clubs, Vereinen und Parteien zu bringen: Danach zeichnete sich die ältere, noch im Osmanischen Reich sozialisierte Generation nicht eben überraschend durch eine vorsichtig-konservative Haltung aus, wie sie die Muslimisch-Christlichen Vereinigungen an den Tag legten, während eine jüngere, nicht mehr in osmanischen Bezügen lebende Generation radikale, arabisch-nationale Positionen übernahm.[23] Das entbehrt nicht einer gewissen Logik, ist aber zu schematisch gedacht, denn während sich in den Muslimisch-Christlichen Vereinigungen durchaus auch Jüngere engagierten, fanden sich im Literarischen Forum und im Arabischen Club nicht wenige Vertreter der älteren Generation.

Schon im Frühjahr 1918 wurden in Jerusalem und Jaffa – dem alten und einem der neuen städtischen Zentren Palästinas – die ersten muslimisch-christlichen Vereinigungen gebildet, die sich im Januar 1919 nach Bekanntwerden der Balfour-Erklärung in aller Form als Palästinensische Muslimisch-Christliche Vereinigungen (MCV, *al-jam'iyyat al-islamiyya al-masihiyya al-filastiniyya*) konstituierten.[24] Vergleichbare Ansätze der Solidarität von Muslimen und Christen gab es zur selben Zeit in Syrien und in Ägypten, wo im November 1918 die nationale Bewegung des Wafd entstand, die für die «Einheit von Kreuz und Halbmond» eintrat. Für Palästina stellte das starke Engagement christlicher Araber, die, obwohl in Handel, Bildungswesen und auch den freien Berufen deutlich stärker vertreten als die Muslime, politisch bislang eher diskret im Hintergrund geblieben waren, etwas Neues dar.[25] Zu Beginn der 1930er Jahre lebten in Palästina etwa 91 000 Christen inmitten einer Mehrheit von 760 000 Muslimen: Die Orthodoxe Kirche von Jerusalem (meist als griechisch-orthodox bekannt, obwohl ein Teil der Gläubigen der russisch-orthodoxen Kirche angehörte) machte davon gut 40 % aus (knapp 40 000); die Katholiken (lateinische Christen) zählten nicht ganz 19 000, in ihrer großen Mehrheit Araber, die Griechisch-Katholische Kirche (Melkiten) etwa 13 000, (arabischsprachige) Anglikaner und Lutheraner rund 5000. In den verschiedenen Verwaltungs- und Beratungsgremien der Reform-Ära waren Christen (an erster Stelle orthodoxe Christen) durchaus vertreten, im Rahmen des staatlich verfügten Proporzsystems vielfach sogar überrepräsentiert; aktiv waren sie auch in den Handelskammern, in philanthropischen und literarischen Vereinigungen sowie von Beginn an in der – entschieden antizionistischen – Lokalpresse. Der italienische Einfall in Tripolitanien hatte im Osmanischen Reich jedoch nach 1911 eine antichristliche Stimmung geschaffen, die sich während des Ersten Weltkriegs noch verschärfte. Die muslimische Begeisterung für die türkische Befreiungsbewegung unter Mustafa Kemal (Atatürk) weckte unter palästinensischen Christen neue Befürchtungen, die sich zum Teil mit den Griechen solidarisierten, gegen die die türkischen Nationalisten in Anatolien kämpften. Neue Ängste weckte 1925–1927 der nationale Aufstand in Syrien, in dessen Verlauf auch christliche Dörfer angegriffen wurden. Umgekehrt erregten zwei christliche Weltmissionarskongresse, die 1924 und 1928 in Jerusalem abgehalten wurden, erheblichen Unmut unter den Muslimen und dementsprechende Befürchtungen bei den Christen, die wechselseitigen Beziehungen könnten durch die Aktivitäten ausländischer Missionare gestört werden. Insofern war eine politische Initiative von einigem Gewicht, die die gemeinsamen Anliegen von Muslimen und Christen in dem neu geschaffenen Mandatsgebiet zum Ausdruck bringen sollte.

Die arabischen Christen lebten, wie erwähnt, ganz überwiegend in den Städten und fühlten sich von den zugewanderten Juden vielfach sozial und ökonomisch bedroht: Die Gefahr, die eine massive jüdische Einwanderung und der Aufbau einer jüdischen Heimstätte darstellte, ging aus ihrer Sicht ja keineswegs allein von den ländlichen jüdischen Siedlungen aus, die im allgemeinen so deutlich im Mittelpunkt der Betrachtung stehen. Handel, Gewerbe, Industrie und freie Berufe, in denen Juden stark vertreten waren, spielten eine ebenso große Rolle. Aus diesem Bedrohungsgefühl wurden allerdings unterschiedliche Konsequenzen gezogen: Das von griechischen, nicht arabischen Mönchen dominierte Orthodoxe Patriarchat von Jerusalem war nach dem Untergang des Zarenreichs auf der Suche nach einer neuen Schutzmacht und im Prinzip probritisch und gegen Faisal. Ganz anders die Position der Nahda Urthuduksiyya, der orthodoxen Erneuerungsbewegung des späten 19. Jahrhunderts, und ihrer Nachfolger, die die arabischsprachigen Gläubigen vertraten und sich als arabische Nationalisten verstanden.[26] Hier kam ein weiterer Gegensatz innerhalb der orthodoxen Gemeinde zum Tragen: der Gegensatz zwischen griechischem Klerus und arabischer Gemeinde, der 1860 und 1908 bereits aufgeflammt war. Nicht wenige arabischsprachige orthodoxe Christen sahen sich in der Nachkriegszeit gleich mehrfach unterdrückt: durch die Briten, durch die Juden und durch die Griechen. Auch um die Spannungen innerhalb der eigenen Gemeinschaft aufzufangen, tendierten die christlichen Notabeln generell zu einer britenfreundlichen, wenn auch antizionistischen Politik.

Bei den Muslimisch-Christlichen Vereinigungen handelte es sich im wesentlichen um Zusammenschlüsse lokaler Notabeln und religiöser Würdenträger von Christen und Muslimen, zunehmend erweitert durch Dorfscheichs des zentralen Berglandes und der Karmel-Region nahe Haifa, die in der unmittelbaren Nachkriegszeit für eine autonome palästinensische Entwicklung unter britischem Schutz eintraten, sich also gegen eine Vereinigung Palästinas mit Syrien stellten. Es waren Honoratiorenclubs, deren politische Vorstellungen und Praktiken sich in überkommenen Bahnen bewegten. Ihre wichtigsten Instrumente bildeten Petitionen und Überzeugungsarbeit, die sich im wesentlichen «nach oben» richteten, an die britischen Machthaber; sie verwandten keine neumodischen Formen der politischen Mobilisierung breiterer Bevölkerungskreise. Es kann daher nicht verwundern, daß die Briten dieser Bewegung mit Wohlwollen begegneten. Möglicherweise genoß sie anfangs sogar die aktive Unterstützung der britischen Militärbehörde, die ein arabisches Gegengewicht zu den zionistischen Organen zu schaffen versuchte.[27]

Die landesweite Mitglieder- und Anhängerschaft der Muslimisch-Christlichen Vereinigungen wurde 1919 auf 3000 Personen geschätzt, doch sank die Zahl der Aktiven rasch ab.[28] Zwar wählten sie sich einen Vorstand, blieben aber ein lockerer Verbund örtlicher Zusammenschlüsse ohne hierarchische landesweite Struktur. Relativ rasch faßten sie im zentralen Bergland und dem Karmel-Gebiet Fuß, wo es gelang, einflußreiche Dorfscheichs in die Bewegung einzubinden, während in den historisch jüngeren und sozial noch wenig verfestigten Dörfern der Küstenebene und Galiläas die nationalistische Bewegung generell noch kaum in Erscheinung trat. Anders in Haifa, wo seit dem ausgehenden 19. Jahrhundert Spannungen zwischen Muslimen und Christen aufgetreten waren, als letztere die ersteren sozial und wirtschaftlich überflügelten. Hier wurden 1918/19 getrennte muslimische und christliche Vereinigungen gegründet, die allerdings vereint vorgingen. In Nablus – das immer als besonders fanatisch gegolten hatte und wo noch im 20. Jahrhundert so wenige Christen lebten, daß sich nur mit Mühe ein christliches Mitglied auftreiben ließ – war 1919–1931 ebenfalls eine Muslimisch-Christliche Vereinigung aktiv, die sich unter anderem gegen die Vorherrschaft des Jerusalemer Husaini-Clans wehrte. In Gaza wirkte 1920 gleichfalls eine Muslimisch-Christliche Vereinigung, ab Mitte 1922 auch in dem mehrheitlich christlichen Nazareth, das bis dahin politisch überhaupt nicht aufgefallen war. Eine rein muslimische Organisation trat im Juli 1922 in Tiberias auf, von der man aber schon 1923 nichts mehr hörte. Sehr schwach war die nationalistische Bewegung in Hebron, das erstmals 1923 auf einem MCV-Kongress vertreten war. In einer ganzen Reihe von Orten – Safed, Baisan, Ramallah und Ramla, Lydda, Tulkarm, Jenin und Akko – wirkten in den 1920er Jahren unterschiedliche, zum Teil auch konkurrierende Gruppierungen. Die Beduinen von Beersheva erwiesen sich als resistent gegenüber allen Organisationsversuchen.

Die wichtigsten Vereinigungen waren in dieser Phase das Literarische Forum (*al-muntada al-adabi*) und der Arabische Club (*al-nadi al-ʿarabi*), denen ebenfalls Muslime und Christen angehörten, die mehrheitlich aber eine etwas jüngere Klientel hatten und sich zum Teil sogar explizit an die Jugend wandten.[29] Das Literarische Forum, 1909 in Istanbul gegründet, hatte in den arabischen Provinzen zahlreiche Mitglieder gezählt. Ungeachtet seiner proosmanischen Ausrichtung geriet es in die Mühlen des Krieges; nach der Hinrichtung seines Vorsitzenden stellte es 1915 seine Aktivitäten ein. Ende 1918/Anfang 1919 unter prominenter Beteiligung mehrerer Mitglieder der Nashashibi-Familie in Jerusalem neu gebildet, war es vor allem dort aktiv. Während die Nashashibis (zumindest später) im allgemeinen mit einer probritischen Haltung identifiziert wurden, propagierte das Literarische Forum unter dem martialischen Motto «Im Namen der Araber leben und sterben wir (*bismi l-ʿarab nahya wa-bismi l-ʿarab namut*)» einen politischen Zusammenschluß mit Syrien unter Faisal und den entschlossenen Kampf gegen den Zionismus. Ganz ähnlich der Arabische Club, der 1918 in Jerusalem mit dem Motto «Unser Land gehört uns! (*arduna lana*)» gegründet wurde. Auch dieser konnte auf einer Vorläuferorganisation aufbauen, die in Damaskus, Aleppo, Jerusalem und Nablus aktiv gewesen war.

Anders als die Muslimisch-Christlichen Vereinigungen versuchten diese Gruppierungen, ihre Ziele nicht nur in Petitionen und Gesprächen «nach oben», zur britischen Militär- und später der Zivilverwaltung zu vermitteln, sondern sie in die palästinensische Öffentlichkeit zu tragen, um diese für die eigenen Vorstellungen zu mobilisieren. Pressearbeit, Manifeste und Demonstrationen wurden ergänzt durch Auftritte in Moscheen, Kirchen und bei unterschiedlichen religiösen Anlässen. Innovativ waren im palästinensischen Kontext vor allem sportliche Aktivitäten, Theateraufführungen und Veranstaltungen in Schulen. Ihre Breitenwirkung wurde durch schwache Finanzen allerdings eingeschränkt. Daneben traten nach dem Ersten Weltkrieg erste – wenn auch unbedeutende – militante Geheimorganisationen auf wie die um 1918 in Jerusalem aktive Vereinigung Brüderlichkeit und Anstand (*jamʿiyyat al-ikhaʾ wal-ʿafaf*), die sich auf einfachere Kreise stützte als die eher elitären Vereinigungen von den MCV bis zum Literarischen Club. Ihre Hauptgegner scheinen Araber gewesen zu sein, die mit Juden zusammenarbeiteten bzw. diesen Land verkauften.[30] Keine dieser Gruppierungen scheint explizit islamisch orientiert gewesen zu sein.

Die unterschiedlichen Gruppen und Vereinigungen versuchten in den folgenden Jahren, ihre Kräfte zu bündeln und ihren Vorstellungen in der eigenen Bevölkerung wie gegenüber der britischen Mandatsmacht Gehör zu verschaffen. Zu diesem Zweck veranstalteten sie in Palästina und Syrien eine Reihe von Konferenzen, die Anhänger der MCV vorzugsweise auf palästinensischem Boden, die prosyrischen Aktivisten in Damaskus. Ende Januar/Anfang Februar 1919 fand in Jerusalem ein Erster Palästinensisch-Arabischer Kongreß statt, bei dem 27 gewählte Teilnehmer aus verschiedenen Städten des Landes zusammenkamen, darunter eine ganze Reihe von Vertretern der Muslimisch-Christlichen Vereinigungen.[31] Hauptthema waren der Zionismus und die Ablehnung französischer Ansprüche auf Syrien. Nach kontroversen Debatten und einiger Konfusion wurde mehrheitlich eine Resolution zugunsten eines Zusammenschlusses mit dem unabhängigen Syrien, das mit britischer Hilfe geschaffen werden sollte, verabschiedet und an die Friedenskonferenz in Paris versandt. Koordiniertes Handeln war gefordert, als im Juni 1919 die King-Crane-Kommission nach Palästina kam, die, wie erwähnt, nach dem Willen der amerikanischen Regierung die Wünsche der syrischen Bevölkerung ermitteln sollte, um sie der Pariser Friedenskonferenz zu unterbreiten. Zur Jahreswende 1919/20 häuften sich im ganzen Land Aufrufe zum Widerstand gegen die Briten und die Zionisten, zugleich wurden erste Versuche einer landesweiten Organisation lokaler Komitees unternommen.[32] Die Niederlage der arabischen Truppen in der Schlacht von Maisalun im Juli 1920 bedeutete auch für sie eine Wende. Die syrische Option war mit der Durchsetzung französischer Herrschaft beendet. Das zwang die palästinensischen Nationalisten zu einer Binnenorientierung, die zugleich eine stärkere Vereinheitlichung des palästinensischen Gebiets und seiner Bevölkerung voraussetzte als bisher.

3. Die Unruhen der frühen 1920er Jahre

In der frühen Mandatszeit war arabisches Handeln keineswegs vorrangig von Gewalt geprägt – auch in anderen arabischen Ländern nicht. Politische Artikulation und Einflußnahme erfolgten vielmehr über diplomatische und andere Wege: Gespräche und Verhandlungen mit der Mandatsmacht, ergänzt durch Petitionen und vereinzelt begleitet von Demonstrationen, Boykotts und Streiks. Der erste Jahrestag der Balfour-Erklärung war von Protestkundgebungen in Jerusalem begleitet, das die Briten wenig zuvor erobert hatten. In Jerusalem, Haifa, Jaffa, Bethlehem, Bait Jala und anderen Orten kam es Ende Februar 1920 aus Protest gegen die Ankündigung der Militärbehörde, die Balfour-Erklärung in die Tat umzusetzen, zu Demonstrationen mit einigen Tausend Teilnehmern, die allerdings friedlich und geordnet verliefen. In Haifa beispielsweise setzte sich nach dem Freitagsgebet in der Großen Moschee ein Zug in Richtung der katholischen Kirche in Bewegung, wo sich Vertreter unterschiedlicher christlicher Konfessionen versammelt hatten, um auf diese Weise die Einheit von Muslimen und Christen zum Ausdruck zu bringen. Wie bei vielen vergleichbaren Anlässen vorher und nachher übergaben sie den Militärbehörden eine Petition, mit der sie gegen die Einrichtung einer nationalen Heimstätte für die Juden protestierten.[33] Gewaltsame Demonstrationen löste wenige Tage später die Nachricht von der Krönung Faisals aus, die die Hoffnung nährte, Palästina könnte doch noch einem unabhängigen arabischen Königreich angegliedert werden; sie blieben jedoch ohne breiteres Echo in der palästinensischen Gesellschaft. Im April 1920 wurde der Angriff von Beduinen aus dem südsyrischen Hauran und der Gegend um Baisan auf eine britische Militäreinheit vermeldet, der angeblich eine landesweite Erhebung zugunsten Faisals auslösen sollte, aber gleichfalls ohne erkennbare Wirkung blieb. Das Land schien insgesamt ruhig, der Widerstand kaum koordiniert, eine nationale Bewegung allenfalls im Entstehen begriffen.

Nabi Musa: April 1920

Die Erschütterung kam unerwartet, und sie wirkte schockartig: Am 4. und 5. April 1920 kam es im Zusammenhang mit dem Nabi-Musa-Fest (*mausim al-nabi Musa*) zu schweren Ausschreitungen in Jerusalem, die erstmals Tote und zahlreiche Verletzte forderten. Die Pilgerfahrt zum Moses-Schrein (*maqam Musa*), etwa 7 km südlich von Jericho an der Straße nach Jerusalem gelegen, zählte im 19. und frühen 20. Jahrhundert zu den bedeutendsten religiösen Anlässen in Palästina. Wie andere populäre Feste auch, namentlich solche, die sich an die Heiligenverehrung knüpften, zog sie neben Muslimen, die Moses als einen ihrer Propheten verehren, auch Christen an.[34] Das «Grab des Moses» wurde nachweislich schon in der Mitte des 12. Jahrhunderts besucht; begehrt war es auch als Begräbnisstätte. Der über dem Grab errichtete Gebäudekomplex ließ sich baugeschichtlich bis ins späte 12./frühe 13. Jahrhundert zurückverfolgen; dokumentiert sind zudem verschiedene Neubauten und Renovierungen. An der jährlichen Pilgerfahrt beteiligten sich in erster Linie die Bewohner der Bezirke von Nablus und Hebron sowie der Dörfer um Jerusalem, mehrheitlich also Bauern, Landarbeiter und deren Familien; bis zum Ausbruch des Aufstands 1936 sollte sich ihr «Einzugsgebiet» geographisch und sozial stetig ausweiten. Wichtigster ritueller Akt der Feiern war die Beschneidung. Alles in allem war es ein fröhliches Fest, verbunden mit Musik, Gesang und Tanz, zu dem Familien und Freunde zusammen kamen, die, soweit sie bedürftig waren oder einen Anspruch geltend machen konnten, von den Verwaltern des Waqfs untergebracht und beköstigt wurden. Verwalter (*mutawalli*) des Nabi-Musa-Waqfs waren seit dem 18. Jahrhundert die (zumindest weitläufig) miteinander verwandten Jerusalemer Familien Yunus und al-Husaini, die dafür Sorge trugen, daß die Stadt in den Feiern eine bedeutende Rolle einnahm. Ebenso signifikant wie die damit verbundene Aufwertung der Jerusalemer Notabeln war die allmähliche Politisierung des Ereignisses, das schon vor 1914 insofern eine gewisse Bedeutung gehabt hatte, als es Bewohner unterschiedlicher ländlicher Distrikte zusammenführte und damit einem überlokalen Zusammengehörigkeitsgefühl den Boden bereitete. Aber das Fest war, wie es scheint, mit keinen politischen Kundgebungen verbunden. Von 1919 an hinge-

Abb. 11. Der Schrein von Nabi Musa. Unbekannter Fotograf, um 1900

gen wird von Reden berichtet, die während der Prozession gehalten wurden und dem Ganzen einen politischen Charakter verliehen. 1920 führten einige Pilger zudem Banner mit der Aufschrift «Palästina ist ein Teil Syriens» mit sich.[35]

1920 fiel das Fest des Nabi Musa zeitlich nicht nur mit dem orthodoxen Ostern, sondern auch mit Pessah zusammen, und Jerusalem war dementsprechend voller muslimischer, christlicher und jüdischer Pilger. Zum festen Bestandteil des Festes gehörte ein Gebet in der Aqsa-Moschee; auf ihrem Weg durchquerten die Pilger das jüdische Viertel von Jerusalem. Am 4. April 1920 kam es dabei zu wüsten Ausschreitungen gegen dessen Einwohner, nachdem eine Reihe muslimischer Würdenträger von Bürgermeister Musa Kazim al-Husaini bis zu dem jungen Amin al-Husaini politische Reden gehalten hatten, in denen sie zum Widerstand gegen die Balfour-Erklärung aufriefen. Amin al-Husaini soll der Menge ein Bild Faisals gezeigt und ausgerufen haben, *das* sei ihr König.

Die erregte Stimmung scheint durch den provokanten Auftritt einer Gruppe zionistischer Jugendlicher mitten im Gedränge und die Schüsse britischer Soldaten, die die Menge auseinanderzutreiben versuchten, weiter angeheizt worden zu sein. Den folgenden Ausschreitungen fielen 9 Menschen – 5 Juden und 4 Araber – zum Opfer; rund 230 wurden zum Teil schwer verletzt.[36] Im jüdischen Viertel von Jerusalem wohnten ganz überwiegend Angehörige des alten Yishuv, die mehrheitlich nicht zionistisch, sondern religiös inspiriert waren. Ganz offensichtlich machten die arabischen Angreifer jedoch keinen Unterschied zwischen Juden und Zionisten, sondern attackierten auch und gerade diejenigen, die sich nicht physisch wehren konnten. Das Entsetzen über den Ausbruch von Gewalt war groß, aufschlußreich aber zugleich der Kontrast zwischen der Sprache der Beteiligten und der Wahrnehmung durch Außenstehende: Das britische Militärgericht und die britische Untersuchungskommission, die über die Vorgänge zu befinden hatten, sahen die Unruhen als Ausdruck politischer und rassischer Spannungen, interpretierten sie also nicht primär im Licht religiöser Gegensätze. Zionistische Kreise tendierten dazu, die Angriffe von arabischer Seite nicht als politisch motiviert, sondern als Ausdruck eines allgegenwärtigen Antisemitismus darzustellen.

Die Unruhen vom Mai 1921

Ganz anders verliefen die Unruhen vom Mai 1921, die annähernd 100 Menschenleben kosteten, und zwar wiederum zu etwa gleichen Teilen Juden und Araber:[37] Ausgelöst wurden sie, als auf der Demonstration zum 1. Mai Anhänger der (zu diesem Zeitpunkt noch rein jüdischen) Kommunistischen Partei Palästinas, die von Jaffa in Richtung Tel Aviv zogen, mit Demonstranten der linkszionistischen Ahdut ha-Avoda zusammenstießen. Die Polizei versuchte vergeblich, die streitenden Parteien zu trennen. Die Kommunisten wurden schließlich gezwungen, sich in das gemischt jüdisch-arabische Manshiyya-Viertel Jaffas zurückzuziehen, wo sie in ein Handgemenge mit Arabern gerieten, die das Geschehen zunächst aus der Ferne beobachtet hatten, danach aber jüdische Läden und Einrichtungen in Jaffa attackierten. Zu den Zielen gehörte ein von der Jüdischen Agentur betriebenes Einwandererheim, das sowohl

Männer wie Frauen beherbergte und daher als Hort der Unmoral angesehen wurde. Die Polizei griff nicht ein. Dagegen intervenierten bewaffnete jüdische Einheiten, die nun ihrerseits Araber angriffen und arabisches Eigentum zerstörten. Dies führte zu neuen, noch schärferen Protesten und Unruhen, die erst nach Verhängung des Ausnahmezustands am 3. Mai abklangen. Bilanz dieser drei Tage waren annähernd 60 Tote (43 Juden und 14 Araber) und mehr als 180 Verletzte (134 Juden und 49 Araber); die jüdische Seite hatte zunächst deutlich höhere Verluste zu beklagen als die arabische. Zu den Ermordeten zählte auch der bekannte jüdische Schriftsteller Joseph Chaim Brenner. Führer beider Seiten – unter ihnen der bekannte Scheich Sulaiman al-Taji al-Faruqi – bemühten sich (vergeblich), die Gemüter zu beruhigen. Aufgeheizt von den Vorgängen in Tel Aviv und Jaffa, griffen arabische Bauern und Beduinen zwischen dem 5. und 7. Mai die jüdischen Siedlungen Hadera, Petah Tikva und Rehovot an, aber auch die jüdischen Einwohner von Tulkarm und Qalqilya. An allen Orten stießen sie auf bewaffnete Gegenwehr, so daß auch auf arabischer Seite zahlreiche Opfer zu beklagen waren. Bis zum 7. Mai 1921 waren nach offiziellen Angaben insgesamt 48 Araber und 47 Juden getötet worden, 146 Juden und 73 Araber verletzt; die tatsächliche Zahl der Opfer mag noch höher gewesen sein. Jerusalem, das im Vorjahr die Stätte der Gewalt gewesen war, blieb die ganze Zeit über ruhig – möglicherweise Ausdruck der «Mäßigung» des eben gewählten Muftis, Hajj Amin al-Husaini, der den Briten ein sichtbares Zeichen seiner Kooperationsbereitschaft gab. Zwar kam es am vierten Jahrestag der Balfour-Erklärung, dem 2. November 1921, zu neuen Unruhen in Jerusalem, die 8 Menschenleben kosteten, doch waren diese wiederum nicht erkennbar religiös gefärbt.

Die Zusammenstöße vom Mai 1921 waren in ihrer Art neu: Von vereinzelten Übergriffen abgesehen, hatten sich die jüdischen Siedlungen zwischen 1880 und 1920 ungestört entfalten können. Für die britische wie für die jüdische Seite kam der Gewaltausbruch unerwartet. Die (illegalen) jüdischen Sicherheitskräfte, Vorläufer der Hagana, hatten die Sicherheitslage falsch eingeschätzt und noch kurz zuvor geheime Waffenlager aus Tel Aviv in einige bedroht scheinende Siedlungen in Nordost-Galiläa verlegt. Die Ausschreitungen waren allem Anschein nach ungeplant, unkoordiniert und in keiner Weise religiös inspiriert. Die Haycraft-Kommission, benannt nach ihrem Vorsitzenden, Sir Thomas Haycraft, dem Obersten Richter von Palästina, wies in ihrem Bericht vom Oktober 1921 auf die vorrangig ökonomisch bedingten Bedrohungsgefühle der arabischen Bevölkerung hin und auf die «Arroganz» der zionistischen Seite, die die Spannungen noch verschärfte.[38] Rassische Gegensätze, Antisemitismus oder der Islam schienen ihr in diesem Zusammenhang von untergeordneter Bedeutung. Hingegen erwähnte sie die «bolschewistischen» Bestrebungen der osteuropäischen Zuwanderer.

Hier fanden sich die Briten in seltenem Einklang mit arabischen Führern und muslimischen Aktivisten, die gleichfalls vor der «bolschewistischen Gefahr» warnten, die von den osteuropäischen Juden ausging, vor der Zersetzung von Sitte und Anstand, die die freizügigen Pioniere ins Land brachten, namentlich der Unmoral, die ihre Frauen verbreiteten. Überhaupt verdient neben den im engeren Sinne politischen Motiven von Angst, Bedrohungsgefühl und regelrechtem Haß die moralische Komponente Beachtung, die sich – wenig erstaunlich – an den Komplex Frau und (Un-) Moral knüpfte und gerade in sozial konservativen arabischen Kreisen, und zwar muslimischen wie christlichen, die Wahrnehmung des jüdischen Anderen ganz wesentlich prägte. Die Unterschiede in Verhalten, Kleidung, Umgangsformen zwischen jüdischen Neueinwanderern und arabischen Einheimischen waren gar nicht zu übersehen, sie zeigten sich in der Stadt wie auf dem Land, besonders auffallend natürlich bei den sozialistisch gesonnenen Pionieren im allgemeinen und den Pionierinnen im besonderen. «Das arabische Palästina ist das biblische geblieben durch die Jahrtausende», schrieb Gabriele Tergit in den 1930er Jahren, den vertrauten Topos aufgreifend, «das jüdische ist russisch»:

«Die arabische Frau ist verhüllt. Auch die Fellachin, die das Gesicht frei hat, arbeitet im langen Kleid, sie trägt buntes gesticktes Gewand, farbige Ketten, Reife um die Arme, Münzen um den Kopf. Die jüdische Frau arbeitet auf dem Felde mit nackten Schenkeln, kurzen Hosen, blauer Arbeiterinnenbluse, mit slawischem Kopftuch, mit manchmal geschminktem Mund, und zwischen der schweren Arbeit raucht sie eine Zigarette.»[39]

Die Briten nahmen die Ablehnung des «befreiten» Lebensstils jüdischer Neuankömmlinge durch die arabische Bevölkerung durchaus wahr. Der Peel-Bericht notierte in diesem Sinn:

«Endlich haben die Araber mit Unbehagen und Unruhe die Haltung und das Betragen vieler junger Emigranten beobachtet. Es war natürlich genug, daß junge Juden, der Misere und den Gefahren des östlichen Europa entkommen, die zum erstenmal die Freiheit auskosteten und das Gefühl des endlich ‹Zuhauseseins› in einem Land, das sie mit Recht als das ihrige beanspruchen, ihren Hochgefühlen die Zügel schießen und in ihrer Kleidung und ihrem Verhalten ungebunden die unkonventionelle Art, wie sie der jungen Nachkriegsgeneration auch in anderen Teilen der Welt eigen ist, erkennen ließen. Aber es war nicht weniger natürlich, daß ein solches Benehmen mit Widerwillen, wenn nicht gar als Schmach von den Arabern angesehen wurde, die in der strengen Schule des Islam erzogen waren. Sie entdeckten überdies in den jungen Neuankömmlingen eine Anmaßung, die zu verstehen zu geben schien, daß sie sich als Angehörige einer höheren Rasse fühlten, seit langem dazu ausersehen, die Herren zu sein in diesem Land.»[40]

Zugleich wurde deutlich, wie stark die Segmentierung der Gesellschaft bereits vorangeschritten war, wie gering der Austausch von Meinungen und Informationen zwischen Arabern und Juden, wie groß dementsprechend die Wirkung von Gerüchten, Ängsten, Vermutungen und wie unterschiedlich die Wahrnehmung ein und desselben Phänomens bei den verschiedenen Beteiligten und Beobachtern. Die britischen Beobachter verzeichneten die tiefe Spaltung der Gesellschaft – mit ihren negativen wie ihren positiven Begleiterscheinungen. Mit Bezug auf die Maiunruhen bemerkte die Haycraft-Kommission:

«Es ist ja sehr leicht zu sagen, es sei eine Generation lang Friede zwischen Arabern und Juden gewesen. Es war eine Art von Frieden, die zwischen zwei Gruppen von Menschen besteht, die wenig oder nichts miteinander zu tun haben.»[41]

Die Briten bemühten sich um eine Beruhigung der Lage, indem sie gewisse arabische Forderungen aufgriffen, ohne allerdings in der Frage des Mandatsauftrags und der arabischen Vertretung grundlegende Zugeständnisse zu machen.[42] Der erste Hochkommissar, der im Juli 1920 an der Spitze einer Zivilregierung sein Amt übernahm – die Nabi-Musa-Unruhen waren ja noch in die Zeit der Militärverwaltung gefallen –, empfand das Dilemma britischer Politik nur allzu deutlich. Sir Herbert Samuel, ein Cousin Lord Edwin Montagus, der einer assimilierten britisch-jüdischen Bankiersfamilie entstammte, war als engagierter Zionist bekannt.[43] Daß er von den örtlichen Zionisten begeistert aufgenommen wurde, konnte daher kaum erstaunen. Mit Respekt empfingen ihn aber auch die Vertreter der arabischen Bevölkerung. Getragen von der liberalen Überzeugung, eine Verständigung zwischen den Konfliktparteien müsse möglich sein, suchte Samuel gezielt den «vernünftigen» (aber notgedrungen asymmetrischen) Ausgleich. Einige Gesten des guten Willens erleichterten seinen Einstieg: Zionisten durften ihre Fahne und damit im unmittelbaren Wortsinne «Flagge zeigen» und ihre Hymne singen, Hebräisch wurde als zweite Sprache in offiziellen Verlautbarungen aufgenommen. Landverkäufe wurden erneut zugelassen und damit die ländliche Wirtschaft deblockiert, auch die jüdische Einwanderung wurde freigegeben. Zugleich aber wurden einige arabische Persönlichkeiten, die während der Unruhen vom April 1920 inhaftiert worden waren, freigelassen und die Pressezensur aufgehoben. Die schweren Ausschreitungen vom Mai 1921, in denen Jerusalem allerdings auffällig ruhig blieb, trafen Samuel unerwartet und tief.

Im Juni 1922 veröffentlichte die britische Regierung ein neues Weißbuch. Das sog. Churchill-Memorandum hielt zum einen fest, daß die Juden «aus eigenem Recht und nicht auf Grund bloßer Duldung» in Palästina lebten. Zum anderen aber verankerte es in aller Form die «ökonomische Aufnahmefähigkeit» (*absorptive capacity*) als Maßstab für Einwanderung – ein, wie man sich denken kann, problematisches und konflikträchtiges Kriterium, das aber erkennbar an das Wohlfahrtsargument anknüpfte, mit dem sowohl Briten wie Zionisten den arabischen Forderungen begegneten. Allerdings darf nicht übersehen werden, daß auch die zionistischen Organe angesichts sehr beschränkter Finanzmittel an einer kontrollierten Einwanderung vor allem unbemittelter Personen interessiert sein mußten. Sie drängten – entgegen weitverbreiteten Vorstellungen (gerade auf arabischer Seite) – nicht auf Einwanderung «um jeden Preis». Strittig war, wer die Kriterien der Auswahl festlegen und wer diese durchführen sollte, die britischen Behörden oder die zionistischen Organe. Während die britischen Maßnahmen das Verhältnis zur arabischen Seite belasteten, verdarb die Suspendierung der jüdischen Einwanderung, die Samuel als Antwort auf die Maiunruhen verfügte, seine Beziehungen zu den Zionisten, unter denen ihn am ehesten Chaim Weizmann unterstützte. Verschiedentlich fiel der Hinweis auf Palästina als «zweites Irland».

Zu den langfristig wirkungsvollsten Maßnahmen des Hochkommissars aber zählten sicherlich die Zulassung eines Obersten Muslimischen Rates und die Ernennung Hajj Amin al-Husainis zum Mufti von Jerusalem im Jahr 1922. Andere Institutionen der politischen Selbstorganisation blieben ohne offiziellen Status: Auf dem Dritten Palästinensisch-Arabischen Kongreß (der für Mai 1920 geplante Zweite wurde von den britischen Militärbehörden verboten) wurde im Dezember 1920 ein Arabisches Exekutivkomitee (AEC, meist nur Arabische Exekutive, AE; *al-lajna al-tanfidhiyya al-'arabiyya*) unter Führung des kurz zuvor abgesetzten Bürgermeisters von Jerusalem und neuen Vorsitzenden der Muslimisch-Christlichen Vereinigungen, Musa Kazim (Pascha) al-Husaini (1853–1934), gebildet.[44] Wie diese war die Arabische Exekutive überkonfessionell zusammengesetzt, wenngleich von Muslimen dominiert. Sie suchte die Anerkennung der britischen Behörden, die ihr jedoch – da angeblich nicht repräsentativ und ohne politische Legitimation – verweigert wurde. Darüber hinaus litt sie von Beginn an unter finanziellen Schwierigkeiten. Das von den Briten ausgearbeitete Verfassungsdokument (Palestine Order in Council) vom August 1922 sah zwar eine Gesetzgebende Kammer (Legislative Council) vor, die im Februar und März 1923 gewählt werden und sowohl Juden wie Araber repräsentieren sollte.[45] Die Arabische Exekutive beschloß jedoch, die Wahlen zu boykottieren, weil ihr von den britischen Behörden ausdrücklich untersagt wurde, den Mandatsauftrag und die britischen Verpflichtungen gegenüber den Zionisten generell in Frage zu stellen. Arabische Führer hatten ihre Haltung bereits im Frühjahr 1922 klar zu erkennen gegeben:

«Solange die Lage in Palästina so ist wie heute, wo die Britische Regierung ihre Macht durch Besatzungstruppen ausübt und diese Macht dazu benützt, dem Volk gegen seinen Willen eine Masseneinwanderung landfremder Juden aufzudrängen, deren viele der bolschewistischen revolutionären Spielart angehören, wird keine Verfassung annehmbar sein, die sich nicht dazu versteht, dem palästinensischen Volk volle Gewalt über seine Angelegenheiten einzuräumen.»[46]

Hier war im übrigen auch die «bolschewistische Gefahr» deutlich angesprochen. In der Kampagne gegen eine Beteiligung an den Wahlen spielten die Moscheen und lokale Muftis und Prediger eine maßgebliche Rolle, die es zur religiösen Pflicht der Muslime erklärten, in dieser Situation nicht zur Wahl zu gehen. Auch die

Idee des Hochkommissars, parallel zur Jüdischen Agentur eine Arabische Agentur einzurichten, die über innerarabische Anliegen beraten sollte, scheiterte 1923. War bis zu diesem Zeitpunkt die arabische Führung die treibende Kraft der Verweigerung, so wurden spätere Versuche, eine anerkannte Stimme aller arabischen Palästinenser zu finden, von zionistischer Seite vereitelt, die – nicht zu Unrecht natürlich – den organisierten Widerstand gegen die jüdische Einwanderung, jüdischen Landkauf und den Aufbau der jüdischen Heimstätte befürchtete.[47]

X.

Protest und Islamisierung:
Der Mufti und die Klagemauer

Arabischer Widerstand gegen das britische Mandat und das zionistische Projekt äußerte sich in den Zwischenkriegsjahren in vielerlei Gestalt und keineswegs von Anfang an in nationalem oder in religiösem Gewand. In den späten 1920er Jahren war jedoch – begleitet von einer Stärkung religiöser Organe und Persönlichkeiten als Repräsentanten zumindest des muslimischen Bevölkerungsteils – eine schrittweise Islamisierung des Widerstands zu beobachten, die in den Unruhen vom September 1928 und August 1929 deutlich zum Tragen kam. Nicht daß jede politische Forderung und jeder Ausdruck des Unmuts nun religiös gefärbt worden wären: Die schweren Ausschreitungen vom Mai 1921 hatten keine spezifisch islamische Note aufgewiesen, und dasselbe gilt für zahlreiche spätere Zusammenstöße. Positionen waren häufig mehrdeutig und ließen unterschiedliche Zuordnungen und Akzentsetzungen zu, die Übergänge zwischen einzelnen politisch-kulturellen Richtungen waren fließend, und die jeweiligen Gruppen und Persönlichkeiten standen in einem steten Austausch.

Wir wissen nicht allzu viel darüber, wie Islam im Palästina der Mandatszeit gelebt und praktiziert wurde:[1] Der Glaube an den einen Gott war für die allermeisten Muslime (wie für die allermeisten Christen) auch im 20. Jahrhundert noch eine Selbstverständlichkeit, nicht zu hinterfragen, aber auch, wie es scheint, keines tieferen Nachdenkens wert. Im Mandatsgebiet wurden um die Jahrhundertwende rund 300 Moscheen, Mausoleen und Heiligenschreine (*maqam*) gezählt; etwa 200–500 Muslime machten im Schnitt die Pilgerfahrt nach Mekka (*hajj*); die religiösen Feste vom Geburtstag des Propheten bis zum Tag diverser Heiliger (*maulid* oder *mausim*) waren populär. Nicht nur in Iran, sondern auch in Syrien und Palästina gab es den Typus des Händlers-und-Gelehrten. Die Verschmelzung von kaufmännischem und religiösem Ethos, die Verbindung von Moschee und Bazar, ließ sich am Beispiel der Nabluser Handelskaufleute und Seifenfabrikanten des 19. Jahrhunderts besonders gut aufzeigen. Aber es gab keine nennenswerte Reform- und Erneuerungsbewegung unter den palästinensischen Ulama (wie überhaupt ihr Platz im intellektuellen Leben des Landes bescheiden war), und die Abschaffung des Kalifats in der Türkischen Republik blieb in Palästina 1924 weitgehend unbeachtet. Im 20. Jahrhundert fand der Islam so in erster Linie als *politischer* Islam Aufmerksamkeit.

Der Islam hatte in vielen Teilen der muslimischen Welt eine bedeutende Rolle im antikolonialen Widerstand gespielt. Das galt nicht nur für den Glauben und die praktizierte Religion, sondern gleichermaßen für deren Träger und Institutionen, an vorderster Stelle die Religions- und Rechtsgelehrten und verschiedene Sufi-Bruderschaften (die im übrigen gerade in Nordafrika, Südost- und Mittelasien häufig nicht so säuberlich gegeneinander abgegrenzt waren, wie oft angenommen wird). Im 19. Jahrhundert wirkten fast überall in der muslimischen Welt Jihad-Bewegungen, die ihr Land im Namen des Islam von fremder Besatzung zu befreien suchten.[2] Insofern war an vielen Stellen ein enger Zusammenhang von Religion (Islam) und antikolonialem Kampf gegeben, der in einigen Fällen von früher Stunde an zugleich nationalistisch orientiert war. In Syrien etwa sprachen arabische Widerstandskämpfer gegen Fremdbesatzung und französisches Mandat von einem «nationalen Jihad» (*jihad watani*). In Palästina spielten auch vor den 1920er Jahren religiöse Autoritäten von den Muftis bis zu einfachen Dorfpredigern eine weit größere Rolle in Politik und Gesellschaft, als man annehmen würde, wenn man die nationalistische Literatur studiert und der These von der weitgehenden Säkularisierung der osmanischen Gesellschaft im Zuge der Tanzimat-Reformen glaubt.[3] Nicht nur in Iran, sondern auch in Ägypten, Syrien und Palästina bildeten Moscheen und Kirchen den Ausgangs- und Endpunkt zahlreicher Versammlungen und Demonstrationen, die der nationalen Sache dienten (wenn diese auch gelegentlich als «Sache des Islam» definiert werden mochte).

Bei der Betrachtung der Islamisierung des palästinensischen Widerstands ist es hilfreich, soweit es geht, mehrere Elemente auseinanderzuhalten: die Rolle religiöser Amts- und Würdenträger in der muslimischen Gesellschaft Palästinas; die Figur des Muftis von Jerusalem, al-Hajj Amin al-Husaini, sowie die Rolle des Obersten Muslimischen Rats; die Funktion des Nabi-Musa-Festes und nicht zuletzt natürlich die Bedeutung des Haram mit Felsendom und Aqsa-Moschee als konkreten Symbolen der nationalen bzw. der islamischen Sache.

1. Hajj Amin al-Husaini und der Oberste Muslimische Rat

Aufstieg und Fall des Muftis von Jerusalem, al-Hajj Muhammad Amin al-Husaini (1895?–1974), haben weit über die Fachkreise hinaus Beachtung gefunden, die sich in einer umfangreichen Literatur niederschlägt. Besonders kontrovers ist und bleibt seine Rolle im Nationalsozialismus, die ihn für viele – und keineswegs nur jüdische Beobachter – nachhaltig diskreditierte.[4] Hier aber, wo es um Palästina in der Mandatsära geht, interessiert zunächst einmal seine Rolle in der palästinensischen Politik und Gesellschaft. Amin al-Husaini gelang es, die islamischen heiligen Stätten in Jerusalem zu *dem* Symbol und Kristallisationspunkt des Widerstands gegen das zionistische Projekt zu machen, den vielfältig motivierten und in vielerlei Formen ausgedrückten Widerstand religiös zu färben und ihn zugleich weit über die Grenzen des Mandatsgebiets hinaus bekannt zu machen.

Als im März 1921 der amtierende Mufti von Jerusalem, Kamil (Efendi) al-Husaini, starb, empfahl der britische Hochkommissar, Herbert Samuel, der seinerseits erst seit wenigen Monaten im Amt war, Kamils jüngeren Halbbruder Muhammad Amin als Nachfolger, obgleich diesem die formalen Qualifikationen für das Amt fehlten. Er hatte anderes zu bieten: die Zugehörigkeit zu einer der «großen Familien», die sich durchaus als eine Art Adel verstehen ließ, sowie Bekanntheit und politisches Geschick. Die Husainis, eine scharifische Familie, die sich auf Fatima und Husain b. Ali, den Enkel des Propheten Muhammad, zurückführte (daher «al-Husaini») und aus dieser Abstammung erhebliches Prestige bezog, zählte zumindest seit der Mitte des 18. Jahrhunderts zu den prominentesten Familien Jerusalems.[5] Herkunft, Bildung und Besitz (vom ausgehenden 19. Jahrhundert an zusehends ausgedrückt in Landbesitz) prädestinierten sie für herausgehobene Posten in der religiösen wie der administrativen Hierarchie des Osmanischen Reichs. Um 1380 soll der erste Vorfahr von einem kleinen Dorf in der Nähe Jerusalems in die Stadt übergesiedelt sein. Schon im frühen 17. Jahrhundert hatte ein Husaini das Amt des Muftis von Jerusalem inne, das, wie erwähnt, in der osmanischen Ämterhierarchie vergleichsweise hoch angesiedelt war, obgleich der Stadt und auch der Unterprovinz zu dieser Zeit wenig Bedeutung zukam; andere bekleideten das ehrenvolle Amt des Sprechers der Prophetennachkommen (*naqib al-ashraf*) und des Hüters der heiligen Stätten (*shaikh al-haramain*). Zwar gingen später diese Ämter auf Mitglieder anderer Familien wie Alami, Jarallah, Budairi und Khalidi über, wobei letztere traditionell das Amt des Kadi von Jerusalem innehatten, doch setzten sich die Husainis im späten 18. Jahrhundert erneut an die Spitze der Jerusalemer Notabeln; einige dienten weiterhin in der religiösen Hierarchie, andere in der administrativen; ein Vertreter saß im osmanischen Parlament; das Amt des Muftis hielten sie von 1856 an ohne Unterbrechung bis in das 20. Jahrhundert. Unter britischer Besatzung wirkte Musa Kazim al-Husaini als Bürgermeister von Jerusalem, bis er im Gefolge der Unruhen von April 1920 vom britischen Militärgouverneur entlassen und durch seinen Rivalen Raghib al-Nashashibi ersetzt wurde; Kamil al-Husaini war wie vor ihm sein Vater und sein Großvater Mufti seiner Heimatstadt.

Der 1895 oder 1896 geborene Muhammad Amin al-Husaini hatte 1921 mit gerade 26 Jahren eine wechselvolle Karriere hinter sich, die ihn als politisch engagierten und begabten Mann auswies, aber keineswegs als klassisch gebildeten Gelehrten.[6] Als Sohn einer frommen Mutter, Zainab, und des amtierenden Muftis von Jerusalem, Muhammad Tahir al-Husaini (st. 1908), war er zwar in einem religiösen Umfeld aufgewachsen und früh an die Aufgaben eines religiösen Amtsträgers herangeführt worden. Von der Ausbildung her gesehen aber war er in erster Linie ein Efendi, ein Träger des Tarbusch (Fez), Merkmal der osmanischen Bürokratie, zivilen Elite und Mittelschicht. Den Turban der Religions- und Rechtsgelehrten setzte er erst auf, als er sich 1921 auf die Nachfolge seines Bruders im Muftiamt vorbereitete. Den Ehrentitel eines «*hajj(i)*», mit dem er im Arabischen meist angesprochen wurde, erwarb er sich durch die Pilgerfahrt nach Mekka, die er 1913 mit seiner Mutter unternahm. Nach dem Besuch einer Koranschule (*kuttab*), einer osmanischen Grundschule (*rüşdiyye*) und der weiterführenden Schule der katholischen Frères in Jerusalem – schon dies eine bemerkenswerte, für seine Zeit und sein Milieu aber nicht untypische Karriere – studierte er 1912/13 für kurze Zeit an der Kairoer Azhar-Universität und dem von Rashid Rida, dem Schüler Muhammad Abduhs und prominenten Salafiyya-Reformer, geleiteten Dar al-Daʿwa wal-Irshad. Schon 1913 aber kehrte er nach Jerusalem zurück und wechselte dann an die Militärakademie nach Istanbul, wo der Ausbruch des Ersten Weltkriegs seine Ausbildung erneut – und dieses Mal auf Dauer – unterbrach.

Amin trat als Offizier in die osmanische Armee ein, wo er, abseits der Front, in Anatolien diente. Um 1916 schloß er sich jedoch einer der arabischen Geheimgesellschaften an, die für die Rechte der Araber und mehr Autonomie innerhalb des Reichs eintraten. Das politische Interesse war nicht neu: Sein Vater war der Vorsitzende des Notabelnkomitees gewesen, das nach 1897 die Landverkäufe an Juden überwachen sollte, so daß er früh mit der «zionistischen Gefahr» vertraut gemacht wurde. Schon in Kairo war er an der Gründung einer antizionistischen Vereinigung palästinensischer Studenten beteiligt gewesen. 1917 wurde er während eines Krankenurlaubs in Jerusalem von den Briten für die Truppen Emir Faisals angeworben und trat ein Jahr später als dessen Rekrutierungsoffizier in den britisch besetzten Teilen Palästinas auf, um 1918 auf ostjordanischem Gebiet gegen die osmanischen Truppen zu kämpfen. Nach Kriegsende zurück in Jerusalem, wurde er zum Präsidenten des Arabischen Clubs gewählt, der zu dieser Zeit den Zusammenschluß mit Syrien propagierte. Ungewöhnlich für seine Zeit und seine Schicht wagte al-Husaini sich über das städtische Milieu hinaus und bemühte sich, auch Bauern für die Sache Palästinas, den Kampf gegen den Zionismus und die Einheit mit Syrien zu interessieren. 1920 war er an einer Reihe von Demonstrationen gegen die Balfour-Erklärung und für König Faisal beteiligt. Wegen seiner Rolle in den Unruhen vom April 1920 – er wurde beschuldigt, eine «aufreizende» Rede gehalten zu haben – wurde er von den britischen Militärbehörden zu einer zehnjährigen Haftstrafe verurteilt, konnte sich aber zunächst nach Damaskus flüchten und dann – nach dem Sturz der Arabischen Regierung unter Faisal – nach Transjordanien entkommen. Schon im

August 1920 vom Hochkommissar begnadigt, kehrte er einige Monate später nach Jerusalem zurück.

Warum also ein Kandidat für das nicht unwichtige Amt des Muftis von Jerusalem, der ganz offenkundig nicht die in den Wahlvorschriften geforderten Voraussetzungen erfüllte? Die Briten hofften, mit ihm einen politisch vielversprechenden Mann aus bester Familie zu gewinnen, der in der gespannten Lage eine – letztlich probritische – Politik der Vernunft und Mäßigung gegen alle Formen des «Extremismus» vertreten würde.[7] Bei den Wahlen vom 12. April 1921 wurde Amin al-Husaini nur Vierter hinter einer Reihe angesehener Gelehrter aus gleichfalls guter Familie, doch gingen, zum Teil über den Arabischen Club und die Husaini-Familie organisiert, die das Amt um jeden Preis in diesem Zweig der Familie halten wollte, aus dem ganzen Land Petitionen zu seinen Gunsten ein (auch von seiten christlicher Gemeinden und Notabeln) – ein deutlicher Hinweis auf das Prestige seiner Familie und sein Ansehen als nationale Figur. Der Widerstand Raghib al-Nashashibis, des amtierenden Bürgermeisters von Jerusalem und erbitterten Widersachers der Husainis, blieb ohne Wirkung; die Briten setzten Amin al-Husaini als Mufti durch. Im Mai 1921, nur kurze Zeit nach den blutigen Unruhen in Jaffa, wurde er von seiner Ernennung informiert. Anders als sein verstorbener älterer Bruder erhielt er den Titel eines «Großmufti» (*al-mufti al-akbar*) nicht offiziell, wurde vielmehr zum Mufti von Jerusalem und Palästina (*mufti al-quds wal-diyar al-filastiniyya*) ernannt; schon früh aber setzte sich der bedeutender klingende Titel des «Großmufti» allgemein durch.

Der Oberste Muslimische Rat

Amin al-Husaini fand seine Position zusätzlich aufgewertet, da er mit dem Untergang des Osmanischen Reichs nicht länger den Spitzen der religiösen und juridischen Hierarchie in Istanbul unterstand: dem *şeihülislam* (arab. *shaikh al-islam*) als Oberhaupt der osmanischen Gelehrtenhierarchie (*ilmiyye*), dem Justiz- und dem Waqf-Ministerium. Die Scharia-Gerichte und frommen Stiftungen (*auqaf*) standen nun unter lokaler Kontrolle. Sein Status als Oberhaupt der Muslime in Palästina wurde faktisch aber erst durch die Zulassung eines Obersten Muslimischen Rats unter seinem Vorsitz verankert, der ihm *die* Instrumente in die Hand gab, die ihn zur beherrschenden Figur im arabischen Lager aufsteigen ließen.[8] Die britische Mandatsverwaltung verfolgte im allgemeinen eine Politik der Nichteinmischung in die religiösen Angelegenheiten der lokalen Bevölkerung, insbesondere ihrer muslimischen Mehrheit. Das geboten die Rücksichtnahme auf die Millionen muslimischer Untertanen in anderen Teilen des Empires, namentlich in Indien, wie auch die Balfour-Erklärung und der Mandatsvertrag. Zu diesem Zweck rief die Mandatsverwaltung im Dezember 1921 einen Obersten Muslimischen Rat (Supreme Moslem Sharia Council, SMC; *al-majlis al-sharʿi al-islami al-aʿla*) ins Leben, der die religiösen Angelegenheiten der muslimischen Bevölkerung weitgehend eigenständig verwalten sollte. (Als Vorbild dürfte ein gleichnamiges Gremium im 1908 von Österreich-Ungarn besetzten Bosnien-Herzegovina gedient haben.) Zugleich ernannte sie Amin al-Husaini im Januar 1922 zu dessen Vorsitzenden mit dem neu geschaffenen Titel eines «Oberhaupts der Religions- und Rechtsgelehrten» (*raʾis al-ʿulamaʾ*). In den kommenden Jahren erkannte die britische Mandatsbehörde allein dieses rein muslimische Organ als Repräsentantin der arabischen Bevölkerung an, das gewissermaßen als Entsprechung der Jewish Agency als politischer Vertretung der Juden gedacht war. Die arabischen Christen blieben bei alledem ohne amtlich anerkanntes Sprachrohr.

Der Oberste Muslimische Rat war in rechtlich nicht ganz leicht zu definierender Weise in die Mandatsverwaltung eingebunden: Die Richter und Bediensteten der Scharia-Gerichte wurden zwar vom SMC ernannt, aber aus öffentlichen Mitteln bezahlt, während das weitaus zahlreichere Personal der frommen Stiftungen aus diesen selbst finanziert wurde; auf diese Weise verfügte der Oberste Muslimische Rat über beträchtliche Mittel und ein hohes Maß an Autonomie. Die Distanz drückte sich schon darin aus, daß der SMC seinen Sitz auf dem Gelände des Haram nahm.[9] Als dessen Vorsitzender kontrollierte Amin al-Husaini die frommen Stiftungen und die von ihnen getragenen Einrichtungen (unter seiner Leitung umfaßten sie schließlich mehrere Schulen und eine kleine Hochschule, ein Krankenhaus, eine Bibliothek, ein kleines Museum, Stipendien), die Scharia-Gerichtshöfe und nicht zuletzt die Vergabe aller religiösen Ämter und Posten der muslimischen Gemeinschaft. Sehr erfolgreich arbeitete das Waisenhaus, das unter dem Motto «Wissen und Arbeit (al-ʿilm wal-ʿamal)» mit einer Berufsschule verbunden war, die zugleich eine Druckerei betrieb. Die Druckerei und eine eigene Zeitung (al-Jamiʿa al-ʿArabiyya) wiederum waren äußerst hilfreich bei der Verbreitung des eigenen Standpunktes. Der Mufti verfügte mit anderen Worten über beträchtliche Finanz- und Personalmittel sowie ein ausgefächertes Patronagenetz. Besonders wichtig war dabei natürlich die Kontrolle der frommen Stiftungen, für die der SMC in die Rechtsnachfolge des osmanischen Waqf-Ministeriums eintrat.[10] Das schuf allerdings immer wieder auch Konflikte innerhalb der muslimischen Gemeinschaft, indem der SMC von den Gegnern des Muftis beschuldigt wurde, Teile der Einkünfte lokaler Stiftungen unrechtmäßigerweise für Jerusalem abzuzweigen. Die Mandatsbehörde erwog zwar mehrfach, dem SMC die Kontrolle über die genannten Einrichtungen zu entziehen, schreckte letztlich aber vor diesem Eingriff zurück. Stattdessen erließ sie 1932 eine großzügige Neuregelung der Einkünfte aus agrarischen Auqaf, die vor allem dazu diente, das Wohlverhalten des Muftis sicherzustellen.

Mit diesen Ressourcen ausgestattet, machte sich Amin al-Husaini an die gezielte Förderung Jerusalems als «heiliger Stadt» des Islam, deren vornehmste Stätten unter osmanischer Herrschaft zuletzt sichtlich heruntergekommen waren und in dem schweren Erdbeben von 1927 erneut beschädigt wurden.[11] Den Auftakt bildete daher, wie kaum anders zu erwarten, die Restaurierung und Verschönerung des Haram einschließlich des Felsendoms und der Aqsa-Moschee, die in der muslimischen Welt, vor allem im Hijaz und in Indien, große Aufmerksamkeit fanden. Der Mufti verfolgte eine Internationalisierungsstrategie, die in den 1930er Jahren Früchte tragen sollte. Ende August 1928 wurde die Restaurierung der Aqsa-Moschee mit einem großen Fest gefeiert, 1929 war sie abgeschlossen; eröffnet wurden zugleich ein kleines Museum für islamische Kunst und eine Bibliothek für islamische religiöse Literatur. Verschönert und instandgesetzt wurden aber auch Einrichtungen in anderen Teilen des Landes. Parallel dazu widmete sich der SMC der Ausgestaltung des Nabi-Musa-Festes und anderer religiöser Anlässe, die unter seiner Führung ganz im Sinne der Salafiyya-Bewegung von «unorthodoxen» Praktiken «gesäubert» und zur gleichen Zeit immer gezielter zu nationalen Anlässen umstilisiert wurden.[12] Und dennoch: Zu Unruhen kam es dabei nach 1921 nicht mehr.

Der Mufti und die «Opposition»

In den ersten Jahren seiner Amtszeit konzentrierte sich Amin al-Husaini ganz darauf, die eigene Stellung zu festigen, denn im arabischen Lager hatte er Gegner, und zwar nicht nur in den Reihen der Nashashibis und ihrer Anhänger, sondern auch in gewissen Städten und Regionen namentlich des Nordens. Von den Zeitgenossen wurden sie, ungeachtet ihrer unterschiedlichen Interessen und Verankerung, meist einfach als «die Opposition» bezeichnet.[13] Die Nashashibis waren relativ spät erst in die Jerusalemer Elite aufgestiegen und konkurrierten mit den Husainis (und nicht nur mit diesen) beharrlich um Posten. Häufig genug stellte sich die Konkurrenz als Nullsummenspiel dar: Der Gewinn des einen war der Verlust des anderen. Als so beispielsweise Musa Kazim al-Husaini 1920 als Bürgermeister von Jerusalem abgesetzt wurde, folgte ihm Raghib al-Nashashibi im Amt. (1934 mußte er es an Husain al-Khalidi abgeben, der sich dem Husaini-Lager anschloß.) Daraus resultierte eine gewisse Annäherung der Nashashibis oder zumindest ihrer prominentesten Vertreter an die Briten, während die Husainis sich stärker – aber nie ganz – von den Briten distanzierten. Auch unter den Ulama gab es Kritiker und Konkurrenten des Muftis, so daß er selbst das religiöse Feld nicht vollkommen beherrschte. Angesichts der Frontstellungen konnte es kaum ausbleiben, daß sich die Rivalen gegenseitig der Kollaboration mit dem Feind beschuldigten, und tatsächlich gibt es Hinweise, daß die Gegner Amin al-Husainis von den Zionisten materiell oder in anderer Weise unterstützt wurden.

Eine ganze Reihe von Parteien und Vereinigungen, die 1922/23 gegründet wurden, verschwand bereits nach kurzer Zeit wieder von der Bildfläche – wenn sie denn je über die Kreise der städtischen Mittel- und Oberschicht hinaus Aktivitäten entfaltet hatten.[14] Dazu zählte die 1922 entstandene Nationale Muslimische Vereinigung, von der 1933 zuletzt gehört wurde, und die – zumindest vordergründig antizionistische – Palästinensisch-Arabische Nationalpartei, die im November 1923 erstmals in Erscheinung trat und die Vertreter ländlicher wie städtischer Notabeln-familien einband. Nicht zu übersehen war die, wenn man so sagen kann, internationale Dimension dieser Rivalitäten: In deren Mittelpunkt standen die Ambitionen der haschemitischen Familie auf regionale Vorherrschaft, wie sie in den 1920er und 30er Jahren vor allem Abdallah b. al-Husain, der (entschieden probritische) Emir von Transjordanien, hegte. Der Oberste Muslimische Rat zählte zu den wenigen Institutionen, die 1924 Abdallahs Vater, König Husain b. Ali, den früheren Emir von Mekka, als Kalifen anerkannten. Auch die Nashashibis unterhielten über Palästina hinaus Kontakte ins arabische Umfeld, namentlich zu Emir Abdallah selbst.[15]

Zu den Briten pflegte der Mufti ein gutes Verhältnis. Bezeichnenderweise kam es nach seiner Amtsübernahme ungeachtet der gezielten Politisierung der Religion zu keinen blutigen Zwischenfällen mehr während des Nabi-Musa-Festes und anderer religiöser Anlässe. Überhaupt wurde es erneut ruhig in Palästina: Von einem eindrucksvollen Streik beim Besuch Lord Balfours im März 1925 (er kam als Ehrengast zur Eröffnung der Hebräischen Universität) abgesehen, regte sich kaum Widerstand gegen das Mandat und die Zionisten. Auch die gewöhnliche Kriminalität schien weitgehend unter Kontrolle zu sein, beduinische Überfälle abgewehrt, das Land «befriedet». Der Hochkommissar, Sir Herbert Samuel, äußerte sich vor seiner Abreise aus Palästina befriedigt:

«Der Geist der Gesetzlosigkeit hat aufgehört, die Atmosphäre ist nicht mehr elektrisch geladen, es erfolgen keine Überfälle mehr aus Transjordanien, alle Räuber sind verjagt und erschossen, hingerichtet oder eingekerkert … Seit kurzer Zeit ist Palästina das friedlichste Land des ganzen mittleren Ostens geworden.»[16]

Vielen arabischen Palästinensern schien der Zionismus, ungeachtet des realen Wachstums der jüdischen Bevölkerung von 93 000 im Jahr 1922 auf 154 000 Menschen 1927 und der Ausweitung des jüdischen Landbesitzes auf rund 1 Million Dunam, geschwächt, wenn nicht erledigt. Bemerkenswerterweise fand das Thema der jüdischen Immigration in diesen Jahren mehr Aufmerksamkeit unter der arabischen Bevölkerung als der jüdische Landerwerb, der zur gleichen Zeit unauffällig, aber kontinuierlich vorangetrieben wurde und die arabische Bevölkerung mittel- und langfristig weit negativer betraf als die Zuwanderung einiger Tausend vorwiegend europäischer Juden. Freilich ließ sich die Immigration leichter messen. Sie war auch sichtbarer als die schleichende Ausweitung jüdischen Grundbesitzes und jüdischer Siedlung. Mitte der 1920er Jahre wagten es die Nashashibis, in Abkehr von der bisherigen Verweigerungslinie öffentlich für eine Beteiligung an Wahlen und politischen Beratungsgremien einzutreten, 1927 folgte ihnen hierin die Arabische Exekutive. Im Juni 1928 sprach sich der Siebte Palästinensische Kongreß für die Wahl einer Gesetzgebenden Kammer (Legislativrat) aus, der britische Hochkommissar unterstützte diese Initiative. Der Ausbruch neuer Unruhen im September 1928, gefolgt von den schweren Ausschreitungen des August 1929, brachte den Prozeß zu einem vorläufigen Stillstand; die Ablehnung eines solchen Beratungsgremiums durch das britische Parlament im Frühjahr 1935 sollte zum Ausbruch des arabischen Aufstands beitragen.

2. Eskalation an der Klagemauer: Die Unruhen von 1928 und 1929

Die Unruhen von 1928 und 1929 entzündeten sich an der Klagemauer als einer der Stätten in Jerusalem, die sowohl Juden wie Muslimen heilig war, wenn auch in sehr unterschiedlicher Weise. Die Klagemauer (hebr. *ha-kotel ha-maʿaravi*, westliche Mauer), ein 28 m langes Teilstück, das von der Umfassungsmauer des herodianischen Tempels erhalten geblieben war, wurde zum konkreten Symbol religiös und exklusiv formulierter Ansprüche – und Klagen.[17] Den Juden war sie heilig als letzter verbliebener Rest des Tempels; die Muslime sahen in ihr die äußere Umfassung des «heiligen Bezirks» (*al-haram al-sharif*), an der Muhammad auf seiner nächtlichen Himmelfahrt der Legende nach sein Reittier Buraq angebunden hatte (daher, wie erwähnt, der arabische Name für dieses Mauerstück: *al-buraq al-sharif*). Bereits im 12. Jahrhundert war die angrenzende Zone von einem Sohn Saladins in ein Waqf zugunsten marokkanischer Muslime (in Jerusalem bekannt als Maghrebis oder Moghrabis) umgewandelt worden, die sich dort niedergelassen hatten. Benannt wurde es nach dem großen, 1197 in Tlemcen verstorbenen Mystiker Abu Madyan Shuʿaib. 1922 ging die Aufsicht über das Abu-Madyan-Waqf vom osmanischen

Abb. 12. Betende an der Jerusalemer Klagemauer. Am linken Bildrand
ist die gegenüberliegende Mauer zu erkennen, die bis 1967 den Platz
vor der Klagemauer begrenzte. Unbekannter Fotograf, um 1900

Waqf-Ministerium auf den Obersten Muslimischen Rat über. Man
wird die folgenden Ereignisse kaum verstehen, wenn man sich
nicht vor Augen führt, daß über Jahrhunderte lediglich eine gut
3 m breite Gasse den so sensiblen Ort von den angrenzenden Häusern trennte. Nur so werden Berichte glaubhaft, wonach die Bewohner des Moghrabi-Viertels ihren Müll an die Klagemauer warfen – ein Glied mehr in der Kette der Darstellungen, die die
Verwahrlosung des heiligen Tempelareals und dessen Reinigung
von Müll und Abfall schildern, die bis in die Zeit der muslimischen Eroberung zurückreichen. Der freie Platz vor der Klagemauer wurde erst 1967 geschaffen, als die Israelis nach der Eroberung der Jerusalemer Altstadt das Moghrabi-Viertel (*harat al-
maghariba*) abrissen. Alles bewegte sich somit auf engstem Raum,
was die Spannungen unweigerlich erhöhte.

Ein Gefühl für diese Spannungen mag ein Zitat aus einem Bericht vermitteln, den Nahum Goldmann von seiner ersten Palästinareise verfaßte, die er 1914 als Achtzehnjähriger unternahm. Die Darstellung schildert seine Empfindungen an der Klagemauer:

«Die große Mauer ward mir mit einem Mal zum Symbol unseres ewigen Daseins ... und diese Steine schienen mir die Verheißung unserer ewigen Zukunft zu verkünden: Gleich ihnen, die niemand fortzurücken vermag, die trotz aller Zerstörungen sich durch die Jahrhunderte forterhalten haben, wird auch ihr Volk fortexistieren bis in die Ewigkeit ...

Noch stehe ich in diesen Gedanken versunken da, empfindend, wie mein Inneres sich beruhigt und meine Seele wieder von Trost und Hoffnung und Zuversicht erfüllt wird, als hinter mir plötzlich das widerwärtige, grunzende Schreien eines Esels erschallt. Erschrocken wende ich mich um und sehe einen Araber, zwei Esel durch die Gasse treibend. Im ersten Moment erfaßte mich eine Wut, daß ich diesen blöden, ungeschlachten Kerl hätte totschlagen mögen ...»[18]

Aber, so fährt er nach kurzem Nachdenken fort, das konnte es nicht sein:

«Die Gasse ist ein öffentlicher Durchgang, und es ist lächerlich, von diesem Barbaren solch zarte Rücksichtnahme zu fordern, daß er, um die Betenden zu schonen, einen Umweg machen soll. Schuld haben wir, wir Juden. Welch ein Volk sind wir, daß wir solches dulden können?»

Im Verlauf des 19. Jahrhunderts war die Klagemauer in jüdischen Kreisen als Ort des Gedenkens und der besonderen Heiligkeit aufgewertet und in vielerlei Form popularisiert worden. Die jüdische Nationalbewegung verlieh ihr darüber hinaus eine spezifisch nationale Bedeutung. Schon 1836 hatte Zvi Hirsch Kalischer, der als einer der Vorläufer des Zionismus gilt, Baron Rothschild vorgeschlagen, den Tempelberg (wenn nicht ganz Palästina) von Muhammad Ali zu kaufen, dessen Truppen zu dieser Zeit bekanntlich das Land besetzt hielten.[19] Mit Rücksicht auf wiederholte Zusammenstöße, Forderungen und Anschuldigungen hatten die osmanischen Behörden schon 1840 versucht, die Rechte der beiden Parteien abzuklären, die 1911 von der Jerusalemer Stadtverwaltung als «Status quo» festgeschrieben wurden. Die Briten verpflichteten sich nach Art. 13 des Mandats zu seiner Wahrung, der ausdrücklich die Immunität der muslimischen heiligen Stätten garantierte. Vor und nach 1918 waren Versuche jüdischer Kreise gescheitert, das Mauergrundstück käuflich zu erwerben oder gegen anderen Stiftungsbesitz einzutauschen, wie das nach islamischem Recht unter bestimmten Bedingungen durchaus möglich gewesen wäre.

Abb. 13. Postkarte aus Jerusalem, Ende des 19. Jahrhunderts.
Die Karte verheißt den Wiederaufbau des Salomonischen Tempels anstelle
des Felsendoms, der mit «Tempelplatz» bezeichnet ist. Tempel,
Blumenschmuck und Klagemauer im Vordergrund sind farbig dargestellt,
der Felsendom und seine Umgebung im Hintergrund grau.
(Quelle: Mordecai Naor, Eretz Israel, 1998, S. 97)

Unter Muslimen verdichteten sich diese Bemühungen zu der
Befürchtung, die Juden planten, den Tempel wiederzuerrichten –
eine klassische Neuaufnahme des Bedrohungstopos, der in der
Vergangenheit Teil des jüdischen Repertoires gewesen war. Sie
schien sich zu bestätigen, als in den frühen 1920er Jahren in Jerusalem angeblich Bilder gefunden wurden, die den Felsendom oder
die Aqsa-Moschee mit dem Davidsstern oder der zionistischen
Flagge zeigten. In dieselbe Richtung schienen die Äußerungen zionistischer Führer und ihrer europäischen Sympathisanten zu weisen, die das jüdische Aufbauwerk in Palästina als Wiedererrichtung des Tempels beschrieben. Tatsächlich kursierten Bilder,
Postkarten und Stadtpläne, auf denen, neben Felsendom und Aqsa-
Moschee oder an deren Stelle eingeblendet, auch der wiedererbaute
jüdische Tempel zu sehen war. Die Einzelheiten waren nebensäch-
lich, entscheidend die Überzeugung vieler, es handele sich um eine
jüdische Verschwörung.[20] In den 1920er Jahren mehrten sich die
Gerüchte, die Juden planten einen Angriff auf die islamischen heiligen Stätten, an erster Stelle die Aqsa-Moschee, auf die sich die mus-

limischen Ängste konzentrierten. Zur gleichen Zeit ging der Mufti, wie erwähnt, zielstrebig daran, die Heiligkeit des Ortes für die Muslime zu betonen.

September 1928

1928 kam es am jüdischen Versöhnungsfest (Yom Kippur), dem 24. September, zu ersten Zusammenstößen, als jüdische Gläubige eine tragbare Scheidewand vor der Klagemauer anbrachten, um Männer und Frauen während des Gebets zu trennen. Das verletzte den schriftlich fixierten Status quo. Der Tempelbezirk wurde gerade renoviert, im August war der Abschluß der ersten Phase der Erneuerungsarbeiten festlich begangen worden, die muslimische Öffentlichkeit war über Palästina hinaus für die Heiligkeit der Stätte sensibilisiert. Die Briten entfernten daher gegen den Widerstand der Betenden die Abtrennung sowie die mitgebrachten Stühle und Bänke. Für wie brisant sie die Angelegenheit erachteten, bewies die Tatsache, daß der Kolonialminister persönlich im November 1928 den zu osmanischer Zeit geltenden Status quo vor dem britischen Parlament bestätigte, der am 19. November in einem offiziellen Weißbuch festgehalten wurde.[21] Auf jüdischer Seite weckten die Ereignisse, die am heiligsten Tag des jüdischen Jahres am heiligsten Ort des Judentums stattgefunden hatten, selbst in nicht-religiösen Kreisen heftige Erregung. Führende Vertreter einschließlich des Vaad Leumi forderten die britische Mandatsregierung nicht nur auf, die Rechte der jüdischen Gläubigen zu wahren, sondern die Abu-Madyan-Stiftung samt der Klagemauer zu kaufen oder zu enteignen. Den Aufrufen waren Versuche vorausgegangen, durch Immobilienkauf oder -tausch in unmittelbarer Nähe der Klagemauer Fakten zu schaffen. Auf dem Zionistischen Weltkongreß wurde im Juli/August 1929 das Thema behandelt; ein Sympathisant der Revisionistischen Bewegung Wladimir Jabotinskys, Joseph Klausner, rief ein Komitee zur Verteidigung der Klagemauer ins Leben; ein nationalistisches Blatt drängte gar zur Wiedererrichtung des jüdischen Tempels.

Zur selben Zeit blieben die Muslime nicht untätig: Noch in den letzten Septembertagen des Jahres 1928 wurde im Felsendom die Einrichtung eines «Komitees zur Verteidigung der Klagemauer (*lajnat al-difaʿ ʿan al-buraq al-sharif*)» beschlossen. Anfang November trat in Jerusalem unter Vorsitz des Muftis ein Allgemeiner Muslimischer Kongreß zusammen, der fast 700 Teilnehmer aus ganz Palästina und den angrenzenden arabischen Gebieten zählte und die Gründung einer «Vereinigung zum Schutz der Aqsa-Moschee und der Islamischen Heiligen Stätten (*jam'iyyat hirasat al-masjid al-aqsa wal-amakin al-islamiyya al-muqaddasa*)» beschloß. In den Resolutionen wurde das exklusive Recht der Muslime auf die Klagemauer als «heiligem islamischen Ort» festgehalten; den Juden wurde zugestanden, die Klagemauer aufzusuchen, nicht aber, irgendwelche feste oder bewegliche Objekte – Bücher, Torarollen, Kerzen, Hocker, Stühle, Trennwände – anzubringen. Das spiegelte die Ängste wider, die Juden könnten nicht nur den Platz vor der Klagemauer in eine Synagoge verwandeln, sondern, von der Klagemauer ausgehend, Schritt um Schritt ihre Ansprüche auf den gesamten Tempelberg geltend machen und dort anstelle der muslimischen heiligen Stätten den Tempel wieder aufrichten. Von 1929 an intensivierte der SMC die Bautätigkeit auf dem Haram, um dem Exklusivanspruch auf das Gelände Ausdruck zu verleihen; demselben Zweck dienten die Einsetzung eines Gebetsrufers (*mu'adhdhin*) und die Durchführung sufischer Riten (*dhikr*) in unmittelbarer Nachbarschaft der Klagemauer, durch die sich die jüdischen Gläubigen – wohl nicht zu Unrecht – in ihrer Andacht gestört fühlten.

August 1929

Im Sommer 1929 eskalierte die Spannung:[22] Gegen den Willen der jüdischen Autoritäten, die weitere Zusammenstöße zu vermeiden suchten und die jüdische Bevölkerung daher zur Ruhe aufriefen, kam es am 14. August zu großen Demonstrationen in Tel Aviv. Am 15. August, dem Tish'a be-Av, an dem gläubige Juden traditionell der Zerstörung des Tempels gedenken, zogen etwa 300 revisionistische Jugendliche mit fliegenden Fahnen zur Klagemauer, um dort die Hatikva abzusingen und die Klagemauer für die Juden zu reklamieren («Die Mauer ist unser»). Angeblich beleidigten einige von ihnen den Propheten Muhammad, den Islam und die Gemeinschaft der Muslime, andere wurden denselben Gerüchten zufolge tätlich. Am darauffolgenden Freitag feierten die Muslime den Geburtstag des Propheten (*maulid/mausim al-nabi*);

Abb. 14. Gläubige am Felsendom. Unbekannter Fotograf, um 1900

während des Freitagsgebets wurden sie zur Verteidigung der angeblich von den Juden bedrohten heiligen Stätten aufgerufen. Etwa 2000
von ihnen zogen daraufhin mit Rufen wie «Gott ist groß», «Die
Mauer ist unser» und «Bringt die Juden um» zur Klagemauer, wo sie
unter anderem Zettel mit den Wünschen und Gebeten verbrannten,
die die Juden traditionell in die Ritzen der Mauer stecken. Wie hoch
die Spannungen waren, verdeutlichte ein weiterer Zwischenfall: Am
17. August verletzte ein Araber einen jüdischen Jungen mit dem
Messer, der ohne Absicht einen Fußball in den Gemüsegarten einer
arabischen Frau befördert hatte, worauf diese zu schreien begann
und der Mann ihr zu Hilfe eilte; der Junge erlag wenige Tage später
seinen Wunden, aus Rache stachen jüdische Anwohner einen arabischen Jugendlichen nieder. Beim Begräbnis des jüdischen Knaben
kam es zu antibritischen und antiarabischen Protesten.

Das Gerücht, Juden planten einen Angriff auf die Aqsa-
Moschee und hätten bereits mehrere Araber umgebracht, führte

eine Woche später, am 23. August 1929, zur Explosion der Gewalt: Angestachelt, wie es scheint, von militanten Predigern und Aktivisten, strömten Tausende von Muslimen aus der Stadt und den umliegenden Dörfern zum Freitagsgebet auf den Tempelberg; viele von ihnen waren mit Stöcken und Knüppeln bewaffnet, manche mit Messern, einige wenige mit Gewehren und Pistolen (in den folgenden Tagen kamen selbst Schwerter zum Einsatz). Dem Mufti, der, vom britischen Polizeikommandanten alarmiert, in die Aqsa-Moschee geeilt kam, gelang es nicht, die Lage zu beruhigen. Vielmehr drang ein undefinierter arabischer «Mob», dem sich auch einige Christen anschlossen, in die außerhalb der Stadtmauern liegenden jüdischen Wohnviertel von Mea Shearim und Yemin Moshe ein, wo sie auf bewaffnete Gegenwehr stießen; von dort griff die Gewalt auf ganz Jerusalem über. Die Nachricht von den Ereignissen verbreitete sich in Windeseile. Auf das Gerücht hin, in Jerusalem würden Araber ermordet und der Haram sei in Gefahr, griffen am folgenden Tag Muslime das jüdische Viertel von Hebron an. Dort attackierten sie wiederum vorrangig nicht Zionisten, sondern Angehörige des alten Yishuv, überwiegend orthodoxe Juden, die zum großen Teil unbewaffnet waren. Im Hintergrund stand möglicherweise die Eröffnung einer orthodoxen Yeshiva in Hebron, die vor allem Studierende aus Europa und den USA anzog, die zwar überwiegend nicht mit dem Zionismus sympathisierten oder ihn sogar offen ablehnten, auf die lokale arabische Bevölkerung jedoch ebenso fremd wirkten wie die Zionisten. Die Mehrheit der örtlichen Juden wurde von ihren arabischen Nachbarn geschützt und gerettet; der Schock saß dennoch tief. Angegriffen wurden zur gleichen Zeit zahlreiche Kibbutzim, sechs von ihnen völlig zerstört. Angegriffen wurde auch eine Polizeikaserne in Nablus, wo die aufgebrachte Menge versuchte, sich Waffen zu beschaffen, die die Juden allem Anschein nach bereits besaßen. In Jerusalem, Haifa und an anderen Orten rächte sich ein jüdischer «Mob» an den Arabern, in Jaffa wurden ein Imam und sechs weitere Menschen in einer Moschee ermordet, die Moschee selbst niedergebrannt; in Jerusalem wurde der im jüdischen Viertel Zikhron Moshe gelegene Ukasha-Schrein schwer beschädigt. Eine Woche nach Hebron wurde auch die jüdische Gemeinde in Safed, dem Zentrum des «alten Yishuv», angegriffen und mindestens sechs seiner Angehörigen ermordet.

Die Stadtviertel Jerusalems

Herodestor

Damaskustor

MUSLIMISCHES VIERTEL

Löwentor

CHRISTLICHES VIERTEL

Via Dolorosa

Grabeskirche

Felsendom

Klage-mauer

Al-Aqsa-Moschee

Jaffator

JÜDISCHES VIERTEL

Rambam Synagoge

ARMENISCHES VIERTEL

Dungtor

Zionstor

Grab Davids

Zionsberg

Hinnomtal

Während der Unruhen, die insgesamt rund eine Woche anhielten, kamen bei arabischen Angriffen, jüdischen Gegenattacken und britischen Polizeimaßnahmen mindestens 133 Juden und 116 Araber ums Leben: Rund 250 Tote und 570 Verletzte auf beiden Seiten lautete die Bilanz. Die meisten Juden waren, wie es schien, durch Araber getötet oder verletzt worden, die Mehrzahl der Araber durch Briten. Die alteingesessene jüdische Gemeinde von Hebron wurde evakuiert; eine kleine Gruppe kehrte einige Monate später zurück, wurde aber 1936 kurz vor Ausbruch des arabischen Aufstands erneut evakuiert. In der Folgezeit verließen auch in Jerusalem und Jaffa zahlreiche jüdische Kaufleute und Unternehmer ihre Geschäfte in der Altstadt und übersiedelten in rein jüdische Wohngebiete, sei es außerhalb der Altstadt im Falle Jerusalems, oder Tel Aviv im Falle Jaffas. Die räumliche und soziale

Trennung von Juden und Arabern wurde dadurch immer weiter vorangetrieben. Die zionistischen Organe paßten ihre Landerwerbs- und Ansiedlungsstrategie den Gegebenheiten an und konzentrierten sich in den Folgejahren auf Grundstücke, die strategisch günstig gelegen, nicht zu isoliert und gegen Angriffe besser zu verteidigen waren.[23]

Zwar waren nicht wenige Juden von ihren muslimischen oder christlichen Nachbarn beschützt worden; die Wirkung der Unruhen war dennoch verheerend. Vorher und nachher wurden Landflucht und Landlosigkeit als wesentliche Ursache der Spannungen identifiziert: Die arabischen «Massen» gingen aber keineswegs nur gegen jüdische Siedler vor, sondern auch gegen jüdische Stadtbewohner, die keineswegs alle zionismusverdächtig waren und mit denen sie in vielen Fällen über lange Jahre nachbarschaftlich zusammengelebt hatten. Der Mufti argumentierte, gestützt unter anderem auf die «Protokolle der Weisen von Zion», die Juden seien als die Aggressoren aufgetreten.[24] Die Arabische Exekutive distanzierte sich anfangs von den Gewaltakten, doch schürten die harten Maßnahmen der Briten, die Polizei, Militär und Luftwaffe einsetzten und Kollektivstrafen gegen ganze Dörfer verhängten, die Erbitterung unter der arabischen Bevölkerung. Diese feierte die Männer, die von den Briten vor Gericht gestellt, zum Tode verurteilt und – in drei von 27 Fällen – im Juni 1930 tatsächlich hingerichtet wurden, als Helden, Märtyrer und Opfer des Imperialismus, für deren Familien auch in anderen arabischen Ländern Spenden gesammelt wurden. Die Literatur verklärte die Unruhen von 1929 zur «Buraq-Revolution» (*thaurat al-buraq*), ihre arabischen Opfer zu «Märtyrern» (*shuhada'*).[25] Im September 1930 wurde nach dem Muster des Jüdischen Nationalfonds, des Keren Kayemet le-Israel, ein arabischer Nationalfonds, Sunduq al-Umma, eingerichtet, der sich im weiteren aber mit seinem Vorbild nicht vergleichen konnte.[26] Der aufgewühlten Stimmung vermochten auch die Mitglieder der Arabischen Exekutive sich nicht entziehen. Das aber stellte die Politik der Briten in Frage, denn entweder waren die Notabeln für die Unruhen verantwortlich – oder sie vermochten sie nicht zu kontrollieren. Beides war gleichermaßen beunruhigend.

3. Ein Weißbuch und ein Schwarzer Brief

In dieser Situation entschieden sich die Briten für das Bewährte und setzten eine Untersuchungskommission unter der Leitung von Sir Walter Shaw ein, die in ihrem (gründlich und sorgfältig erarbeiteten) Bericht vom März 1930 – sehr zum Mißfallen der amtierenden Labour-Regierung unter Ramsay MacDonald – eine strikte Begrenzung der Landverkäufe und der jüdischen Einwanderung empfahl.[27] MacDonalds Ablehnung wurzelte nicht allein in politischen Überlegungen, sondern auch in ökonomischen: Die britischen Besitzungen sollten sich finanziell nach Möglichkeit selbst tragen, und unter Kostengesichtspunkten schien eine starke jüdische Präsenz in Palästina vorteilhaft, da der wirtschaftlich dynamische Yishuv überdurchschnittlich zum Steueraufkommen beitrug.[28] Man entschloß sich daher, eine neue Kommission unter Sir John Hope-Simpson nach Palästina zu entsenden, die den Komplex Land, Einwanderung und Entwicklungspotential des Mandatsgebiets genauer untersuchen sollte. Hope-Simpsons Erkenntnisse, im August 1930 vorgelegt, untermauerten weitgehend die Empfehlungen des Shaw-Berichts. Sie flossen in das sog. Passfield-Weißbuch vom Oktober 1930 ein (Statement of Policy of His Majesty's Government on Palestine, benannt nach dem amtierenden Kolonialminister, Lord Passfield, vormals Sydney Webb, berühmter Fabianer, sozialistischer Denker und Autor – und einer der wenigen antizionistischen Kolonialminister). Es empfahl, die jüdische Einwanderung zu suspendieren, wenn der Lebensstandard der arabischen Bauern auf dem aktuellen Niveau gehalten werden sollte. Besonders umstritten waren Aussagen, es stehe kein kultivierbares Land mehr für Neueinwanderer zur Verfügung, denn die Bewertung der Bodenqualität war und blieb ein Politikum ersten Ranges.

Das Passfield-Weißbuch, auf arabischer Seite mehrheitlich als Zeichen britischer Rückkehr zu Fairneß und Gerechtigkeit begrüßt, löste in zionistischen Kreisen Empörung aus. Ein Teil der Juden in Palästina war schon vor der Veröffentlichung des Hope-Simpson-Berichts in den Streik getreten, um gegen den vorgesehenen Einwanderungsstop zu protestieren. Nach Bekanntgabe des Passfield-Memorandums trat Chaim Weizmann als Präsident der

Zionistischen Weltorganisation zurück, der Yishuv protestierte heftig, und David Ben-Gurion glaubte, England den Krieg erklären zu müssen («Hüte dich, britisches Reich»).[29] Unter starkem innenpolitischen Druck vor allem aus Kreisen der konservativen Opposition distanzierte sich Premierminister MacDonald im Februar 1931 in einem «klärenden» Schreiben an Chaim Weizmann in den wichtigen Punkten Einwanderung und Landerwerb von dem Weißbuch: Die Regierung Seiner Majestät, so versicherte er, verstand das Mandat nicht allein als verpflichtenden Auftrag gegenüber der Bevölkerung Palästinas, sondern gegenüber allen Juden dieser Welt. In arabischen Kreisen wurde das Schreiben rasch als «Schwarzer Brief» bekannt. Die Peel-Kommission faßte das Problem wenige Jahre später bemerkenswert klar zusammen:

«In diesem starken Gegensatz zwischen arabischem Ehrgeiz und britischen Pflichten lag und hat seit je die eine unüberwindbare Schwierigkeit gelegen. Die jüdische Einwanderungs-Quote mochte steigen oder fallen, jüdischer Landkauf mochte ausgedehnt oder eingeschränkt werden, «Schwarze Briefe» mochten auf «Weiß-Bücher» folgen, all diese Umstände, so bedeutsam sie gewiß sein mochten, waren nur untergeordneter Natur. Sie mochten Öl ins Feuer gießen oder es dämpfen. Aber das Mandat selbst, von dem diese andern Faktoren nur Anwendungen oder Auslegungen waren, hat das Feuer entzündet; und das Mandat selbst, wie immer es angewandt und ausgelegt wurde, mußte es in Brand halten, es sei denn, die alte ursprüngliche Annahme träfe zu, daß die beiden Völker es lernen könnten und wollten, miteinander zu leben und zu arbeiten.»[30]

Dafür sprach zu dieser Zeit wenig, und nach britischer Auffassung waren es die Araber, die es hier an dem entscheidenden Willen zur Verständigung, ja auch nur zum Entgegenkommen, fehlen ließen.

Angesichts wachsender Spannungen und wiederholter Gewaltausbrüche bildete sich nach 1920 ein Muster britischen Verhaltens heraus, das zumindest bis zum Ende der 1930er Jahre Gültigkeit hatte und dann nicht so sehr auf Grund lokaler Entwicklungen abgewandelt wurde, sondern um der faschistischen Bewegung in Europa zu begegnen, die auch im arabischen Raum ein Echo zu finden drohte.[31] In den Grundzügen stellte es sich so dar: Arabische Unzufriedenheit mit der britischen Mandatsverwaltung im allgemeinen und der jüdischen Einwanderung im besonderen führte zum Ausbruch von gewalttätigen Unruhen, die im wesentlichen von Bauern und der städtischen Unterschicht getragen wurden, in deren Verlauf Juden – und zwar nicht nur zionistische Juden – angegriffen, verletzt oder getötet wurden. Immer wenn der Gewaltpegel zu hoch gestiegen war, um mit gewöhnlichen Mitteln kontrolliert oder abgesenkt zu werden, setzte London eine Untersuchungskommission ein, die rasch herausfand, daß die Unzufriedenheit im wesentlichen politisch motiviert war und die Balfour-Erklärung wie das auf ihr aufbauende Mandat für die Araber völlig unannehmbar. In der besten Tradition britischen *fair plays* machte sie Vorschläge, die arabische Ängste und Anliegen aufgreifen sollten, ohne Geist und Buchstaben des Mandatsauftrags einschließlich der Balfour-Erklärung zu verletzen. Was konnte «Fairneß» angesichts widersprüchlicher Andeutungen und Zusagen und exklusiver Ansprüche der Parteien auch bedeuten? Dem folgte eine intensive Periode des Lobbyismus in London, in dem die zionistische (oder allgemeiner die jüdische) Seite aufgrund des leichteren Zugangs zu hohen britischen Entscheidungsträgern die besseren Karten hatte. Häufig fiel das Wort vom Appeasement, der Beschwichtigung, die gegenüber der arabischen Seite unangebracht sei. Auf eine lebhafte Debatte im Parlament hin wurde ein Weißbuch veröffentlicht, das in einigen Fällen den Empfehlungen der Untersuchungskommission folgte (Shaw, Hope-Simpson, Peel), das die Araber aber in jedem Fall ablehnten, wohingegen die Zionisten mehrheitlich flexibel reagierten und auch weniger als das Ganze akzeptierten. Die arabische Seite verweigerte diese Flexibilität – da sie die Anerkennung des Mandats samt Balfour-Erklärung bedeutet hätte – und verlangte die uneingeschränkte Anerkennung ihrer Ansprüche: ganz oder gar nicht. Das war freilich eine Verweigerungsstrategie, die vor Ort und in London, Genf oder Washington keine wirksamen Hebel einzusetzen wußte und daher der zusehends besser organisierten jüdischen Seite nichts Gleichwertiges entgegenzusetzen hatte.

4. Die Internationalisierung der palästinensischen Sache

Aus den Unruhen von 1928/29 ging der Mufti als Held und Führer der Araber Palästinas hervor, dem es gleichzeitig gelang, die Muslime nicht nur der umliegenden arabischen Länder, sondern auch Irans und Indiens für die islamische Sache in Palästina zu interessieren. Das war doppelt wichtig, da dies neben dem Kolonialamt auch das einflußreiche Indien-Amt auf die Palästinafrage aufmerksam machte. Zeichen wurden gesetzt, als der Führer der indischen Kalifatsbewegung, Muhammad Ali, Bruder des bekannten muslimischen Literaten und Aktivisten Shaukat Ali, nach seinem Tod im Januar 1931 auf dem Gelände der Aqsa-Moschee beigesetzt wurde. Ihm folgte im Juni 1931 Husain b. Ali, der frühere Emir von Mekka, König des Hijaz und «aller arabischen Länder» und 1924 auch für kurze Zeit allseits umstrittener Kalif. Der Haram schien sich zu einer Art «panislamischem Pantheon» zu entwickeln.[32]

Im Dezember 1931 konnte der Mufti einen weiteren Erfolg feiern, als in Jerusalem eine Allgemeine Islamische Konferenz (*al-mu'tamar al-islami al-'amm*) stattfand, hauptsächlich finanziert vom Obersten Muslimischen Rat, zu der rund 145 Teilnehmer aus zahlreichen – auch schiitischen – muslimischen Ländern anreisten; unter ihnen befanden sich Berühmtheiten wie Shaukat Ali, Rashid Rida, Shakib Arslan und der indische Dichter und Reformer Mohammed Iqbal. Nur die kemalistische Türkei hatte keinen Vertreter entsandt, und die saudische Delegation traf erst nach dem Abschluß der Begegnung in Jerusalem ein.[33] Nicht daß es keine Vorbehalte gegen das Unternehmen gegeben hätte: Verschiedene muslimische Staatsoberhäupter fürchteten, daß die Kalifatsfrage wieder aufs Tapet gebracht werden würde, was in der Tat Shaukat Alis Ziel war. Der Plan, in Jerusalem eine Islamische Universität zu errichten, der in der Schlußresolution angenommen wurde, stieß in der Kairoer Azhar-Universität auf gar keine Gegenliebe; aus Geldmangel konnte sie ohnehin nie gebaut werden. Die Teilnehmer forderten den Boykott jüdischer Produkte, den Aufbau landwirtschaftlicher Unternehmen in Palästina und andere Maßnahmen zur Stärkung des arabischen Sektors. Praktische Auswirkungen hatten die Aufrufe zunächst allerdings nicht.

XI.

Von Unruhen zum Aufstand:
Palästina 1930–1936

Die jüdische Seite, insbesondere aber die zionistische war in den 1920er Jahren entschlossen, jede Chance zu nutzen, um im Schatten des Mandats rasch und konsequent die im Mandatsvertrag zugesicherte «nationale Heimstätte» für das jüdische Volk zu verwirklichen. Die Ungeduld, in manchen Fällen auch Rücksichtslosigkeit und Anmaßung, die einzelne Vertreter der «jüdischen Sache» an den Tag legten, erregte nicht nur bei den Briten Verstimmung. Doch es ging um mehr als dieses unmittelbar politische Anliegen: Die meisten der jüdischen Zuwanderer – waren sie nun überzeugte Zionisten oder nicht – wollten bewußt etwas Neues schaffen, mit dem Überkommenen brechen, sich und anderen ihren Leistungswillen und ihre «Tüchtigkeit» beweisen, die man Juden in weiten Teilen Europas außerhalb von Geld- und sonstigen Geschäften häufig genug absprach. Die Pioniere (*halutzim*) in den Kibbutzim verkörperten diesen Typus am reinsten, aber er war auf sie nicht beschränkt.

Die Gegensätze zwischen Juden und Arabern mußten gar nicht ideologisch unterfüttert sein, sie mußten nicht offen politisch formuliert werden: Sie waren sichtbar, spürbar, abzulesen an der Kleidung, der Architektur, an Umgangs- und an Wirtschaftsformen in städtischen Unternehmen und in ländlichen Siedlungen. Ein Beispiel bietet die Geflügelzucht, die eine Beobachterin in den 1930er Jahren eigenwillig, aber einprägsam beschrieb:

«Dort bringt der Araber auf Kamel und Esel die Ernte fort. Hier fährt sie der Jude im Lastauto. Dort bringt die Fellachin, die Bäuerin selber, in einem Korb auf dem Kopf ihre Ware zur Stadt, um sie anzubieten. Hier gibt es die jüdische Verkaufsorganisation, die mit Lastautos die genormte Ware zur Stadt bringt, um sie in Spezialläden zu verkaufen.

Beim Fellachen laufen die Hühner im Hof hinter der Mauer. Im jüdischen Land sieht man die Wellblechhühnerställe, wissenschaftlich erprobt. Dort lebt der bunte Hahn, hier die weiße Legerasse. Dort kommt ein winziges Ei heraus, hier das landwirtschaftliche Musterprodukt …

Dort ist Allah und hier ist Erfolg. Dort sind die Dornen und hier ist Versuchsland. Dort ist Morgenland, hier nicht Europa, sondern eine Mischung aus Rußland und Amerika.»[1]

Die arabische Bevölkerung hatte ein völlig anderes Verhältnis nicht nur zum Mandat, sondern auch zu Neuerungen gesellschaftlicher, kultureller, religiöser und politischer Art, die von den allermeisten nicht grundsätzlich als erstrebenswert oder auch nur unvermeidlich angesehen wurden. Gerade die Gegenüberstellung zu jüdischem Zionismus und britischem Kolonialismus verstärkte konservative Instinkte, mit denen die arabische Kultur und Identität gegen die doppelte Bedrohung geschützt werden sollten. Das machte Reformen auf dem Gebiet von Bildung und Erziehung, Wirtschaft und Politik ebenso schwierig wie im religiösen Milieu des «alten Yishuv», der sich zur selben Zeit gegen den neuen, säkularen Geist zur Wehr setzte, den die zionistischen Verkünder des Aufbaus mit sich brachten. Es verhinderte Neuerungen nicht, aber es behinderte sie. Jenseits enger städtischer Zirkel blieben soziale Normen und Verhaltensweisen bemerkenswert konservativ, vor allem soweit sie die Familie und weibliche Verhaltensregeln betrafen. Nur wenige interessierten sich für eine kritische Überprüfung herrschender Werte, die meist recht unreflektiert mit der Religion begründet wurden. Im politischen Bereich herrschte zunächst Verunsicherung, die sich unter anderem in Kritik an den neuen Verhältnissen äußerte, ohne daß jedoch eine koordinierte Gegenwehr aufgebaut worden wäre. Das Ergebnis war ein ungutes Gemisch von Anpassung und Widerstand, mit dem die neuen Verhältnisse nicht akzeptiert, aber auch nicht grundlegend verändert wurden. Vielleicht entstand auch dadurch der (falsche) Eindruck völliger Statik im «arabischen Sektor» gegenüber einer überbordenden, für die Araber freilich im großen und ganzen nachteiligen Dynamik im «jüdischen Sektor». Daran änderte sich im Verlauf der 1930er Jahre einiges.

1. Land und Arbeit: Die Festigung des jüdischen Yishuv

Nach den, zumindest bis 1928/29, vergleichsweise ruhigen 20er Jahren, in denen der jüdische Yishuv sich unspektakulär, aber kontinuierlich hatte festigen können, brachten die 1930er Jahre eine

Zuspitzung im arabisch-jüdischen Verhältnis. Ausschlaggebend waren einmal mehr Entwicklungen in Europa, nicht in Palästina selbst. Forcierte jüdische Einwanderung und forcierter jüdischer Landkauf ließen in der arabischen Bevölkerung das Gefühl der Bedrohung dramatisch ansteigen. Ramsay MacDonalds «Schwarzer Brief» vom Februar 1931 hob die politisch gewollte Beschränkung jüdischer Einwanderung bis auf weiteres auf. Wenig später verlieh die Judenverfolgung in Europa der Einwanderungsfrage eine neue Dimension: Der Antisemitismus in Polen und die nationalsozialistische Machtergreifung in Deutschland 1933 lenkten immer breitere Migrantenströme nach Palästina; die finanzielle Stärkung der Jewish Agency durch Einbindung nicht-zionistischer Kräfte erlaubte ihr ein noch intensiveres Engagement zugunsten der jüdischen Heimstätte. In den wenigen Jahren zwischen 1931 und 1936 wuchs die jüdische Bevölkerung um mehr als das Doppelte von 175000 auf 370000 Personen; ihr Anteil an der Gesamtbevölkerung stieg, wie erwähnt, von 17% auf 27%. 1926–1932 wanderten im Durchschnitt jedes Jahr 7200 Juden legal nach Palästina ein, 1933 und 1936 waren es je 30000, 1934 42000, 1935 62000 – insgesamt mehr als 170000 Menschen in nur vier Jahren (denn zu den legalen war die steigende Zahl illegaler Einwanderer hinzuzurechnen). Viele Juden scheinen bewußt und freiwillig nach Palästina gegangen zu sein, denn alternative Zielorte standen durchaus zur Verfügung: Die Einwanderungsquoten in die (allerdings von der Depression geschüttelten) USA beispielsweise wurden 1932–1935 nicht ausgeschöpft.[2]

In den 1930er Jahren konsolidierte und entfaltete sich der jüdische Yishuv auf allen Gebieten, die städtische Wirtschaft boomte (1936–1939 allerdings setzte eine neuerliche Rezession ein).[3] Die Immigration verstärkte die kapitalkräftige Mittelschicht, die sich vorwiegend in der Privatwirtschaft engagierte und in den Städten niederließ. Tel Aviv wuchs zwischen 1931 und 1936 von 46000 auf 140000 Einwohner, die jüdische Bevölkerung in Haifa stieg von 16000 auf 40000 (von insgesamt knapp 100000 Einwohnern). Bauwirtschaft, Industrie, Handel, Bank- und Dienstleistungsgewerbe entwickelten sich stürmisch. Der Anteil jüdischer Unternehmen am erwirtschafteten Gewinn des produzierenden Gewerbes kletterte zwischen 1922 und 1932 von 50% auf 60%, erreichte 1933–1939 72% und während des Zweiten Weltkriegs 80%. Die

Immigration und Emigration insgesamt, 1920–1936

Jahr	Registrierte Immigranten Juden	Nicht-Juden	Registrierte Emigranten Juden	Nicht-Juden
1920 (Sept.–Dez.)	5514	202	a	a
1921	9149	190	a	a
1922	7844	284	1451	1348
1923	7421	570	3466	1481
1924	12856	697	507[b]	604[b]
1925	33801	840	2151	1949
1926	13081	829	7365	2064
1927	2713	882	5071	1907
1928	2178	908	2168	954
1929	5249	1317	1746	1089
1930	4944	1489	1679	1324
1931	4075	1458	666	680
1932	9553	1736	a	a
1933	30327	1650	a	a
1934	42359	1784	a	a
1935	61854	2293	396	387
1936	29727	1944	773	405

a. *Statistische Angaben zur ethnischen Zugehörigkeit («Rasse» in der Sprache der Quelle) der Emigranten wurden nicht erhoben.*
b. *Juli–Dezember*
Quelle: Himadeh (Hg.) 1938: 24.

Produktion war weitgehend mittelständisch und vergleichsweise diversifiziert: Nahrungsmittel, Metall-, Holz- und Baumaterialien, Textilien und Leder. Große Industriebetriebe waren allerdings noch rar: Das Zementwerk Nesher beschäftigte rund 400 Arbeiter und Angestellte; die Öl- und Seifenfabrik Shemen mit Sitz in Haifa zählte zu den größten Unternehmen des Landes und machte der traditionellen arabischen Seifenproduktion in Nablus, Jenin und andernorts starke Konkurrenz; Kaliwerke und ein Kraftwerk kamen hinzu. 1924 wurde in Tel Aviv die erste «Levante-Messe» veranstaltet, an der auch Aussteller aus dem arabischen Ausland teilnahmen. Parallel dazu wurden der Landkauf forciert, Dutzende neuer jüdischer Siedlungen errichtet, der einträgliche Zitrusanbau ausgeweitet (dazu unten mehr).

Einmal mehr beschränkten die Entwicklungen sich nicht auf Wirtschaft und Politik: Im April 1930 öffnete die (jüdische) National- und Universitätsbibliothek auf dem Skopus-Berg in Jerusalem ihre Tore, in Tel Aviv wurde nach achtjähriger Bauzeit die Große Synagoge eingeweiht, ein Jahr später das Dizengoff-Museum, 1933 der Grundstein zu dem späteren Weizmann-Institut in Rehovot gelegt, das ein Jahr später die Arbeit aufnahm. Das bekannte Theaterensemble Habima ließ sich 1931 in Palästina nieder und bezog 1935 in Tel Aviv ein eigenes Haus; 1932 wurde der erste hebräischsprachige Spielfilm uraufgeführt, 1935 der erste Tonfilm im Land selbst aufgenommen. 1931 fand die erste «Makkabiade» statt, die «jüdischen Olympischen Spiele», an denen Sportler aus 21 Ländern teilnahmen. Ab 1932 publizierte die Jewish Agency eine englischsprachige Zeitung, die *Palestine Post,* um ein breiteres Publikum zu erreichen. Bei so viel Moderne muten Bilder merkwürdig an, die einen jüdischen Trompeter auf einer Pferdekutsche zeigen, der im Auftrag des Gemeinderats in den Straßen von Tel Aviv den Beginn der Sabbatruhe anzeigte.[4]

Auch auf politischer Ebene entwickelte sich der jüdische Yishuv weiter: Im Januar 1930 schlossen sich Ahdut ha-Avoda und Hapoel Hatzair in einer neuen «Partei der Arbeiter in Eretz Israel» (*mifleget po'alei be-eretz yisrael,* kurz Mapai) zusammen, die den Einfluß der Arbeitsbewegung auf die lokalen wie die internationalen zionistischen Organisationen wahren sollte und sich in den Folgejahren tatsächlich zu einer der stärksten jüdischen Parteien entwickelte (die auch im Staat Israel bis zur Machtübernahme Menachem Begins im Jahr 1977 regierte). Verstärkung erhielt die zionistische Strömung, als 1931 unter dem Eindruck der Unruhen von 1929 die bislang strikt antizionistische orthodoxe Agudat Israel ihre Opposition aufgab. Neue Konkurrenz erwuchs ihr jedoch nicht so sehr im nicht-zionistischen «Kapitalistenlager», sondern vielmehr in der revisionistischen Bewegung unter Wladimir Ze'ev Jabotinsky. Diese forderte, über die «Revision» der 1922 vollzogenen Abtrennung Transjordaniens hinaus, die Errichtung eines jüdischen Staates (und nicht nur einer «jüdischen Heimstätte») in Eretz Israel. Die Spannungen gipfelten 1933 in der Ermordung Chaim Arlosoroffs, der als Leiter der Politischen Abteilung der Zionistischen Exekutive und der Jewish Agency das Haavara-Abkommen mit Hitler-Deutschland ausgehandelt hatte, das den «Transfer» (hebr. *ha'avara*) jüdischen Eigentums ermöglichte und damit die Auswanderung deutscher Juden nach Palästina erleichterte. Obgleich der Mord nie gänzlich aufgeklärt wurde, galten weithin Revisionisten als die Schuldigen.[5]

Auch innerhalb der Zionistischen Weltorganisation gewannen die Revisionisten an Einfluß, bis es 1935 zum Bruch kam und sie ihre eigene internationale Dachorganisation bildeten, die Neue Zionistische Weltorganisation, auf deren erstem Kongreß in Wien die Vertreter von 713 000 eingetragenen revisionistischen Wählern zusammentrafen, verglichen mit den 635 000 Wählern für den 19. Zionistischen Weltkongreß, der im Sommer 1935 in Luzern abgehalten wurde.[6] Der Hinweis auf die Zahlenverhältnisse ist wichtig, da man geneigt ist, die Revisionisten als militante Abweichler zugleich für die zahlenmäßig schwächere Kraft innerhalb der zionistischen Strömung zu halten. Trotz aller Differenzen führte die nationalsozialistische Machtübernahme in Deutschland im Verlauf der 1930er Jahre zu einer wachsenden Einigung der konkurrierenden Strömungen und Parteien innerhalb des unter enormem Druck stehenden jüdischen Yishuv.

2. Land und Ehre: Die Krise der arabischen Gesellschaft

Die arabische Wirtschaft erlebte in den 1930er Jahren keinen Aufschwung, der dem jüdischen vergleichbar gewesen wäre. Aber sie stagnierte nicht:[7] Die Fixierung auf den politischen Konflikt verstellt den Blick auf die ökonomischen Tatsachen. Die arabische wurde von der rasch expandierenden jüdischen Wirtschaft in den Schatten gestellt, die von dem steten Zufluß an Finanz- und Humankapital (Menschen mit Know how und Kontakten) profitierte, das der arabischen Seite nicht zur Verfügung stand. Im regionalen und internationalen Vergleich aber hatte die arabische Wirtschaft durchaus ansehnliche Werte vorzuweisen: Während die Bevölkerung auf Grund der außergewöhnlich hohen Geburtenraten unter den Muslimen im Jahr durchschnittlich um 2,8 % wuchs, stieg das Bruttoinlandsprodukt um 6,5 % (dies allerdings von einem sehr niedrigen Niveau ausgehend, das deutlich unter dem Ägyptens lag; noch ärmer war beispielsweise China).

	Jährliche Wachstumsrate (%)	
	Araber	Juden
Bevölkerung	2,8	8,5
BIP	6,5	13,2
Pro-Kopf-Einkommen	3,6	4,8

Quelle: Metzer 1998: 16.

Politisch aber zählte trotz dieser beachtlichen Leistungsbilanz in erster Linie der Vergleich mit dem jüdischen Yishuv, nicht mit den arabischen Nachbarländern, Thailand oder Bolivien, und dieser Vergleich fiel ungünstig aus: Der arabische Anteil am Bruttoinlandsprodukt fiel in den zwei Jahren zwischen 1931 und 1933 (d. h. *vor* dem massiven Anstieg jüdischer Einwanderer im Jahr 1935) von 57 % auf 43 %, um sich auf diesem Niveau einzupendeln; das jüdische Pro-Kopf-Einkommen lag in der gesamten Zeit zwei- bis fünfmal höher als das arabische. Im arabischen produzierenden Gewerbe dominierte nach wie vor die Nahrungsmittel- und Rohstoffindustrie: Getreidemühlen, Tabakindustrie, Seifenherstellung, Oliven- und Sesamölverarbeitung machten 80 % der gewerblichen Produktion aus. Migration und Landflucht – in allen Gesellschaften Begleiter ökonomischer und sozialer Modernisierungsprozesse – in die städtischen Zentren Haifa, Jaffa und Jerusalem gewannen an Bedeutung. Auffangmöglichkeiten boten am ehesten der boomende Bausektor, der maßgeblich von den Infrastrukturmaßnahmen der Mandatsbehörde getragen wurde, aber auch vom Einstrom jüdischer Zuwanderer, und die Zitrusplantagen, die sowohl von Juden wie von Arabern betrieben wurden. Die Lage war alles in allem schwierig und wurde von vielen als bedrohlich empfunden.

Landbesitz und Landverkauf

Für Wirtschaft, Politik und Gesellschaft Palästinas allgemein und das Verhältnis von Arabern und Juden im besonderen war die Landfrage anerkanntermaßen grundlegend.[8] In den 1930er Jahren lebte die Mehrheit der Muslime (63 %) noch immer auf dem Land, während der Anteil unter den Christen, wie erwähnt, nur bei etwa

22 % lag. Die Auf- und Abschwünge der arabischen Wirtschaft waren in erster Linie von der Entwicklung ihrer Landwirtschaft abhängig und hier wiederum von den Ernten, die 1928 und 1938 extrem schlecht, 1934, 1935 und 1937 hingegen besonders gut waren (so daß die fetten und die mageren Jahre ganz nah beieinander lagen). Auch die arabische Landwirtschaft wuchs in den Mandatsjahren kontinuierlich um etwa 6 % jährlich. Land und Landbesitz waren dennoch nicht nur als ökonomische, sondern zudem als soziale und politische Größe zu berücksichtigen: Während Autorität aus verschiedenen Kriterien und Eigenschaften abgeleitet werden konnte, gründeten Prestige, Ehre und Einfluß zumindest seit dem 19. Jahrhundert vornehmlich auf dem Besitz von Land. Die nationalistische Erhöhung des Landes und der Bauern zum Inbegriff palästinensischer Identität und Authentizität steigerte seinen symbolischen Wert. Unter Arabern und Juden entwickelte sich eine Blut-und-Boden-Ideologie, ausgedrückt in Dichtung, Gesang und Tanz, unter den Juden auch in einer entsprechenden Ikonographie.[9]

Von größerem Gewicht blieb dennoch der reale Wert von Land als Lebensgrundlage der Bevölkerungsmehrheit. Dementsprechend heikel und umstritten sind und waren alle Versuche, Landtransfers, insbesondere aber die in jüdische Hand, statistisch zu erfassen. Wie bei der Erfassung der Bevölkerung machte sich hier eine «politische Arithmetik» bemerkbar, die die Aussagekraft der Daten erheblich beeinträchtigen konnte. Auch scheinbar rein technische Aspekte wie die Bewertung der Bodenqualität und die Ertragsfähigkeit eines bestimmten Areals, die im Zusammenhang mit der «Aufnahmefähigkeit» der palästinensischen Wirtschaft einige Bedeutung erlangte, besaßen eine politische Dimension. Ein Begriff wie der des «kultivierbaren Landes» bot Anlaß zu jahrelangen Kontroversen. Selbst die penibelsten Untersuchungen sind daher mit Vorsicht zu betrachten und die vorgelegten Zahlen eher als Indikatoren für gewisse Trends denn als unangreifbare Fakten zu bewerten.

Quantitative Daten zu Landerwerb und Landtransfer sind wenig aussagekräftig, solange nicht die geographische Lage der Grundstücke und Ländereien, deren vorherige Besitzer und bisherige Nutzung berücksichtigt werden: Handelte es sich um Öd- und Brachland (*mawat*), das vorher weder kultiviert noch anderweitig genutzt (also beispielsweise saisonal beweidet) wurde?

Mußte das Land be- oder entwässert werden (Wüste, Steppe, Sumpf)? Lag es im Flachland oder im Hügelland, verkehrstechnisch günstig oder nicht, isoliert oder von anliegendem Besitz aus leicht zu verteidigen? Waren die Vorbesitzer Kleinbauern, Pächter, Großgrundbesitzer? Konnten sie individuelle Rechtstitel vorweisen? Waren mehrere Besitzer beteiligt, handelte es sich vielleicht um bislang gemeinschaftlich genutzten Grund und Boden (z.B. *musha'*), war Waqf-Besitz involviert? Lebten die Vorbesitzer auf dem Land oder handelte es sich um abwesende Grundbesitzer (*absentee landlords*), wie sie nach den Bodenrechtsreformen von 1858 und 1867 in bestimmten Landesteilen vermehrt anzutreffen waren? Wurden durch den Verkauf Nutzungsrechte, namentlich Wasser- und Weiderechte, beeinträchtigt, die durch Gewohnheitsrecht festgelegt, unter Umständen sogar schriftlich fixiert waren? Von diesen Faktoren hing auch die wirtschaftliche, soziale und politische Bedeutung ab, die den Landtransfers zukam.

Über die gesamte Zeitspanne hinweg fand ein lebhafter Handel mit Grundstücken und Immobilien statt; Schätzungen zufolge fanden etwa 70% der Transaktionen innerhalb der beiden Gemeinschaften von Arabern und Juden statt, 30% zwischen ihnen.[10] Allerdings ist zu berücksichtigen, daß nicht alle Transfers schriftlich festgehalten und in Grundbücher eingetragen wurden. Auch hier gab es durchaus Raum für informelle Geschäfte. Die allerdings unvollständigen Statistiken für die Jahre 1878 bis 1936 ergeben, daß von den insgesamt 681 978 Dunam, die in diesem Zeitraum legal von Juden erworben wurden, lediglich 9,4% von lokalen Bauern verkauft wurden. Mehr als zwei Drittel wurden von Großgrundbesitzern veräußert, die das Land in der zweiten Hälfte des 19. Jahrhunderts erworben hatten; zu 52,6% handelte es sich dabei um osmanische Staatsangehörige, die nicht in Palästina lebten, also «ausländische» *absentee landlords*, zu 24,6% um arabische Palästinenser, darunter zahlreiche Angehörige der großen städtischen Notabelnfamilien von den Nashashibi und Husaini in Jerusalem bis zu den Shawwa in Gaza («inländische» *absentee landlords*). Die Verkäufe waren ökonomisch motiviert und die Gewinne tatsächlich hoch (die Jahre 1932–1937 und, noch markanter, 1942–1945 verzeichneten dramatische Preis- und Gewinnsteigerungen). Die jüdischen Käufer waren bereit, Preise zu bezahlen, die über dem Marktwert und dem zu erwartenden Ertrag des Landes lagen; zugleich ließ die Nachfrage vor allem in den 1930er Jahren die Bodenpreise steil ansteigen. Da zumindest der von zionistischen Organen wie dem Jüdischen Nationalfonds erworbene Boden aber auf Dauer Eigentum des jüdischen Volkes und damit dem Markt entzogen wurde (auch als Pächter kamen nur Juden in Frage), geriet kultivierbares Land tendenziell und regional zum knappen Gut.

Im Gegensatz zur Immigration entwickelte sich der jüdische Landerwerb unter britischer Herrschaft kontinuierlich. Im Oktober 1920 erlaubte die Zivilverwaltung erneut Landtransaktionen, die im November 1918 verboten worden waren, als deutlich wurde, daß die osmanischen Behörden einen Großteil der einschlägigen Unterlagen mitgenommen, möglicherweise sogar vernichtet hatten; ein Teil der Akten wurde allerdings später zurückgegeben oder wieder aufgefunden.[11] Der Umfang allein sagte jedoch nicht allzu viel über den soziopolitischen Effekt der Landkäufe aus, wie ein knapper Überblick zeigt: In den 1920er Jahren betrugen die legalen Landkäufe 500000 Dunam, 1930–1939 mehr als 300000 Dunam und 1940–1947 noch einmal 200000 Dunam. Was zählte, waren Qualität und Lage des Landes – und die arabische Wahrnehmung der Landkäufe und -verkäufe.[12] In die 1920er Jahre fielen einige besonders große jüdische Erwerbungen in dem noch recht dünn besiedelten Küstengebiet und den fruchtbaren Tälern im Binnenland: 1921 und 1924/25 in der Ebene von Marj Ibn Amir (Jezreel-Tal) von der Beiruter Sursuq-Familie und einigen anderen Eigentümern, 1929 im Wadi al-Hawarith (südlich von Haifa, Bezirk Tulkarm) von der Beiruter Tayyan-Familie. Schon in den 1920er Jahren aber wurde mehr als ein Viertel der Fläche von lokalen Grundbesitzern und Bauern veräußert, nicht von «ausländischen» *absentee landlords*.

Verschiedene Faktoren änderten den Charakter der Landverkäufe in den 1930er Jahren, ihre Wahrnehmung und damit zugleich ihre gesellschaftspolitische Relevanz: Ab 1929 traten zunehmend örtliche Grundbesitzer als Verkäufer auf, ab 1933 bildeten sie die Mehrheit. Vor allem im nördlichen und zentralen Flachland aber verkauften ab 1928 vermehrt auch Fellachen Land an Juden: Für 1928–1932 wurde ihr Anteil auf 18 % geschätzt, für 1933–1936 auf 22,5 %. Größere Käufe wurden 1934 und 1935 getätigt. Selbst nach 1936, als die politischen Spannungen sich in dem arabischen Aufstand entluden, waren arabische Bauern und Grundbesitzer bereit, Land an Juden zu verkaufen – wenn es nur diskret geschah. Hemmend wirkte weniger die mangelnde Verkaufsbereitschaft arabischer Besitzer als vielmehr die mangelnde Finanzkraft jüdischer Interessenten.[13] Zudem handelte es sich bis in die späten 1920er Jahre vielfach um wenig oder gar nicht kultiviertes Land (das allerdings anderweitig genutzt sein konnte), so daß die Zahl der betroffenen arabischen Kleinbauern, Pächter, Landarbeiter, Hirten oder Beduinen vergleichsweise gering blieb. Dies änderte sich in dem Maß, in dem Land in den dichter besiedelten Zonen verkauft wurde. Schließlich verschob sich im Gefolge der Unruhen von 1929 der geographische Schwerpunkt der Erwerbungen.

Die Gründe lagen erstens in dem Bestreben der jüdischen Käufer, nach Möglichkeit zusammenhängende Grundstücke zu erwerben und Besitz zu arrondieren, um einzelne Siedlungen gegebenenfalls besser verteidigen zu können, zweitens im Preis. Da die Preise in den an bestehende jüdische Siedlungen anstoßenden Zonen drastisch anstiegen, entschieden sich die Verantwortlichen in einigen Fällen, Land selbst in solchen Gebieten zu kaufen, in denen bislang noch kaum Juden lebten. Damit wurden Landkauf und Besiedlung mehr als zuvor auf das zentrale Berg- und Hügelland, das Hule-Becken sowie die Umgebung von Tiberias und Baisan im Norden wie auch Gaza und Beersheva im Süden ausgeweitet. In den Jahren 1930–1935 konzentrierten sich die jüdischen Landkäufe zu 62 % auf die Küste; 18 % lagen im Jordantal, 10 % in der Ebene von Marj Ibn Amir und bloße 3 % im zentralen Berg- und Hügelland. Größere Kaufvorhaben in Transjordanien und Syrien scheiterten am politischen Widerstand arabischer Palästinenser (nicht am mangelnden Verkaufswillen der dortigen arabischen Eigentümer).[14] Die Verkäufe konnten für einzelne Bauern und Landbesitzer, ja selbst für die lokale arabische Ökonomie durchaus sinnvoll sein. Problematisch waren ihre politischen Folgen – nicht umsonst spricht man von einer «Politökonomie».

Kapital und Verschuldung

Das wichtigste Motiv der arabischen Grundbesitzer und Bauern war, durch den Verkauf von Land – und sei es an Juden – Kapital bzw. einfach Bargeld zu erhalten. Ähnliches galt für Pächter,

Landarbeiter oder Hirten, die gleichfalls gegen Zahlung von Bargeld bereit waren, das Land zu verlassen oder auf überkommene Nutzungsrechte zu verzichten.[15] Nicht immer war der Verkauf durch schnöde Gewinnsucht bedingt, und nicht in allen Fällen bedeutete er für die Verkäufer den Verlust ihres Landes, Vertreibung und Migration. Eigentümer, die über mehr als das bloße Subsistenzminimum verfügten, konnten sich entscheiden, ein Stück Land zu verkaufen, um das Kapital in das übrige Land zu investieren und es durch Bewässerung und andere Maßnahmen intensiver zu nutzen. Das galt insbesondere für den einträglichen, wenngleich weltmarktabhängigen Zitrusanbau (80–90 % der Ernte wurden ins Ausland exportiert), der sich in den 1920er und 30er Jahren rapide ausweitete, und zwar sowohl im jüdischen wie im arabischen Wirtschaftssektor: 1922 umfaßten Zitrusgärten und -plantagen 29 000 Dunam, 1931 bereits 107 000; 1935 war die Fläche um mehr als das Doppelte auf 250 000 Dunam angestiegen. Ihr Anteil an der landwirtschaftlichen Produktion erhöhte sich innerhalb eines Jahrzehnts von 11 auf 50 % (1932–1935), und sank dann auf etwa 40 %. 1935 machten die palästinensischen *shamuti*-Orangen weltweit bereits 20 % aller Zitrusexporte aus. Innerhalb der arabischen Landwirtschaft spielte der Zitrusanbau eine geringere Rolle als in der jüdischen, aber auch im arabischen Sektor weiteten sich die Zitruskulturen stetig aus. Immer aber war ausreichendes Kapital Voraussetzung einer Verbesserung, da gerade Zitrus- und Olivenpflanzungen erst nach mehreren Jahren Gewinn abwarfen. Für den Kleinbauern bestand kaum die Chance, durch Investitionen den eigenen Status zu verbessern.

Das größte Problem für die palästinensische Wirtschaft und Gesellschaft lag zum einen in der Verschuldung von Bauern, die viele von ihnen zum Verkauf zwang, sie also zu landlosen Fellachen machte, und zum anderen in der Vertreibung von Pächtern, Landarbeitern und Beduinen, die mit den Transfers verbunden war. Auch dabei hat man sich vor Vereinfachungen zu hüten: Nichtjuden waren – sofern der Jüdische Nationalfonds als Käufer auftrat – zumindest theoretisch von der weiteren Pacht und Nutzung des fortan exklusiv «jüdischen Bodens» ausgeschlossen; tatsächlich kam es etwa während der Krise der Jahre 1926/27 durchaus zu Weiter- oder Rückverkäufen an Araber, und zwar zu reduzierten Preisen.[16] Im übrigen wurde Land nicht nur in jüdische Hände übertragen; auch arabische Grundherren arrondierten ihren Besitz, wie sie es seit der Mitte des 19. Jahrhunderts getan hatten, auch sie vertrieben Pächter und Landarbeiter oder unterbanden durch Einhegung von Weideland (*enclosures*) und andere Maßnahmen gewohnheitsrechtlich etablierte Nutzungsformen. Die Landverteilung im arabischen Sektor war und blieb extrem ungleich. Käufer und Verkäufer konnten sich Schwierigkeiten ersparen, indem sie die Pächter, Landarbeiter und Hirten schon vor dem Transfer vertrieben bzw. durch Geldleistungen zum Verzicht auf ihre Rechte bewegten. Die Gesellschaft als Ganzes konnte dem Problem nicht ausweichen.

Auch das Problem der Verschuldung war nicht auf die zionistischen Bestrebungen zurückzuführen. Es datierte zumindest ins ausgehende 19. Jahrhundert, wurde in den 1930er Jahren aber durch eine Folge von Naturkatastrophen (Heuschrecken- und Mäuseplagen, Erdbeben, Dürre), Mißernten und eine systematischere Steuereintreibung verschärft, selbst wenn die Briten mit Rücksicht auf die Lage der Bauern und das gesellschaftspolitische Ziel der Stabilität bestimmte Steuern senkten.[17] Der chronische Geld- und Kapitalmangel erwies sich als *das* zentrale Hindernis für eine kontinuierliche Ausweitung der arabischen Landwirtschaft und als das Kernproblem der bäuerlichen Haushalte, die durch das hohe Geburtenwachstum unter zusätzlichen Druck gerieten. Häufig genug waren die Bauern zur Kreditaufnahme gezwungen, wenn bestimmte Abgaben noch vor Verkauf der Ernte fällig wurden, wenn durch Wetter- und andere Einflüsse die Ernte nicht oder nur zu einem niedrigen Preis verkauft werden konnte und dennoch Saatgut, Arbeitsmittel, Vieh oder Kleidung gekauft werden mußten oder gar unvorhergesehene Anschaffungen fällig wurden. Bei einem Zinssatz um 30 % (er konnte bis zu 50 % reichen, lag gelegentlich aber auch nur bei 10 %) trieb sie dies unweigerlich in die Verschuldung und in immer größerer Zahl in den Notverkauf. Als Kreditgeber und Wucherer agierten vorrangig nicht Juden oder Ausländer, sondern einheimische – muslimische und christliche – Geldleiher, Händler, Kaufleute, Grundbesitzer und Ulama, darunter auch Frauen. Britischen Erhebungen zufolge besaßen 1931 bereits etwa 30 % aller arabischen Dorfbewohner kein eigenes Land, mehr als 25 % hatten zu wenig für die Subsistenz, waren also auf zusätzliche Einkommen angewiesen.

Die Mandatsbehörde verfolgte die Entwicklung mit wachsender Sorge. Bis zu den Unruhen vom Sommer 1929, als die verschiedenen Untersuchungskommissionen das Landproblem als wesentlichen Faktor für den Ausbruch von Gewalt identifizierten, blieb ihr Engagement freilich begrenzt.[18] Im Oktober 1920 hatte sie, wie erwähnt, einen ersten Erlaß veröffentlicht, der Landtransfers erneut ermöglichen, zugleich aber dem Problem der Landlosigkeit und der Landflucht vorbeugen sollte, die als Gefahr für die innere Sicherheit wahrgenommen wurden. Vorrangiges Ziel war es, die Bauern auf dem Land zu halten und so Instabilität und Kriminalität, ja dem Aufkommen einer «sozialen Frage» vorzubeugen: Zum einen begrenzte er die Größe der übertragenen Grundstücke, zum anderen legte er fest, daß betroffene Pächter nicht finanziell, sondern nur in Land entschädigt werden sollten. Im folgenden mehrfach modifiziert und ergänzt, blieb der Erlaß freilich ohne Wirkung. Das Passfield-Memorandum von 1930 sprach das Problem der Landlosigkeit deutlich als politisch explosiv an, bot den Bauern aber keine konkrete Hilfe an. Einschneidende Maßnahmen sah erst das Weißbuch von 1939 vor, die aber wegen des Krieges nicht mehr zur Anwendung kamen.

3. Palästina als Waqf der Muslime

Die sozialen Probleme, die aus der Zersplitterung von Grundbesitz, Landnot, Übernutzung, Verschuldung und Verarmung erwuchsen, waren im Grundsatz nicht neu, gewannen in den 1930er Jahren jedoch an Brisanz und Schärfe. In der ländlichen Bevölkerung machte sich ein Gefühl der existentiellen Bedrohung breit; die städtischen Nationalisten erklärten die sozialen Probleme zum Resultat einer politischen Bedrohung, die von den Zionisten ausging oder noch einfacher von den Juden. In den 1920er Jahren waren jüdische Landkäufe nur selten Thema der palästinensischen Politik (und das galt selbst für die Unruhen von 1928 und 1929); die Aufmerksamkeit konzentrierte sich auf das Mandat, die Balfour-Erklärung und die jüdische Einwanderung. Das änderte sich nach 1929, ausgelöst vermutlich durch die Art der Landkäufe, die, wie gezeigt, zunehmend kultiviertes Land betrafen, das von palästinensischen Grundbesitzern veräußert wurde, und in größerer

Zahl als zuvor arabische Bauern, Pächter, Landarbeiter und Hirten schädigten. Die arabischen Grundherren fanden sich zwischen nationalistische Überzeugung (so vorhanden) und wirtschaftliches Interesse gestellt: Gemeinnutz stand gegen Eigennutz. In gewisser Hinsicht bot das eine Parallele zu den jüdischen Siedlern des ausgehenden 19. und frühen 20. Jahrhunderts, die sich zwischen vergleichsweise teuren jüdischen und billigen arabischen Arbeitskräften entscheiden mußten. So einträglich und gelegentlich auch sinnvoll die Landverkäufe ökonomisch gesehen sein mochten, so kompromittierend und für die nationale Bewegung abträglich waren sie aus politischer Warte. Ansehen und Glaubwürdigkeit der arabischen Elite konnten darunter nur leiden. Der deutsche Konsul beispielsweise machte kein Hehl aus seiner Verachtung für die arabischen Nationalisten, die, wie er es ausdrückte, bei Tag gegen die jüdische Einwanderung wetterten und im Dunkel der Nacht ihr Land an die Juden verkauften.[18]

Dessen war sich auch die arabische Seite bewußt. Von den 1930er Jahren an versuchten die Muslimisch-Christlichen Vereinigungen und die Arabische Exekutive, unterstützt von der lokalen arabischsprachigen Presse, die Bauern gegen Landverkäufe zu mobilisieren: Sie riefen sie auf, kein Land an die Juden zu veräußern und bereits verkauftes Land nicht zu verlassen. Tatsächlich kam es zu zahlreichen Zusammenstößen arabischer Pächter, Landarbeiter und Beduinen mit den neuen Besitzern, die das Thema Land und Vertreibung ins öffentliche Bewußtsein rückten. Immer hörbarer schalteten sich auch der Mufti und der Oberste Muslimische Rat in die Auseinandersetzung ein, immer enger verschmolzen gesellschaftspolitische, nationale und religiöse Anliegen, immer deutlicher kristallisierte sich ein Argumentationsmuster heraus, das nicht ohne historische Vorläufer war, in Palästina aber über die 1930er Jahre hinaus besondere Durchschlagskraft gewinnen sollte: In der Auseinandersetzung mit den Juden ging es demnach nicht mehr nur um die heiligen Stätten des Islam, die Aqsa-Moschee, den Felsendom und den «heiligen Bezirk» insgesamt, sondern es ging um das Land Palästina (*ard filastin*) als solches, das die Juden sich anzueignen und auf diese Weise dem Islam und den Muslimen zu entreißen versuchten. Das Land Palästina war den Muslimen nicht nur heilig, es war ihnen von Gott als Stiftungsgut anvertraut und daher unveräußerlich. Land an Juden zu verkaufen war Sünde und Hochverrat zugleich. Es ging nicht nur um die dort lebenden Muslime – die waren bloße Treuhänder des anvertrauten Gutes. Es ging um den Islam und die Gemeinschaft der Muslime überall in der Welt. Fast spiegelbildlich fand sich hier nicht nur das zionistische Verständnis von Eretz Israel als jüdischem Boden, das in der jüdischen Tradition vom «Verheißenen Land» wurzelte und die «Erlösung» dieses Landes forderte. Reflektiert wurde zugleich die Argumentation britischer Politiker, die politische Wünsche und Erwartungen der einheimischen Bevölkerung mit der Begründung weggewischt hatten, in Palästina gehe es um mehr als die lokalen Einwohner: Es gehe um das Heilige Land, die Lösung der Judenfrage, ja die Menschheit insgesamt.

Die Stiftungs-Idee, mit der ein politisches Anliegen in eine religiöse Sprache übersetzt wurde, war weder ganz neu noch einzigartig. (Der Begriff «Waqf» fiel in diesem Zusammenhang selten, doch entstammte die einschlägige Terminologie weitgehend dem islamischen Stiftungsrecht):[19] In der Schlußresolution des Islamischen Weltkongresses vom Dezember 1931 wurde die Hijaz-Bahn, die von Damaskus nach Medina führte und deren Damaszener Bahnhof 1920 unter französische Herrschaft gefallen war, als muslimisches Waqf bezeichnet, da sie unter anderem mit muslimischen Spendengeldern errichtet worden war. Die Hijaz-Bahn diente vor allem dem Transport von Pilgern nach Mekka und Medina; über eine Nebenlinie, die von Haifa durch die Jezreel-Ebene nach Baisan führte, war auch Palästina an die Bahnverbindung angeschlossen. Im Januar 1932 sprachen die Teilnehmer einer Konferenz der Arabischen Jugend von ganz Palästina als «heiligem Boden» und von dem Verkauf dieses Bodens als Hochverrat. Anfang 1933 warnte ein Redner in Safed seine Zuhörer vor dem Ausverkauf «unseres heiligen Landes» an die Juden. Dorfscheichs und Prediger brandmarkten den Landverkauf als Sünde und Hochverrat. Im Dezember 1934 übernahm eine große Versammlung von Dorfnotabeln diese Diktion. Im Oktober 1933 trat der bekannte muslimische Reformer Rashid Rida mit einer Stellungnahme hervor, in der er den Verkauf von Land in Palästina und seiner Umgebung an die Juden, die Briten oder sonstige Bewohner des *dar al-harb*, also der nicht unter islamischer Herrschaft stehenden Gebiete, als Verrat an Gott und seinem Propheten verurteilte, ohne dabei allerdings Palästina direkt als «Waqf» zu bezeichnen:

«Wer ein Stück palästinensischen Bodens und seiner Umgebung an die Juden oder an die Engländer verkauft, handelt wie jemand, der ihnen die Aqsa-Moschee verkauft und die gesamte Heimat, denn zu diesem Zweck kaufen sie sie und um den Hijaz in Gefahr zu bringen (d. h. die heiligen Stätten des Islam in Mekka und Medina, G. K.). Das Eigentum an diesem Land ist wie das Eigentum des Menschen an seinem eigenen Körper. Es gilt nach islamischem Recht als Gut, das allen Muslimen gehört und zugute kommt, nicht als Privateigentum. Die Veräußerung islamischen Bodens an einen ausländischen Nichtmuslim (*harbi*) ist null und nichtig und ein Verrat an Gott und seinem Propheten und dem anvertrauten Gut des Islam. Ich möchte hier nicht daran erinnern, welche Strafe denjenigen erwartet, der diesen Verrat begeht (nach islamischem Recht ist das die Todesstrafe verbunden mit schwerwiegenden zivilrechtlichen Sanktionen, G. K.), sondern schlage all denjenigen vor, die an Gott, seine heilige Schrift und seinen Gesandten … glauben, diese feststehende islamische Bestimmung im Lande zu verkünden, verbunden mit der Aufforderung, mit den Verrätern, die auf ihrem Verrat beharren, keinerlei Umgang zu pflegen.»[20]

In ähnlicher Weise äußerte sich der im irakischen Najaf lehrende schiitische Gelehrte Muhammad al-Husain Al Kashif al-Ghita, als er von einem palästinensischen Muslim um ein Rechtsgutachten gebeten wurde. Danach waren der Verkauf des «heiligen Landes» an die Juden, die Beihilfe dazu und selbst die stillschweigende Billigung als Akt der Kriegführung (*muharaba*) gegen Gott und seinen Propheten zu werten – wiederum eines der schwersten Verbrechen, auf das nach traditioneller islamischer Rechtsauffassung die Todesstrafe steht. Kashif al-Ghita selbst rief freilich lediglich zur gesellschaftlichen Ächtung der Verräter auf, deren Namen in allen Vereinen und Zeitungen publik gemacht werden sollten als Personen, die vom Islam abgewichen waren (*al-khawarij min al-islam*). Gebündelt fanden sich die Argumente in der einschlägigen Fatwa des indischen Gelehrten Mohammed Suleiman al-Chishti (arab. al-Jashti), eines prominenten Vertreters der Vereinigung der Indischen Ulama (Jam'iyyat Ulama-i Hind):

«Diejenigen Muslime, die heute den heiligen Boden Palästinas an die Juden verkaufen oder zu diesem abscheulichen Tun Beihilfe leisten, obgleich sie wissen, daß die Juden das Land lediglich kaufen, um die Muslime aus diesem heiligen Land zu vertreiben und an der Stelle der Aqsa-Moschee den Tempel zu errichten und einen jüdischen Staat zu gründen, gelten vor Gott als Feinde des Islam, die sich dem Unglauben ergeben haben … Ihre Strafe ist nichts anderes als das Höllenfeuer …»

Im Januar 1935 trat schließlich Amin al-Husaini mit einer eigenen Fatwa an die Öffentlichkeit, in der auch er, in Anklang an Koransure 33: 72 (die keinerlei territoriale Andeutung enthält), Palästina als «anvertrautes Gut» (*amana*) der Muslime bezeichnete. Sie wurde auf einer Konferenz von Ulama verlesen, zu der auf Einladung des Obersten Muslimischen Rats rund 300 Teilnehmer in der Aqsa-Moschee zusammenkamen, anschließend gedruckt und im ganzen Land verteilt. Die Teilnehmer verabschiedeten ihrerseits gemeinsam eine Fatwa, in der sie unter Bezug auf die Gutachten des Muftis und anderer Autoritäten von Chishti bis Kashif al-Ghita die Verkäufer, Makler und Vermittler, die in «diesem heiligen islamischen Land» (*hadhihi l-bilad al-islamiyya al-muqaddasa*) Land an die Juden veräußerten, als Verräter, Ungläubige und Apostaten verurteilten, denen der gesellschaftliche Boykott und die Verweigerung eines muslimischen Begräbnisses angedroht wurden, weil sie dazu beitrugen, die Muslime aus ihrer Heimstätte zu vertreiben und die Moscheen und sonstigen heiligen Stätten des Islam zu zerstören und weil sie sich die Juden zu Freunden nahmen – alles koranische Bezüge, die in dem Gutachten mit kurzen Zitaten belegt wurden.[21] Es folgte die Gründung einer Vereinigung muslimischer Religions- und Rechtsgelehrter, die sich in Anknüpfung an ein bekanntes koranisches Gebot «Zentrale Gesellschaft zur Förderung des Guten und Verhinderung des Verwerflichen (*jamʿiyyat al-amr bil-maʿruf wal-nahy ʿan al-munkar al-markaziyya*)» nannte und die ein Auge nicht nur auf die Landverkäufe, sondern auf unmoralisches Verhalten generell haben sollte (unziemliche Bekleidung, unerlaubtes Beisammensein von Männern und Frauen, anstößige Szenen in Literatur, Film und Theater). Christliche Geistliche scheinen sich an den Aktionen mit wenigen Ausnahmen nicht beteiligt zu haben.

Die Glaubwürdigkeit der Honoratioren und des religiösen Establishments, von denen nicht wenige im Geheimen selbst Land an Juden verkauften, war freilich gering, zumal sie den verarmten Bauern kaum praktische Hilfe anzubieten hatten.[22] Die Gründung einer Arabischen Bank im Jahr 1930 und eines Arabischen Nationalfonds (*sunduq al-umma al-ʿarabiyya*) im Jahr 1931 schuf geringe Abhilfe. Die Aktivitäten des Nationalfonds blieben weit hinter den Erwartungen zurück: Nach einigen Transaktionen in den Jahren 1932–1935 kam die Arbeit nach dem Ausbruch der Unruhen von 1936 weitgehend zum Stillstand. Auch der Oberste Muslimische Rat war nur kurze Zeit aktiv, obgleich er dank seiner

Kontrolle über die islamischen frommen Stiftungen nicht ohne Mittel dastand und sich nach 1929 der «Rettung» (*istinqadh*) muslimischen Bodens verschrieb – ein Konzept, das sich wohl als Angleichung an das zionistische Ziel der «Erlösung» des Bodens (*ge'ulat ha-aretz*) verstehen läßt. Allerdings ließ die Verschuldung der arabischen Bauern nach 1930 auch seine Einkünfte zurückgehen, da der Zehnte eine wichtige Einnahmequelle der *auqaf* darstellte. Zu den praktischen Maßnahmen, die der SMC propagierte, zählten die Umwandlung von Privateigentum in eine fromme Stiftung (Familien-Waqf, *waqf dhurri*), die eine Veräußerung gleichgültig ob an Muslime, Christen oder Juden fast unmöglich machte; der Aufkauf von Land aus Waqf-Mitteln, wenn ihre muslimischen Besitzer sich zur Veräußerung gezwungen sahen; die Beteiligung am Erwerb von gemeinschaftlichem *musha'*-Land, was einen Weiterverkauf an Juden sehr erschwerte, oder auch die Vergabe von Krediten an bedrängte Landbesitzer. Schon im Sommer 1935 scheinen die entsprechenden Initiativen jedoch erlahmt zu sein.

4. Neue Stimmen – neue Formen

Die Mißerfolge und Rückschläge bei der Durchsetzung nationaler Belange trugen ohne Zweifel dazu bei, die Stellung der Notabeln in Frage zu stellen, die die Briten so aktiv umworben hatten. Wie in den umliegenden arabischen Ländern traten auch in Palästina neue politische Akteure auf den Plan, begleitet von einer breiteren politischen Mobilisierung dessen, was man im Arabischen gerne «die Straße» nennt und was in westlichen Quellen leicht als «der Mob» wiederkehrt, unter deren Einfluß bestehende Muster politischer Aktion und Organisation ganz allmählich umgeformt wurden. Mit dem Zuzug in die urbanen Zentren veränderte sich unweigerlich das Verhältnis zwischen Stadt und Land. Die Erfahrungen ehemaliger Bauern und Landarbeiter in den Städten wirkten, wie die kommenden Jahre zeigen sollten, auf die dörfliche Gesellschaft und ländlichen Organisationsmuster zurück. Die Idee des Nationalismus begann Wurzeln zu schlagen, nahm gewissermaßen Fleisch an. Mochte die soziale Basis der nationalen Bewegung auch beschränkt bleiben, war die emotionale Kraft der nationalen Idee doch nicht zu unterschätzen. Neben den Notabeln und den von ihnen getragenen Vereinigungen – und nicht selten in erklärtem Gegensatz zu ihnen – formierten sich neue Organisationen, die zum Teil islamisch orientiert waren wie die Vereinigung Muslimischer Junger Männer, zum Teil auch nicht explizit religiös argumentierten; nur die wenigsten gaben sich allerdings offen säkularistisch. Politik blieb weitestgehend ein männliches Geschäft, doch regten sich vor allem in der Oberschicht auch die ersten weiblichen Stimmen. Im sozialen und karitativen Bereich waren Frauen ohnehin seit langem engagiert; von den ausgehenden 1920er Jahren an traten sie gelegentlich auch in der Politik hervor. Sichtbares Zeichen des neuen Geistes war ein Arabischer Frauenkongreß mit 150–200 Teilnehmerinnen, der 1929 in Jerusalem abgehalten wurde. Noch im selben Jahr entstand in Jerusalem die Arabische Frauenvereinigung mit Zweigstellen in verschiedenen Teilen des Landes.[23]

Der «Schwarze Brief» vom Februar 1931 bestärkte die Araber in ihrer Enttäuschung über die britische Politik. Erste Aufrufe zu einer Politik der Nicht-Zusammenarbeit und des zivilen Ungehorsams wurden laut, gekoppelt mit einem Boykott britischer und jüdischer Einrichtungen, Waren und Dienstleistungen, den im März 1933 auch die Arabische Exekutive propagierte.[24] Am 13. Oktober 1933 wurde ein Generalstreik erklärt, der von Demonstrationen im ganzen Land begleitet sein sollte. Die Behörden verweigerten hierfür die Genehmigung und ließen die Demonstrationen von Polizeikräften auflösen. In Jerusalem gab es dabei Tote und Verwundete. Dramatischer verlief die Aktion zwei Wochen später in Jaffa, als die Polizei bei einer weiteren Protestaktion, an der sich neben Tausenden von Palästinensern auch zwei arabische Delegationen aus Transjordanien und Syrien beteiligten, mindestens 26 Demonstranten erschoß (nach anderen Angaben waren es 30) und weitere 200 verwundete. Die wütenden Proteste, die dieses Vorgehen auslöste, richteten sich fast ausschließlich gegen die britische Mandatsmacht; nur in Haifa wurden auch Juden und jüdische Einrichtungen angegriffen. Erstmals kamen auf arabischer Seite in größerem Umfang Feuerwaffen und Dynamit zum Einsatz. Die Briten ergänzten die polizeilichen Maßnahmen – darunter Kollektivstrafen gegen arabische Dörfer und Stadtviertel, die der Verwicklung in die Unruhen beschuldigt wurden – durch eine Pressezensur. Verletzt wurde auf der Demonstration in Jaffa vom

27. Oktober auch Musa Kazim al-Husaini, der Präsident der Arabischen Exekutive, der im März 1934 verstarb. Mit seinem Tod fand auch diese von inneren Rivalitäten gelähmte Organisation ein sang- und klangloses Ende.

Auf der politischen Bühne zeigten sich vermehrt jüngere Kräfte. Auch im Palästina der 1930er Jahre hatte Jugend Konjunktur. Das war wiederum kein gänzlich neues Phänomen, denn schon im 19. und zu Beginn des 20. Jahrhunderts hatten sich neue Kräfte gerne «jung» genannt oder waren zumindest von auswärtigen Beobachtern so bezeichnet worden: die Jung-Osmanen, die Jungtürken, die arabische Gruppe al-Fatat und andere mehr. In den 1930er Jahren verbreiteten sich vielerorts Jugendorganisationen, die in Europa zum Teil von faschistischen Bewegungen getragen wurden, in Syrien, Libanon, Irak und Ägypten von politischen und paramilitärischen Gruppen, die sich «Junges Ägypten» (Misr al-Fatat), «Blauhemden» oder «Stahlhemden» nannten.[25] In Palästina selbst führten die zionistischen Pioniere (*halutzim*) – deren Bildsprache sich im übrigen wenig unterschied von der Ikonographie des sozialistischen Realismus und des völkischen Erwachens – auch der arabischen Bevölkerung vor Augen, was Jugend, Aufbau und Idealismus bedeuteten. Zu Beginn der 1930er Jahre waren 60% der palästinensischen Bevölkerung jünger als 15 Jahre. Unter den etablierten Führern hingegen konnte nur der Mufti zu den Jüngeren gerechnet werden.

Zu den Vereinigungen, die sich in dieser Zeit profilierten, zählte die Vereinigung Muslimischer Junger Männer (Young Men's Muslim Association, YMMA; *jam'iyyat al-shubban al-muslimin*), die, in Ägypten gegründet, in Palästina 1927/28 landesweit aktiv wurde. Sie gab sich unpolitisch, war deswegen aber nicht ohne politische Bedeutung. Zu ihren Anliegen zählten nicht nur die Verbreitung von Bildung, Kunst und Pfadfindergeist, sondern eine bessere Vertretung der Muslime in Regierung und Verwaltung, was angesichts der Überrepräsentation arabischer Christen zumindest in der Administration die Beziehungen zwischen den beiden Konfessionen belastete, die im Zuge der Islamisierungstendenzen ohnehin gespannter wurden.[26] Im Juli und September 1931 sprachen Teilnehmer zweier YMMA-Konferenzen in Nablus erstmals öffentlich von der Notwendigkeit des bewaffneten Widerstands gegen die Zionisten. Im Januar 1932 trat in Jaffa der erste Nationale Kongreß der Arabischen Jugend zusammen, der panarabische Forderungen erhob und im folgenden Zweigstellen in verschiedenen Landesteilen eröffnete. Auch die palästinensische Pfadfinderbewegung, die von den Briten ins Leben gerufen worden war, um unter der arabischen Jugend die Tugenden der Sauberkeit, Ordnung und der Bewegung in frischer Luft zu fördern, wurde von der nationalen Idee angesteckt. Seit Januar 1936 über eine nationale Dachorganisation koordiniert, traten die Pfadfinder vor allem während des Streiks von 1936 in Aktion.

Von eher marginaler Bedeutung blieb demgegenüber eine Reihe politischer Parteien, die in den frühen 1930er Jahren an die Öffentlichkeit traten. Zu ihnen zählte die im August 1932 gegründete Arabische Unabhängigkeits-Partei (*hizb al-istiqlal al-ʿarabi*) unter Auni Abd al-Hadi, die in den zwei Jahren ihres Bestehens für eine panarabische Linie eintrat und – anders als der Mufti, anders aber auch als die Mehrheit der Notabeln innerhalb wie außerhalb der Arabischen Exekutive, die die zionistische Gefahr mit Hilfe der Briten abzuwenden hofften – nicht nur die Zionisten angriff, sondern zudem das britische Mandat. Aus ihrer Sicht waren die Briten der wichtigste Feind und das Mandat das entscheidende Hindernis auf dem Weg zu arabischer Selbstverwirklichung: fiel dieses, so stürzte auch das zionistische Projekt in sich zusammen. Die Istiqlal-Partei rief aus diesem Grund zu einer Strategie der Nicht-Zusammenarbeit und der Steuerverweigerung gegenüber der Mandatsverwaltung auf, interessierte sich aber zugleich für die sozialen Belange der arabischen Bauern und Arbeiter.[27] Bemerkenswert war die Partei dennoch weniger auf Grund ihres Programms als der Tatsache, daß sie ihre Mitglieder – es waren wohl nie mehr als 60 – mehrheitlich nicht aus Jerusalem rekrutierte, sondern aus den nördlichen Städten, insbesondere Nablus und Haifa, und sie mit keiner der großen Familien identifiziert wurde. Verglichen mit den etablierten Notabeln und deren «Parteien» waren die Anhänger des Istiqlal radikal, aber doch durch und durch respektabel; in ideologischer Hinsicht zwar tendenziell linksarabisch, doch bereit und fähig, die nationalen Anliegen in eine islamische Sprache zu kleiden oder zumindest mit islamischen Anklängen zu versehen. Die Partei war insgesamt zwar kurzlebig, entfaltete aber eine längere Wirkung. Einige ihrer ehemaligen Mitglieder traten später Hajj Amins Palästinensisch-Arabischer Partei bei, viele blieben als Individuen politisch aktiv (so neben Auni Abd al-Hadi selbst Izzat Darwaza, Akram Zuʿaitir und Ahmad al-Shuqairi).

Konventioneller als der Istiqlal waren die konkurrierenden «Parteien» der Jerusalemer Notabeln, die als lockerer Zusammenschluß einzelner Familien und ihrer Klientel auftraten und als solcher auch allgemein gesehen wurden. Weder formulierten sie ein klar definiertes Programm noch entfalteten sie regelmäßige Aktivitäten, die über die Herausgabe von Stellungnahmen, Petitionen und im besten Fall einer Zeitung hinausgingen und breitere Bevölkerungskreise ansprachen. Gemeinhin wurden sie pauschal in das Lager des Muftis (*majlisin*, abgeleitet von *al-majlis al-islami al-aʿla*, der Oberste Muslimische Rat) und der «Opposition» (*al-muʿarada, muʿaridin*) eingeteilt, die in Haifa, Nablus, Nazareth und Hebron ihren regionalen Rückhalt hatte.[28] Wie das Beispiel Nablus zeigt, wo der Geist des Widerstands gegen jede Art der äußeren Einmischung – sei es von seiten der Hohen Pforte in Istanbul, der Jerusalemer Elite, der britischen Mandatsmacht oder der Zionisten – besonders ausgeprägt war, greift eine Erklärung zu kurz, die hierin eine Gegenüberstellung von Radikalen (angeführt von den Husainis) und Gemäßigten (verkörpert durch die Nashashibis) sieht. Hier zeigte sich unter anderem die Abwehr der Bewohner traditionell eigenständiger Städte und Subregionen gegen eine Bevormundung durch den Mufti, der im Namen der nationalen Sache die eigene Vorherrschaft zu etablieren suchte.

Die Partei der Nationalen Verteidigung (*hizb al-difaʿ al-watani*) wurde der Nashashibi-Familie zugerechnet. Sie entstand im Dezember 1934, als Raghib al-Nashashibi bei den Stadtratswahlen in Jerusalem eine Niederlage erlitten hatte und nicht erneut zum Bürgermeister gewählt worden war. Zu den etwa 1000 Teilnehmern auf der Gründungsveranstaltung in Jaffa zählten einige der reichsten arabischen Grundbesitzer und Unternehmer des Landes, unter ihnen auch zahlreiche Christen. Mit *Mirʾat al-Sharq* und *Filastin* verfügte die Partei über eigene Blätter, die ihre Linie der «positiven Politik» gegenüber der Mandatsmacht, ausgedrückt vor allem in der Teilnahme an einem noch zu wählenden Legislativrat, verbreitete.[29] Im Gegenzug riefen im März 1935 die Anhänger des Muftis die Palästinensisch-Arabische Partei (*al-hizb al-ʿarabi al-filastini*) ins Leben, auf deren Gründungskongreß in Jerusalem immerhin rund 1500 Teilnehmer gezählt wurden. Zu ihrem Präsidenten wählten sie mit Jamal al-Husaini einen Cousin des Muftis, zum Vizepräsidenten den griechisch-katholischen Unternehmer Alfred Rok aus Jaffa, um so ihren überkonfessionellen Charakter zu demonstrieren; religiöse Würdenträger waren stark vertreten, ebenso eine Reihe ländlicher Notabelnfamilien. Über Jerusalem und andere Städte hinaus konnte die Partei so auch auf dem Land und in Untergaliläa Zweigstellen eröffnen. Im Februar 1936 gründete sie eine eigene Jugendsektion, Firaq al-Shabab, die sich später in al-Futuwwa umbenannte. Ihr Motto lautete: «Freiheit ist mein Recht, Unabhängigkeit mein Ziel, der Arabismus mein Grundsatz, Palästina mein Land allein. Dies bezeuge ich, so wahr mir Gott helfe» (Juden wurde damit jedes politische Anrecht auf Palästina abgesprochen).

Im Juni 1935 trat die Arabisch-Palästinensische Reform-Partei (*hizb al-islah al-ʿarabi al-filastini*) an die Öffentlichkeit, um nun auch die Interessen der Khalidi-Familie zur Geltung zu bringen, die im 20. Jahrhundert zwar mehrfach das Amt des Bürgermeisters von Jerusalem besetzte (1934 war es Husain al-Khalidi gelungen, Raghib al-Nashashibi zu schlagen), ansonsten aber wenig politischen Einfluß besaß. Hingegen genossen mehrere ihrer Mitglieder hohes Ansehen als Literaten und Gelehrte, an erster Stelle Yusuf Diya (1842–1906) und dessen Neffe Ruhi al-Khalidi (1864–1913). Verbal panarabisch, war die Partei de facto «gemäßigt» und plädierte für einen Zusammenschluß Palästinas mit Transjordanien (nach der Annexion der Westbank wurde Husain al-Khalidi im April 1957 tatsächlich kurzzeitig jordanischer Ministerpräsident). Die Partei der Nationalen Verteidigung, die Reform-Partei und der im Oktober 1935 gegründete Nationale Block (*al-kutla al-wataniyya*, nicht zu verwechseln mit der gleichnamigen und ungleich bedeutenderen syrischen Partei), der nur in Nablus lokale Bedeutung erlangte, waren allesamt «gemäßigte» Konkurrenten, Kritiker und Gegner des Muftis, untereinander aber zu zerstritten, um ihrem Namen Ehre und effektiv «Opposition» zu machen.

Im übrigen unternahmen mittlerweile auch etablierte Kräfte größere Anstrengungen, über die urbane Mittel- und Oberschicht hinaus die Arbeiter in den städtischen Agglomerationen und die Bauern auf dem Land zu erreichen.[30] So versuchte etwa Fakhri al-Nashashibi Ende 1934, Arbeiter in Haifa und Jaffa für die nationale Sache zu mobilisieren. Die massive jüdische Einwanderung verbunden mit der Politik der «jüdischen» Arbeit verschärfte in diesen Jahren den Kampf um Arbeitsplätze und führte zu vermehrten Zusammenstößen zwischen jüdischen Arbeitgebern auf der einen Seite und ihren jüdischen und arabischen Beschäftigten auf der anderen, wobei sich gelegentlich Juden und Araber im Zeichen gemeinsamer Interessen solidarisierten. Die 1922 gegründete Palästinensische Kommunistische Partei konnte sich dennoch kaum profilieren. Bis 1929 gehörten ihr fast ausschließlich jüdische Mitglieder an, und auch als sie 1930 beschloß, sich verstärkt arabischen Bauern und Beduinen zuzuwenden, blieb ihr Einfluß gering. In den Städten gewann sie nur wenige arabische Mitglieder, in den Dörfern war sie gar nicht präsent.

5. Izz al-Din al-Qassam, Märtyrer

Zu den neuen Kräften, die sich in den 1930er Jahren formierten, gehörten auch verschiedene militante Geheimgesellschaften, wie sie, mit anderer ideologischer Ausrichtung, im Ersten Weltkrieg in Syrien, Irak und Palästina aufgetreten waren. Bekanntheit erlangten einige islamisch-nationalistische Gruppierungen, die – anders als die etablierten Notabeln, Familien und Parteien, anders auch als der Oberste Muslimische Rat – den bewaffneten Kampf (Jihad) gegen die Zionisten und die Juden propagierten. Soweit die Quellen eine Aussage erlaubten, operierten sie unabhängig voneinander.[31] Im Oktober 1929 trat im galiläischen Bergland um Safed die islamische Gruppe «Grüne Hand» (al-yad al-khadra) auf, deren etwa 25 Mitglieder sich als Mujahidun verstanden, also den Jihad führten und jüdische Siedlungen und britische Ziele angriffen; schon 1931 wurde sie von den Briten liquidiert. 1932 soll eine gleichnamige Gruppe in der Gegend um Hebron operiert haben. Die Organisation Heiliger Krieg (munazzamat al-jihad al-muqaddas), die ungeachtet ihres islamischen Namens auch einige christliche Mitglieder aufwies, wurde Anfang 1931 von einem Sohn Musa Kazim al-Husainis und Mitarbeiter des Muftis, Abd al-Qadir al-Husaini, gegründet. Bis Ende 1934 soll sie etwa 400 arabische Jugendliche militärisch ausgebildet haben und spielte sowohl im Aufstand von 1936–1939 als auch in den Kämpfen von 1947–1949 eine Rolle. 1935 operierte die Vereinigung Junge Rebellen (*al-shabab al-tha'ir*) in der Gegend von Tulkarm und Qalqilya. Kontrovers war und ist, inwieweit der Mufti diese Gruppen zumindest im Geheimen unterstützte.[32] In der englischsprachigen Literatur als «Banden» (*bands*) bezeichnet, was im Deutschen die Assoziation von Kriminalität weckt, verdienen sie als soziales und politisches Phänomen Beachtung, blieben in ihrer Zeit allerdings von lokaler Bedeutung.

Nicht so die Gruppe, die sich zur gleichen Zeit um Izz al-Din al-Qassam (1882?–1935) scharte, einen bemerkenswerten Vertreter der islamischen Reformbewegung der Salafiyya, der als einer der ersten zur Aktion, mehr noch: dem bewaffneten Jihad gegen die fremde Besatzung überging. Izz al-Din al-Qassam hat in der Literatur außerordentlich viel Interesse gefunden, doch bleiben, da er selbst keine Schriften hinterlassen hat und die Angaben von Mitstreitern und Zeitgenossen widersprüchlich sind, wichtige Aspekte seines Lebenslaufes unklar und die Bewertung seiner Absichten und Aktionen kontrovers.[33] Das beginnt mit seinem Geburtsjahr, für das die Angaben um mehr als zehn Jahre auseinandergehen. Wohl 1882 in dem nordsyrischen Dorf Jabla nahe Latakia als Sohn eines Koranschullehrers und Sufi-Scheichs des Qadiriyya-Ordens geboren, studierte Izz al-Din acht Jahre an der Kairoer Azhar-Universität, wo zu dieser Zeit auch der berühmte Reformer Muhammad Abduh sowie dessen Schüler Rashid Rida wirkten, die Qassam möglicherweise kennen lernte. Die von einigen seiner Anhänger behauptete Schülerschaft könnte vor allem dem Zweck gedient haben, ihn religiös und intellektuell aufzuwerten. Ob nun in aller Form ihr Schüler oder nicht, erwies sich Qassam früh als politisch bewußt und aktiv: Um 1904 nach Jabla zurückgekehrt, wo er sich als Imam und Koranschullehrer betätigte, versuchte er 1911/12 gegen die italienische Invasion Tripolitaniens, Teil des späteren Libyen, mobil zu machen, wobei er bereits diesen Einsatz zum Jihad deklarierte. Nachdem Latakia im Oktober 1918 von französischen Truppen besetzt worden war, schloß er sich der Guerilla an, die in den syrischen Bergen gegen die französische Okkupation kämpfte. Von einem französischen Militärgericht zum Tode verurteilt, floh er mit einigen Gefährten über Beirut nach Palästina, wo er in Haifa, einem Sammelpunkt syrischer und libanesischer Nationalisten, Aufnahme fand.

Haifa, seit 1905 bereits Verwaltungssitz der Hijaz-Bahn, war zu dieser Zeit eine expandierende Industrie- und Hafenstadt, die unter dem Zustrom landloser Bauern und Pächter ihr soziales und städtebauliches Gefüge veränderte. Eine lebhafte Beschreibung schildert den Zustand Haifas in der Mitte der 1930er Jahre, als der Hafen modernisiert und die Pipeline zu den nordirakischen Ölfeldern fertiggestellt war:

«Haifa ist die nördlichste, die orientfernste, die wüstenfernste Stadt in Palästina … Haifa baut sich auf vom Meer zum Berggipfel. Unten Hafen, Araber, Altstadt, Handelszentrum. Auf halber Höhe jüdische bürgerliche Stadt. Auf dem Berg Wohnstadt der Begütertsten. In der Ebene weithin Kleinhaussiedlung und Fabrikstadt …

Haifa ist Grenze, ist Europa, Weltpolitik, Arbeitersiedlung, reicher Villenort, Petroleum und Zementfabrik, Vorort des gewaltigen sozialistischen Experiments der Kwuzah (eine Form des Kibbutz, G.K.), ist Hochhaus und Flottenstützpunkt.»[34]

In der arabischen Altstadt, die so nahe bei den neuen jüdischen Vierteln der Mittel- und der begüterten Oberschicht lag, vermochte Izz al-Din al-Qassam sich rasch als Lehrer und Prediger zu etablieren.[35] 1925 wurde er zum Imam der neu erbauten Istiqlal-Moschee ernannt, die dem Obersten Muslimischen Rat zumindest nicht unmittelbar unterstand (daher wohl auch der Name *istiqlal*, Unabhängigkeit). Im Mai 1928 war er an der Gründung der Vereinigung Muslimischer Junger Männer in Haifa beteiligt, die ihm Zugang zu breiteren gesellschaftlichen Kreisen eröffnete; 1934 wählte sie ihn zu ihrem Ortsvorsitzenden. Seine Ernennung zum Heiratsnotar (*ma'dhun*) am Scharia-Gericht von Haifa erlaubte ihm 1930, sein Wirkungsfeld auf die ländliche Umgebung Galiläas und den Distrikt Jenin auszudehnen.

Wie bei Hasan al-Banna und den ägyptischen Muslimbrüdern gingen bei Qassam und seinen Anhängern ein reformierter Islam und ein kämpferischer Nationalismus Hand in Hand. Zentral war für Banna wie für Qassam die individuelle Erneuerung verbunden mit der Reform der praktizierten Religion, so daß individuelle Umkehr und gemeinschaftliches Handeln ineinandergriffen und sich gegenseitig verstärkten. Den Jihad begriff Qassam wie andere muslimische Aktivisten vor und nach ihm als intensives Bemühen um ein gottgefälliges Leben (*al-jihad fi sabil allah*), reduzierte ihn also keineswegs auf die politische oder gar die militärische Dimension. Das hielt ihn nicht davon ab, Gewalt zu predigen – und sie zu praktizieren: Angesichts der bedrohlichen Lage in Palästina erklärte er den bewaffneten Kampf zur individuellen Pflicht jedes Muslims (*fard al-ʿain*) und verkündete das Ideal des Märtyrers, der sich für die Sache des Islam opfert.[36] Qassam vertrat tatsächlich einen «politischen Islam» – den er selbst lebte. Die Verbindung von sufischer Prägung und dem Einsatz für einen reformierten, von fremden und «volkstümlichen» Einflüssen gereinigten Islam, der sich nicht nur gegen Magie und Gräberkult, sondern auch gegen «Abweichler» von den Bahais bis zu den Ahmadis wandte, war unter islamischen Aktivisten seiner Zeit nicht ungewöhnlich; Hasan al-Banna dachte ganz ähnlich.

Ungewöhnlicher war die Verbindung von reformerischer Predigt und sozialem Engagement, um nicht zu sagen Sozialarbeit. Diese betraf Arbeiter, überwiegend verarmte Bauern, die bei den Eisenbahnwerken oder auf dem Bau beschäftigt waren, zumal als in den frühen 1930er Jahren der Tiefseehafen, eine Ölpipeline und eine Ölraffinerie angelegt wurden, sowie Fellachen im ländlichen Hinterland Haifas. Qassam blieb nicht in Moschee und Schule, sondern ging in Kaffeehäuser, Clubs, ja, wie manche seiner Kritiker ihm vorhielten, selbst in nicht ganz unverdächtige Etablissements mit ebenfalls nicht ganz unbescholtener Kundschaft. Zum Erfolg seiner Mission trug bei, daß er seine Botschaft verständlich zu vermitteln wußte, soziale Anliegen und nationale Bestrebungen in vertrauter islamischer Sprache und Symbolik ausdrückte. Hinzu kam ein hohes Maß an persönlicher Glaubwürdigkeit, weil er die Einheit von Lehre – soweit man davon reden kann – und Lebensführung verkörperte, die um die zentralen Werte Frömmigkeit, Kampf und Opfer kreiste. Die Askese der Sufis (*zuhd*) und eine strenge Moralauffassung, die die genaue Einhaltung der religiösen Gebote erforderte und ein einfaches Leben unter einfachen Menschen, galten ihm als Vorbild. Qassam besaß offenkundig moralische Autorität, war dabei aber – was seiner Popularität nicht abträglich gewesen sein dürfte – voll frommer Zuversicht, kein sauertöpfischer Heiliger und Moralapostel also.

Alles in allem wirkte Qassam keineswegs nur im engen Sinn politisch, sondern gab neben der religiösen Unterweisung beispielsweise auch Lese- und Schreibunterricht in einer Abendschule und in ländlichen Kooperativen. Parallel zu diesen Aktivitäten aber begann er mit der Vorbereitung zum aktiven Widerstand, zunächst in Form häufiger Verweise auf die Notwendigkeit des bewaffneten Jihad in seinen Predigten, begleitet von der umsichtigen Rekrutierung erster Anhänger, die er im Geheimen militärisch ausbildete. Als Ausgangspunkt der Rekrutierung bot sich die Moschee an, die andere islamische Aktivisten vor und nach ihm in ähnlicher Weise nutzten. Vorbereitungen auf den bewaffneten Kampf lassen sich möglicherweise bis in das Jahr 1925 zurückverfolgen. Unklar und umstritten sind Qassams Verbindungen zum Mufti, der sich im wesentlichen distanziert und abwartend verhalten zu haben scheint.[37] Sicher darf man die damalige Bedeutung Qassams und seiner Männer nicht überschätzen, neben denen eine ganze Reihe anderer militanter Geheimorganisationen wie die «Schwarze Hand» (*al-kaff al-aswad*) operierten. Die Tendenz zur Bündelung unterschiedlicher Aktivitäten und Erscheinungen in einer Person – eine Art Wilhelm-Tell-Effekt, der sich hier auf den islamischen Kämpfer und Märtyrer Izz al-Din al-Qassam übertrug – ist unübersehbar; man kann ihr aber widerstehen.

Bis 1935 soll Qassam bereits mehrere Hundert freiwilliger Kämpfer (*fida'iyyin*) gewonnen haben, die sich unter dem Motto «Dies ist der Jihad, Sieg oder der Märtyrertod (*hadha jihad, nasr au istishhad*)» einer paramilitärischen Ausbildung unterwarfen; Schätzungen schwanken zwischen 200 und 1000.[38] In bewußter Anknüpfung an Sufi-Traditionen nannten sich seine frühen Anhänger «Scheich» und ließen sich den Bart wachsen, gaben diese Praxis später aber auf, um nicht zu sehr aufzufallen. Zur gleichen Zeit bildete sich ein kleiner Kreis von Frauen, die als «Qassam-Schwestern» (*rafiqat al-Qassam*) den bewaffneten Kampf der Männer unterstützten. Der Schwerpunkt ihrer Aktivitäten lag im nördlichen Palästina, doch wurden vereinzelte Mitglieder angeblich auch in anderen Landesteilen bis hin nach Gaza gewonnen. Obgleich einige von ihnen schon nach 1929 erste Anschläge auf jüdische Siedlungen verübt haben dürften, entschied die Gruppe erst Ende November 1935 (möglicherweise, um einer drohenden Aufdeckung und Verhaftung zu entgehen), die Zeit sei reif für den Aufstand.[39] Mit einer kleinen Schar von etwa 25 Anhängern zog sich Qassam Ende Oktober 1935, nach dem «Zement-Zwischenfall», bei dem im Hafen von Haifa Waffen und Munition für den jüdischen Yishuv entdeckt worden waren, in die Gegend von Jenin zurück, um die Bauern für den Kampf zu mobilisieren. Zuvor hatten sie ihren Besitz verkauft, Qassam selbst sein Haus, seine Gefährten zumindest einen Teil ihrer Möbel und auch den Schmuck ihrer Frauen, um sich mit Waffen und Munition zu versorgen. Bei einem Zusammenstoß mit einer britischen Patrouille kam er am 20. November 1935 nahe dem Dorf Yaʿbad westlich Jenin mit mehreren seiner Mitstreiter ums Leben – einer der ersten Aktivisten, der als Märtyrer «Zeugnis abgab» für seinen Glauben und die palästinensische Sache. Er hätte wohl noch versuchen können zu flüchten, entschied sich aber, standzuhalten und vielleicht zu fallen. Mit seinem «Opfertod» erlangte Qassam unmittelbaren Kult- und Heldenstatus. Sein Begräbnis in Haifa geriet zu einem großen Ereignis, an dem vor allem die Bevölkerung Nordpalästinas Anteil nahm; sein Grab in Balad al-Shaikh wurde rasch das Ziel von Pilgern.[40]

In seinem Aktivismus, der im Märtyrerakt gipfelte, lag das Neue, Faszinierende, auch Überraschende, das weit über religiöse Kreise hinaus Bewunderung und Nachahmung weckte. Mit Qassams Tod war, wie sich im Verlauf des wenig später ausbrechenden arabischen Aufstands zeigen sollte, die Bewegung bzw. die Idee keineswegs am Ende. Die Tatsache, daß er selbst keine Schriften hinterließ, machte es anderen umso leichter, sich seines Erbes zu bemächtigen. Auf Qassam als «ersten Kommandanten der palästinensischen Revolution» beriefen sich bald Nationalisten jeglicher Couleur ebenso wie islamische Aktivisten, Linke und Rechte von der Fatah bis zur Hamas. Im Gegensatz zu den palästinensischen Notabeln – aber auch dem Mufti – diente Qassam arabischen Kämpfern weit über seinen Tod hinaus als Vorbild.

XII.

Der arabische Aufstand 1936–1939

1. Hintergründe

Im arabischen Aufstand, der im April 1936 begann und mit Unterbrechungen bis zum Frühsommer 1939 andauerte, kamen Krisenmomente unterschiedlicher Art zusammen, die sich in den vorausgegangenen Jahren angesammelt und immer weiter verdichtet hatten: 1935 war die jüdische Einwanderungsrate höher denn je – legal wurden mehr als 62 000 Immigranten verzeichnet, bald doppelt so viel wie während der gesamten Dritten Aliya –, die Landkäufe schlugen mit rund 73 000 Dunam zu Buche.

Im Oktober 1935 wurden im Hafen von Haifa größere Mengen an Waffen und Munition entdeckt, die in einer Zementlieferung an einen jüdischen Unternehmer in Tel Aviv versteckt waren – es war nicht der erste vergleichbare Fund, und die Hintermänner des Waffenschmuggels wurden offiziell nie identifiziert. Der «Zement-Zwischenfall» verschärfte unter der arabischen Bevölkerung die ohnehin vorhandenen Existenz- und Bedrohungsängste, namentlich die Angst vor einer massiven Aufrüstung der Juden, der sie selbst nichts Gleichwertiges entgegenzusetzen hatte.[1] International wuchsen zur gleichen Zeit die Spannungen infolge der italienischen Invasion in Abessinien (Äthiopien). Syrien, Irak und Ägypten führten vor, was in einer kolonialen Situation mit Druck und Verhandlungsgeschick zu erreichen war: Die syrische Bevölkerung trat im Januar 1936 in einen Generalstreik, um der Forderung nach Unabhängigkeit Nachdruck zu verleihen; Ägypten und Irak waren mittlerweile nominell unabhängig (wenn sich die Briten auch gravierende Kontroll- und Interventionsrechte vorbehielten), und selbst der Emir von Transjordanien verfügte über ein gewisses Maß an Autonomie und Handlungsspielraum.

Der Kontrast zwischen den Fortschritten in den Nachbarländern, deren Bevölkerung keineswegs durchgängig als «reifer» bezeichnet werden konnte als die Palästinas, und der eigenen Situation war ernüchternd. Zwar war die arabische Bevölkerung Palästinas politisch mittlerweile bewußter und auch besser organisiert, sie besaß im Rahmen des Mandats aber nach wie vor keine legitime politische Vertretung nach außen und nach «oben». Die Arabische Exekutive hatte sich nach dem Tod ihres Vorsitzenden, Musa Kazim al-Husaini, im März 1934 faktisch aufgelöst; ein neuer Versuch, eine anerkannte Vertretung zu finden, scheiterte. Im Dezember 1935 kündigte der Hochkommissar, Generalmajor Sir Arthur Wauchope, im Einklang mit den Empfehlungen des Passfield-Weißbuchs die Einberufung eines «Legislativrats» unter Einschluß von Muslimen, Juden und Christen an, der auch für Einwanderung und Landkäufe verantwortlich sein sollte. Damit stieß er jedoch nicht nur unter den Zionisten auf Widerstand, die eine anerkannte arabische Interessenvertretung fürchteten, solange Juden in Palästina eine Minderheit bildeten, sondern auch in London. Das britische Parlament lehnte Wauchopes Vorschlag zu eben jenem Zeitpunkt ab, als arabische Politiker offen für die Beteiligung an einem solchen Gremium (im Rahmen des Mandats!) eintraten (Raghib al-Nashashibi und andere Vertreter der «Opposition») oder im privaten Gespräch von ihrer bisherigen Verweigerungsstrategie abrückten (Hajj Amin al-Husaini und einige seiner Anhänger). Die Zurückweisung schien alle Vermutungen über den übermächtigen zionistisch-jüdischen Einfluß in Europa und Amerika zu bestätigen. In dieser Lage waren die Optionen der arabischen Führer begrenzt: Petitionen, Gespräche und Verhandlungen in London, Genf und Jerusalem hatten sich als wirkungslos erwiesen. Es blieb der Aufruf zu zivilem Ungehorsam, Streik und Boykott, der in Syrien und Ägypten gerade mit einigem Erfolg praktiziert und auch in Palästina selbst seit den 1920er Jahren immer wieder geprobt worden war – bislang freilich ohne den gewünschten Erfolg.

Bildung, Mobilität, Kommunikation

Doch die palästinensische Gesellschaft des Jahres 1936 war nicht länger die der unmittelbaren Nachkriegszeit. Durch den sozialen und ökonomischen Wandel der 1920er und 30er Jahre, namentlich die Ausweitung von Bildung und Erziehung (so begrenzt sie im muslimischen Milieu auch sein mochte) hatten sich neue, politisch interessierte und aktive Kreise herausgebildet. Sie fanden zumindest in den Städten neue Foren der Kommunikation, ohne daß damit die traditionellen Orte der Begegnung, des Gesprächs und der Abstimmung – Privathäuser, Kaffeehäuser, öffentliche Bäder (Hammam, besonders wichtig für den Kontakt unter Frauen), Moscheen und Kirchen – und die traditionellen Anlässe der Zusammenkunft – Hochzeiten, Beerdigungen und Beschneidungen, Pilgerfahrten und die Geburtstage der Heiligen und des Propheten – ihre Bedeutung verloren hätten. Die Schulen spielten eine wichtige Rolle bei der Verbreitung nationalen, gegebenenfalls auch national-religiösen Gedankenguts. Es gab neben den politischen Parteien und Zusammenschlüssen Mitte der 1930er Jahre die unterschiedlichsten Clubs und Vereinigungen, die in der einen oder anderen Weise politisch aktiv werden konnten, ohne sich vorrangig mit Politik zu beschäftigen: Wohltätigkeitsvereine, Frauenverbände, Anwaltskammern, Handelskammern, Gewerkschaften, Sportvereine, namentlich Fußballclubs, die Pfadfinder, die Vereinigung Muslimischer Junger Männer, verschiedene Clubs der christlichen Jugend usw. Neben einer lebhaften arabischsprachigen Presse, die nicht durchweg von bestimmten Personen, Familien oder Parteien finanziert und abhängig war, existierten zumindest in den größeren Städten Kinos und Theater, die, ebenso wie im jüdischen Bevölkerungsteil, für die nationale Sache Stimmung machen konnten. Schrittweise war zumindest im städtischen Milieu das entstanden, was man heute «Zivilgesellschaft» nennt, und diese besaß mittlerweile ganz andere Chancen der Artikulation und des Austauschs als unmittelbar vor und nach dem Ersten Weltkrieg.

Das hatte einiges mit Bildung und Erziehung zu tun, aber auch mit Mobilität, Information und Kommunikation. Seit dem Krieg waren Transportwesen und Infrastruktur zügig ausgebaut worden.[2] Wenn für den Güter- und Lastentransport über Land immer noch Kamel, Esel und Maultier eine wichtige Rolle spielten, so war doch das Schienen- und Straßennetz stetig erweitert worden, das zumindest die wichtigsten Städte und die großen jüdischen Siedlungen miteinander verband. Auch weniger wichtige Strecken, die einzelne Dörfer und kleinere Siedlungen an das Straßennetz anschlossen, mußten nur noch selten von den Bewohnern teilfinanziert oder mitgebaut werden. Vor allem auf den befestigten, ganzjährig befahrbaren Straßen rollten neben Pferdekutschen, die in den 1930er Jahren keineswegs ausgedient hatten, zunehmend Lastwagen, Busse, Taxis, Motorräder und Autos – letztere allerdings nach wie vor ein Luxusgut, das sich, nicht zuletzt wegen der hohen Kraftfahrzeug- und Benzinsteuern, vor allem in der arabischen Bevölkerung nur wenige leisten konnten. Einer der ersten war Raghib al-Nashashibi, der nach dem Krieg eine große, grüne amerikanische Limousine erwarb, die er jedes Jahr durch einen Neuwagen ersetzte. 1923 waren im Mandatsgebiet Palästina 21 Privatkraftwagen registriert (in diesem Fall unterscheiden die Statistiken nicht zwischen den Religionsgemeinschaften bzw. den politischen Großgruppen von Arabern und Juden), 1924 waren es bereits 274, 1930 774, 1933 1688, 1936 6369; bei den Motorrädern stieg die Anzahl von 79 auf 2367. Busse, Taxis und Autos stellten zugleich das wichtigste Transportmittel in die arabischen Nachbarländer dar, soweit hier nicht der Seeweg gewählt wurde. 1937 wurde bei Lydda (Lod) ein internationaler Flughafen eröffnet, der den ungünstig gelegenen Flughafen Gaza ersetzte und den Post- und Passagierverkehr nach Kairo, Bagdad und der übrigen Welt deutlich verkürzte. (Die jüdische Bevölkerung hatte eine eigene, von der Jewish Agency und der Histadrut finanzierte Fluggesellschaft, Aviron.) Und selbst wenn man nicht motorisiert war oder keinen Zugang zu Bussen, Taxis, Lastwagen oder der Eisenbahn hatte, war Mobilität gesichert: Palästina war klein, die Distanzen vergleichsweise kurz, die Straßen fast überall sicher; zu Pferd oder zu Fuß kam man überall hin.

Parallel zum Transportwesen verdichtete sich das Post- und Telegraphennetz, das noch zu osmanischer Zeit etabliert worden war und an das in der Zwischenkriegszeit auch einige größere Dörfer und Siedlungen angeschlossen wurden. Das 1920 eingerichtete öffentliche Telefonnetz dehnte sich in den Folgejahren rasch auf alle Städte und größeren Ortschaften aus. 1933 wurde eine internationale Telefonverbindung nach Europa gelegt: 1931 waren landesweit 486 private Telefonanschlüsse eingetragen, 1933 bereits 2500, 1934 5900, 1935 12200, 1936 20400. Das ermöglichte eine ganz andere Geschwindigkeit der Information und Nachrichtenübermittlung, die der Regierung ebenso wie der Opposition zugute kam. Wenige Wochen vor Ausbruch des Aufstands ging im März

1936 der Palästinensische Rundfunk auf Sendung, der täglich Programme in den drei offiziellen Landessprachen Arabisch, Hebräisch und Englisch ausstrahlte. Noch im selben Jahr wurde erstmals die muslimische Freitagspredigt aus der Aqsa-Moschee übertragen. In einer Reihe von Dörfern wurden öffentliche Lautsprecher aufgestellt, um auch diejenigen mit Regierungsmeldungen erreichen zu können, die zu keinem privaten Rundfunkgerät Zugang hatten.

Neben den religiösen Anlässen vom *maulid* des Nabi Musa bis zum *mausim* des Nabi Salih, die zu einem gewissen Grad politisch aufgeladen wurden, gab es neue, ausdrücklich nationale Gedenk- und Feiertage:[3] Am 2. November jeden Jahres fanden Demonstrationen und Paraden statt, um gegen die Balfour-Erklärung zu protestieren («Balfour-Tag»). Seit den ausgehenden 1920er Jahren wurde an verschiedenen Orten der Schlacht von Hittin gedacht, in der 1187 Saladin das Heer der Kreuzritter vernichtend geschlagen und damit der muslimischen Rückeroberung Jerusalems den Weg bereitet hatte – ein nicht ganz unproblematischer Gedenktag allerdings, da er unter Umständen einen Keil zwischen Muslime und (arabische) Christen treiben konnte. Der Konflikt wurde entschärft, indem der Gegensatz zwischen Muslimen und Christen in einen Kampf zwischen «dem Orient» und «dem Westen» umgedeutet wurde. Seit 1930 wurde der 16. Mai als «Palästina-Tag» begangen. Traditionell hatten Sufi-Schreine und -Bruderschaften, Zünfte, Dörfer und Stadtteile eigene Fahnen, die auf Prozessionen mitgeführt wurden und auch bei nationalen Anlässen gemeinsam mit der neuen, arabischen Fahne geschwungen werden konnten, die (angeblich von T.E.Lawrence, dem «Lawrence von Arabien», entworfen) im arabischen Aufstand mitgeführt worden war. Zwar gab es keine arabische Hymne, die der zionistischen «Hatikva» vergleichbar gewesen wäre, doch wurde auf den Prozessionen, Paraden und Demonstrationen nichtsdestoweniger getrommelt, gesungen und skandiert.

Der Jerusalemer Haram bot ein sichtbares Symbol, das über Palästina hinaus in die arabische und die muslimische Welt ausstrahlte. In der Gestalt des Muftis agierte eine Persönlichkeit, die durchaus Führungsqualitäten besaß, wenn sie in den eigenen Reihen auch umstritten blieb. (Doch war das bei Herzl nicht anders gewesen. Nur war der seit dreißig Jahren tot und posthum leichter,

Moses gleich, zum Helden zu verklären.) Izz al-Din al-Qassam und seine Anhänger zeigten eine Alternative zum diplomatischen Kurs der Notabeln auf, die zumindest eine Minderheit unter der muslimischen Bevölkerung zum bewaffneten Kampf ermutigte.

Feinde und Feindbilder

Vor allem aber gab es einen Feind, oder zumindest einen Gegner, der gleichfalls sichtbar und greifbar war: die Briten, die das Land besetzt hielten, und die Zionisten/Juden, die es sich anzueignen versuchten. Damit ist die Frage nach den Feindbildern gestellt, noch konkreter nach dem Verhältnis von Antizionismus, Antijudaismus und Antisemitismus.[4] Nicht wenige Zionisten bemühten sich, den arabischen Widerstand gegen ihre Ziele zu entwerten, indem sie ihn zum Ausdruck eines allgegenwärtigen, auch im Islam verankerten Antisemitismus erklärten. Damit war er entpolitisiert, auf die religiös-rassistische Ebene verlagert und der moralischen Legitimation beraubt. Die Antisemitismusthese (Antizionismus gleich Antijudaismus gleich Antisemitismus) geht jedoch an der Sache vorbei – sie ist politisch bedingt und so zu verstehen. Nicht daß es in Palästina und der arabischen Welt in der Zwischenkriegszeit keine Spuren des Antisemitismus europäischer Prägung gegeben hätte: Der Mufti sollte sich, nachdem er 1937 aus Palästina vertrieben worden war, den faschistischen Achsenmächten anschließen und eine offen antisemitische Haltung annehmen, die politisch begründet und im Kern antizionistisch, in der Ausdrucksweise jedoch vom Repertoire des «normalen» Antisemitismus europäischer Prägung nicht zu unterscheiden war. Die arabische Bevölkerung Palästinas und ihre politische Elite – die angestammte wie die in der Zwischenkriegszeit neu entstandene – folgten ihm hierin nicht.

Der arabische Widerstand gegen das zionistische Projekt, das in den 1930er Jahren unter dem Druck der europäischen Judenverfolgung forciert und in den 1940er Jahren im Schatten des Holocaust kompromißlos vorangetrieben wurde, war politisch: Er diente der Verteidigung eigener sozialer, ökonomischer und politischer Interessen; er wurzelte nicht in rassischen Gegensätzen oder einer, womöglich islamisch begründeten, rassistischen Gesinnung. Allerdings waren die Grenzen zwischen politischer und religiöser Gegnerschaft fließend. Sprache und Ikonographie waren bereits in den 1930er Jahren gelegentlich von antisemitischen Stereotypen gezeichnet, die von den 1950er Jahren an in der arabischen und der muslimischen Welt größere Verbreitung finden sollten: Sie zeigten den hakennasigen, krallenfingrigen Juden im Kaftan, der, ersetzt man den Kaftan durch die arabische Jelaba und Hut oder Kippa durch die Kufiyya, kaum anders aussah als der Durchschnittsaraber der zeitgenössischen europäischen Karikatur. Rasche Verbreitung fand die Vorstellung von der jüdischen Verschwörung, die sich auf eigene Erfahrungen berief – tatsächlich war es «den Juden» ja wieder und wieder gelungen, arabische Bemühungen um eine anerkannte politische Vertretung und die Berücksichtigung eigener Interessen in London, Paris, Genf oder New York zu vereiteln. Die «Protokolle der Weisen von Zion», eine der berüchtigsten antisemitischen Fälschungen, die seit 1905 kursierten und in den 1920er Jahren in arabischer Übersetzung verbreitet wurden, schienen die Verschwörungsthese zu bestätigen: Viele arabische Leser hielten die Protokolle zu dieser Zeit für echt, waren sie doch durch ein europäisches Dokument «bewiesen» (nicht wenige tun dies noch heute). Aber antisemitische Äußerungen waren zu dieser Zeit marginal, von keiner ausgefeilten Rassenideologie begleitet und vor allem von keiner politischen Führung propagiert. Es gab die tiefsitzenden, religiös verankerten Stereotype und Vorurteile nicht, mit denen Juden in Ost-, aber auch in Westeuropa zu kämpfen hatten. Das Bild der Juden in der muslimischen Gesellschaft Palästinas war religiös und historisch weit weniger belastet: Juden waren religiös nicht so hervorgehoben, ja einzigartig wie in der christlichen Tradition, und sie stellten nicht die einzige nichtmuslimische Gemeinschaft dar, die in der nahöstlichen Gesellschaft lebte. Sie waren, etwas vereinfachend ausgedrückt, nichts Besonderes.

Schmaler war der Grat zwischen Antizionismus und allgemeiner Judenfeindschaft: Antizionistische und antijüdische Stimmungen und Stimmen waren häufig schwer voneinander zu trennen – aber wie sollten sie auch? Die Zionisten traten im Namen des *jüdischen* Volkes auf, nicht einer politischen Partei und nicht nur des palästinensischen jüdischen Yishuv. Die Zionistische Kommission und die Jewish Agency waren internationale *jüdische* Organisationen, an denen sich auch Nicht-Zionisten beteiligten, die sich für die zionistische Sache engagierten. Es mochte einfach sein, einen aus Osteuropa, Bukhara oder dem Jemen stammenden Frommen in Safed, Tiberias oder Mea Shearim lediglich als Juden wahrzunehmen, der keine nationalen Ansprüche auf Palästina als Eretz Israel stellte, und ihn samt seiner Familie als Vertreter einer religiösen Minderheit – still und unauffällig, wie man es von lokalen Nichtmuslimen erwartete – in das von Muslimen dominierte arabische Gemeinwesen einzugliedern. Das Verhältnis bewegte sich in den vertrauten Bahnen islamischer Ordnungsvorstellungen, die im Osmanischen Reich als Millet-System verankert worden waren. Die Frommen des «alten Yishuv» stellten diese Ordnung nicht in Frage, sie wollten nur nach ihrer Fasson selig werden. Es war auch nicht schwer, den Zionisten zu identifizieren, sei er nun zugewandert oder in Palästina selbst geboren, der im Namen Gottes und der Geschichte das Recht des Volkes Israel auf das Land Israel verkündete – ihm konnte man auf politischer Ebene begegnen, indem man seine politischen Ansprüche verneinte. Aber wie sollte der «normale Araber» einen Albert Einstein einstufen, der – ohne selbst an die Aliya zu denken – als prominenter jüdischer Gelehrter der erweiterten Jewish Agency beitrat, die das zionistische Ziel der Errichtung einer nationalen Heimstätte für die Juden in Palästina verfocht? Wie sollte hier zwischen dem Juden und dem Zionisten unterschieden werden? Bis in die 1960er Jahre geschah dies selten oder nie: Chaim Weizmann, Menachem Ussischkin und David Ben-Gurion sprachen für das jüdische Volk und von einem jüdischen Staat, und sie wandten sich an die Juden der Welt. Arabische Muslime und Christen taten unter anderen Vorzeichen nichts anderes: Für die meisten unter ihnen waren es «die Juden» (*al-yahud*), die ihnen das Land Palästina wegnehmen, die heiligen Stätten des Islam entweihen und dort womöglich den Tempel wiedererrichten wollten. Nur die wenigsten trennten scharf zwischen «den Juden» und «den Zionisten» oder «dem Zionismus». Ebenso war meist von «den Engländern» (*al-inkiliz*) die Rede, selten von einem abstrakten «Westen» oder «Imperialismus», der in späterer Zeit zur Verkörperung alles Bösen stilisiert wurde.

Wäre die Unterscheidung zwischen Zionisten und Juden klar und eindeutig gewesen und von arabischer Seite ebenso klar und eindeutig vollzogen worden, hätte es 1929 die Massaker von Hebron und Safed nicht gegeben. Daß sie an Orten stattfanden, wo Muslime und Juden (Christen gab es in Hebron und Safed nur in verschwindender Zahl) über lange Zeit in guter Nachbarschaft wenn nicht *mit*-, so doch *neben*einander gelebt hatten, jüdischer Landkauf keine Rolle spielte und der sozioökonomische Wandel noch kaum eingesetzt hatte, zeigt, wie vergiftet das Verhältnis schon zu dieser Zeit war und wie durch wilde Gerüchte («die Juden haben den Haram angegriffen», «die Juden bringen die Araber um», «die Juden wollen die Moschee von Hebron besetzen») massive Gewalt ausgelöst wurde. Der Gewaltausbruch blieb lokalisiert, aber er vertiefte in einem Umfeld, in dem es zwischen Arabern und Juden wenig offene und nicht allzuviele geheime Gesprächskanäle und kaum «vertrauensbildende Maßnahmen» gab, die Grundstimmung des gegenseitigen Mißtrauens und der Angst.

2. Boykott und Widerstand: 1936–1937

Der arabische Aufstand von 1936–1939 war vielschichtig und keineswegs nur vom nationalen Gedanken geleitet. Zwei Phasen lassen sich unterscheiden und mehrere Ebenen:[5] Es begann mit einem Streik und Boykott, der von April bis November 1936 dauerte (mit anderen Worten ziemlich genau von einer Zitrusernte bis zu der anderen) und im Sommer 1936 von bewaffnetem Widerstand vor allem in den ländlichen Regionen Zentral- und Nordpalästinas begleitet wurde. Die Intervention arabischer Führer aus dem benachbarten Ausland brachte die Kämpfe zunächst zum Stillstand, die Briten setzten eine weitere Untersuchungskommission ein. Der Teilungsplan, den die Peel-Kommission im Juli 1937 vorlegte, ließ den Aufstand jedoch mit neuer Gewalt losbrechen. Er konnte erst im Spätherbst und Winter 1938/39, nachdem im Gefolge des Münchner Abkommens weitere britische Truppen nach Palästina verlegt worden waren, niedergeschlagen werden. Ab Frühjahr 1939 herrschte weitgehend Ruhe im Land, bei Ausbruch des Zweiten Weltkriegs war das arabische Palästina erneut «befriedet».

Streik in den Städten

Unmittelbarer Auslöser des Aufstands (nicht: seine Ursache) war, wie so oft, ein Überfall auf offener Straße, dessen tatsächlicher Verlauf sich später jedoch im einzelnen nicht mehr rekonstruieren ließ: In der Nacht zum 15. April 1936 überfiel ein bewaffneter Trupp – aller Wahrscheinlichkeit nach Anhänger Izz al-Din al-Qassams (Ikhwan al-Qassam) – einen Konvoi auf der Straße zwischen Nablus und Tulkarm, raubte ihn aus und ermordete zwei jüdische Passagiere.[6] In der darauffolgenden Nacht wurden nahe Petah Tikva zwei Araber ermordet. Die Trauerfeierlichkeiten für die jüdischen Toten in Tel Aviv gingen in antiarabische Kundgebungen und Angriffe über, die wiederum arabische Streiks und Demonstrationen im benachbarten Jaffa, in Tulkarm, Nablus und anderen Orten nach sich zogen. Zwischen dem 19. und dem 21. April 1936 bildeten sich aus Protest gegen die Vorgänge in Tel Aviv in fast allen arabischen Städten von Gaza bis Haifa «nationale Streikkomitees». Diese setzten sich überwiegend aus arabischen Geschäftsleuten, Anwälten, Ärzten, Lehrern, Schülern und Studenten zusammen, unter ihnen sogar einige Frauen, die sich, in ihrer Mehrheit politisch unerfahren, zum aktiven Tun getrieben sahen. Sie handelten, wie es scheint, aus eigenem Antrieb, ohne von «oben» – dem Obersten Muslimischen Rat, Hajj Amin al-Husaini oder anderen Notabeln – dazu aufgefordert worden zu sein, wobei «spontan» und «autonom» nicht isoliert und völlig unkoordiniert heißen muß: Überall kreisten die Debatten und Aktionen um die gleichen Themen und Forderungen; Telegraph und Telefon, Zug, Bus, Auto, Motorrad oder Pferd erlaubten eine rasche Kommunikation zwischen den einzelnen Orten und Akteuren.[7] Streik und Boykott wurden begleitet von Demonstrationen. In Gaza, das bislang politisch wenig aufgefallen war, gingen am 25. April mehrere Hundert verschleierter Frauen aus Protest auf die Straße; ähnliches geschah in größeren und kleineren Ortschaften von Jaffa bis Jenin und Beersheva, wo Frauen bislang politisch nicht hervorgetreten waren. An vielen Schulen des Landes streikten Schüler und Lehrer.

Unter dem Druck «von unten» geriet auch die etablierte Führung in Bewegung. Ihr Dilemma war offensichtlich: Sie wußte, daß Streiks, wenn sie in allgemeine Unruhen übergingen, der arabischen Sache (und ihren eigenen Interessen) schaden konnten, doch verschärften britische Repressalien und jüdische Gegenmaßnahmen die Entschlossenheit der eigenen Bevölkerung und zwangen die Führung so zu mehr Unnachgiebigkeit. Kurzfristig wurden so die alten Rivalitäten beiseite geschoben. Am 25. April 1936 schlossen sich die verschiedenen Parteien (nicht hingegen die diversen Geheimgesellschaften und die Arabische Frauenkonferenz) in Jerusalem zu einem Obersten Arabischen Komitee (Arab Higher Committee, *al-lajna al-ʿarabiyya al-ʿulya*) zusammen, das unter dem Vorsitz des Muftis die Aktionen koordinieren und die arabischen Anliegen gegenüber den britischen Behörden vertreten sollte. Die Briten, nicht die Zionisten oder Juden, waren vorrangiger Adressat des Komitees. Seine Forderungen klangen vertraut: Stop der jüdischen Einwanderung als Voraussetzung für Verhandlungen über die weiterreichenden arabischen Ziele; Verbot von Landverkäufen an Juden; Bildung einer nationalen, d. h. arabischen Regierung.

Der Mufti stellte sich an die Spitze der Bewegung, ohne den Obersten Muslimischen Rat als solchen in den Widerstand einzubeziehen. Der Generalstreik war verbunden mit dem Boykott britischer und jüdischer Waren, Dienstleistungen und Einrichtungen, von Mitte Mai an wurden im Zeichen der Nicht-Zusammenarbeit auch Steuern zurückgehalten – eine Maßnahme von begrenzter Wirkung, da die Regierung hauptsächlich indirekte Steuern einzog. Ohnehin ließ sich der Streik nicht flächendeckend durchsetzen: Anfangs waren die arabischen Eisenbahner nicht dabei, so daß die Briten nach wie vor ungehindert Truppen und Material bewegen konnten. Im Hafen von Haifa, der kurz zuvor zum einzigen Tiefseehafen Palästinas ausgebaut worden war, wurde nicht gestreikt, obgleich dort die palästinensische Arbeiterbewegung ihre stärkste Basis hatte. Die bäuerliche Bevölkerung war zunächst nur in begrenztem Umfang in die Aktionen eingebunden; hohe Verluste erlitten aber die Produzenten von *cash crops*, die ihre verderbliche Ware nicht rasch genug absetzen konnten. Die Versorgung der Streikenden wie der arabischen Bevölkerung als Ganzer erwies sich als schwierig. Hier spielten Frauen ihre klassische Rolle als Versorgerin in Not geratener Familien, inhaftierter Streikender, Widerstandskämpfer und ihrer Anverwandten sowie als Bindeglied zwischen einzelnen Gruppen, Familien und Ortschaften. Zur Verwunderung der Briten, jedoch durchaus in Einklang mit der Tradition ermunterten sie ihre Männer, Ehre und Vaterland zu verteidigen. In begrenztem Umfang traf Hilfe auch aus dem arabischen Ausland, insbesondere Syrien, ein.

Streik und Boykott waren angesichts der bestehenden Handelsstrukturen eine zweischneidige Sache, denn die arabische Wirt-

schaft war in höherem Maß an die jüdische gebunden als umgekehrt: Die Landverkäufe nicht eingerechnet, exportierte der arabische Wirtschaftssektor 1935 mehr als die Hälfte seiner Güter und
Leistungen in den jüdischen Bereich und erwirtschaftete damit
etwa 14% seines Anteils am Bruttoinlandsprodukt; umgekehrt
waren es 26% der Exporte und 7% des im jüdischen Sektor erwirtschafteten BIP. Landverkäufe mitgerechnet, kamen 18% der
arabischen Einfuhren aus dem jüdischen Sektor, 20% der jüdischen Importe aus dem arabischen.[8] Araber lieferten vor allem
landwirtschaftliche und gewerbliche Erzeugnisse wie etwa Baumaterialien, stellten (ungelernte) Arbeit bereit, die in den Zitrusplantagen und im Baugewerbe beinahe unverzichtbar war, sowie
Wohnraum in den «gemischten Städten» Jerusalem, Haifa und Jaffa (erzielten also Mieteinnahmen); den größten Aktivposten machten allerdings die Landverkäufe aus. Juden boten umgekehrt vor
allem Halbfertig- und Fertigprodukte sowie Dienstleistungen.
Etwa 12000 Araber (5% der arabischen Erwerbstätigen) waren
1935 im jüdischen Wirtschaftssektor beschäftigt, mehr als die
Hälfte von ihnen in der Landwirtschaft, und hier wiederum insbesondere in den Zitrusplantagen, der Rest auf dem Bau, im produzierenden und im Dienstleistungsgewerbe. (Zum Vergleich waren
32000 Araber beim Staat angestellt, 211000 entweder selbständig
oder bei arabischen Arbeitgebern beschäftigt.) Ein Wegfall von
Einkommen dieser Größenordnung war für beide Seiten spürbar,
zumal die jüdische Wirtschaft die Leistungen der arabischen nicht
ohne weiteres über den Weltmarkt ersetzen konnte. Aber es gelang – und verstärkte den ohnehin ausgeprägten Hang zu Binnenorientierung und *self-reliance* (Stichwort «jüdische Arbeit», die im
ungelernten Sektor jedoch weiterhin nicht verwirklicht wurde).
Schon im Mai 1936 erteilte die Mandatsregierung die Genehmigung zum Ausbau des Hafens von Tel Aviv, der den Yishuv in dieser Hinsicht weitgehend autark machen würde (nicht ganz, denn
die Arbeiter waren zu großen Teilen Araber). Damit war der arabische Hafen von Jaffa ins wirtschaftliche Abseits gedrängt. Der
Streik brachte die Wirtschaft des Landes keineswegs zum Erliegen. Die «Levante-Messe» zog im Mai 1936 zwar nur halb so viele
Besucher an wie im Vorjahr, aber es waren immerhin 320000.
Im Verlauf des Streiks weitete sich dessen Basis durch die Einbeziehung bestehender und neu gebildeter Studenten-, Frauen- und

sonstiger Vereinigungen, Handelskammern und Gewerkschaften zusehends aus; arabische Mandatsangestellte von den Bürgermeistern bis zu den Postbeamten und Polizisten stellten sich hinter die Forderungen des Obersten Arabischen Komitees. Das brachte allerdings prominente Männer wie den Bürgermeister von Jerusalem, Husain al-Khalidi, und den Mufti selbst in Bedrängnis, waren doch auch sie im weiteren Sinn Regierungsangestellte. Sie sprachen sich daher gegen eine Beteiligung von Staatsbediensteten am Streik aus und befürworteten statt dessen Solidaritätserklärungen und -abgaben aus den eigenen Gehältern. Überhaupt betonte der Mufti in den ersten beiden Streikmonaten seine Mäßigung.

Der Hochkommissar, Arthur Wauchope, widersetzte sich zwar allem Drängen, über den Notstand hinaus das Kriegsrecht zu verhängen.[9] Dennoch wurden die britischen Maßnahmen gegen die Streikaktionen, die am 2. Juni für illegal erklärt worden waren, immer härter: Zur Pressezensur kamen Haussuchungen ohne Durchsuchungsbefehl, Beugehaft und Kollektivstrafen, wie sie seit 1926 legal angewandt werden konnten, Prügel- und Peitschenstrafen, Deportationen, die Beschlagnahme und Zerstörung von Häusern wahrer oder vermuteter Rebellen; in einigen Fällen wurden Verdächtige und Gefangene gefoltert. Bei der Auflösung von Demonstrationen wurde massiv Gewalt eingesetzt, die zahlreiche Opfer forderte. In bewährter Weise erklärten die Behörden zunächst kommunistische, italienische und deutsche Agenten und Agitatoren für verantwortlich und verhafteten im April 1936 eine Reihe bekannter Kommunisten (in ihrer Mehrheit Juden). Am schlimmsten war die Lage in Jaffa, von wo die Unruhen im wesentlichen ausgegangen waren, dessen Altstadt im Juni 1936 – notdürftig kaschiert als Programm der Stadtsanierung – durch Luftangriffe der Royal Air Force weitgehend zerstört wurde.

Rebellion auf dem Lande

Als im Verlauf des Juni und Juli die Städte zunehmend unter britische Gewalt gebracht wurden, verlagerte sich der Schwerpunkt des Widerstands aufs Land, insbesondere das sog. Dreieck von Nablus, Jenin und Tulkarm. Damit wandelte sich der Charakter der Aufstandsbewegung grundlegend: Während in den Städten gestreikt wurde, formierten sich in den Bergen rebellische Bauern, die diffusere Ziele verfolgten. Sie verteidigten ihre Autonomie, sie verteidigten ihren Besitz, sie verteidigten ihr Land und ihre Ehre (auf den engen Zusammenhang von Land und Ehre, arab. *al-ard* und *al-ʿird*, ist immer wieder hingewiesen worden), sie beglichen alte Rechnungen und stellten sich damit nicht nur gegen die Briten und die Zionisten (oder generell: die Juden), sondern zugleich gegen die eigene städtische Oberschicht, ländliche Grundbesitzer und verfeindete Familienclans.

Die palästinensischen Bauern hatten den Verlust von Land, Status und Einkommen auch früher nicht einfach passiv hingenommen. Ihre Reaktionen reichten von Flucht und Abwanderung bis zu Raub und Banditentum, wie sie Eric Hobsbawm für die «Sozialbanditen» des 19. Jahrhunderts (romantisierend) geschildert hat.[10] Organisierter Widerstand zählte nicht zum tradierten Handlungsrepertoire, wohl aber passiver Widerstand gegen Grundherren und die Obrigkeit, den jene als «Faulheit», «Verstellung», «Lustlosigkeit» und «Apathie» wahrnahmen (im Englischen unnachahmlich als *foot-dragging* bezeichnet). Von den 1870er Jahren an gab es in Palästina vereinzelt Beispiele gewaltsamer Gegenwehr gegen jüdische Siedler, aber auch gegen einheimische Grundbesitzer. Sie erhielt nun aber eine neue politische Bedeutung. In den 1930er Jahren wurden mehr und mehr Bauern mobilisiert, und zwar insbesondere durch rückkehrende Schulabsolventen; die Mobilisierung erfaßte vor allem die Dörfer im eben genannten Dreieck um Nablus, Jenin und Tulkarm.[11] Eine wichtige Rolle spielten dabei patriotische Gedichte und Lieder, die auch die große Mehrheit derjenigen erreichten, die weder lesen noch schreiben konnten. Der Zugang zur nationalistischen arabischsprachigen Presse war ihnen nicht völlig versperrt, konnten die Artikel doch an öffentlichen Orten wie z.B. dörflichen Versammlungsräumen, Kaffeehäusern, Moscheen und Kirchen oder bei privaten Zusammenkünften von anderen vorgelesen werden. Radio und Telefon waren in begrenztem Umfang auch auf dem Land verfügbar.

Die Bauern besaßen neben den altgedienten Knüppeln, Keulen, Dolchen und Schwertern, mit denen sie 1928/29 in Jerusalem, Hebron und Safed aufgetreten waren, vielfach auch Gewehre und Pistolen, die sie nach dem Abzug der osmanischen Truppen auf die eine oder andere Art erworben hatten; Schmuggel über die syrische und transjordanische Grenze und Diebstahl (vornehmlich aus britischen Beständen) verschafften ihnen neuen Nachschub. Vereinzelt kamen nach 1936 bereits Bomben, Maschinengewehre und Flak zum Einsatz.[12] Den Aufständischen gelang es im Verlauf des Sommers, große Teile des palästinensischen Berglands unter ihre Kontrolle zu bringen, Telefon- und Verkehrsverbindungen zu unterbrechen, ja selbst eine Reihe größerer Ortschaften im Flachland zu besetzen. Die Szene gestaltete sich sehr unübersichtlich: Die meisten Gruppen operierten auf lokaler Basis, ohne weiterreichende Verbindungen und Zielsetzungen.[13] Angehörige der großen Familien wie Fakhri Abd al-Hadi, Abd al-Qadir al-Husaini oder Anwar al-Shuqairi, der Sohn des Muftis von Haifa, örtliche Notabeln, Grundbesitzer und Akademiker spielten bei der Organisation des Widerstands eine gewisse Rolle. Die große Mehrheit der «Kommandanten» (*qa'id al-fasil*) stammte jedoch aus einfachen Kreisen, Bauern, Arbeiter, vereinzelt auch Beduinen. Aktiv waren nicht zuletzt die Ikhwan al-Qassam, die «Qassam-Bruderschaft», deren Taten in Wort und Schrift verherrlicht und als Vorbild des beherzten Kämpfers verbreitet wurden; es scheint sogar eine Gruppe der «Qassam-Schwestern» (*rafiqat al-Qassam*) gegeben zu haben, über deren Aktivitäten aber wenig zu erfahren ist.[14] Gut dokumentiert ist demgegenüber die aktive Rolle von Bäuerinnen, die sich gelegentlich sogar selbst in die Kämpfe einmischten.

Anders als von den Briten befürchtet, griff der Widerstand zunächst nicht auf die neuralgischen Punkte in Jerusalem über; auf dem Tempelberg und an der Klagemauer kam es zu keinen größeren Zwischenfällen. Allerdings wurden die bekannten Anschuldigungen gegen die Juden laut, sie planten Angriffe auf die heiligen Stätten, die Muslime, ja den Islam als solchen, und die Briten stünden ihnen dabei zur Seite. Die Rebellen (arab. meist *thuwwar*, Pl. von *tha'ir*) nannten sich zwar häufig «Mujahidin», doch war «Jihad» längst zum Synonym für den nationalen Befreiungskampf geworden, so daß sich die spezifisch religiöse Note (Kampf auf dem Weg Gottes, *al-jihad fi sabil allah*) verloren hatte. In diesem Sinn konnte durchaus auch ein Christ Mujahid sein (und theoretisch sogar ein Jude). Christen, die um der nationalen Sache willen ihr Leben ließen, waren nach diesem Sprachgebrauch ebenso wie die Muslime «Märtyrer» (*shuhada'*), nicht – wie die Zionisten, Juden und Briten – (bloße) «Tote».

Weder auf dem Land noch in der Stadt war der Aufstand in dieser Phase frei von Gewalt.[15] Sie richtete sich in erster Linie gegen britische Einrichtungen von den Polizeistationen bis zum Eisenbahnnetz, wo versucht wurde, durch die Zerstörung von Gleisen und Material den britischen Nachschub zu unterbinden. Straßen wurden durch Minen beschädigt, Autos durch Felsbrocken und ausgestreute Nägel am Weiterfahren gehindert, Telefon- und Telegraphenleitungen gekappt. Ein wichtiges Ziel war die erst 1935 eröffnete Pipeline der Iraq Petroleum Company (IPC), die wiederholt unterbrochen wurde. Heckenschützen postierten sich an strategischen Punkten, um auf Patrouillen, Passanten und Fahrzeuge zu schießen. Ein Autor erinnert sich, wie er als Jugendlicher in seiner Heimatstadt Lydda mithalf, Eisenbahnschienen herauszureißen – Lydda Junction war der bedeutendste Eisenbahnknotenpunkt im Land –, und Steine gegen die britischen Soldaten schleuderte, die mit brutaler Gewalt gegen Kinder und Erwachsene vorgingen: Vorbild der Intifada-Jugendlichen, die nach 1987 als «Kinder der Steine» bekannt wurden. Die Gewalt richtete sich auch, wenngleich in geringerem Umfang, gegen jüdische Einrichtungen, Siedlungen, Wohnviertel oder Einzelpersonen: Menschen wurden ermordet, Felder verwüstet, Obst- und Olivenbäume gefällt und Vieh wurde getötet, um die jüdischen Siedler zu vertreiben oder zumindest zu schädigen. Schon am 20. April hatten Wanderarbeiter aus dem südsyrischen Hauran das jemenitische Viertel in Jaffa niedergebrannt. Zahlreiche Juden flüchteten sich aus den Orten mit gemischter Bevölkerung, was die räumliche Trennung der beiden Gruppen noch vergrößerte. Gewalt von der Einschüchterung bis hin zu vereinzelten Morden an Streikbrechern richtete sich schon in dieser Phase aber auch gegen Araber.

Das Echo auf den Streik war in den arabischen Ländern, ungeachtet einer energischen Propagandakampagne des Muftis, zunächst eher verhalten; Erfolge zeigten sich am ehesten im Irak, wo ein Komitee für die Verteidigung Palästinas eingerichtet wurde.[16] Für die arabischen Regierungen aber gab es einen Fixpunkt, nach dem sie ihre Politik ausrichteten: der Stand der Beziehungen zu Großbritannien. Dahinter hatte die palästinensische Sache zurückzutreten. Anders die Haltung wachsender Teile der arabischen Öffentlichkeit, die sich zu dieser Zeit – nicht zuletzt als Folge des Aufstands selbst – intensiver mit Palästina zu beschäftigen begann. Das galt namentlich für den Irak, Syrien und Ägypten, wo aus Kreisen der islamischen Azhar-Universität und der Muslimbrüder Solidaritätsadressen und materielle Hilfe eintrafen; seine Sympathie für die Palästinenser äußerte aber auch der indische Premier Pandit Nehru. Es blieb nicht bei der ideellen Unterstützung: Im August 1936 traf Fauzi al-Qawuqji (1890–1976) – ein ehemaliger Offizier des osmanischen Heeres libanesischer Abstammung, Held des Aufstands gegen die französische Besatzung Syriens und Ex-Offizier der irakischen Armee – mit rund 190 Freiwilligen in Palästina ein, um sich an die Seite der Aufständischen zu stellen. «Zur Seite stellen» ist vielleicht der falsche Ausdruck, denn die Mission geriet schnell in Schwierigkeiten, als die örtlichen Partisanenführer sich weigerten, Qawuqjis Kommando zu akzeptieren, das er, als Berufsoffizier und ausgewiesener Streiter für die arabische Sache, ganz selbstverständlich für sich in Anspruch nahm.[17]

Im Juni 1936 mehrten sich die Bemühungen, arabische Vermittler in den Konflikt einzuschalten: Die Briten versprachen sich von einer Intervention ihrer regionalen Klienten in Transjordanien, Ägypten, Irak und Saudi-Arabien eine mäßigende Wirkung auf die palästinensische Führung, die der klassischen Notabelnfunktion, zu vermitteln und zu dämpfen, offenkundig nicht mehr in zufriedenstellender Weise nachkam. Die lokalen Führer im allgemeinen und der Mufti im besonderen wiederum konnten die arabischen Politiker benutzen, um, auch ohne greifbare Konzessionen von den Briten wie (indirekt) den Zionisten erlangt zu haben, gegenüber der eigenen Bevölkerung die Einstellung des Widerstands zu rechtfertigen. Die Wendung läßt sich so als neuerlicher Ausdruck der Erwartung verstehen, Außenstehende möchten das bewirken, wozu man selbst nicht imstande war: Die Araber sollten Druck auf die Briten ausüben, damit diese Druck auf die Zionisten ausübten, arabische Interessen zu achten – ein Muster, das sich weit über die 1930er Jahre hinaus halten sollte. Die arabischen Führer von Emir Abdallah über König Ibn Saʿud bis zum irakischen König Ghazi und seinem Ministerpräsidenten, Nuri al-Saʿid, hatten ihre eigenen Gründe, auf dieses Ansinnen einzugehen – Abdallah im besonderen machte sich nach wie vor Hoffnungen, über ein haschemitisches Großsyrien *die* Position wiederzuerringen, die sein Vater, Husain b. Ali, und sein Bruder,

Faisal b. al-Husain, durch die Machenschaften der Briten, der Franzosen und der Saudis in den 1920er Jahren verloren hatten.[18]

Nicht nur das harte Durchgreifen der Briten, sondern auch die anstehende Zitrusernte, die für arabische Pflanzer und Arbeiter eine wichtige Einnahmequelle darstellte (zumal der Spanische Bürgerkrieg diese Konkurrenz ausgeschaltet und die Zitruspreise in die Höhe getrieben hatte), ließen den Widerstand im Spätsommer 1936 spürbar erlahmen. Im September 1936 richtete das Oberste Arabische Komitee eine förmliche Bitte um Vermittlung an die arabischen Regierungen, die die Einstellung des Streiks ermöglichen sollte. Am 9. Oktober veröffentlichten Abdallah, Ghazi, Ibn Saʿud und Imam Yahya von Yemen einen entsprechenden Aufruf an die Palästinenser, den das Oberste Arabische Komitee wenig später annahm. Am 12. Oktober wurde der Streik in aller Form abgebrochen, was freilich nicht das Ende des Widerstands bedeutete; Qawuqji und seine Kämpfer erhielten freien Abzug nach Syrien.[19] Zunächst schien Ruhe einzukehren. In Tel Aviv dirigierte Arturo Toscanini im Dezember 1936 das erste Konzert in der neu eröffneten Palästinensischen Philharmonie.

3. Der Peel-Plan: Juli 1937

Nach dem Ende der Feindseligkeiten bestellte die Londoner Regierung eine weitere Untersuchungskommission unter Vorsitz von William Robert Wellesley, Earl Peel. Sie traf Mitte November 1936 in Palästina ein, wurde bis kurz vor ihrer Abreise im Januar 1937 von der arabischen Seite boykottiert und veröffentlichte ihren Bericht am 7. Juli 1937. Einmal mehr hielt sie fest, daß ungeachtet aller wirtschaftlichen und sozialen Probleme das Grundübel ein politisches war: die Balfour-Erklärung und das Mandat, das von den Arabern rundum abgelehnt wurde. Ausdrücklich bezeichnete die Kommission den Widerstand nicht als bloße «Unruhen», sondern als «Rebellion»:

«Den Unruhen oder wie wir es nennen müssen, der Rebellion von 1936 liegen als Ursachen zugrunde: erstens das Streben der Araber nach nationaler Unabhängigkeit, zweitens ihre Ablehnung der Errichtung des Jüdischen Nationalheims in Palästina, die durch ihre Besorgnis vor einer Beherrschung durch die Juden noch gesteigert wird ... Als mitwirkende Ursachen sind zu nennen: der Eindruck, den die von Irak, Transjordanien, Ägypten, Syrien und dem Libanon erreichte nationale Unabhängigkeit auf die arabische öffentliche Meinung gemacht hat, das Hereinfluten aus Mittel- und Osteuropa entronnener jüdischer Einwanderer, die Benachteiligung gegenüber den Juden, wenn es sich darum handelte, die arabische Sache Ew. Maj. Regierung oder dem Publikum zu Gehör zu bringen, das Anwachsen des Mißtrauens bei den Arabern, die arabische Beunruhigung über die andauernden Landkäufe der Juden, der intensive Charakter und «Modernismus» des jüdischen Nationalismus und schließlich die allgemeine Ungewißheit über die Endabsichten der Mandatsmacht, die durch die Mehrdeutigkeit mancher Sätze des Mandats noch verstärkt wurde …

Wir müssen feststellen: Die Araber haben zwar durch die Entwicklung, die das Land infolge der jüdischen Einwanderung genommen hat, Vorteil gehabt, das hat aber keinerlei aussöhnende Wirkung ausgeübt. Im Gegenteil: die Besserung der wirtschaftlichen Lage in Palästina hat die Verschlechterung der politischen Lage bedeutet.»[20]

Der Bericht der Peel-Kommission war gründlich (die offizielle deutsche Übersetzung umfaßt 463 Seiten), und er enthielt Neues: zunächst das Eingeständnis, daß das britische Mandat in einer Situation, in der «Recht gegen Recht» stand, in der bestehenden Form nicht zu halten war und durch neue vertragliche Beziehungen abgelöst werden sollte. Die eigenen Unzulänglichkeiten wurden dabei offen angesprochen:

«Die Anwendung des Mandatssystems für Palästina im allgemeinen und des spezifischen Mandats im besonderen schlossen die Auffassung in sich, daß die damit übernommenen Verpflichtungen gegenüber Arabern und Juden im Laufe der Zeit sich als miteinander vereinbar erweisen würden dank der versöhnlichen Wirkung, die die wirtschaftliche Prosperität auf die palästinensischen Araber ausüben würde, welche die jüdische Einwanderung Palästina als Ganzem bringen würde. Diese Erwartung hat sich nicht erfüllt, und wir sehen keine Hoffnung für ihre Erfüllung in der Zukunft.»[21]

Das «Wohlstandsargument» war damit begraben, denn, so hatte die Kommission schon zuvor festgestellt:

«Unter sehr schwierigen Umständen hat die Palästina-Regierung versucht, die einander entgegenstehenden (!, G.K.) Verpflichtungen aus dem Mandat dadurch zu erfüllen, daß sie zwischen Juden und Arabern ‹die Waage hielt›. Wiederholte Versuche, die Rassen zu versöhnen, haben nur die Schwierigkeiten vergrößert. Die Lage in Palästina hat den toten Punkt erreicht. Die Verwaltung war von Anfang an gezwungen, unter hohem Druck und unter besonderen Schwierigkeiten zu arbeiten. Die Maßnahmen, die die Palästina-Regierung getroffen hat, um Achtung vor Gesetz und Ordnung zu erzwingen, haben sich als unwirksam erwiesen. Die elementare Pflicht der Herstellung öffentlicher Sicherheit ist nicht erfüllt worden. Die Bemühungen, die Veräußerungen arabischen Bodens an die Juden zu kontrollieren, sind ohne Erfolg geblieben. Im Gebirge ist für weitere geschlossene Siedlung von Juden kein Raum mehr, in der Ebene sollte sie nur unter gewissen Einschränkungen zugelassen werden.»

Die Gegensätze zwischen den nationalen Gemeinschaften – anders als die britischen Politiker der unmittelbaren Nachkriegszeit, die die Araber Palästinas als «Bevölkerung» eingestuft hatten, aber nicht als «Volk», zögerte die Peel-Kommission nicht länger, sowohl Juden wie Araber als «nationale Gemeinschaften» anzuerkennen – hatten sich als unüberbrückbar erwiesen:

«Ein unüberwindlicher Konflikt hat sich zwischen den beiden nationalen Gemeinschaften innerhalb der engen Grenzen eines kleinen Landes erhoben. Ungefähr eine Million Araber stehen in offenem oder latentem Kampf mit 400 000 Juden. Es gibt keine gemeinsame Grundlage zwischen ihnen … Ihr kulturelles und soziales Leben, ihre Denkweise und Lebensführung sind ebenso unvereinbar wie ihre nationalen Bestrebungen. Die letztgenannten sind das größte Hindernis für den Frieden. Araber und Juden könnten möglicherweise lernen, zusammen in Palästina zu leben und zu arbeiten, wenn sie eine echte Anstrengung machen wollten, ihre nationalen Ideale miteinander zu versöhnen und zu verbinden und so mit der Zeit ein gemeinsames zweigestaltiges Staatsvolktum aufzubauen. Aber hierzu sind sie nicht imstande. Der Krieg und seine Folgen haben alle Araber mit der Hoffnung erfüllt, in einer freien und geeinten arabischen Welt die Traditionen des arabischen goldenen Zeitalters wieder zu beleben. In gleicher Weise sind die Juden von ihrer historischen Vergangenheit erfüllt. Sie wollen zeigen, was die jüdische Nation leisten kann, wenn sie wieder in das Land ihrer Väter zurückversetzt ist. Daher ist eine nationale Angleichung zwischen Juden und Arabern ausgeschlossen. Nach arabischer Vorstellung dürften die Juden nur den Platz beanspruchen, den sie im arabischen Ägypten oder arabischen Spanien einst hatten (religiös-kulturelle Autonomie wie im osmanischen Millet-System, G. K.). Die Araber hinwieder würden in der jüdischen Vorstellung so abseits stehen wie einst die Kanaaniter im alten Land Israel (geduldet, da nicht zu vertreiben, aber vom sozialen Verkehr mit Juden ausgeschlossen, G. K.). Das Nationalheim kann, wie zuvor gesagt, nicht halbnational sein. Unter diesen Umständen noch weiter daran festzuhalten, daß palästinensisches Staatsbürgertum irgendeinen moralischen Gehalt in sich schließe, wäre eine verderbliche Illusion. Weder Araber noch Juden haben irgendein Gefühl von Verpflichtung für einen einheitlichen Staat.»[22]

Das war selten so schonungslos festgehalten worden – eine klare Absage an die Idee eines gemeinsamen Staats von Arabern und Juden, sei er binational oder in anderer Weise organisiert, keine Rede von «verpaßten Gelegenheiten» des Ausgleichs und der Versöhnung, einzig die nüchterne Feststellung des Scheiterns und die Ahnung, daß die Lage, so schlecht sie war, noch schlechter werden würde. Die Lösung konnte «Kantonisierung» nach dem Muster der Schweiz lauten, doch barg diese nach Überzeugung der Kommissionsmitglieder zu viele Risiken. Die Peel-Kommission empfahl eine Teilung des Mandatsgebiets in zwei Staaten, einen arabischen und einen jüdischen, ergänzt durch die Beibehaltung des britischen Mandats in einer dritten Zone, die einen Korridor von Jaffa bis Jerusalem einschließlich Bethlehems umschloß und damit die wichtigsten heiligen Stätten im Land. Auf dieses «heilige Treugut der Zivilisation» (*sacred trust of civilization*, mit dem das Mandat ursprünglich ja legitimiert worden war) sollte die Balfour-Erklärung nicht weiter angewendet werden.[23] Interessanterweise war das strategisch so wichtige Haifa nicht als britische Enklave vorgesehen. Dem arabischen Staat wurden zwar über 70% des Mandatsgebiets zugewiesen (das zentrale Hügelland nördlich von Nablus bis zur Südspitze des Negev sowie die Küste um Gaza); er sollte jedoch mit Transjordanien vereinigt werden, das bis 1922 ja tatsächlich zum britischen Mandatsgebiet Palästina gehört hatte. Dem jüdischen Staat waren demgegenüber nur 20% der Gesamt-fläche zugeteilt (Galiläa, Marj Ibn Amir, d.h. die Esdralon- und die Jezreel-Ebene südlich von Nazareth, sowie die Küste von der libanesischen Grenze bis südlich von Tel Aviv) – aber das umfaßte einen Großteil der besten Böden, und es war deutlich mehr als das zu dieser Zeit in jüdischem Besitz befindliche Land, das lediglich 6–7% des Mandatsgebiets ausmachte. Der jüdische Staat sollte den arabischen mit Subventionen unterstützen, um die Steuerausfälle auszugleichen, die der arabischen Bevölkerung durch den Wegfall des jüdischen Wirtschaftssektors entstehen würden (die Juden trugen gemessen an ihrem Bevölkerungsanteil deutlich mehr zum Steueraufkommen bei als die Araber). Die britische Regierung würde weitere Subventionen zuschießen.

Während in dem vorgesehenen arabischen Staat Araber rund 90% der Bevölkerung ausmachten, würden nach britischen Schätzungen rund 225000 Araber entweder unter jüdische Herrschaft geraten oder umgesiedelt werden müssen. In diesem Zusammenhang wurde die sog. Transfer-Lösung ins Spiel gebracht, die zuvor schon gelegentlich diskutiert worden war: Die Peel-Kommission berief sich auf den «Bevölkerungsaustausch», der 1922/23 zwischen Griechenland und der Türkei vereinbart wurde und rund 1,3 Millionen orthodoxe Griechen und 400000 muslimische Türken betraf, wobei, wie sie es nannte, «das Geschwür

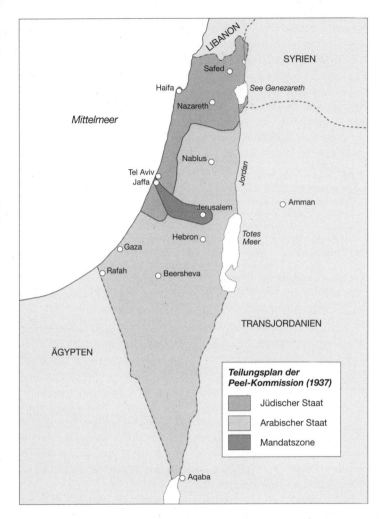

Teilungsplan der Peel-Kommission (1937)

■ Jüdischer Staat

■ Arabischer Staat

■ Mandatszone

sauber herausgeschnitten» wurde. Daß dies im Falle des ungleich kleineren Palästina noch schwerer fallen würde, zumal nicht nur Menschen, sondern auch Land «getauscht» werden mußten, war der Kommission klar. Hier hoffte sie auf die Großzügigkeit des britischen Steuerzahlers.[24] Auf der anderen Seite aber machte die Gründung zweier getrennter Staaten die so schwierige und konfliktträchtige Bindung jüdischer Einwanderung an das Kriterium der wirtschaftlichen, politischen oder psychologischen Aufnahmefähigkeit des Landes und seiner (arabischen) Einwohner hinfällig.

Das Opfer, das den Arabern abverlangt wurde, war aus der Sicht der Kommissionsmitglieder ohne Zweifel groß – aber nicht zu groß, denn indem sie auf ein Stück ihres Landes («diese kleine Kerbe», von der Lord Balfour 1920 gesprochen hatte) verzichteten, machten sie sich angesichts der Judenverfolgung in Europa nicht nur um die bedrängten Juden, sondern um die Menschheit verdient:

> «Wenn wir berücksichtigen, was die Möglichkeit, in Palästina Zuflucht zu finden, für viele Tausende leidender Juden bedeutet, können wir nicht glauben, daß der durch eine Teilung verursachte ‹Schmerz›, so groß er sein mag, mehr ist, als arabische Großmut ertragen kann. Und hierin, wie in so vielem, was mit Palästina in Zusammenhang steht, sind es nicht nur die Völker des Landes, die berücksichtigt werden müssen. Die Judenfrage ist nicht das geringste der vielen Probleme, welche die internationalen Beziehungen in dieser kritischen Zeit verwirren und den Weg zu Frieden und Prosperität versperren. Wenn die Araber durch ein Opfer zur Lösung dieses Problems beitragen könnten, würden sie sich die Dankbarkeit nicht nur der Juden, sondern der gesamten westlichen Welt erwerben.»[25]

Zu berücksichtigen bleibt, daß diese Äußerung gemacht wurde, nachdem die nationalsozialistische Politik der Judenverfolgung in Gang gesetzt worden war (von einer «Judenfrage» zu sprechen, verdreht die Tatsachen), aber bevor die Judenvernichtung eingesetzt hatte, von der die Welt nach 1942 erfuhr. Insofern mochte die Hoffnung nicht ganz so abwegig sein, die jüdische Zuwanderung könnte sich auf ein vergleichsweise kleines Gebiet mit beschränkten Ressourcen begrenzen lassen. An der Vorstellung, die Araber Palästinas möchten die Verbrechen der Europäer zumindest in Teilen ausgleichen («Wiedergutmachung» in ganz anderem Sinn), änderte das im Grundsatz nichts.

Die Antwort der Betroffenen war nicht so originell wie der Vorschlag der Peel-Kommission: Auf arabischer Seite schlug ihm (zumindest anfangs und zumindest öffentlich) strikte Ablehnung entgegen, auf jüdischer stieß er mehrheitlich auf qualifizierte Zustimmung nach dem Muster «ja, aber».[26] Besonders heftig war der arabische Protest in Nordpalästina, namentlich Galiläa, das an den jüdischen Staat fallen sollte. Das Oberste Arabische Komitee rief zur Ablehnung des Teilungsplans und zur Einrichtung eines arabischen Staates in ganz Palästina auf. Unterstützung fand es im September 1937 auf einer Konferenz im syrischen Bludan, deren Teilnehmer den Teilungsplan scharf verurteilten; im Rahmen der Konferenz kam es zu Absprachen zwischen palästinensischen und syrischen Nationalisten über eine Wiederaufnahme des bewaffneten Kampfes. Damit war die palästinensische Sache deutlicher als zuvor eine arabische geworden. Ein lebhaftes Echo fand sie unter militanten Organisationen in Syrien, nicht zuletzt den paramilitärischen Stahlhemden (al-Qumsan al-Hadidiyya); im Irak entfaltete das Komitee zur Verteidigung Palästinas neue Aktivitäten, an denen die Presse und zahlreiche Ulama regen Anteil nahmen; in Ägypten wuchs das Interesse unter Schülern und Studenten, im religiösen Milieu von der Azhar bis zu den Muslimbrüdern und in den Reihen der säkularen Opposition; die ägyptische Frauenvereinigung unter Huda Sha'rawi veranstaltete 1938 in Kairo einen Solidaritätskongreß mit den Palästinensern. Allerdings war die Ablehnung des Teilungsplans in Wirklichkeit nicht so einhellig, wie es scheinen mochte: Innerhalb Palästinas favorisierten die Nashashibis eine Teilung, und auch Emir Abdallah neigte ihr zu, versprach sie doch, sollte es wirklich zu einem Zusammenschluß mit Transjordanien kommen, eine beachtliche Stärkung seiner eigenen Position. Sogar der syrische Nationale Block sprach sich zur Enttäuschung des Muftis für eine Teilung aus.

Auf jüdischer bzw. zionistischer Seite war das Echo gemischt: Ben-Gurion und Weizmann hielten es für geboten, die Teilung im Grundsatz anzunehmen, forderten aber eine andere, noch auszuhandelnde Grenzziehung zugunsten des geplanten jüdischen Staates. Ben-Gurion war fasziniert von den Möglichkeiten, die ein «Massentransfer» der arabischen Bevölkerung für die Probleme des jüdischen Yishuv bot – von der «Erlösung des Bodens» über die «Eroberung der Arbeit» bis zur Sicherheit des jüdischen Landes. Dies schien ihm nicht allein nützlich, sondern human und sowohl für die Juden wie für die Araber vorteilhaft: Der Transfer eines Teils des arabischen Volkes *in sein eigenes Land* und die Besiedlung *leerer Landstriche* (er dachte an Irak und Transjordanien), so erklärte Ben-Gurion auf dem Zwanzigsten Zionistischen Weltkongreß in Zürich, entspreche einer bedeutsamen menschlichen und zionistischen Idee. Noch galt dieses Thema als zu «heiß», um in aller Öffentlichkeit diskutiert zu werden. Im Protokoll des Kongresses fehlten die einschlägigen Überlegungen.[27] In einer

Stellungnahme vor der britischen Untersuchungskommission äußerte Wladimir Jabotinsky seine «tiefsten Gefühle» für die arabische Sache, die vernünftig sei und Respekt verdiene. Aber die jüdische Sache sei drängender. «Wir müssen Millionen retten, viele Millionen», und wenn der arabische Anspruch auf den jüdischen treffe, so sei es, als ob der eine Appetit habe, der andere aber in Gefahr stehe, zu verhungern. Eindringlicher konnte man die eigene Position nicht formulieren.

Gespalten war im übrigen auch die britische Reaktion: Zwar nahm das Kabinett in der Annahme, die Zionisten und die arabischen Regierungen würden ihm zustimmen, den Teilungsvorschlag an, doch war das Außenministerium, arabischen Widerstand befürchtend, im Gegensatz zum Kolonialamt strikt gegen eine Teilung. In dieser heiklen Lage schlug der amtierende Premierminister, Winston Churchill, vor, der Völkerbund solle über eine mögliche Teilung des Landes beraten.

4. Radikalisierung des Aufstands: 1937–1939

Fern davon, eine Perspektive für die Beilegung des Konflikts aufzuzeigen, löste der Peel-Plan eine neue, gewaltsamere Welle des Widerstands aus, die erst mit dem Nahen des Zweiten Weltkriegs abebbte. Am 26. September 1937 wurde in Nazareth der stellvertretende Distriktkommissar für Galiläa, Lewis Andrews, mit seiner Eskorte von arabischen Attentätern ermordet.[28] Daraufhin löste die Regierung das Oberste Arabische Komitee (das den Mord verurteilt hatte) und die nationalen Streikkomitees auf, verhaftete führende palästinensische Politiker und deportierte sie auf die Seychellen. Zudem enthob sie Hajj Amin al-Husaini, der sich schon im Juli in den Haram geflüchtet hatte, in den die Briten nicht einzudringen wagten, seiner Ämter und entzog dem Obersten Muslimischen Rat die Kontrolle über die frommen Stiftungen und damit über den größten Teil seiner Einkünfte. Hajj Amin gelang – als Frau verkleidet – die Flucht nach Transjordanien und von dort in den Libanon, wo ihn die französischen Behörden erst verhafteten, dann aber wieder freiließen. Von Beirut aus ging er nach Kriegsausbruch in den Irak und nach dem gescheiterten Aufstand von Rashid Ali al-Kailani gegen die britische Präsenz im

Land, den er unterstützt hatte, 1941 schließlich nach Berlin. Dort bot er den Nationalsozialisten an, Muslime für den Krieg gegen die Kolonialmächte England und Frankreich zu mobilisieren. Seine offene Parteinahme für die faschistischen Achsenmächte und seine antisemitischen Äußerungen fallen in diese Phase, in der er nicht länger in Palästina selbst aktiv war.[29] In Palästina selbst bedeutete die Auflösung der arabischen Repräsentativorgane zugleich das Scheitern der britischen Notabelnpolitik.

Die Führung und Durchführung des Aufstands ging in andere Hände über, lokal agierende und verankerte Führer, Gruppen und Komitees, die sich unter keinem gemeinsamen Kommando zusammenfinden konnten oder mochten. Die einzelnen Verbände waren im Oktober 1936, als der Generalstreik eingestellt wurde, nicht entwaffnet worden. In dieser zweiten Phase des Aufstands gelang es ihnen, sich räumlich auszudehnen und im gleichen Zuge immer mehr Mitglieder und Sympathisanten zu gewinnen.[30] Schwerpunkte des Widerstands waren zunächst Galiläa und das Dreieck Nablus, Jenin und Tulkarm. Dazu kam nun die ländliche Gegend um Jerusalem und Hebron, wo die Organisation Heiliger Kampf aktiv war. Die Aktionen konzentrierten sich somit auf das schwerer zugängliche Nord- und Zentralpalästina. Die Küste und die Ebenen, wo die Mehrzahl der Juden lebte und die meisten jüdischen Siedlungen angelegt waren, aber auch die Mandatsbehörde den leichteren Zugriff hatte, waren weniger einbezogen. Aktiv wurden somit nicht unbedingt diejenigen Bauern und Beduinen, die jüdische Einwanderung und Besiedlung selbst unmittelbar erlebten oder gegebenenfalls erlitten, sondern Einwohner der Gebiete, die traditionell ihre Autonomie verteidigt hatten und für diesen Kampf die geeigneten räumlichen und gesellschaftlichen Rahmenbedingungen vorfanden.

Die Rebellen hatten keine einheitliche Führung, keine koordinierte Strategie, kein ausformuliertes Programm. Manche der Gruppen agierten als Dorfmilizen, viele vertraten nur einzelne Familien und Clans (*hamula*), einige fanden sich in einer festgefügten, aber mobilen Struktur zusammen, die unter dem Kommando eines eigenen Anführers für längere Zeit zusammenblieb. Diese Trupps waren wie die moderne Guerilla militärisch ausgebildet, uniformiert und mit Handfeuerwaffen und Sprengstoff ausgerüstet und besorgten sich in den Dörfern nur Nahrung, Unterkunft, Geld und

Waffen. Wiederum andere Gruppen bestanden aus Zivilisten, die tagsüber ihrer Arbeit nachgingen, um nur abends und nachts zu einzelnen Aktionen aufzubrechen. Manche waren eher als Jugendbanden zu bezeichnen («die Jungen», *al-shabab*, spielten in städtischen und dörflichen Vierteln traditionell eine wichtige Rolle, die in der Intifada später enorm aufgewertet werden sollte), in anderen kamen gestandene Familienväter zusammen; der eine oder andere Rebell stammte aus der kriminellen Szene. Einige der Kommandeure wie Abd al-Rahim al-Hajj Muhammad, Yusuf Saʿid Abu Durra, Arif Abd al-Raziq oder Hasan Salama wurden von mehr als einer Gruppe als Anführer anerkannt, erlangten also überlokale Bedeutung, kontrollierten aber dennoch nur ein bestimmtes Territorium, nie den gesamten arabischen Widerstand.

Ein Büro der Arabischen Revolution in Palästina (*diwan al-thaura al-ʿarabiyya fi filastin*) unter Vorsitz des Muftis – dessen Handlungsfreiheit in Syrien und Libanon bis zum Ausbruch des Weltkriegs von den Franzosen nicht eingeschränkt wurde – versuchte von Damaskus aus vergeblich, die Aufständischen einer zentralen Kontrolle zu unterstellen. Was meist als Zeichen tiefgreifender Zersplitterung (Fraktionierung, Faktionalismus) gesehen wird, hatte natürlich seine Vorteile, erlaubte es doch flexibleres Handeln und die Fortsetzung von Aktionen, selbst wenn einzelne Personen oder Gruppen von den Behörden gefaßt worden waren. In dieser Phase spielten Frauen eine wichtige Rolle, die sich im Schatten konservativer Verhaltensnormen leichter im Land bewegten als die Männer: Auch die Briten konnten an Frauen, die ihnen verdächtig schienen, nicht ohne weiteres Leibesvisitationen durchführen, sie am Gang in die Stadt, auf den Markt, ins Bad oder am Verwandtenbesuch hindern, die sich alle nutzen ließen, um Nahrungsmittel, Munition und Nachrichten weiterzugeben. Der Aufstand erreichte seinen Höhepunkt im Sommer und Herbst 1938, als mehr als 10000 Personen an ihm beteiligt gewesen sein sollen, darunter vor allem Bauern und Angehörige der städtischen Mittel- und Unterschichten, aber auch eine beachtliche Anzahl von Beduinen.

Auffällig war demgegenüber die geringe Beteiligung von *Christen* unter den Aktivisten und Anführern der einzelnen Widerstandsgruppen, was wohl auf die wachsenden Spannungen zwischen Muslimen und Christen zurückzuführen ist, die von dem

Verdacht der Muslime genährt wurden, die Christen würden von den Briten bevorzugt, während die Christen sich von Islamisierungstendenzen bedroht sahen – ein klassisches Muster gegenseitiger Wahrnehmung, das sich nicht erst mit dem Aufstand herausgebildet hatte.[31] Viele christliche Dörfer waren selbst unter Druck nicht bereit, mit den Rebellen zusammenzuarbeiten. Im Winter 1936 war ein Aufruf zum Boykott von Christen laut geworden, den der Oberste Muslimische Rat und der Mufti jedoch scharf verurteilten. Der Teilungsplan der Peel-Kommission schuf die Grundlage für eine neuerliche Solidarisierung von Muslimen und Christen, waren doch die in Galiläa lebenden arabischen Christen ebenso betroffen wie ihre muslimischen Nachbarn, doch kam es im Verlauf der zweiten Phase des Aufstands zu neuen Spannungen. Zwiespältig war die Rolle der *Drusen*, die mehrheitlich in den an Palästina angrenzenden Gebieten Syriens und Libanons lebten, aber auch in der Karmel-Region einige Dörfer bewohnten: Bis 1936 verhielten sie sich weitgehend neutral zwischen Muslimen und Juden, danach wandten sie sich jedoch mehrheitlich den Juden zu, denen auch einer der wichtigsten Drusenführer, Sultan al-Atrash, der 1925 an der Spitze des Aufstands gegen die Franzosen gestanden hatte, freundlich gesonnen war. Seit 1934 im transjordanischen Exil, unterhielt er Kontakte zur Jewish Agency. Ab Dezember 1937 wurde unter den Drusen des Libanon sogar offen gegen die Aufständischen agitiert, wobei sich die Feindseligkeit – wie bei den christlichen Maroniten – zu einem guten Teil mit dem Mißtrauen gegenüber dem arabischen Nationalismus erklären läßt, der seinerseits stark vom sunnitischen Islam geprägt war. 1938 waren drusische Dörfer, die sich weigerten, am Aufstand mitzumachen, Angriffen der Rebellen ausgesetzt, die zahlreiche Tote und Verletzte forderten. Ein Friedensabkommen im Januar 1940 konnte die tiefen Wunden nicht heilen. Während des Kriegs von 1948/49 stellten sich viele Drusen auf die jüdische Seite.

Ein Akt symbolischer Politik, der für sich genommen von geringer Bedeutung war, kann die Vielschichtigkeit der Erhebung veranschaulichen: Als die – überwiegend ländlichen – Rebellen 1938/39 eine Reihe palästinensischer Städte eroberten (darunter im Oktober 1938 für kurze Zeit auch die Altstadt von Jerusalem mit Ausnahme des jüdischen Viertels), brachten sie ihre Herrschaft sichtbar zum Ausdruck – und zwar ganz klassisch mit Hilfe von *Bekleidungsvorschriften*, noch genauer mit Bestimmungen betreffend die bei Männern wie bei Frauen besonders auffällige Kopfbedeckung.[32] Die arabischen Männer der Mittel- und Oberschicht erhielten im August 1938 Anweisung, den städtischen Fez oder Tarbusch mit der Kufiyya (arab. auch *hatta*) zu vertauschen, die von den meisten Beduinenstämmen und in manchen Gegenden Palästinas auch von den Bauern getragen wurde. Die Kufiyya war ein Baumwolltuch, üblicherweise weißer Farbe, das mit einer dunklen Kordel (*'iqal*) auf dem Kopf befestigt wurde. Das grauweiße Schachbrettmuster wurde erst seit den 1950er Jahren charakteristisch für das «Palästinensertuch»; die Beduinen des Ostjordanlandes, namentlich die Soldaten der Arabischen Legion, waren an dem rot-weißen Schachbrettmuster zu erkennen, das auch Emir Abdallah trug. Ein Motiv, den Städtern die Kufiyya aufzuzwingen, lag sicher in dem Wunsch der Rebellen, in der Stadt nicht allzu sehr aufzufallen, sich gewissermaßen wie ein Fisch im Wasser zu bewegen. Zudem wollte man den städtischen Efendis im Namen nationaler Einheit eine Kopfbedeckung verordnen, die historisch mit den ländlichen unteren Klassen identifiziert wurde: «Wir sind ein Volk» eigener Variante.

Dennoch war die «Politik der Kopfbedeckung» nicht so eindeutig, wie es den Anschein hatte: Eindeutig war allein der Hut – ihn trugen Europäer und dementsprechend auch viele Juden europäischer Herkunft einschließlich ihrer Rabbiner, während die zionistischen Pioniere und Arbeiter die proletarische Schirmmütze bevorzugten. Anders als in der Türkei, wo Mustafa Kemal («Atatürk» wurde er offiziell erst 1934) in den 1920er Jahren den Hut als Zeichen westlicher Modernität durchgesetzt hatte, blieb in Palästina auch die in Ansätzen verwestlichte, unter Umständen sogar probritische arabische Ober- und Mittelschicht beim osmanischen Tarbusch, wenn sie nicht – wie in der Zwischenkriegszeit häufiger der Fall – barhäuptig ging. Der Hut wurde auf jeden Fall nicht aufgesetzt. Den Tarbusch hatte Sultan Mahmud II. seinen Untertanen 1829, d. h. noch vor den Tanzimat-Reformen, als Zeichen osmanischer Loyalität und Zugehörigkeit verordnet. Selbst wenn er sich nicht sofort und überall behauptete, ersetzte er doch manche der nach Farbe, Form und Material unterschiedenen Kopfbedeckungen, die es auf den ersten Blick erlaubten, nicht nur einzelne Berufs- und Statusgruppen, sondern auch Muslime und Nichtmuslime zu identifizieren. Auch diese obrigkeitliche Maßnahme diente also der Vereinheitlichung der Bevölkerung, wenngleich nicht unter nationalen Vorzeichen, sondern unter dynastischen. Im 20. Jahrhundert war der Tarbusch *das* Kennzeichen der einheimischen Mittel- und Oberschicht.

Die Kufiyya war ihrerseits keineswegs *die* traditionelle Kopfbedeckung der arabisch-palästinensischen Bauern und Beduinen, zu der sie unter nationalistischen Vorzeichen stilisiert wurde. Eine Vereinheitlichung fand vielmehr erst in den 1930er Jahren im Zeichen des nationalen Widerstands statt. Historische Zeichnungen und Photographien zeigen die Vielfalt der Kopfbedeckungen, die selbst nach den Tanzimat-Reformen von unterschiedlichen Bevölkerungsgruppen in den verschiedenen Regionen getragen wurden: einfache Filzkappen, ausladende Turbane, eng gewickelte Turbane (wie sie zum Beispiel der Mufti trug), Fez bzw. Tarbusch. Zugleich war die Kufiyya nicht so einfach mit arabisch-nationaler Gesinnung gleichzusetzen, wie das häufig geschah. Zwar trug die Armee Faisals das beduinische Tuch hijazischen Zuschnitts (mit einer anderen Kordel als in Palästina üblich), doch taten dies auch die Kamelreiter der osmanischen Armee (die britischen trugen breitkrempige Hüte, wie man sie von der kanadischen Grenzpolizei kennt) – und die Mitglieder des jüdischen Shomer-Wachbundes, die sich um die Jahrhundertwende eigentümlich ausstaffierten mit Kufiyya, Pullover und Stiefeln, halb kühner Beduine, halb russischer Proletarier. Die Kufiyya trugen in den 1930er Jahren auch die palästinensischen Pfadfinder (kombiniert mit Uniformhemd, Krawatte, knielangen Shorts, Kniestrümpfen, zum Teil im Schottenmuster, und festem Schuhwerk) – aber auch Edwin Samuel, der Sohn des Hochkommissars, der sich 1920 bei seiner Heirat mit Hadassa Garsovsky mit einer Kufiyya hijazischen Stils ablichten ließ. Noch in den 1930er Jahren stand diese so für ganz unterschiedliche Dinge: Status, Beruf, Gesinnung, Romantik und robuste Männlichkeit.

Im Grundsatz ähnlich stand es um Kopftuch und Gesichtsschleier (*hijab*), welche die Rebellen im gleichen Atemzug den Frauen – auch und gerade arabischen Christinnen – aufzuzwingen versuchten. Wiederum vermischte sich das Statussymbol mit dem, in diesem Fall betont moralisch gefärbten, nationalen Symbol, nur war die Mischung noch komplizierter als im Fall von Tarbusch

und Kufiyya. Und wiederum war die Tradition weniger einförmig, als man meinen möchte: Bis zum Ersten Weltkrieg war der
Gesichtsschleier unter arabischen Frauen der städtischen Mittel-
und Oberschicht verbreiteter als unter Bäuerinnen und Beduininnen. Erstere trugen ihn selten, weil er sie bei der Haus- und Feldarbeit behinderte, letztere, weil sie (tatsächlich traditionell) nicht
verschleiert gingen. Gebräuchlich war demgegenüber ein der Kufiyya zumindest in der Funktion ähnliches weites Tuch (*mandil*),
das Haupt, Schultern und gegebenenfalls auch den Oberkörper
bedeckte, das Gesicht jedoch frei ließ. Der Gesichtsschleier war
somit in erster Linie ein Statussymbol, das die oberen von den unteren Ständen abgrenzte, Zeichen weiblicher Sittsamkeit und familiärer Ehre. Ihn trugen in der Regel nur solche Frauen, die nicht
gezwungen waren, körperlich zu arbeiten. Mit Freiheit oder Unfreiheit im rechtlichen wie politischen Sinn hatte er wenig zu tun,
sondern allenfalls mit Bewegungsfreiheit. In der Zwischenkriegszeit aber waren zumindest im offeneren Milieu Jaffas und Haifas
einige Frauen der städtischen Ober- und Mittelschicht dazu übergegangen, den Gesichtsschleier abzulegen, und zwar nicht nur bei
Demonstrationen gegen die Balfour-Erklärung und das Mandat.
Die städtische Gesellschaft in Nablus, Gaza oder Jerusalem blieb
im großen und ganzen konservativer; demonstrieren konnte frau
auch *mit* Schleier. Doch zeigten sich die Frauen der Jerusalemer
Aristokratie bei bestimmten Anlässen auch gern als Damen der
Gesellschaft: europäisch gewandet und das Gesicht frei. Gegen
diese Zeichen der Verwestlichung (die jüdischen Pionierinnen
zeigten sich nach konservativem Empfinden halb nackt in der Öffentlichkeit), gegen den Verfall der Sitten, für Moral und Anstand
und in diesem Zusammenhang auch für den Schleier sprachen sich
islamische Gelehrte und Aktivisten vom Mufti und der «Gesellschaft zur Förderung des Guten und Verhinderung des Verwerflichen» bis zu Izz al-Din al-Qassam aus. Deren sozial konservative
Gesinnung teilten die bäuerlichen Rebellen, die die neu gewonnene Macht nutzten, ihre Vorstellung von Sitte und Anstand im öffentlichen Raum durchzusetzen. Im Oktober 1938 etwa erklärte
einer der einflußreichsten Guerillaführer, Abd al-Rahim al-Hajj
Muhammad:

«Dem Zentralen Kommandorat ist zu Ohren gekommen, daß einige weibische
Gestalten (*mukhannath* kann effeminiert bedeuten, kraftlos, auch Herm-

aphrodit und ist auf jeden Fall das Gegenteil von männlich, G.K.), die Männern ähnlich sehen, sich ohne Kopfbedeckung auf der Straße bewegen, vergessend, was wir zuvor über die Vorschrift, Kufiyya und Iqal zu tragen, verfügten. Es ist uns gleichermaßen zu Ohren gekommen, daß einige Frauen, eifrig darauf bedacht, westliche (*afranji*) Kleidung nachzuahmen, den Befehl mißachten, sich zu verschleiern. An all diese Personen richten wir unsere Warnung und erinnern sie an die Strafen, die sie erwarten, wenn sie in ihrem verwegenen Leichtsinn beharren.»[33]

Die Bekleidungsvorschriften der Rebellen ließen sich zunächst nicht durchsetzen: Die Mitglieder der 1947 gebildeten All-Palästina-Regierung trugen sämtlich den Fez (nur der Mufti blieb bei seinem Turban), die Frauen hingegen legten in wachsender Zahl den Schleier ab. Letzteres war der langfristige Trend; der Fez überlebte den Zweiten Weltkrieg nur um weniges, die Kufiyya wurde in der Nachkriegszeit tatsächlich zu *dem* Zeichen des palästinensischen Widerstands.

Einige Maßnahmen der Rebellen zeigten ein ausgeprägtes Bewußtsein für soziale Gerechtigkeit und Gleichheit, verbunden möglicherweise mit sozialen Ressentiments gegen «die da oben» und nicht zwingend kombiniert mit nationalen Gefühlen.[34] In den von ihnen kontrollierten Gebieten riefen die Aufständischen ein Schuldenmoratorium aus – angesichts der dramatischen Verschuldung vieler bäuerlicher Haushalte ein naheliegender Schritt –, hinderten Steuereintreiber und Gläubiger am Zutritt zu den Dörfern oder Stadtvierteln und erklärten alle Mietzahlungen für aufgehoben. Das erregte unter (arabischen) Hausbesitzern, Geschäftsleuten und Geldverleihern erheblichen Unmut. Er wurde gesteigert durch eine, vorgeblich auf die Scharia aufgebaute, Gerichtsbarkeit, die einzelne Rebellenführer in den von ihnen beherrschten Gebieten einrichteten, begleitet von einem eigenen Überwachungs- und Geheimdienstapparat, mit dem sie «Feinde der Revolution» zu entdecken und einzuschüchtern versuchten. Gewalt richtete sich somit nicht ausschließlich gegen britische und zionistische bzw. jüdische Ziele, sondern zugleich gegen arabische Efendis und Notabeln sowie gegen all diejenigen, die die eigenen Ziele und Aktionen nicht zu unterstützen bereit waren, darunter selbst Bauern, Beduinen und städtische Arme. Mit Gewalt, Zwang und Einschüchterung wurden Geld, Lebensmittel und Waffen erpreßt. Einzelne wurden der Kollaboration mit den Juden beschuldigt und «hingerichtet», viele flohen auf sicheres Gebiet.

Beinahe unweigerlich vermischten sich soziale und politische Anliegen mit persönlichen Feindschaften, Clanfehden, gelegentlich auch mit der ganz gewöhnlichen Kriminalität. Die Blutschuld, die sich im Laufe weniger Monate aufhäufte und die man traditionellerweise möglichst einzugrenzen versucht hatte, erwies sich im folgenden als große Belastung für die palästinensische Gesellschaft.

In der zweiten Phase des Aufstands gingen Juden – einmal mehr ist es schwierig, zwischen Juden und Zionisten zu unterscheiden – von der Selbstverteidigung zu selektiven Terror- und Vergeltungsakten über. Die paramilitärische Hagana (wörtlich: Verteidigung), die sich seit dem Ersten Weltkrieg im Geheimen entwickelt hatte, wurde, nicht zuletzt durch die Zusammenarbeit mit den britischen Sicherheitskräften, immer stärker.[35] Auf arabischer Seite bestätigte das alle Befürchtungen, die Juden könnten sich mit Hilfe der Briten bewaffnen und ihre Ziele mit Gewalt durchsetzen. Die Briten genehmigten schon im Mai 1936 die Bildung bewaffneter jüdischer Einheiten in Form einer jüdischen Hilfspolizei, der Tausende beitraten und die sogar über gepanzerte Fahrzeuge verfügte. 1936/37 formierten sich mobile Einsatzgruppen zum Schutz jüdischer Siedlungen und Einrichtungen, zur gleichen Zeit wurden die ersten befestigten jüdischen Wehrdörfer (sog. Turm-und-Mauer-Siedlungen) angelegt, die sich im Fall von Angriffen besser verteidigen ließen. 1937 spaltete sich aus Protest gegen die offizielle Linie der Zurückhaltung (*havlaga*) die militante Untergrundorganisation Etzel (IZL, das hebräische Akronym von Irgun Tzva'i Le'umi, Nationale Militärorganisation) von der Hagana ab und machte schon wenig später mit Aufmärschen auf sich aufmerksam. Im November 1937 verübte sie die ersten Terroranschläge auf arabische Busse, Cafés, Märkte und andere öffentliche Plätze, die sie in den 1940er Jahren noch intensivieren sollte.

1938 wurden unter dem Kommando des schottischen Offiziers Orde Charles Wingate gemischte britisch-jüdische Sondereinheiten (Special Night Squads) gebildet, deren vordergründiger Auftrag im Schutz der 1935 fertiggestellten Pipeline der Iraq Petroleum Pipeline bestand, die in erster Linie aber der Bekämpfung der arabischen Rebellen diente. Die Zusammenarbeit mit den britischen Sicherheitskräften beschränkte sich nicht auf die Ausbildung, Ausrüstung und logistische Unterstützung der Hagana-

Kämpfer, sondern umfaßte auch Information und Spionage, wo arabischsprachige Juden den vielfach sprach- und landesunkundigen Briten sehr nützlich sein konnten. Wenngleich schon 1939 wieder aufgelöst, trugen die Special Night Squads zur militärischen Ausbildung von Hagana-Mitgliedern entscheidend bei. Als die Briten zur gleichen Zeit aber Schiffe mit illegalen jüdischen Einwanderern aufbrachten und die Passagiere entweder in Lagern internierten oder nach Europa zurückschickten, verübten Etzel und Hagana 1939 auch die ersten Anschläge auf britische Einrichtungen vom Radiosender bis zu Militäranlagen, wobei zivile Opfer durchaus in Kauf genommen wurden.

In der zweiten Phase des Aufstands gingen die Briten weit schärfer gegen den arabischen Widerstand vor, als sie dies 1936–1937 getan hatten: Im Februar 1938 übernahm Sir Harold MacMichael das Amt des Hochkommissars, um den als zu weich und araberfreundlich geltenden Wauchope abzulösen. Die britischen Maßnahmen machten in ihrer Härte Schule. Schon Ende Juni 1937 hatten sie den unerlaubten Besitz von Waffen, Munition und Sprengstoff unter Todesstrafe gestellt, ein Schritt, der sich in erster Linie gegen die arabischen Rebellen richtete; viele Juden besaßen zu dieser Zeit die Erlaubnis, Waffen zu tragen und für den Verteidigungsfall Munition einzulagern. Nicht nur wurden zwischen 1937 und 1939 mehr als 112 Araber im Zentralgefängnis von Akko gehenkt, und zwar häufig wegen unerlaubten Waffenbesitzes. Die Häuser von Familien, die verdächtigt wurden, Aufständische («Terroristen») zu unterstützen, wurden in die Luft gesprengt (eine später von der Hagana und dem israelischen Staat übernommene Praxis), Dörfern und Gemeinden Kollektivstrafen auferlegt, häufige Ausgangssperren verhängt. Straßen wurden auch in entlegenere Ortschaften gebaut, um den Zugriff auf die ländlichen Gebiete zu verdichten. Schule machten auch die Vergeltungsakte der Rebellen gegen echte und angebliche Kollaborateure und Verräter in den eigenen Reihen.[36] Zwischen den Pressionen der Aufständischen und den Repressionen der Briten, die wenig auf individuelle Verantwortung achteten, geriet die Bevölkerung unter immer stärkeren Druck. Viele der Wohlhabenderen flohen ins benachbarte arabische Ausland – eine Fluchtbewegung, die sich, mit verheerenden Folgen für die Beteiligten, 1947–1949 wiederholen sollte. Einige schlossen sich Ende 1938 den arabischen Friedens-Corps (*fasa'il al-salam*, inter-

essanterweise selten mit «Friedensbanden» übersetzt) an, die unter
Leitung Fakhri al-Nashashibis und mit britischer Hilfe gegen die
Aufständischen kämpften. Sog. Dorfligen wandten sich zum Teil
hilfesuchend an ihre jüdischen Nachbarn.

Nach dem Münchner Abkommen vom September 1938, das die
Gefahr eines deutschen Angriffs auf England abgewendet zu haben
schien, verlagerten die Briten weitere Truppen nach Palästina, so
daß die Gesamtstärke von Armee und Polizei zu Jahresende erneut
20 000 Mann erreichte. Unter der Übermacht brach der organisierte
Widerstand im Frühjahr 1939 zusammen.

5. Diplomatie: Vom Runden Tisch zum
MacDonald-Weißbuch

Parallel zur militärischen Aktion liefen diplomatische Bemühungen: Schon im März 1938, als der Aufstand in vollem Gang war,
wurde eine Kommission unter Sir John Woodhead gebildet, die in
ihrem Bericht vom November 1938 modifizierte Teilungsvor-
schläge vorlegte.[37] Ein im selben Monat veröffentlichtes Weißbuch
verwarf in einer neuerlichen Wendung eine Teilung Palästinas, wie
sie die Peel- und die Woodhead-Kommission vorgeschlagen hatten, als «undurchführbar (*impracticable*)», empfahl die Fortführung des britischen Mandats und lud Juden und Araber zu einer
Konferenz nach London ein. Die St. James Konferenz vom Frühjahr 1939 wurde zwar am «Runden Tisch» geführt, doch verweigerte die arabische Seite direkte Gespräche mit ihrem zionistischen Gegenüber, so daß die Briten als Vermittler auftraten. Auf
arabischer Seite waren neben mehreren Mitgliedern des Obersten
Arabischen Komitees (mit Ausnahme des amtsenthobenen Mufti
selbst) und der Nashashibi-Fraktion auch Vertreter der unabhängigen arabischen Staaten Ägypten, Irak, Transjordanien, Saudi-
Arabien und Jemen anwesend, nicht hingegen Libanons und
Syriens, die ihre Unabhängigkeit von Frankreich noch nicht erlangt hatten. In diesem Zusammenhang kam es auch zu einer neuerlichen Prüfung der Husain-McMahon-Korrespondenz, als deren
Ergebnis die britische Regierung zu erkennen gab, daß gewisse
Passagen mißverständlich waren. Den Charakter eines völkerrechtlich bindenden Vertrags gestand sie ihr nicht zu.[38] Angesichts

der Unvereinbarkeit der Standpunkte in Sachen Einwanderung, Teilung und Staatsgründung ging die Konferenz im März 1939 – kurz nachdem das Deutsche Reich das Münchner Abkommen gebrochen und die Tschechoslowakei überfallen hatte – ohne Einigung auseinander, wobei allerdings die Gespräche mit arabischen Regierungsvertretern fortgesetzt wurden.

Ein neues Weißbuch (MacDonald-Weißbuch) brachte im Mai 1939 mehrere neue Ideen ins Spiel: eine Begrenzung jüdischer Einwanderung auf 75 000 Personen über einen Zeitraum von fünf Jahren, danach sollte eine weitere Immigration nur noch mit arabischer Einwilligung möglich sein; eine Beschränkung des jüdischen Landerwerbs auf bestimmte Gegenden unter Ausschluß der dicht besiedelten arabischen Gebiete; und schließlich den binationalen, arabisch-jüdischen Staat, der binnen zehn Jahren unabhängig werden und dann in eine neue Vertragsbeziehung mit Großbritannien eintreten sollte. Neben der ökonomischen Dimension sollte beim Kriterium der «Aufnahmefähigkeit» des Landes künftig auch die politische berücksichtigt werden, d.h. in anderen Worten die arabischen Vorbehalte gegen einen unkontrollierten jüdischen Zustrom – ein Vorschlag, den bereits die Peel-Kommission gemacht hatte, um ihn aber zugunsten einer Teilung des Mandatsgebiets aufzugeben. Der Kernsatz des Weißbuchs lautete:

«Die Regierung Seiner Majestät ist der Überzeugung, daß die Verfasser des Mandats, in das die Balfour-Erklärung aufgenommen wurde, nicht beabsichtigt haben können, Palästina gegen den Willen der arabischen Bevölkerung des Landes in einen jüdischen Staat zu verwandeln.»[39]

Das war auf den ersten Blick ein großer Erfolg für die arabische Seite, der vorrangig als Erfolg des Aufstands gewertet werden konnte. Hintergrund dieser Wendung war zugleich aber der Aufstieg der faschistischen Mächte in Europa und der drohende Ausbruch kriegerischer Gewalt, die auch die britische Stellung im Nahen und Mittleren Osten zu gefährden schien – wiederum also weniger lokale oder regionale Entwicklungen als vielmehr europäische und imperiale Interessen:[40] Seit der italienischen Invasion in Äthiopien vom Oktober 1935 sahen britische Strategen die eigene Vorherrschaft im östlichen Mittelmeer bedroht. Damit stieg die strategische Bedeutung Palästinas im allgemeinen und Haifas im besonderen, ohnehin ein wichtiger Punkt im britischen Luftverteidigungs- und Kommunikationssystem. Hier hatten die Briten 1933 den modernen Tiefseehafen fertiggestellt und 1935 die Pipeline in die nordirakischen Ölfelder gelegt, die sie in dieser Hinsicht vom Suezkanal unabhängiger machte. Wichtig wurde aber auch die Haltung der arabischen Regierungen, die unter den gewandelten politischen und strategischen Bedingungen mehr Entgegenkommen erwarten konnten, gerade in der Palästinafrage, die im Verlauf des Aufstands größere regionale Bedeutung erlangt hatte. Manche britische Beobachter nannten dies «Beschwichtigungspolitik», «Appeasement», das dazu dienen sollte, die arabische Seite auf der eigenen Seite («ruhig») zu halten. Zu einem gewissen Grad hatten die Araber damit den Status der Meistumworbenen erlangt, den bislang die zionistisch-jüdische Seite beansprucht hatte.

Alles in allem war das Weißbuch ein Fehlschlag: Es empörte die Zionisten, ohne die Araber zufriedenzustellen. Beide wiesen es zurück. Positiver als die arabische Führung und viele der Rebellen reagierte interessanterweise ein Teil der arabischen Bevölkerung einschließlich prominenter Nationalisten, die das Weißbuch als Zeichen ihres Triumphs verstanden. Eine Bindung der jüdischen Einwanderung, die unter dem Druck der europäischen Judenverfolgung ganz neue Dimensionen annahm, an arabische Zustimmung lehnte die zionistische Seite entschieden ab. Die Briten, so bemerkte Chaim Weizmann spitz, waren ja auch nicht mit arabischer Zustimmung in Palästina. David Ben-Gurion, der die schwierige jüdische Situation wohl kannte, erklärte im Angesicht des aufziehenden Kriegs, die Juden würden «in diesem Krieg mit Großbritannien kämpfen, als gäbe es das Weißbuch nicht, und gegen das Weißbuch kämpfen, als gäbe es keinen Krieg». Damit bahnte sich zugleich eine stärkere Hinwendung der Zionisten zu den USA an – einer Großmacht mit starker jüdischer Minderheit –, die 1942 im sog. Biltmore-Programm ihren Niederschlag finden sollte. Im Gefolge des Aufstands von 1936–1939 kam es so zu einer internationalen Ausweitung des Konflikts auf die arabischen Nachbarländer auf der einen Seite, die USA auf der anderen.

Bilanz

Bei Kriegsausbruch war Palästina «befriedet». Die Ergebnisse des Kampfs waren zwiespältig: Politisch gesehen gingen der Mufti und das Oberste Arabische Komitee gestärkt aus der ersten Phase hervor, ihre Gegner innerhalb und außerhalb der Nashashibi-Fraktion wurden deutlich geschwächt. Die arabische Wirtschaft und Gesellschaft aber hatte unter den Auseinandersetzungen schwer gelitten: Allein die arabische Seite beklagte rund 5000 Tote und annähernd 15 000 Verwundete, zerstörte Häuser, Felder und Obstgärten. Ungewollt, aber nicht vermeidbar schwächten Streik, Boykott und Aufstand die eigene Wirtschaftskraft und stärkten im gleichen Atemzug die jüdische Seite mit all ihren Institutionen, die ihre Bemühungen um *self-reliance* intensivierte. Juden machten, wie gezeigt, 1936 bereits fast ein Drittel der Bevölkerung aus. In Haifa und Jerusalem bildeten sie die Bevölkerungsmehrheit, das rasch aufstrebende Tel Aviv war rein jüdisch; die wichtigsten Industriebetriebe waren in ihrem Besitz; in Handel und Bankwesen waren sie ungleich fester verankert als die Araber. Wo immer arabische Arbeiter, Angestellte, Handwerker oder Bauern streikten, traten nach Möglichkeit Juden an ihre Stelle – in einer Zeit der massiven Einwanderung von großer Bedeutung für den bedrängten Yishuv. Sichtbarstes Beispiel für die Errichtung eines exklusiv jüdischen Sektors war der Bau des Hafens von Tel Aviv. Ebenso wichtig war mit Blick auf die folgenden Ereignisse der Aufbau der Hagana, die sich als inoffizielle Streitmacht der jüdischen Bevölkerung formierte. Die wirtschaftliche, politische und räumliche Trennung der Gemeinschaften vertiefte sich immer weiter.

Unter der arabischen Bevölkerung hinterließ der Aufstand einen bleibenden Eindruck und lang anhaltende Wirkung: Im Gedächtnis blieb in erster Linie der nationale Aspekt, der von den Beteiligten und späteren Generationen bewußt kultiviert wurde. Dabei war er keineswegs nur Ausdruck nationalen Widerstands gegen die britische Besatzung und die zionistischen Bestrebungen, sondern zugleich Ausdruck sozialen Widerstands gegen Ungleichheit und Ungerechtigkeit innerhalb der arabischen Gesellschaft selbst, die bestenfalls mittelbar etwas mit Imperialismus und Zionismus zu tun hatten. Das legt einen Vergleich mit der sog. nationalen Revolution im Ägypten des Jahres 1919 oder auch dem Aufstand gegen die ägyptische Besatzung Palästinas im Jahr 1834 nahe – nicht zuletzt aber mit der Intifada, in der sich gleichfalls nationale und soziale Anliegen zu einem komplizierten und keineswegs reibungsfreien Gemenge verbanden. Für die Palästinenser selbst konnten die britischen Zugeständnisse allenfalls kurzfristig als Erfolg gewertet werden. Tatsächlich war im Gefolge des Aufstands die arabische Führung weitgehend zerschlagen, die jüdisch-zionistische Gesellschaft geschlossen und besser organisiert denn zuvor (dies jedoch nicht nur wegen der Vorgänge in Palästina selbst, sondern maßgeblich wegen der Judenverfolgung in Europa), die arabische Wirtschaft geschwächt, die jüdische mit dem Ziel der Autonomie, wenn nicht Autarkie zielstrebig ausgebaut, die Araber weitgehend entwaffnet und die Zionisten besser gerüstet denn je. Die Folgen dieses verschärften Ungleichgewichts mit Blick auf soziale Kohäsion, ökonomische Performanz, politische Organisation und militärische Kapazität sollten sich rasch und deutlich zeigen.

XIII.

Vom Zweiten Weltkrieg bis zur Gründung Israels

Der Zweite Weltkrieg brachte für Araber und Juden sehr unterschiedliche Erfahrungen: Auf der einen Seite stand eine spürbare Verbesserung der wirtschaftlichen Lage durch die Stationierung britischer Truppen, die mit ihrer Nachfrage nach Gütern und Dienstleistungen die lokale Wirtschaft ankurbelten, auf der anderen aber das Wissen um die existentielle Bedrohung, der die Juden in Europa ausgesetzt waren, möglicherweise aber auch die Juden des Vorderen Orients ausgesetzt sein würden, wenn die Achsenmächte ihren Vorstoß über Nordafrika fortsetzten und Palästina und Syrien eroberten. Die Sorge um das Schicksal der Juden überschattete auf der Seite des Yishuv alle anderen Entwicklungen und Überlegungen. Sie stärkte nicht nur in zionistischen, sondern in breiten jüdischen Kreisen Europas, Palästinas und der USA den unbedingten Willen, Palästina als Fluchtpunkt («sicheren Hafen») für die von der Vernichtung bedrohten Juden Europas offenzuhalten und dort nicht nur eine jüdische Heimstätte zu errichten, sondern einen jüdischen Staat, wie ihn der Peel-Plan vorgeschlagen, das Passfield-Memorandum aber verworfen hatte. Auf die Wünsche und Interessen der arabischen Bewohner Palästinas wurde unter diesen Vorzeichen keine Rücksicht mehr genommen (auch zuvor war von einer echten Rücksichtnahme keine Rede gewesen, sondern allenfalls von dem Versuch, mit arabischen Führern – vorzugsweise des benachbarten Auslands, nicht Palästinas selbst – zu einem Ausgleich zu kommen, der die Verwirklichung des zionistischen Traums von einem jüdischen Gemeinwesen in Eretz Israel ermöglichen würde). Die eigentliche Zäsur aber bedeutete nicht der Weltkrieg, sondern die kurz danach erfolgte Teilung des Mandatsgebiets und die Gründung des Staates Israel, die das Verhältnis von Arabern und Juden – weit über Palästina hinaus – auf eine völlig neue Grundlage stellte.

1. Palästina im Zweiten Weltkrieg

Im Zweiten Weltkrieg ging es einmal mehr um «größere Zusammenhänge», nicht um Palästina. Auslöser war der deutsche Überfall auf Polen am 1. September 1939; am 3. September erklärten Großbritannien und Frankreich dem Deutschen Reich den Krieg. Zwischen April und Juni 1940 eroberte die Wehrmacht Dänemark, Norwegen, Belgien, Luxemburg, die Niederlande und den größten Teil Frankreichs; in Paris übernahm Ende Juni 1940 die achsenfreundliche Vichy-Regierung die Macht. In der Luftschlacht um England vermochten die Briten im August und September 1940 den deutschen Luftangriff auf das eigene Land abzuwehren. Der Krieg trat in eine neue Phase ein, als Hitler im Juni 1941 den Hitler-Stalin-Pakt vom August 1939 brach und den Einmarsch in die Sowjetunion befahl, der in Europa eine zweite Front eröffnete. In der ersten Jahreshälfte 1942 waren die deutschen Truppen an allen Fronten auf dem Vormarsch.

Schon mit dem Fall Frankreichs war der Krieg Palästina nähergerückt. Vichy-treue Kräfte kontrollierten ab Juni 1940 nicht nur Algerien, Marokko und Tunesien, sondern auch Syrien und Libanon. Wenngleich sie dort, in unmittelbarer Nachbarschaft Palästinas und seines jüdischen Yishuv, auch keine antijüdische Politik durchsetzten, so war doch nicht auszuschließen, daß es später dazu kommen würde. Unter dem Eindruck der deutschen Siege trat das faschistische Italien, das neben Libyen auch Rhodos beherrschte, im Juni 1940 an der Seite Hitlerdeutschlands in den Krieg ein. Damit geriet die Kontrolle des Mittelmeers in Gefahr, auf der seit dem 19. Jahrhundert die britische Überlegenheit in Nah- und Mittelost ruhte. 1940/41 bombardierte die italienische Luftwaffe wiederholt palästinensische Städte, darunter Haifa und Tel Aviv, wo Hunderte von Menschen starben. Während die Briten in Kairo in Form des Middle East Supply Centres die Drehscheibe ihrer Kriegführung im Mittelmeer und dem Mittleren Osten einrichteten, was die Bedeutung des Hafens von Suez und des Suezkanals unterstrich, diente ihnen Palästina als strategisches Hinterland und Truppenübungsfeld. Haifa, der einzige Tiefseehafen des Landes, Endpunkt der Straße nach Bagdad und der Pipeline von den nordirakischen Ölfeldern, gewann zusätzlich an Bedeutung, als dort im

Juni 1940 eine Ölraffinerie in Betrieb genommen wurde, die die britische Mittelmeerflotte mit ihrem wichtigsten Treibstoff versorgte. Im April 1941 eroberte die Wehrmacht Jugoslawien und Griechenland, wo starke britische Einheiten stationiert worden waren. Zur gleichen Zeit leitete der irakische Ministerpräsident Rashid Ali al-Kailani, bei dem auch Hajj Amin al-Husaini Zuflucht gefunden hatte, einen Aufstand (der in westlichen Quellen meist als bloßer «Putsch» abgewertet wird) gegen die britische Militärpräsenz in seinem Land, die durch den anglo-irakischen Vertrag von 1930 freilich rechtlich abgesichert war, und suchte um deutsche Militärhilfe nach. Die britische Luftwaffe schlug den Aufstand mit Unterstützung der aus Transjordanien entsandten Arabischen Legion (Emir Abdallah hatte sich bei Kriegsbeginn auf die Seite der Briten gestellt, so daß aus dieser Richtung keine Gefahr drohte) nieder, der Mufti floh über Iran und Italien nach Berlin.

Da die Vichy-Regierung in Damaskus deutschen Flugzeugen auf dem Weg in den Irak die Landeerlaubnis erteilt hatte, marschierten britische Truppen, unterstützt von Einheiten des Freien Frankreich unter General de Gaulle und kleineren Verbänden der Hagana (beteiligt waren unter anderen Yitzhak Rabin, Yigal Allon und Moshe Dayan, der bei dem Einsatz ein Auge verlor), im Mai 1941 von Palästina aus in Syrien und Libanon ein, das sie bis Juli vollständig besetzten. Das bedeutete das Ende der Vichy-Herrschaft über diese Gebiete, aber nicht das Ende des französischen Mandats: De Gaulle versprach Syrien und Libanon auf britischen Druck hin zwar die Unabhängigkeit – der britische Außenminister Anthony Eden hatte, um die arabischen Nationalisten auf die eigene Seite zu ziehen, noch vor dem Einmarsch die Unterstützung seines Landes für arabische Einheitsbestrebungen und die Unabhängigkeit Syriens erklärt. Er brach diese Zusage jedoch nach erfolgter Vertreibung der Vichy-Administration; erst 1946 zogen die französischen Truppen endgültig aus Syrien und Libanon ab.

Ungeachtet der Erfolge in Irak, Syrien und Libanon (auch Äthiopien war im April 1941 durch einheimische und britische Truppen von der italienischen Okkupation befreit worden) war die militärische Lage im Frühjahr und Sommer 1942 aus Londoner Sicht höchst bedrohlich: Der japanische Angriff auf den amerikanischen Stützpunkt Pearl Harbor führte im Dezember 1941 zwar zum Kriegseintritt der USA auf der Seite der Alliierten. Dennoch eroberte Japan unter anderem Singapur, den größten britischen Flottenstützpunkt in der östlichen Hemisphäre («*east of Suez*»); in Rußland waren die deutschen Truppen nicht aufzuhalten; in Nordafrika marschierte das deutsch-italienische Afrikakorps unter Feldmarschall Rommel, von Tunesien kommend, bis kurz vor Alexandria und bedrohte damit Ägypten und den Suezkanal, immer noch eine der «Lebenslinien» des Empires. In Ägypten gingen Demonstranten mit dem Ruf «Vorwärts Rommel!» auf die Straße. Der britische Botschafter zwang den ägyptischen König am 4. Februar 1942, eine probritische Regierung unter der Führung des Wafd einzusetzen, der seit der «Revolution» von 1919 zwar erheblich an Kraft und Ansehen eingebüßt hatte, aber – im Gegensatz zu einigen nationalistischen Politikern und dem König selbst – nicht im Ruf der Achsenfreundlichkeit stand. Die Wende kam erst Ende 1942: Im Pazifik setzten sich die Amerikaner gegen die Japaner durch, in Stalingrad erlebte die Wehrmacht im Winter 1942/43 ihre schrecklichste Niederlage und in El-Alamein brachten die Briten im November/Dezember den deutschen Vormarsch in Nordafrika zum Stehen. Die unmittelbare Gefahr einer faschistischen Machtübernahme im Vorderen Orient war gebannt.

Erholung im arabischen Sektor

In Palästina selbst waren die Auswirkungen des Kriegs (in den das Land, anders als 1914–1918, nicht direkt einbezogen war) und der alliierten «Kriegsanstrengung» zwiespältig: Ungeachtet intensiver Feindpropaganda – Radio Bari strahlte seit 1935 ein arabischsprachiges Programm aus, an dem sich seit 1941 auch der Mufti beteiligte, das die Araber zum Aufstand gegen Großbritannien und Frankreich an der Seite der Achsenmächte aufrief – blieb die arabische Bevölkerung ruhig. Das hatte eine Reihe von Gründen: Die traditionelle städtische Führung war nach dem Scheitern des arabischen Aufstands weitgehend ausgeschaltet, das Oberste Arabische Komitee aufgelöst, viele der prominenteren Politiker exiliert, deportiert oder interniert, die Infrastruktur des Aufstands weitgehend zerschlagen, die ländlichen Führer demoralisiert, inhaftiert oder hingerichtet. Hunderttausende alliierter Soldaten waren im

Land stationiert. Zur gleichen Zeit sorgte das MacDonald-Weißbuch für eine positivere Stimmung. Einige nationalistische Führer
rangen sich zu einer vorsichtigen Zustimmung zum Weißbuch
durch, das der Mufti und seine Anhänger weiterhin entschieden
ablehnten.

Ein kriegsbedingter wirtschaftlicher Aufschwung trug zur Beruhigung der Lage bei.[1] Zwar brach durch die Behinderung ziviler
Ein- und Ausfuhren der Zitrusmarkt zusammen, doch konnte der
Verlust gesamtwirtschaftlich ausgeglichen werden (Zitruspflanzer
und in den Plantagen beschäftigte Arbeiter wurden natürlich durch
den Einbruch geschädigt), da die entfallenen Importgüter vor Ort
erzeugt und damit «substituiert» wurden. Das betraf vor allem
Nahrungsmittel, die 1939 zu gut 40 % importiert worden waren.
Im Verlauf des Kriegs weitete sich die landwirtschaftliche Produktion rasch aus, im jüdischen Sektor vor allem durch Kultivierung
neuer Flächen (Extensivierung), im arabischen durch Beschäftigung zusätzlicher Arbeitskräfte, die die Arbeitslosigkeit verringerte, und Ausweitung der Bewässerung, die die Produktivität erhöhte
(Intensivierung). Zusätzliche Impulse vermittelten die im Land stationierten Truppen und die alliierte «Kriegsanstrengung» insgesamt: Die Briten bauten systematisch ihre Versorgungslinien aus,
legten neue Straßen- und Schienenwege, errichteten Stützpunkte,
Kaianlagen und Militärflughäfen. Von der Nachfrage nach Nahrungsmitteln, gewerblichen Gütern und Dienstleistungen profitierten auch arabische Bauern, Handwerker und Geschäftsleute,
die während des Aufstands wirtschaftlich gelitten hatten. In dieser
Hinsicht verhielten sich die britischen Truppen erkennbar anders
als die osmanischen während des Ersten Weltkriegs: Zunächst einmal wurden Palästinenser nicht zum Militär eingezogen. Von flächendeckender Konfiszierung, Abholzung und finanzieller Aus-
blutung war gleichfalls nicht die Rede. Von Hunger und Epidemien
blieb das Land ebenso verschont, wenngleich die Lebensmittelra-
tionierung ab Januar 1942 für die städtische Bevölkerung gewisse
Einschränkungen bedeutete. Die Bauern hingegen profitierten von
der Inflation, die ihre Schuldenlast reduzierte und damit ihre Kre-
ditwürdigkeit erhöhte, so daß sie leichter als zuvor Zugang zu
Banken fanden, was wiederum ihre Abhängigkeit von privaten Geldleihern und Wucherern verringerte. Insofern waren die
Kriegsjahre für viele einfache arabische Palästinenser gute Jahre.

Wäre es allein um wirtschaftliche Daten gegangen, müßte Vergleichbares für die jüdische Bevölkerung gelten: Nach drei schwierigen Jahren setzte 1942 auch im jüdischen Sektor ein neuerlicher Aufschwung in Industrie und Handel ein. Durch die kriegsbedingte Nachfrage und das hohe Bildungsniveau im Yishuv selbst entstanden neue Industriezweige (Maschinenbau, chemische und pharmazeutische Produkte, optische und elektronische Geräte); im Gefolge der deutschen Besetzung der Niederlande verlagerte sich die Diamantenindustrie ins freie Ausland, darunter Palästina; 1943 beschäftigte sie hier bereits 3500 Mitarbeiter. Der Siedlungsbau wurde mit noch größerer Entschlossenheit vorangetrieben, vielfach in Gestalt der befestigten Turm-und-Mauer-Siedlungen und selbst an exponierten und entlegenen Stellen im Berg- und Hügelland (sog. Etzion-Block nahe Hebron zum Beispiel) sowie im Negev; sogar die Landkäufe konnten in bescheidenem Umfang weitergeführt werden. Mit *Jediᶜot Aharonot* (Neueste Nachrichten) erschien 1939 eine neue Tageszeitung, die sich dauerhaft auf dem Markt behaupten sollte. An den Theatern wurde weiter gespielt (patriotische Stücke der älteren und neueren jüdischen Geschichte vor allem), und zumindest auf dem Fußballplatz begegneten sich arabische und jüdische Mannschaften. Die politische Entwicklung in Europa rückte dennoch ein anderes Thema in den Vordergrund – die Rettung der bedrohten Juden, für die es, so lautete die zionistische Linie, nur einen sicheren Hafen gab: Palästina bzw. Eretz Israel. Nur vor diesem Hintergrund läßt sich der unerbittliche Kampf verstehen, den der Yishuv gegen jede Art der Beschränkung von Einwanderung, Landkauf und Ansiedlung führte. Er richtete sich deutlicher als zuvor gegen die Briten, die zur Sicherung der Stabilität nicht nur Palästinas, sondern des gesamten arabischen Raums eben diese ungehinderte Einwanderung und Ansiedlung nicht zulassen wollten, weil sie fürchteten, damit die Araber in die Arme der Achsenmächte zu treiben, die, wie erwähnt, bis Ende 1942 gewissermaßen vor der Haustür standen.

Der Konflikt mit der Mandatsmacht war schon vor dem Mac-Donald-Weißbuch vom Mai 1939 abzusehen: 1938 hatte die Führung des Yishuv die Ausweitung der illegalen Immigration beschlossen – obgleich zu diesem Zeitpunkt alternative Aufnahmeländer zur Verfügung standen und die amerikanischen Einwanderungsquoten nicht erfüllt wurden. 1939 gelangten bereits annähernd 40% der jüdischen Einwanderer illegal ins Land (11 156 von insgesamt 27 561 registrierten Olim); während des Kriegs kam die legale Zuwanderung fast völlig zum Erliegen.[2] Die Briten versuchten es mit Abschreckung: Schiffe mit illegalen Einwanderern an Bord wurden nicht in die Häfen gelassen, die Behörden der Transitländer aufgefordert, ihnen die Weiterfahrt zu verwehren, aufgegriffene Illegale in Lager gesteckt, auf die Insel Mauritius deportiert – oder nach Europa zurückgeschickt. Die *Patria* (!), die von den Briten angeheuert wurde, um mehr als 1700 internierte illegale jüdische Einwanderer nach Mauritius zu deportieren, sank im November 1940 im Hafen von Haifa, als die Hagana versuchte, das Schiff durch eine am Rumpf befestigte Bombe am Auslaufen zu hindern. Das Manöver mißlang, rund 250 Flüchtlinge ertranken, der Rest wurde von den Briten im Lager Atlit interniert. Im Dezember 1940 starben beim Untergang der *Salvator* im Marmara-Meer rund 230 Flüchtlinge. Das größte Unglück ereignete sich im Februar 1942, als die *Struma*, wahrscheinlich vom Torpedo eines sowjetischen U-Boots getroffen, mit 770 rumänischen Juden an Bord im Schwarzen Meer unterging, nachdem ihnen die türkischen Behörden nicht erlaubt hatten, während einer Reparatur der defekten Schiffsmotoren in Istanbul an Land zu gehen. Auf Hauswänden in Palästina erschienen Plakate, die den Hochkommissar Harold MacMichael des Mordes bezichtigten («Wegen Mordes gesucht!»). Die Tragödien bestärkten die zionistische Führung in ihrer Entschlossenheit, den eigenen Kurs gegen alle Widerstände durchzusetzen.

Ein wichtiges Mittel bestand in der weiteren militärischen Ausbildung und Aufrüstung des Yishuv, und hierzu konnte der Dienst unter britischer Fahne einiges beitragen.[3] Von Kriegsbeginn an bemühten sich die Zionisten darum, innerhalb der alliierten Streitkräfte jüdische Einheiten aufstellen zu dürfen, die unter eigener weiß-blauer Flagge mit dem Davidstern gegen die Achsenmächte kämpfen sollten. Das verweigerte die britische Heeresleitung. Dennoch rief die Führung des Yishuv zur Generalmobilmachung auf und appellierte an alle wehrfähigen jüdischen Männer (und Frauen), sich freiwillig für die britische Armee zu melden. Mehrere Zehntausend Männer und Tausende von Frauen folgten diesem Aufruf. Erst im September 1944 jedoch wurde eine Jüdische Kampfbrigade mit 5000 Soldaten gebildet und 1945/46 als gesonderte Einheit an der europäischen Front eingesetzt. Schon vorher wußte die Hagana die Zusammenarbeit mit den Briten auszubauen und – legal wie illegal – zu nutzen: legal in Form von militärischer und geheimdienstlicher Zusammenarbeit, an der den Briten dank der exzellenten Sprach-, Landes- und Personenkenntnisse jüdischer Agenten mehr denn je gelegen war, illegal in Form von Waffenschmuggel, den nicht wenige jüdische Angehörige der britischen Armee unterstützten. Die Hagana baute ihre Struktur auf allen Ebenen aus: Sie gründete einen illegalen Sender, Kol Israel (Stimme Israels), einen eigenen Nachrichtendienst, Shai, und eine eigene Untergrundzeitschrift. Im Mai 1941 organisierte sie im Angesicht eines drohenden deutschen Vormarschs auf Palästina sog. Sturmtruppen (*pelugot mahatz*, kurz Palmach), die, mit britischer Hilfe ausgebildet und ausgerüstet, den Kern eines stehenden jüdischen Heeres bildeten. 1944 legte die Palmach in Untergaliläa ihr erstes Wehrdorf an.

Angesichts der Konflikte mit den Briten richteten die Führer des Yishuv zugleich den Blick auf andere potentielle Helfer und fanden sie in den USA. Schon während des Ersten Weltkriegs hatten jüdisch-amerikanische Kreise humanitäre Hilfe an den Yishuv geleistet. Amerikanische Politiker hingegen zeigten kein sonderliches Interesse an Palästina und dem zionistischen Projekt. Das änderte sich, als im Mai 1942 auf Initiative Chaim Weizmanns im New Yorker Biltmore Hotel eine zionistische Konferenz abgehalten wurde, die in einer Schlußerklärung unter anderem die «Einrichtung Palästinas als jüdischem Commonwealth» forderte – also nicht die Schaffung einer jüdischen Heimstätte oder eines jüdischen Staates *in* Palästina, sondern die Umwandlung Palästinas in ein wie immer geartetes jüdisches Staatswesen.[4] Das war ein bedeutsamer Schritt, dem bald Taten folgten: die Ausweitung zionistischer Verbände in den USA; eine intensive und sehr erfolgreiche Werbe- und Spendenkampagne, die noch mehr Echo fand, als gegen Ende 1942 die ersten Nachrichten von der Judenvernichtung im okkupierten Europa nach außen drangen; die systematische Lobbyarbeit unter amerikanischen Politikern bis hin zum Präsidenten; die Gründung prozionistischer christlicher Organisationen, die sich in der Tradition der Philosemiten des 19. Jahrhunderts für die Rückführung des Volkes Israel in das Land seiner Väter einsetzten.

Ein heikles Thema blieb das Schicksal der jüdischen Flüchtlinge und Vertriebenen (*displaced persons*): Auf der einen Seite waren amerikanische Politiker trotz der Berichte vom Holocaust auch 1943/44 nicht bereit, die geltenden Einwanderungsbestimmungen zugunsten der Verfolgten zu lockern. Auf der anderen Seite aber beharrten die zionistischen Führer darauf, den Flüchtlingsstrom ausschließlich nach Palästina zu lenken, um auf diese Weise die Notwendigkeit zu belegen, dort einen sicheren Hafen für die Juden der Welt anzulegen – den einzigen sicheren Hafen der Welt. Das war natürlich ein Zirkelargument: Die von der Vernichtung bedrohten Juden sollten allein in Palästina ihre Zuflucht finden, das aus diesem Grund seine Tore für eine unbeschränkte jüdische Immigration offenhalten und konsequent zur (alleinigen) jüdischen Heimstätte ausgebaut werden mußte. Ziel war es, gegen die Bestimmungen des Weißbuchs von 1939 mit seiner Idee des binationalen Staats und der begrenzten jüdischen Einwanderung und Ansiedlung Fakten zu schaffen. Die Kosten dieser Strategie waren potentiell hoch, riskierte sie doch das Leben all derjenigen Flüchtlinge, denen es nicht gelang, nach Palästina vorzudringen, die aber auch sonst nirgendwo aufgenommen wurden. Für die arabische Bevölkerung war in dieser Logik auf jeden Fall kein Platz mehr – politisch gesehen schon zu diesem Zeitpunkt nicht, demographisch nicht mehr, sobald tatsächlich die verfolgten Juden Europas in Palästina ihre neue (und alte) Heimat gefunden haben würden.

In Palästina selbst gingen die Briten energischer gegen die Aufrüstung des Yishuv vor, als Ende 1942 die Gefahr einer deutschen Invasion gebannt schien. Das verschärfte den Konflikt mit denjenigen Teilen des Yishuv, die bereit waren, ihre Ziele gegebenenfalls mit Gewalt durchzusetzen (zur «direkten Aktion» überzugehen, wie die Briten es nannten). Die von Jabotinsky gegründete Irgun (*irgun tzva'i le'umi*, kurz Etzel), die nach der Niederschlagung des arabischen Aufstands ihre Aktionen für kurze Zeit gegen britische Ziele gerichtet hatte, war mit Kriegsausbruch zunächst umgeschwenkt und hatte sich an der Seite der Alliierten in den Kampf gegen Hitlerdeutschland eingereiht. Diesen Schwenk mitzutragen war eine kleine Gruppe, unter ihnen der spätere israelische Ministerpräsident Yitzhak Shamir, nicht bereit: Unter der

Führung von Abraham Stern gründeten sie im Juni 1940 die Organisation Lehi (*lohamei herut yisrael*, Kämpfer für die Freiheit Israels), die ihre Angriffe auf britische Ziele fortsetzte. Um an Geld zu kommen, schreckte sie selbst vor Raubüberfällen auf jüdische Banken nicht zurück; Stern wurde im Februar 1942 von einer britischen Patrouille erschossen, eine Reihe seiner Mitkämpfer geriet in britische Haft.

Während innerhalb der zionistischen Führung über den richtigen Kurs gestritten wurde – eine Auseinandersetzung, die einiges mit dem Konflikt zwischen Chaim Weizmann, dem gemäßigt-probritischen «Vater» der Balfour-Erklärung, und dem aufstrebenden David Ben-Gurion zu tun hatte –, formierte sich um die Jahreswende 1943/44 der militante Untergrund neu: Überlebende der Stern-Bande nahmen nach ihrer Flucht aus einem britischen Lager ihre Terrorakte wieder auf. Währenddessen übernahm der frisch eingewanderte Betar-Aktivist Menachem Begin – auch er sollte später ins Amt des israelischen Ministerpräsidenten gelangen – im Dezember 1943 die Führung innerhalb der Irgun (Jabotinsky war im August 1940 in New York gestorben). Beide Gruppen waren sich in ihrer Zielvorstellung einig: der Gründung eines jüdischen Staats in den Grenzen der Makkabäer, der über das Mandatsgebiet Palästina hinaus Transjordanien sowie einen Teil des südlichen Libanon und Syrien umschließen sollte. Das war nicht der jüdische Staat «vom Nil bis zum Euphrat», wie er unter Salomo möglicherweise für kurze Zeit bestanden hatte und später gelegentlich als Endziel beschworen wurde, aber doch erheblich mehr, als zu diesem Zeitpunkt unter jüdischer Kontrolle stand. Nicht ganz einig waren sich Irgun und Lehi bezüglich der Strategie, doch war der Graben zwischen ihnen sichtlich schmaler als gegenüber der Hagana (auch wenn es über einzelne Personen und Aktionen auch dorthin Querverbindungen gab).

Beide Gruppen setzten ihre Anschläge auf britische Militär-, Polizei- und Zivileinrichtungen fort, Lehi ging sogar weiter: Nach mehreren fehlgeschlagenen Attentatsversuchen auf Hochkommissar MacMichael, dem unter anderem der Untergang der *Struma* angelastet wurde, ermordete Lehi im November 1944 in Kairo den Stellvertretenden britischen Staatsminister für den Mittleren Osten, Lord Moyne. Moyne war ein enger Freund Churchills, der seine prozionistische Haltung zwar nicht aufgab, nun aber energi-

sche Maßnahmen gegen den jüdischen Terror forderte. Auf britischen Druck hin schritt die Hagana 1944/45 gegen die Untergrundorganisationen ein (die Operation wurde bekannt als «die
Saison» oder «Jagdsaison»), ohne allerdings Irgun ganz zu zerschlagen, die auf einen breiteren Rückhalt in der jüdischen Bevölkerung zählen konnte als die extremistische Lehi.[5] Daß der Terror
damit nicht aufhörte, sollte sich rasch zeigen, als mit der Kapitulation des Deutschen Reichs am 8. Mai und Japans am 15. August
1945 der Zweite Weltkrieg beendet wurde.

2. Rückzug vom Mandat

Großbritannien ging aus dem Krieg deutlich geschwächt hervor.
Das erforderte eine Korrektur der eigenen Außen- und Sicher-
heitspolitik mit dem Ziel, die strategischen Verbindungslinien des
Empires zu sichern, die Kosten des überseeischen Engagements
aber drastisch zu senken. Von dieser Umorientierung war natürlich
auch Palästina betroffen, dessen strategische Bedeutung im Lichte
der bestehenden politischen Schwierigkeiten schon 1942/43 überprüft worden war. Im Juli 1945 erlitt Kriegspremier Churchill eine
unerwartete Wahlniederlage. Die neue Labour-Regierung unter
Clement Attlee schien ganz und gar der zionistischen Linie verpflichtet, hatte sie in ihrem Wahlprogramm doch nicht nur die
Schaffung eines jüdischen Staats in Palästina gefordert, sondern den
«freiwilligen» Transfer der arabischen Bevölkerung nach Transjordanien. Dessenungeachtet setzte sie nach ihrem Wahlsieg die Quo-
tenpolitik des Weißbuchs fort und suchte die illegale jüdische Einwanderung mit allen Mitteln zu unterbinden. Daran änderte auch
ein Schreiben des neuen amerikanischen Präsidenten Truman
nichts, der im August 1945 die sofortige Zulassung von 100 000 jüdischen Flüchtlingen forderte. Auch eine anglo-amerikanische
Untersuchungskommission griff 1946 diesen Vorschlag auf, verbunden mit der Aufhebung der Beschränkungen für jüdischen
Landerwerb.
    Die britische Weigerung, diesem Ansinnen stattzugeben, führte
im Herbst 1945 zu einem weiteren Anstieg antibritischer Anschläge und Sabotageakte, an denen sich im Rahmen einer «Bewegung
des hebräischen Aufstands» nicht nur die «Extremisten» von Ir-

gun und Lehi beteiligten, sondern auch Angehörige der Hagana; im Grundsatz wurde sie von führenden Yishuv-Politikern wie David Ben-Gurion gebilligt.[6] Die britische Regierung verhängte den Notstand und zog erneut annähernd 100000 Mann in Palästina zusammen, um den jüdischen Widerstand niederzuschlagen, der in mancher Hinsicht dem arabischen Aufstand der Jahre 1936–1939 ähnelte: Anschläge auf britische Zivil- und Militäreinrichtungen, insbesondere Waffenlager, auf Brücken, Straßen, Eisenbahnlinien, Bahnhöfe, die Ölpipeline und Hafenanlagen verbanden sich mit Attentaten auf britische Militärs und Zivilisten. Parallel dazu bemühte sich die Hagana, über das sog. Zweite Aliya-Büro die illegale Einwanderung zu fördern und den Siedlungsbau voranzutreiben. Araber spielten in dieser Phase als Feind und Opfer allenfalls eine Nebenrolle. Nicht sie standen der sofortigen Schaffung eines jüdischen Staats im Wege, sondern die Briten. Am «Schwarzen Sabbat», dem 29. Juni 1946, schlugen sie auf der Suche nach Terroristen, Waffen und Munition mit einer Großrazzia und Massenverhaftungen zu und internierten die Führung des Yishuv für mehrere Monate im Lager Latrun. Der Gipfel war erreicht, als Irgun am 22. Juli 1946 den Südflügel des Jerusalemer King-David-Hotels, Sitz des britischen Generalstabs, in die Luft sprengte; 91 Menschen kamen in den Trümmern um, Dutzende wurden verletzt.

Im Winter 1946/47 war angesichts der schweren Wirtschafts- und Versorgungskrise in England selbst deutlich geworden, daß es sein Engagement im Mittelmeerraum, das sich in die antikommunistische Eindämmungsstrategie einordnete und nicht nur Palästina umfaßte, sondern auch Finanz- und Militärhilfe an die Türkei und Griechenland, nicht länger aufrechterhalten konnte. Am 25. Februar 1947 kündigte Außenminister Bevin den britischen Entschluß an, das Palästinaproblem an die neugegründeten Vereinten Nationen weiterzureichen. Ein elfköpfiger Sonderausschuß (United Nations Special Committee on Palestine, UNSCOP) reiste im Juni und Juli 1947 nach Palästina, um sich ein Bild von der Lage zu machen; einmal mehr wurde er von den Zionisten umfassend unterrichtet, von den Arabern hingegen boykottiert.[7] Das Schicksal der *Exodus 47* (eigentlich *President Warfield*), die im Juli 1947 mit 4500 Passagieren von Haifa nach Südfrankreich zurückgeschickt und schließlich nach Hamburg (!) verbracht wurde, führte dem Komitee die Dramatik der Situation vor Augen und beschädigte zugleich das britische Ansehen.

In ihrem am 1. September 1947 veröffentlichten Bericht empfahlen die UNSCOP-Mitglieder einstimmig die Beendigung des britischen Mandats. Eine Mehrheit stimmte für die Teilung des Landes in einen jüdischen und einen arabischen Staat sowie die Schaffung einer neutralen Enklave Jerusalem. Damit folgten sie im Grundsatz den Empfehlungen der Peel-Kommission, schlugen im einzelnen aber eine deutlich andere Grenzziehung vor, die sich an den gewandelten Besitz- und Siedlungsverhältnissen orientierte: Ende 1946 wurde die Gesamtbevölkerung Palästinas auf rund 1,94 Millionen geschätzt, davon 1,33 Millionen Araber (1,18 Millionen Muslime und 149 000 Christen), 603 000 Juden und 16 000 «Sonstige».[8] Der jüdische Anteil lag damit weiterhin bei einem knappen Drittel (31 %). Der jüdische Landbesitz war auf etwa 11 % der kultivierbaren und 20 % der kultivierten Fläche angewachsen. Ungeachtet der Beschränkungen des Passfield-Weißbuchs konnten zwischen 1939 und 1946 weitere 145 000 Dunam erworben werden, beinahe 10 % der gesamten Fläche, die vor 1948 in jüdischen Besitz gelangte; fast die Hälfte war Eigentum des Jüdischen Nationalfonds, der es in langfristigen Verträgen an Kibbutzim, genossenschaftliche Siedlungen (*moshavim*) und einzelne jüdische Bauern verpachtete. Die rund 280 Siedlungen waren entlang der Küste, in Ostgaliläa, der Ebene von Marj Ibn Amir (Jezreel) und im Hule-Becken verdichtet und hatten sich, wenngleich dünn gestreut, auch auf die Umgebung von Jerusalem und den nördlichen Negev ausgedehnt. Rund 23 % der Küstenebene und rund 30 % der nördlichen Täler waren in jüdischem Besitz. Die N-Form, die 1907 Arthur Ruppin für die Besiedlung vorgeschlagen hatte, war damit Wirklichkeit geworden.

UNSCOP berücksichtigte diese Gegebenheiten insofern, als sie, anders als die Peel-Kommission, die dicht von Arabern besiedelten Teile Galiläas dem zu gründenden arabischen Staat zuwies. Innerhalb des arabischen Territoriums lag vor allem nördlich und östlich Jerusalems, in West- und Obergaliläa sowie nahe Hebron (sog. Etzion-Block) eine Reihe jüdischer Siedlungen, so daß in dieser Hinsicht ein gewisses Konfliktpotential erhalten blieb. Weit größer war es auf der Gegenseite, denn der jüdische Staat sollte mit gut 55 % der Gesamtfläche nicht nur erheblich mehr Land er-

	1931		1944	
	Araber	Juden	Araber	Juden
Küstenebene				
mittlere und nördliche	23,8	58,6	25,3	75,2
südliche	10,1	0,4	11,2	0,5
Zentralgebirge				
Jerusalemer Gebiet	11,5	31,4	12,2	18,1
andere	32,3	0,1	29,0	0,0
Nördliche Täler	1,3	1,6	1,6	1,7
Galiläa	11,5	3,5	11,4	2,2
Jordantal	3,7	4,4	4,2	2,3
Negev	5,9	0,0	5,1	0,0
Regionen insges.	100,0	100,0	100,0	100,0

Quelle: Metzer 1998: 8.

halten, als sich zu dieser Zeit in jüdischer Hand befand; auf seinem Gebiet lebten neben 520000 Juden auch 350000 Araber. Beide Territorien, die sich aus jeweils drei, nur an einer dünnen Spitze aneinanderstoßenden Stücken zusammensetzten, waren winzig, die Lösung also schon auf den ersten Blick außerordentlich konfliktträchtig.

Am 29. November 1947 stimmte die Generalversammlung der Vereinten Nationen in Resolution 181 mit 33 zu 13 Stimmen bei 10 Enthaltungen dem Teilungsplan zu. Die jüdische Bevölkerung Palästinas feierte die Entscheidung überschwenglich, die arabische war entsetzt. Die britische Regierung kündigte Anfang Dezember an, am 14. Mai 1948 um Mitternacht ihr Mandat niederzulegen und bis 1. August desselben Jahres ihre Truppen aus Palästina abzuziehen, ohne allerdings Vorkehrungen für eine friedliche Machtübergabe zu treffen.

3. Triumph/Katastrophe: Palästina 1947–1949

Die Teilung des Mandatsgebiets durch die (damals noch recht überschaubare) internationale Gemeinschaft war unbestreitbar ein Meilenstein der Entwicklung. Aber sie blieb solange bloßes Papier, wie sie nicht vor Ort umgesetzt wurde. Die arabische Bevölkerung war weiterhin entschieden gegen eine Teilung und die Gründung eines jüdischen Staats auf dem Territorium, das sie als ihre alleinige Heimat betrachtete. Es konnte nicht sein, daß die Araber Palästinas die Schuld der Europäer beglichen, die «ihre eigenen» Juden erst diskriminiert, dann verfolgt und schließlich auszurotten versucht hatten, um ihnen dann mit großer Geste ein Land zu schenken, das ihnen nicht gehörte. Arabische Politiker erkannten sehr wohl das Leid an, das den europäischen Juden zugefügt worden war – aber von Europäern, nicht von ihnen. Unrecht an den einen konnte nicht mit Unrecht an den anderen gesühnt werden. Im Oktober 1944 hatten die versammelten arabischen Staatsoberhäupter im sog. Alexandria-Protokoll, das der wenig später gegründeten Arabischen Liga zugrunde lag, in diesem Sinne festgehalten:

«Die Kommission erklärt zugleich, daß sie niemandem in dem Bedauern über die Leiden nachsteht, die den Juden Europas durch europäische Diktaturen zugefügt wurden. Aber die Angelegenheit dieser Juden sollte nicht mit dem Zionismus verwechselt werden, denn es kann kein größeres Unrecht und keine größere Aggression geben, als wenn das Problem der Juden Europas durch ein anderes Unrecht gelöst wird, indem den Arabern Palästinas unterschiedlicher Religion und Konfession Unrecht getan wird.»[9]

Die arabische Seite ging zwar nicht unvorbereitet in die kommende Auseinandersetzung, wohl aber unzureichend koordiniert: Auf der einen Seite standen die Palästinenser, die ihrerseits in die bekannten Fraktionen und Gruppen zerfielen, auf der anderen Seite die arabischen Nachbarstaaten, die gleichfalls keinen einheitlichen Kurs verfolgten. In Palästina selbst hatte die Prosperität der Kriegsjahre die Gründung neuer Unternehmen, Organisationen und Einrichtungen erleichtert, die den arabischen Sektor wirtschaftlich, sozial und kulturell stärkten. Das Schul- und Bildungswesen weitete sich aus, weil von arabischer Seite größere Mittel aufgebracht werden konnten, die die Mandatsmacht nicht zu investieren bereit war. Die Bandbreite der Vereine, Clubs und Berufsverbände vergrößerte sich, die Männer und Frauen, Muslime und Christen anzogen. Zumindest in den Städten boten Kinos und Theater neue, moderne Formen der Unterhaltung. Zug um Zug formierte sich auch das Parteienspektrum neu, in dem frühere Angehörige des Istiqlal wie Auni Abd al-Hadi eine wichtige Rolle spielten, der mit Hilfe des neu belebten Arabischen Nationalfonds die Landverkäufe an Juden aufzuhalten versuchte. Die traditionellen Notabeln hatten keineswegs ausgespielt: Die Arabisch-Palästinensische Partei der Husaini-Fraktion trat im April 1944 unter der Leitung Emile al-Ghuris erneut auf die Bühne; die Nashashibis und ihre Klientel wurden gleichfalls aktiv. Die arabische Gesellschaft schien sich von den 1930er Jahren zu erholen. Um so auffallender die Tatsache, daß sie in den folgenden Kämpfen kaum eine eigenständige Rolle spielte. In den gängigen Darstellungen der Ereignisse kommt sie fast überhaupt nicht vor.

Das neue Element war die 1945 gegründete Arabische Liga mit Sitz in Kairo, die allerdings nicht in der Lage war, ihre rivalisierenden Mitgliedsstaaten wirksam zu einen:[10] Die Regierungen Ägyptens, Syriens und Saudi-Arabiens mißtrauten den Absichten Emir Abdallahs, der seit Jahren versuchte, seinen Herrschaftsbereich über das kleine und ressourcenarme Transjordanien (seit 1946 Königreich Jordanien) hinaus auszudehnen. Der Weg nach Groß-Syrien führte über Palästina, zu dem nach wie vor vielfältige wirtschaftliche, kulturelle und familiäre Verbindungen bestanden. Abdallah unterhielt enge Kontakte zu den Nashashibis und deren Klienten, die ihr Konkurrenzverhältnis zu den Husainis auch unter dem größeren Außendruck nicht aufgaben. Für die Gegenseite einschließlich des Muftis galt dasselbe. Gut waren die jordanischen Beziehungen zum gleichfalls haschemitisch regierten Irak. Einigkeit herrschte unter den Parteien (möglicherweise mit Ausnahme Abdallahs) in dem Bemühen zu verhindern, daß die Juden die Gebiete, die ihnen im Teilungsplan der Vereinten Nationen zugesprochen worden waren, tatsächlich in Besitz nahmen. Oberste Priorität aber hatte das Bestreben, nicht zuzulassen, daß der jeweilige Konkurrent in der zu erwartenden Auseinandersetzung mehr gewann als man selbst. Hier zeichnete sich bereits das Muster ab, das den arabisch-israelischen Konflikt über Jahrzehnte prägen sollte: Es ging den arabischen Regierungen nie allein um den jüdischen Gegner, sondern immer zugleich um Hegemonie und Gleichgewicht im arabischen Lager. Nichts hätte das deutlicher zeigen können als der Krieg von 1948.

Zwar berief die Arabische Liga 1946 als Vertretung der Palästinenser ein Hohes Arabisches Komitee (im Engl. wiederum Arab Higher Committee, arab. *al-haiʾa al-ʿarabiyya al-ʿulya*, aber nicht zu verwechseln mit dem 1937 aufgelösten Obersten Arabischen Komitee), das sich weitgehend aus Gefolgsleuten des Muftis zusammensetzte.[11] Den Vorschlag des Muftis, eine palästinensische

Exilregierung zu bilden, lehnte sie im Oktober 1947 jedoch ab: Sie hätte ihm möglicherweise erlaubt, die weitere Entwicklung zu kontrollieren und den eigenen Status international aufzuwerten (auch innerhalb der Arabischen Liga selbst). König Abdallah wünschte auf arabischer Seite die zentrale Rolle zu spielen, der Mufti samt dem Hohen Arabischen Rat waren Konkurrenz. Führende Liga-Vertreter fürchteten die Unnachgiebigkeit des Muftis (den der ägyptische Generalsekretär der Arabischen Liga als «Extremisten» bezeichnete, als «Menachem Begin der Araber»), die in einer Situation eigener Schwäche die Beziehungen zu Großbritannien ebenso wie eine etwaige Regelung des arabisch-jüdischen Verhältnisses belasten würde.

Der Yishuv in Bedrängnis: November 1947 bis April 1948

Die Kämpfe begannen unmittelbar nach Bekanntwerden der UNO-Resolution 181.[12] Als Auslöser wurde später – beinahe schon klassisch – ein arabischer Überfall auf zwei Busse auf der Straße zwischen Petah Tikva und Lydda festgelegt, bei dem am 30. November 1947 sieben Juden ums Leben kamen und zahlreiche andere verletzt wurden. Tatsächlich war es «nur» ein Zwischenfall in einer Kette sich hochschaukelnder Gewalt. Aus Protest gegen den Teilungsbeschluß rief das Hohe Arabische Komitee am 1. Dezember einen dreitägigen Generalstreik aus. Ähnlich wie im April 1936 zu Beginn des arabischen Aufstands bildeten sich in den meisten Städten und größeren Dörfern Nationale Komitees, um den Widerstand zu organisieren. In einigen Landesteilen formierten sich nach dem Muster von 1936–1939 Widerstandsgruppen, zum Teil in der Form (völlig unzulänglich ausgerüsteter) bäuerlicher und städtischer Milizen und einer mobilen Guerilla. Von Beirut aus versuchte Amin al-Husaini, trotz seiner Verbannung aus Palästina Einfluß auf das Geschehen auszuüben. Sein wichtigster Mann vor Ort war Abd al-Qadir al-Husaini, der bereits im Aufstand von 1936–1939 gekämpft hatte und sein Ansehen nicht allein aus seiner Verbindung zum Mufti bezog. Er führte einen Teil der sog. Armee des Heiligen Kampfs (*jaish al-jihad al-muqaddas*) an, die vor allem in der Umgebung von Jerusalem tätig wurde; eine andere Gruppe operierte unter Hasan Salama, einem weiteren Veteranen des Aufstands, in der Gegend zwischen Ramla und Lydda.

In Einklang mit dem Beschluß der Arabischen Liga vom Dezember 1947 zugunsten einer indirekten Intervention gelangten ab Januar 1948 arabische Freiwillige nach Palästina, die zumindest theoretisch Fauzi al-Qawuqjis Arabischer Befreiungsarmee (Arab Liberation Army, ALA; eigentlich «Rettungsarmee», *jaish al-inqadh*) eingegliedert wurden; Qawuqji selbst, der das Terrain gleichfalls vom arabischen Aufstand her kannte, erschien allerdings erst im März vor Ort. Die ALA umfaßte zu ihren besten Zeiten etwa 5000 Mann, war bunt zusammengewürfelt, militärisch unerfahren und miserabel ausgerüstet. Der Form nach unterstand sie dem militärischen Oberkommando der Arabischen Liga unter dem irakischen General Isma'il Safwat, der Sitz in Damaskus genommen hatte. Qawuqji galt als eingeschworener Feind des Muftis und seiner Anhänger. Die Beziehungen zwischen lokalen Milizen, Anhängern des Muftis innerhalb wie außerhalb der Armee des Heiligen Kampfs und der Arabischen Befreiungsarmee waren gespannt; an vielen Orten versuchte die Bevölkerung aus Furcht vor jüdischen Vergeltungsakten und Angriffen, die Kämpfer (gleich welcher Gruppe und Zugehörigkeit) aus dem eigenen Umfeld fernzuhalten.

In den ersten Wochen und Monaten der Auseinandersetzung lag die Initiative vor allem auf der arabischen Seite: Es gelang ihr, einen großen Teil der Straßen und Verbindungswege unter ihre Kontrolle zu bekommen; besonders betroffen war Jerusalem mit seinen rund 100000 jüdischen Einwohnern. Die Angriffe arabischer Freischärler auf jüdische Einrichtungen, Siedlungen, Wohnviertel und Geschäfte, jüdische Busse, Autos und Konvois wurden von Beginn an jedoch mit Gegengewalt beantwortet. Im Januar 1948 sprengte Irgun das Gebäude der Stadtverwaltung (Serail) von Jaffa in die Luft. Das allgemeine Klima von Gewalt, Terror und Einschüchterung, zu dem gezielte Angriffe jüdischer «Extremisten» innerhalb wie außerhalb der Hagana auf arabische Siedlungen, Dörfer und Beduinenlager einiges beitrugen, wurde begleitet von Arbeitslosigkeit, Teuerung, Versorgungsmängeln und zunehmender Kriminalität. Schon in diesen ersten Monaten der Kämpfe flüchteten etwa 75000 Araber – in ihrer Mehrheit Angehörige der bessergestellten Mittel- und Oberschicht aus den besonders umkämpften «gemischten» Städten Haifa, Jaffa und Jerusalem, aber auch Bauern und Beduinen aus Dörfern um Jerusalem, um Baisan und der Küstenebene zwischen Tel Aviv und Hadera, wo Araber und Juden noch immer vergleichsweise nah beieinander wohnten – in ruhige Zonen im Berg- und Hügelland und in das benachbarte arabische Ausland, wo sie zunächst bei Freunden und Familie Unterschlupf fanden. So hatten sie es unter dem Druck der bäuerlichen Rebellen schon 1938/39 gehalten.

Der Yishuv geriet in diesen Monaten in erhebliche Bedrängnis. Aber die «Entmischung» der Bevölkerung hatte aus zionistischer Sicht ihr Gutes: Anfang Februar 1948 war Jerusalem, wie David Ben-Gurion freudig überrascht vermerkte, so jüdisch wie seit seiner Zerstörung durch die Römer nicht mehr. Und was in Jerusalem geschehen war, mochte sich in anderen Teilen des Landes wiederholen. Große Veränderungen standen bevor, und nicht alle zum Nachteil der Juden.[13] Den Worten folgten Taten: Wenige Tage später erteilte Ben-Gurion dem Oberkommando der Hagana den Befehl, die arabischen Wohnviertel Jerusalems zu räumen und Juden in ihnen anzusiedeln. Nach dem Mord an einer Araberin fuhr ein Lastwagen der Hagana durch die Straßen des Vororts Talbiya, der seine arabischen Bewohner über Lautsprecher aufforderte zu gehen, «andernfalls sie selbst samt ihrem Besitz in die Luft gesprengt würden». Sie flohen tatsächlich, bald gefolgt von den Bewohnern anderer arabischer Viertel und Dörfer in der näheren Umgebung Jerusalems. Gezielte Einschüchterung, Terror und Vertreibung lösten auch in der Küstenebene eine Fluchtbewegung aus. In Caesarea, dessen arabische und jüdische Einwohner in gutem Einvernehmen gelebt hatten, führte die Hagana am 5. Februar 1948 die erste systematisch geplante Zerstörung einer ganzen arabischen Ortschaft durch. Sie blieb vorerst die Ausnahme. Die Flüchtlinge und Vertriebenen steckten diejenigen mit ihrer Angst vor jüdischen Angriffen an, bei denen sie unterkamen: das «Fluchtfieber» (Morris 1987: 53) griff um sich. Verzweifelte Bemühungen des Hohen Arabischen Komitees, die Bevölkerung Jerusalems, Haifas und Jaffas mit Aufrufen, Flugblättern, Drohungen und Strafen zum Bleiben zu bewegen, blieben ohne Wirkung. Für die später oft geäußerte Behauptung, die arabischen Führer selbst hätten ihre Landsleute zur Flucht aufgerufen, gab es in dieser Phase keine Anzeichen.

«Plan D» und die Ausrufung des Staates Israel: April und Mai 1948

Im April 1948 ging die Hagana von ihrer anfänglichen Linie der «aktiven Verteidigung», die auch harte «Vergeltungsschläge» und selektive Angriffe beinhaltete, um die Verbindungswege zwischen den jüdischen Siedlungsgebieten, insbesondere die freie Zufahrt nach Jerusalem, zu sichern, zu einer offensiven Strategie über. Im Rahmen von «Plan D» drang sie trotz heftiger Gegenwehr in die den Juden von der UNO zugeteilten, militärisch aber noch nicht besetzten Zonen vor und versuchte darüber hinaus, die sonstigen Gebiete unter Kontrolle zu bekommen, in denen Juden in größerer Zahl lebten. Ziel war ein zusammenhängendes jüdisches Territorium, das gegen den Angriff der arabischen Staaten verteidigt werden konnte, der mit dem Erlöschen des britischen Mandats am 15. Mai erwartet wurde.[14] «Plan D» sah die «Befriedung» der angegebenen Zonen vor, was nichts anderes bedeutete als die Kapitulation des Gegners oder seine Vertreibung sowie die Zerstörung seiner Häuser, Dörfer, Wohn- und Geschäftsviertel. Die angestrebte «Räumung» oder «Säuberung» des jüdischen Bodens setzte jedoch nicht nur die Vertreibung oder Liquidierung derjenigen arabischen Bewohner voraus, die sich dem jüdischen Herrschaftsanspruch widersetzten, ihn behinderten oder sich «provozierend» verhielten. Sie betraf auch jene, die in strategisch wichtigen Zonen lebten, etwa in der Nähe der angestrebten Grenzlinien oder zentraler Verbindungswege innerhalb des jüdischen Territoriums. Ein genereller, flächendeckender arabischer Massenexodus wurde zu diesem Zeitpunkt, wie es scheint, weder von der jüdischen noch von der arabischen Führung angestrebt oder erwartet.

An die Stelle der Guerillakämpfe trat im April die «konventionelle» Kriegführung, mit der die Hagana sich an die systematische Eroberung der vorgezeichneten Orte und Gebiete machte. Gekämpft wurde somit vorrangig um Land, gleichgültig, ob sich dessen Bewohner gewaltsam zur Wehr setzten oder nicht. Die jüdischen Truppen waren nicht nur hochmotiviert; sie konnten auf eine überlegene Kampfmoral, Ausbildung und Ausrüstung zurückgreifen, die durch Waffenlieferungen aus der Tschechoslowakei erneuert und verbessert wurde, welche mit sowjetischer Billigung erfolgten. Zwar verfügte die Arabische Befreiungsarmee über schwere Waffen, Artillerie und einige Panzer, doch war sie der Gegenseite in dieser Phase nicht gewachsen. Im April 1948 fiel mit Abd al-Qadir al-Husaini einer der fähigsten militärischen Führer auf palästinensischer Seite. Beide Lager benutzten über die Mittel der «konventionellen» Kriegführung hinaus jedoch jede denkbare Form von Gewalt, die sie selbst dann als legitimes Mittel der Selbstverteidigung und nationalen Befreiung rechtfertigten, wenn sie unter die übliche Definition von Terror fiel.[15] Lehi und Irgun griffen auf die Aktionsformen zurück, mit denen sie schon während des Zweiten Weltkriegs aufgefallen waren – und zumindest Irgun mit seinen 2000–3000 Mitgliedern war keine bloße Splittergruppe. Sie legten Bomben an stark besuchten öffentlichen Plätzen, in arabischen Märkten, Cafés, Restaurants und Schulen. Bei einem Bombenanschlag auf arabische Arbeiter in der Ölraffinerie von Haifa kamen Ende Dezember 1947 6 Menschen ums Leben, etwa 50 wurden verwundet. Die aufgebrachte Menge brachte daraufhin 39 jüdische Arbeiter um und verletzte weitere 11. Aus Rache erschossen als Araber verkleidete Hagana-Mitglieder zwei Tage später in dem bei Haifa gelegenen Dorf Balad al-Shaikh etwa 60 arabische Männer, Frauen und Kinder und sprengten Dutzende von Häusern in die Luft.

Die Spirale von Gewalt und Gegengewalt war in Bewegung gesetzt und zog beide Seiten in ihren Strom. Am 9. April 1948 kam es zu dem Massaker von Dair Yasin, das für die arabische Seite zu *dem* Symbol für das zionistische Unrecht wurde, bis es in den 1980er Jahren durch das Massaker in den palästinensischen Flüchtlingslagern von Sabra und Shatila überlagert werden sollte, das unter den Augen der israelischen Besatzungstruppen von libanesischen Milizen verübt wurde.[16] Das an der Straße nach Jerusalem gelegene Dorf Dair Yasin, das mit jüdischen Führern in Jerusalem ein Abkommen über gegenseitige Zurückhaltung geschlossen hatte, wurde in einer gemeinsamen Aktion von Lehi- und Irgun-Kämpfern überfallen, die Dutzende von Männern, Frauen und Kindern ermordeten oder vergewaltigten und die Überlebenden vertrieben. Während sich die zivile und militärische Führung des Yishuv bei König Abdallah (!) für die Greueltat entschuldigte, verbreitete die Irgun ihre Tat über Lautsprecher in arabische Wohngebiete. Die Rache folgte am 13. April, als Araber bei einem Überfall auf einen medizinischen Hilfskonvoi bei Jerusalem 78 Menschen ermordeten, unter ihnen Ärzte und Krankenschwestern, und viele weitere verwundeten. Am 13. Mai 1948 wurden fast alle der 130 Einwohner der jüdischen Siedlung Kfar Etzion nahe Hebron massakriert, nachdem sie sich arabischen Truppen ergeben hatten.

Bereits zu einem früheren Zeitpunkt hatten sich führende Zionisten dafür ausgesprochen, Araber zur Flucht zu «ermutigen» (indem sie ihnen beispielsweise durch die Zerstörung von Häusern, Gärten und Olivenhainen «eine Lektion erteilten») und an einer späteren Rückkehr zu hindern.[17] Nicht nur Lehi und Irgun, sondern auch die Hagana setzten den Massenmord von Dair Yasin, dem weitere Fälle von Mord und Vertreibung folgten, systematisch als Mittel der Einschüchterung ein. Sie verfehlten ihre Wirkung nicht. Die Entscheidung, zu bleiben und am «heiligen Boden» Palästinas festzuhalten, wie es die arabische Widerstands- und Nationalbewegung seit den 1930er Jahren gepredigt hatte («Standhaftigkeit», *sumud*, wurde später auch für die Intifada zum zentralen Begriff), oder in der Hoffnung auf baldige Rückkehr zu fliehen, lag in den meisten Fällen in der Hand lokaler Führungspersönlichkeiten, Familien und Gemeinschaften. Die im Ausland befindlichen Führer vom Mufti bis zum Hohen Arabischen Rat konnten hier wenig bewirken.

Das zeigte sich, als die Hagana Mitte April 1948 Tiberias, die erste «gemischte» Stadt, deren arabische und jüdische Notabeln im März ein Stillhalteabkommen geschlossen hatten, eroberte, worauf die arabischen Einwohner flüchteten.[18] Ungleich dramatischer verlief die Entwicklung in Haifa mit seinen ursprünglich rund 70 000 arabischen Einwohnern, von denen seit Dezember 1947 jedoch schon 20 000–30 000 geflohen waren. Der Rest folgte, nachdem ihre zivilen und militärischen Führer am 21./22. April, noch bevor die Stadt von der Hagana eingenommen war, ihre Posten verließen. Mitte Mai lebten in Haifa noch 3000–4000 Araber unter erbärmlichen Umständen. Am 25. April 1948 folgte der Angriff auf das fast rein arabische Jaffa, das die Irgun, die hier die Initiative übernahm, als «Krebsgeschwür» im jüdischen Gemeinwesen und «Geißel» des benachbarten Tel Aviv sah, in dem sie ihre Hochburg hatte.[19] Der Angriff zielte darauf ab, eine Massenpanik und in deren Folge eine Massenflucht auszulösen. Beides gelang, zumal die Hagana zur gleichen Zeit arabische Dörfer der Umgebung «säuberte», obgleich die britische Garnison zugunsten der Araber intervenierte. Als erstes flohen, nachdem sich die lokalen arabischen Milizen heftig zur Wehr gesetzt hatten, wiederum die lokalen Führer. Von ursprünglich 50000–60000 Einwohnern waren Mitte Mai noch 4000–5000 übrig. David Ben-Gurion sah in dem arabischen Massenexodus den Beweis dafür, «welches Volk mit festen Banden an dieses Land gebunden ist»[20] – nicht nur Gott und die Geschichte wiesen die Juden als (einzig) legitime Herren in Eretz Israel aus. Die Araber disqualifizierten sich ihmzufolge selbst.

Zwischen Anfang April und Mitte Mai hatte die Hagana unter Beteiligung von Irgun und Lehi «Plan D» umgesetzt und über die im UNO-Teilungsplan vorgesehenen Zonen hinaus Land auf arabischem Gebiet einschließlich der Städte Jaffa, Haifa, Akko, Safed, Tiberias und Bet Shean erobert. Bis Mitte Mai – d. h. *vor* Ausbruch des ersten arabisch-israelischen Kriegs – waren bereits 300000 Araber aus diesem Gebiet geflüchtet, knapp die Hälfte derer, die zwischen 1947 und 1949 aus Palästina flohen oder vertrieben wurden. In ihrer Mehrheit waren es Städter, die den größten Teil der arabischen Elite stellten. Wenige Stunden vor dem offiziellen Ende des britischen Mandats verlas David Ben-Gurion am Nachmittag des 14. Mai 1948 in Tel Aviv (nicht Jerusalem!) die Unabhängigkeitserklärung des Staates Israel. Die Sowjetunion war der erste Staat, der ihn am 15. Mai völkerrechtlich anerkannte.

Der erste arabisch-israelische Krieg

Die Arabische Liga hatte seit April Vorbereitungen für ein militärisches Eingreifen getroffen. In der Nacht zum 15. Mai rückten arabische Truppen aus Ägypten, Jordanien, Syrien, Libanon und Irak, unterstützt von kleinen saudischen und jemenitischen Kontingenten, gegen den jüdischen Staat vor; die ägyptische Luftwaffe warf Bomben über Tel Aviv und anderen Städten im israelisch kontrollierten Gebiet ab. Entgegen dem zuvor erarbeiteten Schlachtplan operierten die nationalen Kontingente weitgehend unabhängig voneinander; das militärische Hauptquartier unter dem irakischen General Nur al-Din Mahmud war seinen Namen nicht wert; König Abdallah gelang es nicht, sich als Oberkommandierender der arabischen Streitmacht durchzusetzen.

Betrachtet man die objektiven Daten von der Truppenstärke bis zur Ausrüstung, so kämpfte in dem nun folgenden Krieg nicht, wie häufig gesagt wurde, David gegen Goliath, der tapfere junge Held gegen den überlegen gerüsteten Riesen. Es kämpfte allenfalls David gegen andere Davids, von denen einige entschieden kleiner und schwächer waren als er selbst:[21] Aus dem arabischen Aufstand und dem Zweiten Weltkrieg war der Yishuv geeinter hervorgegangen denn je, die Hagana (seit Mai 1948 Israelische Verteidigungsarmee, *tzva hagana le'umit*, kurz: Tzahal) hatte in Heer, Luftwaffe und Marine etwa 35 000 militärisch geschulte Männer und Frauen unter Waffen, zu denen viele Freiwillige kamen; Mitte Juli zählte die israelische Armee 65 000 Männer und Frauen, im Dezember 1948 mehr als 96 000. Sie verfügte über eine gut funktionierende Logistik und Infrastruktur, ein ausgebautes Nachrichtenwesen und moderne Ausrüstung. Vor allem konnte sie sich auf eine gut organisierte Bevölkerung stützen, die angesichts des arabischen Mehrfrontenangriffs geeinter war denn je. Der israelischen Armee standen auf der arabischen Seite Staaten gegenüber, die sich gerade von der kolonialen Beherrschung befreit hatten, selbst dort aber, wo sie nominell schon seit längerem unabhängig waren, tatsächlich militär- und außenpolitisch eng an die frühere Kolonialmacht gebunden waren: In Ägypten, seit 1922 nominell unabhängig, standen im Rahmen des anglo-ägyptischen Vertrags von 1936 noch immer Zehntausende britischer Soldaten, Suez war der wichtigste britische Stützpunkt im Mittelmeerraum und dem Mittleren Osten; die ägyptische Armee selbst hatte keine militärische Erfahrung. Irak, seit 1932 «unabhängig», stand in einem ähnlichen Verhältnis zu Großbritannien. Libanon war seit 1943 nominell unabhängig, Syrien seit 1946 – die Phase der Vorbereitung auf die nationale Eigenständigkeit war somit kaum größer als im Falle des Yishuv. Jordanien unterstand selbst nach seiner Entlassung in die nominelle Unabhängigkeit im Jahr 1946 faktisch britischer Aufsicht über sein Finanz- und Militärwesen.

Die fünf beteiligten Staaten schickten im Mai 1948 nicht ihre gesamten Streitkräfte nach Palästina, sondern lediglich einen Bruchteil: Gemeinsam mobilisierten sie rund 25 000 Mann – selbst nach Mannstärke war, was oft übersehen wird, die arabische Streitmacht also kleiner als die jüdische. Die Soldaten wurden überwiegend schlecht ausgebildet und bewaffnet, unkoordiniert und ohne funktionierendes Versorgungs- und Nachschubsystem ins Feld geschickt. Ägypten entsandte nicht ganz 10 000 Mann, Jordanien

8000, Irak 4000–6000, Syrien zwischen 1500 und 2500, Libanon weniger als 1000. Die Arabische Befreiungsarmee zählte zu diesem Zeitpunkt etwa 4000 Irreguläre. Zwar wuchs im Verlauf des Kriegs auch auf arabischer Seite die Zahl der regulären Soldaten erheblich; an Motivation, Ausbildung und Ausrüstung konnten sie sich mit der israelischen Armee jedoch nicht messen. Einzig Jordanien besaß eine schlagkräftige Armee von rund 8000 Mann, die aus der von den Briten geschaffenen Arabischen Legion hervorgegangen war und noch immer unter dem Kommando des vormaligen britischen Offiziers John Bagot Glubb Pascha stand.[22] Ausgerechnet sie aber hielt sich nicht an den gemeinsamen Schlachtplan, sondern setzte sofort zur Eroberung des Gebiets an, das die UNO den Arabern zugedacht hatte, was ihr zumindest in Teilen auch gelang. Sie unternahm keine Anstrengung, das jüdische Territorium zu erobern. Zu schweren Kämpfen kam es rund um Jerusalem und Hebron (wo jüdische Siedler im sog. Etzion-Block konzentriert waren), Orte, die nicht dem jüdischen Staat zugedacht waren. Am 28. Mai ergaben sich die Bewohner des jüdischen Viertels von Jerusalem der Arabischen Legion.

Die objektiven Daten sprachen bei Kriegsausbruch für Israel. Die («subjektive») Wahrnehmung jedoch war eine andere: Auf jüdischer Seite waren die Existenz- und Bedrohungsängste so kurz nach dem Holocaust sehr lebendig und ganz real. Auf arabischer Seite erklärten maßgebliche Politiker in grotesker Mißachtung der Verhältnisse, mit den «zionistischen Banden» rasch fertigwerden zu können (arabische Militärs beurteilten die Lage auf Grund größerer Sachkenntnis vielfach anders). Aus ägyptischer, syrischer oder saudischer Sicht bestand die Gefahr weniger in «den Juden» als vielmehr in den expansiven Absichten Abdallahs, die nicht nur das arabische Kräfteverhältnis störten, sondern die eigene Position gefährdeten. An der innerarabischen Konkurrenz scheiterte jeder Versuch der koordinierten Aktion.[23] In der ersten Kriegsphase vermochte die israelische Armee den arabischen Vormarsch aufzuhalten, bis am 11. Juni ein Waffenstillstand in Kraft trat, der von einer UNO-Friedensmission überwacht wurde. Diese ersten Wochen, in denen sich Israel an allen Fronten bedroht sah, waren für die zeitgenössische Wahrnehmung und spätere Erinnerung an den Krieg bestimmend. Hier festigte sich das Bild vom Kampf Davids gegen Goliath, der wenigen gegen die vielen: Die jordanische Armee hatte die Altstadt von Jerusalem eingenommen, ein Teil der ägyptischen Truppen stand 20 km vor Tel Aviv, der andere, verstärkt von Freiwilligen der Muslimbruderschaft, war auf Hebron und Bethlehem (also «arabisches» Territorium) vorgerückt; die irakischen Einheiten standen im Dreieck Nablus-Jenin-Tulkarm, die syrischen nördlich des Sees Genezareth und im nördlichen Jordantal; der libanesische Vorstoß auf Nordgaliläa hingegen war zurückgeschlagen.[24]

Die Israelis nutzten die Waffenruhe zur weiteren Aufrüstung, so daß sie in die zweite Kriegsphase zwischen dem 8. Juli, als die Ägypter einen Tag vor dessen geplantem Ende den Waffenstillstand brachen, und dem 18. Juli noch stärker gehen konnten als in die erste. In diesen zehn Tagen eroberten sie große Teile des landwirtschaftlich wertvollen Gebiets zwischen Ramla und Lydda und sicherten damit die Verbindung zwischen Jerusalem und der Küste sowie Teile West- und Untergaliläas, das 1947 dem arabischen Staat zugewiesen worden war, 1937 jedoch dem jüdischen; eingenommen wurden dabei auch die Städte Nazareth und Shafa Amr, in die sich zuvor viele der arabischen Binnenflüchtlinge gerettet hatten. Weitere 100 000 Araber ergriffen in diesen Tagen die Flucht, wobei in Galiläa ein wichtiger Unterschied zu beobachten war: Während die Mehrheit der Muslime entweder vertrieben wurde oder noch vor dem israelischen Einmarsch floh, blieben viele Christen und die meisten Drusen (die sich in der Regel, wenn auch nicht überall, zuvor mit den Israelis arrangiert hatten) vor Ort. Die israelischen Militärs und Politiker unterschieden zwischen – so jedenfalls lautete die grobe Einschätzung – feindseligen Muslimen, passiv-freundlichen Christen und aktiv-freundlichen Drusen, auch wenn diese Einordnung nicht überall konsequent durchgehalten wurde.[25] Der Lohn einer Haltung, die von Neutralität bis zur aktiven Kollaboration reichte, war eine Vorzugsbehandlung durch die siegreiche israelische Armee, die Drusen nicht nur erlaubte, in ihren Dörfern zu bleiben, sondern die Ernte einzubringen und sich in gewissem Umfang im Land zu bewegen und ihnen damit deutlich bessere Lebensbedingungen gewährte als Muslimen und Christen.

Der unbefristete Waffenstillstand vom 18. Juli brachte nur eine geringfügige Beruhigung der Lage. Dennoch baute Israel die zivile Infrastruktur des neuen Staates aus: Im Juli führte es eine eigene

Währung ein, druckte Briefmarken (beide noch ohne offiziellen Staatsnamen) und eröffnete im September einen Obersten Gerichtshof. Mit der Aufhebung aller Einwanderungsbeschränkungen schwoll die Zahl der Immigranten in kurzer Zeit an, was den Druck auf den eben gegründeten Staat enorm erhöhte – und die Kompromißbereitschaft gegenüber dem arabischen Gegner entsprechend senkte. Im gleichen Zuge wurde eine Strategie entwickkelt, verlassene arabische Dörfer, Häuser und Felder jüdischen Neueinwanderern zuzuteilen, was einerseits den sicherheitspolitischen Vorzug hatte, eine potentielle «Fünfte Kolonne» auszuschalten bzw. gar nicht erst entstehen zu lassen, und andererseits den Neuankömmlingen «Lebensraum» verschaffte. Als der schwedische UNO-Vermittler Graf Folke Bernadotte mit amerikanischer und britischer Rückendeckung energisch ein Recht auf Rückkehr für die arabischen Flüchtlinge, die Internationalisierung Jerusalems und überdies territoriale Konzessionen forderte, um ein allzu großes Ungleichgewicht zwischen den beiden Parteien mit der Gefahr eines späteren Irredentismus zu verhindern, wurde er am 18. September 1948 von Lehi ermordet.

Während Israel entschlossen Staat und Gesellschaft konsolidierte, blieb die arabische Seite uneinig. Um Abdallahs befürchteten Zugriff auf das «arabische Palästina» zu verhindern, beschloß die Arabische Liga auf ägyptischen Druck hin am 6. September 1948, eine All-Palästina-Regierung (All-Palestine Government, *hukumat 'umum filastin*) mit Sitz im ägyptisch besetzten Gaza einzurichten.[26] Ohne finanzielle und militärische Mittel und ohne funktionierenden Apparat war ihr Anspruch, ganz Palästina zu regieren, zum Scheitern verurteilt. Im Oktober griff die jordanische Armee gegen die Mufti-treuen Freischärler der Armee des Heiligen Kampfs durch, die ihrer Kontrolle des arabischen Palästina im Wege standen; sie wurde entwaffnet und aufgelöst.

Am 15. Oktober 1948 brachen die Israelis den Waffenstillstand und rückten in den ägyptisch besetzten Negev vor, letzteres nicht so sehr aus ökonomischen als vielmehr aus strategischen und historisch-biblischen Motiven. (Die Militäroperation selbst hieß anfänglich «Die 10 Plagen», ein Name, der natürlich an die 10 Plagen, mit denen Gott der Herr Pharao gestraft hatte, erinnerte.) In einer letzten und besonders blutigen Kampagne (Operation Hiram) eroberten sie Ende Oktober das von der Arabischen Be-

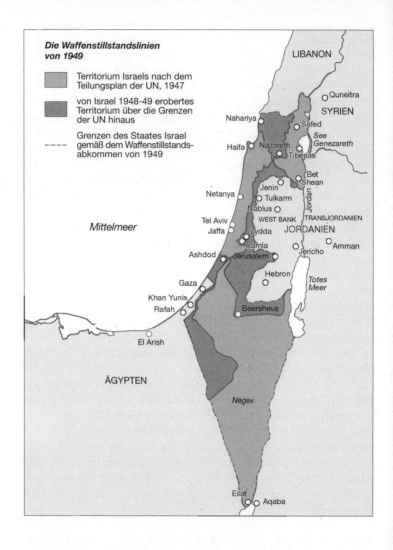

Die Waffenstillstandslinien von 1949

- Territorium Israels nach dem Teilungsplan der UN, 1947
- von Israel 1948-49 erobertes Territorium über die Grenzen der UN hinaus
- Grenzen des Staates Israel gemäß dem Waffenstillstandsabkommen von 1949

LIBANON

Quneitra

SYRIEN

Nahariya

Safed

See Genezareth

Haifa   Nazareth

Tiberias

Bet Shean

Jenin

Netanya   Tulkarm

Nablus

Tel Aviv   WEST BANK   TRANSJORDANIEN

Jaffa   Lydda   JORDANIEN

Ramla

Mittelmeer   Ashdod   Jerusalem   Jericho   Amman

Hebron

Gaza   Totes Meer

Khan Yunis

Rafah   Beersheva

El Arish

ÄGYPTEN

Negev

Eilat   Aqaba

Jordan

freiungsarmee gemeinsam mit syrischen und libanesischen Truppen verteidigte restliche Galiläa und mehr als ein Dutzend Dörfer im Süden Libanons. Weitere 100000–150000 Menschen wurden vertrieben oder flüchteten. Als am 31. Oktober ein weiterer Waffenstillstand in Kraft trat, hatte Israel 77 % des ehemaligen Mandatsgebiets eingenommen.[27] Im Januar 1949 stieß die israelische Armee auf den Sinai vor, zog sich auf internationalen Druck hin aber wieder zurück. Der Waffenstillstand vom 7. Januar 1949 wurde von keiner Seite mehr gebrochen. Er eröffnete den jahrzehntelangen Zustand, in dem zwischen Israel und seinen Nachbarn «weder Frieden noch Krieg» herrschte (*neither peace nor war*).

Als Nachfolger des ermordeten UNO-Vermittlers Bernadotte leitete der amerikanische Diplomat Ralph Bunche die Waffenstillstandsverhandlungen auf der Insel Rhodos, nach denen im Frühjahr 1949 die Waffenstillstandslinien zu Ägypten, Syrien, Libanon und Jordanien im Grundsatz festgelegt wurden. Nach weiteren Gesprächen erfolgte bis Juli die Unterzeichnung der – allerdings vom Irak abgelehnten – Vereinbarungen, die im großen und ganzen bis 1967 Bestand hatten. Die arabischen Staaten waren ohne gemeinsame Strategie in den Krieg gegangen, einzeln handelten sie auch den Waffenstillstand aus. International anerkannte Grenzen wurden erst von den 1970er Jahren an gezogen, als Ägypten 1979 mit Israel Frieden schloß, 1994 gefolgt von Jordanien.

Bei den ersten Wahlen zur israelischen Knesset zu Jahresbeginn 1949 siegte die Arbeitspartei Mapai unter Führung David Ben-Gurions, die Chaim Weizmann zum Staatspräsidenten und Ben-Gurion selbst zum Ministerpräsidenten wählte. Während die Irgun nach einer Auseinandersetzung um Waffenlieferungen, die die Hagana als Armee des Staates Israel für sich beanspruchte, kapitulierte und sich auflöste, zogen Menachem Begin und mehrere frühere Lehi-Aktivisten als Politiker der Herut (Freiheits-)Partei in das neue israelische Parlament ein (allerdings noch nicht in die Regierung). Für Israel begann eine neue Phase, die unmittelbar an das zionistische Aufbauwerk anschloß und auf den Institutionen und Strukturen des Yishuv aufbauen konnte. Im August 1949 wurden in einem symbolträchtigen Staatsakt die sterblichen Überreste Theodor Herzls von Wien nach Jerusalem überführt. Noch im November 1948 hatte die israelische Regierung eine Volkszählung durchgeführt, die ein Ergebnis von 782 000 Juden und 69 000 Arabern erbrachte. Bis Ende 1949 schwoll die jüdische Bevölkerung auf 1 Million an: in 18 Monaten wanderten 350 000 Menschen nach Israel ein.[28] Der größere Teil kam nicht, wie vor und während des Zweiten Weltkriegs argumentiert worden war, aus Europa, sondern aus den Ländern des Nahen und Mittleren Ostens, wo der erste arabisch-israelische Krieg und die Gründung Israels, begleitet von der Flucht und Vertreibung der arabischen Palästinenser, dort, wo sie zuvor nicht bestanden hatte, eine – wiewohl ganz anders gestaltete – «Judenfrage» geschaffen hatten.

al-nakba: Die arabische Katastrophe

Die Niederlage der Palästinenser war umfassend. Die Eroberung von Land war ein Faktum, das die weitere Entwicklung entscheidend beeinflussen sollte, Flucht und Vertreibung der Palästinenser ein anderes. Schon Mitte Juni 1948 hatte die israelische Regierung gegen erheblichen internationalen Druck beschlossen, eine Rückkehr der Flüchtlinge mit allen Mitteln zu verhindern.[29] Die Entscheidung fiel im Krieg, die Lage war unübersichtlich, der eigene Sieg nicht mit Sicherheit vorauszusagen – und in Europa waren im Gefolge des Kriegs ebenfalls gewaltige Bevölkerungsbewegungen in Gang gekommen, die allermeisten unter Zwang und Gewalt. Nach Unterzeichnung des letzten Waffenstillstandsabkommens im Juli 1949 waren über 400 arabische Dörfer verlassen und in ihrer Mehrheit zerstört und unbewohnbar gemacht – zumeist nicht während des Kriegs selbst, sondern durch gezielte Aktionen von Armee und jüdischen Siedlern. Ihr Land und Besitz wurden konfisziert und an jüdische Zuwanderer verteilt, den früheren Einwohnern selbst wurde die Rückkehr verwehrt.[30] Die Politik war nicht unumstritten: Die links-sozialistische Mapam zum Beispiel, Koalitionspartner der von Ben-Gurion geführten Mapai, trat gegen die «Transfer»-Idee, gegen eine Ausweisung und für das arabische Recht auf Rückkehr ein. Aber die Gelegenheit, im Schatten des Kriegs ein jüdisches Territorium zu schaffen, das weitgehend «araberrein» war, zumal von den Rückkehrern keine freundliche Haltung zu erwarten war, wenn sie ihren zum Teil zerstörten, zum Teil geplünderten Besitz wiedersahen, war zu verlockend. Gegen eine Rückführung der Flüchtlinge stellten sich unter anderem die Kibbutzbewegung (die ungeachtet ihrer progressiven Einstellung keineswegs geschlossen eine Linie des Ausgleichs gegenüber den Arabern vertrat), die für Land und Siedlungen zuständigen Behörden, örtliche Hagana-Kommandanten und jüdische Bewohner isolierter oder zuvor deutlich von Arabern dominierter Ortschaften (etwa in Galiläa). Anträge einzelner Flüchtlingsgruppen auf Rückkehr wurden abgewiesen.

Die Palästinenser innerhalb wie außerhalb der besetzten Gebiete – besetzt von Israel, Syrien, Jordanien und Ägypten – blickten auf eine mehr als ungewisse Zukunft. Von den 1,4 Millionen arabischen Einwohnern, die zuletzt im Mandatsgebiet Palästina lebten, war zwischen Dezember 1947 und Frühjahr 1949 etwa die Hälfte, d.h. 700000–760000 Personen, geflohen oder vertrieben worden.[31] In der «Westbank», in die sich 1947–1949 mehrere Hunderttausend Menschen aus den von den Israelis eroberten Gebieten geflüchtet hatten, setzte König Abdallah seinen alten Verbündeten Raghib al-Nashashibi als Militärgouverneur ein. In Gaza regierte eine ägyptische Militärverwaltung. Noch ungewisser war das Schicksal der Flüchtlinge, die über die Grenzen des Mandatsgebiets in die arabischen Nachbarländer, nach Europa, Amerika oder Australien geflohen waren.

Immer wieder war von Zäsuren die Rede, echten Einschnitten in Gesellschaft, Politik und Kultur Palästinas. Der Krieg von 1948/49 war eine solche Zäsur: Für die arabische Bevölkerung Palästinas bedeutete er die Katastrophe (*al-nakba*) schlechthin, die weitgehende Zerstörung des arabischen Palästina. Für den Yishuv brachte er die Verwirklichung der kühnen Träume von Emanzipation, nationaler Selbstverwirklichung und Selbstbestimmung, wenn auch nicht der Sicherheit. Für die umliegenden arabischen Gesellschaften wirkte er als demütigender Schock, der die Legitimationskrise der herrschenden Eliten noch schärfer hervortreten ließ (die ja keineswegs nur durch ihr Versagen in der ersten kriegerischen Auseinandersetzung verursacht wurde, in der sie sich gegen einen regionalen Gegner durchzusetzen versuchten). Die Niederlage setzte in den beteiligten Staaten – und über diese hinaus – tiefgreifende politische Umwälzungen in Gang: zunächst eine Reihe von Militärputschen in Syrien und Ägypten, später im Irak; in Jordanien fiel 1951 König Abdallah einem Attentat zum Opfer, eine Revolution jedoch fand, anders als in Ägypten, nicht statt. Der arabisch-israelische Konflikt um Palästina wurde eines der bestimmenden Momente mittelöstlicher Politik, in die auch Länder außerhalb der Region, namentlich die Supermächte USA und Sowjetunion, mit oder gegen ihren eigenen Willen verwickelt wurden.

Die Erklärungen und Mythen, die auf allen Seiten bemüht wurden, um die Ereignisse begreifbar zu machen und in einer neuen

Umwelt neue Formen von Engagement und Loyalität zu stiften, sollten die kollektiven Vorstellungen von Identität, Recht und Unrecht über Jahrzehnte prägen. In Israel begann in den ausgehenden 1980er Jahren, ausgelöst unter anderem durch die israelische Invasion in Libanon im Jahr 1982, eine Reihe kritischer Historiker, die offizielle israelische Darstellung zu hinterfragen, und zwar auf der Grundlage der Akten des jüdischen Yishuv und des israelischen Staats. Sie wurden bald als die Gruppe der «neuen» oder «revisionistischen» Historiker bekannt, «revisionistisch» in ganz anderem Sinn, als dies Jabotinsky und Begin mit ihren radikalen Vorstellungen von einem Großisrael waren. Auch in der zweiten Dekade des 21. Jahrhunderts sind die arabischen Archive für die kritischen Jahre noch immer geschlossen und das politische und intellektuelle Klima in der arabischen Welt nicht dazu angetan, eine vergleichbar revisionistische Zertrümmerung selbstverherrlichender nationaler Mythen zu ermöglichen. Nicht nur in dieser Hinsicht findet so das Ungleichgewicht zwischen den beiden Seiten seine Fortsetzung.

Anhang

Anmerkungen

I. Grenzen und Namen

1 Ortsbezeichnungen gebe ich nach dem heutigen Sprachgebrauch (libanesisch, syrisch usw.) wieder.

2 Dies war wichtig nicht zuletzt im Zusammenhang mit beduinischen Einfällen, die meist als Zeichen imperialer Schwäche gewertet wurden; Beispiele bieten neben der muslimischen Eroberung im 7. Jahrhundert beduinische Einfälle im frühen 16. sowie im 17. und 18. Jahrhundert, die als verläßlicher Indikator für die Stärke der osmanischen Zentralgewalt galten und gelten; zu Geographie und Grenzen vgl. Biger 1990: 2–4; Biger 2004.

3 Thoma 1970: 37f. Zur Politik der Namensgebung Benvenisti 2000, bes. Kap. 1; Enderwitz 2002: Kap. 4. R. Khalidi 1997 verweist in Kap. 2 auf die unterschiedliche Terminologie nicht nur von Juden und Arabern, sondern auch von Muslimen und arabischen Christen. Mit anderem Ansatz vgl. Lewis 1980; Biger 2004: Kap. 1. Zur Rolle der Archäologie im Wettstreit der historischen Rechte und politischen Ansprüche Silverstein 1989 und Abu El-Haj 2002.

4 Vgl. mit bescheidenen Ansätzen historischer Kritik Rasmussen 2000: 69ff; ganz bibeltreu Aharoni/Avi-Yonah 1998.

5 Zum Folgenden vgl. Lemche 1991: 25–52, 152ff und Lemche 1994; Redford 1992: Kap. 10. Auf konventionellen Annahmen (d. h. biblischer Grundlage) beruhen demgegenüber die Karten in Rasmussen 2000: 90–103 und Aharoni/Avi-Yonah 1998: Karte 17, 38, 46, 68. Der Name «Kanaan», der sich erstmals auf einer Inschrift des Idrimi, König des nordsyrischen Stadtstaats Alalah, aus dem 15. Jahrhundert v. Chr. findet, könnte von hurritisch *kinnahu*, Purpur, abgeleitet sein, einem Produkt, das aus diesem Kanaan stammte und dessen wichtigstes Handelsgut es darstellte; diese Deutung stützt auch die griechische Bezeichnung «Phoinike», Phönizien, für die levantinische Küste, die ihrerseits dem phönizischen Wort für Purpur nachgebildet sein soll. Der Name könnte sich aber auch aus der semitischen Wurzel *k-n-ʿ*, «niedrig» sein, herleiten und daher «Tiefland» oder «Niederlande» bedeuten (würde sich dann allerdings wohl nur auf die Küstenebene und die ins Hinterland führenden Täler beziehen). Möglicherweise aber ist Kanaan schlicht ein uralter Ortsname, von dem mit einiger Sicherheit lediglich gesagt werden kann, daß er semitischen Ursprungs ist, nicht aber, was er bedeutet.

6 Zur «mosaischen Unterscheidung» in «reine» Monotheisten und «unreine» Polytheisten vgl. Assmann 1998.

7 Zum Folgenden vgl. Redford 1992: 170f, 179, 195 und Kap. 10; Lemche 1991: 13ff, 28ff, 39f, 48, 67–69; Weinstein 1981; Weinfeld 1993: 113–120

und Kap. 5; zur sog. Israel-Stele des Pharaos Merenptah (auch: Meremptah, Merneptah) vgl. Bimson 1991. In Ägypten waren Angehörige der Seevölker schon um 1650 v.Chr. eingefallen; vgl. eingehend Dothan/Dothan 1992. Wichtige Beiträge zur Religions- und Siedlungsgeschichte finden sich bei Miller/Hanson/McBride 1987.

8 In der Hebräischen Bibel bezeichnete *(gelilot) peleshet* (angelehnt an das altägyptische *purusati* und das assyrische *palastu*, in europäischen Sprachen meist mit «Palestina» oder «Philistia» übersetzt) ursprünglich den südlichen Küstenstreifen von Gaza bis zum Karmel. «Palästina» wurde weder im Neuen Testament verwandt noch in der rabbinischen Tradition; im Talmud erscheint das Wort als technische Bezeichnung für eine der römischen Provinzen: Lewis 1980: 1 und 6; Biger 1990: 9.

9 Zum Folgenden vgl. vor allem Weinfeld 1993: 52–75 und Weinfeld 1983: 27; Kartenversuch in Biger 1990: 7f; zur Namensänderung von Abram zu Abraham nach dem Bundesschluß vgl. 1. Mose 17,5.

10 Der Judaist Moshe Weinfeld ordnet sie der deuteronomistischen Quelle, Schule oder Bewegung zu, genauer noch der Phase neuerlicher Expansion der geteilten Königreiche Juda und Israel unter den Königen Hiskia und Josia im 7.Jahrhundert v.Chr.: Weinfeld 1993: 64–75; s. auch N.Lohfink (Hg.): Das Deuteronomium. Entstehung, Gestalt und Botschaft. Leuven 1985.

11 Nur in 1. Chronik 13,5 ist der Nahal Mitzrayim mit dem östlichsten Deltaarm (hebr. Shihor) zu identifizieren; zu ihm auch Josua 13,10; hierzu Lewis 1980: 3 und Weinfeld 1993: 53f; Karten ebd. 57 und Biger 1990: 6.

12 Perlitt 1983: 51–53. Einzig Salomo kontrollierte der Bibel zufolge ein Gebiet, das bis zum Euphrat reichte (wenn auch nicht «bis zum Nil»); dazu unten.

13 Das im biblischen Text angesprochene «Schilfmeer» wird gemeinhin mit dem Golf von Aqaba identifiziert; Weinfeld 1993: 67; Boehmer 1909: 135f; Biger 1990: Karte 8.

14 Weinfeld 1993: Kap. 5 und 6, insbes. 112–120; auch I. Finkelstein 1988; Whitelam 1996. Rasmussen 2000: 86–103 allerdings datiert den Auszug und die beginnende Landnahme auf die Jahre 1450–1400 v.Chr. Zur Debatte um Moses vgl. Smend 1995 und Assmann 1998.

15 Vgl. vor allem 1. Samuel 13,19; 1. Chronik 13,2; in Josua 11,22 ist vom «Land der Kinder Israel» die Rede; ausführlich ferner Josua 13–19, z.B. 13, 2–5; vgl. Biger 1990: 9.

16 Vgl. hierzu Weinfeld 1993: 52f; Boehmer 1909: 137f; Biger 1990: Karten 10 und 11. Kritisch u.a. Lemche 1991: 80f und Whitelam 1996: 129ff, 138, 150, 161, 255.

17 Aharoni/Avi-Yonah 1998: 66–75 (s. insbes. Karte 105 zu den zit. Belegen) verwandeln den Bibeltext in Kartenmaterial («Territorialisierung von Geschichte»); ähnlich Biger 1990: 9f und, mit abweichender Chronologie, Rasmussen 2000: 116–123; weitere Belege bieten Richter 20,1 und 2. Samuel 24,2; zu Dan und Beersheva die Karten, unten.

18 Wie immer im Grundsatz bibeltreu Rasmussen 2000: 124–139; Biger 1990: 11f; noch größere Detailgenauigkeit suggerieren Aharoni/Avi-Yonah 1998:

76–107; zum Folgenden kritisch auch Weinfeld 1993: 186ff; Asali (Hg.) 2000: Kap. 2.

19 Historisch-kritisch Eskenazi/Richards 1994, insbes. der Beitrag von Charles E. Carter: The Province of Yehud in the Post-Exilic Period: Soundings in Site Distribution and Demography (106–145); Whitelam 1996: 173; zahlreiche (für diese Zeit verläßlichere) Karten in Rasmussen 2000: 140–152.

20 Rasmussen 2000: 153–159; Aharoni/Avi-Yonah 1998: 118–133, bes. Karte 213; Biger 1990: 12 und Karte 13; abweichend aber Weinfeld 1993: 52, 75.

21 Zu den beiden Aufständen Aharoni/Avi-Yonah 1998: 157–165; Rasmussen 2000: 160–179. Zum sog. Zeloten-Aufstand Berlin/Overmann 2002, insbes. Kap. 15 (Neil A. Silverman). Zum Mythos Masada vgl. kritisch Cohen 1982; Shapira 1992: 310–319 und Zerubavel 1995.

22 Das Folgende nach von Naredi-Rainer 1994: 43; Biger 1990: 14. Die Lokalisierung der Tempel und Statuen ist im übrigen umstritten; vgl. hierzu Stemberger 1987: 52–55. Rigorose Quellenkritik betreibt P. Schäfer 1981.

23 Mitte des 4. Jahrhunderts wurde die Provinz Arabia – das ehemalige nabatäische Königreich –, die den Negev, das südliche Ostjordanland und Teile des Sinai umfaßte, als Palaestina Salutaris mit dem Hauptort Petra abgeteilt. Um 400 wurde die restliche Provinz schließlich mit langfristiger Wirkung zweigeteilt: Palaestina Prima mit der Hauptstadt Caesarea umfaßte den südlichen Streifen diesseits und jenseits des Jordan, Palaestina Secunda mit der Hauptstadt Scythopolis (hebr. Bet Shean, arab. Baisan) die daran angrenzenden nördlichen Gebiete einschließlich der Golanhöhen. Palaestina Salutaris wurde zur gleichen Zeit in Palaestina Tertia umbenannt. Lewis 1980: 3–6; Biger 1990: 15–17; Gil 1997: 110–114, 470; zur osmanischen Ära ausführlicher unten.

24 Vgl. hier Gerber 1998 gegen die Standardversion von Lewis 1980: 6 oder Biger 1990: 18f. Ebenso kritisch R. Khalidi 1997: 28–34. Rood 2004: 44–46 zufolge verwies in osmanische Gerichtsakten des 18. Jahrhunderts *ard filastin* (das Land Palästina) allein auf die Küstenregion mit den Ortschaften Gaza, Jaffa, Ramla und Lydda; hierzu ausführlich Büssow 2011: Kap. 1.

25 Zit. nach Frischwasser-Ra'anan 1976: 82; s. auch ebd. 97, 100, 129.

II. Zur Heiligkeit des «Heiligen Landes»

1 Vgl. Anderson 1991; Hobsbawm/Ranger (Hg.) 1983.

2 Z.Z. des Zweiten Tempels wurde in jüdischen Kreisen die bemerkenswerte These vorgetragen, das Land sei rechtmäßig von den Vorfahren (konkret: Abraham) ererbt, von den Kanaanitern mit Gewalt genommen – und eine verlassene Wüste gewesen; vgl. Weinfeld 1993: 209–213. Auf die «Wüste» wird unten zurückzukommen sein.

3 Thoma 1970: 37f.

4 Grundlegend hierzu Weinfeld 1983, insbes. 108.

5 Die Unreinheit (beider) war vor allem durch zweierlei bedingt: die Berührung mit Leichen und die Praktizierung heidnischer Kulte. Die Lage war allerdings kompliziert: Ein Ort konnte z.B. von den Abgaben ausgenommen, dennoch aber für «rein» erklärt werden; im heutigen Libanon und Syrien

gab es «gemischte Gebiete»; vgl. zum Folgenden Safrai 1983: 204–209; auch Klein 1928: 227, 234 ff.

6 Tannaim: Lehrer/Gelehrte nach der Zerstörung des Zweiten Tempels; vgl. zum Folgenden Klein 1928: 204 ff, 240 f; Safrai 1983: 201, 209 f; ausführlich hierzu Davies 1982 und Mendels 1987.

7 Ähnlich Jesaja 60,21: «Und dein Volk sollen lauter Gerechte sein. Sie werden das Land ewiglich besitzen als der Sproß meiner Pflanzung und als Werk meiner Hände mir zum Preis.» Nach Safrai 1983: 210f sind Landübertragungen (Verkauf oder Pacht) an Nichtjuden allerdings historisch durchaus belegt.

8 Vgl. Weinfeld 1993: 86–98 sowie Kap. 4, 5, 8; als älteste biblische Belege gelten 2. Mose (Exodus) 23,20–33 und 34,11–16; s. ferner W. Horbury: Extirpation and Excommunication, in: Vetus Testamentum 35 (1985): 19–38. – Zur Unreinheit der Nichtjuden vgl. etwa 4. Mose 35,34 («Macht das Land nicht unrein, darin ich wohne; denn ich bin der HERR, der mitten unter den Kindern Israel wohnt.»); Jesaja 52,1 («Wach auf, wach auf, Zion, zieh an deine Stärke! Schmücke dich herrlich, Jerusalem, du heilige Stadt! Denn es wird hinfort kein Unbeschnittener oder Unreiner zu dir hineingehen.»); Joel 4,17 («Und ihr sollt's erfahren, daß ich, der HERR, euer Gott, zu Zion auf meinem heiligen Berge wohne. Dann wird Jerusalem heilig sein, und kein Fremder wird mehr hindurchkommen.»). – Wichtig für die Behandlung von Fremden ist u. a. 3. Mose (Leviticus) 19,33 f. Zur Dialektik des Umgangs mit den anderen vgl. Talmon 1970: 147 f.

9 Zu beachten ist die historische Einbettung der Bibelstellen. So kann es nicht erstaunen, daß sich in den fünf Büchern Mose nur zwei mögliche Erwähnungen Jerusalems finden und etwa ein Dutzend in Josua und Richter, die verfaßt wurden, als die Stadt noch nicht ihre spätere Bedeutung erlangt hatte. Eine große Rolle spielte sie hingegen in den Hof- und Tempelhistoriographien (d. h. Samuel, Könige, Esra-Nehemia und Chronik) sowie in den Psalmen, die zumindest in Teilen auf königliche Veranlassung hin entstanden, um im Tempelgottesdienst verwendet zu werden. Vgl. hierzu Talmon 1970: 136–139 und Asali (Hg.) 2000: Kap. 1 (Franken).

10 So 1. Mose 14,18–19. Die Gleichsetzung von Salem und Jerusalem-Zion geht auch aus Psalm 76, 3 hervor: «So entstand in Salem sein Zelt und seine Wohnung in Zion.» Vgl. hierzu Fohrer 1969: 217; Baltzer 1990: 5 f, 10–12.

11 Vgl. vor allem den vermutlich nachexilischen Psalm 122, in dem der Friede Jerusalems im Mittelpunkt steht, sowie Hebräer 7,1–2; hierzu Talmon 1970: 140 f; etwas anders Weinfeld 1983: 102 f.

12 Weder vom Ersten noch vom Zweiten Tempel sind Spuren erhalten, von dem zweiten, erheblich vergrößerten Nachfolgebau des salomonischen Tempels, der um 19 v. Chr. durch Herodes den Großen begonnen wurde, nur noch die Plattform und Teile der Umfassungsmauer, die später, wie erwähnt, als «Klagemauer» so große Bedeutung erhalten sollte. Vgl. von Naredi-Rainer 1994: 13 ff; weiterführend Theodor A. Busink: Der Tempel von Jerusalem von Salomo bis Herodes. Bd. 1, Leiden 1970; Bieberstein/Bloedhorn 1994; Kaplony 2002; Hamblin/Seely 2007. Vom Tempelbau berichtet Nehemia 11,1–36.

13 Das Motiv des erneuerten Bundes diente dem Zweck, dem Anspruch des davidischen Hauses auf Herrschaft über das Volk Israel größeres Gewicht zu verschaffen. Auf Abraham sollten später auch Christen und Muslime zur Legitimierung eigener Ansprüche zurückgreifen. Das Motiv der Tempelstadt (häufig auch «der Stadt auf dem Berge») als Mitte und Nabel der Welt ist zuerst wohl im mesopotamischen Nippur entwickelt und später nicht nur in Ugarit, Babylonien und Assyrien, sondern auch in Griechenland (Delphi) aufgegriffen worden: Weinfeld 1983: 75, 85 ff, 111–114 und Weinfeld 1993: 89 ff, 104–114; Talmon 1970: 143–145 sowie F. E. Peters 1987. Zu den «heidnischen» Kulten vgl. die Beiträge in Miller/Hanson/ McBride (Hg.) 1987.

14 Zum Folgenden vgl. Weinfeld 1993: 202, 206 f; Baltzer 1990: 10; auch Talmon 1970: 141.

15 Wichtig war vor allem Jesaja 65,17 ff, der von einer neuen Schöpfung spricht, wenn auch nicht von einem «neuen» oder «himmlischen» Jerusalem: «Denn siehe, ich will euch einen neuen Himmel und eine neue Erde schaffen, daß man der vorigen nicht mehr gedenkt und sie nicht mehr zu Herzen nehmen wird.» Vgl. Weinfeld 1993: 217 f; Talmon 1970: 148–150; auch Hamblin/Seely 2007: Kap. 2. Thoma 1970: 41 und 48–50 spricht von einem «erregt endzeitlich ausgerichteten Judentum» und verweist darauf, daß dieses himmlische Jerusalem als dem irdischen parallel präsent gedacht wurde. Zur Vision des wiedererrichteten Jerusalem als Nabel und Hauptstadt der Welt und – mehr als das – als Hoffnung für die Juden vgl. die realistische, beinahe stadtplanerische, auf jeden Fall entschieden erdgebundene Vision in Jeremia 31,38–40.

16 Zum Folgenden vgl. Gil 1997: 65 ff, 71 ff, 86, 626 ff, 636 ff, 648; Lazarus-Yafeh 1981: 60; F. E. Peters 1987: 126–131. Auf dem Ölberg hatte der Prophet Ezechiel (oft: Hesekiel) nach der Zerstörung der Stadt durch Nebukadnezar die *shehina* (Gottes Gegenwart oder «Einwohnung») Jerusalem verlassen sehen: Thoma 1970: 50.

17 Thoma 1970: 51; zum Folgenden auch Safrai 1983: 212; Budde 1996.

18 Stemberger 1987: 151–174.

19 Zum Folgenden vgl. Stemberger 1987: 184–236; Gil 1997: 83, 175 ff, 416, 418, 499 ff, 631 ff; zu jüdischen Pilger- und Reiseberichten Kaiser 1992: 41 ff; zu den Bestattungen Gafni 1981.

20 Zum Folgenden, insbesondere den Vorstellungen vom «himmlischen Jerusalem», vgl. Konrad 1965; Kühnel 1987; von Naredi-Rainer 1994: 46 ff; Budde/Nachama (Hg.) 1996; Ben-Arieh/Davis (Hg.) 1997; Kaplony 2002; Hamblin/Seely 2007: Kap. 3 und 5.

21 In Johannes 4,19–24 heißt es: «Die Frau spricht zu ihm: Herr, ich sehe, daß du ein Prophet bist. Unsere Väter haben auf diesem Berge angebetet, und ihr sagt, zu Jerusalem sei die Stätte, da man anbeten solle. Jesus spricht zu ihr: Weib, glaube mir, es kommt die Zeit, daß ihr weder auf diesem Berge noch zu Jerusalem werdet den Vater anbeten. Ihr wisset nicht, was ihr anbetet; wir wissen aber, was wir anbeten; denn das Heil kommt von den Juden. Aber es kommt die Zeit und ist schon jetzt, daß die wahrhaftigen Anbeter werden den Vater anbeten im Geist und in der Wahrheit; denn der Vater

will haben, die ihn also anbeten. Gott ist Geist, und die ihn anbeten, die müssen ihn im Geist und in der Wahrheit anbeten.»

22 Stemberger 1987: 49–51, 99–102, 154. Zur Grabeskirche grundlegend Krüger 2000. Bei der persischen Eroberung ging 614 die Grabeskirche in Flammen auf, wurde 628 in kleinerem Umfang neu aufgebaut und im frühen 11. Jahrhundert von dem fatimidischen Kalifen al-Hakim bi-amri 'llah zerstört (das Heilige Grab unwiederbringlich). Der byzantinische Kaiser Konstantin IX. Monomachos veranlaßte 1048 den Neubau der Grabrotunde, die von den Kreuzfahrern in romanischem Stil erneuert wurde, welche zugleich anstelle der Basilika einen monumentalen Neubau errichteten; beide wurden im 19. Jahrhundert nach Brand und Erdbeben neu rekonstruiert und im 20. Jahrhundert (z.B. nach den Erdbeben von 1927 und 1937) verschiedentlich erneuert. Zu Reliquien und Replikaten Wharton 2006.

23 Nebenzahl 1995; Rubin 1999; von Naredi-Rainer 1994: 46, 88 f.

24 Zur Pilgerfahrt aus Westeuropa liegt eine überaus umfangreiche Literatur vor: vgl. vor allem Röhricht 1890; Stemberger 1987: 84–92; Kaiser 1992: 44 ff; Fortner/Rottloff 2000; auch Herbert Donner: Pilgerfahrt ins Heilige Land. Stuttgart 1979. John Mandevilles um 1356 verfaßte «Reisebeschreibung» – er war selbst nie im Heiligen Land – war um 1500 eine der beliebtesten europäischen Reiselektüren, die durch den Buchdruck neuen Auftrieb erhielt; von Naredi-Rainer 1994: 61 ff. Für die orthodoxe Kirche vgl. Stavrou/Weisensel 1986.

25 Kaplony 2002; Asali (Hg.) 2000: Kap. 5 (Hiyari) und 6 (Little); Hamblin/Seely 2007; auch Sylvia Schein: Between Moriah and the Holy Sepulchre: The Changing Traditions of the Temple Mount in the Central Middle Ages, in: Tradition 40 (1984): 175–195.

26 Hierzu von-Naredi-Rainer 1994; Wharton 2006; Hamblin/Seely 2007: Kap. 5.

27 Vgl. Davis 1996; das Zitat («Jerusalem was, New England is, they were, you are God's own, God's covenant people») ebd.: 14; auch Merkley 1998: 54 f.

28 Vgl. Gil 1997: 102 ff; Matthews 1936 und Muhammad Umar Memon, Ibn Taimiyya's Struggle against Popular Religion, Den Haag und Paris 1976; ferner die Titel unten, Anm. 32.

29 Vgl. F. E. Peters 1987.

30 Vgl. Neuwirth 1993 und 1996: 24 ff. Muhammads Moschee in Medina wurde auch die «Moschee der zwei Gebetsrichtungen (*masjid al-qiblatain*)» genannt; Jerusalem ist noch heute als «die erste der beiden Gebetsrichtungen (*ula l-qiblatain*)» bekannt.

31 Die Beziehung zwischen Muslimen und Juden ist in der Person des Ka'b al-Ahbar verkörpert, eines jüdischen Konvertiten zum Islam, der Umar und seine Anhänger insbesondere in Fragen beraten haben soll, die mit dem Judentum zusammenhingen – darunter auch der Bedeutung des Tempelbergs; vgl. Gil 1997: 65 ff. (Nach Enderwitz 1996: 34 waren es allerdings *christliche* Gewährsleute, die Umar durch Jerusalem führten.) Hier zeigen sich interessante Parallelen zu den jüdischen Beglaubigungszeugen bei der Auffindung biblischer Stätten, die die christliche Tradition nennt; vgl. Stemberger 1987:

56 f, 94, 97. Zum Folgenden auch Gil 1997: 65 ff, 90 ff, 96, 636 ff; Lazarus-Yafeh 1981: 60, 66.
32 Zum Haram gibt es wiederum eine höchst umfangreiche Literatur: vgl. vor allem Raby/Johns (Hg.) 1992; Elad 1995; Asali (Hg.) 2000: Kap. 4 (Duri); Kaplony 2002; Hamblin/Seely 2007: Kap. 4; auch Priscilla Soucek: The Temple of Solomon in Islamic Legend and Art, in: Joseph Gutman (Hg.), The Temple of Solomon. Missoula, Montana 1976: 73–123. Hinzuweisen ist auf den achteckigen Grundriß mit acht Öffnungen oder Zugängen, der mit der islamischen Vorstellung vom Paradies in Verbindung gebracht wurde (Gil 1997: 95). In der Erbauerinschrift ließ der abbasidische Kalif al-Maʾmun im übrigen später den Namen Abd al-Maliks durch seinen eigenen ersetzen, vergaß aber, zugleich das Baudatum zu korrigieren.
33 Raby/Johns (Hg.) 1992: 141–144; Gil 1997: 95 f; Lazarus-Yafeh 1981: 62, 71; zu den – nicht zuletzt politisch bedingten – Renovierungsarbeiten im 20. Jahrhundert ausführlich unten.
34 Vgl. zum Folgenden Busse 1968 und 1991; Neuwirth 1993 und 1996.
35 Zu diesem vielbehandelten Thema vgl. umfassend Busse 1991; auch Seguy 1977.
36 Canaan 1927; Gil 1997: 42, 99, 633 f; auch Benvenisti 2000: 286 f; zu Hebron Wagner 2002; Büssow 2011: 194–210.
37 Sivan 1995: 67–106; ausführlich Kamil al-ʿAsali: makhtutat fadaʾil bait al-maqdis. Amman 1984.
38 Vgl. Düzdağ 1972; Colin Imber (Ebuʾs-suʾud. The Islamic Legal Tradition. Edinburgh 1997: 135 f) verdeutlicht, daß es hier vorrangig um Steuerfragen ging. Auch R. Khalidi 1997, insbes. 28–32.

III. Kontraste: Palästina 1750–1840

1 Ben-Arieh 1979: 11. Das Original lautet: «At the beginning of the 19th century Palestine was but a *derelict* province of the *decaying* Ottoman Empire. The Sublime Porte only showed interest in it because of the holy places and the *meagre revenue extorted* from the *wretched* habitants. The country was badly governed, having no political importance of its own, its economy was *primitive*, the sparse, *ethnically mixed* population subsisted on a *dismally low standard*; the few towns were small and *miserable*; the roads few and neglected. In short, Palestine was but a sad backwater of a crumbling empire – a far cry from the fertile, thriving land it had been in ancient times (meine Hervorhebungen, G. K.).» Ähnlich 1838 Edward Robinson, zit. in Ben-Arieh 1984: 53 (abgedruckt in: Rood 2004: 28 f und Gudrun Krämer: A History of Palestine. Princeton 2008: 37) oder auch A. Cohen 1973: 1–4; kritisch hierzu Whitelam 1996: 40 ff; Doumani 1995: 6 f, 216; R. Khalidi 1997: 178 f.
2 Banse 1934: 67.
3 Divine 1994: 13; Benvenisti 2000: Kap. 2. Zum Verhältnis von Schrift und Bild vgl. u. a. Davis 1996; Wharton 2006.
4 Das Wort vom «kranken Mann» geht wohl auf den russischen Zaren Nikolaus I. zurück, der 1853 (im Zusammenhang mit dem Krimkrieg) in einem

Gespräch mit Sir George Hamilton Seymour in bezug auf das Osmanische Reich (bzw. wie damals meist gesagt wurde: die Türkei) bemerkte: «Wir haben es mit einem kranken Mann zu tun – einem sehr kranken Mann» (*We have on our hands a sick man – a very sick man*); zit. nach Burton Stevenson (Hg.): Stevenson's Book of Quotations. 4. Aufl., London u.a. 1943: 2061. Ich danke Stefan Wild für diesen Hinweis.

5 Zum Niedergangsparadigma vgl. Christoph Herzog: Geschichte und Ideologie: Mehmed Murad und Celal Nuri über die historischen Ursachen des osmanischen Niedergangs. Berlin 1996; Faroqhi u.a. 1994: 467 ff, 552 ff; speziell zu Palästina Reinkowski 1995; Doumani 1992 und 1995; moderat die romantisierende Linie etwa bei Tucker 1998: 179–186.

6 Zum Folgenden vgl. Schölch 1986: 17–24; Birken 1976: 242 ff; Büssow 2011, insbes. 42–59. Zum Kadi Singer 1994: 28 f; Manna῾ 1992: 76. Zur naturräumlichen Gliederung Himadeh (Hg.) 1938: 4–6; zur Pilgerroute unten.

7 Dazu Philipp 1998, Schölch 1986 und Büssow 2011 mit Karten; zum 17. Jahrhundert Ze'evi 1996: 11, 205.

8 Diese Angaben nach Divine 1994: 17 und Faroqhi u.a. 1994: 646–655; ausführlicher dazu unten, Exkurs zur Siedlungs- und Bevölkerungsentwicklung.

9 Zur Urbanisierungsrate Abdel-Nour 1982: 35–41, 72–74. Für 1830 nennt Bailey 1980: 75 für den Negev eine Bevölkerung von 16000. Für 1850 schätzt Gerber 1979: 317 f die Gesamtzahl der Beduinen auf 18590, verglichen mit 140385 Städtern und 333700 Dorfbewohnern. Zur Struktur der Dörfer s. auch Völger u.a. (Hg.) 1987: 92–98; Büssow 2011.

10 Alles zum Olivenanbau bei Dalman IV, 1935: 153–290, der auch in den übrigen Bänden seines Werkes umfassend über die lokale Landwirtschaft informiert; knapper Schölch 1986: 85; Doumani 1995: 33, 178 f; allgemeiner Shama 1995 und Benvenisti 2000. Zum Olivenbaum gesellte sich als weiteres Symbol der Heimat der wilde Thymian (*za῾tar*).

11 Zur gewerblichen Produktion eingehend Schölch 1986; A. Cohen 2001; zu Pilgerwesen und Tourismus Ben-Arieh 1984; Abu Jabir 2004; Büssow 2011: 48.

12 Zum Folgenden einschließlich der Erbregelungen Gerber 1987: 11–15, 22–24, 30, 50 ff, 69 f, 84 ff; Gerber 1985: 217; mit z.T. abweichender Bewertung Rood 2004: 30–44; Survey of Palestine 1946: 232 f, 256; Owen (Hg.) 2000.

13 Zum Waqf vgl. Dumper 1994: 7–15; Kupferschmidt 1987: Kap. 5; Gerber 1985: 178 ff, 183, 192; Reiter 1996: 13 ff; Rood 2004: 33–38. Es sollte betont werden, daß auch Christen und Juden fromme Stiftungen unterhielten.

14 Nadan 2006: Kap. 6; El-Eini 2006: 289–302; auch Firestone 1990; Gerber 1985: 206–215; Schölch 1986: 167 f und Anm. 217. Für den südsyrischen Hauran Schaebler 2000.

15 Anatoly M. Khazanov: Nomads and the Outside World. 2. Aufl. Madison, Wisconsin 1983; N. Lewis 1987: Kap. 1; Douwes 2000: Kap. 1. Für Palästina vgl. Ze'evi 1996: 87–114; Doumani 1995: 201 ff; für den Alten Orient Whitelam 1996: 78 f, 98 ff.

16 Ma῾oz 1968: 9. Im Originalton: «the chief cause of the *destruction* of the countryside and the subsequent *ruin* of agriculture and commerce. These

powerful nomads *infested* the Syrian provinces, *pillaged* caravans and travellers along the roads, *ravaged* large pieces of cultivated land, and even dared to *raid* villages that were situated on the outskirts of big towns.» Ähnlich Gerber 1985: 14, 20–27.

17 Zum Folgenden vgl. Ze'evi 1996; für das 18. und 19. Jahrhundert Spyridon 1938; A. Cohen 1973; Hoexter 1973: 272 ff; Steppat 1974; Schölch 1986: 167, 171 ff, 185–195. Zu Hebron und Gaza vgl. Büssow 2011: 194–210, 258–305.

18 Auld/Hillenbrand (Hg.) 2000; Rood 2004: 26–28; Ze'evi 1996: 4; zum mittelalterlichen Jerusalem vgl. Burgoyne 1987; Inschriften in Tütüncü 2006, insbes. 20, 35.

19 Birken 1976: 14; Singer 1994: 28 f; Doumani 1995: 249 f.

20 Zur Hajj-Route im 18. Jahrhundert vgl. Philipp 1998: 13; zu den Steuern Schölch 1986: 166; allgemeiner Faroqhi 1990.

21 Faroqhi u. a. 1994: 658–679; Findley 1988; laut Scheben 1991: 18 zählte die osmanische Bürokratie um 1800 insgesamt überhaupt nur 1500 Beamte; zu Palästina Ze'evi 1996: 41 f; Büssow 2011. Hoexter 1973: 251 ff und Schölch 1986: 164–177 schildern die hochkomplexen Machtverhältnisse am Beispiel des Jabal Nablus; für Akko vgl. Philipp 2001.

22 Zum Folgenden vgl. A. Cohen 1973: 270–292; Philipp (Hg.) 1992: 5 und Karte 3; Divine 1994: 19 f, 51; Doumani 1995: 34 ff, 53.

23 Anschaulich Spyridon 1938: 73 ff für die Jahre 1824 ff; zur Bewaffnung auch Schölch 1986: 192, 197; allgemeiner Parry/Yapp (Hg.) 1975; für das 16. Jahrhundert eingehend Singer 1994: 89–118.

24 Vgl. oben, Anm. 6 sowie Rood 2004: 50–61, 87 f; Ze'evi 1996: 25–27; Tucker 1998; Büssow 2011; zu den *auqaf* oben.

25 Zu den Muftis vgl. Birken 1976: 13; Tucker 1998: 1–36, insbes. 20 f; Kupferschmidt 1987.

26 Zum Gewohnheitsrecht Hoexter 1973: 302 f; Baldensperger 1893: 314–316; al-ʿArif 1944 (kritisch zu ihm Likhovski 2006: Kap. 9); Tibawi 1956: 75; Steppat 1974: 239. In der Gegend von Hebron firmierte das Gewohnheitsrecht unter der Bezeichnung «Abrahams Gesetz» (*shariʿat al-khalil*, nach dem arabischen Beinamen Abrahams, Ibrahim al-Khalil); Finn 1878, I: 216; vgl. aber auch Rood 2004: 53. Zum *khatib* auch Kupferschmidt 1987: 76, 133 f.

27 Vgl. Canaan 1927; Baldensperger 1893: 315–320; Macalister/Masterman: 1904–1906; de Jong 1983.

28 Vgl. allgemein Shaw 1975; Faroqhi u. a. 1994: 55–142, 436–438, 531–575, 661, 710–723; Gerber 1987: 12 f, 20–22, 50–56; für Palästina A. Cohen 1973: 247 ff; K. Stein 1984: 16–20; Gerber 1985: 160–177, 226–236 und 323, Anm. 30. Zum *timar*-System Schölch 1986: 164–169; Ze'evi 1996: 37; Rood 2004: 38–44.

29 Zur *daura* vgl. die eingehende Schilderung aus dem Jahr 1825 bei Spyridon 1938: 74 ff; allgemeiner Doumani 1995: 266, Anm. 5.

30 Faroqhi u. a. 1994: 457 ff, 552, 658–679; Abu l-Husayn 1985; Ze'evi 1996: 35–62; Rood 2004: 48–50, 61–64; Büssow 2011 sowie unten, Anm. 32, 34 und Kap. IV.

31 Safi 2004: 15–20; Philipp 2001 und (Hg.) 1992; Doumani 1973: 312 f, 317–319.

32 Vgl. Philipp 2001 und 1992; Safi 2005; Joudah 1987; Doumani 1995: 40 ff.

33 Zum Baumwollanbau vgl. Doumani 1995: 95–130; Schölch 1986: 81 ff; Gerber 1985: 6; zum Widerstand im Jabal Nablus auch Hoexter 1973: 251.

34 Zu al-Jazzar Philipp 2001; Safi 2004: 20–26; ausführlich Ahmad Haidar Shihab: Tarikh Ahmad basha al-Jazzar (Die Geschichte Ahmad al-Jazzar Paschas). Beirut 1955; zu Sulaiman Pascha al-ʿAdil vgl. al-ʿAura 1989.

35 Zur ägyptischen Besatzung generell Rood 2004: Kap. 3 und 4; Safi 2004: Kap. 1 und 174–178; auch Divine 1994: 53–72. Zu den wichtigsten Quellen zählt Asad Rustum: Al-usul al-ʿarabiyya li-tarikh suriya fi ʿahd Muhammad Ali (Die arabischen Quellen zur Geschichte Syriens im Zeitalter Muhammad Alis). 5 Bde., Beirut 1930–34; zu Muhammad Ali vgl. Art. Muhammad Ali Pasha (Ehud R. Toledano) in: Encyclopaedia of Islam, Second ed., Bd. 7. Leiden 1993: 423–432; Marsot 1984 und Fahmy 1998.

36 Spyridon 1938: 84 f.

37 Rood 2004: 73 f; Elliot 2004: 110 f, 117. Allgemeiner zu Kleiderordnungen und Mode im osmanischen 19. Jahrhundert Norton 1997; Quataert 1997; Faroqhi/Neumann (Hg.) 2004; Kreiser 2005; s. auch unten, Anm. 40.

38 Vgl. mit unterschiedlichen Bewertungen Rood 2004: Kap. 4 und 5; Safi 2004: Kap. 2; auch Spyridon 1938: 123–126; zur Politik gegenüber Christen und Juden auch Yazbak 1998: 18–22; Abu Jabir 2004: Kap. 2. Zur Kreuzfahrerfurcht im 17. Jahrhundert unten, Anm. 41; zur Idee der Rückführung der Juden s. Kap. VII.

39 Spyridon 1938: 99; zu den Stadträten vgl. Rood 2004: 98–109.

40 Petermann 1976: 261; er beschreibt hier einige der im sog. Umar-Pakt festgehaltenen diskriminierenden Bestimmungen (Kleiderordnung, Respektsbezeugungen in der Öffentlichkeit), die auch in Palästina bis ins ausgehende 19. Jahrhundert Gültigkeit besaßen. Die Kleiderordnung geriet schrittweise außer Gebrauch, ohne in aller Form aufgehoben zu werden; einen Anfang machte die vom Sultan verordnete Übernahme des Fez, der die meisten statusgebundenen Kopfbedeckungen verdrängte; vgl. Elliot 2004; für Jerusalem auch Ben-Arieh 1984: 190–201, 284 f.

41 Safi 2004: 146–156; Ben-Arieh 1984: 178–189. In den frühen 1620er Jahren war nach wenigen Monaten ein französischer Konsul, der sich erstmals seit dem Ende der Kreuzzüge in Jerusalem etabliert hatte, von der örtlichen Bevölkerung vertrieben worden, die ihn gewissermaßen als modernen Kreuzfahrer wahrnahm; Zeʾevi 1996: 21 f; Asali (Hg.) 2000: 209. R. Khalidi 1997: 29–32 berichtet für 1701 von einem auffallend ähnlichen Vorfall. Im 18. Jahrhundert residierte ein französischer Vizekonsul in Ramla, das auf Grund des regionalen Baumwoll- und Textilgewerbes von kommerziellem Interesse war; Tucker 1998: 28. Neu war also nur die Zulassung von Konsuln in den Zentren Damaskus und Jerusalem. Dem britischen Konsulat, das 1838 in Jerusalem eröffnet worden war, folgten nach der osmanischen Rückeroberung in kurzem Abstand weitere europäische diplomatische Vertretungen: Preußen 1842, Frankreich und Sardinien 1843, die

USA 1844, Österreich 1849, Spanien 1854 und Rußland 1858; Ben-Arieh 1984: 148.

42 Kupferschmidt 1987: 111; Divine 1994: 65 ff; Safi 2004: 182.

43 Zu Konskription und Aufstand vgl. Safi 2004: 92–104 und Kap. 3; Rood 2004: 119–121 und Kap. 5. Zur Militärpolitik in Ägypten und im Osmanischen Reich generell vgl. Fahmy 1997 und Zürcher (Hg.) 1999, insbes. Kap. 4. Zur Qasim-Familie Hoexter 1973: 266 ff.

44 Spyridon 1938: 102; auf S. 67 ff (1821) berichtet Neophytos von der Entwaffnung der Christen in Jerusalem im Zusammenhang mit dem griechischen Aufstand der 1820er Jahre; zur Beteiligung von Christen an lokalen Kämpfen auch Hoexter 1973: 289–291.

45 Spyridon 1938: 90; vgl. auch Safi 2004: 188–191.

46 Die Zitate in: Spyridon 1938: 109 und 117.

47 Spyridon 1938: 95 f, 104, 126–132; Parfitt 1987: 11 f, 69 f, 80 ff; vgl. aber Safi 2004: 195.

48 So vor allem Divine 1994: 59 f; Beispiele bei Spyridon 1938: 105 ff; zur Notabelnpolitik ausführlicher unten; zur Besetzung Jerusalems Rood 2004: 127–130; Safi 2004: 191–195, 205 f.

49 Eingehender hierzu Fahmy 1998: 165–178; Safi 2004: Kap. 4 und 5; Rood 2004: Kap. 7.

50 Safi 2004: 125–146, 259–285; Divine 1994: 63 ff, 70 ff, 102 ff; Doumani 1995: 44 ff. Der Zuzug ägyptischer Fellachen nach Palästina dauerte im übrigen bis 1917 an; Ben-David 1990: 186 f.

51 Spyridon 1938: 91 ff; Divine 1994: 64; LeVine 2005: 28–33; zur Pest Dols 1979 und Panzac 1985; zu Akko vgl. Philipp 2001.

IV. Zeit der Reformen: 1840–1914

1 Büssow 2011: Kap. 1 mit dem aktuellen Forschungsstand; vgl. hier vor allem Maʿoz 1968.

2 Zum Folgenden neben Büssow 2011: Kap. 1 insbes. Zürcher 1999. Schölch 1986: 211 zufolge wurden die Sipahis im Jabal Nablus erst 1859 aufgelöst.

3 Vgl. Scheben 1991; Avci/Lemire 2005; Gerber 1985: 93–142 und Büssow 2011, insbes. 72–100.

4 S. neben den Titeln in Anm. 3 auch Deringil 1998: 29 f.; in Haifa beispielsweise wurde die große Uhr an der Freitagsmoschee angebracht; der Jerusalemer Uhrturm wurde 1922 gesprengt.

5 Für das Osmanische Reich insgesamt Deringil 1998: Kap. 4 und Somel 2001. Für Palästina und Jerusalem Tibawi 1956: 19–23, 58 f; Ben-Arieh 1984: 136–139; auch Safi 2004: 165–168; für die Mädchenbildung Greenberg 2010: Kap. 1.

6 Zur Altstadt von Jerusalem Ben-Arieh 1984, I: Kap. 4 und 5 sowie Schmelz 1975. Für das 17. und 18. Jahrhundert allgemein A. Cohen 2001: 70–74; Safi 2004: 168–172. Zur Malariabekämpfung Wulf 2005: Kap. 2–6 und Sufian 2007; zur Pest Dols 1979, Panzac 1985 und LaVerne Kuhnke: Public Health in Nineteenth-Century Egypt. Kairo 1992, insbes. Kap. 3 und 4; vgl. auch den statistischen Überblick unten, Kap. VIII. 4.

7 Zit. nach Schmelz 1975: 123 f.
8 Zit. nach Luncz 1882: 116 f. Chaplin hatte immerhin die Bemühungen der osmanischen Gouverneure um eine Besserung der Lage gelobt. Vgl. auch Avci/Lemire 2005 zur Rolle der Stadtverwaltung.
9 Schölch 1986: 155 f, Büssow 2011, insbes. 316–397.
10 Leicht abgeändert zit. nach Bericht über Palästina 1937: 175.
11 Owen (Hg.) 2000 und Gerber 1987 (insbes. 61, 71 f, 77 f, 84 f, 147 f) räumen mit einer Reihe weit verbreiteter Mißverständnisse bezüglich Zweck, Gestalt und Wirkung der Bodenrechtsreform auf, die auch die seriöse Literatur durchziehen. Vgl. auch K. Stein 1984: 7, 10 ff, 20 ff; Metzer 1998: 94 f und LeVine 2005: 346, Anm. 6. Zu den Waqf-Reformen Kupferschmidt 1987: 114–117, 123 ff; Reiter 1996: Kap. 1, bes. 11 ff, 29, 36. Text des Bodengesetzes in: Young 1906: Teil II, Bd. 6: 38–83.
12 Gerber 1987: 67–90, insbes. 72 ff; K. Stein 1984: 17, 20–22; Schölch 1986: 103 ff; weitere Vignetten bei Büssow 2011.
13 Schölch 1986: 103 ff, 144, 165 f, 194; Gerber 1987: 80, 89; Hanssen 2005, insbes. 60.
14 L. Oliphant: Haifa or Life in Modern Palestine, Edinburgh und London 1887: 59, zit. und übers. nach Gerber 1987: 79; zu Oliphant vgl. Shimoni 1995: 63 f. Teile der Ebene waren aber noch in den 1920er Jahren nachweislich versumpft, so daß dort in spätosmanischer Zeit nicht alles Land entwässert und unter den Pflug genommen wurde; vgl. z. B. das Photo in Naor 1998: 17; Büssow 2011: 211–305; auch Sufian 2007: Kap. 3 und 4.
15 Zum Folgenden vgl. vor allem Shafir 1989; Doumani 1995; Swedenburg 1988; zum Phänomen der Landlosigkeit vor dem 19. Jahrhundert Gerber 1987: 27 ff.
16 Ben-David 1990: 187 ff; Landkonflikte sind schon für 1875 bezeugt: Bailey 1990: 35; Schölch 1986: 154, 194; eine Aufnahme von der Einweihung Beershevas in Naor 1998: 17.
17 Schölch 1986: 76; Shafir 1989: 28 f.
18 Neben Doumani 1992 und 1995, der im ganzen moderat bleibt, vgl. die Aufnahmen in Elmendorf 1912, Landau 1979, Graham-Brown 1980, Gidal 1982, W. Khalidi 1984, Howe 1987 und Osman 1999. Zur photographischen Tradition vgl. Osman 1999: 153–158 und Nir 1985.
19 Thomson 1985 (1877): 525.
20 Schölch 1986: 57, 74, 111 f, 134–136, 150 f; Wharton 2006; Büssow 2011: 48; zum Jordanwasser Naor 1998: 35. Zu Handel und Handwerk A. Cohen 2001; Gerber 1985: 62–73; Gerber 1987: 48–50.
21 Zur Infrastruktur detailliert Kark 1990; Fahrzeiten Jaffa-Jerusalem ebd. 75; Philipp/Schaebler (Hg.) 1998; Schölch 1986: 124 ff und Karten 5–8; Frischwasser-Ra'anan 1976: 45 ff; Büssow 2011: 435–475.
22 Grundlegend LeVine 2005: Kap. 2; Schölch 1986: 76–157; Kark 1990: 67–70; zu Beirut vgl. Hanssen 2005.
23 Shafir 1989: 28.
24 Zu den Templern eingehend Carmel 2000; Schölch 1986: 71–73, 140–142; Shafir 1989: 28–30; auch Löffler 2008: Kap. 2.

25 Hourani 1968; Muslih 1988: Kap. 1; Abu-Manneh 1990; Doumani 1995: 55 f, 67, 151; Yazbak 1998: 42–46 und Kap. 4; Büssow 2011: 316–394; für Syrien vgl. etwa Khoury 1983; Gelvin 1998; Thompson 2000.

26 Manna' 1992 und 1998; Abu-Manneh 1986 und 1990; Pappé 2010; für die 1830er und 1840er Jahre auch Rood 2004: 54–64.

27 Braude/Lewis (Hg.) 1982; Levy (Hg.) 1994: 42–71, 105–109; für Palästina s. die Hinweise bei Steppat 1974: 242 f; Abu Jabir 2004; Büssow 2011.

28 Porath 1974: 294.

29 Yazbak 1998: Kap. 4, insbes. 158–162, und Kap. 6; allgemeiner auch Büssow 2011, insbes. 314 f.

30 Al-Nimr 1961–1975; Doumani 1995; auch Graham-Brown 1982. Zur Infrastruktur vgl. Doumani 1995: 23–25, 68–78, 94; Schölch 1986: 146–149, 171–174, 195–212.

31 Doumani 1995: 25 f, 34 ff; vgl. auch Doumani 1994. Sehr anschaulich der Bericht Heinrich Petermanns, der in den frühen 1850er Jahren als einer von ganz wenigen Ausländern zwei Monate in Nablus verbrachte; Petermann 1976 (1865): 264–292; höchst angetan war in den 1870er Jahren auch Thomson, der vom Duft der Blüten und Gesang der Nachtigallen in den Gärten von Nablus schwärmte; Thomson 1985 (1877): 470–477.

32 Doumani 1995: Kap. 1; zu den Kämpfen eingehend Hoexter 1973; Abir 1975; Rood 2004: 61–64.

V. Aufkommende Nationalismen:
Zionismus und Arabismus,
1880–1914

1 Die Literatur zu Jerusalem im 19. Jahrhundert ist ausgesprochen reichhaltig; vgl. vor allem Asali (Hg.) 2000; Auld/Hillenbrand (Hg.) 2000; Ben-Arieh 1984 und Gilbert 1994 (Gilbert bietet interessantes Bild- und Kartenmaterial, ist aber im Text hoch tendenziös).

2 Im folgenden stütze ich mich auf Shafir 1989, insbesondere xi-xiii, 2 ff, 19, 49; ähnlich Lockman 1996.

3 Brenner 2002; auch Shimoni 2005 und Shilony 1998: Kap. 2; zur «Zionssehnsucht» vgl. u. a. die Beiträge in Ben-Arieh/Davis 1997; Budde/Nachama (Hg.) 1996; Rosovsky (Hg.) 1996 und oben, Kap. II.

4 Daten bei Metzer 1998: 60–67; Shafir 1989: 7 f, 49; Carmel/Schäfer/Ben-Artzi (Hg.) 1990: 17 f, 156; zum «Pfahl», der erst 1917 aufgegeben wurde, auch Mendes-Flohr/Reinharz (Hg.) 1995: 379 f, zur jüdischen Auswanderung in die USA ebd. 472 f.

5 Ausführlicher hierzu Parfitt 1987; Halper 1991; Kark 1990; Carmel/Schäfer/Ben-Artzi (Hg.) 1990; Büssow 2011, insbes. 157–160; Campos 2011; Jacobson 2011.

6 Tergit 1996: 32.

7 Zu den intellektuellen und praktischen Wurzeln, Vorläufern und Anfängen dieser Bewegung, namentlich der deutschen Ostkolonisierung und dem französischen Siedlungskolonialismus in Algerien und Tunesien vgl. umfas-

send Shafir 1989: Kap. 3; Shimoni 1995: Kap. 1 und 2; Shilony 1998: Kap. 1 und 2; knapp Schölch 1986: 68–73.

8 Zum Folgenden vgl. neben den in Anm. 7 genannten Titeln Metzer 1998: 65–67; Brenner 2002; Überblick über die Aliyot in: New Encyclopedia of Zionism and Israel I, 1994: 48–54; Karte zu den Siedlungen 1878–1918 in: Shafir 1989: xvi; zu den jemenitischen Einwanderern ebd. 91–122.

9 Die Literatur zu Herzl ist umfangreich; vgl. Shimoni 1995: 88–100; Brenner 2002.

10 Nach den Kishinew-Pogromen von 1903 wurde ernsthaft der sog. Uganda-Plan erörtert, mit dem Juden in diesem afrikanischen Land angesiedelt werden sollten, um der europäischen Verfolgung zu entkommen. Herzl setzte sich für diese Option ein. Eine beachtliche Zahl von Siedlern in Palästina war bereit, Eretz Israel zugunsten Ugandas zu verlassen. Einer der bekanntesten Befürworter dieses Vorhabens, Eliezer Ben-Jehuda, der «Vater der neuhebräischen Sprache (Ivrit)», schrieb dazu 1903 in seiner Zeitung «Haschkafa»: «Ich glaube daran, daß in unserem Volk noch eine hebräische Seele wohnt, und sie ist stark genug, um Eretz Israel auf jedem Fleckchen Erde zu erschaffen … Es kommt auf das Volk an, nicht auf das Land. Wenn doch beides möglich wäre: das Volk und das Land! Da es aber gegenwärtig unmöglich ist, entscheide ich mich jetzt für das Volk ohne das Land» (zit. nach Naor 1998: 28). Die Mehrheit der Zionisten lehnte den Uganda-Plan gleichwohl auf dem 1905, kurz nach Herzls Tod in Basel veranstalteten Siebten Zionistischen Kongreß ab; Shimoni 1995: 98f, 334–339; Mendes-Flohr/Reinharz (Hg.) 1995: 548–552.

11 Der Judenstaat 1936: 30 und 33. Zu den Versuchen, den osmanischen Sultan für die Idee zu gewinnen, unten.

12 So explizit S. 54: «Wir sind nur dort Kollektivisten, wo es die ungeheueren Schwierigkeiten der Aufgabe erfordern. Im übrigen wollen wir das Individuum in seinen Rechten hegen und pflegen. Das Privateigentum, als die wirtschaftliche Grundlage der Unabhängigen, soll sich bei uns frei und geachtet entwickeln.» Zum Konzept der Arbeit (die tatsächlich «frei» machen sollte) vgl. auch Shilony 1998: Kap. 2, insbes. 49ff.

13 Herzl starb am 3.7.1904 in Wien. Überaus anschaulich sind die Abbildungen in Arbel (Hg.) 1996. Zu den Symbolen eine Kuriosität: 1909 erlaubte die österreichische Post der Siedlung Petah Tikva die Herausgabe einer eigenen Briefmarke – üblicherweise eines der Symbole moderner Staatlichkeit; Naor 1998: 43.

14 Shafir 1989: 2ff, 47f; zur Spiegelung der Bauernromantik in jüdischen Reiseberichten s. Kaiser 1992: 476ff. Die Unterscheidung zwischen idealistischem Pionier und von materiellen Interessen geleitetem («gewöhnlichem») Einwanderer geht nicht zuletzt auf Martin Buber zurück, der von Erwählung und Berufung, der Entsprechung von innerem und äußerem Wandel schreibt.

15 Zu den intellektuellen Traditionen des Arbeitszionismus Shimoni 1995: Kap. 5. Zum Konzept der «Erlösung des Bodens», in das sich rechtliche und heilsgeschichtliche Motive mischen, vgl. knapp Kaiser 1992: 498f; sehr konkret auch Sufian 2007; zur «hebräischen Arbeit» ausführlicher unten.

16 Hugo Herrmann: Palästina heute. Licht und Schatten. Tel Aviv 1935: 231, zit. nach Kaiser 1992: 93 f.

17 Die Schwierigkeiten des Landerwerbs verdeutlicht Shilony 1998: Kap. 5 (zum Jezreel-Tal, dem Kauf von Land in Afula und der Gründung Merhavias S. 193–208) und Kap. 6 (zu Merhavia S. 245–258). Das 1911 gegründete Merhavia wurde, weil die Kooperative nicht rentabel wirtschaftete, nach dem Ersten Weltkrieg in eine genossenschaftliche Siedlung, *moshav*, umgewandelt; s. auch Naor 1998: 54 f, 61; Karte zu den Siedlungen ebd. 67 und Shafir 1989: xvi; Aaronsohn 1990: 149; Karten zur Landnutzung um 1880: TAVO A X 9 (Südliche Levante – Landnutzung um 1880) sowie B IX 21 (Syrien und Palästina am Ende des 19. Jahrhunderts).

18 Zit. nach dem Stenographischen Protokoll der Verhandlungen des II. Zionisten-Congresses gehalten zu Basel vom 28. bis 31. August 1898. Wien 1898: 99–127.

19 Shafir 1989: 43; K. Stein 1984: 38, 64; Shilony 1998 und oben, Anm. 18.

20 Shilony 1998: Kap. 3, 4 und Epilogue; auf S. 87 ein höchst nützliches Schaubild der unterschiedlichen Organe der Zionistischen Weltorganisation; das Direktorium des JNF tagte zumeist in Köln; ebd. 79; das Palästina-Amt wurde offiziell Ende 1907 eingerichtet, operierte aber erst von April 1908 an, als Ruppin in Jaffa eintraf; ebd. 83. Zur Aufforstungskampagne und dem Herzl-Wald, der mit Hilfe der sog. Ölbaumspende 1908 angelegt wurde und einen heftigen Konflikt um das Prinzip der «jüdischen Arbeit» auslöste (jüdische Arbeiter rissen die zunächst von arabischen Arbeitern gepflanzten Setzlinge wieder heraus und pflanzten neue), ebd. 115–136. Shilonys Gesamtbewertung (S. 386–401) widerlegt die Vorstellung, der JNF habe in der Phase vor dem Ersten Weltkrieg eine entscheidende Rolle bei der «Erlösung des Landes» gespielt (bis 1914 belief sich der Umfang des von ihm gekauften Landes auf bloße 24 000 Dunam), und legt die Betonung auf dessen Forschungs- und Förderungsaktivitäten, die maßgeblich in den Städten stattfanden. Dazu auch Shafir 1989; Metzer 1998: 128 f.

21 Naor 1998: 51 f bietet interessantes Bildmaterial; gründlicher Shilony 1998: Kap. 5 und 6, insbes. 137–156 und 241–245.

22 Unkritisch zum Shomer, der 1916 eine erste Siedlung in Obergaliläa gründete, Shilony 1998: 150–156 und Naor 1998: 32, 37, 43–45, 62 (1913 Gründung der Vereinigung der Gidoniter, die jüdische Bauern in der Selbstverteidigung ausbildete); anders Shafir 1989 und Zerubavel 1995; interessant Shapira 1992: Kap. 2, insbes. 61, 71 f.

23 Zit. nach der engl. Wiedergabe in: Shafir 1989 und Zerubavel 1995: 57; vgl. auch ebd. 76 f; mit der Betonung auf dem Opfersinn der jüdischen Pioniere und der arabischen Gefahr Shilony 1998: 292–302; präzise Angaben zu den Arbeitslöhnen in: Metzer 1998: 123–137, insbes. 128 f.

24 Zum Folgenden vgl. Shafir 1989: 53–57, 72–76: Ihm zufolge lebten um 1900 rund 1600 jüdische Arbeiter in den ländlichen Siedlungen; 1904 zählten sie insgesamt rund 5500 Einwohner.

25 Naor 1998: 56. Eine Abbildung auf S. 59 zeigt eine Gruppe von sechs Neueinwanderern, unter denen zwei schon recht betagt scheinen; die Jemeniten wanderten im allgemeinen mit der Familie ein. Ähnlich formuliert im übri-

gen Shilony 1998: 302–309: Die jemenitischen Juden waren geeignet, die arabischen Arbeiter zu verdrängen (*push out*), da sie das harte Klima und die schwere Arbeit gewohnt waren, den Aufsehern gehorchten und auf ähnlich niedrigem Lohnniveau überleben konnten wie die Araber, zudem sprachen sie Arabisch und waren osmanische Untertanen. Das Palästina-Amt fand in ihnen «natürliche Arbeiter»: «All they had to do was show up on the labor market, and Arab workers would be easily ousted from the colonies» (S. 302 f). Die Erfahrung zeigte, daß die Jemeniten das Klima, die Arbeit und die überaus ärmlichen Wohn- und Lebensverhältnisse im Gelobten Land nicht vertrugen, vor allem Säuglinge und Kleinkinder starben in erschreckend großer Zahl. Das Experiment wurde 1913 weitgehend eingestellt. Kritisch zu diesem Komplex Shafir 1989: 91–122.

26 Ausführlicher Shilony 1998: Kap. 8 (u. a. Gründung von Ahuzat Bayyit/Tel Aviv; finanzielle Unterstützung von höheren Schulen wie dem Herzliya-Gymnasium) und 9 (Bezalel-Akademie, Nationalbibliothek, Technion, Pläne für eine jüdische Universität). Schlör 1999 und Naor 1998: 46 f, 53 zu Tel Aviv; kritisch LeVine 2005. Zu Lilien vgl. auch Stanislawski 1999 und die Abb. in Arbel (Hg.) 1996.

27 Naor 1998: 35.

28 Vgl. Metzer 1998: Tab. 3.2 und die Angaben zur Bevölkerungsentwicklung unten; eine Sprachstatistik für die Mandatszeit bietet Himadeh (Hg.) 1938: 38 (Zensus von 1931).

29 Zum Folgenden knapp Reinkowski 1995: 25–28; eingehender Karpat 1974; Mandel 1976: Kap. 1; al-Nuʿaimi 1998; Naor 1998: 54 f, 58, 98; von besonderem Interesse ist Kushner 1999. Zum Hintergrund u. a. Gerber 1985; Büssow 2011 und oben, Kap. III und IV.

30 Knapp Shilony 1998: 194; zum Thema Schulden vgl. auch das einschlägige Herzl-Zitat (Der Judenstaat, S. 33) oben; zu den Hoffnungen Herzls, die Fürsprache Kaiser Wilhelms II. zu erhalten, als dieser 1898 das Heilige Land und Istanbul besuchte, s. Merkley 1998: 26–34 und Carmel/Eisler 1999.

31 Zum Folgenden grundlegend R. Khalidi 1997: Kap. 4 und 5; Mandel 1976: Kap. 2; zum Landkauf oben, Anm. 17 und 20 sowie unten, Kap. IX–XI.

32 Mandel 1976: Kap. 3–5. Auf die These vom jüdischen Charakter der Jung-türkischen Revolution (danach waren die Jungtürken angeblich scheinkonvertierte Juden, sog. Dönme) kann an dieser Stelle nicht eingegangen werden. Sie erscheint auch bei al-Nuʿaimi 1998: Kap. 4. Die Dönme betrachteten sich im Übrigen nicht als Juden oder Krypto-Juden, sondern als eigenständige Religionsgemeinschaft.

33 Morris 1987: 8 faßt die Beziehung sehr gut zusammen: Der Zionismus war für den arabisch-palästinensischen Nationalismus Vorbild, Herausforderung und Bedrohung.

34 Nafi 1998: 66 f und 78; Khalidi 1997. Ein Beispiel bietet Abu Hanna 2005.

35 Für Syrien vgl. Commins 1990; Tauber 1993 und Nafi 1998: Kap. 1.

36 Zum Folgenden vgl. Nafi 1998: Kap. 1; ausführlicher R. Khalidi u. a. (Hg.) 1991; Kayali 1997; Geshoni/Jankowski (Hg.) 1997; für Palästina R. Khalidi 1997; Ayyad 1999: 44 ff, 56 f.

37 Hierzu Nafi 1998: 35–47, 60 f; Campos 2011.

38 Zum Folgenden Muslih 1988: 67, 96–100; andere Autoren messen ihnen mehr Bedeutung zu: Nafi 1998: 59 ff; Ayyad 1999: 39 ff, 57 ff.

VI. «Ein Land ohne Volk für ein Volk ohne Land»? Exkurs zur Siedlungs- und Bevölkerungsentwicklung, 1800–1914

1 Einige der (sehr schönen) Luftbilder der Bayerischen Flieger-Abteilung 304 aus dem Jahr 1917/18 hat Dalman 1925 veröffentlicht, der – für eine angemessene Auswertung natürlich unverzichtbar – die Jahres- und Tageszeit der jeweiligen Aufnahme vermerkt; vgl. ferner Gavish 1990. Berechnungen der Bevölkerungsdichte bei Schölch 1986: 59 und Himadeh (Hg.) 1938 (s. unten).

2 Hartmann 1883: 104. Literaturhinweise u. a. bei Kaiser 1992: 41–69.

3 Zu demographischen Fragen grundlegend McCarthy 1990; Schmelz 1990; Cuno/Reimer 1997, insbes. 148, 203; Courbage/Fargues 1992; Faroqhi u. a. 1994: 433. Für Palästina Büssow 2011: 19–26; am Beispiel von Nablus vgl. Doumani 1994; für Haifa Yazbak 1998: Kap. 3.

4 Hartmann 1883: 103. Er selbst stützte seine Ortschaftenliste dessenungeachtet auf das offizielle Jahrbuch (Salname) für Syrien aus dem Jahr 1871, als Jerusalem noch zur Provinz Damaskus gehörte.

5 Schmelz 1990: 18, 45–54 (der Zensus von 1905 operiert mit dem arabischen Begriff *maskan* als Entsprechung für *hane*); Hütteroth 1978: 16, 20; zum Verhältnis von Individuum und Haushalt vgl. Doumani 1998 und Doumani (Hg.) 2003; Schölch 1986: 42 ff; Gerber 1979: 59–62; Yazbak 1998: 98–102; auch Duben/Behar 1991 und Cuno/Reimer 1997: 196 f; ferner Burke 1996.

6 Die Männer wurden in vier Altersgruppen mit unterschiedlichen militärischen Pflichten aufgeteilt; vgl. Karpat 1978: 240; Shaw 1978: 328; Zürcher 1999; Schmelz 1990: 15–17.

7 Zum Folgenden vgl. Schmelz 1990: 29 f; Shaw 1978: 327; Karpat 1978: 248 f.

8 Zit. nach Karpat 1978: 242; ähnlich Muhammad Ali zit. nach Cuno/Reimer 1997: 200.

9 Karpat 1978: 253.

10 Schmelz 1990: 19, 41–44; ähnlich für das frühneuzeitliche Italien Burke 1996: 46.

11 Zum Folgenden vgl. Gil 1997; Carmel/Schäfer/Ben-Artzi 1990 mit den dazugehörigen TAVO-Karten; auch Courbage/Fargues 1992.

12 Hütteroth/Abdulfattah 1977; Hütteroth 1978. Von einer «Bevölkerungsexplosion» im 16. Jahrhundert gehen auch Cohen/Lewis 1978 aus. Haim Gerber (1979: 77) berechnete demgegenüber für 1548/49 eine Einwohnerzahl von 213 660; zu den beduinischen Zuwanderern s. Schölch 1986: 166, 171 ff; zum frühen 19. Jahrhundert vgl. oben, Kap. III.

13 Shafir 1989: 38; Rood 2004: 197 ff; Safi 2004: Kap. 1; N. Lewis 1987: 38–40 und Kap. 6.

14 McCarthy 1990: 10, 12.

15 Zum Folgenden vgl. Shafir 1989: 37, 40; Gerber 1979: 78.

16 Zum Folgenden vgl. Gerber 1979: 78–80 und 1987: 79; Doumani 1995: 32, 269; Benvenisti 2000: 80 f; irreführend etwa Hartmann 1883: 111, dort die Definition von *mazraʿa* als Weiler. Die *khirba* ist den *gastinae* der Kreuzfahrerzeit ähnlich.

17 Schölch 1985: 494 und 1986: 145 f. Zu den Tscherkessen und Tschetschenen N. Lewis 1987: Kap. 6.

18 McCarthy 1990: 10 f, 13 f; Shafir 1989: 39. Gottheil kam (allerdings auf der Grundlage von Daten aus den 1880er Jahren) für 1875 auf die deutlich höhere Gesamtzahl von 492 675 Personen, wovon seinen Berechnungen nach rund ein Drittel (140 385) in den 16 Städten des Landes lebte, zwei Drittel (333 700) in den insgesamt 613 Dörfern; die Zahl der Beduinen lag ihm zufolge bei 18.590; Gottheil 1979: 315 f, 318. Schölch 1985: 501 setzte für 1881/82 eine Gesamtbevölkerung von 460 000–470 000 an. Vgl. ferner Karpat 1978; Schmelz 1990, insbes. Anm. 48; Büssow 2011: 19–26.

19 Shafir 1989: 39 f; vgl. auch das Zitat von Oliphant, oben.

20 Zum Folgenden vgl. Schmelz 1990: 23 ff, 27–29; McCarthy 1990: 14, 20; zu den Christen vgl. Abu Jabir 2004, Kap. IV und V; zum jüdischen Yishuv oben, Kap. V. 1.

21 Eingehend Schmelz 1990: 17 ff, 57–59; Schölch 1985: 490; Metzer 1998: Kap. 2 und 3 sowie unten, Kap. VIII. Arthur Ruppin kam für 1914 auf eine deutlich niedrigere Gesamtzahl von ca. 689 000 Einwohnern; seine Berechnungen gingen in den britischen Zensus von 1922 ein. Schmelz plädierte demgegenüber für eine Korrektur nach oben, da Ausländer und Beduinen in die osmanische Zählung nicht einbezogen, Ein- und Auswanderung nicht hinreichend erfaßt und auch die seßhafte ländliche Bevölkerung außerhalb des Bezirks (*kaza*) Jerusalem wohl zu niedrig angesetzt waren.

22 Ausführliche Diskussion bei McCarthy 1990: 17–24 und für 1919 ebd. 25–28 sowie Bericht über Palästina 1937: 178 f; für die jüdische Bevölkerung Jerusalems auch Ben-Arieh 1984: 351–363.

VII. Erster Weltkrieg und britisches Mandat

1 Zum Folgenden vgl. Frischwasser-Raʾanan 1976; Hopwood 1969; Laurens 1999: bes. 45–89; zur *restoration of the Jews* speziell Kobler 1956; Vereté 1992; Shimoni 1995: 60–65; Merkley 1998.

2 Hierzu Brown 1984.

3 Zum Folgenden vgl. Fromkin 1989; Smith 1996: 40 f, 64 f; Laurens 1999: 285–319.

4 Smith 1996: 38; ausführlich hierzu Helmut Mejcher: Die Politik und das Öl im Nahen Osten. 2 Bde., Stuttgart 1980 und 1990.

5 Nach Wilson 1987: 22–28 und Shlaim 1990: 18 ff versuchte Abdallah b. al-Husain, der älteste Sohn des Scharifen, auf eigene Initiative 1914 noch vor Kriegsausbruch, bei Lord Kitchener, dem britischen Generalagenten in

Kairo, die Möglichkeit einer britischen Rückendeckung im Fall eines Aufstands gegen den Sultan zu erkunden; zu diesem Zeitpunkt zeigte sich Kitchener desinteressiert bis ablehnend; ähnlich Smith 1996: 42 f. Nafi zufolge war Husain nach Kriegsausbruch im Herbst 1914 noch nicht bereit, britischem Drängen auf einen Aufstand nachzugeben und änderte seine Haltung erst unter dem Eindruck der harschen Repression, mit der der osmanische Gouverneur von Syrien, Jamal (Cemal) Pascha, ab Mitte 1915 der arabischen Nationalisten Herr zu werden versuchte (Nafi 1998: 47 ff und 81, Anm. 149). Lesenswert ist die Darstellung in Bericht über Palästina 1937: 18–25. Vgl. auch den haschemitischen Stammbaum in: Shlaim 1990: 19; Randall Baker: King Husain and the Kingdom of Hijaz. Cambridge 1979; Wilson 1987: Kap. 2 und, zum arabischen Aufstand, die Beiträge von Wilson und Ochsenwald in: Khalidi u. a. (Hg.) 1991.

6 Offiziell wurde die Korrespondenz 1939 veröffentlicht unter Cmd. 5957; engl. Text in Antonius 1969: 413–427; vgl. auch Kedourie 1976 und Kramer 1986: 62–67.

7 Eine autorisierte deutsche Übersetzung des Schreibens vom 24. Oktober 1915 findet sich in dem Bericht über Palästina 1937: 21 f.

8 Vgl. Frischwasser-Ra'anan 1976: 74–96 und 100, wonach Lloyd George selbst 1919 noch nicht in der Lage war, «Dan» auf einer Landkarte zu finden; vgl. auch oben, Kap. II.

9 Zit. nach Bericht über Palästina 1937: 22; eindeutig in diesem Sinn äußerte sich 1937 auch McMahon selbst in einem Brief an die englische Times; s. Frischwasser-Ra'anan 1976: 65.

10 Zit. nach Kedourie 1976: 120.

11 Porath 1974: 44–48, 52 und 321, Anm. 33. Husain sollte sich später weigern, das Mandatssystem anzuerkennen, in dem seine Söhne Abdallah und Faisal eine so prominente Rolle spielten; Nafi 1998: 147.

12 Frischwasser-Ra'anan 1976: 58–96; Smith 1996: 47–55; Laurens 1999: 285–319; Text in Antonius 1965: 428–430; zur britischen Sicht Bericht über Palästina 1937: 23 f. Das Geheimabkommen wurde nach der Oktoberrevolution im November 1917 von der neuen russischen Regierung veröffentlicht; zu den arabischen Reaktionen s. auch Nafi 1998: 53 f.

13 Vgl. Biger 2004: 43–46; Stoyanovsky 1928: 8 ff; Kark 1990 und Frischwasser-Ra'anan 1976: 45–57 zur Bedeutung der Eisenbahnlinien in der Vorkriegspolitik generell.

14 Deutsche Übersetzung zit. nach Bericht über Palästina 1937: 25. Das engl. Original der entscheidenden Passage lautet: «His Majesty's Government view with favour the establishment in Palestine of a national home for the Jewish people, and will use their best endeavours to facilitate the achievement of this object, it being clearly understood that nothing shall be done which may prejudice the civil and religious rights of existing non-Jewish communities in Palestine, or the rights and political status enjoyed by Jews in any other country.» Faksimile des Schreibens in Naor 1998: 77. Zum Hintergrund L. Stein 1961; Frischwasser-Ra'anan 1976: 74–96; auch Segev 2000: Kap. 2. Mendes-Flohr/Reinharz (Hg.) 1995: 580 f enthält ein Schreiben offizieller britischer jüdischer Vereinigungen, in dem sie jede nationale

Bestrebung von sich weisen. Zu Wilson und der amerikanischen philosemitischen Tradition vgl. Merkley 1998: Kap. 7–10, bes. 87–94.

15 Ausführlich hierzu Stoyanovsky 1928: 70–82. Seine Interpretation der «nationalen Heimstätte» macht die Problematik ganz deutlich: Demnach lag der entscheidende Unterschied in den Rechten von Juden und Arabern darin, daß Juden kraft ihrer Zugehörigkeit zum jüdischen Volk ein Rechtsanspruch *auf* Palästina zuerkannt wurde, während auf der arabischen Seite nur den tatsächlichen Bewohnern des Landes (gewisse) Rechte *in* Palästina zugesprochen wurden; ebd. 80. Diese Auslegung ist insofern problematisch, als die Balfour-Erklärung (wie später auch der Mandatstext) ausdrücklich von einer nationalen Heimstätte *in* Palästina spricht, nicht einem jüdischen Recht *auf* (ganz) Palästina, verdeutlicht aber die Tatsache, daß von Anfang an das jüdische Volk, also die Juden in der ganzen Welt, gewissermaßen als Rechts- und Ansprechpartner gedacht wurden, nicht nur die damaligen jüdischen Bewohner Palästinas. Auch auf britischer Seite wurde zu dieser Zeit somit kein Unterschied zwischen Juden und Zionisten gemacht. Der Begriff der «nationalen Heimstätte» wurde 1921 in Völkerbundsdebatten im übrigen auch auf die sog. armenische Frage angewendet, doch fand sich kein Staat zur Übernahme eines Mandats über die Armenier bereit; ebd. 70–73.

16 Zit. nach Bericht über Palästina 1937: 27.

17 Khalidi u. a. (Hg.) 1991: 179 und 319f, Anm. 31; Kedourie 1976: Kap. 5 und 6; Smith 1996: 56f.

18 Nafi 1998: 47ff, 80–82; Muslih 1988: 89ff, 97f; Porath 1974: 70ff; Kramer 1986: Kap. 5. Begeisterung für die arabische Sache postuliert Ayyad 1999: 59ff; zu den Juden vgl. Naor 1998: 66; ebd. 81 zu dem probritischen Spionagering Nili, der von den osmanischen Behörden 1917 jedoch aufgedeckt wurde; zu ihm eher populärwissenschaftlich Anita Engle: The Nili Spies. London 1959.

19 Zum Folgenden vgl. Laurens 1999: 290–319; Muslih 1988: 96–100; ausführlich A. P. Wavell: The Palestine Campaigns. London 1928 und Anthony Bruce: The Last Crusade. The Palestine Campaign in the First World War. London 2002. Zur Maultierbrigade und den Jüdischen Bataillonen/Hebräischen Brigaden vgl. Naor 1998: 73, 84 und die Abb. 104.

20 Von den Absichten der osmanischen Behörden erschreckt, einen Teil der Jerusalemer Stadtmauer niederzureißen, um den Verkehr bei seinem Besuch zu erleichtern, notierte Wilhelm II.: «Das soll inhibiert werden; ich hoffe nicht, daß eine solche Barbarei wirklich gemacht wird.» Zit. nach Carmel/Eisler 1999: 51. Zu Pferd aber kam er. Vgl. auch Landau 1979: 42f; Sherman 1997: 35f.

21 Zit. nach Bericht über Palästina 1937: 28.

22 Zit. nach Bericht über Palästina 1937: 28f; leicht abweichende Formulierung in Stoyanovsky 1928: 12; s. auch Porath 1974: 42ff; Smith 1996: 58; Gelvin 1998: 68f, 95, 154f; zur Erklärung an die Sieben vgl. Nafi 1998: 143.

23 Biger 2004: 58–79; Frischwasser-Ra'anan 1976: 84–140, bes. 89f, 100–110 und Karte S. 153; Muslih 1988: 101f; für die britische Seite s. vor allem Wasserstein 1978: 18ff; Storrs 1945; Ingrams 1972.

24 Porath 1974: 4–9; R. Khalidi 1997: 58 f; Gerber 1998; zur Verwaltungseinteilung Himadeh (Hg.) 1938: 4 f.

25 Zum Folgenden allgemein Bericht über Palästina 1937: 175 ff (183); Survey of Palestine 1946: 15–17; Wasserstein 1978: 1 f, 15 f; Biger 2004: 51–58.

26 Vgl. Divine 1994: 169–190; zu den Bevölkerungszahlen Bericht über Palästina 1937: 178 f und McCarthy 1990: 19–24; für die jüdische Bevölkerung Segev 2000: Kap. 3 und Pappé 2004: 69. Inzwischen liegen nicht wenige arabische Berichte und Erinnerungen vor; Enderwitz 2002: 99–102, 235–237. Die Schweizer Ärztin Gerda Sdun-Fallscheer, die 1915–1917 in Nablus, Jerusalem und Aleppo verbrachte, hinterließ einen lebhaften Bericht; Sdun-Fallscheer 1989: 470–545; ferner Wulf 2005. Für Syrien und Libanon allgemein Schatkowski Schilcher 1992 und al-Qattan 2004. Für den Nahen Osten generell Farschid/Kropp/Dähne (Hg.) 2006.

27 K. Stein 1984: 31. Tatsächlich erwirtschaftete die Mandatsverwaltung in den Zwischenkriegsjahren sogar Überschüsse, die allerdings im Zeichen der Unruhen bald von Ausgaben für Militär und Sicherheit aufgefressen wurden; ebd. 146.

28 S. beispielsweise Munayyir 1997: 11 ff; allgemeiner K. Stein 1984: 29, 40.

29 Zum Folgenden: Bericht über Palästina 1937: 179 ff, der u. a. die weitreichenden Forderungen nennt, die die Zionistische Kommission (der sog. Delegiertenausschuß) 1918 erhob; das Zitat ebd. 187; auch Wasserstein 1978: 22 ff, 34 ff, 42; 67 f und Kap. 7; Porath 1974: 124–6; zu den Landtransaktionen K. Stein 1984: 23 f, 33, 39 ff.

30 Zit. nach Ayyad 1999: 76; auch al-Hut (Hg.) 1979: 1–11.

31 Porath 1974: Kap. 2; Muslih 1988: 119 ff, 147–154, 200–202; al-Hut 1981: 116–119. In Syrien waren die Palästinenser als «Fremde (*ghuraba'*)» (und eben nicht als Syrer, *shamiyyun*) nicht gerne gesehen; ebd. 152 f; auch Nafi 1998: 140 f.

32 Muslih 1988: 103 ff, 152–154, 174 ff, 201 ff, 214; vgl. auch oben, Kap. V.

33 Muslih 1988: 115 ff; Gelvin 1998: 25 ff, 36 ff, 44 ff, 141.

34 Al-Hut (Hg.) 1979: 18 f; engl. Text in Antonius 1965: 437–439; zum Hintergrund Caplan 1983; Muslih 1988: 121 ff, 133, 150 f, 202 f. Die Jerusalemer Muslimisch-Christliche Vereinigung autorisierte Faisal im Februar 1919 lediglich, sie auf der Konferenz mit der Forderung der Verwirklichung palästinensischer Autonomie innerhalb Syriens als unabhängigem arabischen Staat zu vertreten; Porath 1974: 85 f. Laut Porath 1974: 322 f, Anm. 41 war die englische Fassung von T. E. Lawrence («Lawrence von Arabien») formuliert. Aus arabischer Sicht Nafi 1998: 85, Anm. 197; Ayyad 1999: 73, 79 ff.

35 Al-Hut 1981: 109–114 (Forderungskatalog S. 110; ähnlich die Formulierung einer Delegation aus Jaffa, die sich an einer entsprechenden Formel des ägyptischen Wafd orientierte: *al-din lillah wal-watan lil-jami' lahum ma lana wa-'alaihim ma 'alaina*: Die Religion ist für Gott und das Vaterland für alle, ihnen soll zukommen, was uns zukommt, und sie sollen die Lasten tragen, die wir tragen, d. h. gleiche Rechte, gleiche Pflichten; ebd. 112). Auch Porath 1974: 60–62; Wasserstein 1978: 39 ff; Laurens 1999: 292–296; Karte des Mandatsgebiets bei Frischwasser-Ra'anan 1976: 157; zur Entwicklung der nationalen Bewegung ausführlicher unten, Kap. VIII.2.

36 Muslih 1988: 125–129; Porath 1974: 95 ff; Gelvin 1998: 47, 102 ff, 246–252.

37 In einer Note an den Generalsekretär des Völkerbunds machte die britische Regierung die Bedeutung der Sätze allerdings sehr deutlich: Stoyanovsky 1928: 84 f; Bericht über Palästina 1937: 41 f; zu den Problemen der Grenzziehung vgl. neben Stoyanovsky 1928: 203 ff auch Biger 2004: Kap. 2–6; Frischwasser-Ra'anan 1976: 132–141. Für Transjordanien Wilson 1987: 40–53.

VIII. Zweierlei Maß oder: die doppelte Verpflichtung

1 Tergit 1996: 19. Gabriele Tergit (Schriftstellername von Elise Reifenberg, geb. Hirschmann, 1894–1982) lebte 1933–1938 in Palästina; Schlör 1996: 147–158.

2 Zit. nach Bericht über Palästina 1937: 32 f. Bezeichnenderweise war Palästina zunächst dem Kolonialamt unterstellt, nicht dem Außenministerium.

3 Engl. Text nach Smith 1996: 61, von mir übersetzt.

4 Garfinkle 1991.

5 Die folgenden Zitate nach Bericht über Palästina 1937: 7.

6 Ingrams 1972: 61.

7 Ebd. 73.

8 Zit. nach Bericht über Palästina 1937: 46.

9 Zit. nach Bericht über Palästina 1937: 31.

10 Faktisch diente das Verfassungsdokument (Palestine Order in Council) vom 10. August 1922, ergänzt durch das Palestine (Amendment) Order in Council von 1923, als Ersatz für ein Grundgesetz, wobei die Bewohner Palästinas – und zwar Araber wie Juden – an der Ausarbeitung dieser Dokumente allerdings nicht in aller Form beteiligt waren; vgl. hierzu Stoyanovsky 1928: 166 ff, zum Justizwesen insbes. 184–197; Shamir 2000; Likhovski 2006; engl. Text des Verfassungsdokuments Stoyanovsky 1928: 363–384.

11 Bericht über Palästina 1937: 38–48 (39).

12 Zur Jüdischen Agentur vgl. Stoyanovsky 1928: 87–100; Bericht über Palästina 1937: 72 ff.

13 Grundlegend hierzu Bericht über Palästina 1937: 46–48, 207–210; Y. Miller 1985 und Wasserstein 1978.

14 Bissig hierzu Kedourie 1978: 72–77; auch Wasserstein 1978: 12–14; Banse 1934: 109–112. Zur Idealisierung des Beduinen unter zionistischen Pionieren Benvenisti 2000: 59; Shapira 1992: Kap. 2.

15 Vgl. hier Nashashibi 1990: 14–21, 64–66; zu den Notabelnfamilien Manna' 1998; Pappé 2010.

16 John Holmes zit. und übersetzt nach Shamir 2000: 19 f. Shamir spricht in diesem Zusammenhang von *dual colonialism*, ‹zweierlei Kolonialismus› gegenüber Juden und Arabern (ebd. Kap. 1).

17 Bericht über Palästina 1937: 46 f.

18 Vgl. Wasserstein 1978: 26–28, 140; K. Stein 1984: 37. Zu Shaftesbury vgl. Merkley 1998: 40. Interessante Vergleiche mit französischen Einstellungen in Syrien bei Provence 2005, insbes. 47, 52.

19 Beide Zitate nach Kaiser 1992: 494 f.

20 G. S. Symes zit. nach Wasserstein 1978: 13, auch ebd. 14, 133; ähnlich in anderem Zusammenhang Laurens 1999: 290 und mit Blick auf die zionistische Linke Benvenisti 2000: 61.

21 Araber waren im Juni 1921 zwar mit rund zwei Dritteln vertreten und stellten 1633 von insgesamt 2490 Mandatsangestellten, allerdings vorwiegend in den unteren und mittleren Rängen; in den oberen waren sie nur mit 40 % vertreten (145 von 360). Wasserstein 1978: Kap. 8 und 9 und Tabelle 246; auch Tibawi 1956: 13 f; eingehend Bericht über Palästina 1937: 181–193, der das überaus komplizierte Justizwesen schildert, in dem arabische Beamte, Richter, Staats- und Rechtsanwälte dominierten; Gerichtsurkunden wurden in arabischer Sprache angefertigt (ebd. 190 f). Auch in den Sicherheitskräften waren sowohl Juden wie Araber vertreten: Die in Palästina stationierten militärischen Einheiten wurden im Verlauf der 1920er Jahre kontinuierlich verringert, von 25 000 Mann im Jahr 1920 auf 7000 im Mai 1921 und bloße 2800 im Dezember 1922. Hinzu kam eine britische Gendarmerie und eine arabisch-jüdische Palästinensische Gendarmerie, die beide ziviler Kontrolle unterstanden. Sie wurden 1926 angesichts drastischer Sparzwänge aufgelöst, die britischen Truppen auf ein Minimum reduziert; an ihrer Stelle wurde aber die Polizei verstärkt und mit der Transjordanischen Grenztruppe eine neue militärische Einheit geschaffen. Überdies standen im Krisenfall in Malta und Ägypten stationierte britische Truppen zur Verfügung (Wasserstein 1978; Kolinsky 1993).

22 Grete Fischer alias Joseph Amiel: Palästina, das erlaubte Land. Paris 1934: 69 zit. nach Kaiser 1992: 494. Inzwischen liegen aber zahlreiche Augenzeugenberichte und Memoiren vor, die einen tieferen Einblick in persönliche Begegnungen und Beziehungen zwischen Juden und Arabern unterschiedlicher Herkunft und Sprache erlauben; allgemein Enderwitz 2002; Büssow, Campos und Jacobson, alle 2011; für die Arbeiterbewegung Lockman 1996 und Bernstein 2000. Zu den wichtigsten Quellen zählen die Memoiren von Khalil al-Sakakini.

23 Grundlegende Daten bei Ayalon 2004: 16–42; Survey of Palestine 1946: 635–678, 715–718; Metzer 1998: 52–55 und Tab. B.1; Nadan 2006: 151–159. Qualitative Faktoren auch bei Tibawi 1956: 20–72; Miller 1985: 62–70, 90 ff, 100 ff, 110 f.; zu den Christen vgl. auch Abu Jabir 2004, Kap. 3 und 6 sowie Ben-Arieh 1984: Teil III.

24 Beide Zitate nach Y. Miller 1985: 109; auch Fleischmann 2003: 34–38 und Greenberg 2010.

25 Vgl. neben Tibawi 1956 vor allem Y. Miller 1985: 69, 91, 99, 112, 184; Fleischmann 2003: Kap. 2 und Greenberg 2010. Zur landwirtschaftlichen Ausbildung durch die Briten El-Eini 2006: Kap. 2–4.

26 Vgl. Metzer 1998: Kap. 2; McCarthy 1990; Lister G. Hopkins, Population in: Himadeh (Hg.) 1938: Kap. 1 (1–40); zum politischen Kontext auch Wasserstein 1978: 120.

27 Metzer 1998: 30–32; zur umstrittenen Frage der nicht-jüdischen (vorwiegend also arabischen) Einwanderung Benvenisti 2000: 82 f.

28 Die folgenden Angaben zu Geburten- und Sterberaten nach Himadeh (Hg.) 1938: 12–16; umfassend Metzer 1998: 32–52.

29 Bachi zit. nach Metzer 1998: 38. Zu Frauenarbeit und -beschäftigung Fleischmann 2003: 51–62 und Greenberg 2010, insbes. Kap. 5 und 6. Zur Lage von Frauen in spätosmanischer und Mandatszeit allgemeiner auch Moors 1995; Tucker 1998; Fleischmann 2003: Kap. 2 und 3; Greenberg 2010; zu narrativen Quellen und Erinnerungen Slymovics 1998 und Enderwitz 2002: Kap. 6.

30 Metzer 1998: 119 f.

31 Bei den Juden sank die Sterberate im Zeitraum 1931–1935 verglichen mit den Zahlen für 1922–1925 von 1,5 % auf 0,9 % (hier spielte sicher das jugendliche Alter vieler Immigranten eine Rolle!), unter den Christen von 1,6 % auf 1,5 %, unter den Muslimen von 2,7 % auf 2,5 %. Zugleich ging die Säuglings- und Kindersterblichkeit bei den Juden von 12,3 % auf 7,8 % zurück; bei den Christen von 14,4 % auf 13,6 %, bei den Muslimen von 19 % auf 16,6 % (Himadeh (Hg.) 1938: 17–19). Zur Lebenserwartung Metzer 1998: 43–47.

32 Hierzu Himadeh (Hg.) 1938: 31–36; ausführlich Metzer 1998: 117–137 und Kap. 5, insbes. S. 142; zu Löhnen, Gehältern und Arbeitslosigkeit S. 123–128, eine Bewertung nach den Kriterien des Human Development Index für 1939 S. 57. Zu den bäuerlichen Einkommen knapp Benvenisti 2000: 96 f.

33 Daten nach Himadeh (Hg.) 1938: 12–16; vgl. auch Metzer 1998: 7–9 sowie die Tabelle unten, Kap. IX (S. 221); zur britischen Politik Y. Miller 1985 und El-Eini 2006.

34 Zahlenangaben nach Himadeh (Hg.) 1938: 4–6, 14 f; auch K. Stein 1984: 3 f und 185–187.

35 Daten hierzu, wenn auch keine vertiefte Analyse bei Metzer 1998: 7 f; sowie Survey of Palestine 1946: 140–164.

IX. «Zwei Völker in einem Land»: Die 1920er Jahre

1 Nach Himadeh (Hg.) 1938: 9 wurden die Anteile Ende 1936 folgendermaßen geschätzt: Aschkenasen 76,7 %, orientalische Juden 14,1 % (davon 4,4 % aus dem Jemen, 2,2 % aus Iran, je 1,3 % aus Irak und Kurdistan, 0,5 % aus Bukhara, 4,4 % sonstige), Sepharden 9,2 %.

2 Tergit 1996: 46. Benvenisti 2000: Einführung und Kap. 1 bietet eine brillante Analyse jüdischer «Selbst-Segregierung»; vgl. aber auch die Titel von Bernstein, Büssow, Campos, Jacobson und Lockman.

3 Zum Folgenden vgl. Stoyanovsky 1928: 87 ff; Bericht über Palästina 1937: 197–200; Wasserstein 1978: 24 f, 133–136; zur Agudat Israel Mendes-Flohr/Reinharz (Hg.) 1995: 565 f; Salmon 2002. Zum Streit um das Frauenstimmrecht knapp Naor 1998: 93, 114, 133.

4 Survey of Palestine 1946: II, Kap. 22; Metzer 1998: 4 f.

5 Wasserstein 1978: 136, 139; Shimoni 1995: Kap. 5 und Mendes-Flohr/Reinharz (Hg.) 1995: 585–589. Zum jüdischen Kredit- und Bankenwesen in der Mandatsära Metzer 1998: 112–116.

6 Shapira 1992, insbes. 98–109, 154–162; Shimoni 1996: Kap. 6; Mendes-Flohr/Reinharz (Hg.) 1995: 594–597. Ehemalige Mitglieder der Jüdischen

Bataillone hatten sich 1919 zu einer eigenen Einheit «Die Ersten Judäer» zusammengeschlossen, der 1919/20 bis zu 5000 Soldaten und Offiziere angehörten, die aber schon 1921 von den Briten aufgelöst wurde, welche von der Formierung jüdischer Militäreinheiten politische Schwierigkeiten befürchteten: Naor 1998: 84, 87, 93. Zu Tel Hai (das 1920 noch unter französischer Militärverwaltung stand, so daß hier die Versprechen der Balfour-Erklärung keine Anwendung fanden) vgl. (heroisierend) Naor 1998: 93 f und (kritisch) Shapira 1992: 98–109 sowie Zerubavel 1995, vor allem Kap. 3 und 9.

7 Wasserstein 1978: 159 ff; Shimoni 1995: Kap. 3 und 4 sowie unten, Kap. IX.

8 Bericht über Palästina 1937: 200.

9 Metzer 1998: 101 f.

10 Zu den Modalitäten der (offiziellen) Einwanderung vgl. Himadeh (Hg.) 1938: 21 ff; Mossek 1978: 170 f; Metzer 1998: Kap. 3, insbes. Tabelle 3.2; auch K. Stein 1984: 65.

11 Metzer 1998: 61 ff und 66 mit Tabelle 3.1, die die gesamte jüdische Emigration der Jahre 1920–1939 zeigt, die Aliya nach Palästina also in den größeren Zusammenhang rückt.

12 Aufschlüsselung nach den Daten der Einwanderungsabtl. der Zionistischen Exekutive bei Mossek 1978: App. 7 (171); ausführlich Metzer 1998: 72–83, insbes. Tab. 3.4, und 103–116 zur Kapitalbildung.

13 Am Beispiel Lyddas zeigt dies Munayyir 1997: 20 f; zu Rutenberg LeVine 2005: 201 f, 211.

14 Zum Folgenden vgl. Lockman 1996; LeVine 2005: Kap. 4; Metzer 1998: 6 f und 128–137. Zu den unterschiedlichen Lebenswelten von arabischen und jüdischen Arbeitern Bernstein 2000: Kap. 1 und 2.

15 Tergit 1996: 36–39.

16 Tergit 1996: 44 f.

17 Tergit 1996: 65. Zur Idealisierung des Bauern- und Beduinenlebens Benvenisti 2000: 59.

18 Tergit 1996: 44.

19 Am Beispiel Haifas illustrieren Vashitz 1983; Seikaly 1998: 185 ff und Bernstein 2000: Kap. 2, 5 und 6 die Umbrüche der Mandatszeit; für Jaffa und Tel Aviv vgl. LeVine 2005; für Nablus vgl. Graham-Brown 1982.

20 Y. Miller 1985: 36 ff, 51 ff, 71 ff; auch Muslih 1988: 155 f; Lesch 1979: 59. Zu dem Handbuch Wasserstein 1978: 14; Nafi 1998: 54. Zu den Ambivalenzen des Verhältnisses vgl. oben, Kap. VII.

21 Zit. nach Bericht über Palästina 1937: 64.

22 Porath 1974: 157 f; Y. Miller 1985: 43–46; Jacobson 2011. 1926 traten an die Stelle der ernannten Stadträte gewählte Körperschaften; das kommunale Wahlrecht war an Besitz gekoppelt, da die Briten – wie vor ihnen die Osmanen – nur bei Besitzenden ein «Gefühl bürgerlicher Verantwortung (*sense of civic responsibility*)» voraussetzten (Wasserstein 1978: 152). Zu den Kommunalwahlen von 1934 in Jerusalem vgl. Porath 1977: 62 ff, in Haifa Seikaly 1998: 193–207, 232–234. Zur Entwicklung der Lokalverwaltung aus ganz unterschiedlicher Warte Stoyanovsky 1928: 245 ff, Survey of Palestine 1946: 128–139; al-Hut 1981: 133 und El-Eini 2006: Kap. 1.

23 Muslih 1988: 158–163; kritisch dazu Nafi 1998: 50ff.

24 Porath 1974: 31f, 287; leicht abweichende Daten bei al-Hut 1981: 80–87, 186f; recht kritisch der Islamist Salih 1989: 99–104, der die Ineffizienz und Schwäche der Vereinigungen bemängelt, die er weitgehend für britisch gesteuert erklärt. Für Syrien vgl. Gelvin 1998: 181–186, insbes. Anm. 114. Als Gegengründung entstand 1922 in Palästina eine Nationale Muslimische Gesellschaft. Steppat 1974 dokumentiert einen in vielerlei Hinsicht interessanten Vorläufer muslimisch-christlicher Politik: eine städtische Solidargemeinschaft (ʿammiyya) von Muslimen und Christen, die sich 1854 in Nazareth zusammenschloß, um sich gegen äußere Gefahren zu schützen.

25 Zum Folgenden vgl. Porath 1974: 293ff; Muslih 1988: 158 und zum Hintergrund Abu Jabir 2004; für Haifa Seikaly 1998: 165; die Zahlen nach Himadeh (Hg.) 1938: 9–11, 30 und McCarthy 1990: 30–38. Im 19. Jh. hatte eine starke Abwanderungsbewegung eingesetzt. Al-Hut zufolge (zit. nach Nafi 1998: 64) machten Christen 1918–1934 21% der Notabeln bei nur 11% der Bevölkerung aus. Zu Atatürk und den Missionarskongressen von 1924 und 1928 ebd. 75f, 214–217; Kupferschmidt 1987: 247f; Salih 1989: 137–140. Zum syrischen Aufstand Provence 2005.

26 Al-Hut 1981: 187f, der zugleich von der Gründung verschiedener orthodoxer Clubs ab dem Jahr 1924 berichtet; Porath 1974: 295ff; Tsimhoni 1978. Unter finanziellem Druck verkaufte das Patriarchat große Ländereien an Juden, was ihm auch innerhalb der orthodoxen Gemeinde neue Kritiker schaffte; Katz/Kark 2005; weitere Daten bei Abu Jabir 2004.

27 Porath 1974: 32ff, 38, insbes. Zitat S. 32f; al-Hut 1981: 81f; Muslih 1988: 160–162.

28 So Porath 1974: 276ff, 283ff. 1921 soll die Mitgliedschaft aber nurmehr 650 betragen haben: ebd. 105ff. Für die hochdifferenzierte Gesellschaft Haifas Seikaly 1998: 160–181.

29 Zu Frauen- und Wohltätigkeitsorganisationen Fleischmann 2003: Kap. 4; Greenberg 2010; zur Presse Ayalon 2004 sowie Fleischmann 2003: 66–73; R. Khalidi 1997: Kap. 6 und 7; al-Najjar 2005 enthält diverse Irrtümer. Zum Literarischen Forum vgl. al-Hut 1981: 84–87; Nafi 1998: 35f, 68, 141f und 182, Anm. 7; Muslih 1988: 164ff, 174, 220; Gelvin 1998: 64–86, bes. 69ff, 80f. Vgl. auch oben, Kap. VII.

30 Muslih 1988: 170–174, 220ff; al-Hut 1981: 89f; Porath 1974: 79 zufolge hatte die jamʿiyyat al-ikhaʾ wal-ʿafaf Anfang 1919 200 Mitglieder, darunter einfache Leute.

31 Al-Hut 1981: 95–100; Muslih 1988: 162, 178–190; Porath 1974: 79–85; zur King-Crane-Kommission ausführlicher oben, Kap. VII. Ein Zweiter Kongreß wurde von den britischen Behörden aus Furcht vor Unruhen nicht genehmigt: al-Hut 1981: 82, 123f.

32 Muslih 1988: 112f, 198–200; Porath 1974: Kap. 2, insbes. 93ff; R. Khalidi 1997: Kap. 7.

33 Porath 1974: 95–97; al-Hut 1981: 119f.

34 Zum Nabi-Musa-Fest vgl. Friedland/Hecht 1996; Canaan 1927; zur Verwaltung des Waqf Reiter 1996: 13f, 135f; jüdische Beschreibung des Festes in Kaiser 1992: 490–492.

35 Canaan 1927: 197, 204 f. Fahnen usw. in: al-Hut 1981: 212. Das Nabi-Musa-Waqf war eine Familienstiftung, die die Jungtürken 1913 dem Waqf-Ministerium unterstellten. Die Briten übergaben sie 1921 dem Obersten Muslimischen Rat: Kupferschmidt 1987: 86, 116–118 und Reiter 1996: 13 f, 135 f.

36 Segev 2000: Kap. 6; Lesch 1985: 101–104; Verdery 1971: 276 f, 281; Wasserstein 1978: 108. Al-Hut 1981: 120–122 verliert, beispielhaft für den politisch bedingten «Tunnelblick», über die jüdischen Opfer kein Wort. Salih 1989: 165–171 erklärt die Unruhen von 1920 (wie jede andere größere Erhebung der 1920er und 1930er Jahre) zur Revolution (*thaura*), bestätigt aber die treibende Rolle, die Amin al-Husaini, der spätere Mufti von Jerusalem, bei den Unruhen spielte, die «den Juden eine Lektion erteilen sollten» (ebd. 170); mit anderen Akzenten B. al-ʿAsali 1991 a: 21 ff; ausgewogener Mattar 1988: 16 f. Zu den Reaktionen auf jüdischer Seite vgl. Shapira 1992: 109–126.

37 LeVine 2005: Kap. 4, insbes. 109–120; Bericht über Palästina 1937: 58–62; Verdery 1971: 279 f, 284; eine etwas andere Geschichte bei B. al-ʿAsali 1991 a: 28–33; noch einseitiger Salih 1989: 172–178.

38 Verdery 1971: 279 f, 281, 284; Porath 1974: 60, 131 f; zu den geheimen Waffenlagern Wasserstein 1978: 100.

39 Tergit 1996: 22; vgl. auch Sherman 1997: 28 und die Karikatur in LeVine 2005: 138.

40 Bericht über Palästina 1937: 59; auch das Zitat ebd. 62; Mossek 1978: 19 ff; für Haifa Seikaly 1998: 173. In diesem Sinn äußerte sich auch der glühende Islamist Salih 1989: 172–178, der (interessanterweise gestützt auf den niederländischen Islamwissenschaftler Rudolph Peters) abschließend feststellt: «So spielten die islamischen Empfindungen, die sich gegen die Besetzung des heiligen Bodens Palästinas richteten und gegen Libertinage, Sittenverfall und Kommunismus, in dieser Revolution eine einflußreiche Rolle, wenn sie auch nicht ihren einzigen auslösenden Faktor darstellten.» Zur zeitgenössischen arabischen Literatur auch al-Osta 1993: Kap. 1, insbes. 24 ff, 43–51.

41 Vgl. Bericht über Palästina 1937: 59 f.

42 Porath 1974: 126, 145; Text des Churchill-Memorandums in Survey of Palestine 1946: 87–90; zur Einwanderungspolitik Mossek 1978: Kap. 2–4; zum Kriterium der ökonomischen Aufnahmefähigkeit ebd. 59 und Kap. 7. Zum Dilemma der zionistischen Organe ebd. Schlußkapitel (bes. 152–155). Später sollte die Aufnahmefähigkeit um eine politische und psychologische Dimension erweitert werden, die nicht mehr primär nach gewissermaßen natürlichen Faktoren fragte, sondern nach dem Willen der arabischen Bevölkerungsmehrheit (wie viele jüdische Neueinwanderer ist die arabische Mehrheit willens, in Palästina aufzunehmen?).

43 Vgl. das Zitat aus dem Haycraft-Bericht von 1921, zit. in Verdery 1971: 282. Zu Samuel vgl. Wasserstein 1978: 73 ff, 103 ff; Mossek 1978; zu Palästina und Irland allgemein Bowden 1977.

44 Porath 1974: 125 ff, 274 ff, 291 f; Bericht über Palästina 1937: 201 f; al-Hut 1981: 123 f und 139–145.

45 Bericht über Palästina 1937: 62–66; Wasserstein 1978: Kap. 6; Verdery 1971: 284 f.

46 Zit. nach Bericht über Palästina 1937: 62; zur Rolle religiöser Kreise Porath 1974: 153 f sowie Salih 1989: 131 f.

47 Hierzu al-Hut 1981: 165–169; Porath 1974: 153 ff; Wasserstein 1978: 112 ff, 122 ff.

X. Protest und Islamisierung:
Der Mufti und die Klagemauer

1 Zum Folgenden vgl. Kupferschmidt 1987: Kap. 10, insbes. 222–229; Benvenisti 2000: Kap. 7; unpolitisch Canaan 1927.

2 R. Peters 1996; zu Syrien vgl. Gelvin 1998: 32 f, 186–188.

3 So auch Porath 1974: 41 f, 152–154; Salih 1989: 117 ff und 204; zu Biographien vgl. Manna' 1998.

4 Vgl. Höpp 1999 und Höpp (Hg.) 2001; Mattar 1988; Gensicke 1988; Elpeleg 1993; Krämer 2006. Seine Memoiren (*mudhakkirat* 1999) sind in dieser Hinsicht wenig ergiebig.

5 Vgl. Manna' 1998 und Pappé 2010; auch Mattar 1988: 6; Porath 1974: 185–187. Hinzuweisen ist darauf, daß nicht alle Husainis Angehörige dieser einen Familie waren; die Husainis in Gaza zum Beispiel waren mit ihren Jerusalemer Namensvettern nicht verwandt; Büssow 2011: 285–293.

6 Zum Folgenden vgl. Mattar 1988: 7–21 und R. Khalidi 1997: Kap. 4; oben, Kap. IX zu seiner Rolle in den Nabi-Musa-Unruhen vom April 1920; lesenswert die Darstellung in Bericht über Palästina 1937: 202–207. Zu Fez und Turban unten, Kap. XII.

7 Porath 1974: 184 ff; Mattar 1988: 21–27 sowie Monk 2002: 52–56. Amin al-Husaini vertauschte in Vorbereitung auf die Nachfolge noch vor dem Tod seines Bruders den Tarbusch mit dem Turban und ließ sich einen Bart wachsen (Monk 2002: 22 f; auch al-Hut 1981: 203 f). – Kamil al-Husaini hatte in seiner Amtszeit (er hatte die Nachfolge seines Vaters nach dessen Tod im Jahr 1908 angetreten) alles unternommen, um nach dem britischen Einmarsch die Lage vor Ort ruhig zu halten. Die Briten zeigten sich erkenntlich, indem sie ihm, vermutlich in Nachahmung der ägyptischen Verhältnisse, wo es einen Landes-Mufti gab (*mufti al-diyar al-misriyya*), den in Palästina bis dahin unbekannten Titel eines «Großmufti» verliehen. Im Bruch mit den bisherigen Gepflogenheiten ernannten sie ihn zugleich zum Kadi des Distrikts von Jerusalem und übertrugen ihm damit neben der Aufsicht über die für Personalstatutsfragen zuständigen Scharia-Gerichtshöfe auch die Verwaltung der islamischen religiösen Stiftungen in der «heiligen Stadt». Nach der Flucht des Muftis blieb das Amt 1937–1948 vakant, danach wurde der Titel «Großmufti» nicht mehr vergeben.

8 Zum Folgenden vgl. Kupferschmidt 1987: Kap. 1 und 3, insbes. 13, 26, 31 ff; Porath 1974: 194 ff; Mattar 1988: 27 ff; Bericht über Palästina 1937: 200–207.

9 Kupferschmidt 1987: 26–28, 58–63, 139–144, 140 f, 227; zu den Schulen *raudat al-ma'arif* in Jerusalem und *kulliyat al-najah al-wataniyya* in Nablus sowie dem Waisenhaus auch Tibawi 1956: 59 f; Salih 1989: 153 f; al-Hut 1981: 208; zur nationalreligiösen Mädchenerziehung Greenberg 2010.

10 Zu den Auqaf vgl. Kupferschmidt 1987: 66–77; Reiter 1996: Kap. 1 und 2.

11 Kupferschmidt 1987: 129, 188, 237–240; Mattar 1988: 29 f; Reiter 1996: 163.

12 Zum Folgenden vgl. Kupferschmidt 1987: 232–236; Porath 1974: 101, 205 ff; al-Hut 1981: 211–213; Salih 1989: 152–154; Friedland/Hecht 1996: 99 f, 108 f. Mit dem Ausbruch des arabischen Aufstands im Jahr 1936 ging die Bedeutung der Pilgerfahrt zum Schrein des Nabi Musa stetig zurück, besonders nach der Flucht des Muftis im Oktober 1937. Die letzte Pilgerfahrt vor der Gründung des Staates Israel fand 1947 statt. Die Haschemiten hatten kein Interesse an der Förderung eines eigenständigen religiösen Zentrums in und um Jerusalem. Erst im Frühjahr 1987 erfolgte ein neuer Aufruf der (von Jordanien kontrollierten) Jerusalemer Auqaf-Verwaltung zur Pilgerfahrt, zu sehen wohl im Zusammenhang mit der sog. jordanischen Lösung (israelisch-jordanisches Abkommen von London 1986).

13 Porath 1974: 101, 208 ff; Nashashibi 1990; am Beispiel Haifas Seikaly 1998: 153 f, 185 ff.

14 Zum Folgenden vgl. Porath 1974: 214 ff, 222 ff; Porath 1977: 61 ff; Wasserstein 1978: 217 f; Nafi 1998: 153.

15 Porath 1977: 72–75; Wilson 1987; Shlaim 1990; Gelber 1997; zu Husains Rolle als Kalif Porath 1974: 160 f und Kramer 1986: Kap. 8.

16 Zit. nach Bericht über Palästina 1937: 213 ff (213); zum Folgenden auch Porath 1974: Kap. 4; Porath 1977: 20 ff. Naor 1998: 134 zeigt die schwarzen Flaggen, die die arabische Bevölkerung bei Balfours Besuch hißte.

17 Zum Folgenden vgl. Porath 1974: 260, 272; zum Abu-Madyan-Waqf (benannt nach dem maghrebinischen Mystiker Abu Madyan Shuʿaib) und anderen «maghrebinischen» Stiftungen in Jerusalem Reiter 1996: 55, 137; Kupferschmidt 1987: 104, 110, 118; zu dem Topos von der vermüllten heiligen Stätte auch Mattar 1988: 39. Bei Elmendorf 1912: Tafel 83; Gidal 1982; Ben-Arieh 1984, insbes. 371, 373 und Osman 1999: 98 f, 108 finden sich gute Aufnahmen des Platzes vor der Klagemauer.

18 Nahum Goldmann: Erez Israel. Reisebriefe aus Palästina 1914. Rückblick nach siebzig Jahren. Darmstadt 1982: 27 f, zit. nach Kaiser 1992: 149 f.

19 Porath 1974: 258–260; Wasserstein 1978: 224; Stoyanovsky 1928: 292. Zu Kalischer auch Salmon 2002: 20 f und oben, Kap. V.

20 Bei Porath 1974: 206 f, 262–264, 366 findet sich, gestützt auf Dokumente des israelischen Staatsarchivs, die Variante mit dem Felsendom, bei Salih 1989: 189 jene mit der Aqsa-Moschee; vgl. auch Kupferschmidt 1987: 237 f; Mattar 1988: 25, 40–42 und Segev 2000: 305; recht aufwendig die Überlegungen in Monk 2002: Kap. 6 und 7, der allerdings auch einige der einschlägigen Abbildungen reproduziert.

21 Mit unterschiedlichen Angaben im Detail Porath 1974: Kap. 7; Segev 2000: Kap. 13; Mattar 1988: 35–45 und 56; al-Hut 1981: 220 f und Salih 1989: 180–185 sowie Bericht über Palästina 1937: 75–78; Kolinsky 1993: Kap. 3. Eine zeitgenössische jüdische Karikatur zeigt das Getümmel, als britische Soldaten die Stühle und Bänke entfernen: Naor 1998: 151. Im Mai 1931 legte eine internationale Untersuchungskommission ihren Bericht vor, der im wesentlichen die muslimischen Eigentumsrechte an der Mauer und dem Abu-

Madyan-Waqf bestätigte, aber auch die jüdischen Rechte auf Ausübung ihres Kultus unterstrich: Zwar sollten sie weiterhin Leuchter, ein Waschbecken, ein Behältnis der Torarollen sowie einen Ständer und einen Tisch für Gebetsbücher und die Torarollen mitbringen dürfen, aber keine Stühle, Bänke, Trennwände, Vorhänge oder Teppiche, die geeignet waren, den Eindruck dauerhafter Präsenz zu vermitteln (oder, wie die muslimische Seite es ausdrückte, den Vorplatz in eine Synagoge verwandelten); hierzu al-Hut 1981: 231–233; Kolinsky 1993: 160–162. Zu den Renovierungen in der spätosmanischen und der Mandatsära Monk 2002: Kap. 6 und 7 sowie Tütüncü 2006: 109ff.

22 Unterschiedliche Darstellungen der Ereignisse bei Mattar 1988: 45–49; Kupferschmidt 1987: 80, 82, 235, 239; Kolinsky 1993: 42–70; Segev 2000: 309–327; auch al-Hut 1981: 221–224; B. al-'Asali 1991a: 124–136; Salih 1989: 185–191; für Haifa Seikaly 1998: 208f. Photographien und Karikaturen in Naor 1998: 156–158.

23 K. Stein 1984: 174ff; zu jüdischen Reaktionen auch Shapira 1992: Kap. 5; zur räumlichen Segregation vgl. oben, Kap.X.4.

24 Wasserstein 1978: 234.

25 Bericht über Palästina 1937: 216; Kolinsky 1993: 84–91; Y. Miller 1985: 8f. Zur islamistischen Sicht vgl. B. al-'Asali 1991a, bes. 163–165.

26 Porath 1977: 16–19, 39ff; Reiter 1996: 190f; B. al-'Asali 1991a; Nadan 2006: 13, 287.

27 Zum Folgenden vgl. Bericht über Palästina 1937: 78–90; K. Stein 1984: 80–114; Kolinsky 1993: Kap. 4, 7, 8.

28 1928 waren es 44% des Steueraufkommens bei 17% der Gesamtbevölkerung: K. Stein 1984: 87; vgl. auch Survey of Palestine 1946: 570–580.

29 K. Stein 1984: 93ff, 115–132.

30 Bericht über Palästina 1937: 88–90 (88f).

31 Verdery 1971: 275f.

32 So Kupferschmidt 1987: 194; hierzu auch Nafi 1998: 95–103; Mattar 1988: 56f; von ersten internationalen Kontakten aus dem Jahr 1921 berichtet Ayyad 1999: 98ff. Husain hatte die Kalifenwürde im März 1924 «angenommen», die ihm von einer Versammlung getreuer Anhänger angetragen worden war, in der er von der Mehrzahl der Muslime einschließlich der Sympathisanten der indischen Kalifatsbewegung jedoch nicht anerkannt wurde. Auch in Palästina selbst gab es heftige Proteste gegen seine Anmaßung. Zu den wenigen Ausnahmen zählte der Oberste Muslimische Rat, der auf Husains Rückendeckung in den Verhandlungen mit Großbritannien hoffte. Angesichts des anhaltenden Widerstands verzichtete Husain schon im Juni 1924 auf den Titel; Porath 1974: 160f; Kramer 1986: Kap. 8. Zur Kalifatsbewegung vgl. Jacob M. Landau: The Politics of Pan-Islam. Ideology and Organization. Oxford 1994 und Azmi Özcan: Pan-Islamism: Indian Muslims, the Ottomans and Britain (1877–1924). Leiden, Boston 1997.

33 Kramer 1986: Kap. 8 und 11, insbes. 123–141; Kupferschmidt 1987: 209–218; Mattar 1988: 58–65; Salih 1989: 205–216; ausführlich al-Tha'alibi 1988.

XI. Von Unruhen zum Aufstand:
Palästina 1930–1936

1 Tergit 1996: 24; die gründliche ökonomische Analyse bieten Survey of Palestine 1946: 332 f, 380 f; Metzer 1998: 150–154; Nadan 2006: 97–108; El-
Eini 2006: Kap. 2, insbes. 139 f. Zu den wechselseitigen Wahrnehmungen
subtil Bernstein 2002, Fleischmann 2003.

2 Metzer 1998: 69.

3 Die folgenden Daten nach Himadeh (Hg.) 1938: 19–31 und Metzer 1998,
insbes. Kap. 5; zur Levante-Messe Schlör 1999: 161–169; LeVine 2005: 326,
Anm. 78.

4 Naor 1998: 176.

5 Die Ermordung Yitzhak Rabins war daher nicht der erste politische Mord
innerhalb des jüdischen Yishuv (im übrigen war 1924 bereits – wiederum
unter unklaren Umständen – der antizionistische Agudat-Israel-Führer,
Dr. Jacob de Haan, ermordet worden), sondern allenfalls der bedeutendste
seit der Gründung Israels; zu Arlosoroff vgl. Shimoni 1995: 216–221 und
Naor 1998: 177–183. – Zu dem, politisch natürlich hoch umstrittenen
Transfer-Abkommen, auf das die arabische Seite häufig verweist, um auch
den Zionisten die Kollaboration mit den Nazis anzulasten, derer sie selbst
von jüdischer Seite bezichtigt wurde, zumal als der Mufti im Zweiten Weltkrieg nach Berlin überwechselte, vgl. Black 1984; auch Krämer 2006 und
oben, Kap. IV.

6 Shimoni 1995: Kap. 6 und 366–369; Smith 1996: 79 f.

7 Metzer 1998: Kap. 5, hier S. 14–27 (s. auch Schaubild 1.1) und die Appendi-
zes, insbes. Tab. A.22 und B.1. Nadan 2006: insbes. xxviii, Kap. 2–4, 7 und
Conclusion kommt zu anderen Ergebnissen.

8 Zu Landbesitz und Landkauf grundlegend K. Stein 1984, bes. Kap. 1 und 2;
zur Frage des «kultivierbaren Landes» ebd. 4 (Tab. 4) und 105 ff; Nadan
2006: Kap. 1; auch Smith 1996: 83–87, 94 f; allgemein zur Landwirtschaft
Metzer 1998: 145–154. Zur Bewertung von Land und Boden unter Zionisten Shapira 1992, Arbel (Hg.) 1996 und Benvenisti 2002; unter Arabern
Enderwitz 2002; für beide Slyomovicz 1998.

9 Überblick nach Shafir 1989: 41 f; ausführlich Nadan 2006: insbes. 12–25;
Metzer 1998: 85–103, bes. Graphik 4.1 mit Preisindizes. Metzers Berechnungen zufolge machten «arabische Ausländer» (meine Bezeichnung)
1920–1932 mindestens 74 % der Landverkäufer aus und 1933–1947 19 %
(ebd. 89 f). Zur Frage des «kultivierbaren» Bodens K. Stein 1984: 4 und
105 ff, Nadan 2006: 71–79. Ein osmanischer Dunam (oft auch Dunum) entsprach 919,3 m²; die Briten führten 1928 den metrischen Dunam entsprechend 1000 m² ein.

10 K. Stein 1984: 23 f und oben, Kap. VII; Owen (Hg.) 2000: Kap. 4; s. auch
Naor 1998: 115, 128, 140 f.

11 K. Stein 1984: Kap. 2, bes. S. 66 f und 81. Die These, Land sei vor allem,
wenn nicht ausschließlich, über «Ausländern» und *absentee landowners* veräußert worden, der palästinensische Bauer also gewissermaßen unschuldig
an den unpatriotischen Akten, vertritt u. a. Salih 1989: 217–219.

12 Eingehend K. Stein 1984, bes. 37, 69, 103, 120 ff, 131, 173–187; Nadan 2006: Kap. 1.

13 K. Stein 1984: Kap. 6, bes. 173 ff und 192–202; Porath 1977: 85; für Transjordanien Wilson 1987: Kap. 7.

14 K. Stein 1984: 59, 64, 68, 100–102, 142, 178 ff; zum Zitrusanbau Metzer 1998: 145–148, 163 f und 220–225; Porath 1977: 85; Reiter 1996: 191. Nadan 2006: xxviii, 9 ff und Kap. 2–4 warnt vor einer Überbewertung der produktiven Folgen arabischer Landverkäufe, vor allem im Zitrussektor.

15 Porath 1977: 91; zum Folgenden Y. Miller 1985: 81 ff; Porath 1977: 105 f; zur Landverteilung Metzer 1998: 96–99.

16 K. Stein 1984: 19 f mit den Statistiken für 1931 sowie Kap. 5 zum Problem der Landlosigkeit; Porath 1977: 86 ff; Metzer 1998: 110 f zu Kredit- und Schuldenwesen; Benvenisti 2002: 96 f. Nadav 2006: 28 f und Kap. 5 argumentiert, daß das islamische Zinsverbot keine Auswirkungen auf das Kreditwesen hatte. Zu den Heuschrecken und anderen Plagen El-Eini 2006: Kap. 3.

17 Zum Folgenden K. Stein 1984: 50 ff, 188 ff; Metzer 1998: 90–94; Owen (Hg.) 2000: Kap. 4; Nadan 2006: 25–35; El-Eini 2006: Kap. 4.

18 Porath 1977: 87, 91 ff; eingehend K. Stein 1984, insbes. 49 f, 142–146 sowie 67 ff und 228 f mit den Namen prominenter arabischer Grundbesitzer und Aktivisten, die zwischen 1918 und 1945 Land an Juden verkauften; auch Y. Miller 1985: 18 f; apologetisch Salih 1989: 217–219, der behauptet, Land hätten vor allem Ausländer und *absentee landowners* verkauft, nicht palästinensische Bauern.

19 Kupferschmidt 1987: 127, 210 f, 240–254; Ochsenwald 1976; al-Hut 1981: 226; K. Stein 1984: 182; Salih 1989: 217–226. Ein vergleichbarer Ansatz zeigte sich im übrigen dort, wo Muslime, die die Staatsangehörigkeit der Kolonialmacht annahmen, mit dem Ausschluß aus der Gemeinschaft (*takfir*) bedroht wurden, wie es beispielsweise im französisch besetzten Tunesien geschah.

20 Zit. nach al-Hut 1981: 741. Für das «Eigentum» an Palästina verwandte Rida einen Fachterminus des islamischen Bodenrechts, *raqaba* (wörtlich «Nacken»). Die zentrale Passage lautet im Arabischen «wa-hiya bi-hadhihi tuʿadd sharʿan min al-manafiʿ al-islamiyya al-ʿamma la min al-amlak al-shakhsiyya al-khassa wa-tamlik al-harbi li-dar al-islam batil wa-khiyana lillah wa-li-rasulihi wa-li-amanat al-islam». Die Stellungnahme Al Kashif al-Ghitas (1877/78–1954), die nicht eindeutig als Fatwa gekennzeichnet ist, ebd. 740 f; zu ihm auch Kramer 1986: 132 f und Kupferschmidt 1987: 198; Chishtis Fatwa in al-Hut 1981: 742.

21 Texte der von der Konferenz verabschiedeten Fatwa sowie einer Stellungnahme von christlich-orthodoxer Seite vom Februar 1935, die den Maklern und Landverkäufern mit der Exkommunikation drohte, in al-Hut 1981: 739–742; ferner Kupferschmidt 1987: 242–253; Salih 1989: 220–226. – Koran 33:72 lautet in der Übertragung von Rudi Paret: «Wir haben ... das Gut (des Heils?), das (der Welt) anvertraut werden sollte, (zuerst) dem Himmel ..., der Erde und den Bergen angetragen. Sie aber weigerten sich, es auf sich zu nehmen, und hatten Angst davor. Doch der Mensch nahm es ... auf sich. Er ist ja wirklich frevelhaft und töricht.» (Der Koran. Übersetzung.

2. Aufl., Stuttgart u. a. 1980: 298). Von hier ist der Weg zu einer territorialen Deutung und Anwendung auf das Land Palästina erkennbar weit.

22 Zum Folgenden vgl. Kupferschmidt 1987: 45–53, 245–247; Porath 1977: 93 ff; Salih 1989: 222 ff.

23 Fleischmann 2003: Kap. 5 und 6; Mogannam 1937: 67–92; kritisch Swedenburg 1995: 175–178; Kupferschmidt 1987: 251–253.

24 Zum Folgenden: Bericht über Palästina 1937: 96 ff, 219 f; Porath 1977: 34 f, 40 ff; Kolinsky 1993: 172–184; mit anderen Angaben Salih 1989: 202 f.

25 Y. Miller 1985: 116 f; Gelvin 1998: 111, 199–201; für die Pioniere, Betar und ihre Ikonographie vgl. Shapira 1992: Kap. 2 und Arbel (Hg.) 1996.

26 Zum Folgenden vgl. Porath 1974: 300–303; Porath 1977: 109, 119 ff, 127; Y. Miller 1985: 114 ff; Kupferschmidt 1987: 224 f; al-Hut 1981: 188–191; Salih 1989: 157–162; am Beispiel Haifas vgl. Seikaly 1998: 191 f, 227. Photoaufnahmen der 1930er Jahre zeigen die Pfadfinder in der leicht kuriosen Mischung von Uniformhemd, Krawatte, *kufiyya*, Shorts und (zumeist karierten) Kniestrümpfen (s. etwa Naor 1998: 191); dazu nochmals unten, Kap. XII.

27 Nafi 1998: 170–173; Porath 1977: 51 f, 123–128; Muslih 1988: 132 ff, 143. Sie stand in der Tradition der 1918/19 tätigen syrischen Istiqlal-Partei. Zu ihrer islamischen Ausrichtung Schleifer 1979: 76 f; zu Auni Abd al-Hadis Beteiligung an Landverkäufen an Juden, die er als Anwalt und Politiker ansonsten so scharf kritisierte, K. Stein 1984: 161 f, 231.

28 Eher grobkörnig beispielsweise Morris 1987: 12 und 15; s. auch Survey of Palestine 1946: 30–32.

29 Zu den Parteien Porath 1977: 64 ff, 70 f, 75 ff, 143–159; al-Hut 1981: 660 ff.

30 Zur Arbeiterbewegung Bernstein 2000; auch Lockman 1996; Tahbub 1982; Flores 1980.

31 Zum Folgenden vgl. Porath 1977: 130 ff; Lachman 1982: 56 ff; Kupferschmidt 1987: 253 f.

32 Lachman 1982: 57–59 postuliert das ohne weitere Einschränkungen; Porath 1977: 118 und 132 zitiert Äußerungen, denen zufolge Hajj Amin die Zeit für den bewaffneten Widerstand gegen die Briten Mitte 1934 noch nicht für gekommen sah, geht aber von einer klandestinen Unterstützung für Abd al-Qadir und andere Untergrundorganisationen aus; Mattar 1988: 67 zufolge lehnte er es ab, militärischen Widerstand zu unterstützen.

33 Das Folgende nach Schleifer 1979; Nafi 1997; Salih 1989: 229–317; mit völlig anderer Bewertung Lachman 1982: 59 ff; Porath 1977: 132–139.

34 Tergit 1996: 53–55. Ich habe die Zitate umgestellt, beginnend mit S. 55 und endend mit S. 53.

35 Salih 1989: 248–254; zur Istiqlal-Moschee Seikaly 1998: 191 f; zu Haifa generell ebd. 219 ff sowie Bernstein 2000 und Gelvin 1998: 19 f.

36 Schleifer 1979: 71 ff, 79; deutlich militanter Salih 1989: 241–244, 265–274, der großen Wert auf Qassams Einsatz für den bewaffneten Jihad legt. Zu den ägyptischen Muslimbrüdern vgl. Richard P. Mitchell: The Society of the Muslim Brothers. Neuaufl., Oxford u. a. 1993 und Brynjar Lia: The Society of the Muslim Brothers in Egypt. The Rise of an Islamic Mass Movement 1928–1942. Reading 1998; auch Mayer 1983.

37 Salih 1989: 250, 255–260; Porath 1977: 137f, anders Lachman 1982: 74–77.
38 Hierzu Salih 1989: 246–312 (Zitat S. 267); Lachman 1982: 64f, 77; Schleifer
1979: 74; zu den Frauen Swedenburg 1995: 178, 184.
39 Zum Folgenden (mit unterschiedlicher Darstellung) Salih 1989: 309ff; Porath 1977: 134ff; Schleifer 1979: 61, 79; Lachman 1982: 69–71.
40 Salih 1989: 310–324; Zuʿaitir 1980: 27ff; Schleifer 1979: 61, 78f; Lachman
1982: 72–74, 87; Porath 1977: 137f; zum Märtyrertum vgl. für Syrien Gelvin
1998: 175–181. Swedenburg 1995: 12 vergleicht Qassam und Trumpeldor;
zu Qassams Platz in palästinensischen Erinnerungen Enderwitz 2002: 238–
242.

XII. Der arabische Aufstand 1936–1939

1 Zum Folgenden vgl. Porath 1977: 140ff, 159ff; Y. Miller 1985: 11f; Kolinsky 1993: 113–116.
2 Zahlenangaben nach Himadeh (Hg.) 1938: Kap. 6, insbes. 332 (Kraftfahr-
zeuge) und 342 (Telefonanschlüsse); Nashashibi 1990: 16; nützliche Karte
bei Kolinsky 1993; zum 19. Jahrhundert Philipp/Schaebler (Hg.) 1998. Von
der Begeisterung jüdischer Jugendlicher für das Motorrad berichtet Naor
1998: 171. 1933 schlossen sich mehrere jüdische Unternehmen zu der Bus-
gesellschaft Egged zusammen, einer Genossenschaft, die über Jahrzehnte
bestehen sollte. Der 1937 gebaute Kleinwagen Fiat Topolino kostete etwa
16 Monatsgehälter eines jüdischen Arbeiters oder Angestellten: ebd. 202.
1927 gab es landesweit 33 Telegrafenämter, 1935 bereits 56. Zu der Radio-
übertragung aus der Aqsa-Moschee Kupferschmidt 1987: 236, Anm. 82; vgl.
aber auch Benvenisti 2000: Kap. 2.
3 Zu Hittin Kupferschmidt 1987: 236 und Salih 1989: 152–154; zum Palästina-Tag Kolinsky 1993: 67.
4 Vgl. allgemein Schoeps/Schlör o. J.; zum politischen Hintergrund vgl.
Wildangel 2008; Höpp u.a. (Hg.) 2004; Steppat 1985; Wild 1985 und 2002;
Nicosia 1985; ʿAbd al-Ghani 1995; am Beispiel der palästinensischen Literatur al-Osta 1993. Zu Amin al-Husaini und Nazi-Deutschland vgl. oben,
Kap. X, insbes. Anm. 4.
5 Überblick bei Kalkas 1971; Y. Miller 1985: 11f.
6 Zum Folgenden vgl. Survey of Palestine 1946: 35; Kalkas 1971: 239ff; Porath 1977: 136f, 162ff, 172f. Zum Mufti Mattar 1988: Kap. 5 und 6; Salih
1989: 389–396. Swedenburg 1995: 176f, und Fleischmann 2003: 123–136
heben die aktive Rolle von Frauen hervor. Einseitig, aber mit interessantem
Bildmaterial Naor 1998: 193ff.
7 Kalkas 1971: 241–254, 269; Porath 1977: 164f, 180, 192ff.
8 Metzer 1998: 20, 130–133 und 167–175 (vor allem Tab. 5.9); Nadan 2006:
36–38; zur Levante-Messe Kalkas 1971: 262; zum Hafen von Jaffa LeVine
2005.
9 Kalkas 1971: 249–254, 263ff; zu Jaffa vgl. Gavish 1990: 315–319 und die
Abb. der Luftaufnahmen, die die Zerstörung belegen; auch LeVine 2005:
112f; Sherman 1997: Kap. 3 und Enderwitz 2002: 105–107.
10 Hobsbawm 1979; Adas 1981; Swedenburg 1988: 467ff, 493–497; zum 19.
und frühen 20. Jahrhundert R. Khalidi 1997: Kap. 5 sowie oben, Kap. VI.

11 Swedenburg 1988: 485 f; Porath 1977: 64, 130; zu Alphabetisierung und Zugang zu Informationen Ayalon 2004.

12 Porath 1977: 183 ff; Tegart Papers; auch Sherman 1997: Kap. 3.

13 In Anlehnung an eine gebräuchliche englische Übersetzung wird das arabische *ʿisaba* bzw. *fasil*, Pl. *fasaʾil* für die kleineren Einheiten auch im Dt. häufig mit «Banden» wiedergegeben. Die Kriminalisierung dieser Gruppen, die der Begriff «Bande» andeutet, ist im Arabischen jedoch nicht enthalten. Sie ist politisch bedingt und wurde von Briten wie von Zionisten benutzt, um den arabischen Widerstandskämpfern die politische Motivation und Legitimation abzusprechen und sie zu bloßen Kriminellen herabzustufen; Musterbeispiele bieten die Tegart Papers, Arnon-Ohanna und Lachman; selbst Morris behandelt den arabischen Widerstand der Jahre 1947–1949 weitgehend unter dem Vorzeichen des Banden- und Banditenwesens.

14 Swedenburg 1995: 178, 184; Fleischmann 2003: 125–136; zu den Ikhwan al-Qassam Salih 1989: 361–388.

15 Kalkas 1971: 243; Porath 1977: 178 ff; Swedenburg 1995: 171 ff, 215, Anm. 31; Statistiken der Aktionen bietet al-Radiʿi 1982; zu Lydda und den Steinewerfern vgl. Munayyir 1997: 23–35.

16 Kalkas 1971: 254–260; Porath 1977: 199–200; Mayer 1983; Nafi 1998.

17 Arnon-Ohanna 1981: 234–236; Porath 1977: 188–192; ferner Provence 2005: 95–100.

18 Zu Abdallah vgl. Porath 1977: 72–75, 195, 202–211, 226 f; Wilson 1987: Kap. 7; Shlaim 1990; Gelber 1997.

19 Kalkas 1971: 269–272; Porath 1977: 213 f; zu den Erntezeiten Dalman, Bd. 1 und 2 (1928): 403–420, 550–567.

20 Bericht über Palästina 1937: 414.

21 Bericht über Palästina 1937: 422, das folgende Zitat ebd. 414 f.

22 Bericht über Palästina 1937: 422 f, die pessimistische Prognose ebd. 424 f, 433.

23 Bericht über Palästina 1937: 433–449. Danach würden an den arabischen Staat die Unterdistrikte Nablus, Ramallah, Jericho, Hebron, Gaza und Beersheva fallen, an den jüdischen Staat die Unterdistrikte Haifa, Akko, Safed, Tiberias und Nazareth; die Unterdistrikte von Jaffa, Ramla, Tulkarm, Jenin und Baisan würden teils an den arabischen, teils an den jüdischen Staat gehen, die von Jerusalem und Bethlehem teils dem arabischen Staat zugewiesen, teils unter britischem Mandat belassen. Zu den Subventionen ebd. 439 f, 450. Generell auch Biger 2004: 190–208; El-Eini 2006: 320–333.

24 Bericht über Palästina 1937: 443–448 (445); zur sog. Transfer-Lösung Masalha 1992; Morris 2001.

25 Bericht über Palästina 1937: 451; s. auch oben, Kap. VIII, sowie das Zitat unten, Kap. XII.

26 Survey of Palestine 1946: 41 f; Porath 1977: 228 ff, 231 ff, 274 ff.

27 Galnoor 1995; auch Morris 2004: 45–49; Morris 2001: 39–48 (43 f); ausführlicher Morris 1987: 25 ff; mit anderen Bewertungen Masalha 1992. Zu den jüdischen Reaktionen auf den arabischen Aufstand auch Shapira 1992: Kap. 6.

28 Zum Folgenden vgl. Lachman 1982: 81 f; Porath 1977: 233; Salih 1989: 342.

29 Mattar 1988: 82 f; Elpeleg 1993: 48 ff; Gensicke 1988 sowie die Arbeiten von Höpp, Krämer 2006 und Wildangel 2008. Die Briten wagten auch in den folgenden Jahren nicht, in den Haram einzudringen, obgleich sich dort eine Reihe als «Terroristen» gesuchter Aufständischer versteckt hielt: Tegart Papers.

30 Zum Folgenden mit recht unterschiedlichen Bewertungen: Porath 1977: 235 f, 242 ff; Arnon-Ohanna 1981; Swedenburg 1995; Salih 1989: 340–388.

31 Zur Rolle von Christen und Drusen Porath 1977: 247 f, 260–273; Parsons 2001: Kap. 1. Fleischmann 2003: Kap. 5 verweist hingegen mehrfach auf die aktive Rolle von Christinnen im Generalstreik und Aufstand. Vgl. auch die Rolle der Drusen im syrischen Aufstand von 1925; Provence 2005.

32 Vgl. zur Politik der Kopfbedeckung – Kufiyya und Schleier – Swedenburg 1995: 30–37, 151, 174 ff, 181–194. Zu Kleidung und Mode oben, Kap. III, Anm. 37 und 40; zu palästinensischen Trachten vgl. Stillman 1979; Völger u. a. (Hg.) 1987; reiches Bildmaterial in den Photobänden von Graham-Brown, Howe, W. Khalidi, Landau und Osman; für die jüdischen *shomrim* Shapira 1992: 71 f und Shilony 1998: 150–156; zu Edwin Samuel die Aufnahme in Naor 1998: 95.

33 Zit. nach Swedenburg 1995: 182.

34 Mit unterschiedlichen Bewertungen Porath 1977: 265 ff; Arnon-Ohanna 1981: 244–246; al-Hut 1981: 401–406; Swedenburg 1995: 34, 153 ff.

35 Zum Folgenden Survey of Palestine 1946: 45; Kalkas 1971: 260 f; Shapira 1992: Kap. 6; Sherman 1997: Kap. 3; Naor 1998: 193–213 mit zahlreichen Abbildungen.

36 Porath 1977: 252 ff; Morris 1987: 57 gab die Zahl der zeitweise Geflüchteten mit 40000 an; Fakhri al-Nashashibi wurde 1941 in Bagdad ermordet.

37 Zum Folgenden vgl. El-Eini 2006: 331–344; auch Porath 1977: 280, 288; ferner Smith 1996: 103 f; Verdery 1971: 300 f.

38 Porath 1977: 289 f; Smith 1996: 104.

39 Porath 1977: 288 f; Text in: Survey of Palestine 1946: 90–99, hier 91 f; zu der einschlägigen Empfehlung der Peel-Kommission vgl. Bericht über Palästina 1937: 419.

40 Zum Folgenden vgl. Survey of Palestine 1946: 54; Porath 1977: 277 ff, 291–293; die Zitate von Weizmann und Ben-Gurion bei Smith 1996: 105.

XIII. Vom Zweiten Weltkrieg bis zur Gründung Israels

1 Survey of Palestine 1946: 365–368; Metzer 1998: 20 f, 111, 153 f.

2 Zum Folgenden Metzer 1998: 69; Smith 1996: 114; zur *Patria* und zur *Struma* vgl. Friling 2002: 332–338; Sherman 1997: Kap. 4; Naor 1998: 220 bzw. 229, dort auch eine Abb. des Suchplakats.

3 Zum Folgenden vgl. Segev 2000: Kap. 21. Ein 1942 eingerichtetes Frauenhilfskorps zählte bald 4000 Angehörige; Frauen wurden auch in Kampfeinheiten ausgebildet und kamen in Europa selbst als Fallschirmspringerinnen hinter den alliierten Linien zum Einsatz.

4 Zum Folgenden einschließlich der Flüchtlingsfrage vgl. Smith 1996: 117–119; Mendes-Flohr/Reinharz (Hg.) 1995: 617–619; zum Hintergrund auch Merkley 1998.

5 Zum Folgenden Segev 2000: Kap. 21 und 22, insbes. 455–458; Shimoni 1995: Kap. 6 und 369–372.

6 Zum Folgenden vgl. M. Cohen 1978; Smith 1996: 125–135; Morris 2004: 54–56; El-Eini 2006: 344–364; auch Survey of Palestine 1946: 70f, 80.

7 Zum Folgenden vgl. Smith 1996: 135–139; Segev 2000: Kap. 22 und 23. Zur Übergabe des Mandatsauftrags vgl. auch Biger 2004: 208–219; El-Eini 2006: 365–369; Sherman 1997: Kap. 5; scharf kritisch W. Khalidi 1997.

8 Überblick bei Rashid Khalidi: The Palestinians and 1948: the underlying causes of failure, in: Rogan/Shlaim (Hg.) 2001: auch Flapan 1987: 55–59. Zur Demographie finden sich auch in der seriösen Literatur erneut unterschiedliche Angaben: Vgl. vor allem McCarthy 1990: 35–38. Zu Landkauf und Siedlung Morris 1987: 28, 179; Metzer 1998: 86, 99–103. Smith 1996: 136f bietet eine Karte zu den jüdischen Siedlungen.

9 Übersetzt nach Smith 1996: 125.

10 Zum Folgenden die Beiträge von Shlaim, Gerges und Landis in Rogan/Shlaim (Hg.) 2001 und, womöglich noch kritischer, Khalaf 1991: 31f, 189ff; Fleischmann 2003: Kap. 7; Morris 2004: 28–30.

11 Hierzu Morris 2004: 31f; Wilson 1987: Kap. 11 und 12; Shlaim 2001. Ich übersetze hier «Hohes Arabisches Komitee», um eine Verwechslung mit dem 1934/37 aufgelösten «Obersten Arabischen Rat» zu vermeiden. Das Zitat nach Flapan 1987: 130; zum Folgenden auch Shlaim 2001 (zu Qawuqji insbes. 85f) und Provence 2005: 95–100. Der Mufti war durch seine Kollaboration mit den Nationalsozialisten zwar nicht völlig diskreditiert (Gensicke 1988; Elpeleg 1993), hatte seinen Einfluß auf die arabische Politik jedoch weitgehend eingebüßt; Mattar 1988: Kap. 9; Höpp 1999 und Wildangel 2008.

12 Morris 2004: 28–35 und Kap. 3; auch Segev 2000: 500–518; Khalaf 1991: 190ff. Zu Salama vgl. Munayyir 1997; zur Rolle von Frauen Fleischmann 2003: 201–210; zu Abd al-Qadir al-Husaini und den Muslimbrüdern Salih 1989: 396–400, 433–451, 464–478, zu Letzteren auch Mayer 1983.

13 Zum Folgenden vgl. Morris 1987: 52ff; Flapan 1987: 81–118; für Jerusalem Tamari (Hg.) 1999.

14 Ausführlich Morris 1987: Kap. 3, bes. 62ff, und Kap. 5, bes. 156ff; Plan D datiert aus der ersten Märzhälfte. Die Behauptung von Morris, die Massenvertreibung sei Ergebnis der Kriegshandlungen, nicht einer zuvor ausgearbeiteten und planmäßig durchgeführten Strategie (so nochmals Morris 2001), wird von anderen Forschern bestritten; so am Beispiel der Drusen (im selben Band) Parsons 2001; ebenso Pappé 1992: 87–99. Zur Ausrüstung auf jüdischer Seite auch Smith 1996: 116.

15 Die folgenden Ereignisse sind nach wie vor politisch hoch umstritten. Vgl. Smith 1996: 139–145; abweichende Darstellung bei Morris 1987: 93f, 156; dort auch (304, Anm. 19) die Angaben zur Irgun; Morris 2004: Kap. 3, bes. 100–102. Zur jüdischen Bewaffnung Smith 1996: 116; Sherman 1997: 158–162.

16 Die Zahl der Opfer ist nach wie vor umstritten: Auf der Grundlage von Dokumenten und Interviews entstand Walid Khalidis, Dair Yasin: al-jumʿa 9/4/1948. Beirut 1998. Wichtige Diskussionen bei Morris 1987: 38, 113–115, 193; Morris 2004: 237–240; Benvenisti 2000: 114–117. Hasso 2000 unter-

streicht die Wirkung der Vergewaltigungen, die unter anderem die Ehre der Männer befleckte. Auf dem Boden des zerstörten Dorfs wurde im Sommer 1949 – gegen den Protest jüdischer Intellektueller von Martin Buber bis Akiva Ernst Simon – ein neuer Ort, Givat Shaul Bet, für jüdische Einwanderer errichtet.

17 Morris 2004: Kap. 2–5; Fischbach 2003; ausführlich W. Khalidi 1992; zu *sumud* auch R. Khalidi 1997: 177–209.

18 Wenige Tage nach dem Massaker von Dair Yasin fiel die Entscheidung, im Rahmen von «Plan D» Tiberias mit einem Sprengstoff- und Mörserangriff auf seine arabische Altstadt zu «befrieden»; die panikerfüllten Einwohner flohen, die in der Stadt stationierten britischen Einheiten verbrachten einen Teil der Flüchtenden auf Lastwagen und Bussen nach Nazareth und über die Grenze nach Jordanien; zu den Ereignissen in Tiberias, Haifa und Jaffa Morris 2004: 181–221.

19 Zit. nach Morris 1987: 95.

20 Zit. nach Morris 2004: 168f. Zu den Flüchtlingszahlen ebd. 262–265; Pappe 1999: 50–52.

21 Zum Folgenden ausführlich die Beiträge in Rogan/Shlaim (Hg.) 2001: Kap. 4 und 5 sowie die Karte ebd. xiv; zu Libanon, das in dem Sammelband aus politischen Gründen nicht behandelt werden konnte, knapp S. 8f. Vgl. ferner Khalaf 1991: 172–178 und 192–196.

22 Zu den Truppenstärken Morris 1987: 22 und die länderbezogenen Beiträge in Rogan/Shlaim (Hg.) 2001. Die Beziehungen zwischen Transjordanien, Großbritannien und den Zionisten/Israel sind außerordentlich gut erforscht: Überblick über die Literatur in engl. und hebr. Sprache in Shlaim 2001; auch Wilson 1987; Morris 2003.

23 Vgl. die Beiträge von Gerges und Landis in Rogan/Shlaim (Hg.) 2001.

24 Shlaim 2001: 89f. Zu den folgenden Kämpfen vgl. vor allem Morris 1987: Kap. 5 und 6; zu den Christen und Drusen ebd. 198ff sowie, mit Bezug auf die Kampagne vom Oktober/November 1948 in Galiläa, 224–236 und, breiter angelegt, Morris 2004: 24–26, 416–421, 508. Zu Lydda, dessen arabische Einwohner weitgehend vertrieben wurden, ebd. 430–434 und aus arabischer Sicht Busailah 1981 und Munayyir 1997: Kap. 3.

25 Im Frühsommer 1948 ging ein Teil des mehrheitlich aus Syrien stammenden drusischen Bataillons der Arabischen Befreiungsarmee zur jüdischen Seite über; aus ihren Reihen rekrutierte die israelische Armee wenig später eine sog. Minderheiteneinheit, der sich auch einige Tscherkessen (arabischsprachige Muslime, aber ethnisch gesehen keine Araber) und Beduinen (arabisch-sprachige Muslime) anschlossen und die sich im Oktober an der Operation Hiram in Galiläa beteiligte. Zur Kollaboration drusischer Zivilisten und Militärs vgl. Parsons 2000, insbes. 77–86; Morris 2004: 416–418.

26 Shlaim 2001: 96ff; Shlaim 1990; Shabib 1988.

27 Morris 2004: Kap. 8 illustriert am Beispiel der Operation Hiram (28.–31.10.1948) den gezielten Einsatz von Greueltaten (Massenerschießungen wehrfähiger Männer, aber auch von Frauen und Kindern, Vergewaltigungen, Verstümmelung von Leichen usw.) und Vertreibung, die diesen Teil Galiläas von Arabern «säubern» sollten (was nicht gelang); zur Sinaikam-

pagne ebd. Kap. 9. Zu ethnischen Säuberungen Benvenisti 2000: Kap. 4 und Pappe 2006. Für den jungen Major Gamal Abdelnasser, der mit den ägyptischen Truppen im Faluja-Zipfel eingeschlossen wurde, sollte das Erlebnis bestimmend werden; vgl. Rogan/Shlaim (Hg.) 2001: 98 ff und 158.

28 Morris 1987: 196 und Morris 2004: Kap. 10 und Conclusion.

29 Josef Weitz, einer der frühen und energischen Befürworter eines Transfers, hatte schon zuvor von der Wünschbarkeit und Notwendigkeit eines «rückwirkenden Transfers» gesprochen. Anfang Juni 1948 schlug er einen Aktionsplan vor, den Ben-Gurion in aller Form (vor allem schriftlich) zu unterstützen jedoch nicht bereit war: Verhinderung der Rückkehr der arabischen Flüchtlinge, Zerstörung ihrer Häuser, Behinderung jeglicher Feldarbeit, besonders der anstehenden Ernte, rasche Ansiedlung von Juden in den verlassenen Ortschaften, Stadtvierteln und Wohnhäusern, um kein «Vakuum» entstehen zu lassen, aktive Propaganda gegen eine Rückkehr der arabischen Flüchtlinge und Hilfe bei ihrer Ansiedlung «anderswo»; Morris 2001 und Morris 1987: Kap. 4 und 5; zu Weitz ebd. 134f; zum Verbot von Ausweisung und Zerstörung ohne vorherige Genehmigung 163; zu den Kibbutzim 166–188; zur Aberntung arabischer Felder durch jüdische Siedler und Bauern, die als «Kompensation» für erlittene Kriegsschäden gerechtfertigt wurde und immer neue «Begehrlichkeiten» weckte, 170–179; den Begriff «frei von Arabern» (*Arab-free*) verwendet Morris verschiedentlich.

30 Ort für Ort und durch Bildmaterial ergänzt W. Khalidi: 1992; knapper Morris 2004: Kap. 5 und Karten 2 und 3; Benvenisti 2000: 33–43 zu Namensänderungen und Erinnerungspolitik.

31 Schätzungen bei Morris 1987: 297f (600000–760000) und Morris 2001: 37 (700000).

Abbildungsnachweis

Die Abbildungen 1–12 und 14 stammen aus der Sammlung historischer Palästinabilder der Theologischen Fakultät an der Humboldt-Universität zu Berlin. Die Sammlung, die aus rund 2000 Glasplattendias besteht, wurde von Hugo Greßmann angelegt, der von 1907 bis 1927 an der Humboldt-Universität lehrte und 1906 eine Palästinareise unternahm. Die Bilder hat Greßmann teilweise selber aufgenommen, teilweise gehen sie auf Gustav Dalman (1902–1916 erster Direktor des Deutschen Evangelischen Instituts für Altertumswissenschaft des Heiligen Landes in Jerusalem) und Teilnehmer der von ihm geleiteten Lehrkurse zurück. Hinzu kamen weitere Sammlungen, u. a. der American Colony. Erst 1994 konnten die Glasplattendias, die bis dahin an unterschiedlichen Stellen gelagert und kriegsbedingt größtenteils in einem besorgniserregenden Zustand waren, zusammengetragen und zentral gelagert werden. Die genaue Herkunft eines erheblichen Teils der Sammlung liegt daher im Dunkeln. Leider ließ sich nicht rekonstruieren, wann genau und von wem die in diesem Band abgedruckten Dias aufgenommen wurden. Der Abdruck erfolgt mit freundlicher Genehmigung der Humboldt-Universität zu Berlin, Theologische Fakultät.

Literaturverzeichnis

Aaronsohn, Ran 1990: Cultural Landscape of Pre-Zionist Settlements, in: Kark (Hg.), The Land That Became Israel: 147–163

'Abd al-Ghani, 'Abd al-Rahman 1995: Almaniya al-naziyya wa-filastin 1933–1945. Beirut

Abdel-Nour, Antoine 1982: Introduction à l'histoire urbaine de la Syrie ottomane. Beirut

Abir, Mordechai 1975: Local Leadership and Early Reforms in Palestine: 1800–1834, in: Ma'oz (Hg.), Studies on Palestine During the Ottoman Period: 284–310

Abu El-Haj 2002: Facts on the Ground. Archeological Practice and Territorial Self-Fashioning in Israeli Society. Chicago

Abu Hanna, Hanna 2005: Tala'i' al-nahda fi filastin (khariju l-madaris al-rusiyya) 1862–1914. Beirut

Abu-Husayn, A.R. 1985: Provincial Leadership in Syria, 1575–1650. Beirut

Abu Jabir, Ra'uf Sa'd 2004: Al-wujud al-masihi fi l-quds khilal al-qarnain al-tasi' 'ashar wal-'ishrin. Beirut

Abu-Manneh, Butrus 1986: The Husaynis: The Rise of a Notable Family in 18th Century Palestine, in: Kushner (Hg.), Palestine in the Late Ottoman Period: 93–108

Abu-Manneh, Butrus 1990: Jerusalem in the Tanzimat Period: The New Ottoman Administration and the Notables, in: *Die Welt des Islams* 30: 1–44

Adas, Michael 1981: From Avoidance to Confrontation: Peasant Protest in Pre-colonial and Colonial Southeast Asia, in: *Comparative Studies in Society and History* 23: 217–247

Aharoni, Yohanan/Avi-Yonah, Michael 1998: Der Bibel-Atlas. Hamburg

Amiran, D.H.K. 1953: The Pattern of Settlement in Palestine, in: *Israel Exploration Journal* 3: 65–78, 192–209, 250–260

Anderson, Benedict 1991: Imagined Communities. Rev. ed., London, New York

Antonius, George 1969: The Arab Awakening: The Story of the Arab National Movement. Neuausg., Beirut

Arbel, Ruth (Hg.) 1996: Blue and White in Color. Visual Images of Zionism, 1897–1947. Tel Aviv (Ausstellungskatalog, Beth Hatefutsoth)

Al-'Arif, 'Arif 1944: Bedouin Love, Law, and Legend, dealing Exclusively with the Badu of Beersheba. Jerusalem u.a.

Al-'Arif, 'Arif 3. Aufl. 2005: Al-mufassal fi tarikh al-quds. Beirut

Arnon, Adar 1992: The Quarters of Jerusalem in the Ottoman Period, in: *Middle Eastern Studies* 28, 1: 1–65

Arnon-Ohanna, Yuval 1981: The Bands in the Palestinian Arab Revolt, 1936–1939: Structure and Organization, in: *Asian and African Studies* 15: 229–247

al-'Asali, Bassam 1991a: Thaurat al-buraq. Beirut

al-'Asali, Bassam 1991b: Thaurat al-shaikh 'Izz al-Din al-Qassam. Beirut

Asali, K.J. (Hg.) 2000: Jerusalem in History. Rev. ed., New York, Northampton

Assmann, Jan 1998: Moses, der Ägypter. Entzifferung einer Gedächtnisspur. München, Wien

'Athamina, Khalil 2000: Filastin fi khamsat qurun. Min al-fath al-islami hatta l-ghazw al-faranji (634–1099). Beirut

Auld, Sylvia/Hillenbrand, Robert 2000 (Hg.): Ottoman Jerusalem. The Living City: 1517–1917. 2 Bde., Jerusalem

Al-'Aura, al-Mu'allim Ibrahim 1989: Tarikh wilayat Sulaiman Basha al-'Adil 1804–1819. Beirut

Avci, Yasemin/Lemire, Vincent (Hg.) 2005: De la modernité administrative à la modernisation urbaine: une réévaluation de la municipalité ottomane de Jerusalem (1867–1917), in: Nora Lafi (Hg.), Municipalités méditerranéenes, Berlin: 73–138

Ayalon, Ami 2004: Reading Palestine. Printing and Literacy, 1900-1948. Austin

Ayyad, Abdelaziz A. 1999: Arab Nationalism and the Palestinians 1850–1939. Jerusalem

Bailey, Clinton 1980: The Negev in the Nineteenth Century: Reconstructing History From Bedouin Oral Traditions, in: *Asian and African Studies* 14: 35–80

Baldensperger, Philip J. 1893: Religion of the Fellahin of Palestine, in: *Palestine Exploration Fund. Quarterly Statement. October 1893*: 307–320

Baltzer, Klaus 1990: Jerusalem in den Erzvätergeschichten der Genesis?, in: Die Hebräische Bibel und ihre zweifache Nachgeschichte. Festschrift für Rudolf Rendtorff. Neukirchen: 3–12

Banse, Ewald 1934: Das Buch vom Morgenlande. 3. Aufl., Leipzig

Ben-Arieh, Yehoshua 1979: The Rediscovery of the Holy Land in the Nineteenth Century. Jerusalem, Detroit

Ben-Arieh, Yehoshua 1984: Jerusalem in the 19th Century: the Old City. Jerusalem, New York

Ben-Arieh, Yehoshua/Davis, Moshe (Hg.) 1997: Jerusalem in the Mind of the Western World, 1800–1948 (With Eyes toward Zion – V). Westport, London

Ben-David, Joseph 1990: The Negev Bedouin: From Nomadism to Agriculture, in: Kark (Hg.), The Land That Became Israel: 181–195

Bentwich, Norman und Helen 1965: Mandate Memoirs: 1918–1948. London

Benvenisti, Meron 2000: Sacred Landscape. The Buried History of the Holy Land Since 1948. Berkeley usw.

Bericht über Palästina (1937) erstattet durch die britische königliche Palästina-Kommission unter dem Vorsitz von Earl Peel und auf Befehl Seiner Britischen Majestät vom Staatssekretär für die Kolonien dem Britischen Parlament vorgelegt im Juli 1937. Berlin

Berlin, Andrea A./Overmann, J. Andrew (Hg.) 2002: The First Jewish Revolt. Archeology, History, and Ideology. London, New York

Bernstein, Deborah S. 2000: Constructing Boundaries. Jewish and Arab Workers in Mandatory Palestine. Albany

Bieberstein, Klaus/Bloedhorn, Hanswulf 1994: Jerusalem. Grundzüge der Baugeschichte vom Chalkolithikum bis zur Frühzeit der osmanischen Herrschaft. 3 Bde., Wiesbaden (Beihefte zum TAVO)

Biger, Gideon 1990: The Names and Boundaries of Eretz-Israel (Palestine) as Reflections of Stages in its History, in: Kark (Hg.), The Land that Became Israel: 1–22

Biger, Gideon 2004: The Boundaries of Modern Palestine, 1840–1947. London, New York

Bimson, John J. 1991: Merenptah's Israel and Recent Theories of Israelite Origins, in: *Journal for the Study of the Old Testament* 49: 3–29

Birken, Andreas 1976: Die Provinzen des Osmanischen Reiches. Wiesbaden

Black, Edwin 1984: The Transfer Agreement: The Untold Story of the Secret Pact Between the Third Reich and Jewish Palestine. New York, London

Boehmer, Julius 1909: Von Dan bis Berseba, in: *Zeitschrift für die alttestamentliche Wissenschaft* 29: 134–142

Bowden, Tom 1977: The Breakdown of Public Security: The Case of Ireland 1916–1921 and Palestine 1936–1939. London, Beverly Hills

Bowring, Sir John 1840: Report on the Commercial Statistics of Syria. London

Braude, Benjamin/Lewis, Bernard (Hg.) 1982: Christians and Jews in the Ottoman Empire. The Functioning of a Plural Society. 2 Bde., New York

Brenner, Michael 2002: Geschichte des Zionismus. München

Brown, L. Carl 1984: International Politics and the Middle East. Old Rules, Dangerous Games. Princeton

Budde, Hendrik/Nachama, Andreas (Hg.) 1996: Die Reise nach Jerusalem. Berlin

Burgoyne, Michael H. 1987: Mamluk Jerusalem: An Architectural Study. London

Burke, Peter 1996: Städtische Kultur in Italien zwischen Hochrenaissance und Barock. Frankfurt a. M.

Busailah, Reja-e 1981: The Fall of Lydda, 1948: Impressions and Reminiscences, in: *Arab Studies Quarterly* 3: 123–151

Büssow, Johann 2011: Hamidian Palestine. Politics and Society in the District of Jerusalem 1872–1908. Leiden, Boston

Busse, Heribert 1991: Jerusalem in the Story of Muhammad's Night Journey and Ascension, in: *Jerusalem Studies in Arabic and Islam* 14: 1–40

Campos, Michelle U. 2011: Ottoman Brothers. Muslims, Christians, and Jews in Early-Twentieth Century Palestine. Stanford

Canaan, Tewfik 1927: Mohammedan Saints and Sanctuaries in Palestine. Jerusalem

Caplan, Neil 1983, 1986, 1997: Futile Diplomacy, 3 Bde., London

Carmel, Alex 2000: Die Siedlungen der württembergischen Templer in Palästina 1868–1918. 3. Aufl., Stuttgart

Carmel, Alex/Eisler, Ejal Jakob 1999: Der Kaiser reist ins Heilige Land. Die Palästinareise Wilhelms II. 1898. Stuttgart u. a.

Carmel, Alex/Schäfer, Peter/Ben-Artzi, Yossi (Hg.) 1990: The Jewish Settlement in Palestine 634–1881. Wiesbaden

Cohen, Amnon 1973: Palestine in the Eighteenth Century. Patterns of Government and Administration. Jerusalem

Cohen, Amnon 1984: Jewish Life Under Islam. Jerusalem in the Sixteenth Century. Cambridge

Cohen, Amnon 1989: Economic Life in Ottoman Jerusalem. Cambridge

Cohen, Amnon 2001: The Guilds of Ottoman Jerusalem. Leiden u. a.

Cohen, Amnon/Lewis, Bernard 1978: Population and Revenue in the Towns of Palestine in the Sixteenth Century. Princeton

Cohen, Michael J. 1978: Palestine: Retreat from the Mandate. The Making of British Policy, 1936–45. London

Cohen, Shaye J. D. 1982: Masada: Literary Tradition, Archaeological Remains, and the Credibility of Josephus, in: *Journal of Jewish Studies* 33: 385–405

Commins, David Dean 1990: Islamic Reform. Politics and Social Change in Late Ottoman Syria. New York, Oxford

Courbage, Youssef/Fargues, Philippe 1992: Chrétiens et Juifs dans l'Islam arabe et turc. Paris

Cuno, Kenneth M. 1992: The Pasha's Peasants. Land, Society, and Economy in Lower Egypt, 1740–1858. Cambridge

Cuno, Kenneth M./Reimer, Michael J. 1997: The Census Registers of Nineteenth-century Egypt: a New Source for Social Historians, in: *British Journal of Middle Eastern Studies* 24: 193–216

Dalman, Gustaf 1925: Hundert deutsche Fliegerbilder aus Palaestina. Gütersloh

Dalman, Gustaf 1928–41: Arbeit und Sitte in Palaestina. 7 Bde., Gütersloh

Darwaza, Muhammad ʿIzzat 1949–1951: Haula l-haraka al-ʿarabiyya al-haditha. 6 Bde., Sidon

Davies, W. D. 1982: The Territorial Dimensions of Judaism. Berkeley

Davis, John 1996: The Landscape of Belief. Encountering the Holy Land in 19th Century American Art and Culture. Princeton

Davison, Roderic 1963: Reform in the Ottoman Empire, 1856–1876. Princeton

Deringil, Selim 1998: The Well-Protected Domains. Ideology and the Legitimation of Power in the Ottoman Empire 1876–1909. London, New York

Divine, Donna Robinson 1994: Politics and Society in Ottoman Palestine. The Arab Struggle for Survival and Power. Boulder, London

Dols, Michael W. 1979: The Second Plague Pandemic and Its Recurrences in the Middle East: 1347–1894, in: *Journal of the Economic and Social History of the Orient* 22: 162–189

Dothan, Trude/Dothan, Moshe 1992: People of the Sea. In Search for the Philistines. New York u. a.

Doumani, Beshara B. 1992: Rediscovering Ottoman Palestine: Writing Palestinians into History, in: *Journal of Palestine Studies* 21: 5–28

Doumani, Beshara 1994: The Political Economy of Population Counts in Ottoman Palestine: Nablus, circa 1850, in: *International Journal of Middle East Studies* 26: 1–17

Doumani, Beshara 1995: Rediscovering Palestine. Merchants and Peasants in Jabal Nablus, 1700–1900. Berkeley

Doumani, Beshara B. 1998: Endowing Family: *Waqf*, Property Devolution, and Gender in Greater Syria, 1800 to 1860, in: *Comparative Studies in Society and History* 40: 3–41

Douwes, Dick 2000: The Ottomans in Syria. A History of Justice and Oppression. London, New York

Duben, Alan/Behar, Cem 1991: Istanbul Households: Marriage, Family, and Fertility, 1880–1940. Cambridge

Düzdağ, Mehmet Ertuğrul 1972: Seyhülislam Ebussuud Efendi Fetvalarð. Isiginda 16. Asir Türk Hayatð. Istanbul

Dumper, Michael 1994: Islam and Israel. Muslim Religious Endowments and the Jewish State. Washington

Eckert, Willehad Paul/Levinson, Nathan Peter/Stöhr, Martin (Hg.) 1970: Jüdisches Volk – gelobtes Land. Die biblischen Landverheißungen als Problem des jüdischen Selbstverständnisses und der christlichen Theologie. München

El-Eini, Roza I. M. 2006: Mandated Landscape. British Imperial Rule in Palestine, 1929–1948. London, New York

Elad, Amikam 1995: Medieval Jerusalem and Islamic Worship. Holy Places, Ceremonies, Pilgrimage. Leiden u. a.

Elliot, Matthew 2004: Dress Codes in the Ottoman Empire: the Case of the Franks, in: Faroqhi/Neumann (Hg.), Ottoman Costumes: 103–123

Elmendorf, Dwight L. 1912: A Camera Crusade Through the Holy Land. New York

Elpeleg, Zvi 1993: The Grand Mufti, Haj Amin al-Husaini, Founder of the Palestinian National Movement. London

Enderwitz, Susanne 1996: Die muslimische Eroberung Jerusalems, in: Budde/Nachama (Hg.), Die Reise nach Jerusalem: 32–39

Enderwitz, Susanne 2002: Unsere Situation schuf unsere Erinnerungen. Palästinensische Autobiographien zwischen 1967 und 2000. Wiesbaden

Eskenazi, Tamara C./Richards, Kent H. (Hg.) 1994: Second Temple Studies. Sheffield

Fahmy, Khaled 1997: All the Pasha's Men. Mehmed Ali, His Army and the Making of Modern Egypt. Cambridge

Fahmy, Khaled 1998: The era of Muhammad 'Ali Pasha, 1805–1848, in: M. W. Daly (Hg.): The Cambridge History of Egypt. Cambridge u. a., Bd. 2: 139–179

Faroqhi, Suraiya 1990: Herrscher über Mekka. Die Geschichte der Pilgerfahrt. München, Zürich

Faroqhi, Suraiya/McGowen, Bruce/Quataert, Donald/Pamuk, Şevket 1994: An Economic and Social History of the Ottoman Empire. II: 1600–1914. Cambridge

Faroqhi, Suraiya/Neumann, Christoph C. (Hg.) 2004: Ottoman Costume. From Textile to Identity. Istanbul

Farschid, Olaf/Kropp, Manfred/Dähne, Stephan (Hg.) 2006: The First World War as Remembered in the Countries of the Eastern Mediterranean. Beirut, Würzburg

Findley, Carter V. 1988: Ottoman Civil Officialdom: A Social History. Princeton

Finkelstein, Israel 1988: The Archaeology of the Israelite Settlement. Jerusalem

Finkelstein, Norman G. 1995: Image and Reality of the Israel-Palestine Conflict. London, New York

Finn, James 1878: Stirring Times. 2 Bde., London

Firestone, Yaʿakov 1990: The land-equalizing mushaʿ village: a reassessment, in: Gilbar (Hg.), Ottoman Palestine 1800–1914: 91–130

Fischbach, Michael R. 2003: Records of Dispossession. Palestinian Refugee Property and the Arab-Israeli Conflict. New York

Flapan, Simha 1987: The Birth of Israel. Myths and Realities. New York, Toronto

Fleischmann, Ellen L. 2003: The Nation and its «New» Women. The Palestinian Women's Movement 1920-1948. Berkeley, Los Angeles

Flores, Alexander 1980: Nationalismus und Sozialismus im arabischen Osten. Kommunistische Partei und arabische Nationalbewegung in Palästina 1919–1948. Münster

Fohrer, Georg 1969: Zion-Jerusalem im Alten Testament, in: ders.: Studien zur alttestamentlichen Theologie und Geschichte (1949–1966). Berlin: 195–241

Fortner, Sandra Ann/Rottloff, Andrea 2000: Auf den Spuren der Kaiserin Helena. Römische Aristokratinnen pilgern ins Heilige Land. Erfurt

Friedland, Roger/Hecht, Richard D. 1996: The Pilgrimage to Nebi Musa and the Origins of Palestinian Nationalism, in: Le Beau/Mor (Hg.), Pilgrims & Travelers to the Holy Land: 89–118

Friling, Tuvia 2002: Between Friendly and Hostile Neutrality. Turkey and the Jews during World War II, in: Miriam Rozen (Hg.), The Last Ottoman Century and Beyond. The Jews in Turkey and the Balkans, 1808–1945. Bd. 2, Tel Aviv: 309–423

Frischwasser-Ra'anan, H.F. 1976: The Frontiers of a Nation. A re-examination of the forces which created the Palestine Mandate and determined its territorial shape. Reprint, Westport (1955)

Fromkin, David 1989: A Peace to End All Peace. Creating the Modern Middle East 1914–1922. London

Gafni, Isaiah 1981: Reinternment in the Land of Israel: Notes on the Origin and Development of the Custom, in: *The Jerusalem Cathedra* 1: 96–104

Galnoor, Itzhak 1995: The Partition of Palestine. Decision Crossroads in the Zionist Movement. Albany

Garfinkle, Adam M. 1991: On the Origin, Meaning, Use and Abuse of a Phrase, in: *Middle Eastern Studies* 27: 539–550

Gavish, Dov 1990: Aerial Perspectives of Past Landscapes, in: Kark (Hg.), The Land That Became Israel: 308–319

Gelber, Joav 1997: Jewish-Transjordanian Relations, 1921–48. London, Portland

Gelvin, James L. 1998: Divided Loyalties. Nationalism and Mass Politics in Syria at the Close of Empire. Berkeley u. a.

Gensicke, Klaus 1988: Der Mufti von Jerusalem, Amin el-Husseini, und die Nationalsozialisten. Frankfurt

Gerber, Haim 1979: The Population of Syria and Palestine in the Nineteenth Century, in: *Asian and African Studies* 13: 58–80

Gerber, Haim 1985: Ottoman Rule in Jerusalem, 1890–1914. Berlin

Gerber, Haim 1987: The Social Origins of the Modern Middle East. Boulder

Gerber, Haim 1998: «Palestine» and Other Territorial Concepts in the 17th Century, in: *International Journal of Middle East Studies* 30: 563–572

Gershoni, Israel/Jankowski, James (Hg.) 1997: Rethinking Nationalism in the Arab Middle East. New York

Gidal, Nachum T. 1982: Eternal Jerusalem, 1840–1917. München, Luzern

Gil, Moshe 1997: A History of Palestine, 634–1099. Cambridge

Gilbar, Gad (Hg.) 1990: Ottoman Palestine 1800–1914. Studies in Social and Economic History. Leiden

Gilbert, Martin 1974: The Arab-Israeli Conflict. Its History in Maps. London

Gilbert, Martin 1994: Jerusalem. Illustrated History Atlas. 3. Aufl., Bnei Brak

Goldziher, Ignaz 1971: Muhammedanische Studien. 2 Teile, Nachdruck, Hildesheim, New York

Gorni, Josef 1987: Zionism and the Arabs, 1882–1948. A Study of Ideology. Oxford

Gottheil, Fred M. 1979: The Population of Palestine, circa 1875, in: *Middle Eastern Studies* 15: 310–321

Graham-Brown, Sarah 1980: Palestinians and their Society 1880–1940. A Photographic Essay. London u. a.

Graham-Brown, Sarah 1982: The Political Economy of the Jabal Nablus, 1920–48, in: Owen (Hg.): Studies in the Economic and Social History of Palestine: 88–176

Granovsky (Granott), Abraham 1952: The Land System in Palestine. London

Greenberg, Ela 2010: Preparing the Mothers of Tomorrow. Education and Islam in Mandate Palestine. Austin

Halper, Jeff 1991: Between Redemption and Revival. The Jewish Yishuv of Jerusalem in the Nineteenth Century. Boulder u. a.

Hamblin, William J./Seely, David Rolph 2007: Solomon's Temple. Myth and History. London

Hanssen, Jens 2005: Fin de Siècle Beirut. The Making of an Ottoman Provincial Capital. Oxford

Hartmann, Martin 1883: Die Ortschaftenliste des Liwa Jerusalem in dem türkischen Staatskalender für Syrien für das Jahr 1288 der Flucht (1871), in: *Zeitschrift des Deutschen Palästina-Vereins* 6: 102–149

Hasso, Frances S. 2000: Modernity and Gender in Arab Accounts of the 1948 and 1967 Defeats, in: *International Journal of Middle East Studies* 32: 491–510

Herzl, Theodor 1936: Der Judenstaat. 11. Aufl., Berlin

Heumann, Pierre 1997: Israel entstand in Basel. Die phantastische Geschichte einer Vision. Zürich

Himadeh, Saʿid B. (Hg.) 1938: Economic Organization of Palestine. Beirut

Hobsbawm, Eric J. 1979: Sozialrebellen. Archaische Sozialbewegungen im 19. und 20. Jahrhundert. Gießen

Hobsbawm, Eric/Ranger, Terence (Hg.) 1983: The Invention of Tradition. Cambridge

Höpp, Gerhard 1999: Der Gefangene im Dreieck. Zum Bild Amin al-Husseinis in Wissenschaft und Publizistik seit 1941. Ein bio-bibliographischer Abriß, in: Rainer Zimmer-Winkler (Hg.): Eine umstrittene Figur: Hadj Amin al-Husseini – Mufti von Jerusalem. Trier: 5–23

Höpp, Gerhard (Hg.) 2001: Mufti-Papiere. Briefe, Memoranden, Reden und Aufrufe Amin al-Husainis aus dem Exil, 1940–1945. Berlin

Höpp, Gerhard/Wien, Peter/Wildangel, René (Hg.) 2004: Blind für die Geschichte? Arabische Begegnungen mit dem Nationalsozialismus. Berlin

Hoexter, Miriam 1973: The Role of the Qays and Yaman Factions in Local Political Divisions. Jabal Nablus compared with the Judean hills in the first half of the nineteenth century, in: *Asian and African Studies* 9: 249–311

Hopwood, Derek 1969: The Russian Presence in Syria and Palestine, 1843–1914. Oxford

Hourani, Albert 1968: Ottoman Reform and the Politics of Notables, in: William Polk/Richard Chambers (Hg.): Beginnings of Modernization in the Middle East. Chicago: 41–68

Howe, Kathleen Stewart 1997: Revealing the Holy Land. The Photographic Exploration of Palestine. Santa Barbara

Hütteroth, Wolf-Dieter 1978: Palästina und Transjordanien im 16. Jahrhundert. Wirtschaftsstruktur ländlicher Siedlungen nach osmanischen Steuerregistern. Wiesbaden

Hütteroth, Wolf-Dieter/Abdulfattah, Kamal 1977: Historical Geography of Palestine, Transjordan and Southern Syria in the Late Sixteenth Century. Erlangen

Al-Husaini, Amin 1999: Mudhakkirat al-hajj Muhammad Amin al-Husaini, hg. von ʿAbd al-Karim al-ʿUmar. Damaskus

al-Hut, Bayan N. (Hg.) 1981: Al-qiyadat wal-muʾassasat al-siyasiyya fi filastin, 1917–1948. Beirut

al-Hut, Bayan N. (Hg.) 1984: Wathaʾiq al-haraka al-wataniyya al-filastiniyya 1918–1939. Min auraq Akram al-Zuʿaitir. Beirut

Hyamson, A. M. 1939–41: The British Consulate in Jerusalem in Relation to the Jews of Palestine 1838–1914. London

Inalcik, Halil 1994: An Economic and Social History of the Ottoman Empire. I: 1300–1600. Cambridge

Ingrams, Doreen 1972: Palestine Papers 1917–1922. Seeds of Conflict. London u. a.

Jacobson, Abigail 2011: From Empire to Empire. Jerusalem between Ottoman and British Rule. Syrakus

Johnson, Nels 1982: Islam and the Politics of Meaning in Palestinian Nationalism. London u. a.

de Jong, Frederick 1983: The Sufi Orders in Nineteenth and Twentieth Century Palestine, in: *Studia Islamica* 58: 149–181

Joudah, Ahmad H. 1987: Revolt in Palestine in the Eighteenth Century: The Era of Shaykh Zahir al-Umar. Princeton

Kaiser, Wolf 1992: Palästina – Erez Israel. Deutschsprachige Reisebeschreibungen jüdischer Autoren von der Jahrhundertwende bis zum Zweiten Weltkrieg. Hildesheim u. a.

Kalkas, Barbara 1971: The Revolt of 1936: A Chronicle of Events, in: Ibrahim Abu-Lughod (Hg.): The Transformation of Palestine. Evanston: 237–274

Kaplony, Andreas 2002: The Haram of Jerusalem, 324–1099. Temple, Friday Mosque, Area of Spiritual Power. Stuttgart

Kark, Ruth (Hg.) 1990: The Land That Became Israel. Studies in Historical Geography. New Haven u. a.

Kark, Ruth 1990: Transportation in Nineteenth-Century Palestine: Reintroduction of the Wheel, in: dies. (Hg.), The Land That Became Israel: 57–76

Karmi, Ghada/Cotran, Eugene (Hg.) 1999: The Palestinian Exodus 1948–1998. Reading

Karpat, Kemal H. 1974: Ottoman Immigration Policies and Settlement in Palestine, in: Ibrahim Abu-Lughod/Baha Abu-Laban (Hg.): Settler Regimes in Africa and the Arab World: The Illusion of Endurance. Wilmette, Illinois: 57–72

Karpat, Kemal 1978: Ottoman Population Records and the Census of 1881/82–1893, in: *International Journal of Middle East Studies* 9: 237–274

Katz, Itamar/Kark, Ruth 2005: The Greek Orthodox Patriarchate of Jerusalem and Its Congregation. Dissent over Real Estate, in: *International Journal of Middle East Studies* 37: 509–534

Kayali, Hasan 1997: Arabs and Young Turks. Ottomanism, Arabism, and Islamism in the Ottoman Empire, 1908–1918. Los Angeles, London

Kayyali, Abd al-Wahab 1978: Palestine: A Modern History. London

Kedourie, Elie 1976: In the Anglo-Arab Labyrinth. The McMahon-Husayn Correspondence and its Interpretations 1914–1939. Cambridge u. a.

Kedourie, Elie 1978: England and the Middle East. 2. Aufl., Hassocks

Khalaf, Issa 1991: Politics in Palestine. Arab Factionalism and Social Disintegration, 1939–1948. Albany

Khalaf, Noha Tadros 2009: Les Mémoires de 'Issa al-'Issa. Journaliste et intellectuel palestinien (1878–1950). Paris

Khalidi, Rashid I. 1997: Palestinian Identity. The Construction of Modern National Consciousness. New York

Khalidi, Rashid u. a. (Hg.) 1991: The Origins of Arab Nationalism. New York

Khalidi, Walid 1984: Before Their Diaspora. A Photographic History of the Palestinians 1876–1948. Washington

Khalidi, Walid 1988: Plan Dalet. Master Plan for the Conquest of Palestine, in: *Journal of Palestine Studies* 18: 4–70

Khalidi, Walid 1997: Revisiting the UNGA Partition Resolution, in: *Journal of Palestine Studies* 27: 5–21

Khalidi, Walid (Hg.) 1992: All That Remains: The Palestinian Villages Occupied and Depopulated by Israel in 1948. Washington

Khoury, Philip S. 1983: Urban Notables and Arab Nationalism. The Politics of Damascus 1860–1920. Cambridge

Kimmerling, Baruch/Migdal, Joel S. 1993: Palestinians. The Making of a People. Cambridge, Mass.

Klein, Samuel 1928: Das tannaitische Grenzenverzeichnis Palästinas, in: *Hebrew Union College Annual* 5: 197–259

Kobler, Franz 1956: The Vision Was There. A History of the British Movement for the Restoration of the Jews to Palestine. London

Kolinsky, Martin 1993: Law, Order and Riots in Mandatory Palestine, 1928–35. London

Konrad, Robert 1965: Das himmlische und das irdische Jerusalem im mittelalterlichen Denken. Mystische Vorstellung und geschichtliche Wirkung, in:

Clemens Bauer/Laetitia Boehm/Max Müller (Hg.): Speculum Historiale. Freiburg, München: 523–540

Krämer, Gudrun 2006: Anti-Semitism in the Muslim World. A Critical Review, in: *Die Welt des Islams* 46,3: 243–276

Kramer, Martin 1986: Islam Assembled. The Advent of the Muslim Congresses. New York

Kreiser, Klaus 2005: Turban und türban. ‹Divider between belief and unbelief›. A political history of modern Turkish costume, in: *European Review* 13,3: 447–458

Krüger, Jürgen 2000: Die Grabeskirche zu Jerusalem. Geschichte – Gestalt – Bedeutung. Regensburg

Kühnel, Bianca 1987: From the Earthly to the Heavenly Jerusalem. Representations of the Holy City in the Christian Art of the First Millenium. Rom

Kupferschmidt, Uri M. 1986: A Note on the Muslim Religious Hierarchy Towards the End of the Ottoman Period, in: Kushner (Hg.), Palestine in the Late Ottoman Period: 123–129

Kupferschmidt, Uri M. 1987: The Supreme Muslim Council: Islam under the British Mandate for Palestine. Leiden

Kushner, David (Hg.) 1986: Palestine in the Late Ottoman Period: Political, Social and Economic Transformation. Jerusalem

Kushner, David 1999: The District of Jerusalem in the Eyes of Three Ottoman Governors at the End of the Hamidian Period, in: *Middle Eastern Studies* 35: 83–102

Lachman, Shai 1982: Arab Rebellion and Terrorism in Palestine 1929–39: The Case of Sheikh Izz al-Din al-Qassam and his Movement, in: Elie Kedourie/Sylvia G. Haim (Hg.): Zionism and Arabism in Palestine and Israel. London: 52–99

Landau, Jacob M. 1979: Abdul-Hamid's Palestine. London

Laurens, Henry 1999: La Question de Palestine. I: 1799–1922. L'invention de la Terre sainte. Paris

Lazarus-Yafeh, Hava 1981: The Sanctity of Jerusalem in Islam, in: *Studies in the History of Religions* 42: 58–71

Le Beau, Bryan F./Mor, Menachem (Hg.) 1996: Pilgrims & Travelers to the Holy Land. Omaha

Lemche, Niels Peter 1991: The Canaanites and Their Land. The Tradition of the Canaanites. Sheffield

Lemche, Niels Peter 1994: Is it still possible to write the history of ancient history?, in: *Scandinavian Journal of the Old Testament* 8: 165–197

Lesch, Ann Mosely 1979: Arab Politics in Palestine, 1917–1939. The Transition of a Nationalist Movement. Ithaca, London

LeVine, Mark 2005: Overthrowing Geography. Jaffa, Tel Aviv, and the Struggle for Palestine 1880–1948. Berkeley

Levy, Avigdor (Hg.) 1994: The Jews of the Ottoman Empire. Princeton

Lewis, Bernard 1980: Palestine: On the History and Geography of a Name, in: *The International History Review* 11: 1–12

Lewis, Norman N. 1987: Nomads and Settlers in Syria and Jordan, 1800–1980. Cambridge

Likhovski, Assaf 2006: Law and Identity in Mandate Palestine. Chapel Hill

Lindisfarne-Tapper, Nancy/Ingham, Bruce 1997: Languages of Dress in the Middle East. Richmond

Lockman, Zachary 1996: Comrades and Enemies. Arab and Jewish Workers in Palestine, 1906–1948. Berkeley u. a.

Löffler, Roland 2008: Protestanten in Palästina. Religionspolitik, Sozialer Protestantismus und Mission in den deutschen evangelischen und anglikanischen Institutionen des Heiligen Landes 1917–1939. Stuttgart

Luncz, A. M. (Hg.) 1882: Jerusalem. Jahrbuch zur Beförderung der wissenschaftlich genauen Kenntnis des jetzigen und des alten Palästinas. Wien

Macalister, R. A. Stewart/Masterman, E. W. G. 1904–1906: Occasional Papers on the Modern Inhabitants of Palestine, in: *Palestine Exploration Fund. Quarterly Statement* 1904: 150–160, 1905: 48–60, 343–356, 1906: 33–50

Mandel, Neville J. 1976: The Arabs and Zionism Before World War I. Berkeley

Manna', 'Adel 1992: Continuity and Change in the Socio-Political Elite in Palestine During the late Ottoman Period, in: Philipp (Hg.), The Syrian Land: 69–90

Manna', 'Adil 1998: A'lam filastin fi awakhir al-'ahd al-'uthmani (1800–1918). 3. Aufl., Beirut

Manna', 'Adil 1999: Tarikh filastin fi awakhir al-'ahd al-'uthmani: 1700–1918. Qira'a jadida. Beirut

Ma'oz, Moshe 1968: Ottoman Reform in Syria and Palestine 1840–1861. Oxford

Ma'oz, Moshe (Hg.) 1975: Studies on Palestine During the Ottoman Period. Jerusalem

Marcus, Amy Dockster 2001: Tempelberg und Klagemauer. Die Rolle der biblischen Stätten im Nahost-Konflikt. Wien, Frankfurt

Marsot, Afaf Lutfi al-Sayyid 1984: Egypt in the Reign of Muhammad Ali. Cambridge

Masalha, Nur 1992: Expulsion of the Palestinians. The Concept of «Transfer» in Zionist Political Thought 1882–1948. Washington

Mattar, Philip 1988: The Mufti of Jerusalem. Al-Hajj Amin al-Husayni and the Palestinian National Movement. New York

Matthews, Charles D. 1936: A Muslim Iconoclast (Ibn Taymiyyeh) on the «Merits» of Jerusalem and Palestine, in: *Journal of the American Oriental Society* 56: 1–21

Mayer, Thomas 1983: Egypt and the Palestine Question, 1936–1945. Berlin

McCarthy, Justin 1990: The Population of Palestine. Population Statistics of the Late Ottoman Period and the Mandate. New York

Mendels, D. 1987: The Land of Israel as a Political Concept in Hasmonean Literature. Tübingen

Mendes-Flohr, Paul/Reinharz, Jehuda (Hg.) 1995: The Jews in the Modern World. A Documentary History. 2. Aufl., New York, Oxford

Merkley, Paul C. 1998: The Politics of Christian Zionism 1891–1948. London, Portland

Metzer, Jacob 1998: The Divided Economy of Mandatory Palestine. Cambridge

Miller, Patrick D./Hanson, Paul D./McBride, S. Dean (Hg.) 1987: Ancient Israelite Religion. Essays in Honor of Frank Moore Cross. Philadelphia

Miller, Ylana N. 1985: Government and Society in Rural Palestine 1920–1948. Austin

Mogannam, Matiel 1937: The Arab Woman and the Palestine Problem. London

Monk, Daniel B. 2002: An Aesthetic Occupation. The Immediacy of Architecture and the Palestine Conflict. Durham, London

Moors, Annelies 1995: Women, Property, and Islam. Palestinian Experiences, 1920–1990. Cambridge

Morris, Benny 1987: The Birth of the Palestinian Refugee Problem, 1947–1949. Cambridge u. a.

Morris, Benny 2001: Revisiting the Palestinian exodus of 1948, in: Rogan/Shlaim (Hg.), The War for Palestine: 37–59

Morris, Benny 2003: The Road to Jerusalem. Glubb Pasha, Palestine and the Jews. London, New York

Morris, Benny 2004: The Birth of the Palestine Refugee Problem Revisited. Cambridge

Mossek, M. 1978: Palestine Immigration Policy under Sir Herbert Samuel. British, Zionist and Arab Attitudes. London

Munayyir, Isbir 1997: Al-Lidd fi 'ahday al-intidab wal-ihtilal. Beirut

Muslih, Muhammad Y. 1988: The Origins of Palestinian Nationalism. New York

Nadan, Amos 2006: The Palestinian Peasant Economy under the Mandate. A Story of Colonial Bungling. Cambridge, London

Nafi, Basheer 1997: Shaykh 'Izz al-Din al-Qassam. A Reformist and a Rebel Leader, in: *Journal of Islamic Studies* 8: 185–215

Nafi, Basheer M. 1998: Arabism, Islamism and the Palestine Question 1908–1941. A Political History. Reading

Al-Najjar, 'A'ida 2005: Sihafat filastin wal-haraka al-wataniyya fi nisf qarn, 1900–1948. Beirut

Naor, Mordecai 1998: Eretz Israel. Das Zwanzigste Jahrhundert. Köln

von Naredi-Rainer, Paul 1994: Salomos Tempel und das Abendland. Monumentale Folgen historischer Irrtümer. Köln

Nashashibi, Nasser Eddin 1990: Jerusalem's Other Voice. Ragheb Nashashibi and Moderation in Palestinian Politics, 1920–1948. Exeter

Nazzal, Nafez Y. und Laila A. 1997: Historical Dictionary of Palestine. Lanham, London

Nebenzahl, Kenneth 1995: Atlas zum Heiligen Land. Karten der Terra Sancta durch zwei Jahrtausende. Stuttgart

Neuwirth, Angelika 1993: Erste Qibla – Fernstes Masdschid? Jerusalem im Horizont des historischen Muhammad, in: F. Hahn u. a. (Hg.): Zion – Ort der Begegnung. Festschrift für L. Klein zur Vollendung des 65. Lebensjahres. Bodenheim: 227–270

Neuwirth, Angelika 1996: Jerusalem – Ein Ort auch islamischer Erinnerung, in: Budde/Nachama (Hg.), Die Reise nach Jerusalem: 24–31

Nicosia, Francis 1985: The Third Reich and the Palestine Question. Austin

Al-Nimr, Ihsan 1961–1975: Tarikh Jabal Nablus wal-Balqa'. 4 Bde., Nablus

Nir, Yehoshua 1985: The Bible and the Image. The History of Photography in the Holy Land, 1839–1899. Philadelphia

Norton, John 1997: Faith and Fashion in Turkey, in: Lindisfarne-Tapper/Ingham (Hg.), Languages of Dress in the Middle East: 147–177

al-Nuʿaimi, Ahmad Nuri 1998: Al-yahud fi l-daula al-ʿuthmaniyya. 2. Aufl., Jerusalem, Amman

al-Osta, Adel 1993: Die Juden in der palästinensischen Literatur zwischen 1913 und 1987. Berlin

Owen, Roger 1981: The Middle East in the World Economy, 1800–1914. London, New York

Owen, Roger (Hg.) 1982: Studies in the Economic and Social History of Palestine in the Nineteenth and Twentieth Centuries. Carbondale, Edwardsville

Owen, Roger (Hg.) 2000: New Perspectives on Property and Land in the Middle East. Cambridge, Mass., London

Panzac, Daniel 1985: La Peste dans l'Empire ottoman. Louvain

Pappé, Ilan 2004: A History of Modern Palestine. One Land, Two Peoples. Cambridge

Pappe, Ilan 2006: The Ethnic Cleansing of Palestine. London, Oxford

Pappé, Ilan 2010: The Rise and Fall of a Palestinian Dynasty. The Husaynis, 1700–1948. London

Parfitt, Tudor 1987: The Jews in Palestine 1800–1882. Woodbridge, Wolfeboro

Parry, V. J./Yapp, Malcolm E. (Hg.) 1975: War, Technology, and Society in the Middle East. London

Parsons, Laila 2000: The Druze and the birth of Israel, in: Rogan/Shlaim (Hg.), The War for Palestine: 60–78

Perlitt, Lothar 1983: Motive und Schichten der Landtheologie im Deuteronomium, in: Strecker (Hg.), Das Land Israel in biblischer Zeit: 46–58

Petermann, Heinrich 1976: Reisen im Orient 1852–1855. Neudruck der Zweiten Ausgabe Leipzig 1865, Amsterdam

Peters, F. E. 1987: Jerusalem and Mecca. The Typology of the Holy City in the Near East. New York

Peters, Rudolph 1996: Jihad in Classical and Modern Islam. Princeton

Philipp, Thomas 1998: Highways and Sea Lanes in Southwest Syria in the 18th Century, in: ders./Schaebler (Hg.), The Syrian Land: 3–18

Philipp, Thomas 2001: Acre. The Rise and Fall of a Palestinian City, 1730–1831. New York

Philipp, Thomas (Hg.) 1992: The Syrian Land in the Eighteenth and Nineteenth Century. Stuttgart

Philipp, Thomas/Schaebler, Birgit (Hg.) 1998: The Syrian Land. Processes of Integration and Fragmentation. Bilad Al-Sham from the 18th to the 20th Century. Stuttgart

Pierotti, Ermete 1864: Customs and Traditions of Palestine Illustrating the Manners of the Ancient Hebrews. Cambridge, London

Poorthuis, Marcel/Safrai, Chana (Hg.) 1996: The Centrality of Jerusalem. Historical Perspectives. Kampen

Porath, Yehoshua 1974: The Emergence of the Palestinian Arab National Movement, 1918–1929. London

Porath, Yehoshua 1977: The Palestinian Arab National Movement: From Riots to Rebellion. London

Provence, Michael 2005: The Great Syrian Revolt and the Rise of Arab Nationalism. Austin

Al-Qattan, Najwa 2004: *Safarbarlik*. Ottoman Syria and the Great War, in: Thomas Philipp und Christoph Schumann (Hg.), From the Syrian Land to the States of Syria and Lebanon. Beirut, Würzburg: 163–173

Quataert, Donald 1997: Clothing Laws, State, and Society in the Ottoman Empire, 1720–1829, in: *International Journal of Middle East Studies* 29: 403–425

Al-Qudat, Ahmad Hamid 2007: Nasara al-quds. Dirasa fi dau' al-watha'iq al-ʿuthmaniyya. Beirut

Raby, Julian/Johns, Jeremy (Hg.) 1992: Bayt al-Maqdis. ʿAbd al-Malik's Jerusalem. Teil I, Oxford

Al-Radiʿi, Yusuf Rajab 1982: Thaurat 1936 fi filastin. Dirasa ʿaskariyya. Beirut

Rasmussen, Carl G. 2000: Historisch-Geografischer Atlas zur Bibel. 2. Aufl., Holzgerlingen

Redford, Donald P. 1992: Egypt, Canaan, and Israel in Ancient Times. Princeton

Reinkowski, Maurus 1995: Filastin, Filistin und Eretz Israel. Die späte osmanische Herrschaft über Palästina in der arabischen, türkischen und israelischen Historiographie. Berlin

Reiter, Yitzhak 1996: Islamic Endowments in Jerusalem Under British Mandate. London, Portland

Röhricht, Reinhold 1890: Bibliotheca Geographica Palaestinae: Chronologisches Verzeichnis der auf die Geographie des Heiligen Landes bezüglichen Literatur von 333 bis 1878 und der Versuch einer Kartographie. Berlin (Nachdruck London 1989)

Rogan, Eugene L./Shlaim, Avi (Hg.) 2001: The War for Palestine. Rewriting the History of 1948. Cambridge

Rood, Judith Mendelsohn 2004: Sacred Law in the Holy City. The Khedival Challenge to the Ottomans as seen from Jerusalem, 1829–1841. Leiden, Boston

Rosovsky, Nitza (Hg.) 1996: City of the Great King. Jerusalem from David to the Present. Cambridge

Rubin, Rehav 1999: Image and Reality. Jerusalem in Maps and Views. Jerusalem

Ruppin, Arthur 1920 (1917): Syrien als Wirtschaftsgebiet. 2. Aufl., Berlin, Wien

Safi, Khaled 2004: The Egyptian Rule in Palestine 1831–1840. A Critical Reassessment. Berlin

Safi, Khalid Muhammad 2005: Hakim al-Jalil fi l-qarn al-thamin ʿashar. Zahir al-ʿUmar al-Zaidani (1689–1775 m). Gaza

Safrai, Shmuel 1983: The Land of Israel in Tannaitic Halacha, in: Strecker (Hg.), Das Land Israel in biblischer Zeit: 201–215

Sakakini, Hala 1987: Jerusalem and I. A Personal Record. Jerusalem

Al-Sakakini, Khalid 2003 und 2004: Yaumiyyat Khalil al-Sakakini, hg. von Akram Musallam. Ramallah

Salih, Muhsin Muhammad 1989: Al-tayyar al-islami fi filastin wa-atharuhu fi harakat al-jihad, 1917–1948. 2. Aufl., Kuwait

Schaebler, Birgit 2000: Practicing Musha': Common Lands and the Common Good in Southern Syria under the Ottomans and the French, in: Owen (Hg.), New Perspectives on Property and Land in the Middle East: 241–311

Schäfer, Peter 1981: Der Bar-Kokhba-Aufstand. Studien zum zweiten jüdischen Krieg gegen Rom. Tübingen

Schatkowski Schilcher, Linda 1992: The Famine of 1915–1918 in Greater Syria, in: John P. Spagnolo (Hg.): Problems of the Modern Middle East in Historical Perspective. Essays in Honour of Albert Hourani. Oxford, Reading: 227–258

Scheben, Thomas 1991: Verwaltungsreformen der frühen Tanzimatzeit. Gesetze, Maßnahmen, Auswirkungen. Frankfurt a.M. u.a.

Schleifer, S. Abdullah 1979: The Life and Thought of 'Izz-id-Din al-Qassam, in: The Islamic Quarterly 23: 61–81

Schlör, Joachim 1999: Tel Aviv. Vom Traum zur Stadt. Gerlingen

Schmelz, Usiel O. 1975: Some Demographic Peculiarities of the Jews of Jerusalem in the Nineteenth Century, in: Ma'oz (Hg.), Studies on Palestine During the Ottoman Period: 119–141

Schmelz, Usiel O. 1990: Population characteristics of Jerusalem and Hebron regions according to Ottoman census of 1905, in: Gilbar (Hg.), Ottoman Palestine 1800–1914: 15–67

Schölch, Alexander 1985: The Demographic Development of Palestine, 1850–1882, in: International Journal of Middle East Studies 17: 485–505

Schölch, Alexander 1986: Palästina im Umbruch 1856–1882. Untersuchungen zur wirtschaftlichen und sozio-politischen Entwicklung. Berlin

Schoeps, Julius H./Schlör, Joachim (Hg.) o.J.: Antisemitismus. Vorurteile und Mythen. Frankfurt a.M.

Segev, Tom 2000: One Palestine, Complete. Jews and Arabs Under the British Mandate. New York

Seikaly, May 1998: Haifa. Transformation of an Arab Society, 1918–1939. London, New York

Seguy, Marie-Rose (Hg.) 1977: Muhammads wunderbare Reise durch Himmel und Hölle. München

Shabib, Samih 1988: Hukumat 'umum filastin. Muqaddimat wa-nata'ij. Nicosia

Shafir, Gershon 1989: Land, Labor and the Origins of the Israeli-Palestinian Conflict 1882–1914. Cambridge

Shama, Simon 1995: Landscape and Memory. New York

Shamir, Ronen 2000: The Colonies of Law. Colonialism, Zionism and Law in Early Mandate Palestine. Cambridge

Shapira, Anita 1992: Land and Power. The Zionist Resort to Force, 1881–1948. Stanford

Shaw, Stanford J. 1975: The Nineteenth-Century Ottoman Tax Reforms and Revenue System, in: International Journal of Middle East Studies 6: 421–459

Shaw, Stanford J. 1978: The Ottoman Census System and Population, 1831–1914, in: *International Journal of Middle East Studies* 9: 325–338

Sherman, A. J. 1997: Mandate Days. British Lives in Palestine 1918–1948. Baltimore, London

Shilony, Zvi 1998: Ideology and Settlement. The Jewish National Fund, 1897–1914. Jerusalem

Shimoni, Gideon 1995: The Zionist Ideology. Hanover, London

Silverstein, Neil Asher 1989: Between Past and Present. Archeology, Ideology, and Nationalism in the Modern Middle East. New York

Shlaim, Avi 1990: The Politics of Partition. King Abdullah, the Zionists and Palestine, 1921–1951. Oxford

Shlaim, Avi 2001: Israel and the Arab coalition in 1948, in: Rogan/Shlaim (Hg.), The War for Palestine: 79–103

Singer, Amy 1994: Palestinian Peasants and Ottoman Officials. Rural Administration around Sixteenth-century Jerusalem. Cambridge

Sivan, Emmanuel 1995: Mythes politiques arabes. Paris

Slyomovics, Susan 1998: The Object of Memory. Arab and Jew Narrate the Palestinian Village. Philadelphia

Smend, Rudolf 1995: Moses als geschichtliche Gestalt, in: *Historische Zeitschrift* 260: 1–19

Smith, Charles D. 1996: Palestine and the Arab-Israeli Conflict. 3. Aufl. New York

Socin, A. 1879: Alphabetisches Verzeichnis der Ortschaften des Paschalik Jerusalem, in: *Zeitschrift des deutschen Palästina-Vereins* 2: 135–163

Somel, Selçuk Akşin 2001: The Modernization of Public Education in the Ottoman Empire 1839–1908. Islamization, Autocracy and Discipline. Leiden u. a.

Spyridon, S. N. (Hg.) 1938: Annals of Palestine, 1821–1841. Jerusalem

Stanislawski, Michael 1999: Vom Jugendstil zum «Judenstil»? Universalismus und Nationalismus im Werk Ephraim Moses Liliens, in: Michael Brenner/Yfaat Weiss (Hg.): Zionistische Utopie – israelische Realität. Religion und Nation in Israel. München: 68–101

Stavrou, Theofanis G./Weisensel, Peter R. 1986: Russian Travelers to the Christian East from the Twelfth to the Twentieth Century. Columbus

Stein, Kenneth W. 1984: The Land Question in Palestine, 1917–1939. Chapel Hill, London

Stein, Leonard 1961: The Balfour Declaration. London

Stemberger, Günter 1987: Juden und Christen im Heiligen Land. Palästina unter Konstantin und Theodosius. München

Steppat, Fritz 1974: Ein «Contrat Social» in einer palästinensischen Stadt 1854, in: *Die Welt des Islams* 15: 233–246

Steppat, Fritz 1985: Das Jahr 1933 und seine Folgen für die arabischen Länder des Vorderen Orients, in: Gerhard Schulz (Hg.): Die Große Krise der Dreißiger Jahre. Vom Niedergang der Weltwirtschaft zum Zweiten Weltkrieg. Göttingen: 261–278

Stillman, Y. K. 1979: Palestinian Costume and Jewelry. Santa Fe

Storrs, Ronald 1945: Orientations. London

Stoyanovsky, Jacob 1928: The Mandate for Palestine. London u. a.

Strecker, Georg (Hg.) 1983: Das Land Israel in biblischer Zeit. Jerusalem-Symposium 1981 der Hebräischen Universität und der Georg-August-Universität. Göttingen

Sufian, Sandra M. 2007: Healing the Land and the Nation. Malaria and the Zionist Project in Palestine, 1920–1947. Chicago, London

A Survey of Palestine 1946: Prepared in December 1945 and January 1946 for the Information of the Anglo-American Committee of Inquiry. 2 Bde., Jerusalem

Swedenburg, Ted 1988: The Role of the Palestinian Peasantry in the Great Revolt (1936–1939), in: Edmund Burke, III/Ira M.Lapidus (Hg.): Islam, Politics, and Social Movements. Berkeley: 169–203

Swedenburg, Ted 1995: Memories of Revolt. The 1936–1939 Rebellion and the Palestinian National Past. Minneapolis, London

Tahbub, Faʾiq Hamadi 1982: Al-haraka al-ʿummaliyya wal-niqabiyya fi filastin 1920–1948. Kuwait

Talmon, Shemaryahu 1970: Die Bedeutung Jerusalems in der Bibel, in: Eckert u. a. (Hg.), Jüdisches Volk – gelobtes Land: 135–152

Tamari, Salim (Hg.) 1999: Jerusalem 1948. The Arab Neighbourhoods and Their Fate in the War. Jerusalem, Bethlehem

Tamari, Salim/Nassar, ʿIssam (Hg.) o.J.: Al-quds al-ʿuthmaniyya fi mudhakkirat al-Jauhariyya. 2 Bde., Beirut

Tauber, Eliezer 1993: The Emergence of the Arab Movements. London

Tegart Papers 1938: Terrorism 1936–37. o.O.

Tergit, Gabriele 1996: Im Schnellzug nach Haifa, hg. von Jens Brüning. Berlin

Al-Thaʿalibi, ʿAbd al-ʿAziz 1988: Khalfiyyat al-muʾtamar al-islami bil-quds 1350h – 1931m. Beirut

Thoma, Clemens 1970: Das Land Israel in der rabbinischen Tradition, in: Eckert u. a. (Hg.): Jüdisches Volk – gelobtes Land: 37–51

Thompson, Elizabeth 2000: Colonial Citizens. Republican Rights, Paternal Privilege, and Gender in French Syria and Lebanon. New York

Thomson, W.M. 1985: The Land and the Book; or, Biblical Illustrations Drawn from the Manners and Customs, the Scenes and Scenery of the Holy Land. Nachdruck, London (1877)

Tibawi, A. L. 1956: Arab Education in Mandatory Palestine. A Study of Three Decades of British Administration. London

Tsimhoni, Daphne 1978: The Arab Christians and the Palestinian Arab National Movement During the Formative Stage, in: Gabriel Ben-Dor (Hg.), The Palestinians and the Middle East Conflict. Ramat Gan: 73–98

Tucker, Judith 1998: In the House of the Law: Gender and Islamic Law in Ottoman Syria and Palestine. Berkeley

Tübinger Atlas des Vorderen Orients (TAVO)/Tübingen Atlas of the Near and Middle East (1877–1994). Wiesbaden

Tütüncü, Mehmet 2006: Turkish Jerusalem (1516–1917). Ottoman Inscriptions from Jerusalem and Other Palestinian Cities. Haarlem

van den Boogert, Maurits H. 2005: The Capitulations and the Ottoman Legal System. Qadis, Consuls and Beratlis in the 18th Century. Leiden, Boston

Vashitz, Joseph 1983: *Dhawat* and *'Isamiyyun*. Two Groups of Arab Community Leaders in Haifa during the British Mandate, in: *Asian and African Studies* 17: 95–120

Verdery, Richard N. 1971: Arab «Disturbances» and the Commissions of Inquiry, in: Ibrahim Abu-Lughod (Hg.): The Transformation of Palestine. Evanston: 275–303

Vereté, Mayir 1992: From Palmerston to Balfour. Collected Essays of Mayir Vereté. London

Vester, Bertha Spafford 1988: Our Jerusalem. An American Family in the Holy City 1881–1949. Jerusalem

Völger, Gisela/v. Welck, Karin/Hackstein, Katharina (Hg.) 1987: Pracht und Geheimnis. Kleidung und Schmuck aus Palästina und Jordanien. Köln

Wagner, Andreas 2002: Die Juden Hebrons von der Lokalgesellschaft zur «Nationalen Heimstätte» (1904–1938). Berlin

Walker, Peter 1990: Holy City, Holy Places? Christian Attitudes to Jerusalem and the Holy Land in the Fourth Century. Oxford

Wasserstein, Bernard 1978: The British in Palestine. The Mandatory Government and the Arab-Jewish Conflict 1917–1929. London

Weinfeld, Moshe 1983: Zion and Jerusalem as Religious and Political Capital: Ideology and Utopia, in: R. E. Friedman (Hg.): The Poet and the Historian. Essays in Literary and Historical Biblical Criticism. Chico: 75–115

Weinfeld, Moshe 1993: The Promise of the Land. The Inheritance of the Land of Canaan by the Israelites. Berkeley u. a.

Weinstein, James M. 1981: The Egyptian Empire in Palestine: A Reassessment, in: *Bulletin of the American Schools of Oriental Research* 241: 1–28

Wharton, Annabel Jane 2006: Selling Jerusalem. Relics, Replicas, Theme Parks. Chicago, London

Whitelam, Keith W. 1996: The Invention of Ancient Israel. The Silencing of Palestinian History. London, New York

Whiting, John D. 1914: Village Life in the Holy Land, in: *The National Geographic Magazine* 25: 249–314

Wild, Stefan 1985: National Socialism in the Arab Near East Between 1933 and 1939, in: *Die Welt des Islams* 25: 126–175

Wild, Stefan 2002: Die arabische Rezeption der «Protokolle der Weisen von Zion», in: Rainer Brunner u. a. (Hg.), Islamstudien ohne Ende. Festschrift für Werner Ende zum 65. Geburtstag. Würzburg: 517–528

Wildangel, Rene 2008: Zwischen Achse und Mandatsmacht. Palästina und der Nationalsozialismus. Berlin

Wilson, Mary C. 1987: King Abdullah, Britain and the Making of Jordan. Cambridge

Wulf, Stefan 2005: Jerusalem-Aleppo-Konstantinopel. Der Hamburger Tropenmediziner Peter Mühlens im Osmanischen Reich am Vorabend und zu Beginn des Ersten Weltkriegs. Hamburg

Yazbak, Mahmoud 1997: Nabulsi Ulama in the Late Ottoman Period, 1864–1914, in: *International Journal of Middle East Studies* 29: 71–91

Yazbak, Mahmoud 1998: Haifa in the Late Ottoman Period, 1864–1914. A Muslim Town in Transition. Leiden u. a.

Young, George 1905–1906: Corps de droit ottoman. 7 Bde. Oxford

Ze'evi, Dror 1996: An Ottoman Century. The District of Jerusalem in the 1660s. Albany

Zerubavel, Yael 1995: Recovered Roots: Collective Memory and the Making of Israeli National Tradition. Chicago, London

Zu'aitir, Akram 1980: Al-haraka al-wataniyya al-filastiniyya, 1935–1939: yaumiyyat Akram Zu'aitir. Beirut

Zürcher, Erik J. 1999: The Ottoman Conscription System in Theory and Practice, 1844–1918, in: ders. (Hg.), Arming the State. Military Conscription in the Middle East and Central Asia 1775–1925. London, New York: 79–94

Zeittafel

Um 1000 v. Chr.	Israelitisches Reich unter David und Salomo; Bau des Tempels.
598–539 v. Chr.	«Babylonische Gefangenschaft»; Zerstörung des (Ersten) Tempels.
um 515 v. Chr.	Weihe des sog. Zweiten Tempels.
332 v. Chr.	Eroberung durch Alexander d. Gr.
286–200 v. Chr.	Ptolemäische Oberhoheit.
200–167 v. Chr.	Seleukidische Oberhoheit.
167/66 v. Chr.	Jüdischer Aufstand unter Führung der Makkabäer.
140–63 v. Chr.	Autonomie unter der Dynastie der Makkabäer (Hasmonäer).
63 v. Chr.	Römische Eroberung unter Pompeius.
37–4 v. Chr.	Herodes d. Gr.; Erneuerung und Erweiterung des Zweiten Tempels.
66–70	Jüdischer Aufstand (sog. Zeloten-Aufstand).
70	Zerstörung Jerusalems und des Tempels durch die Römer.
73	Masada (?).
132–135	Bar-Kochba-Aufstand.
335	Weihe der Grabeskirche in Jerusalem.
636–638	Muslimische Eroberung.
691/92	Bau des Felsendoms.
1099	Eroberung durch die Kreuzfahrer.
1187	Schlacht von Hittin, muslimischer Sieg unter Saladin.
1187–1516	Oberhoheit der Ayyubiden und Mamluken.

Osmanische Herrschaft

1516/17	Osmanische Eroberung.
ca. 1750–1775	Zahir al-Umar lokaler Machthaber in Galiläa und Libanon.
1775–1804	Ahmad al-Jazzar lokaler Machthaber in Galiläa und Libanon.
1798	Französische Invasion unter Napoleon Bonaparte.
1831–1840	Ägyptische Besatzung.
1838	Anglo-osmanisches Freihandelsabkommen; Eröffnung eines britischen Konsulats in Jerusalem.
1839	Hatt-i şerif von Gülhane; Beginn der Tanzimat-Reformära.
1856	Hatt-i hümayun.
1858	Osmanisches Bodengesetz.
1876	Osmanische Verfassung; Einberufung eines Parlaments, das 1878 von Sultan Abdülhamid suspendiert wird; Beginn der hamidischen Ära.

1882	Beginn der zionistischen Einwanderung (Erste Aliya, 1882–1903/04).
1896	Herzls Schrift «Der Judenstaat».
1897	Erster Zionistischer Kongreß in Basel.
1907/08	Eröffnung des Palästina-Amts der Zionistischen Organisation in Jaffa.
1908	Jungtürkische Revolution; Wiedereinsetzung von Parlament und Verfassung.
Nov. 1914	Kriegseintritt des Osmanischen Reichs an der Seite des Deutschen Reichs und Österreich-Ungarns; einseitige Aufhebung der Kapitulationen.
1915–1916	Husain-McMahon-Korrespondenz.
Mai 1916	Sykes-Picot-Abkommen.
Juni 1916	Der Emir von Mekka proklamiert den Arabischen Aufstand.
2.11.1917	Balfour-Erklärung.

Britische Herrschaft

1917/18	Britische Eroberung; Einrichtung einer alliierten Militärverwaltung.
5.10.1918	Arabische Regierung unter Emir Faisal b. al-Husain in Damaskus.
30.10.1918	Kapitulation des Osmanischen Reichs; Waffenstillstand von Mudros.
Jan. 1919	Faisal-Weizmann-Abkommen; Beginn der Pariser Friedenskonferenz.
Juni 1919	King-Crane-Kommission in Palästina.
8.3.1920	Faisal zum König von Syrien ausgerufen.
April 1920	Konferenz von San Remo; Unruhen beim Nabi-Musa-Fest.
1.7.1920	Britische Zivilverwaltung unter Sir Herbert Samuel.
24.7.1920	Schlacht von Maisalun; Ende des Arabischen Staats in Syrien.
Dez. 1920	Gründung der Histadrut.
Mai 1921	Maiunruhen.
Jan. 1922	Einsetzung eines Obersten Muslimischen Rats unter dem Mufti von Jerusalem.
Sept. 1922	Abtrennung Transjordaniens vom Mandatsgebiet Palästina.
29.9.1923	Britisches Mandat offiziell in Kraft.
1925	Eröffnung der Hebräischen Universität in Jerusalem und des Technions in Haifa.
Sept. 1928	Zusammenstöße an der Klagemauer.
Aug. 1929	Schwere Unruhen; die jüdische Gemeinde von Hebron wird evakuiert.
1929	Bildung der erweiterten Jewish Agency.
März 1930	Shaw-Bericht.

Aug. 1930	Hope-Simpson-Bericht.
Okt. 1930	Passfield-Weißbuch.
Febr. 1931	«Schwarzer Brief» des britischen Premiers MacDonald.
Dez. 1931	Muslimischer Kongreß in Jerusalem.
Nov. 1935	Tod Izz al-Din al-Qassams.
April 1936	Beginn des arabischen Aufstands.
Juli 1937	Teilungsplan der Peel-Kommission.
Sept. 1937	Amtsenthebung und Flucht des Muftis.
Febr. – März 1939	St. James-Konferenz in London.
Mai 1939	MacDonald-Weißbuch.
Mai 1942	Biltmore-Programm.
Nov. 1944	Ermordung Lord Moynes durch die Lehi-Gruppe.
März 1945	Gründung der Arabischen Liga.
Nov. 1945 – April 1946	Anglo-Amerikanische Untersuchungskommission.
Juli 1946	Attentat von Irgun auf das Jerusalemer King-David-Hotel.
Juli 1947	Untergang des Flüchtlingsschiffs Exodus 47.
Sept. 1947	Teilungsplan der UNSCOP-Kommission veröffentlicht.
Nov. 1947	UNO-Resolution 181: Teilung des Mandatsgebiets.
Frühjahr 1948	Erste Einheiten der Arabischen Befreiungsarmee entsandt; Beginn der arabischen Fluchtbewegung.
April 1948	Plan «D» der Hagana.
9.4.1948	Massaker von Dair Yasin.
14./15.5.1948	Ende des britischen Mandats; Gründung des Staates Israel; Einmarsch der arabischen Armeen: erster arabisch-israelischer Krieg.
Sept. 1948	Bildung einer arabischen All-Palästina-Regierung; Ermordung des UNO-Vermittlers Graf Folke Bernadotte durch Lehi.
Frühjahr 1949	Waffenstillstandsverhandlungen auf Rhodos; bis Juli Unterzeichnung separater Waffenstillstandsabkommen mit Ägypten, Jordanien, Libanon und Syrien; Knesset-Wahlen; Chaim Weizmann Präsident, David Ben-Gurion Ministerpräsident Israels.

Glossar

Aliya (hebr. ʿ*aliya*, Pl. ʿ*aliyot*): jüdische Einwanderung nach Eretz Israel/ Palästina.

auqaf (arab. Pl.): fromme Stiftungen; s. Waqf.

aʿyan (arab. Pl.): Notabeln.

Azhar: islam. Universität und Moschee in Kairo; eines der bedeutendsten Zentren sunnitischer Gelehrsamkeit.

bilad al-sham (arab.): wörtl. Land Syrien; sog. historisches Syrien.

Buraq (arab.): Reittier des Propheten Muhammad bei seiner «Nachtreise» nach Jerusalem; auch arab. Bezeichnung für die Klagemauer (*al-buraq al-sharif*).

cash crops: (ausschließlich) für den Export bestimmte landwirtschaftliche Erzeugnisse.

Dhimmi (arab.): wörtl. Schutzbefohlener; nichtmuslimischer Untertan einer muslimischen Obrigkeit.

Dunam: osman. Flächenmaß (knapp 1000 m²); häufig auch Dunum.

Eretz Israel (hebr., korrekt *eretz yisrael*): Land Israel.

Fatwa (arab.): (islamisches) Rechtsgutachten.

Fellache (von arab. *fallah*): (arabischer) Bauer.

Hagana (hebr.): wörtl. Schutz, Verteidigung; jüdische Schutz- und Militärkräfte.

Hajj (arab.): Pilgerfahrt nach Mekka und Medina.

Halakha (hebr.): (jüdisches) Gesetz.

Halukka (hebr.): Spendensammlung für die jüdischen Bewohner Eretz Israels/ Palästinas.

hane (osman.): wörtl. Herd, Haushalt (fiskalische Einheit).

Haram (arab. meist *al-haram al-sharif*): der «heilige Bezirk» auf dem Jerusalemer Tempelberg mit Felsendom und Aqsa-Moschee.

Haskala (hebr.): jüdische Aufklärung.

Hijra (arab.): Übersiedlung Muhammads von Mekka nach Medina im Jahr 622; Beginn der islamischen Zeitrechnung.

Histadrut (hebr. Akronym): Allgemeiner Jüdischer Gewerkschaftsverband.

Hohe Pforte: Kurzbezeichnung für die osmanische Zentralregierung in Istanbul.

Hoveve(i) Zion (hebr. Zionsfreunde): zionistische Auswanderungs- und Siedlungsvereine.

iltizam (arab., osman.): Steuerpacht.

Janitscharen (von osman. *yeni çeri*, neues Heer): osmanische Infanterieeinheiten.

Jihad (arab.): Einsatz für die Sache Gottes, heiliger Kampf oder Krieg; im 20. Jahrhundert häufig auch für den nationalen Befreiungskampf verwendet.

Jizya (arab.): von nichtmuslimischen Untertanen (Dhimmis) zu entrichtende Kopfsteuer.

Kadi (arab. *qadi*): Scharia-Richter.

Kapitulationen: ursprünglich Handels- und Schutzverträge zwischen muslimischen und nichtmuslimischen Herrschern; im 18. und 19. Jahrhundert

Grundlage fiskalischer und rechtlicher Privilegien europäischer Staatsangehöriger und Protegés auf osmanischem Staatsgebiet, die ihnen de facto einen exterritorialen Status sicherten.

Kufiyya (arab.): männliche Kopfbedeckung.

Madrasa (arab., türk. Medrese): islamische religiöse Hochschule.

mahlul (arab., osman.): über eine bestimmte Frist (meist drei Jahre) hinaus nicht kultiviertes Land, das an den Staat zurückfällt.

malikane (osman.): lebenslange Steuerpacht.

Mamluk (arab.): freigelassener weißer Militärsklave.

maqam (arab.): Heiligenschrein.

maulid (arab., auch *mulid*, *mausim*): Fest zu Ehren eines Heiligen.

mawat (arab.; osman. *mevat*): nicht kultiviertes Öd- und Brachland.

Millet (osman.; arab. *milla*): Gemeinschaft, insbes. Religionsgemeinschaft; Fachbegriff für die mit begrenzter Rechtsautonomie ausgestatteten nichtmuslimischen Gemeinschaften im Osmanischen Reich.

miri (osman.): Staatsland.

moshav (hebr.): jüdische Siedlung, bes. auf kooperativer Basis.

Mufti (arab.): Rechtsgutachter.

mulk (osman.; korrekt arab. *milk*): Privateigentum, hier: an Grund und Boden.

musha' (arab.): kommunitäres Besitz- und Bewirtschaftungsverhältnis, das die periodische Umverteilung von Land innerhalb einer Dorfgemeinschaft beinhaltet.

Nahda (arab.): wörtl. Wiedererwachen, Renaissance; arabische Erneuerungsbewegung des späten 19. Jahrhunderts.

Olim (hebr. Pl., abgeleitet von '*aliya*): wörtl. Aufsteiger; jüdische Einwanderer nach Eretz Israel/Palästina.

Pogrom: Judenverfolgung, vom Staat geduldetes oder initiiertes Massaker.

qanun (arab., von latein. *canon*; osman. *kanun*): obrigkeitliche Satzung, staatliches Gesetz.

qibla (arab.): Gebetsrichtung nach Mekka.

Sanjak (osman. *sanjaq*): wörtl. Fahne; osmanischer Verwaltungsbezirk, Distrikt, Unterprovinz.

Salafiyya (arab.): abgeleitet von arab. *al-salaf al-salih*, die «frommen Altvorderen»; islamische Reformbewegung der Wende vom 19. zum 20. Jahrhundert.

Scharia (arab.): islamische Rechts- und Werteordnung, islamisches Gesetz.

Shomer (hebr.): wörtl. Wächter; jüdischer Wachbund in Palästina.

Sipahi(s) (osman.): osmanische Reiter(truppen).

Sufi (arab.): abgeleitet von arab. *suf*, Wolle: islamischer Mystiker.

Sunna (arab.): Überlieferung von den normativen Aussagen und Handlungen des Propheten Muhammad, auch Prophetentradition.

Tanzimat (osman.): wörtl. Anordnungen, Regelungen; Fachbegriff für die osmanischen Reformen der Jahre 1839–1878.

Tarbusch (auch Fez): männliche Kopfbedeckung.

timar (osman.): Präbende, häufig nicht ganz korrekt als «Militärlehen» wiedergegeben.

Ulama (arab. Pl., korrekt '*ulama'*): muslimische Religions- und Rechtsgelehrte.

Vaad Leumi (hebr. *vaʿad leʾumi*): «Nationalrat»; politische Vertretung des jü-
 dischen Yishuv
Vilayet (osman.): osmanische Provinz.
Wali (arab.; osman. *vali*): osman. Gouverneur.
Waqf (arab., Pl. *auqaf*): fromme Stiftung.
Yishuv (hebr.): jüdische Einwohner von Eretz Israel/Palästina.

Personen- und Ortsregister

Abd al-Hadi-Familie 119f
Abd al-Hadi, Auni 150, 297f, 359,
   409 (Anm. 27)
Abd al-Hadi, Fakhri 320
Abd al-Hadi, Husain 84
Abdallah b. al-Husain (Emir von
   Transjordanien, König von Jorda-
   nien) 192, 261, 322f, 329, 334, 347,
   360f, 365, 367, 369, 371, 375, 394
   (Anm. 5), 395 (Anm. 11), 411
   (Anm. 18)
Abdallah b. al-Zubair (Kalif) 48
Abdallah Pascha 81
Abd al-Malik b. Marwan (Kalif) 48f,
   383 (Anm. 32)
Abd al-Raziq, Arif 332
Abduh, Muhammad 256, 301
Abdülhamid II. (osmanischer Sultan)
   90, 144, 149, 435
Abraham 16–18, 30, 35, 46f, 51, 378
   (Anm. 9), 379 (Anm. 2), 381
   (Anm. 13), 385 (Anm. 26)
Abu Durra, Yusuf Sa'id 332
Abu l-Dhahab, Muhammad 77
Aden 168, 171, 214
Afula 109, 134, 391 (Anm. 17)
Ahad ha-'Am (Ascher Ginsberg) 230
Ahuzat Bayyit s. Tel Aviv
Akiba (Rabbi) 25
Akko 27, 57, 62f, 72, 79–83, 89, 103,
   109f, 116, 144, 160, 175, 183, 219,
   240, 339, 367, 385 (Anm. 21), 387
   (Anm. 51), 411 (Anm. 23)
Aleppo 61, 172f, 175, 181, 190, 240,
   397 (Anm. 26)
Alexander d. Große 23
Alexandria 23, 120, 348, 359
Ali al-Kabir (Mamlukenbey) 77, 79
Ali, Shaukat 275
Alkalai, Jehuda 123, 129
Allenby, Sir Edmund 180f, 186
Allon, Yigal 347
Ambrosius 41
Andrews, Lewis 330

Antiochos IV. Epiphanes (seleuki-
   discher Herrscher) 23
Aqaba 183, 378 (Anm. 13)
Arculf (Bischof) 43, 47
Arlosoroff, Chaim 280, 407
   (Anm. 5)
Arslan, Shakib 275
Atatürk, Kemal 146, 237, 334, 402
   (Anm. 25)
al-Atrash, Sultan 333
Attlee, Clement 355
Augustinus 41

Babylon 23f, 32, 35, 37, 42, 381
   (Anm. 13)
Bagdad 61, 125, 148, 169, 175f, 213,
   309, 346, 412 (Anm. 36)
Baisan 219, 240, 242, 286, 291, 362,
   379 (Anm. 23), 411 (Anm. 23)
Bait Jala 242
Balad al-Shaikh 305, 365
Balfour, Lord Arthur 177, 197f, 261,
   328, 405 (Anm. 16)
Balfour-Erklärung 144, 169f, 174,
   176–178, 180, 185, 187, 189, 191f,
   199f, 205, 235, 237, 242, 244, 246,
   256, 258, 274, 289, 310, 323, 326,
   336, 341, 354, 396 (Anm. 15), 401
   (Anm. 6), 436
Balqa 57, 120, 183
al-Banna, Hasan 302f
Bar Kochba, Simeon 25f, 36, 435
Beersheva 20, 23, 28, 57, 106, 173,
   219, 240, 286, 315, 378 (Anm. 17),
   388 (Anm. 16), 411 (Anm. 23)
Begin, Menachem 280, 354, 361, 373,
   376
Beirut 57, 78, 88f, 96, 99, 104, 110,
   116f, 120, 148, 150, 173, 179, 181,
   213, 285, 301, 330, 361
Ben-Arieh, Yehoshua 53f
Ben-Gurion, David 141, 180, 224,
   226, 273, 313, 329, 342, 354, 356,
   363, 367, 373f, 415 (Anm. 29)

441